本书获山西师范大学学术著作出版基金资助
山西师范大学文学院学术著作出版基金资助

元雜劇用韻研究

趙變親 著

中国社会科学出版社

圖書在版編目(CIP)數據

元雜劇用韻研究 / 趙變親著. —北京：中國社會科學出版社，2014.10

ISBN 978-7-5161-4283-7

Ⅰ.①元… Ⅱ.①趙… Ⅲ.①元曲-音韵學-研究
Ⅳ.①I207.37②H11

中國版本圖書館 CIP 數據核字(2014)第 097885 號

出版人 趙劍英
責任編輯 任　明
責任校對 安　然
責任印製 何　艷

出　　版 中国社会科学出版社
社　　址 北京鼓樓西大街甲 158 號（郵編 100720）
網　　址 http://www.csspw.cn
　　　　 中文域名：中國社科網　010-64070619
發 行 部 010-84083685
門 市 部 010-84029450
經　　銷 新華書店及其他書店

印刷裝訂 北京市興懷印刷廠
版　　次 2014 年 10 月第 1 版
印　　次 2014 年 10 月第 1 次印刷

開　　本 710×1000　1/16
印　　張 40.75
插　　頁 2
字　　數 685 千字
定　　價 98.00 元

凡購買中國社會科學出版社圖書，如有質量問題請與本社聯繫調换
電話：010-64009791
版權所有　侵權必究

目　录

目　　录

第一章

緒　論

第一節　元雜劇概説

元代文學以曲著名，元曲包括元雜劇和元散曲。元雜劇是元代文壇的桂冠，是以北曲演唱，“合言語、動作、歌唱，以演一故事”的一種戲曲形式，也稱北曲、北雜劇，有時也籠統稱元曲。它是在宋雜劇和金院本的基礎上，融合宋金以來的説唱藝術、音樂、舞蹈而產生的戲曲形式。無論是在文學性還是音樂性方面，元雜劇都取得了很高的成就。但是元雜劇在當時甚至以後很長的時間內不被正統文學認可。王國維指出：“獨元人之曲，為時既近，托體稍卑，故兩朝史志與《四庫》集部，均不著錄；後世儒碩，皆鄙棄不復道。而為此學者，大率不學之徒；即有一二學子，以餘力及此，亦未能觀其會通，窺其奧窔者。遂使一代文獻，郁堙沈晦者，且數百年。”① 羅忼烈在《雜劇在元代的文學地位》一文中也説元人雜劇虽然後來在中國文學史上評價很高，但在當時卻被歧視，不得與于文學之末。

元雜劇經歷了由盛到衰的發展歷史。元代著名的戲劇大家幾乎都出現在元雜劇發展的繁盛時期，如關漢卿、白樸、高文秀、石君寶、馬致遠、王實甫、鄭光祖、喬吉等。元雜劇的創作特色大體分兩類，一是以本色為主，具有深刻的思想內容和強烈的生活氣息；一是以文采為主，內容上以愛情、神仙道化、文人事蹟等為主，時代特色不明顯。元末明初，南戲在各種因素的影響下，蓬勃發展，而雜劇卻出現了衰退的跡象。

---

① 王國維：《宋元戲曲史・序》，《王國維戲曲論文集》，中國戲劇出版社 1984 年版，第 3 頁。

元雜劇的體制或文體特點可以概括為四個方面：四折一楔子、曲牌聯套、曲詞賓白科範三者合一、一人主唱。四折一楔子是就元雜劇的整體結構而言的。雜劇一種或一本包括四個段落，每個段落叫一折。現存元雜劇中也有五折的，如《五侯宴》、《東牆記》、《降桑椹》等。四折或五折之外，必要時可以加上一或二個楔子，或在劇首，或在折之間，用以交待背景或作過場之用。曲牌聯套指每折採用同一宮調之內的若干曲牌組成一個完整的套曲。元雜劇一般四折，四種宮調套曲，一般第一折用【仙呂】，第四折用【雙調】，中間兩折多用【南呂】、【中呂】、【正宮】。元雜劇除曲詞外，還有賓白和科範，賓白指說話，有獨白、對白、帶白、背白等；科範指提示劇中人物的動作和表情的詞語。曲詞、賓白、科範是元雜劇三個基本要素。元雜劇的表演用正末或正旦一人主唱到底，由末色唱的叫末本，旦色唱的叫旦本。

雖然元雜劇在元時被歧視，但是無論藝術還是劇本創作都在中國戲曲史上留下光輝的一頁。元人羅宗信說："世之共稱唐詩、宋詞、大元樂府，誠哉！學唐詩者，為其中律也；學宋詞者，止依其字數而填之耳；學今之樂府則不然。"[①] 王國維認為："凡一代有一代之文學：楚之騷，漢之賦，六代之駢語，唐之詩，宋之詞，元之曲，皆所謂一代之文學，而後世莫能繼焉者也"[②]，"元雜劇之為一代之絕作，元人未之知也。明之文人始激賞之，至有以關漢卿比司馬子長者。"[③] 傳世的元雜劇選本主要有《元刊雜劇三十種》、明陳與郊編選《古名家雜劇》、《元明雜劇》、明息機子編《古今雜劇選》、明王驥德編《古雜劇》、《脈望館鈔校古今雜劇》、臧懋循《元曲選》、明孟稱舜《古今名劇合選》等。鄭振鐸主編的《古本戲曲叢刊》四集收《元刊雜劇三十種》、《脈望館鈔校本古今雜劇》、《古雜劇》、《古名家雜劇》、《元明雜劇》、《陽春奏》、《雜劇選》和《古今名家雜劇》八種。另外隋樹森先生《元曲選外編》，收入了《元曲選》未收的元人雜劇六十二種，如果同時擁有《元曲選》和《元曲選外編》，"就等

---

① 周德清：《中原音韻・序》，《歷代曲話彙編》（唐宋元編），黃山書社 2006 年版，第 231 頁。

② 王國維：《宋元戲曲史・序》，《王國維戲曲論文集》，中國戲劇出版社 1984 年版，第 3 頁。

③ 王國維：《宋元戲曲史・十二》，《王國維戲曲論文集》，中國戲劇出版社 1984 年版，第 84 頁。

於擁有現存全部整本的元人雜劇"①。

第二節　元雜劇用韻研究動態

一、曲學

元雜劇的用韻研究是曲學重要組成部分。曲學作為一門研究曲的學科，濫觴於先秦時人們對上古樂舞的闡釋。漢唐直至兩宋時期主要是對各種演出活動進行記錄，為曲學的發展提供了文獻學與劇場學的最初資料。宋代一些詞學、隨筆著作如王灼《碧雞漫志》、孟元老《東京夢華錄》、灌圃耐得翁《都城紀勝》、吳自牧《夢粱錄》、周密《武林舊事》、張炎《詞源》等兼有曲學的性質。這些著作都零星地涉及到曲韻曲律的內容。有元一代，曲的繁榮形成了與詩詞鼎立局面，自元代前期至明代初年出現了周德清《中原音韻》、鍾嗣成《錄鬼簿》、芝庵《唱論》、夏庭芝《青樓集》、賈仲明《錄鬼簿續編》、朱權《太和正音譜》等我國歷史上第一批曲學專著。這些著作各有側重，如《錄鬼簿》、《錄鬼簿續編》主要對雜劇作家及其劇目作了記錄，《唱論》主要對演唱原則和技法進行了論述，《青樓集》主要敘錄演員的生活。而《中原音韻》和《太和正音譜》不僅研究了北曲創作技法、雜劇風格等，更重要的是對作曲譜律進行了系統的歸納。這些研究成果為後世曲韻的研究奠定了堅實的基礎，提供了價值不菲的資料、經驗和成果。

我國古代曲學的黃金時期是明嘉靖至明末，百餘年間湧現出大批著名學者和著作，如楊慎《詞品》、李開先《詞謔》、徐渭《南詞敘錄》、王世貞《藝苑卮言》、王驥德《曲律》、沈璟《南九宮十三調曲譜》等，這些學者和著作打開了曲學研究的新局面。如徐渭《南詞敘錄》率先研究南戲，王驥德《曲律》涉及曲的發展、結構、文辭、聲律、主旨及作家作品評價等許多方面，第一次較系統地總結了元明以來戲曲創作的經驗及曲學成果，成為中國戲曲史上一部自成體系的曲學理論專著。另外，沈璟研究南詞格律，呂天成、祁彪佳品評曲家和戲曲作品，魏良輔總結唱曲之

① 隋樹森:《元曲選外編・編校說明》，中華書局 1959 年版，第 2 頁。

道等。更為可貴的是，此時人們意識到戲本流傳的文獻學價值，出現了一批著名的戲曲、散曲、民間小曲的選本，如《元曲選》、《六十種曲》、《散曲選集》、《太霞新奏》、《掛枝兒》、《山歌》等。這些選本不僅為後世提供了文獻資料，而且從這些選本的序跋評點中還可以瞭解曲家的曲學觀念。

清初開始，我國古代曲學又進入了一個豐收期，主要集中于清初至清中期。如李漁《閑情偶寄》、李調元《雨村曲話》和《雨村劇話》、徐大椿《樂府傳聲》、焦循《花部農譚》、黃旛綽等《明心鑒》（又名《梨園原》）等，此時出現的曲學專著與之前的相比，曲家對藝術規律的認識更加深化和系統化。如李漁《閑情偶寄》分八部：詞曲、演習、聲容、居室、器玩、飲饌、種植、頤養，涉及戲劇、園藝等方面，其中“詞曲”、“演習”、“聲容”部分論述戲曲創作、演出、教習、導演方法等，試圖從戲曲的總體藝術規律及創作方法上創立理論結構。後來人們把這些內容獨立出來，編成《李笠翁曲話》。徐大椿《樂府傳聲》側重研究唱曲規律和方法，焦循《花部農譚》側重研究民間戲曲“花部”等。

跨入二十世紀，中國戲曲學術研究掀開了嶄新的一頁。戲曲學界公認的戲曲學學科的奠基者王國維，開啟了中國近代曲學研究的先河。他的《曲錄》、《戲曲考原》、《優語錄》、《宋元戲曲史》等提出了一系列前無古人的客觀的學術觀點，比較全面地研究了中國戲曲史中一些根本性的問題。梁啟超在《中國近三百年學術史》中對王國維推崇備至，說“最近則王靜安國維治曲學，最有條貫，著有《戲曲考原》《曲錄》《宋元戲曲史》等書。曲學將來能成為專門之學，靜安當為不祧祖矣”①。吳梅也是一位傑出的戲曲學家，著有《顧曲麈談》、《曲學通論》、《中國戲曲概論》、《元劇研究》、《南北詞簡譜》等，其貢獻主要表現在對明清傳奇的考察和聲律曲譜的修訂方面。除“雙峰並峙”的王國維和吳梅外，還有王季思、任半塘、齊如山、錢南揚等，他們在戲曲研究方面均作出重要成績。二十世紀中期以後，傳統曲學出現了一系列集成式的著作，並且開拓了許多新領域。

二、元雜劇用韻研究動態

曲韻是中國傳統曲學研究中非常重要的組成部分，不僅有隨文的點

① 梁啟超：《中國近代三百年學術史》，東方出版社 1996 年版，第 392 頁。

注，更有系統的曲譜。上文所論及的著作莫不如此，這裏不再重複。就現代而言，元雜劇用韻的研究有某部劇作用韻研究、某個曲牌用韻研究、某個作家雜劇用韻研究、地域作家雜劇用韻研究、元代戲曲用韻綜合研究等方面，有時人們還結合曲譜綜合考察北曲，可以說涉及面較廣。不過從研究成果的大小、多少來說，主要集中某個作家雜劇用韻研究、地域作家雜劇用韻研究和元代戲曲用韻綜合研究三個方面。

單個作家雜劇用韻研究。單個作家雜劇用韻研究首推廖珣英。廖先生1963年在《中國語文》第4期發表了《關漢卿戲曲的用韻》一文，開啟了研究元雜劇音韻的先河，而且在相當長的一段時間內此文是這個領域唯一一篇論文。廖先生從關漢卿現存的十八種雜劇的七百三十一支曲子歸納出關漢卿雜劇共用了十五個韻部：東鍾、江陽、齊微、皆來、魚模、真文、寒山、先天、蕭豪、歌戈、家麻、車遮、庚青、尤侯，與《中原音韻》十九部相比較，少了侵尋、監咸、廉纖和桓歡四部。並把互押的韻部放在一起討論雜韻、通押的現象和原因。接著專節討論“入派三聲”的問題，最後得出關曲曲韻尤其是“入派三聲”與《中原音韻》並不完全一致。此文一出，立刻引起了學術界對《中原音韻》“集前輩佳作”及“入派三聲”的質疑。當然也有人因為廖文的研究資料和研究方法懷疑其得出的結論。繼廖文之後，出現了倪彥的《從馬致遠曲韻看入聲字的分派》，魯國堯的《白樸曲韻與〈中原音韻〉》、《白樸的詞韻和曲韻及其同異》和《元遺山詩詞曲韻考》，鄧興鋒《馬致遠戲曲用韻研究》，杜海濤《鄭光祖戲曲用韻研究》，蔣雅琴《喬吉戲曲用韻研究》等，不同學者從相同角度或不同角度研究了單個作家戲曲用韻，並與《中原音韻》進行比較或與其他作家用韻進行比較，以期對元曲用韻及其和《中原音韻》的關係作出合理的解釋。

某個地域作家雜劇用韻研究。這方面的研究與元雜劇創作繁榮的地域性有關。元雜劇的創作繁榮主要集中在山西、山東、河北、北京、浙江等地，形成了地域作家群。人們試圖通過這種作家群的共時用韻研究探討其間的共性及與《中原音韻》、地方音韻的關係。這方面的研究有曹正義《元代山東人劇曲用韻析略》、鄧興鋒《蒙元大都曲家用韻研究》、陶曉娟《元代山西作家戲曲用韻研究》等。曹正義通過對山東七位曲家十七部雜劇用韻的分析，認為山東曲家用韻與《中原音韻》大同小異，並且把元代的雜劇用韻與山東今日方音進行了比較，得出二者之間的相承關係。鄧興鋒通過對元代大都籍十四位曲家現存的四十二種雜劇的用韻進行了窮盡式的分析，並與《中原音韻》比較，得出二者的異同，另外還討論了元曲用韻中的版本問題等。陶曉娟不僅整體說明了山西籍戲曲家用韻的情況，而且通過山西籍作家內部比較及山西作家與其他元代戲曲家用韻的外部比較來論證山西戲曲家用韻的特徵，另辟專節討論了《中原音韻》的入聲問題。

元代戲曲用韻綜合研究。除前兩個方面外，其餘關於元雜劇的用韻研究均歸入綜合研究。這方面的研究或專門探討與《中原音韻》的關係如張帥的《元刊雜劇三十種與〈中原音韻〉用韻之比較》，或把元曲全部作為研究對象如李蕊的《全元曲用韻研究》。張帥的文章將《元刊雜劇三十種》中所有的韻字進行了窮盡性的標注，標出其在《中原音韻》中所屬的韻部及聲調，然後同其進行比較，得出元人作品的分韻與《中原音韻》一致，而聲調的劃分則是建立在某一方言基礎上，經過周德清的審音，因而與元人作品出現分歧。李蕊綜合元代的雜劇一百五十六種、散曲四千二百八十九種在內，共計一萬三千二百七十五支曲子進行窮盡式分析，認為元代的戲曲家雖然分佈在浙江、大都、山西、山東、河北等地區，但在用韻方面差異不大，與《中原音韻》基本一致。不過，她同時指出《中原音韻》並非純粹歸納元曲的用韻而成，因為在個別字的歸屬及古入聲字的分派方面與元曲還存在差異。

這三方面的研究都結合了周德清的《中原音韻》，人們希望通過實際材料的歸納分析驗證《中原音韻》歸韻的準確性和合理性。而某個劇作、某個曲牌用韻的研究則是就事論事，一般不與《中原音韻》發生關係。如鄭傳寅《〈張千替殺妻〉雜劇斠律》、程從榮《〈元刊雜劇三十種〉【仙呂·點絳唇】斠律》。鄭先生對《張千替殺妻》所用到的每個曲牌依律標示出曲文的正、襯，並辨正其合律情形。程先生則對《元刊雜劇三十種》中使用的【仙呂·點絳唇】格律進行了標注，並對此曲牌與同名詞牌之間的關係進行了說明。二者均未與《中原音韻》進行對照解釋。

三、選題的目的和意義

（1）“我國的古典戲曲是一門綜合性藝術，在衆多的藝術因素中，‘曲’是一種占主導地位的藝術，因此，歷代曲論家們對‘曲’的探討與論述尤為重視，或從宏觀上來論述戲曲音律，如音律與內容的關係、守律與違律等問題；或從微觀的角度，編訂曲譜、韻譜，為劇作家提供作曲填詞的規範。"① 因此，音律是"曲"重要的構成部分，其中的音韻影響到"曲"的音樂性，對它的研究是雜劇全面研究不可缺少的一個環節。

（2）從韻文發展歷史上來說，元雜劇是元代文學的代表，正如王國維說："凡一代有一代之文學：楚之騷，漢之賦，六代之駢語，唐之詩，宋之詞，元之曲，皆所謂一代之文學，而後世莫能繼焉者也。"② 對元雜劇音韻的研究是韻文研究史上不可或缺的一個部分。結合前人關於元代以前和以後的韻文材料研究的成果，可對韻文的音韻演變歷史進行全面系統的觀察，從而考察漢語語音自上古到現代的演變軌跡，為漢語語音史或音韻史研究提供重要的參考資料。

（3）元雜劇是一種通俗文學，具有很強的口語性。雖然我們知道雜劇語言是口語的加工提煉，與日常說話有所不同，但是雜劇語言和當時口語所依據的語音系統還是基本一致的。應該說雜劇的音韻根據的是當時的實際語音，反映的是當時的音韻系統，對雜劇押韻的研究對瞭解 13 世紀和 14 世紀的語音系統可以提供重要的線索。

（4）據研究，元雜劇劇目不下幾百種，可惜完整流傳到現在的只有一百五十六種，而且這些作品屢經翻刻、傳抄，難免造成文字上的脫、倒現象及因文字音近或形近而造成的錯誤，有時還有抄刻者的主觀臆斷，致使作品失去原本面目。書有訛誤，不僅會影響到作品的精神韻味，埋沒作者經營的良苦用心，也給後學者帶來窒礙。本書希望通過對其韻腳用字的窮盡性分析，為元雜劇的校勘提供音韻上的理據，以便其他學者研究。

（5）對元雜劇音韻研究雖然取得一定成就，但相對元雜劇的其他研究來說還較薄弱。人們的研究雖然涉及到單個作家如關漢卿、鄭光祖等和一定地域的作家群如山東、大都、浙江等，甚至綜合研究了元曲的用韻，但是還有一些问题沒有涉及到，如全元杂剧用韵的情况及其与諸宮調、元散曲用韵的区别、不同地方作家用韻的異同等。所以本書選取了元雜劇所有作家雜劇用韻進行分析，以期對整個元雜劇的用韻有個完整的認識，並在此基礎上尋求各種不同用韻現象造成的原因，尤其關注語音發展變化、

① 俞為民、孫蓉蓉：《歷代曲話彙編》（唐宋元編），黃山書社 2006 年版，第 7 頁。

② 王國維：《宋元戲曲史・序》，《王國維戲曲論文集》，中國戲劇出版社 1984 年版，第 3 頁。

地方方言等因素在作家用韻中的影響程度。

(6) 從元雜劇用韻的角度研究《中原音韻》應該是該書一個重要方面。《中原音韻》是元代著名戲曲作家、戲曲理論家周德清所著。周德清在自序裏說:“言語一科,欲作樂府,必正言語;欲正言語,必宗中原之音。樂府之盛、之備、之難,莫如今時。其盛,則自後搢紳及閭閻歌詠者衆。其備,則自關、鄭、白、馬一新製作,韻共守自然之音,字能通天下之語,……”①《中原音韻》的前半部分即是元曲韻譜,後半部分“正語作詞起例”中很大部分内容也關乎曲韻。自二十世紀二三十年代起,經由錢玄同、趙蔭棠等學者的大力提倡和研究,《中原音韻》的研究遂成為顯學,成果輝煌,但是還有一些問題一直懸而未解。如周德清在該書序裏所說的“中原之音”是什麼地方的語音?北京?汴洛?還是一個廣大地域通行的所謂的共同語呢?《中原音韻》是根據實際語音還是純粹歸納元曲用韻而成?還有“入派三聲”的問題等,對元雜劇音韻的研究可為《中原音韻》專書研究提供可以比較的參證。

---

① 周德清:《中原音韻·序》,《歷代曲話彙編》(唐宋元編),黃山書社 2006 年版,第 229 頁。

第二章

元雜劇用韻研究的材料及方法

第一節　元雜劇用韻研究的材料

到目前為止，作為一代之文學的元雜劇究竟有多少種，很難說出一個確切的數字。元鍾嗣成《錄鬼簿》記載了四百五十八種。明初朱權《太和正音譜》之“群英所編雜劇”著錄了元代雜劇五百三十五種。明臧晉叔《元曲選》在“元曲論”之“元群英所撰雜劇，共記錄了五百四十九本，其中明人雜劇有三十三本，因此實際記錄元雜劇五百一十二本。李修生主編的《元曲大辭典》附錄元雜劇七百三十六種。我們不難看出，歷史留給我們的元雜劇數目雖然無法確定，但卻非常豐厚。可惜的是大部分有目無本，我們無緣觀閱。現在能夠完整看到的共一百五十六種。這一百五十六種在我們上面談的選本中或是孤本或是並存。我們選用的本子有四種：《新校元刊雜劇三十種》、《脈望館鈔校本古今雜劇》、《元曲選》及暖紅室本《西廂記》。我們選用這四種本子一是考慮全面涵蓋元雜劇，一是版本改動大小。雖說《元曲選》改動很大，但其保存了十五種元雜劇孤本，所以我們不得不選用其作為研究材料。對於並存於這些選本中的劇作，我們優先選擇《新校元刊雜劇三十種》，其次是《脈望館鈔校本古今雜劇》，最後才是《元曲選》。

《新校元刊雜劇三十種》，徐沁君校點。徐氏校訂依據的是《古本戲曲叢刊》第四集影印本《元刊雜劇三十種》。此本亦稱《士禮居舊藏古今雜劇》、《元刊古今雜劇三十種》，是現存唯一的元雜劇當代刊本。初為明代藏書家李開先所收，後為清代蘇州黃丕烈所藏，經羅振玉、王國維的發現而流傳於世。共收元雜劇三十種，其中十五種為孤本。此種選本對於研究元雜劇發展史具有無可替代的價值。王國維為此書的上海石印本作序時說“此本雖出坊間，多訛別之字，而元雜劇之真面目，獨賴是以見，誠可為驚人秘笈矣”①。孫楷第也說“學者欲究元曲秘奧，唯元刊本為據”②。但此刻本粗劣，多訛錯，賓白極簡甚至沒有，使用起來很不方便。正如青木正兒所說：“這部書不僅難窺一劇之全貌，無從知道科白妙味，就連結構的巧拙，也不能充分地鑒賞。”③ 所以現代學者都很重視此書的校勘工作，較早的有鄭騫《校訂元刊雜劇三十種》，該書側重於文字的考證和格律的考訂方面。稍後有徐沁君《新校元刊雜劇三十種》，該書利用元刊本系統為藍本，以明刻本、明抄本以及其後出版的各種版本為參校本，增補校改，廣證博引，並附有詳細校記。本書以 1980 年中華書局出版的徐校本為基本材料，同時參看其底本及存有相同劇本的其他選本。以下簡稱“元刊本”。

《脈望館鈔校本古今雜劇》，明代常熟趙琦美鈔校。該選本因趙氏書齋為“脈望館”而得名。趙琦美一生致力於搜集、鈔校書籍，藏有內府本、於小穀本等抄本，《古今雜劇選》、《古名家雜劇選》等刊本多種，明萬曆四十二年開始依此編訂《脈望館鈔校本古今雜劇》，大約三年多完成。此書數易其主，先後經錢謙益、錢曾、季振宜、黃丕烈等人收藏。由於錢曾書室名為“也是園”，因此該書又名《也是園古今雜劇》，二名目前並行。《脈望館鈔校本古今雜劇》原收錄多少種雜劇，已不為人知。據《也是園書目》為三百四十種。1938 年此書重顯於世，共二百四十二本，包括抄本一百七十三種，刻本《古今雜劇選》十五種，《古名家雜劇選》五十四種。在抄本之中，以內府本為主，有許多未見流傳的孤本。作為戲曲傳本中的一大宗，保存元雜劇共九十九種。對於《脈望館鈔校本古今雜劇》的價值，人們評價很高，如孫楷第校過元劇，在《也是園古今雜劇考》中說：“然則居今日而言元曲本子，今所見士禮居藏元刊本是原本也。今所見趙琦美錄明內府本，系當時按行之本，已不必盡依原本。今所見新安徐氏刊《古名家雜劇》，息機子刊《元人雜劇選》以及《盛世新聲》、《雍熙樂府》等書，皆自明內府本出；其文雖大致與內府本同，而已不必一一盡依內府本。然此等明抄明刊雖不盡依原本，而去原本尚不甚

① 王國維：《中國古典戲曲序跋彙編》，齊魯書社 1989 年版，第 361 頁。

② 孫楷第：《戲曲小說書錄解題》，人民文學出版社 1990 年版，第 421 頁。

③ 青木正兒：《元人雜劇概說》，中國戲劇出版社 1957 年版，第 36—37 頁。

遠；大抵曲有節省，字有竄易，而不至大改原文，皆刪潤本也。”① 劉堅、江藍生等人指出“趙氏鈔校的脈望館本，大多從內府藏本錄校，態度相當嚴謹，並不任意刪改原文”②。蔣紹愚也說“明初趙琦美編的《脈望館鈔校本古今雜劇》改動較少，作為語言資料優於臧本”③。本書選用1958年上海商務印書館出版的《古本戲曲叢刊》中所收《脈望館鈔校本古今雜劇》。以下簡稱“脈本”。

《元曲選》，明臧懋循編，又名《元人百種曲》，選自宮廷內府本和自家所藏“秘本”及當時的流行本，並相互參校。明萬曆四十三年至四十四年相繼刊出（七種是明人的作品。本文以元人雜劇為研究材料。明人作品不納入研究範圍），是影響最為廣泛的一部書。但是學術界對《元曲選》的性質爭論不一。自《元曲選》問世後，最早批評臧晉叔的是他同時代的王驥德和淩蒙初等曲家。如王驥德指責“句字多所竄易，稍失本來，即音調亦間有未叶，不無遺憾”④。淩蒙初批評說“時出已見，改易處變未免露出本相，識有餘而才限之也”⑤。清人葉堂氏更是在他的《納書楹曲譜》中猛攻臧氏，說他是一個“孟浪漢”，不知埋沒多少好的元曲了。晚近著名學人對《元曲選》的貶抑，大抵發生於《元刊雜劇三十種》影印並被學人利用後即1915年以後。如孫楷第在《也是園古今雜劇考》曾說“以餘所考，除臧懋循《元曲選》不依原文，改定太多……”，又說“懋循重訂本，校以元刊本，其所存原文不過十之五六或十之四五”，更批評其“師心自用”⑥。鄭振鐸在《關漢卿緋衣夢的發見》一文文末更是嚴厲批評說：“明人刊行元曲的，當必甚多。他們雖沒有臧氏那麼大的魄力，一時刻了百種之戲，然而他們卻都是較臧氏更為小心的刻書者，不敢以意擅改古作的。所以他們刊的元曲，多半是最近於元曲的真相的。”⑦ 並且嫌臧氏竄改太甚，面貌失真，不收入《古本戲曲叢刊》。如何認識臧

① 孫楷第：《也是園古今雜劇考》，上海雜誌出版社1953年版，第151—153頁。

② 劉堅、江藍生等：《近代漢語虛詞研究》，語文出版社1992年版，第12頁。

③ 蔣紹愚：《近代漢語研究概況》，北京大學出版社1994年版，第22頁。

④ 王驥德：《曲律》，《歷代曲話彙編》（明代編第二集），黃山書社2009年版，第130頁。

⑤ 淩蒙初：《譚曲雜劄》，《歷代曲話彙編》（清代編第三集），黃山書社2008年版，第195頁。

⑥ 孫楷第：《也是園古今雜劇考》，上海出版社1953年版，第151—153頁。

⑦ 鄭振鐸：《關漢卿緋衣夢的發見》，《西諦書話》（上冊），三聯出版社1983年版，第18頁。

氏的改易，也許日本學人青木正兒評價更為客觀公正，他在《元人雜劇概況》中比較了能見的元雜劇本子後說："不過現存的這些本子，都是編刊於明代末期，離原作的時間既有很多的歲月，而元人雜劇，直到明代中葉又還常供實演，因此其間經過後人改竄的地方也就與年俱增。這些本子裏面收集曲本最多用起來最為方便的《元曲選》，在這一點上，從來也最為人所非難，這實在是很可惜的。"青木正兒把元刊本與《元曲選》共收的十三個劇本比較後說"但是像這樣厲害的改竄的痕跡，並不能只責備《元曲選》的編者，因為改竄是與歲月俱增的……"①。邵曾祺《元明雜劇總目考略》也說："但這些改動並不一定是臧晉叔手筆。經過多年的演出變動，明代各刊本或抄本的元雜劇，內容已較元代演出本有很多變化。臧晉叔刊印《元曲選》時，所用底本恐已是改動過的明代演出本，不能貿然置於臧的頭上。"② 臧氏對元曲改動是客觀事實，但是對保存元曲功不可沒，正是它與《元刊雜劇三十種》、《脈望館鈔校古今雜劇》等一起，共同肩負著保存、傳播元雜劇的任務的。徐複祚《三家村老曲談》認為"晉叔不聞有所構撰，然其刻元人雜劇多至百種，一一手自刪定，功亦不在沈（璟）先生下矣"③。李調元《雨村曲話》亦云"（晉叔）所撰元人雜劇百種，二十卷，元一代之曲，藉以不墜，快事也"④。陳棟《北涇草堂曲論》也說道："雜劇卷帙不多，易於散失，藏書家又以無關經史，置不寶貴，苟非匯而刻之，風霜兵燹，日復一日，必至消滅淨盡，晉叔之為功詞壇，豈淺鮮哉！"⑤ 隋樹森在《元曲選外編》"編校說明"中說："經過臧懋循這次的校訂，各劇的科白完全了；文字經過修飾整理，讀起來容易了；某些較生的和特異的字也有音釋了；這不能不說是一部較好的元雜劇選本。事實也證明，在此後三百多年中，《元曲選》幾乎是元劇唯一普及流行的選本，有許多人就是通過這部書認識了元雜劇的面貌。"⑥ 我們

---

① 青木正兒：《元人雜劇概況》，中國戲劇出版社 1957 年版，第 36—37 頁。

② 邵曾祺：《元明雜劇總目考略》，中州古籍出版社 1985 年版，第 213 頁。

③ 徐複祚：《三家村老曲談》，《歷代曲話彙編》（明代編第二集），黃山書社 2009 年版，第 263 頁。

④ 李調元：《雨村曲話·卷下》，《歷代曲話彙編》（清代編第二集），黃山書社 2008 年版，第 297 頁。

⑤ 陳棟：《北涇草堂曲論》，《歷代曲話彙編》（清代編第三集），黃山書社 2008 年版，第 535 頁。

⑥ 隋樹森：《元曲選外編》，中華書局 1959 年版，第 1 頁。

研究的是元雜劇的韻律。臧晉叔編選《元曲選》雖多有改動，但臧氏奉《中原音韻》如圭臬，其刪改無傷音律。所以本文選用材料中有三十三篇來自《元曲選》。以下簡稱“選本”。

《西廂記》元王實甫著。原本已經失傳，目前能夠見到的均為明清人刊本及近人校注本。版本之多是迄今為止沒有哪一部古代戲曲作品可以與其媲美的。由於這些刊本（主要是明清刊本）處於雜劇衰落傳奇興盛的時代，受到傳奇不同程度的影響，再加上刊刻作者的不同目的，其刊本紛繁複雜。衆多版本中，最切合元雜劇體制的刊本是淩濛初校注的《西廂記》。此刊本將《西廂記》全劇分為五本，每本又各分為四折，且每本有題目正名：張君瑞鬧道場、崔鶯鶯夜聽琴、張君瑞害相思、草橋店夢鶯鶯、張君瑞慶團圞。前四本標有王實甫作，第五本歸於關漢卿。淩濛初在《西廂記凡例十則》中說他校刻的《西廂記》“此刻悉遵周憲王元本，一字不易置增損，即有一二鑿然當改者，亦但明注上方，以備參考，至本文，不敢不仍舊也”①。此刊本不僅體例符合元雜劇，而且校注精當，堪為善本。王國維《戲曲散論》認為：“《西廂》刊本，世號最善者，亦僅明季翻刊周憲王本（按：即淩本）。”② 清末民初劉世珩《西廂記題識》認為：“淩濛初所校刻，考訂詳審，悉遵元本。”③ 自其暖紅室覆刻淩本以後，此本引起人們的關注，成為《西廂記》版本中流傳最廣影響最大的刊本。今天通行的排印本都是以它作為藍本的。本書選用的《西廂記》即劉世珩暖紅室刊本。

表 2-1　　**元雜劇材料表**

選本	作者	雜劇全稱	簡稱	其他版本	數目
元刊本 30 種	關漢卿	關張雙赴西蜀夢 閨怨佳人拜月亭 關大王單刀會 詐妮子調風月	西蜀夢 拜月亭 單刀會 調風月	○ ○ 脈本 ○	4
	高文秀	好酒趙元遇上皇	遇上皇	脈本	1

① 淩濛初：《西廂記凡例十則》，《歷代曲話彙編》（明代編第三集），黃山書社 2009 年版，第 325 頁。

② 王國維：《戲曲散論》，《王國維戲曲論文集》，中國戲劇出版社 1984 年版，第 237 頁。

③ 劉世珩：《西廂記題識》，《暖紅室匯刻西廂記》（第四冊），揚州廣陵古籍刻印社 1979 年版，第 2 頁。

续表

選本	作者	雜劇全稱	簡稱	其他版本	數目
元刊本 30 種	鄭廷玉	楚昭王疏者下船 看錢奴買冤家債主	疏者下船 買冤家債主	脈本、選本 脈本、選本	2
	馬致遠	泰華山陳摶高臥 馬丹陽三度任風子	陳摶高臥 任風子	脈本、選本 脈本、選本	2
	武漢臣	散家財天賜老生兒	老生兒	選本	1
	尚仲賢	尉遲恭三奪槊 漢高皇濯足氣英布	三奪槊 氣英布	○ 選本	2
	紀君祥	趙氏孤兒	趙氏孤兒	選本	1
	石君寶	諸宮調風月紫雲亭	紫雲亭	○	1
	張國賓	公孫汗衫記 薛仁貴衣錦還鄉	汗衫記 薛仁貴	脈本、選本 選本	2
	孟漢卿	張鼎智勘魔合羅	魔合羅	脈本、選本	1
	王伯成	李太白貶夜郎	貶夜郎	○	1
	岳伯川	岳孔目借鐵拐李還魂	岳孔目	選本	1
	狄君厚	晉文公火燒介子推	介子推	○	1
	孔文卿	東窗事犯	東窗事犯	○	1
	楊梓	霍光鬼諫	霍光鬼諫	○	1
	宮天挺	死生交范張雞黍 嚴子陵垂釣七裏灘	范張雞黍 七裏灘	脈本、選本 ○	2
	鄭光祖	輔成王周公攝政	周公攝政	○	1
	金仁傑	蕭何月下追韓信	追韓信	○	1
	范康	陳季卿悟道竹葉舟	竹葉舟	選本	1
	無名氏	諸葛亮博望燒屯 張千替殺妻 小張屠焚兒救母	博望燒屯 替殺妻 焚兒救母	脈本 ○ ○	3
脈本 92 種	馬致遠	破幽夢孤雁漢宮秋 呂洞賓三醉岳陽樓 江州司馬青衫淚 半夜雷轟薦福碑 孟浩然踏雪尋梅 開壇闡教黃粱夢	漢宮秋 岳陽樓 青衫淚 薦福碑 踏雪尋梅 黃粱夢	選本 選本 選本 選本 ○ 選本	6
	費唐臣	蘇子瞻風雪貶黃州	貶黃州	○	1
	王實甫	四丞相歌舞麗春堂 呂蒙正風雪破窑記	麗春堂 破窑記	選本 ○	2
	關漢卿	杜蕊娘智賞金線池 劉夫人慶賞五侯宴 趙盼兒風月救風塵 溫太真玉鏡臺 望江亭中秋切鱠	金線池 五侯宴 救風塵 玉鏡臺 望江亭	選本 ○ 選本 選本 選本	14

续表

選本	作者	雜劇全稱	簡稱	其他版本	數目
脈本 92 種	關漢卿	錢大尹智寵謝天香	謝天香	選本	14
		鄧夫人苦痛哭存孝	哭存孝	○	
		錢大尹智勘緋衣夢	緋衣夢	○	
		感天動地竇娥冤	竇娥冤	選本	
		山神廟裴度還帶	裴度還帶	○	
		包待制三勘蝴蝶夢	三勘蝴蝶夢	選本	
		尉遲恭單鞭奪槊	單鞭奪槊	選本	
		狀元堂陳母教子	陳母教子	○	
		包待制智斬魯齋郎	魯齋郎	選本	
	白樸	唐明皇秋夜梧桐雨	梧桐雨	選本	3
		董秀英花月東牆記	東牆記	○	
		裴少俊牆頭馬上	牆頭馬上	選本	
	高文秀	保成公徑赴澠池會	澠池會	○	3
		劉玄德獨赴襄陽會	襄陽會	○	
		黑旋風雙獻功	雙獻功	選本	
	鄭光祖	立成湯伊尹耕莘	伊尹耕莘	○	6
		鍾離春智勇定齊	智勇定齊	○	
		㑳梅香騙翰林風月	翰林風月	選本	
		醉思鄉王粲登樓	王粲登樓	選本	
		迷青瑣倩女離魂	倩女離魂	選本	
		虎牢關三戰呂布	三戰呂布	○	
	李文蔚	張子房圯橋進履	圯橋進履	○	3
		同樂院燕青博魚	燕青博魚	選本	
		破苻堅蔣神靈應	破苻堅	○	
	史九敬先	老莊周一枕蝴蝶夢	蝴蝶夢	○	1
	戴善夫	陶學士醉寫風光好	風光好	選本	1
	秦簡夫	東堂老勸破家子弟	東堂老	選本	3
		宜秋山趙禮讓肥	趙禮讓肥	選本	
		晉陶母剪髮待賓	剪髮待賓	○	
	鄭廷玉	宋上皇禦斷金鳳釵	金鳳釵	○	4
		布袋和尚忍字記	忍字記	選本	
		包待制智勘後庭花	後庭花	選本	
		崔府君斷冤家債主	斷冤家債主	選本	
	張國賓	羅李郎大鬧相國寺	相國寺	選本	1
	李壽卿	月明和尚度柳翠	度柳翠	選本	1
	吳昌齡	張天師斷風花雪月	風花雪月	選本	1
	武漢臣	包待制智賺生金閣	生金閣	選本	1
	陳以仁	雁門關存孝打虎	存孝打虎	○	1
	楊梓	忠義士豫讓吞炭	豫讓吞炭	○	2
		功臣宴敬德不伏老	不伏老	○	

续表

選本	作者	雜劇全稱	簡稱	其他版本	數目
脈本92種	蕭德祥	楊氏女殺狗勸夫	殺狗勸夫	選本	2
	王曄	講陰陽八卦桃花女	桃花女	選本	1
	陸登善	河南府張鼎勘頭巾	勘頭巾	選本	1
	羅貫中	宋太祖龍虎風雲會	風雲會	○	1
	李致遠	大婦小妻還牢末	還牢末	選本	1
	劉唐卿	降桑椹蔡順奉母	降桑椹	○	1
	李唐賓	李雲英風送梧桐葉	梧桐葉	選本	1
	無名氏	王月英元夜留鞋記 龐涓夜走馬陵道 錦雲堂暗定連環計 蘇子瞻醉寫赤壁賦 鄭月蓮秋夜雲窗夢 朱砂擔滴水浮漚記 風雨像生貨郎旦 施仁義劉弘嫁婢 玎玎璫璫盆兒鬼 劉千病打獨角牛 劉玄德醉走黃鶴樓 玉清庵錯送鴛鴦被 關雲長千里獨行 孟德耀舉案齊眉 狄青複奪衣襖車 摩利支飛刀對箭 閥閱舞射柳捶丸記 逞風流王煥百花亭 龍濟山野猿聽經 二郎神醉射鎖魔鏡 漢鍾離度脫藍采和 趙匡義智娶符金錠 張公藝九世同居 十樣錦諸葛論功 程咬金斧劈老君堂 隨何賺風魔蒯通 癇李岳詩酒翫江亭 海門張仲村樂堂 漢公卿衣錦還鄉 十探子大鬧延安府 魯智深喜賞黃花峪	留鞋記 馬陵道 連環計 赤壁賦 雲窗夢 浮漚記 貨郎旦 劉弘嫁婢 盆兒鬼 獨角牛 黃鶴樓 鴛鴦被 千里獨行 舉案齊眉 衣襖車 摩利支 捶丸記 百花亭 野猿聽經 鎖魔鏡 藍采和 符金錠 九世同居 諸葛論功 老君堂 風魔蒯通 翫江亭 村樂堂 衣錦還鄉 延安府 黃花峪	選本 選本 選本 ○ ○ 選本 選本 ○ 選本 ○ ○ 選本 ○ 選本 ○ ○ ○ 選本 ○ ○ ○ ○ ○ ○ ○ 選本 ○ ○ ○ ○ ○	30
暖紅室本1種	王實甫	西廂記（1—5）	西廂記	○	1
選本33種	高文秀	須賈大夫誶范叔	誶范叔	○	1
	楊顯之	臨江驛瀟湘秋夜雨 鄭孔目風雪酷寒亭	臨江驛 酷寒亭	○ ○	2
	石子章	秦翛然竹塢聽琴	竹塢聽琴	○	1

续表

選本	作者	雜劇全稱	簡稱	其他版本	數目
選本 33 種	王仲文	救孝子賢母不認屍	救孝子	○	1
	尚仲賢	洞庭湖柳毅傳書	柳毅傳書	○	1
	李好古	沙門島張生煮海	張生煮海	○	1
	李直夫	便宜行事虎頭牌	虎頭牌	○	1
	石君寶	李亞仙花酒曲江池 魯大夫秋胡戲妻	曲江池 秋胡戲妻	○ ○	2
	李行道	包待制智賺灰闌記	灰闌記	○	1
	李壽卿	說鱄諸伍員吹簫	伍員吹簫	○	1
	吳昌齡	花間四友東坡夢	東坡夢	○	1
	張壽卿	謝金蓮詩酒紅梨花	紅梨花	○	1
	武漢臣	李素蘭風月玉壺春	玉壺春	○	1
	康進之	梁山泊李逵負荊	李逵負荊	○	1
	喬孟符	李太白匹配金錢記 杜牧之詩酒揚州夢 玉簫女兩世姻緣	金錢記 揚州夢 兩世姻緣	○ ○ ○	3
	朱凱	昊天塔孟良盜骨	孟良盜骨	○	1
	無名氏	包待制陳州糶米 爭報恩三虎下山 龐居士誤放來生債 包龍圖智賺合同文字 凍蘇秦衣錦還鄉 小尉遲將鬭將認父歸朝 神奴兒大鬧開封府 謝金吾詐拆清風府 朱太守風雪漁樵記 兩軍師隔江鬭智 金水橋陳琳抱粧盒 薩真人夜斷碧桃花 馮玉蘭夜月泣江舟	陳州糶米 爭報恩 來生債 合同文字 凍蘇秦 認父歸朝 神奴兒 謝金吾 漁樵記 隔江鬭智 抱粧盒 碧桃花 泣江舟	○ ○ ○ ○ ○ ○ ○ ○ ○ ○ ○ ○ ○	13
總計					156

注：表中“其他版本”指選用版本範圍內的其他版本，“○”表示無。

第二節　元雜劇用韻研究的思路與方法

本書研究的基本思路分五步，每一步驟依據內容不同採用相應的方法。

第一步搜集元雜劇作家所有雜劇，並斟別版本優劣。這一步相比較而言較為容易，因為前人時人在這方面作了很多工作，為斟別提供了有利條件。

第二步確定韻字。這一步工作困難得多，原因是曲的韻律十分複雜，尤其是劇曲裏數量衆多的襯字干擾了曲韻的辨認，而迄今尚無一本完而且善的曲韻書。這步工作的主要方法是排比同曲牌的曲子確定入韻字。排比中可以發現句末字到底該不該押韻、出韻及入聲字的歸派合理不合理等問題。如

【仙呂·點絳唇】

西蜀夢一折：席（入作平）帝（去）易（入作去）夕（入作平）水（上）

拜月亭一折：夷（陽）北（入作上）起（上）池（陽）地（去）

單刀會一折：僚（陽）弱（入作去）鬧（去）刀（陰）紹（去）

調風月一折：人（陽）困（去）粉（上）巾（陰）恨（去）

遇上皇一折：歪（皆來）搶（上）上（去）狂（陽）往（上）

疏者下船一折：安（陰）辨（先天）諫（去）間（陰）叛（去）

買冤家債主一折：乏（入作平）寡（上）下（去）猾（入作平）嚇（去）

陳摶高臥一折：生（陰）正（去）應（去）瓶（陽）鼎（上）

任風子一折：憐（陽）見（去）面（去）專（陰）院（去）

老生兒一折：財（陽）外（去）快（去）來（陽）債（去）

三奪槊一折：王（陽）上（去）掌（上）邦（陰）相（去）

氣英布一折：多（陰）末（入作去）可（上）合（入作?）破（去）

趙氏孤兒一折：秦（陽）晉（去）穩（上）臣（陽）損（上）

紫雲亭一折：亭（陽）徑（去）景（上）生（陰）競（去）

汗衫記一折：雲（陽）紛（上）緊（上）銀（陽）穩（上）

薛仁貴一折：途（陽）去（去）路（去）朱（陰）舉（上）

魔合羅一折：初（陰）序（去）暑（上）服（入作平）雨（上）

貶夜郎一折：翔（陽）向（去）上（去）浪（去）況（去）

岳孔目一折：薄（入作平）小（上）暴（去）刨（陽）絞（上）

介子推一折：才（陽）代（去）宰（上）階（陰）壞（去）

東窗事犯一折：邦（陰）將（去）上（去）霜（陰）掌（上）
霍光鬼諫一折：王（陽）項（去）將（去）邦（陰）丈（去）
范張雞黍一折：分（陰）沌（去）蘊（去）紛（陰）盡（去）
七裏灘一折：皇（陽）降（去）相（去）良（陽）莽（上）
周公攝政一折：耕（陰）聘（去）姓（去）行（陽）盛（去）
追韓信一折：超（陰）道（去）浩（去）濁（入作平）琢（入作上）
竹葉舟一折：梧（陽）度（去）古（上）枯（陰）路（去）
博望燒屯一折：極（入作平）易（入作去）理（上）機（陰）會（去）
替殺妻一折：軒（陰）院（去）轉（去）先（陰）燕（去）
焚兒救母一折：盲（陰）搶（上）悵（去）孀（陰）望（去）
伊尹耕莘一折：荒（陰）象（去）降（去）皇（陽）壯（去）
智勇定齊一折：湯（陰）創（去）向（去）王（陽）上（去）
三戰呂布一折：閑（陽）懶（上）晚（上）環（陽）漢（去）
翰林風月一折：羸（陽）聖（去）冷（上）生（陰）影（上）
王粲登樓一折：殘（陽）慣（去）慢（去）彈（陽）患（去）
倩女離魂一折：宵（陰）覺（入作上）曉（上）蕭（陰）掃（上）
曲江池一折：原（陽）片（去）軟（上）妍（陽）淺（上）
秋胡戲妻一折：人（陽）訓（去）分（去）姻（陰）順（去）
金錢記一折：涯（陽）下（去）馬（上）瓜（陰）甲（入作上）
灰闌記一折：窗（陰）帳（去）望（去）良（陽）巷（去）
…… …… ……

這是目前所有現存元雜劇【仙呂・點絳唇】用韻排比的情形，一個字入韻與否、是否按本韻相押、入聲字歸派類別等問題在排比中一目了然。就是用這種方法，我們排比了目前傳世的所有元雜劇的所有曲牌，窮盡性地分析討論每一個韻腳處的字。

現存諸種曲譜當然是我們經常查閱的重要參考書，如明人朱權《太和正音譜》、李玉《一笠庵北詞廣正譜》、清代的《九宮大成南北詞宮譜》、今人吳梅的《南北詞簡譜》、王力《漢語詩律學》等。通過這些曲譜我們可以發現元人在創作雜劇時遵守曲譜的尺度，更重要地是幫助我們在排比基礎上加強一些字入韻的解釋力。

第三步歸納出韻類情況並進行分析說明。

第四步制定出韻字表。

第五步通過比較方法突出元雜劇用韻的特殊之處及音韻史價值

第三節　曲譜

我國古典戲曲的成熟在宋元時期，從其聲腔系統上說，主要有北曲與南曲兩類。二者在音樂構成上，有著相通的帶本質性的共性即“曲牌聯套”體。它們都是由宮調統轄下的若干支曲牌聯綴在一起組成一個音樂結構單元，擔負著推動劇情、塑造人物、活躍舞臺氣氛、完成主題思想等任務。在曲牌聯套體的音樂結構中，曲調是最小的單位，有文律和音律兩方面的固定格式。文律上，一支曲調有固定的句式，每一句式又有固定的字數，每一樂字有其平仄四聲。在音律上，每支曲調都有其穩定的音樂基調與旋律節奏。曲牌聯套，既要考慮各曲牌音樂基調的聯貫性及人們使用的習慣性，同時必須顧及所擔負的思想內容、角色身份、具體的劇情環境等因素。因此，一個劇作家，他首先必須成為一個知音曉律的人，並對曲牌聯套的體制方法爛熟於心，經過相當嚴格的曲律訓練，才能真正地進入曲辭填制與劇本寫作。李漁曾在《閑情偶寄》中談到寫作的甘苦酸辛，他說：“至於填詞一道，則句之長短，字之多寡，聲之平上去入，韻之清濁陰陽，皆有一定不移之格。長者短一線不能，少者增一字不得，又復忽長忽短、時少時多，令人把握不定。當平者平，用一仄字不得；當陰者陰，換一陽字不能。調得平仄成文，又慮陰陽反復；分得陰陽清楚，又與聲韻乖張。令人攪斷肺腸，煩苦欲絕。此等苛法，盡勾磨人。作者處此，但能佈置得宜，安頓極妥便是千幸萬幸之事，尚能計其詞品之低昂，文情之工拙乎？”① 曲譜就是適應了傳統戲曲填詞訂腔的需要，為解決曲牌聯套體制帶給劇作家、曲師與演員的操作問題應運而生的。當然，曲譜的產生也是某一聲腔劇種的藝術形式趨向成熟的一種標誌。

① 李漁：《閒情偶寄・詞曲部》，《歷代曲話彙編》（清代編第一集），黃山書社 2008 年版，第 233 頁。

曲譜按其性質可分作文字譜和音樂譜兩種。文字譜傳統上稱作“曲譜”或“格律譜”；音樂譜，一般稱作“宮譜”或“工尺譜”。近代曲學家王季烈在《螾廬曲談·論宮譜》中論述：“厘定句讀，分別正襯，附點板式，示作家以準繩者，謂之曲譜。分別四聲陰陽，腔格高低，傍點工尺板眼，使度曲奉為圭臬者，謂之宮譜。”① 由於古典戲曲從聲腔系統上分北曲與南曲，南北曲各有不同的宮調系統與曲牌系統，即使名稱相同的曲牌，其平仄格律、音韻句式以及工尺板眼等也迥然相異，所以有了南曲曲譜與北曲曲譜的分工。後來又出現了綜合南北曲兼訂曲律工尺的綜合譜，可算作曲譜的第三種分類。

戲曲曲譜淵源于宋元，盛行於明清，延續到近現代。宋元時期是戲曲曲譜的萌芽時期，此時還沒有完整的北曲曲譜，但是周德清的《中原音韻》已開始輯集北曲宮調曲牌，為明初北曲譜的出現提供材料基礎。南曲方面已出現大型的曲譜專書《大元天曆九宮十三調譜》，對南曲曲調的總結已大體形成後世南曲譜曲調系統的雛型。明初至清康熙年間，是戲曲曲譜的形成及興盛時期。洪武三十一年朱權根據《中原音韻》編纂《太和正音譜》，構成戲曲史上第一部北曲格律譜。明代末年曲律家徐於室對北曲宮調曲牌重新加以輯集，創成《北曲譜》三冊。該譜稿本被戲曲家李玉所得，其邀集鈕少雅、朱素臣等人進行修訂，形成《一笠庵北詞廣正譜》一種。至此北曲格律譜有了集成總譜。南曲格律譜最早的是明代嘉靖二十八年蔣孝編撰的《南小令宮調譜》。萬曆二十五年前後，沈璟又根據蔣孝曲譜，增補校訂，編成《南曲全譜》。明末清初南曲格律譜的編輯呈現出了繁盛的狀況，出現了如徐於室、鈕少雅《南曲九宮正始》、沈自晉《南詞新譜》、馮夢龍《墨憨齋詞譜》等等。這一時期南北曲譜製作全為文字格律譜且作者都是名噪一時的曲律家或曲師。其後格律譜方興未艾，如王正祥《新定十二律昆腔譜》、《新定十二律京腔譜》等。並且南北合譜及工尺譜也紛紛問世，出現了康熙五十四年王奕清《欽定曲譜》、乾隆十一年周祥鈺等人《九宮大成南北詞宮譜》、乾隆五十七年至六十年葉堂《納書楹曲譜》、同治九年《遏雲閣曲譜》、晚清問世的《春雨樓曲譜》、《承軒曲譜》等。近代吳梅《南北詞簡譜》、王季烈《集成曲譜》成為曲譜編輯史的尾聲。雖後來有鄭騫《北曲新譜》問世，只能算作古

① 王季烈：《螾廬曲談·論宮調》（下冊），上海商務印書館 1928 年版，第 1 頁。

代戲曲曲譜編輯的餘緒。

由於本書研究的對像是元雜劇，屬於北曲範疇，參考的曲譜是北曲譜。所以就常見的北曲譜作如下說明。

《中原音韻》，元周德清著，北曲韻書。始作於元泰定甲子（1324）秋，元至正二年（1342）左右正式刊行。行世版本甚多。全書分“曲韻”和“正語作詞起例”兩部分。北曲譜的內容在“正語作詞起例”中。此書曲譜的內容包括兩方面：一是“樂府共三百三十五章”北曲曲調名稱、曲調“名同音律不同者一十章”和“句字不拘可以增損者一十四章”的歸納、十七宮調聲情特徵的闡釋；二是“末句”所列六十八首曲牌之末句的譜式、“定格”所舉三十六首例曲的格律分析。該書錄有樂府三百三十五章，按宮調統轄曲牌，然有目無辭；其“末句”和“定格”所列曲調不全，也不標注平仄四聲、韻腳，因此還不可視為嚴格意義的曲譜，可稱作北曲格律簡譜。這兩部分構成了後世北曲格律譜的雛型。近代曲學家對《中原音韻》的體例、內容有精闢分析：“按周氏原書體裁，本為曲韻；而卷末附此‘十法’，則以曲韻而而兼曲論矣。‘十法’之末又俱定格。‘定格’云者，乃譜式也。……又以曲論而集曲譜。……又，按其所列四十首定格，多聲文並美者，不同後人之譜，僅顧韻律，不顧文律也。則周氏茲作，蓋以一書而兼有曲韻、曲論、曲譜、曲選四種作用，覽者更未可以淺量之矣。”①

《太和正音譜》二卷，明朱權著，又名北曲譜、北雅、詞品。完成於洪武三十一年（1398），內容大體分兩部分。第一部分對曲體藝術的體式、元劇作家創作風格、雜劇題材、元雜劇名目等問題進行分析闡釋；第二部分羅列北曲十二宮調，選錄元明人的雜劇、散曲作品為例，標注三百三十五支曲牌用字的平仄、正襯，成為制曲的專門規範。此書完全按照《中原音韻》所列曲調名稱來譜式的，是古代戲曲史上第一部完整的北曲格律譜。其形式雖然簡單，但頗具特色，在明清兩代產生了相當大的影響，出現了與《太和正音譜》如出一轍的裔派曲譜。如明程明善編輯的《嘯餘譜》中的《北曲譜》、范文若改訂的《博山堂北曲譜》、清王奕清《欽定曲譜》等。

《一笠庵北詞廣正譜》，清李玉更定。分元亨利貞四冊，共十八卷，

① 任中敏：《作詞十法疏證》，中華書局鉛印本1924年版，第1頁。

前面有婁東吳偉業序，後附《南戲北詞正謬》。今人根據吳偉業序，大多以為此書乃李玉一人所著。其實該書系李玉據徐於室《北詞譜》刪去一部分，重新加以增訂，並由鈕少雅于正文例曲中增標板式而成。該書選錄北曲曲牌四百四十七章，每個曲牌列出不同格式，舉例說明，分別正襯字，注明韻字。全書搜羅詳備，闡釋明確，頗為後人稱道。有清康熙間青蓮書屋刻本、1919 年北京大學石印巾箱本、民國二十六年（1937）北京大學影印康熙刻本。

《九宮大成南北詞宮譜》清乾隆七年（1742），周祥鈺、鄒金生等人奉敕纂此譜，于乾隆十一年成書刊行。是一部南北曲集大成曲譜。該宮譜兼作格律譜之用。其中北曲三十卷，取自《一笠庵北詞廣正譜》。

《南北詞簡譜》吳梅編撰。十卷。北曲四卷，分十二宮調收錄三百三十二支曲牌。此譜以宮統調，每宮調定笛色，每個曲牌選錄有代表性的曲詞作為標準，並標注正襯，指出韻律。每支曲牌下面都有說明性文字，對該曲牌的作法、增句等作了說明，並疏釋了舊譜中的疑難和謬誤。每宮調後附有套數格式。在前人研究的基礎上不乏創見。

《元詞斠律》王玉章編撰。又名《北詞斠律》，分上下二篇，凡十二卷。按照《太和正音譜》宮調的編排順序，把《元曲選》所收雜劇百種之曲牌，歸類於每一宮調之下。在勘校中，標注每一調句法、字數、正襯、韻律的正格，並兼采舊譜成說，對每支例曲進行注解。付梓僅上篇，下篇未刊。1936 年商務印書館刊印。

《北曲新譜》鄭騫著。1973 年臺灣藝文印書館出版。按照十二宮調列譜，輯收曲牌三百八十二首，著者遍讀現存元代及明初北曲，取每一牌調之全部作品進行比較歸納，確定各牌調之格式，吸收前人成果對每一曲調做了詳細標注。並在分析歸納的基礎上對歷來曲譜著作的缺陷進行了分析說明。此書"明句式、辨三聲、定韻協、析正襯，確立準繩，分別正變，庶幾誦讀無棘喉澀舌之苦，寫作不致貽失格舛律之譏，或足為治曲學習曲藝者之一助"①。

《漢語詩律學》，王力著，1962 年由上海教育出版社出版，1982 年再版，2005 年上海世紀出版集團重新出版。此書一改以前曲譜的標注方法，用數字、羅馬字母等符號表示曲牌句數、句內字數、句末字平仄、押韻情

① 鄭騫：《北曲新譜・自序》，藝文印書館 1973 年版。

況等，簡明扼要地總結了曲調的格律，但僅列舉了七種宮調。

《中國曲學大辭典》，一部反映和吸收歷來各種曲學研究成果的大型專科工具書。其曲牌中收北曲曲牌一百七十八條，每曲牌選較典型的曲詞為例，標明句格字格，在字下注出聲韻要求，分別正襯。並對此曲牌的變化進行分析。

第三章

元雜劇用韻概況

第一節　元雜劇用韻概述

元雜劇共六千八百五十支曲子，其中楔子有一百五十七支，劇曲六千六百九十三支，獨立使用了仙呂、正宮、中呂、南呂、雙調、越調、商調、大石調、黃鍾九個宮調，另外般涉調的一些曲子如【哨遍】、【牆頭花】、【耍孩兒】等常借入其他宮調，還有一些南曲的曲子，如【柳搖金】（四支）、【青哥兒】（一支）、【鎖南枝】（一支）。關於南曲押韻，沈璟認為應遵《中原音韻》，王驥德不同意沈璟的觀點，依據《洪武正韻》，另創《南詞正韻》一種，認為南曲押韻當以《洪武正韻》系統的韻書為准。沈寵綏折中了兩人的觀點，在《度曲須知・宗韻商疑》中認為“凡南北詞韻腳，當共押周韻。若句中字面，則南曲以《正韻》為宗。……北曲以周韻為宗”①。《中原音韻》所謂“今之所傳者一十有二”，除小石調、商角調未被涉及外，其餘都用到或借入他調。王力在《漢語詩律學》一書中說“這十二宮調當中，最常用的是正宮，仙呂，中呂，南呂和雙調，其次是越調和商調，又其次是大石調和黃鍾，最罕見的是小石、商角和般涉”②。經過對現存所有元雜劇宮調使用的調查，事實確如王力所言，小石調和商角調不見使用，就是借入他調也未見，般涉調也只是個別曲子借入而已。系聯歸納，以《中原音韻》曲韻十九韻來衡量，元雜劇六千八百五十支曲子的韻腳字可歸納為 18 類：東鍾、江陽、支思、齊微、魚模、

---

① 沈寵綏：《度曲須知》，《歷代曲話彙編》（明代編第二集），黃山書社 2009 年版，第 653 頁。

② 王力：《漢語詩律學》，上海教育出版社 1963 年版，第 708 頁。

皆來、真文、寒山、先天、蕭豪、歌戈、家麻、車遮、庚青、尤侯、侵尋、監咸、廉纖，《中原音韻》中的桓歡未見通折使用。但是桓歡類字並不是固定混入某類中，而是同時雜入幾類，所以我們也認為此類應該獨立，只是元雜劇未獨立使用而已。具體情況如下表。

表 3－1 **元雜劇用韻表**

韻部	楔子（157 支）	劇曲（6693 支）	合計 6850 支
一東鍾	伊尹耕莘四折前【仙呂・賞花時】1 支 澠池會四折前【仙呂・賞花時】1 支 襄陽會四折前【仙呂・賞花時】1 支 勘頭巾二折前【仙呂・賞花時】2 支 劉弘嫁婢劇首【仙呂・賞花時】2 支 西廂記一本劇首【仙呂・賞花時】2 支	趙氏孤兒二折【南呂】12 支 博望燒屯四折【中呂】10 支 認父歸朝一折【仙呂】12 支 孟良盜骨一折【仙呂】8 支 東坡夢三折【正宮】10 支 柳毅傳書二折【越調】11 支 張生煮海一折【仙呂】13 支 麗春堂一折【仙呂】10 支 單鞭奪槊三折【越調】8 支 東牆記四折【越調】14 支 馬陵道一折【仙呂】8 支 豫讓吞炭四折【中呂】13 支 桃花女四折【雙調】4 支 野猿聽經一折【仙呂】11 支 鎖魔鏡一折【仙呂】7 支 梧桐葉四折【雙調】9 支 風花雪月一折【仙呂】7 支 西廂記二本四折【越調】14 支 蝴蝶梦一折【仙呂】12 支	202 支
二江陽	薛仁貴劇首【仙呂・端正好】1 支 倩女離魂劇首【仙呂・賞花時】2 支 瀟湘雨劇首【仙呂・端正好】1 支 裴度還帶四折前【仙呂・賞花時】1 支 殺狗勸夫劇首【仙呂・賞花時】2 支 野猿聽經四折前【仙呂・賞花時】1 支 生金閣劇首【仙呂・賞花時】1 支 西廂記四本劇首【仙呂・端正好】1 支	西蜀夢二折【南呂】7 支 拜月亭二折【南呂】11 支 單刀會三折【中呂】15 支 遇上皇一折【仙呂】14 支 買冤家債主三折【商調】16 支 陳摶高臥四折【雙調】13 支 老生兒三折【越調】12 支 三奪槊一折【仙呂】14 支 紫雲亭四折【雙調】10 支 魔合羅三折【商調】10 支 貶夜郎一折【仙呂】15 支 東窗事犯一折【仙呂】14 支 霍光鬼諫一折【仙呂】12 支 范張雞黍四折【中呂】25 支 七裏灘一折【仙呂】12 支 博望燒屯三折【雙調】13 支 焚兒救母一折【仙呂】12 支 伊尹耕莘一折【仙呂】8 支 智勇定齊一折【仙呂】6 支 翰林風月三折【越調】14 支 王粲登樓四折【雙調】5 支 三戰呂布四折【正宮】6 支 灰闌記一折【仙呂】10 支	

续表

韻部	楔子（157支）	劇曲（6693支）	合計 6850支
		秋胡戲妻四折【雙調】10支 凍蘇秦三折【南呂】8支 玉壺春二折【南呂】13支 伍員吹簫一折【仙呂】9支 救孝子四折【雙調】7支 誶范叔二折【南呂】11支 東坡夢四折【雙調】9支 柳毅傳書四折【雙調】8支 張生煮海三折【正宮】9支 漢宮秋三折【雙調】12支 岳陽樓一折【仙呂】14支 踏雪尋梅四折【雙調】8支 貶黃州一折【仙呂】10支 麗春堂四折【雙調】17支 破窑記一折【仙呂】8支 玉鏡臺一折【仙呂】14支 謝天香二折【南呂】7支 陳母教子一折【仙呂】9支 襄陽會四折【雙調】5支 圯橋進履三折【正宮】10支 破苻堅一折【仙呂】7支 蝴蝶夢一折【仙呂】12支 風光好二折【南呂】11支 忍字記三折【雙調】9支 風雲會三折【正宮】16支 連環記三折【正宮】11支 赤壁賦一折【仙呂】16支 還牢末三折【雙調】5支 黃鶴樓一折【仙呂】7支 千里獨行四折【雙調】6支 降桑椹三折【中呂】8支 捶丸記一折【仙呂】8支 符金錠三折【中呂】8支 生金閣二折【越調】10支 度柳翠【雙調】7支 衣錦還鄉四折【正宮】7支 風魔蒯通四折【雙調】5支 諸葛論功三折【雙調】11支 延安府四折【雙調】4支 村樂堂二折【南呂】8支 翫江亭四折【雙調】5支 黃花峪一折【仙呂】8支 西廂記一本二折【中呂】20支	691支
三支思	東窗事犯劇首【仙呂・端正好】2支 爭報恩劇首【仙呂・賞花時】1支 誶范叔劇首【仙呂・端正好】2支 東堂老劇首【仙呂・賞花時】1支	買冤家債主四折【越調】13支 倩女離魂四折【雙調】2支 瀟湘雨二折【南呂】7支 瀟湘雨四折【正宮】1支 隔江鬭智一折【仙呂】9支 謝天香一折【仙呂】9支	

续表

韻部	楔子（157支）	劇曲（6693支）	合計 6850支
		三勘蝴蝶夢一折【仙呂】13支 風光好四折【中呂】14支 剪髮待賓二折【正宮】9支 金鳳釵四折【雙調】11支 勘頭巾二折【南呂】7支 貨郎旦四折【南呂】2支 劉弘嫁婢三折【越調】6支 殺狗勸夫四折【中呂】10支 黃鶴樓三折【雙調】5支 鴛鴦被一折【仙呂】7支 相國寺三折【商調】13支 百花亭四折【雙調】8支 風花雪月三折【正宮】12支 西廂記三本一折【仙呂】13支 西廂記五本二折【中呂】19支	196支
四齊微	疏者下船劇首【仙呂·端正好】1支 替殺妻劇首【仙呂·賞花時】1支 漁樵記三折前【仙呂·賞花時】1支 柳毅傳書劇首【仙呂·端正好】2支 黃粱夢二折前【仙呂·賞花時】2支 單鞭奪槊劇首【仙呂·端正好】1支 陳母教子劇首【仙呂·賞花時】2支 老君堂三折前【仙呂·賞花時】2支	西蜀夢一折【仙呂】9支 拜月亭一折【仙呂】10支 單刀會四折【雙調】2支 調風月二折【中呂】16支 遇上皇三折【中呂】10支 疏者下船四折【雙調】9支 陳摶高臥三折【正宮】14支 任風子三折【中呂】16支 紫雲亭二折【南呂】10支 薛仁貴三折【中呂】18支 魔合羅四折【中呂】27支 貶夜郎三折【中呂】20支 岳孔目三折【雙調】12支 東窗事犯二折【中呂】15支 周公攝政三折【越調】18支 博望燒屯一折【仙呂】14支 替殺妻四折【雙調】8支 伊尹耕莘三折【正宮】9支 智勇定齊三折【越調】7支 王粲登樓三折【中呂】13支 倩女離魂三折【中呂】16支 三戰呂布三折【中呂】11支 灰闌記四折【雙調】10支 秋胡戲妻二折【正宮】9支 曲江池二折【商調】1支 爭報恩四折【雙調】8支 瀟湘雨二折劇首【正宮】1支 虎頭牌三折【雙調】11支 合同文字四折【雙調】8支 凍蘇秦二折【正宮】9支 玉壺春四折【雙調】8支 認父歸朝三折【越調】9支 神奴兒一折【仙呂】10支 謝金吾三折【越調】14支	

续表

韻部	楔子（157 支）	劇曲（6693 支）	合計 6850 支
		伍員吹簫三折【中呂】10 支 酷寒亭二折【越調】10 支 誶范叔四折【雙調】13 支 東坡夢二折【南呂】11 支 隔江鬬智二折【中呂】10 支 李逵負荊二折【正宮】8 支 碧桃花二折【中呂】10 支 岳陽樓三折【正宮】10 支 青衫淚三折【雙調】19 支 薦福碑四折【雙調】11 支 踏雪尋梅三折【中呂】12 支 貶黃州三折【越調】13 支 麗春堂二折【中呂】11 支 破窑記二折【正宮】6 支 五侯宴四折【商調】7 支 救風塵一折【仙呂】14 支 玉鏡臺三折【中呂】17 支 望江亭二折【中呂】7 支 謝天香三折【正宮】14 支 哭存孝一折【仙呂】11 支 竇娥冤二折【南呂】11 支 裴度還帶二折【南呂】12 支 陳母教子三折【中呂】6 支 牆頭馬上一折【仙呂】12 支 澠池會二折【中呂】10 支 襄陽會一折【仙呂】10 支 襄陽會三折【中呂】9 支 蝴蝶夢二折【南呂】10 支 剪髮待賓三折【中呂】10 支 金鳳釵一折【仙呂】12 支 後庭花四折【中呂】17 支 風雲會四折【雙調】15 支 馬陵道三折【雙調】9 支 連環記四折【雙調】6 支 赤壁賦四折【雙調】6 支 雲窗夢四折【雙調】10 支 留鞋記一折【仙呂】12 支 勘頭巾三折【商調】12 支 浮漚記四折【雙調】4 支 貨郎旦四折【南呂】1 支 不伏老三折【越調】13 支 劉弘嫁婢二折【中呂】14 支 殺狗勸夫二折【正宮】20 支 還牢末一折【仙呂】11 支 桃花女三折【中呂】11 支 盆兒鬼三折【越調】17 支 黃鶴樓二折【雙調】2 支 黃鶴樓四折【南呂】5 支 鴛鴦被四折【雙調】5 支 千里獨行一折【仙呂】6 支	

续表

韻 部	楔子（157 支）	劇曲（6693 支）	合計 6850 支
		舉案齊眉三折【越調】8 支 存孝打虎四折【黃鍾】8 支 衣襖車三折【商調】10 支 摩利支三折【越調】8 支 降桑椹一折【雙調】1 支 降桑椹四折【正宮】8 支 捶丸記二折【南呂】6 支 百花亭三折【商調】16 支 鎖魔鏡四折【黃鍾】7 支 藍采和四折【雙調】8 支 符金錠一折【仙呂】10 支 生金閣四折【雙調】5 支 魯齋郎二折【南呂】5 支 衣錦還鄉三折【越調】7 支 風魔蒯通二折【中呂】8 支 諸葛論功二折【南呂】8 支 諸葛論功三折【鎖南枝】1 支 延安府二折【正宮】8 支 翫江亭二折【南呂】8 支 翫江亭二折【雙調】4 支 風花雪月二折【南呂】7 支 黃花峪二折【南呂】7 支 雙獻功三折【雙調】15 支 西廂記四本三折【正宮】19 支 西廂記四本四折【雙調】1 支	1108 支
五魚模	范張雞黍劇首【仙呂・賞花時】2 支 焚兒救母劇首【仙呂・端正好】2 支 翰林風月劇首【仙呂・賞花時】2 支 來生債劇首【仙呂・賞花時】1 支 竹塢聽琴劇首【仙呂・賞花時】2 支 青衫淚二折前【仙呂・端正好】1 支 金線池劇首【仙呂・端正好】2 支 梧桐雨劇首【仙呂・端正好】2 支 東牆記劇首【仙呂・賞花時】2 支 澠池會劇首【仙呂・端正好】1 支 燕青博魚劇首【仙呂・端正好】2 支 馬陵道二折前【仙呂・賞花時】1 支 赤壁賦三折前【仙呂・賞花時】2 支 浮漚記劇首【仙呂・端正好】1 支 相國寺劇首【仙呂・端正好】2 支	調風月四折【雙調】12 支 遇上皇二折【南呂】9 支 疏者下船三折【中呂】13 支 任風子二折【正宮】11 支 氣英布四折【黃鍾】7 支 趙氏孤兒四折【中呂】15 支 薛仁貴一折【仙呂】12 支 魔合羅一折【仙呂】12 支 貶夜郎二折【正宮】15 支 七裏灘二折【越調】11 支 竹葉舟一折【仙呂】11 支 博望燒屯二折【南呂】12 支 伊尹耕莘四折【雙調】4 支 智勇定齊二折【中呂】7 支 秋胡戲妻三折【中呂】11 支 瀟湘雨三折【黃鍾】9 支 來生債二折【中呂】13 支 合同文字三折【中呂】13 支 神奴兒三折【中呂】12 支 謝金吾四折【雙調】8 支 伍員吹簫二折【南呂】7 支 救孝子三折【中呂】14 支 孟良盜骨三折【正宮】7 支 漁樵記一折【仙呂】12 支	

续表

韻部	楔子（157 支）	劇曲（6693 支）	合計 6850 支
		柳毅傳書一折【仙呂】9 支 張生煮海四折【雙調】9 支 馮玉蘭二折【正宮】9 支 岳陽樓四折【雙調】7 支 薦福碑一折【仙呂】14 支 麗春堂三折【越調】15 支 破窑記三折【中呂】7 支 五侯宴一折【仙呂】6 支 救風塵四折【雙調】7 支 玉鏡臺四折【雙調】14 支 三勘蝴蝶夢二折【南呂】12 支 牆頭馬上四折【中呂】13 支 澠池會三折【正宮】10 支 破符堅二折【南呂】8 支 東堂老三折【中呂】8 支 趙禮讓肥四折【雙調】5 支 後庭花二折【南呂】9 支 斷冤家債主三折【中呂】11 支 貨郎旦四折【南呂】2 支 劉弘嫁婢一折【仙呂】9 支 舉案齊眉一折【仙呂】12 支 摩利支二折【正宮】8 支 捶丸記四折【雙調】9 支 梧桐葉二折【正宮】12 支 生金閣一折【仙呂】10 支 魯齋郎三折【中呂】14 支 九世同居一折【仙呂】11 支 衣錦還鄉二折【中呂】5 支 風魔蒯通一折【仙呂】9 支 延安府一折【仙呂】8 支 黄花峪三折【正宮】9 支 西廂記三本四折【越調】1 支 西廂記五本四折【雙調】20 支	594 支
六皆來	魔合羅劇首【仙呂・賞花時】2 支 伊尹耕莘劇首【仙呂・賞花時】1 支 凍蘇秦劇首【仙呂・賞花時】1 支 神奴兒二折前【仙呂・賞花時】1 支 救孝子二折前【仙呂・賞花時】2 支 盆兒鬼劇首【仙呂・賞花時】1 支 衣錦還鄉二折前【仙呂・賞花時】1 支 村樂堂三折前【雙調・新水令】1 支 雙獻功二折前【越調・金蕉葉】1 支 西廂記五本劇首【仙呂・賞花時】1 支	買冤家債主二折【正宮】17 支 老生兒一折【仙呂】12 支 汗衫記三折【中呂】13 支 薛仁貴二折【商調】10 支 岳孔目四折【中呂】9 支 介子推一折【仙呂】10 支 東窗事犯四折【仙呂】2 支 七裹灘四折【雙調】10 支 周公攝政四折【雙調】13 支 焚兒救母三折【中呂】16 支 翰林風月四折【雙調】11 支 王粲登樓二折【正宮】8 支 陳州糶米四折【雙調】7 支 爭報恩二折【中呂】13 支 來生債三折【越調】13 支 虎頭牌四折【正宮】9 支	

续表

韻部	楔子（157 支）	劇曲（6693 支）	合計 6850 支
		玉壺春三折【中呂】18 支 認父歸朝二折【中呂】9 支 謝金吾一折【仙呂】11 支 漁樵記二折【正宮】11 支 兩世姻緣四折【雙調】13 支 酷寒亭四折【雙調】9 支 隔江鬬智四折【雙調】8 支 李逵負荊四折【雙調】8 支 碧桃花四折【雙調】9 支 張生煮海二折【南呂】7 支 青衫淚一折【仙呂】10 支 薦福碑三折【中呂】17 支 黃粱夢二折【商調】17 支 破窰記四折【雙調】6 支 五侯宴五折【雙調】7 支 三勘蝴蝶夢四折【雙調】10 支 竇娥冤四折【雙調】5 支 裴度還帶一折【仙呂】10 支 單鞭奪槊一折【仙呂】9 支 東牆記三折【中呂】16 支 牆頭馬上二折【南呂】13 支 圯橋進履二折【南呂】10 支 趙禮讓肥三折【越調】7 支 金鳳釵三折【南呂】13 支 斷冤家債主一折【仙呂】8 支 留鞋記二折【正宮】13 支 貨郎旦四折【南呂】2 支 獨角牛二折【越調】6 支 還牢末四折【中呂】8 支 存孝打虎一折【仙呂】11 支 衣襖車四折【中呂】7 支 捶丸記三折【越調】6 支 符金錠二折【南呂】8 支 衣錦還鄉一折【仙呂】10 支 諸葛論功四折【正宮】7 支 翫江亭二折【中呂】2 支 風花雪月四折【雙調】5 支 黃花峪一折【南駐雲飛】1 支 西廂記四本一折【仙呂】17 支 九世同居三折【雙調】1 支	550 支
七真文	紫雲亭劇首【仙呂・賞花時】2 支 灰闌記劇首【仙呂・賞花時】1 支 酷寒亭劇首【仙呂・賞花時】2 支 五侯宴劇首【仙呂・端正好】1 支 三勘蝴蝶夢劇首【仙呂・賞花時】2 支 襄陽會三折前【仙呂・賞花時】1 支 圯橋進履三折前【仙呂・賞花時】1 支 金鳳釵劇首【仙呂・賞花時】2 支 忍字記劇首【仙呂・賞花時】2 支	調風月一折【仙呂】16 支 陳摶高臥二折【南呂】13 支 老生兒四折【雙調】11 支 三奪槊三折【雙調】10 支 趙氏孤兒一折【仙呂】11 支 紫雲亭四折【雙調】1 支 汗衫記一折【仙呂】8 支 介子推四折【越調】10 支 東窗事犯四折【正宮】13 支	

续表

韻部	楔子（157 支）	劇曲（6693 支）	合計 6850 支
	風雲會劇首【仙呂・賞花時】1 支 馬陵道劇首【仙呂・賞花時】2 支 還牢末劇首【仙呂・賞花時】1 支 鴛鴦被劇首【仙呂・端正好】1 支 符金錠劇首【仙呂・賞花時】1 支 符金錠四折前【仙呂・賞花時】1 支	范張雞黍一折【仙呂】14 支 追韓信三折【中呂】15 支 替殺妻二折【正宮】10 支 焚兒救母四折【雙調】6 支 倩女離魂四折【雙調】1 支 秋胡戲妻一折【仙呂】12 支 曲江池二折【南呂】8 支 來生債一折【仙呂】11 支 虎頭牌一折【仙呂】9 支 合同文字二折【正宮】9 支 凍蘇秦四折【雙調】8 支 認父歸朝四折【雙調】5 支 神奴兒四折【雙調】9 支 救孝子二折【正宮】11 支 漁樵記三折【中呂】10 支 紅梨花三折【中呂】14 支 誶范叔三折【正宮】13 支 東坡夢一折【仙呂】10 支 柳毅傳書三折【商調】8 支 碧桃花一折【仙呂】12 支 馮玉蘭一折【仙呂】9 支 黃粱夢一折【仙呂】14 支 貶黃州四折【雙調】12 支 金線池一折【仙呂】7 支 救風塵三折【正宮】11 支 哭存孝二折【南呂】9 支 緋衣夢四折【雙調】4 支 裴度還帶四折【雙調】8 支 東牆記一折【仙呂】11 支 燕青博魚二折【仙呂】10 支 風光好三折【正宮】11 支 東堂老四折【雙調】6 支 剪髮待賓四折【雙調】11 支 後庭花一折【仙呂】10 支 斷冤家債主四折【雙調】5 支 豫讓吞炭一折【仙呂】10 支 雲窗夢二折【正宮】13 支 勘頭巾一折【仙呂】7 支 不伏老一折【仙呂】10 支 殺狗勸夫一折【仙呂】12 支 舉案齊眉二折【正宮】12 支 摩利支四折【雙調】5 支 相國寺四折【雙調】15 支 梧桐葉一折【仙呂】12 支 九世同居三折【正宮】9 支 村樂堂四折【雙調】5 支 翫江亭一折【仙呂】6 支 西廂記二本一折【仙呂】13 支 西廂記五本三折【越調】12 支	588 支

续表

韻 部	楔子（157 支）	劇曲（6693 支）	合計 6850 支
八寒山	東窗事犯三折前【仙呂・賞花時】2 支 梧桐葉劇首【仙呂・賞花時】1 支	疏者下船一折【仙呂】10 支 霍光鬼諫四折【雙調】7 支 追韓信二折【雙調】13 支 竹葉舟四折【仙呂】8 支 智勇定齊二折【撼動山】1 支 王粲登樓一折【仙呂】10 支 三戰呂布一折【仙呂】9 支 岳陽樓二折【南呂】13 支 望江亭一折【仙呂】10 支 緋衣夢一折【仙呂】7 支 梧桐雨二折【中呂】14 支 澠池會一折【仙呂】8 支 風光好一折【仙呂】10 支 浮漚記三折【正宮】8 支 貨郎旦四折【南呂】1 支 存孝打虎二折【南呂】9 支 老君堂一折【仙呂】11 支 西廂記三本二折【中呂】19 支	171 支
九桓歡			
十先天	周公攝政劇首【仙呂・賞花時】1 支 謝天香劇首【仙呂・賞花時】2 支 存孝打虎劇首【仙呂・賞花時】1 支 摩利支三折前【仙呂・賞花時】2 支 百花亭二折前【仙呂・端正好】1 支	拜月亭四折【雙調】15 支 任風子一折【仙呂】10 支 三奪槊四折【正宮】13 支 汗衫記四折【雙調】10 支 貶夜郎四折【雙調】13 支 岳孔目二折【正宮】10 支 霍光鬼諫二折【中呂】13 支 替殺妻一折【仙呂】13 支 曲江池一折【仙呂】11 支 金錢記二折【正宮】10 支 陳州糶米三折【南呂】8 支 瀟湘雨四折【正宮】9 支 來生債四折【雙調】7 支 虎頭牌二折【雙調】18 支 合同文字一折【仙呂】10 支 玉壺春一折【仙呂】12 支 漁樵記四折【雙調】12 支 兩世姻緣一折【仙呂】13 支 紅梨花四折【雙調】10 支 竹塢聽琴一折【仙呂】10 支 碧桃花三折【正宮】9 支 青衫淚二折【正宮】16 支 貶黃州二折【正宮】14 支 金線池四折【雙調】7 支 五侯宴三折【正宮】6 支 望江亭四折【雙調】3 支 三勘蝴蝶夢三折【正宮】12 支 竇娥冤三折【正宮】7 支 單鞭奪槊四折【黃鍾】7 支 陳母教子四折【雙調】4 支	

续表

韻 部	楔子（157 支）	劇曲（6693 支）	合計 6850 支
		東牆記五折【雙調】13 支 破苻堅三折【越調】6 支 蝴蝶夢四折【雙調】8 支 剪髮待賓一折【仙呂】10 支 連環記二折【南呂】13 支 雲窗夢一折【仙呂】16 支 留鞋記四折【雙調】10 支 勘頭巾四折【雙調】5 支 貨郎旦三折【正宮】9 支 不伏老四折【雙調】7 支 獨角牛四折【雙調】6 支 降桑椹五折【雙調】6 支 野猿聽經四折【雙調】7 支 藍采和一折【仙呂】8 支 魯齋郎一折【仙呂】8 支 老君堂三折【中呂】7 支 延安府三折【中呂】10 支 西廂記一本一折【仙呂】13 支	481 支
十一 蕭豪	智勇定齊三折前【仙呂・賞花時】1 支 斷冤家債主劇首【仙呂・憶王孫】1 支 桃花女劇首【仙呂・端正好】1 支	單刀會一折【仙呂】12 支 任風子四折【雙調】9 支 老生兒二折【正宮】12 支 三奪槊二折【南呂】11 支 趙氏孤兒三折【雙調】10 支 魔合羅二折【黃鍾】12 支 岳孔目一折【仙呂】7 支 周公攝政二折【中呂】12 支 追韓信一折【仙呂】16 支 替殺妻三折【中呂】16 支 伊尹耕莘二折【中呂】9 支 智勇定齊四折【雙調】4 支 翰林風月二折【大石調】13 支 倩女離魂一折【仙呂】15 支 灰闌記二折【商調】12 支 金錢記四折【雙調】8 支 爭報恩一折【仙呂】10 支 伍員吹簫四折【雙調】11 支 誶范叔一折【仙呂】11 支 隔江鬬智三折【商調】8 支 竹塢聽琴四折【雙調】9 支 李逵負荊三折【商調】8 支 馮玉蘭三折【商調】9 支 岳陽樓三折【正宮】2 支 薦福碑二折【正宮】12 支 踏雪尋梅二折【南呂】12 支 黃粱夢三折【大石調】13 支 望江亭三折【越調】1 支 哭存孝四折【雙調】9 支 裴度還帶三折【正宮】15 支 梧桐雨四折【正宮】24 支 澠池會四折【雙調】11 支	

续表

韻部	楔子（157支）	劇曲（6693支）	合計 6850支
		襄陽會二折【越調】9支 圯橋進履四折【雙調】3支 燕青博魚四折【雙調】4支 破苻堅四折【雙調】4支 東堂老一折【仙呂】11支 趙禮讓肥二折【正宮】14支 金鳳釵二折【中呂】14支 忍字記一折【仙呂】14支 風雲會二折【南呂】11支 浮漚記一折【仙呂】1支 還牢末二折【商調】9支 黃鶴樓二折【正宮】6支 千里獨行三折【中呂】8支 舉案齊眉四折【雙調】9支 衣襖車二折【南呂】7支 摩利支一折【仙呂】10支 降桑椹一折【仙呂】10支 降桑椹二折【商調】7支 相國寺二折【南呂】10支 野猿聽經二折【南呂】9支 梧桐葉三折【中呂】16支 符金錠四折【雙調】8支 生金閣三折【南呂】8支 九世同居四折【雙調】8支 諸葛論功一折【仙呂】7支 老君堂三折【黃鍾】7支 西廂記一本四折【雙調】12支 圯橋進履一折【仙呂】5支	587支
十二 歌戈	相國寺二折前【仙呂·賞花時】1支	西蜀夢三折【中呂】13支 氣英布一折【仙呂】12支 紫雲亭三折【中呂】18支 竹葉舟四折【正宮】7支 焚兒救母二折【越調】13支 曲江池四折【雙調】9支 爭報恩三折【越調】9支 謝金吾二折【南呂】9支 酷寒亭三折【南呂】11支 黃粱夢四折【正宮】11支 忍字記四折【中呂】9支 貨郎旦一折【仙呂】9支 桃花女二折【正宮】8支 盆兒鬼二折【中呂】8支 藍采和三折【正宮】7支 魯齋郎四折【雙調】10支 風魔蒯通三折【越調】9支 西廂記二本三折【雙調】16支	189支
十三 家麻	拜月亭劇首【仙呂·賞花時】2支 岳孔目三折前【仙呂·賞花時】2支 伍員吹簫四折前【仙呂·賞花時】1支	買冤家債主一折【仙呂】11支 合汗衫二折【越調】15支 薛仁貴四折【雙調】15支	

续表

韻部	楔子（157 支）	劇曲（6693 支）	合計 6850 支
	隔江鬬智四折前【仙呂・賞花時】1 支 漢宮秋劇首【仙呂・賞花時】1 支 蝴蝶夢二折前【仙呂・賞花時】1 支 魯齋郎劇首【仙呂・端正好】2 支	介子推三折【中呂】15 支 倩女離魂二折【越調】16 支 灰闌記三折【黃鍾】11 支 金錢記一折【仙呂】13 支 認父歸朝二折首【雙調】1 支 救孝子一折【仙呂】9 支 揚州夢三折【南呂】9 支 孟良盜骨二折【中呂】11 支 兩世姻緣三折【越調】14 支 酷寒亭一折【仙呂】8 支 紅梨花一折【仙呂】11 支 竹塢聽琴二折【中呂】11 支 漢宮秋一折【仙呂】9 支 青衫淚四折【中呂】17 支 梧桐雨三折【雙調】20 支 燕青博魚一折【大石調】9 支 趙禮讓肥一折【仙呂】11 支 忍字記二折【南呂】14 支 後庭花三折【雙調】12 支 風雲會一折【仙呂】11 支 豫讓吞炭三折【越調】14 支 留鞋記三折【中呂】17 支 貨郎旦四折【南呂】2 支 盆兒鬼一折【仙呂】10 支 盆兒鬼四折【中呂】8 支 鴛鴦被二折【正宮】10 支 存孝打虎三折【越調】10 支 野猿聽經三折【中呂】9 支 村樂堂三折【商調】8 支 西廂記三本三折【雙調】13 支	384 支
十四 車遮	玉壺春二折前【仙呂・端正好】1 支	拜月亭三折【正宮】15 支 單刀會四折【雙調】10 支 貶夜郎四折【仙呂】2 支 范張雞黍二折【南呂】15 支 五侯宴二折【南呂】5 支 望江亭三折【越調】9 支 哭存孝三折【中呂】10 支 牆頭馬上三折【雙調】18 支 圯橋進履一折【仙呂】1 支 馬陵道四折【中呂】11 支 還牢末二折【中呂】1 支 百花亭一折【仙呂】10 支 雙獻功二折【仙呂】7 支 西廂記四本四折【雙調】15 支	129 支
十五 庚青	介子推四折前【仙呂・賞花時】1 支 揚州夢劇首【仙呂・賞花時】2 支 破苻堅三折前【仙呂・端正好】1 支 千里獨行劇首【仙呂・端正好】1 支 捶丸記三折前【仙呂・賞花時】1 支	調風月三折【越調】14 支 陳摶高臥一折【仙呂】12 支 氣英布二折【南呂】7 支 紫雲亭一折【仙呂】12 支 七裹灘三折【正宮】16 支	

续表

韻部	楔子（157 支）	劇曲（6693 支）	合計 6850 支
	老君堂劇首【仙呂・賞花時】1 支	周公攝政一折【仙呂】11 支 追韓信四折【正宮】3 支 翰林風月一折【仙呂】11 支 倩女離魂四折【黃鍾】10 支 曲江池三折【中呂】9 支 陳州糶米一折【仙呂】12 支 凍蘇秦一折【仙呂】9 支 神奴兒二折【南呂】9 支 揚州夢二折【正宮】10 支 揚州夢四折【雙調】8 支 孟良盜骨四折【雙調】11 支 兩世姻緣二折【商調】12 支 紅梨花二折【南呂】12 支 竹塢聽琴三折【正宮】7 支 馮玉蘭四折【雙調】8 支 漢宮秋四折【中呂】13 支 金線池三折【中呂】13 支 玉鏡臺二折【南呂】11 支 緋衣夢三折【越調】6 支 梧桐雨一折【仙呂】14 支 東牆記二折【正宮】17 支 燕青博魚三折【中呂】8 支 東堂老二折【正宮】13 支 豫讓吞炭二折【正宮】11 支 赤壁賦三折【越調】9 支 雲窗夢三折【中呂】19 支 浮漚記一折【仙呂】9 支 劉弘嫁婢四折【雙調】5 支 殺狗勸夫三折【南呂】8 支 鴛鴦被三折【越調】9 支 鎖魔鏡二折【南呂】8 支 藍采和二折【南呂】7 支 老君堂四折【雙調】7 支 雙獻功一折【正宮】7 支 西廂記一本三折【越調】15 支 西廂記二本二折【中呂】16 支 西廂記二本四折【越調】1 支 圯橋進履一折【仙呂】1 支	437 支
十六 尤侯	趙氏孤兒劇首【仙呂・賞花時】2 支 王粲登樓劇首【仙呂・賞花時】1 支 三戰呂布四折前【仙呂・賞花時】1 支 曲江池劇首【仙呂・賞花時】1 支 陳州糶米劇首【仙呂・賞花時】1 支 合同文字劇首【仙呂・賞花時】1 支 謝金吾劇首【仙呂・賞花時】1 支 碧桃花劇首【仙呂・賞花時】2 支 岳陽樓三折前【仙呂・賞花時】1 支 貶黃州四折前【仙呂・賞花時】1 支 蝴蝶夢二折前【仙呂・端正好】2 支 留鞋記劇首【仙呂・賞花時】1 支	西蜀夢四折【正宮】12 支 單刀會二折【正宮】10 支 疏者下船二折【越調】13 支 氣英布三折【正宮】13 支 介子推二折【南呂】9 支 東窗事犯三折【越調】14 支 霍光鬼諫三折【正宮】12 支 范張雞黍三折【商調】17 支 竹葉舟二折【雙調】13 支 竹葉舟三折【南呂】13 支 三戰呂布二折【雙調】6 支 金錢記三折【中呂】14 支	

续表

韻部	楔子（157 支）	劇曲（6693 支）	合計 6850 支
		陳州糶米二折【正宮】10 支 瀟湘雨一折【仙呂】7 支 揚州夢一折【仙呂】11 支 東坡夢二折尾【月兒高】1 支 李逵負荊一折【仙呂】8 支 漢宮秋二折【南呂】11 支 踏雪尋梅一折【仙呂】9 支 金線池二折【南呂】6 支 救風塵二折【商調】9 支 謝天香四折【中呂】10 支 緋衣夢二折【南呂】7 支 竇娥冤一折【仙呂】8 支 單鞭奪槊二折【正宮】7 支 陳母孝子二折【南呂】8 支 蝴蝶夢三折【正宮】10 支 斷冤家債主二折【商調】8 支 馬陵道二折【正宮】11 支 連環記一折【仙呂】10 支 赤壁賦二折【南呂】10 支 浮漚記二折【南呂】7 支 貨郎旦二折【雙調】13 支 不伏老二折【中呂】12 支 不伏老四折【雙調】1 支 獨角牛一折【仙呂】9 支 桃花女一折【仙呂】7 支 黃鶴樓二折【禾詞】1 支 千里獨行二折【南呂】8 支 衣襖車一折【仙呂】8 支 相國寺一折【仙呂】11 支 百花亭二折【中呂】14 支 鎖魔鏡三折【越調】9 支 九世同居二折【南呂】11 支 村樂堂一折【仙呂】13 支 翫江亭三折【中呂】9 支 黃花峪四折【黃鍾】7 支 雙獻功四折【中呂】5 支 西廂記四本二折【越調】14 支 西廂記五本一折【商調】12 支 圯橋進履一折【仙呂】2 支	495 支
十七侵尋		西廂記三本四折【越調】12 支	12 支
十八監咸	西廂記二本二折前【正宮端正好】11 支	遇上皇四折【雙調】9 支	20 支
十九廉纖	老生兒劇首【仙呂・端正好】1 支 西廂記三本劇前【仙呂・賞花時】1 支	獨角牛三折【正宮】9 支	11 支

第二節　元雜劇各韻使用的不平衡性和複雜性

一、元雜劇各韻使用的不平衡性

王力《漢語詩律學》在談到詩韻時說："各韻所包括的字數很不相稱，有些韻很寬，有些韻很窄。寬韻可以很自由，窄韻就會令人受窘；但是，有文才的人有時候卻故意用窄韻來顯本領。"① 他依據詩韻的分類把《中原音韻》十九韻按寬窄分為四類：寬韻、中韻、窄韻和險韻。寬韻有齊微、魚模、蕭豪；中韻有真文、尤侯、江陽、庚青、先天、皆來、家麻、歌戈、車遮、東鍾；窄韻有寒山、監咸、支思；險韻有桓歡、侵尋、廉纖。並且談到："齊微、魚模、蕭豪之所以成為寬韻，因為有入聲字加入的緣故；尤其是齊微韻，舒聲字本來就很多，再加入聲字，更是龐大到了極點。真文、江陽、庚青、先天、東鍾因為沒有入聲，所以只能成為中韻。皆來、家麻、歌戈、車遮的舒聲字不夠多，雖有入聲，加起來也只算中韻。尤侯舒聲字頗多，但入聲字太少，所以也是中韻。寒山與監咸字不多，又沒有入聲；支思字更少，雖有幾個入聲字也無濟於事，因此它們是窄韻。桓歡、侵尋、廉纖，本來就夠窄的，又沒有入聲，所以就變了險韻了。"② 各韻常用的程度，是否與其寬窄的程度相當呢？

表 3－2　　元雜劇各韻類使用數量簡表

韻類	齊微	江陽	魚模	真文	蕭豪	皆來	尤侯	先天	庚青	家麻	支思	東鍾	歌戈	寒山	車遮	侵尋	廉纖	監咸	桓歡
楔子	12	10	25	21	3	12	15	7	7	10	6	9	1	3	1	11	2	0	0
劇曲	1096	681	569	567	579	538	478	474	429	374	190	193	188	168	136	12	9	9	0
合計	1108	691	594	588	582	550	493	481	436	384	196	202	189	171	137	23	11	9	0

從元雜劇對各韻部的具體使用來看，韻的寬窄與常用程度雖有一定關係，但並不絕對。齊微韻當之無愧是寬韻，元雜劇中使用最多的一韻。魚模和蕭豪也是寬韻，但其常見度不如中韻的江陽和真文韻。支思和寒山兩

① 王力：《漢語詩律學》，上海教育出版社 1963 年版，第 44 頁。

② 王力：《漢語詩律學》，上海教育出版社 1963 年版，第 732—733 頁。

韻按照王力的歸類屬於窄韻，但是元雜劇中對其的使用超出了王力所謂的中韻：歌戈、車遮。險韻侵尋和廉纖的使用也超出了窄韻監咸。桓歡當之無愧是險韻。王力說："元曲雜劇中很少用監咸、侵尋、廉纖三韻，因為全折必須同韻，比較散曲更不便於用險韻。桓歡韻則索性完全避免了"①，"桓歡，這是險韻中之最險者；元人雜劇沒有用桓歡韻的。（明賈仲明所著蕭淑蘭一劇專用險韻，故第四折用桓歡，是例外）……"② 從我們的系聯歸納來看與王先生所說完全一致，可問題是既然桓歡韻可以避免，那麼《中原音韻》為何還要單獨立桓歡一韻類呢？各韻使用的不平衡性除了上述所說的所轄字數多少、使用方便原因外還有無其他原因？

二、元雜劇各韻使用的複雜性

元雜劇用韻並不像後人所想像的那樣嚴格遵循聲律規範，也不像曲譜歸韻如此簡單，也不像詩詞那樣用韻即使通韻也有限制。這與元雜劇作為俗文學、演出的劇本有密切關係，也與作家用韻習慣及方言難以分開。所以通過排比歸納，我們發現元雜劇的用韻存在各種各樣的情況，有相近韻的通押，如寒山、桓歡、監咸、廉纖通押，東鍾、真文、侵尋通押。也有不相干韻或讀音上很難和諧的韻的雜入，如真文、魚模相押，齊微、皆來相押。相近韻通押非常普遍，不相近韻的相押也不在少數，呈現出一種紛繁複雜的押韻體系。

---

① 王力：《漢語詩律學》，上海教育出版社 1963 年版，第 733 頁。

② 同上书，第 742 頁。

第四章

元雜劇陽聲韻部研究

第一節　東鍾

一、東鍾部韻字及其來源

元雜劇東鍾部大致是《廣韻》東冬鍾三韻的合併。不過，庚耕登三韻的重唇開口字如盲烹猛迸等和喉牙合口字如朧觥轟榮橫嶸兄永等，都變入東鍾韻了。《中原音韻》有規律地兼收了東鍾和庚青兩韻（只是庚韻系的唇音字“彭猛”，《中原音韻》只收入東鍾韻）。具體如下（同韻的字按聲母“幫滂並明非敷奉微知徹澄娘端透定泥精清從心邪莊初祟生俟章昌船書禪見溪群疑曉匣影喻來日”的順序排列，不同聲母用“○”隔開，每個字後面的數字表示在元雜劇韻腳處使用次數，下同）：

東：蓬7○蒙4 濛5 矇2○風61○東27○通32○同20 桐6 銅3 衕2 童9 瞳○農○中82 忠5 衷4○沖12 蟲9○驄4○匆6 蔥聰2 憁○叢10○崇3○終17○充2○工3 公27 功28 攻10 宮30 弓12○空51 穹○窮10○叿烘○紅25 虹4 鴻4○翁11○熊雄22○聾5 隆瓏3 嚨3 籠8 櫳8 朧9 隴○戎4 絨4 融4

董：懂10○動37○桶4○總○孔2○攏3

送：夢22○諷○鳳20○洞17 棟5 涷○痛13○送28○中2○仲3○衆5○貢劊○控4 鞚4○哄6 閧○甕○弄25

冬：冬2 彸3 鼕3○疼1○噥4○宗6 鬆○松5

腫：捧5○奉12○塚8○寵10○重31○聳4○腫種16○栱○恐17○擁15○勇12 湧8○壟○冗4

宋：統6○宋

鍾：封7○豐3 峯14 鋒12 蜂2○逢20 縫○醲2 濃20○重18○蹤19

○從鏦 23○鬆 11○鍾 7 鐘 46○衝 6○恭 5 拱○邛蛩○喁○凶 8 洶 2 胸 8○慵 3 鏞容 23 蓉 2 溶 4○龍 28○茸 3

用：俸 3 縫○縱 9○從 4○訟 2 誦 3○種 4○供 5○共 9○用 23

清：傾○瓊

耕：轟 2○嶸 2

梗：猛 5○永 8

庚：烹 3○盲○觥○兄 3 橫○滎 3

諍：迸 2○諍

登：崩

二、他部字雜入東鍾部現象

元雜劇中有六個楔子十九折共二百零二支曲子押東鍾韻。其中一百七十八曲子獨用東鍾部，如李唐賓《梧桐葉》第四折【雙調】共九支曲子，全部押東鍾部，沒有任何他韻部的字混入：【新水令】洞鳳中風中【駐馬聽】宮空鳳風宮夢通用【喬牌兒】中送從鬆【沉醉東風】洶東鳳逢中種【川撥棹】沖空蓬踪重鋒中重【七弟兄】攻絨中弄匆動【梅花酒】鴻風桐櫳中通宮空東【收江南】踪宮濃逢同【鴛鴦煞】共送同從桐寵。無名氏《馬陵道》第一折【仙呂】共有八支曲子，除首曲【點絳唇】有庚青部“兵”字混入外，其他七支曲子均獨用東鍾部：【點絳唇】兵（庚青）勇恐功拱【混江龍】棟重弓鳳龍弓動風【油葫蘆】虫衝紅夢俸中洞胸【天下樂】勇雄恐懂驄中【醉中天】蹤衝中奉擁風【後庭花】同翁公中空【金盞兒】蹤從奉公龍中【尾聲】功動凶統通雄沖鬆擁用中。王曄《桃花女》第四折【雙調】共四支曲子，全部獨用：【新水令】從供中沖重【七弟兄】擁濃橫夢龍鳳【梅花酒】逢同童空朧通容容【喜江南】風同恭懂中。等等。但有二十四支曲子中雜入其他韻部字。

1. 庚青部字雜入東鍾部

庚青部的“兵、冷、勝、聲、爭、寧、箏、停、名、生、贏、京、井、迎、澄、騰、成、行、庭、影、驚、盈”等字雜入東鍾部。

“兵”在元雜劇用韻處共使用了二十九次，一次雜入東鍾韻。此現象出現在無名氏《馬陵道》第一折（字下加“__”為入韻字，下同）

【仙呂・點絳唇】者莫你有百萬雄兵。數千英勇。休驚恐。若是這孫臏施功。我着那六國皆伏拱。

元雜劇共有一百五十三劇（《西廂記》五本按一劇計，下同）一百五十五支曲子使用【仙呂·點絳唇】，全曲五句。其中一百五十一支曲子首句入韻無疑，除無名氏《馬陵道》一曲外，還有高文秀的《雙獻功》、《遇上皇》和李文蔚的《燕青博魚》三劇三支曲子首句末字與曲中其他句末字不在同一韻部。《中原韻韻》“正語作詞起例”之“二七作詞十法”中“【點絳唇】首句韻腳必用陰字……”①。雖然談的是陰字還是陽字的問題，但還是可以看出周氏認為首句入韻，否則不會說“首句韻腳”的話。《太和正音譜》所載喬夢符《金錢記》一曲，全曲五句，韻字為：涯下馬瓜甲，（字下加“_”為入韻字，下同）句句入韻。《一笠庵北詞廣正譜》所載董解元《西廂記》首句不入韻，但其為諸宮調。《北曲新譜》所錄與《太和正音譜》同。《南北詞簡譜》收王實甫《西廂記》一曲，全曲五句，韻字為：階靄界齋客，句句入韻。《中國曲學大辭典》所收與《南北詞簡譜》相同，並指出“【點絳唇】為宋詞中常用詞牌，……北曲首句起韻，詞則否”②。《元詞斠律》指出：“又莊邸謂‘點絳唇原出於詞體，南調引內，用詞之全闋。元人將詞之前闋，通章叶韻，為北調體。’”③ 而且無名氏《馬陵道》、高文秀的《雙獻功》和李文蔚的《燕青博魚》三劇三支曲子在“選本”中首句均入韻：

【仙呂·點絳唇】遮莫他蓋世英雄。驅兵擁衆。你可也休驚恐。若是和俺孫臏交鋒。只當似掌股上嬰兒弄。（《馬陵道》第一折）

【仙呂·點絳唇】柳絮堪撦。似飛花引惹。紛紛謝。鶯燕調舌。此景宜遊冶。（《雙獻功》第二折）

【仙呂·點絳唇】剛留的我這沒影孤身。借人資本。為營運。避不得難辛。則要這兩字衣食准。（《燕青博魚》第二折）

所以無論從元雜劇首句入韻的比例及各曲譜的收錄來看，【點絳唇】一曲首句應該入韻。無名氏《馬陵道》此曲首句末字“兵”當雜入東鍾韻。

“冷”在元雜劇用韻處共使用了四十三次，一次雜入東鍾韻。此現象出現在無名氏《野猿聽經》第一折

【仙呂·點絳唇】空學得五典皆通。九經皆誦。成何用？鏟的将儒業参攻。受了

---

① 周德清：《中原韻韻》，《歷代曲話彙編》（唐宋元編），黃山書社 2006 年版，第 292 頁。

② 《中國曲學大辭典》，浙江教育出版社 1997 年版，第 735 頁。

③ 王玉章：《元詞斠律》，商務印書館 1936 年版，第 22 頁。

十載寒窓冷。

押韻之文學曲末字必入韻，“冷”當雜入東鍾韻。

“勝”在元雜劇用韻處共使用了六次，一次雜入東鍾韻。此現象出現在王實甫《麗春堂》第一折

【仙呂·那吒令】俺如今要取討呵。有普察副統。要辨真呵。有得滿俱中。要能準呵。有完顏內奉。非是咱賣蘊藉。誇強勝。端的是結束威風。

元雜劇共有八十九劇九十支曲子使用【仙呂·那吒令】，除無名氏《留鞋記》為十句外，其餘八十九支曲子均為九句。其押韻格式多種多樣。《一笠庵北詞廣正譜》收有四種格式。第一種格式為王實甫《西廂記》，全曲九句，韻字為：人嗔人褪人親詩韻新，第七句不入韻；第二種格式為不忽平章《身臥糟丘》，全曲九句，韻字為：般友般鬪間走成就生，首句、第三、五、七句不入韻；第三種格式為費唐臣《赤壁賦》，全曲九句，韻字為：想倆比象做當開亮方，第三、五、七句不入韻；第四種格式為無名氏《留鞋記》，全曲十一句，韻字為：事知事知事知事知言意機，首句、第三、五、七、九句不入韻。前三種格式與第四種格式句數差異主要是二字句、四字句用的多少不一造成的，前三種格式僅有三排，第四種用了四排。無論哪種格式倒數第二句必入韻。《太和正音譜》所收喬夢符《金錢記》，韻字為：娃花馬花家花場架雜，押韻格式與《一笠庵北詞廣正譜》第一種格式相同。《南北詞簡譜》所收同《一笠庵北詞廣正譜》第一種格式。鄭騫《北曲新譜》收《赤壁賦》同《一笠庵北詞廣正譜》第三種格式。查元雜劇押韻情況無出其四種格式。因此王實甫《麗春堂》第一折【仙呂·那吒令】中的“勝”應入韻。“選本”所錄此曲為“俺如今要取討呵。有普察副統。要辨真呵。有得滿具中。要做準呵。有完顏內奉。非是咱賣蘊藉。誇強勇。端的是結束威風。”原“勝”字處改換成東鍾部的“勇”。可見“勝”雜入東鍾韻。

“聲”在元雜劇用韻處共使用了九十六次，一次雜入東鍾韻。此現象出現在無名氏《鎖魔鏡》第一折

【仙呂·金盞兒】我見他手拈着弓。箭離了桶。端許了弓箭無偏從。弓開箭去渺無踪。箭去呵就地上炎光三萬丈。雷吼似五千聲。則聽的震天関如霹靂，徹上下半天紅。

元雜劇共有八十九劇一百二十二支曲子使用【仙呂·金盞兒】，全曲有六句、八句和九句之分，六句者有兩支曲子如無名氏《符金錠》和吳昌齡《風花雪月》；九句者有十三支曲子如關漢卿《單刀會》和《西蜀

夢》、鄭廷玉《疏者下船》等。其餘一百零七支曲子為八句。就押韻情況看，六句者倒數第二句可入韻亦可不入，八句、九句者倒數第二句和倒數第四句可入韻亦可不入。《中原音韻》“定格”中收馬致遠《岳陽樓》一曲，全曲八句，韻字為：床湘唱妨月妝客粱，倒數第二句和第四句不入韻。《太和正音譜》收馬致遠《黄粱夢》一曲，全曲八句，韻字為：春塵嫩門潤新樹村，倒數第二句不入韻。《一笠庵北詞廣正譜》收三種格式：一種為王伯成套數《天寶遺事》一曲，全曲八句，韻字為：通窮動宮角鍾月風，倒數第二句、四句不入韻；第二種格式為關漢卿《金線池》一曲，全曲九句，韻字為：人村鈍閉昏客勤眼神，第四句和倒數第二句、四句不入韻，並注“第四句變”[①]；第三種格式為楊西庵套數《鶯穿細柳》一曲，全曲八句，韻字為：姿肢指晝施死比絲，第四句和倒數第二句不入韻，並注“第四句以下俱變”[②]。另附有曾瑞卿《留鞋記》一曲，全曲九句，韻字為：知實息及造的悔出追，第五句和倒數第二句不入韻，並注“低過金盞兒”[③]。（此曲與本書所選底本不同）《南北詞簡譜》所收與《一笠庵北詞廣正譜》第一格式同。《北曲新譜》收三種格式：一種為馬致遠《黄粱夢》一曲，同《太和正音譜》，並指出“第四句偶有不藏韻者。此句無論藏韻與否，均可破為兩句，……又可破為兩個三字句”[④]；第二種格式收楊果即楊西庵《鶯穿細柳》和朱庭玉《雨餘花落》兩曲，全曲八句，第四句以下句字數俱變，並指出“此體僅見右列兩曲，……楊作見雍熙，朱作見太平樂府，原書俱題金盞兒。廣正收楊曲，題金盞兒第三格，大成收朱曲，題高過金盞兒”[⑤]；第三種格式為曾瑞卿《留鞋記》，同《一笠庵北詞廣正譜》所附錄的一曲，並指出“右曲見廣正，大成襲之，與元曲選不同，想是未經臧改之本。僅此一例，未見效者，錄備一格”[⑥]。《中國曲學大辭典》所收同《太和正音譜》，並指出第四句“不論有無藏韻，皆可破為兩句，……又可破為三字二句……甚至多加襯字成為兩個長句，……【高過金盞兒】及【低過金盞兒】，只前數句相同，後

① 李玉：《一笠庵北詞廣正譜》，北京大學影印本 1937 年版，第 185 頁。

② 同上。

③ 同上。

④ 鄭騫：《北曲新譜》，藝文印書館 1973 年版，第 100 頁。

⑤ 同上书，第 101 頁。

⑥ 同上。

半曲則大異”[1]。據元雜劇和各曲譜，八句為此調基本格式，六句者少了五字句一對，九句者為第四句破為兩句。無論是八句還是九句倒數第三句必入韻。無名氏《鎖魔鏡》【仙呂·金盞兒】倒數第三句末字“聲”應入韻，雜入東鍾韻。

“爭”在元雜劇用韻處共使用了二十八次，一次雜入東鍾韻。此現象出現在高文秀《襄陽會》第四折前楔子

【仙呂·賞花時】他不合剔蝎撩蜂尋鬪爭。我這裏布網張羅打大虫，俺這裏軍士猛將英雄。我將他生擒在陣中。這的是我初交戰可兀的建頭功。

元雜劇有七十六劇共一百一十九支曲子包括【么篇】（【賞花時】與其【么篇】體式完全一樣）在內使用【仙呂·賞花時】。這一百一十九支曲子除高文秀《襄陽會》第四折前楔子和無名氏《捶丸記》第三折前楔子【仙呂·賞花時】（韻字為：臣（真文）能承嬰城）兩支首句借他韻字外，其餘首句全入韻。《太和正音譜》所收李唐賓散套【仙呂·賞花時】韻字為：煙川年剪傳，【么篇】韻字為：仙蓮喧遠娟，首句入韻。《一笠庵北詞廣正譜》所收楊西庵套數【仙呂·賞花時】韻字為：匀真紛困噴，【么篇】韻字為：衾人春褙分，其中“衾”書中標明借韻。另外還收錄董解元《西廂記》【仙呂·賞花時】韻字為：加煞紗黑家，【么篇】韻字為：鴨呵茶碗鴉，首句均入韻。《南北詞簡譜》所收與《一笠庵北詞廣正譜》同。《北曲新譜》收楊果即楊西庵《秋水粼粼》【仙呂·賞花時】韻字為：蒼岡茫也香，首句入韻，並指出此曲“第四句劇套、楔子無不用韻者，散套或用或否”[2]。王力《漢語詩律學》例出【仙呂·賞花時】的體式：7B | 7B | 5A | 4a | 5A。“ | ”標示押韻。《中國曲學大辭典》指出【仙呂·賞花時】“全曲五句：$7_{\triangle}$，$7_{\triangle}$，$5_{\triangle}$，$4_{\blacktriangle}$，$5_{\triangle}$。首二句均用平韻，偶有一句叶上者。第四句楔子，劇套無不叶韻，散套有不叶者。諸宮調此曲第四句均為用韻，散套尚殘留此種作法”[3]。所以高文秀《襄陽會》第四折前楔子【仙呂·賞花時】中的“爭”入韻，雜入東鍾韻無疑。

“寧”在元雜劇用韻處共使用了十九次，一次雜入東鍾韻；“箏”使用了九次，一次雜入東鍾韻；“停”使用了二十一次，兩次雜入東鍾韻；

---

① 《中國曲學大辭典》，浙江教育出版社 1997 年版，第 739 頁。

② 鄭騫：《北曲新譜》，藝文印書館 1973 年版，第 76 頁。

③ 《中國曲學大辭典》，浙江教育出版社 1997 年版，第 735 頁。

“名”使用了五十四次，一次雜入東鍾韻；“生”使用了一百三十六次，有兩次雜入東鍾韻（此處交待一次）；“贏”使用了八次，一次雜入東鍾韻。這六字均出現在關漢卿《單鞭奪槊》第三折，具體如下：

【越調·鬬鵪鶉】人一是北極天蓬。馬一似南方火龍。他那裏縱馬橫鎗。將咱來緊趕。他急似雷霆。我疾如大風。他那裏手不停。口不寧。他那裏耀武揚威。爭雄奮勇。

【越調·紫花兒序】我恨不的脅生雙翅。項長三頭。他道甚麼休走唐童。恰便似魚鑚入絲網。線斷風箏。誰敢道消停。馬也少不的淩煙閣標名。則要你四蹄那動。則聽的戰鼓聲催。殺氣遮籠。

【越調·調咲令】見那漢不從。支楞楞扯出霜鋒。呀！我見他盡在嘻嘻哂咲中。我見他割袍斷義絶了恩重。越惱的他忿氣衝衝。不爭這單雄信別了徐茂公。天也誰荅救自己殘生。

【越調·禿廝兒】尉遲恭威而不猛。單雄信戰而無功。我見他遮截架解鞭下停。見殺氣。罩長空。遮籠。

【越調·聖藥王】這一個鎗法疾。那一個鞭下的猛。半空中起了一個避乖龍。那一個輸。這一個贏。玷玎璫鞭搠緊相從。好下手的也尉遲恭。

元雜劇共四十四劇四十八支曲子使用【越調·鬬鵪鶉】，其中無名氏《摩利支》一劇有十一句，其他四十七支曲子只有十句。這是因為其他四十七支曲子中間的三字句有兩個，而無名氏《摩利支》卻三個：“苦亡家，傾敗國，惡戰敵”。四十七支曲子除關漢卿《單鞭奪槊》一曲外，其餘四十六支曲子第一、三、五、七、九可入韻亦可不人。《太和正音譜》收王伯成散套，全曲十句，韻字為：持起喧嚦中遲催金水，第三、五、九句不入韻。《一笠庵北詞廣正譜》錄有兩種格式，第一種格式為宋方壺套數，全曲十句，韻字為：岑浦鐘鼓舟櫓慽楚娛阻，第一、三、五、七句不入韻，後附有無名氏套數一曲，全曲十句，韻字為：姿潤婷韻霞筍腰裙嬈人，第一、三、五、七、九句不入韻；第二種格式是白樸《東牆記》，全曲十句，韻字為：空永霞風寒櫳交東端種，第三、五、七、九不入韻，與上一格式不同在於中間的三字句變為四字句。《南北詞簡譜》、《北曲新譜》等所收亦為宋方壺套數。關漢卿《單鞭奪槊》第三折【越調·鬬鵪鶉】在“選本”中為“人一似北極天蓬。馬一似南方火龍。他那裏縱馬橫鎗。將咱來緊攻。他急似雷霆。我疾如大風。我這裏走的慌。他可也趕的凶。似這般耀武揚威。爭強奮勇。”原“寧”所在位置被東鍾部的“凶”取代。所以關漢卿《單鞭奪槊》第三折【越調·鬬鵪鶉】中第八句末字“寧”應入韻，只是雜入東鍾韻了。

元雜劇共四十五劇六十二支曲子使用【越調·紫花兒序】，句數從九句到十一句不等。關漢卿《單鞭奪槊》第三折【越調·紫花兒序】句數為十句。十句者除關漢卿《單鞭奪槊》一曲外，其餘第五、六、七句均叶韻。《太和正音譜》收王伯成散套，全曲十句，韻字為：路村迷處題稀溪繫華輝，五、六、七句入韻。《一笠庵北詞廣正譜》錄有兩種格式，第一種格式是曾瑞卿套數《連夜銀蟾》，全曲十一句，韻字為：枕簷奩釅嚴鰜鰜諂欠恬粘，首句不入韻；第二種格式為宋方壺套數《落日遙岑》，始調全曲十句，韻字為：減長餘月魚躇書緒橋胥，首句、第二、四、九句不入韻，么篇全曲十句，韻字為：占兼坫沾簽險塹撏苫，句句入韻，與第一格式相比較，第六句重疊一次。《南北詞簡譜》、《北曲新譜》所收亦為宋方壺套數。《北曲新譜》認為“第六句可疊用，但僅見連夜銀蟾及元刊本楚昭王劇。廣正列為首格，殊謬。此句又可減去，如棄職張良套及詐妮子劇。……么篇用始調，用否均可”①。《中國曲學大辭典》收李邦基《百歲光陰》套數，全曲十句，韻字為：榻窗樓闕州留首舊神流，首句、第二、四、九句不入韻。關漢卿《單鞭奪槊》第三折【越調·紫花兒序】“箏”、“停”、“名”位於第五、六、七句末。此曲在“選本”中為“我恨不的脅生雙翅，項長三頭。他道甚麼休走唐童，恰便似魚鑽入絲網，鳥撲入樊籠。匆匆。馬也少不的上你淩煙第一功，則要得四蹄那動。只聽的喊殺聲聲，更催着戰鼓逢逢。”第五、六、七句末字變成東鍾部的“籠”、“匆”、“功”，看來此三位置應該是入韻的。因此，我們認為“箏”、“停”、“名”三字雜入東鍾韻。

關漢卿《單鞭奪槊》第三折【越調·調笑令】中的庚青部字“生”位於曲子末，入韻無疑。此曲在“選本”中為“見那廝不從。支楞楞扯出霜鋒。呀！我見他盡在嘻嘻冷笑中。我見他割袍斷袖絕了朋情重。越惱的他忿氣衝衝。不爭這單雄信推開徐茂公。天也誰搭救我這微躬。”“生”處換成了東鍾部的“躬”。

元雜劇有三十四劇三十九支曲子使用【越調·禿廝兒】，全曲有五句或六句，句數不等主要是第三句後的句子變化。三十九支曲子除關漢卿《單鞭奪槊》和白樸《東牆記》兩曲外，其餘三十七支曲子第三句均入

① 鄭騫：《北曲新譜》，藝文印書館 1973 年版，第 250 頁。

韻。《太和正音譜》所錄為王子一散套，全曲六句，韻字為：短歡暖簇攢欒，第四句不入韻。《一笠庵北詞廣正譜》錄有【越調·禿廝兒】兩種體式，一是李邦基《百歲光陰》套，全曲六句，韻字為：鷗舟柳解愁悠，第四句不入韻；一是關漢卿《蹴踘場中》，全曲五句，韻字為：滴堆起動膝，第四句不入韻，並且錄有末三句六種變化體式。第一、二種格式區別在末句平煞還是仄煞上。《南北詞簡譜》、《北曲新譜》、《中國曲學大辭典》等均以李邦基的《百歲光陰》為例解釋此曲子。《北曲新譜》指出此曲"後三句可聯貫成一句，如周德清不辨瑤玒套云：'不負我·贈新詩oo新詞oo（按："oo"表示入韻句，"·"表示可入韻亦可不入句）'。孔文卿東窗事犯劇第五句疊第四句。陳以仁雁門關劇減第五句，無名氏陳摶姨姨套屬此類。鄭德輝倩女離魂減末句，西廂夜去明來折（西廂記第四本第二折）屬此類。以上減句之例均極少見"①。《中國曲學大辭典》指出"末三句甚多變化。有減第四句者，如宋方壺'落日遙岑'套'謾嗟籲，何如'。有第五句不叶韻而與第六句合為五字句者，如無名氏'陳摶姨姨'套'才燭滅，早魂魄昏迷'，《西廂記》'夜去明來'折'何須你，一一問緣由'。有第四、五句合為一句而又減字者，如王伯成'酒力禁持'套'冷落了芳菲，春歸'。鄭德輝《倩女離魂》減末句：'歌欸乃，櫓咿啞。'……"② 由於第三句後的變化，所以全曲有五句、六句之分。關漢卿《單鞭奪槊》第三折【越調·禿廝兒】"停"位於第三句，句數變化不影響前三句。據元雜劇和各曲譜，【越調·禿廝兒】第三句必定押韻。所以關漢卿《單鞭奪槊》第三折【越調·禿廝兒】第三句末字"停"雜入東鐘韻。此曲在"選本"中為"尉遲恭威而猛。單雄信戰而無功。我見他格截架解不放空。起一陣殺氣黑濛濛，遮籠。"第三句末字改為東鍾部"空"，很顯然這裏是要入韻的。

元雜劇有三十九劇四十三支曲子使用【越調·聖藥王】，均為七句。四十三支曲子一般首句和第四句可押可不押韻。從元雜劇的押韻情況看，"贏"應該叶韻。《太和正音譜》收無名氏《赤壁賦》一曲，全曲七句，韻字為：終清更聲聲鳴鶯，首句不入韻。《一笠庵北詞廣正譜》收有三種體式，一種是劉庭信《滿燕趙》，全曲七句，韻字為：移移杯微微梯席，

① 鄭騫：《北曲新譜》，藝文印書館1973年版，第254頁。

② 《中國曲學大辭典》，浙江教育出版社1997年版，第754頁。

句句入韻；一種是周德清《四角盤中》全曲七句，韻字為：遲奇驛一十題的，句句入韻，與上一體式區別在於末句仄煞；一種是花李郎《勘吉平》，全曲七句，韻字為：斜趄舌者結者穴，句句入韻。與上兩種體式區別在於第六句發生變化（按：用了仄煞）。《南北詞簡譜》和《北曲新譜》亦收無名氏《赤壁賦》。《中國曲學大辭典》收李邦基《百歲光陰》套數一曲，全曲七句，韻字為：幽鈎遊酬頭流，句句入韻，並指出此曲"第一、四句極少不叶韻者"①。據元雜劇用韻和曲譜，第五句處應該入韻。關漢卿《單鞭奪槊》第三折【越調・聖藥王】在"選本"中為"這一個鎗去疾。那一個鞭下的猛。半空中起了一個避乖龍。那一個雌。這一個雄。玷玎瑠鞭槊緊相從。好下手的也尉遲恭。""赢"處換成了東鍾部的"雄"，可見此處確實入韻。

"京"在元雜劇用韻處使用了十二次，一次雜入東鍾韻；"井"使用了二十四次，兩次雜入東鍾韻；"迎"使用了十七次，一次雜入東鍾韻；"澄"使用了五次，一次雜入東鍾韻；"騰"使用了十四次，一次雜入東鍾韻；"成"使用了五十七次，一次雜入東鍾韻。這六字出現在史九敬先《蝴蝶夢》第一折

【仙呂・油葫蘆】不如我跨鳳乘鸞朝玉京。仙家日月永。你只待浩歌一曲酒千鍾。見如今春秋七國刀兵動。不如我柳陰中一枕南柯夢。俺昆侖頂上人。比淩煙閣上臣。試看咸陽原上麒麟塚。都一般消灑月明中。

【仙呂・後庭花】想人生百歲翁。似花飛一陣風。人無有千日好。花無有百日紅。何必你論窮通。你如何如癡如諍。戀酒的有甚功。愛色的有甚寵。貪財的只是凶。使氣的不善終。若將我仙境通。豁開你心上蒙。飛身到太華峯。看白蓮開玉井。看白蓮開玉井。

【仙呂・青哥兒】呀！學取那乘鸞跨鳳。傳與你伏虎降龍。呼吸風雲在掌中。俺那裏靈芝常種。蟠桃初紅。雲鶴翔空。白雲送迎。玉女金童。紫簫調弄。香靄澄澄。紫霧濛濛。瑞氣騰騰。罩着這五雲樓觀日華東。俺那裏有神仙洞。

【仙呂・那吒令】你戀酒呵。多敗少成。你戀色呵。色即是空。你戀財呵。那財中隱凶。都只因氣送了人到底成何用。誰知你有眼無瞳。

元雜劇有一百五十三劇一百五十三支曲子使用【仙呂・油葫蘆】，雖然第二、三、四、五等句在不同劇曲裏有所變化，但基本體式為九句，且第六句可入韻可不入韻。如李玉以為"此章第二句以下又不在增損之屬，

① 《中國曲學大辭典》，浙江教育出版社 1997 年版，第 754 頁。

句句必變至沒本格"①。吳梅所言"至有令人目眩者"②，但其收錄的體式為九句。鄭騫也指出此曲"向來作者爭競異，五花八門"，"但無論如何，總不出'句法變化通例'之外"，"學者只須熟記右列定格，參以'句法變化通例'，則千變萬化，皆可自行析定"③。其收錄的所謂"定格"即關漢卿《玉鏡臺》的曲子，全曲也是九句。就入韻情況來看，《太和正音譜》收錄喬孟符《金錢記》，全曲九句，韻字為：榻煞華罷下池馬駕花，第六句不入韻。《一笠庵北詞廣正譜》和《南北詞簡譜》均收王實甫《西廂記》第四本，全曲九句，韻字為：開側臺害色過改戒來，第六句不入韻。《北曲新譜》收錄關漢卿《玉鏡臺》，全曲九句，韻字為：廣場霜將相興昌網良，第六句不入韻。《中國曲學大辭典》錄有康進之《李逵負荊》，全曲九句，韻字為：有九樓酒肉熟簎透甌，句句入韻。因此我們認為此曲的首句應該入韻。有時作者受到一定的影響可能借叶他韻部字。就首句入韻情況來看，類似史九敬先《蝴蝶夢》的還有吳昌齡《風花雪月》，首句末字為"行"，但全曲押東鍾韻。

元雜劇中有九十二劇一百零三支曲子使用【仙呂·後庭花】，全曲句子從七句到二十句不等，只有三十七支曲子使用基本格式即七句。《中原音韻》"正語作詞起例"之"二六樂府共三百三十五章"把【仙呂·後庭花】歸入"句字不拘可以增損者一十四章"中。《一笠庵北詞廣正譜》列出四種增句的格式，並指出凡增句必入韻。《南北詞簡譜》指出："若增句但須照末句重疊為之，……若用單句，則通體用平平仄仄平。若用偶句，則用平平平仄仄。平平仄仄平。惟末句仍須以單語收之，此【後庭花】之緊鍵也。諸譜止云句字不拘，可以增損，而增加之法，又未明言……"④《北曲新譜》指出："增句在末句之後，即照末句作，其第一句與末句對否均可，其餘各句，對否亦可隨意。句數多少不拘，須每句協協韻"，"亦有不增句而疊末句者，如無名氏單鞭奪槊。增句之末一句亦可疊用，如石子章竹塢聽琴。"⑤ 史九敬先《蝴蝶夢》第一折【仙呂·後庭花】即是疊用增句的末句。王玉章《元詞斠律》指出："此章又名玉樹後

① 李玉：《一笠庵北詞廣正譜》，北京大學影印本1937年版，第175頁。

② 吳梅：《南北詞簡譜》，河北教育出版社1989年版，第64頁。

③ 鄭騫：《北曲新譜》，藝文印書館1973年版，第82頁。

④ 吳梅：《南北詞簡譜》，河北教育出版社1989年版，第77頁。

⑤ 鄭騫：《北曲新譜》，藝文印書館1973年版，第91頁。

庭花。亦入中呂商調。聯入套內。大率一曲。其連用兩曲者。……此章通體只七語。首四語可重複作之。……第三語以不用韻為正格。……第六語以用韻為正格。……此章增句。在結曲後。其增句之法。約有三種。其一、即增單句者。……其二、即增偶句者。……其三、即增疊句者。……吳先生簡譜云。‘此章增體。若用單句。則通體用平平仄仄平。若用偶句，則用平平平仄仄。平平仄仄平。惟末句仍須以單語收之。’此說可為後庭花增句作法之準繩……”[①] 據元雜劇和各曲譜，增句必入韻。史九敬先《蝴蝶夢》第一折【仙呂・後庭花】重疊增句的末句，而且增句末句末字為“井”，因此兩個“井”雜入東鍾韻。

元雜劇有三十七劇三十九支曲子使用【仙呂・青哥兒】，句數多少不等。此曲牌小令兼用，小令不增句，為五句。劇套一定增句，有增四字句、六字句或四字六字均增，而且增句押韻情況在元雜劇中主要有兩種方式：一是增句句句協韻，如《曲江池》、《焚兒救母》、《替殺妻》、《殺狗勸夫》、《還牢末》等劇共三十支曲子如是；一是增句前半部分入韻，後面偶有不入韻的，如《張生煮海》、《裴度還帶》、《七裏灘》等八支曲子。唯獨史九敬先《蝴蝶夢》的曲子比較特殊，此曲增句為“靈芝常種。蟠桃初紅。雲鶴翔空。白雲送迎。玉女金童。紫簫調弄。香靄澄澄。紫霧濛濛。瑞氣騰騰”。特殊之處在於增句有九句，押韻時庚青部的字與東鍾部的字完全混雜在一起。《一笠庵北詞廣正譜》列有兩種格式，一種為小令，第二種為關漢卿《緋衣夢》，全曲八句，韻字為：雁寒閑闌欄間難盼，句句入韻，增句“在第三句後，末二句仍以本調收之。此增三句，儘可多，奇偶不拘”[②]。《北曲新譜》錄有三種增句格式，第一種為喬吉《兩世姻緣》，全曲十二句，韻字為：宴嚥天綿邊前眠肩軒川年見，句句入韻，增句在第三句後，增四字句七句；第二種為無名氏《漁樵記》，全曲七句，韻字為：咐富如屠漁餘遇，句句入韻，增句在第三句後，增六字句兩句；第三種為喬吉《揚州夢》，全曲十九句，韻字為：壽袖守流侯酎遊繆籌摑謳兜騶州舟悠颼頭袖，句句入韻，增句在第三句後，先增六字句四句，接著增四字句十句。鄭騫指出：“此章入套用必須增句。增句在第三句下，多寡奇偶隨意。以增四字句為主，如右曲（按：右曲指喬吉《兩世姻

① 王玉章：《元詞斠律》，商務印書館 1936 年版，第 166 頁。

② 李玉：《一笠庵北詞廣正譜》，北京大學影印本 1937 年版，第 180 頁。

緣》）；間有增六字句或四字六字並用如下兩曲（按：下兩曲者即無名氏《漁樵記》和喬吉《揚州夢》），則居少數。……增句須每句協韻，亦有前數句協韻後數句不協者。”① 《中國曲學大辭典》亦錄喬吉《兩世姻緣》，並指出：“增句在第三句下。小令不增句，套數則必增句。……增句須每句叶韻，……亦有前數句叶韻而後數句不叶者。”② 由此我們斷定此處幾個庚青字“迎、澄、騰”應該是雜入東鍾韻了。

如上文所說，元雜劇有九十支曲子使用【仙呂・那吒令】，雖然押韻格式多種多樣，但除去史九敬先《蝴蝶夢》一曲，其餘八十九支曲子和各曲譜第二句全部入韻，所以“成”雜入東鍾韻。

“庭”在元雜劇用韻處使用了二十次，一次雜入東鍾韻；“影”使用了三十八次，一次雜入東鍾韻；“生”使用了一百三十六次，兩次雜入東鍾韻（上文交待過一次）。這三字出現在吳昌齡《風花雪月》第一折

【仙呂・油葫蘆】俺自下瑤臺同步行。早來到書院中。我這裏細尋思。秋月蘂珠宮。想當時那瓊姬和那子高是這良媒送。想當日巫娥宋玉陽臺夢。他若是忒志誠。我可也無怕恐。想當日劉晨悮入桃源洞。他後來在天臺山下再相逢。

【仙呂・天下樂】偏不的他流出桃花片片紅。則你個嬌也波容。你可休将人可便和哄。我可便知恩報恩訪那生。不索你這個言那箇噥。哎你個孟婆神口是風。

【仙呂・賺煞尾】十遍家得相逢。久遠成鸞鳳。到來年八月中秋月影。七夕會牛郎休賣弄。則所這六丁神告與天蓬。我怕的是五更風。吹散那雨約雲約蹤。四個人相逢在此院庭。俺怕的是三更夜永。俺二人情重。這的是一般瀟灑月明中。

吳昌齡《風花雪月》【仙呂・油葫蘆】首字入韻上文已作分析，而且此曲在“選本”中為“俺和您回首瑤臺隔幾重。早來到書院中。怕甚麼人間天上路難通。想當日那天孫和董永會把瓊梭弄。想巫娥和宋玉曾做陽臺夢。賺劉晨笑入桃源洞。到後來天臺山下再相逢。”句句入韻。

元雜劇共一百五十二劇一百五十二支曲子使用【仙呂・天下樂】，縱觀元雜劇此曲，可以發現，此曲的句數也不一致。有六句、七句、九句之分。六句者如關漢卿《魯齋郎》和無名氏《諸葛論功》，九句者如關漢卿《裴度還帶》，其餘劇作此曲均為七句，即一百四十九支曲子均為七句，而且第六句均入韻。《太和正音譜》引錄喬夢符《金錢記》，全曲七句，韻字為：華嘩佳家霄霞假，第五句不入韻。《一笠庵北詞廣正譜》共錄兩

① 鄭騫：《北曲新譜》，藝文印書館1973年版，第94—95頁。

② 《中國曲學大辭典》，浙江教育出版社1997年版，第739頁。

支曲子，一支為馬致遠《漢宮秋》，全曲七句，韻字為：紗家咱殺身下家，第五句不入韻；一支為馬致遠《黃粱夢》全曲七句，韻字為：人中焚門經論本，第二句和第五句均不入韻。《南北詞簡譜》亦錄馬致遠《漢宮秋》，并指出“此调诸家无甚异同”①。《北曲新譜》亦錄喬夢符《金錢記》。王力《漢語詩律學》所例【天下樂】體式為：7B｜5Y｜7Y｜3B3b｜5H，全曲六句，第五句不入韻。《元詞斠律》指出：“此章往往聯於油葫蘆後。其第二語為兩字。可嵌入‘也不’或‘也麽’或‘也波’二襯字。”②《北曲新譜》也認為第二句基本格式為二字，而且“第二句中間可嵌‘也波’二字……又有嵌‘也麽’者，則係明清人字法，元人皆用‘也波’。第二句不叶韻者較少。此句可與第三句聯為一句……又有重疊第二句兩字與第三句聯貫者……”③《中國曲學大辭曲》指出“第二句可不叶韻，與第三句合為五字句”④。諸曲譜談到多是第二句的變化，沒有涉入第五六句的變化。查元雜劇可以發現五、六句基本格式本為兩個三字句，但是《裴度還帶》中此位置上的三字句為四句“他肚腸細。胸次狹。眼皮薄。局量窄”。無論第二句和第五、六句如何變化，第四句是不變的，是入韻的。所以吳昌齡《風花雪月》【仙呂・天下樂】中的“生”應該雜入東鍾韻。此曲在“選本”中為“卻不道流出桃花片片紅。則你個嬌也波容。可便將人廝調哄。我則為報德酬恩要始終。不索你不索你這個咕。那個噥。哎！只你個十八姨口是風。”“生”所在位置換成東鍾部“終”，其他位置韻字完全一致。

元雜劇共一百五十五劇一百五十八支曲子使用【仙呂・尾聲】（有的劇為賺煞、賺煞尾、賺煞尾聲、煞尾、尾聲或尾，名異實同），一百五十八支曲子句數有十句和十一句之分，《一笠庵北詞廣正譜》收錄三種體式：一種是王實甫《西廂記》，十句，韻字為：穿噈纏轉牽妍圓前見源，句句入韻，且說“（《西廂》此曲中）近庭軒，花柳爭妍即暢道好處難忘句，軒字偶合韻非另一句也，該三字或二字不拘，後曲非另一格（即下面的第二體式）”⑤；第二種是彭壽之《平生放蕩》，十句，韻字為：心相

① 吳梅：《南北詞簡譜》，河北教育出版社 1989 年版，第 65 頁。

② 王玉章：《元詞斠律》，商務印書館 1936 年版，第 74—75 頁。

③ 鄭騫：《北曲新譜》，藝文印書館 1973 年版，第 82 頁。

④ 《中國曲學大辭曲》，浙江教育出人社 1997 年版，第 737 頁。

⑤ 李玉：《一笠庵北詞廣正譜》，北京大學影印本 1937 年版，第 190 頁。

獎許常忘香倆樣腸，首句及第四句不入韻；第三種是王伯成套數《天寶遺事》，十句，韻字為：緣況想鼻粧傷聲藏蕩香，首句及第四句不入韻。李玉在第二體式後解釋“以暢道二字代三字句，此格類多”①。《北曲新譜》所收除王實甫《西廂記》外，還有朱庭玉《可愛中秋》，韻字為：樓弄終亮龍成鐘從去宮，與《一笠庵北詞廣正譜》一樣。鄭騫解釋“此體（即第二體）僅見早期散套用之，蓋賺煞之最初形式”②。《太和正音譜》收馬致遠《黃粱夢》一曲，韻字為：輕進引穩真欣雲醺訓印門，全曲十一句，首句不入韻。《南北詞簡譜》從之，並且說“此調以此曲為最正”，談到《一笠庵北詞廣正譜》時說：“李玄玉謂‘軒’字偶合韻，非另一句也。且以彭壽之散套為證……至謂以‘暢道’二字可代‘近庭軒’三字，此是元人簡陋處，蓋減去三字句，而別用‘暢道’二襯字，非‘暢道’二字，可代‘近庭軒’一語也。考訂家倒果為因，時有誤謬……”③《中國曲學大辭典》亦錄王實甫《西廂記》一曲，並指出此曲“第六、七句本為兩句，《太和正音譜》即如此分，《北詞簡譜》從之；《廣正譜》合為一句，《北曲新譜》從之”④。因此，句數有了十句和十一句之分。無論是十句還是十一句，“影、庭”所在的位置均須入韻。“選本”中也有此曲，相比較曲詞變化較大，不過除首句不入韻外，其餘各句均入韻。所以我們認為“影、庭”雜入東鍾韻了。

“盈”在元雜劇用韻處使用了十次、“驚”使用了三十一次，二字各一次雜入東鍾韻。均出現在白樸《東牆記》第四折

【越調·禿厮兒】恨人畫簷間鐵馬丁東。恨人寒山野寺鳴鐘。恨人把美愛幽歡好夢驚。恨人又見花梢兒。窓影下。重重。

【越調·拙魯速】花落去緑叢叢。怎不交人淚盈盈。愁鎖眉尖萬種。清夜悠悠誰共？畫簷下搖曳簾櫳。不想把離人斷送。鷓鴣啼驚覺巫山夢。

如上文所述，【越調·禿厮兒】的第三句必入韻，所以庚青部的“驚”雜入東鍾韻。元雜劇有九劇十支曲子使用【越調·拙魯速】，全曲句數六句到十句不等，除白樸《東牆記》一曲外，其餘九支曲子句句入韻。《太和正音譜》錄王實甫《西廂記》一曲。《一笠庵北詞廣正譜》錄

① 李玉：《一笠庵北詞廣正譜》，北京大學影印本1937年版，第191頁。

② 鄭騫：《北曲新譜》，藝文印書館1973年版，第115頁。

③ 吳梅：《南北詞簡譜》，河北教育出版社1989年版，第86頁。

④ 《中國曲學大辭曲》，浙江教育出人社1997年版，第740頁。

有此曲的五種體式，第一、二種體式即王實甫《西廂記》的用法，第四種體式即王實甫《麗春堂》用法，第三種格式是關漢卿《哭香囊》的用法，第五種格式是鄭德輝《月夜聞箏》的用法，這五種用法無論增句與否，均句句諧韻。《南北詞簡譜》亦錄王實甫《西廂記》一曲。《北曲新譜》錄有兩種格式，一種為鄭光祖《倩女離魂》，一種為無名氏套數《一葉舟中》，全曲十二句，韻字為：癡知畢悲底儀徊魁會遲離飛，句句入韻。《中國曲學大辭典》亦收鄭光祖《倩女離魂》。縱觀各韻譜的解釋，此曲的增句處在第四句後，而且元雜劇十支曲子中九支無論增句與否，也是句句入韻的。所以《東牆記》第四折【越調・拙魯速】第二句末字“盈”雜入東鍾韻。

庚青部的“名、停、盈”等字混入東鍾韻，這與二部之間的密切關係不可分割。按《廣韻》庚耕登三韻的重唇音開口字，如“崩繃盲萌朋彭烹猛孟迸”等和喉牙音合口字如“肱觥泓薨轟榮橫弘宏嶸兄永礦泳詠永”等都變入東鍾韻了。《中原音韻》有規律地兼收入東鍾和庚青兩韻（只有庚青韻系的唇音字“彭猛”，《中原音韻》只收入東鍾韻。）但是上面這些字押入東鍾部，不合語音的發展規律，與《中原音韻》的體例也不合。因此，我們只能說上面這些字雜入東鍾部。此外從語音的發展規律上講，一部分清青兩韻的喉牙合口字如“瑩炯冏瓊迴炯”等也變入東鍾韻了。但是《中原音韻》沒有這種記錄。按王力《漢語語音史》對元代音系的論證，到元代時《廣韻》清青兩韻的一部分喉牙合口字已經變入東鍾部了如瑩迥瓊等，而且王力例舉了元代的反切例證和劇曲論證了這一觀點。因此庚青韻部字雜入東鍾部應該是二者音相近造成的。

2. 寒山部字雜入東鍾部

寒山部“趕”字雜入東鍾部。

“趕”在元雜劇用韻處使用了七次，一次雜入東鍾韻。此現象出現在關漢卿《單鞭奪槊》第三折

【越調・鬪鵪鶉】人一是北極天蓬。馬一似南方火龍。他那裏縱馬橫鎗。将咱來緊趕。他急似雷霆。我疾如大風。他那裏手不停。口不寧。他那裏耀武揚威。爭雄奮勇。

如上文所述，元雜劇共四十四劇使用了四十八支【越調・鬪鵪鶉】，有四十七支曲子的句數都為十句，其中包括關漢卿《單鞭奪槊》第三折【越調・鬪鵪鶉】，這些曲子的第四句均入韻。上文所引《一笠庵北詞廣

正譜》及其他曲譜也如是。關漢卿《單鞭奪槊》第三折【越調·鬪鵪鶉】在“選本”中為“人一似北極天蓬。馬一似南方火龍。他那裏縱馬橫鎗。將咱來緊攻。他急似雷霆。我疾如大風。我這裏走的慌。他可也趕的凶。似這般耀武揚威。爭強奮勇。”可以看出前六句與“脈本”幾乎一致，而“趕”所在的位置換成了東鍾部的“攻”，所以關漢卿《單鞭奪槊》第三折【越調·鬪鵪鶉】中第四句末字“趕”雜入東鍾韻。

3. 真文部字雜入東鍾部

真文部“魂、臣”兩字雜入東鍾部。

“魂”在元雜劇用韻處使用了六十一次，一次雜入東鍾韻。此現象出現在吳昌齡《風花雪月》第一折

【仙呂·點絳唇】則這素魄冰魂。暗香浮動。蟾光湧。萬裏長空。我則見高把銀盤捧。

如上文所述，元雜劇【仙呂·點絳唇】首句必叶，所以吳昌齡《風花雪月》第一折【仙呂·點絳唇】“魂”雜入東鍾。此曲在“選本”中為“夜色溶溶。桂花風動。天香送。萬裏長空。是誰把銀盤捧。”首句末字換成了東鍾部的“溶”。因此庚青部的“魂”雜入東鍾韻。

“臣”在元雜劇用韻處使用了五十八次，一次雜入東鍾韻。此現象出現在史九敬先《蝴蝶夢》第一折

【仙呂·油葫蘆】不如我跨鳳乘鸞朝玉京。仙家日月永。你只待浩歌一曲酒千鍾。見如今春秋七國刀兵動。不如我柳陰中一枕南柯夢。俺昆侖頂上人。比淩煙閣上臣。試看咸陽原上麒麟塚。都一般消灑月明中。

“臣”位於第七句末。按上文所述，此位置的字應該入韻，所以我們認為真文部“臣”雜入東鍾韻。

4. 江陽部字雜入東鍾部

江陽部“疆”字雜入東鍾部。

“疆”在元雜劇用韻處使用了二十五次，一次雜入東鍾韻。此現象出現在楊梓《豫讓吞炭》第四折

【中呂·迎仙客】當初是堯社稷。讓了舜封疆。舜又命禹王將天下一統。伊尹有相湯的賢。武王有伐紂的功。想當初風虎雲龍。做了一枕南柯夢。

元雜劇共有五十四劇五十五支曲子使用【中呂·迎仙客】，全曲七句，第一句、第四句可押可不押，其餘均入韻。周德清《中原音韻》“定格”所收為鄭德輝《登樓》，全曲七句，韻字為：低飛倚原國悲碎，第四句不入韻。朱權《太和正音譜》所收為王伯成《貶夜郎》，全曲七句，韻

字為：露霓吸鄉裹席麗，首句及第四句不入韻。《一笠庵北詞廣正譜》收王仲誠《世事皆諳》，全曲七句，韻字為：蟻蠶貪心膽擔探，首句及第四句不入韻。《南北詞簡譜》所收與《太和正音譜》一樣，且注"此曲諸劇皆無同異"①。王力《漢語詩律學》所例體式為：3H：3A | 7D | 3c3h | 4A | 5e，首句可入韻亦可不入，第四句不入韻。《北曲新譜》和《中國曲學大辭典》所收張可久小令亦為七句，韻字為：鱗雲春家人村恨，第四句不入韻。因此，此曲的第二句應該是入韻的，只是楊梓《豫讓吞炭》由於上下文意的原因讓江陽部的"疆"雜入東鍾韻了。

5. 齊微部字雜入東鍾部

齊微部"西"字雜入東鍾部。

"西"在元雜劇用韻處使用了五十次，一次雜入東鍾韻。此現象出現在白樸《東牆記》第四折

【越調・閂鵪鶉】眼見的枕剩衾空。怎捱這更長漏永。桂蕊飄霞。楊花弄風。翠袖生寒。烏雲不攏。恰成了鸞鳳交。眼見的各東西。離恨千般。閑愁萬種。

如上文所述，元雜劇【越調・鬬鵪鶉】四十八支曲子中四十七支曲子為十句，《東牆記》第四折【越調・鬬鵪鶉】就在其中。就四十七支曲子倒數第三句而言，四十六支均入韻，各曲譜也不例外。所以此劇此曲中的"西"雜入東鍾韻無疑。此曲在隋樹森《元曲選外編》為"眼見的枕剩衾空。怎捱這更長漏永。桂蕊飄霞。楊花弄風。翠袖生寒。烏雲不攏。恰成了鸞鳳交。眼見的各西東。離恨千般。閑愁萬種。"倒數第三句末尾兩字由"東西"變為"西東"，所以此處應協韻，"脈本"可能是在抄校過程中顛倒了詞序造成了韻部混雜情形。

第二節　江陽

一、江陽部韻字及其來源

江陽部韻字相等於《廣韻》江陽唐三韻的合併，具體如下：

江：邦 40 梆○龐 2 逄○椿 5○幢 3 撞 2○窗 27○雙 14○江 30 扛○腔 5○降 18 缸 3

① 吳梅：《南北詞簡譜》，河北教育出版社 1989 年版，第 91 頁。

講：棒 13○講 39 耩 2○夯 2○項 11

絳：胖 3○撞 25○降 39○巷 19

陽：坊 12 方 52○芳 12 妨 13○房 47 防 11○鋩亡 38○張 52○長 55 腸 61 場 85○娘 54○漿 21 將 6 蜰 2○槍 27 搶 2 鏘 2 蹌 3 熗鎗 2○牆 27 嫱○廂 26 湘 3 襄 2 相箱 8 驤○詳 30 祥 3 翔 3○粧 45 莊 12 樁 2 裝 8○瘡 5○床 26 ○霜 29 孀 6○章 61 璋 2 彰麞○昌 14 娼 3○商 10 傷 31 觴 15○償 6 裳 26 常 37 嘗 4○疆 25 繮 2 韁 3 僵姜 4○匡 2 筐 3 誆羌 3○強 55 狂 30○鄉 64 香 82 ○央 13 殃 17 鴦 11○羊 16 王 78 陽 72 楊 7 揚 40 洋 6 佯徉颺○梁 49 量 65 良 45 涼 29 糧 16 粱

養：仿○訪 13○網 13○長 20○昶○丈 38 杖 12 仗 14○獎 10 槳○搶 6 ○想 49○像 20 象 22○爽 6○掌 18○敞 7 氅 2○賞 36 晌 11○強 2○仰 4○ 響 28 享 5○枉 8○養 18 癢 8 往 17○兩 7 倆 12 魎○壤 3 穰 4 嚷 2 攘 8

漾：放 38○望 78 忘 23 妄○釀 10○帳 38 漲脹○暢 6 悵 6○將 62○相 81○壯 24○創 6 愴 5○狀 22○障 11 瘴○唱 23○餉 2○上 158 尚 11○強 5 誑 9 糨○況 24 向 26○快 5○樣 45 旺 20 漾 7 恙 11 煬王○量 35 亮 10 喨 5○ 讓 16

唐：滂○旁 8 傍 15 膀○茫 8 忙 42 芒 2 邙○當 59 湯 32 襠璫○膛 6○ 堂 104 唐 25 塘 2 糖棠 3○囊 12○臧 2 贓 5○蒼 26 倉 4 鶬○藏 38○桑 13 喪 7○光 67 剛 15 綱 21 崗岡 9 亢○康 15 糠 3○昂 28○荒 22 慌 28 肓 2○行 37 煌 2 惶 12 黃 23 皇 19 徨 2 凰 19 簧 5 蝗杭 2 航潢○汪 3○郎 68 狼 9 廊 10 琅 螂

蕩：榜 8○蟒莽○黨 18○躺倘○蕩 31○顙 2○廣 12○謊 17○晃 3 幌 3 ○朗 10

宕：謗 2○傍 18○當 65 擋 3○湯燙 3○葬 10○臟○喪 20○曠○攩○ 亢 2 坑抗炕○閬浪 35

二、他部字雜入江陽部現象

元雜劇中有八楔子六十六折共六百九十一支曲子使用了江陽韻。其中六百八十支曲子無他韻字雜入，如李文蔚《破苻堅》第一折【仙呂】七支曲子：【點絳脣】邦創相良降【混江龍】望陽昂常光祥将槍【油葫蘆】強廣岡壮旺江望良【天下樂】邦王陽康剛梁【金盞兒】梁羌向邦昌疆【醉中天】上降揚将強撞防【尾聲】象方昂鄉堂廣壮邦。又如鄭廷玉《忍字記》第三折【雙調】九支曲子：【新水令】鄉恙梁忙上【雁兒落】傷愴尚【得勝令】鴦凰想量放詳方【水仙子】湯樣掌上郎上傍腸【川撥棹】唐強塘場房坊堂方降講【七弟兄】堂房尚胖傍上【梅花酒】場粧郎娘像長慌忙香陽商床腸樣降【收江南】鄉郎傍往墻【鴛鴦煞】帳浪亡梁陽悵鄉講。十一支曲子雜入他韻的字。

1. 魚模部字雜入江陽部

魚模部“舒、都”兩字雜入江陽部。

“舒”在元雜劇用韻處使用了十七次，一次雜入江陽韻。這種現象出現在孟漢卿《魔合羅》第三折

【商调·金菊香】子见湿浸浸血污旧衣裳，多管碜可可身耽新杖疮，被死囚枷压的曲了脊梁，把咽颈刚舒，最伤心两眼泪汪汪。

排比所有元雜劇中關於【商調·金菊香】用韻，可以發現全曲五句，除孟漢卿《魔合羅》一曲外，其餘曲子句句押韻，無一例外。就是同在一折的另一支【金菊香】也是句句押韻：

【商调·金菊香】这是打家贼勘完赃，这是犯界私盐写下榜，这公事正与咱一地方。这是恰下符样，这是官差纳送远仓粮。

孟漢卿的《魔合羅》同時見於“脈本”和“選本”中，而後兩種此位置上都為“長”。

【商調·金菊香】我則見濕浸浸血污了舊衣裳。多應是碜可哥的身耽着新棒瘡。更那堪死囚枷壓伏的駝了脊梁。他把這粉頸舒長。傷心處淚汪汪。（選本）

【商調·金菊香】我則見濕浸浸血污了舊衣裳。多應是碜可哥的身耽着新棒瘡。更那堪死囚枷壓伏的駝了脊梁。他把這粉頸舒長。痛傷心兩眼泪汪汪。（脈本）

根據【商調·金菊香】的基本格式，其倒數第二句是四字句，而《魔合羅》中除去襯字是個三字句，且表意不明。因此，這種落韻我們認為是在流傳過程中文字脫落才造成的。

“都”在元雜劇用韻處使用了二十九次，一次雜入江陽韻。此現象出現在無名氏《千里獨行》第四折

【雙調·殿前歡】若不是這漢雲長。則為俺這家屬不得倚可便詐投降。壽亭侯官職無心望。甚的他快樂的這心腸。他封金印出許都。嶮諕殺那曹丞相。錦征袍便斜挑在他刀尖上。怎能勾那弟兄每完聚。也不能勾今日得這還鄉。

元雜劇中有二十六劇二十六支曲子使用了【雙調·殿前歡】，全曲九句，一般倒數第二句可入韻亦可不入。其中有兩劇：無名氏《千里獨行》和無名氏《村樂堂》第五句不入韻，其他均入韻。《中原音韻》“定格”

中收《醉歸來》一曲，全曲九句，韻字為：來腮外開才菜伯慨懷，句句入韻。《太和正音譜》收張小山小令一曲，全曲九句，韻字為：癯湖路如書疏句子雛，倒數第二句不入韻。《一笠庵北詞廣正譜》收張小山小令一曲，全曲九句，韻字為：宮風凍紅中動夢句翁，倒數第二句不入韻。《南北詞簡譜》、《北曲新譜》、《中國曲學大辭典》同《太和正音譜》。據元雜劇和各曲譜，此調一般倒數第二句不入韻，其餘應該入韻。無名氏《村樂堂》第五句末字為“貞”，《廣韻》“貞”，陟盈切，十四清韻，是後鼻音類的字。據王力《漢語語音史》“宋代的庚生、蒸登、京青，到元代合併為庚青”[①]。周德清韻字的歸納根據當時一般北方語音，但不可否認現代北方話讀為前鼻音應該是從那時濫觴，今天的北方話就真正轉入前鼻音了。當時這是很自然的協韻。據元雜劇和曲譜，無名氏《千里獨行》第五句應該入韻。

2. 蕭豪部字雜入江陽部

蕭豪部“陶”字雜入江陽部。

“陶”在元雜劇中用韻處共使用了五次，四次均入蕭豪韻，一次雜入江陽韻。這種現象出現在無名氏的《衣錦還鄉》第四折

【正宮·脫布衫】明聖主仁傚三皇。明聖主德似唐陶。明聖主千邦讚禮。明聖主萬民仰望。

元雜劇共三十一劇三十一支曲子使用【正宮·脫布衫】，全曲四句，第三句可押可不押，而第二句除無名氏《衣錦還鄉》一曲外沒有不押韻的。借入【中呂】共使用了六次，情況也如此。《太和正音譜》收張鳴善小令一曲，全曲四句，韻字為：宜氣質臂，句句入韻。《一笠庵北詞廣正譜》、《南北詞簡譜》、《北曲新譜》、《中國曲學大辭典》均收王實甫《西廂記》，全曲四句，韻字為：飛迷的地，句句入韻。據元雜劇和曲譜，此調第二句末字應該是入韻的。這裏失韻應該是“陶唐”二字的次序顛倒造成的。

3. 寒山部字雜入江陽部

寒山部“挽、拴、眼”三字雜入江陽部。

“挽”在元雜劇中用韻處使用了六次，五次押寒山韻，一次雜入江陽韻；“拴”在元雜劇用韻處使用了十一次，十次押寒山韻，一次雜入江陽

---

① 王力：《漢語語音史》，商務印書館2008年版，第430頁。

韻。二字均出現在無名氏《浮漚記》第三折

【正宮・煞尾・么篇】硬邦邦指爪将頭稍來挽。粗滚滚麻繩将臂膊拴。打碎天靈共眼眶。踢拆蠻腰和腦漿。把那廝拏到陰山。我到下頭慢慢的想。

《浮漚記》是末本戲，第三折全折使用的是寒山韻，而【煞尾・么篇】是由淨角來唱，不入套曲，押江陽韻，而且所有元雜劇僅此一劇使用【煞尾・么篇】。【煞尾】據曲譜亦入中呂、南呂、黃鍾、大石。元雜劇共有九十四支曲子【煞尾】（【正宮】六十一劇六十二支曲子，【中呂】十二劇十二支曲子，【南呂】九劇九支曲子，【黃鍾】十劇十支曲子，【大石】一劇一支曲子）可以發現此曲從三句到五十三句不等，押韻情形也較為複雜。【黃鍾】十支曲子，全部為三句，除鄭光祖《倩女離魂》首句不入韻外（“選本”入韻）其餘句句入韻；【大石】一曲，全曲十一句，句句入韻；【南呂】九支曲子，句句入韻；【中呂】十二劇十二支曲子押韻複雜。【正宮】六十一支曲子中五十四支句句入韻。按曲譜，此章用【煞】首二句，【尾聲】末句，中間或六字句、七字句、四字句，所以句數不定，體式不定。《浮漚記》全曲共六句：七七七七七七。《太和正音譜》收費唐臣《貶黃州》一曲，全曲六句，格式為七七四四四七，句句入韻，但與《浮漚記》不一樣。《一笠庵北詞廣正譜》收了四種格式，但沒有一個與《浮漚記》一致，倒是其收錄的【隨煞尾】一曲即無名氏【美甘甘】與《浮漚記》幾乎一致，《美甘甘》全曲八句：七七七七七七七七，句句入韻。《南北詞簡譜》亦收費唐臣《貶黃州》。《北曲新譜》收六種體式，第二種體式即無名氏《美甘甘》與《浮漚記》一致。鄭先生認為此體式“煞首兩句，七字句若干（平仄照煞第二句作，每句協韻），尾聲末句”，並指出：“此式用者甚多”①。《中國曲學大辭曲》收有四種格式，其中也有無名氏《美甘甘》，同時指出：“此式用者甚多。中間七字句有用至二十句者。”② 查元雜劇，大凡此曲全使用七字句，均句句入韻。因此，《浮漚記》此曲的首二句一定入韻，借叶江陽韻。此曲在“選本”中為“我將這廝琅琅鐵索把那廝肩胛綁。沉點點鐵棍將那廝臂膊搪。打碎天靈共眼眶。踢折蠻腰和腦漿。那廝直拏到酆都那邊着他慢慢的想。”奉《中原音韻》如圭臬的臧晉叔精通音律，刪改元曲時不會傷及音律的。可見，首

① 鄭騫：《北曲新譜》，藝文印書館 1973 年版，第 70 頁。

② 《中國曲學大辭曲》，浙江教育出版社 1997 年版，第 734 頁。

兩句應該入韻的，這可能是抄者受上文影響所致。

“眼”在元雜劇用韻處使用了三十五次，一次雜入江陽韻。此現象出現在戴善夫《風光好》第二折

【南呂·二煞】你這般當歌對酒銷金帳。煞強如掃雪烹茶破草堂。你許下我的休教無承望。此別後水遠山長。把美繾綣則怕貴人多忘。則要你經板兒印在心上。當日也是我在尊前便不掛眼。假粧好人家便引動情腸。

元雜劇共有十九劇二十九支曲子使用【南呂·煞】（包括【三煞】、【二煞】、【一煞】），其中二十五支曲子為八句，另外四支曲子，有六句如馬致遠《岳陽樓》，有七句如馬致遠《漢宮秋》，有十句如武漢臣《玉壺春》。《太和正音譜》、《南北詞簡譜》、《北曲新譜》、《中國曲學大辭典》均收錄范康《竹葉舟》，全曲八句，句句入韻。《南北詞簡譜》、《中國曲學大辭典》還厘定了此曲的基本體式：七七七四四三七四。《北曲新譜》厘定的體式為：七七七四六五七四，並且指出“第五句可省為‘十（按：“十”表示平仄不拘）平十仄 oo’（按：“oo”表示入韻句）四字。第六句可省為‘十平仄 oo’三字”[①]。王力《漢語詩律學》厘定的體式（標明【三煞】）為 7a | 7B | 7A | 4A | 6s | 5A | 5b | 4A，並指出“此調係借用般涉調，變化頗多。今僅錄一體”[②]。《北曲新譜》和《中國曲學大辭典》還指出第四句可不入韻。對比曲譜，馬致遠《漢宮秋》（脈本）前面少一七字句（“選本”為八句），武漢臣《玉壺春》（選本）第六句變為三個三字句，而馬致遠《岳陽樓》卻少第四五兩句（“選本”為八句）。無論句數如何變化，不會影響倒數第二句。除戴善夫《風光好》一曲外，其餘曲子倒數第二句均入韻，所以戴善夫《風光好》此曲倒數第二句末字“眼”應是雜入江陽韻了。在“選本”中此曲為“你這般當歌對酒銷金帳。煞強如掃雪烹茶破草堂。你許下我的休教無承望。此別後水遠山長。把美繾綣則怕貴人多忘。則要你經板兒印在心上。當日也是我在尊前不容近傍。假粧好人家便引動情腸。”可見此處應該入韻。

4. 桓歡部字雜入江陽部

桓歡部“端”字雜入江陽部。

“端”在元雜劇用韻處僅出現一次並且有押入江陽韻的嫌疑。此現象出現在王實甫《麗春堂》第四折

① 鄭騫：《北曲新譜》，藝文印書館 1973 年版，第 137 頁。

② 王力：《漢語詩律學》，上海教育出版社 1963 年版，第 809 頁。

【雙調・金字經】早是人寂寞。更那堪更漏長。誰問當。剛打迭起不斷腸。則我這家私上。橫枝兒有一萬端。

【雙調・金字經】在元雜劇中只使用了一次即《麗春堂》，雖然不能通過排比瞭解該曲牌押韻的實際情況，但是“端”出現末句，凡押韻之文學作品末句必須用韻，故毋庸證明。“選本”將“端”處改為“樁”，具體如下：“早是人寂寞。更那堪更漏長。點點聲聲被他滴斷腸。到曉光。到曉光。便道他不斷腸。又被這家私上。橫枝兒有一萬樁。”

5. 庚青部字雜入江陽部

庚青部“姓、症”兩字雜入江陽部。

“姓”在元雜劇用韻處使用了十七次，一次雜入江陽韻。此現象出現在李文蔚《圯橋進履》第三折

【正宫・貨郎兒】猛聽的吹畫角悠悠的便嘹喨。他道俺接應的軍排戰場。他那裡探知就裏可便問其詳。大將軍。何名姓。他拏住的是張良。

元雜劇僅李文蔚《圯橋進履》、蕭德祥《殺狗勸夫》、楊顯之《臨江驛》和無名氏《黃鶴樓》四劇獨用【正宫・貨郎兒】，其中無名氏《黃鶴樓》在“第五句後、末句前有增句，附錄如下：‘你過的這乞留曲律蚰蜒小道。聽說罷官人你記着：你過的一横澗搭一横橋。更有那倒塌了的山神廟。破墻匡。草團瓢。轉山坡。過嶺橋。河裡魚兒水不着。春夏秋冬草不凋。貪看雲中鶻打雁。你可休離俺這山庄可便錯去了。’計增三字四句、七字三句”[①]。而其他三劇（包括李文蔚《圯橋進履》）都為六句：

【正宫・貨郎兒】不特似十分家沉醉。喫得來如湯似汁。俺哥哥直睡到紅日三竿未起。哥哥覓來我支持。他酩子裏回過胭頸。沒揣的轉過身體。（蕭德祥《殺狗勸夫》第二折）

【正宫・貨郎兒】想着淮河渡翻船的這災變。也是俺那時乖運蹇。定道是一家大小丧黃泉。排岸司救了咱性命。崔老的與我配了姻緣。今日呵誰承望父子和夫妻兩事兒全。（楊顯之《臨江驛》第四折）

如果把無名氏《黃鶴樓》【正宫・貨郎兒】中的增句去掉，剩餘六句全部押韻，而蕭德祥《殺狗勸夫》【正宫・貨郎兒】第五句不入韻，楊顯之《臨江驛》【正宫・貨郎兒】中第四句不入韻。無名氏《貨郎旦》【轉調貨郎兒】套曲第一曲也是六句，句句入韻。查閱相關的韻譜，發現要麼六句全入韻，要麼第四句不入韻，而第五句卻入韻的。所以我們斷定此

① 《中國曲學大辭典》，浙江教育出版社 1997 年版，第 731 頁。

處的“姓”應入韻，只是雜入江陽韻了。

“症”在元雜劇用韻處使用了五次，四次押庚青韻，一次雜入江陽韻。雜入江陽韻出現在關漢卿《拜月亭》第二折

【南吕·梁州第七】恰似悒悒的锥挑太阳，忽忽的火燎胸膛，身沉体重难回项，口干舌涩，声重言狂。可又别无使数，难倩街坊，则我独自一个婆娘，与他无明夜过药煎汤。呵！早是俺两口儿背井离乡，啞则快他一路上汤风打浪，嗨！谁想他百忙里卧枕着床。内伤？外伤？怕不待倾心吐胆，尽筋截力把个牙推请则怕小处尽是打当。只愿的依本分伤家没变症，慢慢的传授阴阳。

元雜劇共有七十一劇七十一支曲子使用【南呂·梁州第七】，全曲句數有十七、十八句之分，主要是十三、十四兩個二字句有時合有時分造成的。押韻情形十分複雜，大致來說，如果十三、十四兩句分開，那麼第一、四、六、十、十一、十三、十七可押韻亦可不押，如果十三、十四合為一句，則第一、四、六、十、十一、十六句可押韻亦可不押。《太和正音譜》收李致遠散套，全曲十八句，韻字為：女丹爛靜閑滿安寒殘馳綰關欄晚揀燦闌蘭，第一、四、十句不入韻。《一笠庵北詞廣正譜》錄有兩種格式，其中一種為散套使用，散套、雜劇共用的一種為無名氏散套，全曲十八句，韻字為：筍山慣按彈品觀顏煩腮眼鬢間間簡雁堪還，第一、六、十、十七句不入韻。並且指出第十二、十三句的又三種格式。《南北詞簡譜》所收同《一笠庵北詞廣正譜》，並認為第十七句“堪”應該入韻，只是失韻了。《北曲新譜》所收亦同《一笠庵北詞廣正譜》，並指出“第十一及十七句，雜劇皆協韻，散套可以不協”[①]。《中國曲學大辭典》所收為張可久《長天落彩霞》套數，全曲十八句，韻字為：英屏另小卿調婷名行成明生憎情令靜聲驚，第四、六句不入韻。綜觀元雜劇，使用【南呂·梁州第七】的七十一支曲子，七十支曲子的末四句全都押韻。據此，上文庚青韻字“症”好像雜入江陽韻了。廖珣英先生的《關漢卿戲曲的用韻》通過《一笠庵北詞廣正譜》載【南呂·梁州第七】所引朱延玉《套數》後四字為“非易簡寄（押齊微韻）”和商政叔《套數·么篇》後四字“院輩陌及（押齊微韻）”押韵情形（其中“簡”“院”“陌”不入韻）。最後把“症（廖文作“證”）”算做不入韻。綜合元雜劇和各曲譜，我們認為“症”入韻，雜入江陽部了。

---

① 鄭騫：《北曲新譜》，藝文印書館1973年版，第121頁。

6. 真文部字雜入江陽部

真文部“筋”字雜入江陽部。

“筋”在元雜劇用韻處使用了十六次，十五次押真文韻，一次雜入江陽韻。此現象出現在武漢臣的《生金閣》第二折【越調·寨兒令·么篇】

【寨兒令】我見他痛感傷。淚汪汪。水晶般指甲兒搯破面上。俺那廝少不的落馬身庄。不久身亡。他可便遭賊盜值重喪。

【么篇】多不到半月時光。刀刃親去陽。高杆上吊脊筋。木驢上破分張。渾身上害沒娘。椀大血疔瘡。

元雜劇共有十三劇使用【越調·寨兒令】及【么篇】，有的明確有【么篇】，有的無；有【么篇】者共七劇，正格均為六句，第一句和第四句可入韻亦可不入；【么篇】有五句和六句之分，第三句可入可不入；無【么篇】者共六劇六支曲子，均為十二句，第一句和第九句可入可不入。《中原韻韻》“正語作詞起例”之“定格”中收錄的【寨兒令·漁夫】，全曲十二句，韻字為：閑乾還關潺山灣寒魄竿看灘，第九句不入韻。近代曲學家任訥（中敏）在其《作詞十法疏證》對“定格”的解釋：“‘定格’云者，乃譜式也。”①《太和正音譜》收鮮于去矜小令，全曲十二句，韻字為：陵明青稱名輕清平愧鷩聽評，第九句不入韻。《一笠庵北詞廣正譜》錄有兩種格式：一種為張小山小令，全曲十二句，韻字為：麼他瓜蠟沙鴉家花酒茶茶衙，第九句不入韻；第二種格式鄭德輝《月夜聞箏》，全曲四句，韻字為：晚寒揀懶，句句入韻。《南北詞簡譜》所收同《太和正音譜》。《北曲新譜》收張可久小令，全曲十二句，韻字為：莎柯波和坡阿何多尹娥歌荷，第九句不入韻。鄭騫指出：“雜劇第一四兩句有不協韻者。第十一句即一字句可減去；小令減者甚少，雜劇減者甚多。雜劇分第七句以下為么篇，但無不連用者。”②《中國曲學大辭典》亦收張可久小令，並指出“雜劇第一、四兩句偶有不叶韻者”，“第十一句可減去，小令減者甚少，雜劇減者甚多”，“雜劇分第七句以下為【么篇】，前篇與么篇各得六句。而么篇與前篇無一句相同，不合換頭規律。元刊雜劇三十種有五劇用過【寨兒令】，皆不分么篇，蓋此種劃分出於明人之手。”③ 如果按照雜劇第七句以下為【么篇】，前篇與么篇各得六句，會看到作為【么

① 任訥：《作詞十法疏證》，中華書局 1924 年，第 1 頁。

② 鄭騫：《北曲新譜》，藝文印書館 1973 年版，第 266 頁。

③ 《中國曲學大辭典》，浙江教育出版社 1997 年版，第 755 頁。

篇】第三句均入韻，所以“筋”所在位置應入韻的。“選本”中此曲為“【寨兒令】我見他痛感傷。淚汪汪。水晶般指四兒搕破面上。俺那廝少不的落馬身跐。不久淪亡。他可便遭賊盜值重喪。【么篇】多不到半月時光。餐刀刃親赴雲陽。高杆首吊脊梁。木驢上碎分張。渾身的害麽娘椀大血疔瘡。”我們看到“筋”所在位置換成了屬於江陽韻的“梁”。這足以證明此處應該入韻，只是由於一些原因落韻了。

7. 皆來部字雜入江陽部

皆來部“歪”字雜入江陽部。

“歪”在元雜劇用韻處使用了二十一次，一次雜入江陽韻。此現象出現在高文秀《遇上皇》第一折

【仙吕·点绛唇】东倒西歪，后合前抢，离席上。这酒兴颠狂，醉魂儿望家往。

在“東鍾”部中我們分析過【仙呂·點絳唇】，無論從元雜劇的使用情況還是各曲譜的說明，此曲首句必入韻。因此“歪”應入韻的，只是曲意所需而出韻。

第三節　真文

一、真文部韻字及其來源

元雜劇的真文部包括《廣韻》的真魂文諄痕欣韻字及寢韻“品”、清韻“貞”、證韻“稱孕”、等韻“肯”。具體如下：

真：賓 12 濱 7 彬 2○貧 32 頻 10 顰 7○民 35○珍 7○塵 68 陳 2○津 6○親 120○秦 12○新 44 薪 3 辛 11○莘○真 30○嗔 32○神 75○身 160 申伸 3 紳 2○臣 58 辰 19 宸晨 3○巾 14○銀 27○因 30 茵 3 姻 12 裀 8○麟 11 鱗 6 粼 2 鄰 19○人 293 仁 12

軫：臏 4○憫 3○盡 74○哂 10○緊 35○窘 10○引 18○忍 22

震：鬢 10 殯 6○趁 16○陣 21○晉 12 進 18○信 69 訊 2 迅○儘 2 燼 3 贐 2○齔 4 襯○震 2 振 2○慎○揞 4○覲 2○釁 3○印 26○吝 2 恪○認 21 刃 9

魂：奔 8○噴 23○盆 9○門 148○敦墩 3○屯飩豚 2○尊 32 樽 9 罇○村 41 邨○存 21○孫 13 猻○昆琨○坤 19 裩○昏 36 婚 19 閽○魂 61 渾 8○溫 15○崙

混：本 38 倴○沌 2 囤 3 盾 2○忖 11○損 15○棍 15○穩 29○混 6

慁：奔 19 逩 7○噴 5○坌 3○悶 32 們 2○頓 15○褪 15○遁 8 鈍 5○嫩 10○寸 13○遜 8 噀 3○困 45 滾 16○溷○揾 3○論 76

文：分 30○紛 17 芬 2 氛○墳 16 焚 11○文 49 紋 3 聞 22○君 64 軍 46○群 9 裙 10○葷 4 勳 12 熏 2 嚑醺 11○氳 2○雲 73 員 2 秐醞

吻：粉 16○憤 5○刎 4○藴

問：糞 8○忿 17○分 41○問 84 璺○訓 7○郡 10○醞慍 2○運 24 韻 19

諄：旬 7 巡 11 循 5○諄○春 65○唇 15○純 4 淳 3 醇○均○匀 7○輪 12 倫 11 綸 4 掄 2 淪 2

准：筍○准 22○蠢 2○尹 2 允

稕：盹 7○俊 15○順 46○舜 4○狥○潤 12

痕：吞 5○根 29 跟 9○痕 27○恩 68

很：狠 25 很哏 9

恨：恨 46

欣：筋 16 斤 2○勤 40○齦○忻欣 10

隱：謹 3 靳○近 34○隱 18

寑：品 7

清：貞

證：稱○孕 2

等：肯 14

二、他部字雜入真文部現象

元雜劇中有十五楔子五十八折共五百八十八支曲子使用了真文韻。以獨用為主，有五百四十九支曲子無他韻字雜入，如無名氏《來生債》第一折【仙呂】十一支曲子獨用真文韻：【點絳唇】倫問忖貧分【混江龍】憤勳麟軍勤墳身巡運雲【油葫蘆】身緊貧趁近恩奔門【天下樂】人論真銀本【那吒令】津神賓人民門淪遁身【鵲踏枝】神君銀門盡因【寄生草】本因盹印悶論【六么序】匀雲仁恩鄰俊真分春【么篇】勤親奔根神身人君臣勳贐雲恪聞【醉扶歸】憫銀恩運本坌【賺煞】哂人身坤民銀春肯靳人。三十九支曲子中有他韻字雜入。

1. 魚模部字雜入真文部

魚模部“土、珠”兩字雜入真文部。

“土”在元雜劇用韻處使用了十八次，一次雜入真文韻。此現象出現

在尚仲賢的《三奪槊》第三折

【双调·驻马听】想我那撞阵冲军，百战功名百战身，枉与你开疆展土，也合半由天子半由臣。俺沙场上经岁受辛勤，撇妻男数载无音信。划地信别人闲议论，将俺胡罗惹没淹润。

元雜劇有五十六劇五十八支曲子使用【雙調·駐馬聽】，除鄭光祖《周公攝政》（最後一句變為三個三字句）外均為八句。無名氏的《野猿聽經》和鄭光祖的《王粲登樓》兩劇首句不入韻，楊梓《不伏老》第四句有廉纖字混入。其餘五十三支曲子句句入韻。除尚仲賢的《三奪槊》一曲外，五十七支子第三句均入韻。《太和正音譜》、《一笠庵北詞廣正譜》、《北曲新譜》等曲譜所錄曲子也是句句入韻。所以我們認為魚模韻的“土”應該入韻，可能是上下文的影響使落韻了。

“珠”在元雜劇用韻處使用了三十四次，一次雜入真文韻。此現象出現在秦簡夫的《東堂老》第四折

【雙調·沉醉東風】我着你做商賈身裡出身。誰着你戀煙花眼內無珠。我傾心吐膽來教。你那裡切齒嚼牙恨。你自做的來有家難奔。你那裡裸袖揎拳無事哏。我將你那受了的饑寒證本。

元雜劇四十六劇四十九支曲子使用【雙調·沉醉東風】，全曲為七句，第三句可入韻可不入。秦簡夫的《東堂老》此曲中“珠”位於第二句末，而元雜劇使用【雙調·沉醉東風】的四十九支曲子有四十八支第二句入韻。秦簡夫的《東堂老》此曲在“選本”中為“我着你做商賈身裏出身。誰着你戀花柳人不成人。我只待傾心吐膽教。你可為甚麼切齒嚼牙恨。你自做的來有家難奔。為甚麼只古裏裸袖揎拳無事哏。我只着你受盡了的饑寒敢可也還正的本。”可以看出“選本”的曲子與“脈本”幾乎一致，押韻的字除第二句外，完全一樣，第二句臧晉叔把“珠”換成了“人”，此一換完全入韻，合此曲的用韻規律。因此秦簡夫的《東堂老》第四折【雙調·沉醉東風】第二句末字“珠”處應該入韻，由於人們經常使用“眼內無珠”、“有目無珠”這樣的說法，才造成了第二句出韻現象。

2. 車遮部字雜入真文部

車遮部“徹”字雜入真文部。

“徹”在元雜劇用韻處共使用了十三次，一雜入真文韻。此現象出現在狄君厚《介子推》第四折

【越调·鬼三台】飕飕的狂风彻，将密匝匝山围尽，猛一阵煤扑人生烟呛人。风卷泄荡起灰尘，火焰红如绛云。沤沤烟熏的两轮日月昏，刮刮的火炼的一合天地分。

补氤氤氲走兔被烟迷，忒楞楞扑飞禽被那火淋。

元雜劇共有三十三劇三十七支曲子使用【鬼三台】曲子，句數從八句到十句不等。八句者有《鴛鴦被》、《焚兒救母》、《風魔蒯通》三劇，其中《鴛鴦被》、《焚兒救母》兩劇倒數第二句不入韻，《風魔蒯通》句句入韻；十句者有《赤壁賦》、《舉案齊眉》、《摩利支》、《翰林風月》、《汗衫記》和《西廂記》第四本六劇，均第四句和倒數第二句不入韻；其餘二十八支曲子均為九句，第四句和倒數第二句可入韻可不入韻。無論是八句、九句還是十句，除狄君厚《介子推》一曲外，其餘首句均入韻。《太和正音譜》收無名氏《赤壁賦》一曲，全曲九句，韻字為：定聽成驚冷聲鳴沙嶺，倒數第二句不入韻。《一笠庵北詞廣正譜》收兩種格式：一為周德清《四角盤中》，全曲十句，韻字為：地智壘綻機石籍懿溝水，第四句及倒數第二句不入韻；一為鄭德輝《月夜聞箏》，全曲九句，韻字為：日世齊儀底裏低程尾，倒數第二句不入韻，與第一式相比，"第四第五六字二句並作五字一句"①。《南北詞簡譜》、《中國曲學大辭典》同《太和正音譜》。《北曲新譜》亦收《赤壁賦》，虽然全曲為十句，不同于《太和正音譜》、《南北詞簡譜》和《中國曲學大辭典》所收，但是首句依然入韻。據元雜劇和各曲譜，狄君厚《介子推》一曲首句"徹"雜入真文部。

3. 侵尋部字雜入真文部

侵尋部"蔭、心、侵、凜、您、淋"六字雜入真文部。

"蔭"在元雜劇用韻處使用了一次且押入真文韻。此現象出現在無名氏《替殺妻》第二折

【正宮·滚绣球】俺哥哥恰路上受苦辛，干事忒謹勤。俺哥哥惹近远也刚道了往来劳困。哥哥鞍马上远路风尘。母亲又无甚症候，只有些老忘浑。托赖着俺哥哥福荫，那里有半星儿疾病缠身。嫂嫂母亲行更加十分孝，俺嫂嫂近日来兄弟行重添一倍儿亲。看我说你一会叮咛。

元雜劇有八十九劇二百一十一支曲子使用【滾繡球】(【正宮】八十六劇二百零七支，【中呂】三劇四支)，其中有四劇較為特殊，分別是無名氏《黃鶴樓》和《黃花峪》、李文蔚《燕青博魚》、史九敬先《蝴蝶夢》。《黃鶴樓》和《黃花峪》一曲只有八句。按《中國曲學大辭典》，【正宮·滾繡球】"一至四句為第一段，五至八句為第二段，兩段句式相

① 李玉：《一笠庵北詞廣正譜》，北京大學影印本 1937 年版，第 271 頁。

同，即將前段重做一遍，故名滾繡球。偶有減去一段者，如《黃鶴樓》，殊失滾字之義”[1]。《黃花峪》也如此。史九敬先《蝴蝶夢》使用了五支【正宮·滾繡球】，其中一支用在第一折後楔子【仙呂·賞花時】後面。此曲疑在第九句位置上用“常言道”代替了一句，而與其他曲子不同。李文蔚《燕青博魚》一曲第二段第二句（即全曲第六句）“誰捏的你這腮門兒的”殘缺，從下文科白“我恰才睡着了是鬼捏青來”知道此句抄者脫落了一字“青”，而此也可從“選本”中得到驗證。除此外，二百零七支曲子均為十一句，第一句、第五句及倒數第三句可入韻亦可不入韻。十一句者除無名氏《替殺妻》外，二百零六支曲子第七句均入韻。《一笠庵北詞廣正譜》、《太和正音譜》、《南北詞簡譜》、《北曲新譜》均錄費唐臣《貶黃州》一曲，韻字為：之遷建元陵仙願淵子然賢，第一、五及倒數第三句不入韻。據元雜劇和各曲譜，無名氏《替殺妻》此曲第七句末字“蔭”雜入真文韻。

“心”在元雜劇用韻處使用了十二次，兩次雜入真文韻。分別出現在楊梓《豫讓吞炭》和紀君祥《趙氏孤兒》。

【仙呂·醉扶歸】則為他好奢侈行讒佞。剔孕婦剖賢心。因此上呂望興師過孟津。血浸朝歌郡。為甚把武王扶持做了至尊？這的是法正天心順。（楊梓《豫讓吞炭》第一折）

元雜劇中共有三十七劇四十一支曲子使用【仙呂·醉扶歸】，均為六句。周德清《中原音韻》“正語作詞起例”之“定格”中所引【醉扶歸·禿指甲】全曲六句，韻字為：笋樽真鈍痕搵，句句入韻。《一笠庵北詞廣正譜》和《南北詞簡譜》所載王伯成套數《天寶遺事》兩曲入韻字為：選寒閑患番棧和選權然顯千面，均為六句，句句入韻。《太和正音譜》、《北曲新譜》、《中國曲學大辭典》收鄭德輝《王粲登樓》，全曲六句，韻字為：散寒難翰間萬，句句入韻。查元雜劇，此曲第一句到第五句均有鄰韻混入問題，如楊梓《豫讓吞炭》此曲本押真文韻，但首句卻是庚青部的“佞”；關漢卿《西蜀夢》此曲押齊微韻，但第二句末字卻是支思部的“死”；高文秀《澠池會》此曲押寒山韻，便第三句末字卻是先天韻的“見”；關漢卿《謝天香》此曲押支思韻，第四句末字卻是齊微韻的“意”等。但四十一支曲子中僅六支涉及此問題，僅占百分之十七，綜合

① 《中國曲學大辭典》，浙江教育出版社 1997 年版，第 729 頁。

元雜劇此曲的用韻實際和各曲譜，我們認為此曲的基本格式應該是句句入韻的。所以“心”當雜入真文韻。

【仙吕・后庭花】说你是赵驸马堂上宾，我是屠岸贾门下人。道你藏着一岁麒麟子，也飞不出九重龙凤门。我若不关心，不将伊盘问，有恩的合报恩。（紀君祥《趙氏孤兒》第一折）

如上文“東鍾”部所述，元雜劇中有九十二劇一百零三支曲子使用了【仙呂・後庭花】，全曲句子從七句到二十句不等，只有三十七支曲子使用基本格式即七句，第五句均入韻。此曲中“心”當入韻，雜入真文韻。

“侵”在元雜劇用韻處使用了三次，兩次押入侵尋韻，一次雜入真文韻。此現象出現在鄭延玉的《斷冤家債主》第四折

【雙調・水仙子】莫瞞天地莫瞞神。心不瞞人禍不侵。你將那十八重地獄都遊盡。你道婆怎做的這閆羅王有向順。擺列着惡鬼能神。先打的這身邊棍。後推入地獄門。你暢好是下的波閆君。

元雜劇共有五十四劇使用【雙調・水仙子】（亦入【中呂】、【南呂】，其中【南呂】有一支），均為八句，第六句可入韻可不入韻。《中原音韻》“定格”收《夜雨》一曲，全曲八句，韻字為：秋愁後收溜事憂頭，第六句不入韻。《太和正音譜》收張小山小令一曲，全曲八句，韻字為：香莊樣場光恙忙狂，句句入韻。《一笠庵北詞廣正譜》收兩種格式：一種為張小山小令一曲，全曲八句，韻字為：雲人陣君樽盡醺昏，句句入韻；一種全曲八句，韻字為：牆堂帳床雙翠凰鴦，第六句不入韻，與上一格式相比，“三字二句（即第六七句）變”[①]。《南北詞簡譜》、《中國曲學大辭典》所收同《一笠庵北詞廣正譜》第一種格式。《北曲新譜》收兩種格式：一種為張可久小令一曲，全曲八句，韻字為：旗杯計幾輝去歸肥，第六句不入韻；一種為徐再思小令一曲，全曲八句，韻字為：醒青令行京色聲名，第六句不入韻，“較前體（第一種格式）六七兩句各變為四字”[②]。據元雜劇和曲譜，第二句均入韻。鄭延玉的《斷冤家債主》在“選本”裏為“常言道莫瞞天地莫瞞人。莫作瞞心與禍隣。你如今苦也囉刀山劍嶺都遊盡。怎做的閆羅王有向順。擺列着惡鬼能神。才放出森羅殿。後推入地獄門。哎喲。你暢好是下的波閆君。”雖然字句有變處，但變化不大，尤其在押韻處，

① 李玉：《一笠庵北詞廣正譜》，北京大學影印本 1937 年版，第 291 頁。

② 鄭騫：《北曲新譜》，藝文印書館 1973 年版，第 302 頁。

只兩處異於“脈本”，可以看出，臧氏認為第二句應入韻。諸曲譜所錄曲子第二句也入韻。因此，“侵”應入韻，雜入真文韻。

“凜”在元雜劇用韻處僅使用了一次，而且還押入了真文韻。此現象出現在費唐臣《貶黃州》第四折

【雙調·折桂令】怕不待閑吟些白雪陽春。本是箇詠月嘲風。番做了罔上欺君。陛下交吟徹鶯花。這番敢走徧乾坤。見如今禦史臺威風凜凜。怎敢向翰林院文質彬彬。則一句誂殺微臣。則為這綵女嬪妃。送了俺騷客詩人。

元雜劇中四十五劇四十九支曲子使用了【雙調·折桂令】，全曲十句到十五句不等，僅費唐臣《貶黃州》中的【雙調·折桂令】為十句曲子。《太和正音譜》收張小山小令一曲，全曲十一句，韻字為：蕉風豪勞小朝老饒宵波簫，第二句和倒數第二句不入韻。《一笠庵北詞廣正譜》收五種格式，第一種為鄭德輝小令，全曲十句，韻字為：茫塘唐幃櫺窓粧香量量，第四五句不入韻，並注“句字不拘可以增損”①；第二種為盧疏齋小令一曲，全曲十句，韻字為：脂間枝染差時兒姿翁嫱，第二、四、九句不入韻；第三種為張子友小令一曲，全曲十四句，韻字為：開盤臺歌卿釵用客同淮排策梢來，第二、四、五、七、九、十三句不入韻；第四種為奧敦周卿小令一曲，全曲十一句，韻字為：茫潭香晴妝舫簧香康堂杭，第二、四句不入韻；第五種為盧疏齋小令一曲，全曲十一句，韻字為：涯柳麻來泉芽法達家非華，第二、四、五、十句不入韻。第五種格式後附錄“百字折桂令”一曲。《南北詞簡譜》所錄同《太和正音譜》，並指出“此調或十句，或十一句，或十二句，或十三句，或多至十七句，句法皆大同小異”②。《北曲新譜》收兩種格式，均為盧疏齋的小令，第一種全曲十一句，韻字為：吟成深殘斷沉錦今林風臨，第二、四、五、十句不入韻；第二種全曲十句，韻字為：沙風箔窗花霞沙琶衫涯，第二、四、九句不入韻，“此格即將第一格五六兩個四字句合併為七乙（按：“乙”表示較少使用的格式）一句（仄平十，十仄平平 oo），餘俱同第一格”③。查費唐臣《貶黃州》中的【雙調·折桂令】，之所以為十句是因為減去第五句四字句。據元雜劇和各曲譜，“凜”所在位置應該押韻。因此“凜”應該押入。

① 李玉：《一笠庵北詞廣正譜》，北京大學影印本 1937 年版，第 285 頁。

② 吳梅：《南北詞簡譜》，河北教育出版社 1989 年版，第 140 頁。

③ 鄭騫：《北曲新譜》，藝文印書館 1973 年版，第 289 頁。

“您”在元雜劇用韻處共使用了兩次，一次押入侵尋韻，一次雜入真文韻。雜入真文韻的出現在狄君厚的《介子推》第四折

【越调・寨儿令】道他曾巴巴劫劫背着主公，波波碌碌践红尘。绝粮也剐割湿肉烹。道大王当日从臣，道大王今日为君。那其间路上有饥人！您向当心里放水瓮防身，您却四面火把烧焚。一头放水水浪滚，一头放火火光焚。那的是您，天子重贤臣。

如“江陽”部所述，【越調・寨兒令】常與【么篇】連在一起，由於其中一字句常減去，所以句數有十一句和十二句之分。凡有一字句的一字句應該入韻。因此，“您”應該入韻。

“淋”在元雜劇用韻處共使用了一次且押入真文韻。此現象出現在狄君厚《介子推》第四折

【越调・鬼三台】飕飕的狂风彻，将密匝匝山围尽，猛一阵煤扑人生烟呛人。风卷泄荡起灰尘，火焰红如绛云。沤沤烟熏的两轮日月昏，刮刮的火炼的一合天地分。补氤氤氲走兔被烟迷，忒楞楞扑飞禽被那火淋。

“淋”位於曲末，入韻無疑，雜入真文韻。

4. 庚青部字雜入真文部

庚青部“生、定、情、靈、名、貞、靜、佞、明、性、昇、承、兵、頂、掙、命、挺、烹”等字雜入真文部。

“生”在元雜劇用韻處使用了一百三十六次，其中有三次雜入真文韻。這三次分別出現在

【仙呂・點絳唇】俺這等閑賤的營生。借人資本。全憑信。但得一箇殷勤。則他這兩字衣食准。（李文蔚《燕青博魚》第二折）

【仙呂・鵲踏枝】我也曾殺場上領着敵軍。捨殘生。臣也曾擰古搴旗。捉将挾人。曾殺的敗殘軍骨魯魯人頭亂滾。磣可哥熱血相噴。（楊梓《不伏老》第一折）

【正宫・倘秀才】嫂嫂！我往常时草鞋兜不住脚跟，到如今旧头巾游不了顶门，却是末白马红缨色新？却不道壁间还有伴，窗外岂无人。你待要怎生？（無名氏《替殺妻》第二折）

【仙呂・點絳唇】首句入韻與否前文（東鍾部）已討論，這裏不贅述，“生”在李文蔚《燕青博魚》【仙呂・點絳唇】中應該入韻。如上文“江陽”所述，【仙呂・鵲踏枝】除第三句外，其餘均入韻。而楊梓《不伏老》此曲中“生”位於第二句末，因此“生”應該押韻，雜入真文韻。無名氏《替殺妻》中的“生”，由於用於曲末，押韻無疑。

“定”在元雜劇用韻處共使用了七十二次，三次雜入真文韻。這三次

分別出現在

【仙呂・點絳唇】煬帝東巡。主公未定。中原困。那其間盜起紛紛。帝星照河東郡。（楊梓《不伏老》第一折）

【仙呂・寄生草】哥哥你心中怒。嫂嫂你喜笑容。俺哥哥出門來百樣相隨趂。俺哥哥還家來劍客忙扶定。您兄弟破窑中忍冷躭愁悶。俺哥哥富居山野有人俫。恁兄弟貧居鬧市無人問。（蕭德祥《殺狗勸夫》第一折）

【正宮・端正好】又不是卓文君。撫琴愁都做了秦弄玉吹簫恨。因為些家務事曉夜傷神。則為俺不崢嶸女婿栽排定。可着我怎打迭閑愁悶。（無名氏《舉案齊眉》第二折）

元雜劇有一百五十三劇一百五十五支曲子使用【仙呂・點絳唇】，一百五十四支曲子第二句均入韻，所以毫無疑問，楊梓《不伏老》的“定”一定是入韻的，只是雜入真文韻了。

元雜劇有八十八劇一百一十七支曲子使用【仙呂・寄生草】，均為七句，首句和第六句可入韻可不入韻。包括蕭德祥《殺狗勸夫》在內，有兩劇兩支曲子第四句有他韻字押入。周德清《中原音韻》“正語作詞起例”之“定格”中引錄【寄生草・飲】，全曲七句，韻字為：礙思字事志非是，首句及第六句不入韻。《太和正音譜》收費唐臣《貶黃州》一曲，全曲七句，韻字為：貊堂誑講謗如亮，首句和第六句不入韻。《一笠庵北詞廣正譜》收王實甫《西廂記》一曲，全曲七句，韻字為：韻色害怪愛廚帶，亦首句和第六句不入韻。《南北詞簡譜》同《一笠庵北詞廣正譜》。《北曲新譜》、《中國曲學大辭典》同《中原音韻》。據元雜劇和各曲譜，第四句應該入韻。蕭德祥《殺狗勸夫》在“選本”中為“哥哥我又不是庶出逃生子。須是你同胞共乳親。俺哥哥出門來賓客相隨趁。俺哥哥還家來侍女忙扶進。你兄弟破窑中忍冷躭愁悶。俺哥哥富家山野有人瞅。恁兄弟貧居鬧市無人問。”其中第四句變化不大，只是把“劍客”改成“侍女”，韻腳字“定”改成“進”，這一改就和諧了。所以此處的“定”雜入真文韻。

元雜劇有八十六劇八十八支曲子使用【正宮・端正好】，此曲首二句有疊用的如吳昌齡《東坡夢》“晚風輕。霜華重。雲淡晚風輕。露冷霜華重。”也有只疊首句者，如無名氏《摩利支》“看別人雲滚滚省臺登。看別人雲滚滚省臺登。”無名氏《舉案齊眉》第二折【正宮・端正好】中“定”位於第四句末，如果不計重疊的話，八十八支曲子中八十七支曲子的第四句均入韻。無名氏《舉案齊眉》在“選本”裏為“又不是卓文君撫琴悲。又不是秦弄玉吹簫恨。為甚些家務事曉夜傷神。則為俺不崢嶸女婿相招進。可着我怎打迭閑愁悶。”臧氏把“栽排定”改成“相招進”，“進”正好合韻。所以，“定”應入韻但雜入真文韻了。

“情”在元雜劇用韻處使用了一百二十二次，三次雜入真文韻。分別出現在無名氏《替殺妻》和無名氏《焚兒救母》。

【正宫·滚绣球】我这里忙倒褪，越赶得紧。你是妇人家絮叨叨不嫌口困。这塌儿比不得你祭台边唬鬼瞒神。知他是你风魔，我沙村。嫂嫂！不争你这般呵送的我有家难奔，平白里更待要燕尔新婚。不争二更前后成连理，俺哥哥知道呵敢九伯风魔哎吊了脊觔。好是伤情！（無名氏《替殺妻》第二折）

【正宫·煞尾】想着妇女淹刀刃，久已后则着送了人。自家夫主无恩情，产地恋着别人亲。这妇人坏家门，倒与别人些金银。我与你有恩念哥哥挣了本。（無名氏《替殺妻》第二折）

【双调·水仙子】莫谩天地莫谩神，远在儿孙近在身，焚儿救母行忠信。报爹娘养育恩，劝人间父子恩情。为父的行忠孝，为子的行孝顺，传与你万古留名。（無名氏《焚兒救母》第四折）

凡押韻之文學作品末句必須用韻，無名氏《替殺妻》第二折【正宮·滾繡球】中“情”雜入真文韻無疑。如上文“江陽”所述，【正宮·煞尾】體式比較複雜。無名氏《替殺妻》第二折【正宮·煞尾】全曲七句：七七七七六六七。《一笠庵北詞廣正譜》錄有格式中沒有此格式。《北曲新譜》第五體式和《中國曲學大辭典》第四式接近，此二譜均是用【煞】首二句，接著六字折腰句若干、七字句若干，【尾聲】末句。而無名氏《替殺妻》此曲中間的六字句與七字句次序正好相反。查元雜劇和各曲譜，無論六字句、七字句的順序如何，均需入韻。據此推無名氏《替殺妻》第二折【正宮·煞尾】中的“情”應是入韻的。鄭傳寅在《〈張千替殺妻〉雜劇斠律》一文中也認為“第三句韻腳‘情’字借叶庚青韻。”如前文所述，元雜劇共有五十四劇使用了【雙調·水仙子】，均為八句，第五句均入韻。所以無名氏《焚兒救母》第四折【雙調·水仙子】中第五句末字“情”入韻，雜入真文韻。

“靈”在元雜劇用韻處使用了四十六次，兩次雜入真文韻。分別出現在蕭德祥《殺狗勸夫》和無名氏《焚兒救母》。

【仙呂·鵲踏枝】他那裡把盞兒斟。直喫的醉醺醺。喫的來東倒西歪。盡盤将軍。問甚末前親來後親。喫麽娘七代先靈。（蕭德祥《殺狗勸夫》第一折）

【双调·得胜令】这喜孙儿把火自焚了身，正日午未黄昏。皆是你媳妇俚贞烈，也是你歹孩儿佯孝顺。我记得神灵，星座梦里传芳信，这小的久已后成人，倒做了凌

烟阁上人。(無名氏《焚兒救母》第四折)

蕭德祥《殺狗勸夫》第一折【仙呂·鵲踏枝】末句“靈”雜入真文韻。元雜劇中七十九劇八十五支曲子使用了【雙調·得勝令】。無名氏《焚兒救母》第四折【雙調·得勝令】中“靈”位於第五句末,元雜劇八十五支曲子中八十四支曲子第五句均入韻。因此,我們斷定無名氏《焚兒救母》第四折【雙調·得勝令】中的“靈”雜入真文韻。

“名”在元雜劇用韻處使用了五十四次,兩次雜入真文韻,分別出現在楊梓《不伏老》和無名氏《焚兒救母》;“承”在元雜劇用韻處使用了十七次,一次雜入真文韻,出現在無名氏《村樂堂》;“命”在元雜劇用韻處使用了六十六次,一次雜入真文韻,出現在尚仲賢《三奪槊》。

【仙呂·六么序·么篇】他不索胡云。休論我性不容人。拳打讒臣。陡恁生嗔。若不是軍師可便勸准。哎!我沒来由獻甚勤。知他是君負其臣臣負其君。若留得惡楚強秦。怎生来便敢誅了韓信?古人言信不虛云。想淮陰與鄂國同時運。一恁交漁樵閑話。少不的青史標名。(楊梓《不伏老》第一折)

【双调·水仙子】莫谩天地莫谩神,远在儿孙近在身,焚儿救母行忠信。报爹娘养育恩,劝人间父子恩情。为父的行忠孝,为子的行孝顺,传与你万古留名。(無名氏《焚兒救母》第四折)

【雙調·喜江南】過來小雞了龍圖門中麵糊盆。常言道口是禍之門。打関節府尹怒生嗔。我這議論。便有那殺人的公事我招承。(無名氏《村樂堂》第四折)

【双调·七弟兄】这的是圣恩,重臣,休看我发回村。他虽是金枝玉叶齐王印,我好煞则是阶下小作軍,也是痴呆老子今年命。(尚仲賢《三奪槊》第三折)

混入真文韻中的“名、承、命”均用於句末,雜入真文韻無疑。

“貞”在元雜劇用韻處使用了五次,三次雜入真文韻。分別出現在孔文卿《東窗事犯》、關漢卿《裴度還帶》和無名氏《村樂堂》。

【正宫·滚绣球】那阴司弄法别,比阳间官府狠。不想他苦恹恹痛遭危困,子因笑吟吟陷平人洗垢寻痕。磣可可皮肉开,血沥沥骨肉分,痛杀杀怎捱那三推六问,监押都是恶鬼狞神。说太师千般凌虐苦,则除你一上青山便化身,显夫人九烈三贞。(孔文卿《東窗事犯》第四折)

【雙調·得勝令】敬親者不敢慢於人。享富貴必有異於人。小生我懷舊意無私志。小姐白玉帶知恩必報恩。為岳丈公勤。掌都省三臺印。老夫人忠貞。小姐守一百日虀塩清淡貧。(關漢卿《裴度還帶》第四折)

【雙調·殿前歡】怕不待敘寒温。又着你道不應親者強來親。只因咱多話着你心懷恨。休怪咱波女婿郎君。放着你那築墳臺女趙貞。索甚麼閑評論。兩箇人相般弄。

一箇疊屍的伯當。一箇是賢德夫人。（無名氏《村樂堂》第四折）

“貞”在元雜劇用韻處共使用了五次，兩次押庚青韻，三次押真文韻。《廣韻》“貞”，陟盈切，十四清韻，是後鼻音類的字。據王力《漢語語音史》：“宋代的庚生、蒸登、京青，到元代合併為庚青。”① 周德清韻字的歸納根據當時一般北方語音，但不可否認現代北方話讀為前鼻音應該是從那時濫觴，今天的北方話就真正轉入前鼻音了。當時這是很自然的協韻。孔文卿《東窗事犯》第四折【正宮・滚繡球】中“貞”位於句末，押真文韻無疑。元雜劇中七十九劇八十五支曲子使用【雙調・得勝令】，全曲八句。關漢卿《裴度還帶》第四折【雙調・得勝令】中“貞”位於倒數第二句，而八十五支曲子中八十四支倒數第二句均入韻，所以我們認為此處的“貞”是入韻的。元雜劇中有二十六劇二十六支曲子使用【雙調・殿前歡】，全曲九句，一般倒數第二句可入韻亦可不入。其中有兩劇：無名氏《千里獨行》和無名氏《村樂堂》第五句不入韻，其他均入。《中原音韻》“定格”中收《醉歸來》一曲，全曲九句，韻字為：來腮外開才菜伯慨懷，句句入韻。《太和正音譜》收張小山小令一曲，全曲九句，韻字為：癯湖路如書疏句子雛，倒數第二句不入韻。《一笠庵北詞廣正譜》收張小山小令一曲，全曲九句，韻字為：宮風凍紅中動夢句翁，倒數第二句不入韻。《南北詞簡譜》、《北曲新譜》、《中國曲學大辭典》同《太和正音譜》。據元雜劇和各曲譜，此調一般倒數第二句不入韻，其餘應該入韻。由於“貞”可押真文亦可押庚青，因此，無名氏《村樂堂》第四折【雙調・殿前歡】中的“貞”可以算協韻。

“靜”在元雜劇用韻處使用了三十二次，一次雜入真文韻。此現象出現在楊梓《不伏老》第一折

【仙呂・寄生草】太平時文勝武。事急也武勝文。我也曾苦相持惡戰討遭危困。扶持的國朝安天下定狼煙靜。生熬的劍鋒缺鞭節曲鎗尖鈍。我一心分破帝王憂。則我這兩條眉鎖江山恨。

如前文所述，【仙呂・寄生草】第四句必入韻，因此“靜”入韻，雜入真文韻。

“佞”在元雜劇用韻處共使用了四次，一次雜入真文韻。此現象出現在楊梓《豫讓吞炭》第一折

① 王力：《漢語語音史》，商務印書館2008年版，第430頁。

【仙呂・醉扶歸】則為他好奢侈行讒佞。剔孕婦剖賢心。因此上呂望興師過孟津。血浸朝歌郡。為甚把武王扶持做了至尊？這的是法正天心順。

按上文對【仙呂・醉扶歸】曲子的說明，此處的“佞”雜入真文韻無疑。

“明”在元雜劇用韻處使用了八十次，一次雜入真文韻。此現象出現在蕭德祥《殺狗勸夫》第一折

【仙呂・青哥兒】天那悶殺我無處無處投逩。有誰有誰偢問。俺哥哥白馬紅纓衫色新。俺哥哥眼内無珍。又不是世海他人咬着牙根。掂折我膁刃栲斷我脊筋。教兄弟有家難奔。無處安身。一盞孤燈冷冷清清。悽悽涼涼。悲悲切切。哭哭啼啼到天明。却元來誰生分。

如“東鍾”部所述，元雜劇【仙呂・青哥兒】由於在第三句和第四句之間增句多少不限，所以句數七句到四十句不等，但基本格式為五句且句句入韻。因此，位於此曲倒數第二句末字應該入韻。此曲在“選本”中為“天那你於人有那般那般慈憫。偏生我是這般這般時運。俺哥哥白馬紅纓衫色新。俺哥哥眼内無珍。看的我做各姓他人。動不動棍棒臨身。直着我有口難分。進退無門。只落的袖稍兒偷揾住俺這悲悲切切淚紛紛。這的是誰生分。”與“脈本”曲詞相比，雖說變化較大，但倒數第二句末字“紛”完全協韻。所以蕭德祥《殺狗勸夫》第一折【仙呂・青哥兒】倒數第二句末字“明”應雜入真文韻。

“性”在元雜劇用韻處使用了四十次，一次雜入真文韻。此現象出現在無名氏《替殺妻》第二折

【正宫・叨叨令】俺哥哥汤风冒雪金兰分，你兄弟酒里淘真性。我则理会得哥哥赍发张屠困。那里有海棠娇江梅韵。大古里孟姜女不杀了要怎末哥，不杀了要怎末哥，一朝马死黄金尽。

元雜劇共有三十九劇四十支曲子使用【正宫・叨叨令】，除關漢卿《拜月亭》（韻字為：遮撚（先天）拽熱哥哥說”）和無名氏《替殺妻》兩曲外，其餘三十八支曲子第二句末字均入韻。《一笠庵北詞廣正譜》、《南北詞簡譜》均收鄧玉賓小令，韻字為：下夏話架哥怕，第五句不入韻。《北曲新譜》和《中國曲學大辭典》均收無名氏小令，韻字為：路墓渡樹哥哥處，第五句和第六句不入韻。【正宫・叨叨令】第五句末一般用“也麼哥”、“也末哥”、“也波哥”等，第六句常重疊第五句，所以第五句或第五句和第六句不入韻。鄭傳寅在《〈張千替殺妻〉雜劇斠律》一文中對【叨叨令】分析認為“此曲叶真文韻，但第二句韻腳‘性’字屬庚

青韻，此為借叶旁韻。”看來“性”入韻無疑，只是雜入真文韻了。

“昇”在元雜劇用韻處使用了三次，一次雜入真文韻。此現象出現在無名氏《翫江亭》第一折

【仙呂·尾聲】俺這梅他粉包了心。檀黃嫩。插在那銀瓶裹宜得水温。如麝如蘭香噴噴。端的有欺霜傲雪的精神。哎！你箇許真人。白日飛昇。比不的岳陽樓下枯干了的柳樹神。他也無那神仙的福分。則有些江梅豐韻。冷清清今夜待黃昏。

如上文“東鍾”部所述，元雜劇【仙呂·尾聲】有十句和十一句之分，主要在第六、七句合與否上。無論合還是分，“昇”所在的位置須入韻。

“兵”在元雜劇用韻處使用了二十九次，一次雜入真文韻。“頂”使用了九次，一次雜入真文韻。“兵”和“頂”雜入真文韻均出現在金仁傑《追韓信》第三折

【中吕·三煞】臣交子房散了楚军，周勃领着汉兵，臣交郦商引铁骑八方四面相随趁。臣交王陵作先锋九里山前明排着阵，臣交灌婴为合后十面埋伏暗摆着军。臣交樊哙去山尖顶，磨旗作军中眼目，看阵势调遣军人。

元雜劇使用【中呂·煞】共一百二十三支曲子，包括從一煞到九煞都有（【三煞】三十七支），除白樸《東牆記》【中呂·三煞】只有七句外，全部為八句。八句的曲子除金仁傑《追韓信》【中呂·三煞】外，其餘第二句和倒數第三句末字均入韻。所以我們認為此曲中的“兵”和“頂”雜入真文韻。

“掙”在元雜劇用韻處使用了十七次，一次雜入真文韻。此現象出現在無名氏《焚兒救母》第四折

【双调·雁儿落】听说罢唬了魂，说得我半晌如痴挣。母亲暗藏着腹内忧，打迭起心头闷。

元雜劇有八十八劇共九十九支曲子使用了【雙調·雁兒落】，全曲四句，第三句可押入也可不押入。除無名氏《焚兒救母》一曲外，其餘九十八支曲子第二句均入韻。所以無名氏《焚兒救母》一曲中“掙”應該入韻，雜入真文韻。

“烹”在元雜劇用韻處使用了三次，一次雜入真文韻。此現象出現在狄君厚《介子推》第三折

【越调·寨儿令】道他曾巴巴劫劫背着主公，波波碌碌践红尘。绝粮也剐割湿肉烹。道大王当日从臣，道大王今日为君。那其间路上有饥人！您向当心里放水瓮防身，您却四面火把烧焚。一头放水水浪滚，一头放火火光焚。那的是您，天子重

贤臣!

【越調·寨兒令】格式“江陽”已闡明。據此,“烹”雜入真文韻。

“挺”在元雜劇用韻處使用了八次,一次雜入真文韻。此現象出現在李文蔚《燕青博魚》第二折

【仙呂·金盞兒】我這裏搶起折支巾。拽起夜叉裙。拳著處撲的處埃中挺。哥哥你休怕這廝正着昏。我將這大拇指去這廝人中裏掐。新汲水去這廝面皮上噴。那廝熱吐吐的才出氣。那廝他趺蹬蹬的恰還魂。

如“東鍾”部所述,【仙呂·金盞兒】有六句、八句之分。八句者倒數第二句和第四句可入韻亦可不入,其餘均入韻。所以李文蔚《燕青博魚》此曲第三句末字“挺”當入韻。此曲在“選本”中為“我這裏搶起折支巾。拽起夜叉裙。拳著處可撲的精磚上盹。看那廝眼朦朧正着昏。我將這大拇指去那廝人中裏掐。新汲水那廝面皮上歕。那廝熱掩掩的才出氣。那廝他趺蹬蹬的恰還魂。”相比較,“選本”第三句末字換成真文部的“盹”,因此我們認為“挺”雜入真文韻。

5. 東鍾部字雜入真文部

東鍾部“容、弄”兩字雜入真文部。

“容”在元雜劇用韻處使用了二十三次,一次雜入真文韻。此現象出現在蕭德祥《殺狗勸夫》第一折

【仙呂·寄生草】哥哥你心中怒。嫂嫂你喜笑容。俺哥哥出門來百樣相隨趁。俺哥哥還家來劍客忙扶定。您兄弟破窯中忍冷眈愁悶。俺哥哥富居山野有人俽。恁兄弟貧居鬧市無人問。

如前文所述,元雜劇有八十八劇一百一十七支曲子使用了【仙呂·寄生草】,均為七句,第二句必入韻。此曲中“容”應入韻。蕭德祥《殺狗勸夫》在“選本”中,此處為“親”,入韻。此曲中“容”應該入韻,只是這裏雜入了東鍾韻。

“弄”在元雜劇用韻處使用了二十五次,一次雜入真文韻。此現象出現在無名氏《村樂堂》第四折

【雙調·殿前歡】怕不待敘寒温。又着你道不應親者強來親。只因咱多話着你心懷恨。休怪咱波女壻郎君。放着你那築墳臺女趙貞。索甚麼閑評論。兩箇人相般弄。一箇疊屍的伯當。一箇是賢德夫人。

如上文“江陽”部所述,元雜劇共有二十五劇二十五支曲子使用【雙調·殿前歡】,所有二十五支曲子除無名氏《村樂堂》外,倒數第三句均入韻。諸曲譜也不例外。所以“弄”雜入真文韻。

6. 先天部字雜入真文部

先天部“緣”字雜入真文部。

“緣”在元雜劇用韻處使用了五十八次，一次雜入真文韻。此現象出現在關漢卿《救風塵》第三折

【正宮·二煞】則這緊的到頭終是緊。親的原來只是親。憑着我花朵兒身軀。笋條般年紀。為這錦片也似前程。倒陪了十萬貫家緣。十米九康。問甚麼兩娘三妻。受了些萬苦千辛。我着人頭上氣忍。不枉了一世做郎君。

元雜劇共有三十二劇七十一支曲子使用【正宮·煞】（有六煞、五煞、四煞、三煞、二煞、一煞之分），全曲句數有八句、十句、十一句、十二句之分。八句者有十三支，如宮大用《七裏灘》、蕭德祥《殺狗勸夫》的【二煞】；十句者三支，如秦簡夫《東堂老》的【一煞】、白樸《梧桐雨》的【二煞】和馬致遠《青衫淚》的【三煞】；十二句者只有孔文卿《東窗事犯》的【二煞】；其餘五十四支曲子均為十一句。《太和正音譜》和《南北詞簡譜》皆收費唐臣《貶黃州》（三煞），全曲十一句，韻字為：戀穿頭中口邊水煙船睡眠，第三、四、五、七、十句不入韻。《北曲新譜》和《中國曲學大辭曲》收曾瑞卿《一枕夢魂驚》全曲亦十一句，韻字為：潑和坤月已他海鯨波濶何，第三、四、五、七、八句不入韻。可見此曲牌基本句式應該為十一句。鄭騫指出此章“第七八九三句可省去”①，《中國曲學大辭典》指出：“本曲句式整齊，多作對句。開頭七字二句對。第二段四字四句，可四句相對，或二句相對。第三段四字三句，或三句對，或二句對。……有減句格……皆減去第三段四字三句。”②如果有減去三句者，那麼元雜劇中八句者應該屬於正常格式。但是還有十句者和十二句者共四支曲子，各曲譜均未提及。孔文卿《東窗事犯》（元刊本）的【二煞】有十二句“岳飞道：秦桧不肯学汉萧何追韩信，至潭溪贲发的交职挂三齐印；道陛下自离京兆泥马走，似高祖荥阳一跳身。枉了他子父每舍死忘生，苦征恶战，扯鼓夺旗，捉将挟人，漾人头厮滚，喻热血相喷。亏煞他枕盔腮印月，卧甲地生鳞。”此曲中四字句前多了兩個六字句，卻少了一個四字句。白樸《梧桐雨》的【二煞】為十句：“味似噴泉瑞獸臨雙沼。刷刷似食葉春蠶散滿箔。亂灑瓊堦。水傳宮漏。飛上雕簷。酒滴新槽。直下的衾寒枕冷。燭滅香消。可知道夏天不覺。把高鳳麥來漂。”第三段四字句只有兩句，而此曲在“選

① 鄭騫：《北曲新譜》，藝文印書館1973年版，第68頁。

② 《中國曲學大辭典》，浙江教育出版社1997年版，第734頁。

本”中“咊似噴泉瑞獸臨雙沼。刷刷似食葉春蠶散滿箔。亂灑瓊堦。水傳宮漏。飛上雕簷。酒滴新槽。直下的更殘漏斷。枕冷衾寒。燭滅香消。可知道夏天不覺。把高鳳麥來漂。”第三段四字句三句，共十一句。秦簡夫《東堂老》（脈本）的【一煞】亦為十句“不強似與虔婆子弟三十錠。更和這幫懶鑽閑二百瓶。你戀着美景良辰。賞心樂事。會友邀賓。更和這走斝飛觥。這的是您爺基業。須是你自己的錢財。由你施逞。哎！兒也！既是你的錢財呵你怎生則由他這戶子轉柳隆卿。”此曲在“選本”中為“不強似與虔婆子弟三十錠。更和這幫懶鑽閑二百瓶。你戀着美景良辰。賞心樂事。會友邀賓。走斝也那飛觥。這的是您爹行基業。是你自己錢財。須沒個別姓來爭。可怎生不與你妻兒承領。倒憑他鬍子傳和那柳隆卿。”相比較可發現從第九句開始有了變化，“脈本”中少第十句。馬致遠《青衫淚》的【三煞】同秦簡夫《東堂老》（脈本）也是少第十句，但在“選本”中卻為十一句，而且前九句完全一致：“赤緊的大姨夫緣分咱身上淺。老太母心腸這壁廂偏。誰想司馬墳邊。彩雲零落。茶客船頭。明月團圓。娘呵！你早則皂裙兒拖地。拄杖兒過頭。鬏髻兒稍天。却下的這拳槌不善。教我空捱那沒程限的竇娥冤。”句子為十句疑抄刊者脫漏，而為十二句可能是傳情達意的需要，是特例。因此【正宮·煞】應該為八句或十一句。無論句數怎樣變化不影響第六句，第六句全部入韻。關漢卿《救風塵》在“選本”中“則這緊的到頭終是緊。親的原來只是親。憑着我花朵兒身軀。笋條般年紀。為這錦片也似前程。倒陪了幾錠兒花銀。拼着個十米九康。問甚麼兩媍三妻。受了些萬苦千辛。我着人頭上氣忍。不枉了一世做郎君。”相比較可以發現，主要是第六句不同，而“選本”中第六句完全協韻。所以先天韻“緣”雜入真文韻。

第四節　寒山

一、寒山部韻字及其來源

寒山韻包括《廣韻》寒刪山三韻，又元凡二韻的輕唇音字及仙桓韻部分字。具體如下：

寒：丹 11 單 11 鄲 4 㲯 2○灘 9 攤癱 2○壇 9 檀彈 7○難 41○餐 3 湌○殘 22○珊○干 14 竿 12 肝 3 乾 3○寒 35○安 40 鞍 15○欄 6 闌 12 攔 7 蘭 5 襴 4

旱：坦○誕 2 袒○趲 2○侃○罕 3○旱 2○懶 9

翰：旦 9○歎 8 炭 6○憚 11○難 5○讚 3○燦粲○散 22○幹 6 杆○看 42○岸 12○漢 30○汗 6 翰 2○按 10 案 9○爛 4

山：潺 4○山 53○間 29 艱 2○慳 5○閑 36○斕

產：盞 6○剗○產 3○簡 10 揀 5○眼 35○限 10

襇：扮 5○盼 13○辦 6 瓣 2○綻 5○間 32○幻 4

元：蕃 2 藩○幡 2 番 23 播 4 翻 4○煩 12 繁 2 樊○趕 7

願：飯 11○萬 9

阮：反 5 返○晚 26 挽 6

刪：斑 10 班 10 般搬 2○攀 7○蠻 2○跧○珊○刪擐赸 2○關 47 奸 11 ○頑 3 顏 30○還 13 環 14 寰 3 圜鬟 4○彎 7 灣 2

潸：板 7○饌 3○串 2

諫：襻○慢 20○棧 7○訕○貫諫 5 澗 6 慣 11○雁 7○晏○宦 2 患 5

凡：帆 4 凡

范：犯 13 範 6

梵：泛 2

線：渲 2

換：叛○腕

仙：渲 2○拴 11

二、他部字雜入寒山部現象

元雜劇中共有兩個楔子十八折一百七十一支曲子使用寒山韻。其中寒山部獨用一百五十七支，如孔文卿《東窗事犯》劇首楔子兩支：【端正好】看间残晚关【幺篇】山间难犯安。鄭光祖《三戰呂布》的第一折【仙呂】九支曲子，除【河西後庭花】一支混入先天韻字外，其餘八支寒山韻獨用：【點絳唇】閑懶晚環漢【混江龍】漢襴簡顏関惮安【油葫蘆】斑晚閑幹看間旦竿【天下樂】関間難眼惮【那吒令】閑看翻慣関【鵲踏枝】蠻鞍還趕旛【寄生草】艱辦趲漢萬【河西後庭花】慳煩眠（先天）拴爛揀【尾聲】閑看閑看攔間山反看漢関。有十四支曲子雜入其他韻部的字。

1. 先天部字雜入寒山部

先天部“見、眠、然、躚、踐”五字雜入寒山部。

“見”在元雜劇用韻處使用了九十三次，一次雜入寒山韻。此現象出

現在高文秀《澠池會》第一折

【仙呂・醉扶歸】饑不可為糧飯。凍不可禦風寒。便做道温潤光輝有甚罕見。如今惹禍招災患。無紋藻那能入眼。他端的費雕琢難磨渲。

如上文“真文”部所述，曲牌【仙呂・醉扶歸】應該是句句入韻的，所以此曲中的先天韻“見”雜入寒山韻。

“眠”在元雜劇用韻處使用了二十九次，一次雜入寒山韻。此現象出現在鄭光祖《三戰呂布》第一折

【仙呂・河西後庭花】哥也我題起那廝殺呵也不打慳。天生的忒奈煩。我則待渴飲刀頭血。困來在這馬上眠。要活的呵將那廝臂牢拴。要死的呵將那廝天靈來打爛。兩庄兒由元帥揀。

曲牌【仙呂・後庭花】的用韻情況“東鍾”部已述。此劇中此曲為【仙呂・後庭花】的基本格式即未增句，“眠”位於第四句末，所以無論增句與否不影響第四句，元雜劇一百零三支曲子中一百零二支及各曲譜的第四句均入韻，所以鄭光祖《三戰呂布》中的先天韻“眠”雜入寒山韻。

“然”在元雜劇用韻處使用了二十七次，一次雜入寒山韻。此現象出現在關漢卿《緋衣夢》第一折

【仙呂・賺煞尾】你可也莫因循。蚤些兒休遲慢。天色直然交晚。倚着那梧桐樹睜睜凝望眼。休迷了曲檻雕闌。那其間墻裡蕭然。墻外廝顧盼。赴佳期早些兒動憚。你休要呆心不慣。休着我倚着太湖石身化望夫山。

【仙呂・賺煞尾】上文“東鍾”部已述，第七句應該入韻，先天部“然”雜入寒山韻。

“躚”在元雜劇用韻處使用了四次，一次雜入寒山韻。此現象出現在無名氏《浮漚記》第三折

【正宮・滾繡球】覺一陣滲滲的透骨寒。昏慘慘雲霧間。我將這緑袍來斜袒舞蹁躚。兩袖風翻。兀的不是地府間近水灣。這的是奈何兩岸。兀的不是劍樹。兀的不是刀山。兩下裏緊把這寃魂來盼。一隻手將他這鬼力掤。，衰草班班。

曲牌【正宮・滾繡球】用韻情況上文“真文”部已述，按此，第三句入韻，所以“躚”雜入寒山韻。

“踐”在元雜劇用韻處使用了十次，一次雜入寒山韻。此現象出現在白樸《梧桐雨》第二折

【中呂・迎仙客】香噴噴味正甘。嬌滴滴色初綻。只疑是九重天謫來人世間。取時難得後慳。可惜不近長安。因此上教驛使把紅塵踐。

先天部“踐”位於曲末，必入韻，雜入寒山韻。

2. 監咸部字雜入寒山部

監咸部"讒、庵、菴"三字雜入寒山部。

"讒"在元雜劇用韻處使用了兩次，一次雜入寒山韻。此現象出現在鄭光祖《王粲登樓》第一折

【仙呂・六么序・么篇】要見天顔。列在朝班。書嚇南蠻。威鎮諸藩。整頓江山。外鎮邊関。內併奸讒。有一日得了那紫袍金帶烏靴象簡。那其間不着你下眼看。平治身閑。塵土衣單。有一日天數循環。不平氣堵空長歎。恨塞乎天地之間。想漫漫長夜何時旦。有一日斬蛟北海。射虎南山。

元雜劇共有二十一劇二十一支曲子使用【仙呂・六么序・么篇】，句數從十二句到二十四句不等。《一笠庵北詞廣正譜》載錄【仙呂・六么序・么篇】七種格式、【中呂・六么序・么篇】三種格式，均為不同的增句格式。《太和正音譜》收錄了一種格式即無名氏《夢天臺》一曲，《一笠庵北詞廣正譜》只作為一種格式錄有。《南北詞簡譜》亦收有無名氏《夢天臺》一曲，並且指出"此調首曲惟'錦繡模糊'（按：無名氏《夢天臺》【仙呂・六么序】第四句）下有增句而已，所難在么篇也。……方知此間句字多少，至無一定者也"①。吳梅又舉出五種句數變換的【么篇】格式，此五種格式均收錄於《一笠庵北詞廣正譜》。《北曲新譜》亦錄有無名氏《夢天臺》一曲，且指出【么篇】基本格式為十句，但必須增句。鄭騫認為"第四句下必須增句，共有五式。其一：增四字數句，六字一句，六乙（編者按：乙為乙式，指較少使用的格式，下同）一句，四字二句，如右曲（編者按：無名氏《夢天臺》）。其二：增四字若干句，六字二句，四字二句，如范張雞黍。其三：增六字一句，六乙一句，四字二句，如薦福碑。其四：增六字一句，四字二句，如盆兒鬼。其五：增四字若干句，如玉鏡臺。……增句須每句協韻"②。考查元雜劇的增句用韻，也是凡增句須用韻。鄭光祖《王粲登樓》第一折【仙呂・六么序・么篇】的增句在第四句"威鎮諸藩"下，增有三個四字句"整頓江山。外鎮邊関。內併奸讒"、兩個六字句"有一日得了那紫袍金帶烏靴象簡。那其間不着你下眼看"、兩個四字句"平治身閑。塵土衣單"，其增句格式屬於鄭騫所說的第一種格式。監咸韻的"讒"就出現在增句裏，據元雜劇和各曲譜，雜入寒山韻。

---

① 吳梅：《南北詞簡譜》，河北教育出版社 1989 年版，第 69 頁。

② 鄭騫：《北曲新譜》，藝文印書館 1973 年版，第 97 頁。

"庵"在元雜劇用韻處使用了三次，一次押入監咸韻，兩次雜入寒山韻。雜入寒山韻分別出現在關漢卿《望江亭》第一折【仙呂·柳葉兒】和馬致遠《岳陽樓》第二折【南呂·烏夜啼】。

【仙呂·柳葉兒】姑姑！你若是題着這椿兒公案。則他那觀名兒喚做清庵。你道是鸞交鳳友從來慣。怕有人擔疾患。來你行求丸散。你則與他這一服靈丹。姑姑！你專醫您那枕冷衾寒。

【南呂·烏夜啼】愁甚麼楚王宮長安道潯陽岸。我已早安排下玉砌雕闌碧雲庵。靜坐把功程辦。參透玄関。識破塵寰。早學得嚴子陵隱在釣漁灘。管甚麼張子房燒了連雲棧。競利名。為官宦。為半張字紙。做了一枕槐安。

元雜劇共有三十五劇三十八支曲子使用【柳葉兒】(【仙呂】二十九劇三十三支曲子，【商調】六劇六支曲子)，除關漢卿《望江亭》第一折【仙呂·柳葉兒】全曲為七句外，其餘均為六句。就用韻情況來看，此曲第四句可不入韻，如無名氏《赤壁賦》、《鴛鴦被》、《野猿聽經》和《村樂堂》四劇。《一笠庵北詞廣正譜》收錄不忽麻套數《平章誤身臥槽》為六句，韻字為：秀稠受耨疇憂，句句押韻，且注明"關漢卿切鱠旦劇(按：即《望江亭》)末多一句"[①]。《南北詞簡譜》也錄有不忽麻散套，且注明"惟關漢卿《切鱠旦》末多一句"[②]。《北曲新譜》錄有不忽麻套數和關漢卿《切鱠旦》(《北曲新譜》錄的名稱為《望江亭》，實為一劇)兩曲，關漢卿《切鱠旦》以增句格式出現。鄭騫在增句格式後指出"增句在末句後，即照末句作，僅見增一句者"[③]。王玉章《元詞斠律》錄有二十一支【仙呂·柳葉兒】，指出："此章亦入商調，與黃鍾宮柳葉兒作七字四句者不同。此章第四語可不協，如上列鴛鴦被、桃花女、留鞋記及貨郎旦諸劇是。末語……又望江亭劇。結處多四字句一。亦罕見。"[④]《中國曲學大辭典》亦指出【仙呂·柳葉兒】"末句後有增一句者，關漢卿《望江亭》'你專醫那枕冷衾寒'，句式同末句，僅此一例"[⑤]。各曲譜均談到關劇《望江亭》，但是大部分未錄此劇此曲，所以不知道具體曲詞如何，只有《北詞簡譜》和王玉章《元詞斠律》錄有此劇此曲，從曲詞看

① 李玉：《一笠庵北詞廣正譜》，北京大學影印本1937年版，第180頁。

② 吳梅：《南北詞簡譜》，河北教育出版社1989年版，第78頁。

③ 鄭騫：《北曲新譜》，藝文印書館1973年版，第93頁。

④ 王玉章：《元詞斠律》，商務印書館1936年版，第169頁。

⑤ 《中國曲學大辭典》，浙江教育出版社1997年版，第738頁。

與“選本”一致：“姑姑也。你若是題着這樁兒公案。則你那觀名兒喚做清安。你道是蜂媒蝶使從來慣。怕有人擔疾患。到你行求丸散。你則與他這一服靈丹。姑姑也。你專醫您那枕冷衾寒。”而與“脈本”稍有異，尤其在第二句押韻處，“選本”第二句末字為寒山韻“安”，完全押韻，但表意與文意不合。“脈本”雖為監咸韻“庵”，表意卻準確貼切。據元雜劇和各曲譜，【仙呂·柳葉兒】第二句應該入韻，所以“庵”雜入寒山韻。

元雜劇有三十劇共三十支曲子使用【南呂·烏夜啼】，句數有九句和十一句之分。《太和正音譜》收馬致遠《陳摶高臥》，全曲十二句，韻字為：順民緣分貧門身印緊坌袍巾。但《北曲新譜》認為“正音收陳摶高臥，第三句破開云：‘我則有住山緣，那裏有為官分oo’不可認作兩句”[①]。吳梅《南北詞簡譜》也認為“《正音譜》錄《陳摶高臥》劇，第三句云：‘我則有住山緣那裏有為官分。’實是七字句，誤作三字二對句，不可為法”[②]。《一笠庵北詞廣正譜》錄有此曲牌四種格式：一是馬致遠《漢宮秋》，全曲十一曲，韻字為：受投岫眸秋愁瘦冠綬帽裘；第二種格式是關於此章第二句的一種變異，第三種格式是無名氏《鴛鴦塚》，全曲有十三句，韻字為：線圓殿源見眠攙蓮燕程眷宇軒，並注“多有誤移哭皇天末二句在頭者”[③]。《南北詞簡譜》認為“有將玄鶴鳴（即哭皇天）首兩句移冠此章者，如廣正所舉第三格是也，作者甚少，不必從”[④]；第四種格式還是無名氏《鴛鴦塚》，全曲九句，韻字為：塹傀甘攙纜心鑒感參，並注明首二句移至哭皇天末尾。但《南北詞簡譜》認為“廣正第四格鴛鴦塚少首兩句，乃原有脫誤，並無此種作法；雍熙卷八頁五十八載此曲，首兩句不脫”[⑤]。《南北詞簡譜》亦錄有馬致遠《漢宮秋》，各句正字數為：七七七四四七七三三四四，押韻同《廣正譜》，並指出元人有以四五句（即兩個四字句）多添數語者，不可從。但《北曲新譜》認為“遍觀元人散曲劇曲，無此作法，不知吳氏何所據而云然”[⑥]。《北曲新譜》、《中國曲學大辭典》亦錄馬致遠《漢宮秋》，厘定此曲的句數字數同《南

---

① 鄭騫：《北曲新譜》，藝文印書館1973年版，第127頁。

② 吳梅：《南北詞簡譜》，河北教育出版社1989年版，第115頁。

③ 李玉：《一笠庵北詞廣正譜》，北京大學影印本1937年版，第199頁。

④ 吳梅：《南北詞簡譜》，河北教育出版社1989年版，第115頁。

⑤ 同上。

⑥ 鄭騫：《北曲新譜》，藝文印書館1973年版，第127頁。

北詞簡譜》。查元雜劇，三十支曲子中二十八支同曲譜厘定的句數字數，有兩支曲子只有九句，分别是李文蔚《圯橋進履》和無名氏《村樂堂》。對比曲譜發現此兩劇此曲均缺兩個四字句。據元雜劇和各曲譜的用韻，此曲第八句和第十句可不入韻，其餘各句均應入韻。所以第二句末字監咸部的“庵”雜入寒山韻。

“菴”在元雜劇用韻處使用了一次，而且押入寒山韻，與《中原音韻》歸屬監咸不同。此現象出現在馬致遠《岳陽樓》第二折

【南呂·二煞】爭如我盞間茅屋深依澗。披片麻衣靜坐菴。人我場中茶博士多経淘渲。那條欵再休犯。世事纔分兩鬢斑。尋取箇出聖超凡。

元雜劇有二十劇二十九支曲子使用【南呂·煞】（包括三煞、二煞、一煞），全曲句數有六句、七句、八句之分。六句者減去第四、五兩句，只有馬致遠《岳陽樓》第二折【南呂·二煞】一曲；七句者疑“脈本”抄刻者在第三、四句之間有所脱漏，只有馬致遠《漢宫秋》第二折【南呂·二煞】一曲；其他二十七支曲子均為八句。除馬致遠《岳陽樓》第二折【南呂·二煞】外，其餘二十八支曲子第二句均入韻。所馬致遠《岳陽樓》一曲第二句末字“菴”雜入寒山韻。

3. 桓歡部字雜入寒山部

桓歡部“筭、桓、盤”三字雜入寒山部。

“筭”在元雜劇用韻處僅用了一次，而且押入寒山韻，按語音規律“筭”應歸入桓歡韻，《中原音韻》就歸在桓歡韻中。此現象出現在無名氏《老君堂》第一折

【仙呂·油葫蘆】忽聽先生發語間。說咱面帶着低運顔。你把那先天周易細循環。将我那五行四柱從頭筭。年災月值依經按。陰陽不順情。若順情有禍難。吉凶之事從天限。若論那生死事有何難。

【仙呂·油葫蘆】的體式上文“東鍾”部已述，“筭”所在位置押韻無疑。

“桓”在元雜劇用韻處使用了一次，而且押入寒山韻；“盤”在元雜劇用韻處使用了兩次，均押入寒山韻。按規律“桓”與“盤”應歸入桓歡韻。《中原音韻》就歸在桓歡韻中。分别出現在無名氏《老君堂》第一折【仙呂·鵲踏枝】和戴善夫《風光好》第一折【仙呂·混江龍】

【仙呂·鵲踏枝】把門人謹牢攔。切莫要漏機関。我如今一探賊情。二去盤桓。不一時踐征塵便返。則要您在軍中堅守營盤。

【仙呂·鵲踏枝】的體式上文“江陽”部已述，“桓”所在位置應該

入韻。"盤"位於曲末必入韻。

【仙呂·混江龍】悲歡聚散。二三年經到有百千番。恰東樓歡宴。早西出陽関。兀的俺引客招勤煙月牌。便是賣笑求食望夫山。迎新送舊。執盞擎盤。這些時我一心憚。怕的是羅紈錦舊。鶯老花殘。

元雜劇有一百五十四劇一百五十七支曲子使用【仙呂·混江龍】，全曲句數從九句到五十二句不等，用韻情況極為繁雜。《中原音韻》和《太和正音譜》均列此曲牌為句字不拘可以增損者。《一笠庵北詞廣正譜》列出了七種格式：一種格式為朱庭玉套數《可愛中秋》，全曲九句，韻字為：望東宙櫳靄空在裹中，第一、三、五、七、八句不入韻；第二種格式為李壽卿《歎骷髏》，全曲十句，韻字為：好遨後遨藏挑貧道牖瓢，第三、五、七、九句不入韻，與上一格式相比，"第七三字句增一句"①；第三種格式為王伯成《天寶遺事》，全曲九句，韻字為：面娟夜年扇蓮願足全，第三、八句不入韻，與第一格式相比，第七句三字句變為七字句；第四種格式為王實甫《西廂記》，全曲十句，韻字為：傳研暖穿裹年機願刻編，第三、五、七、九句不入韻，與上一格式相比，第七句七字句變為二句；第五種格式為關漢卿《救風塵》，全曲十一句，韻字為：配為意知早遲程稍覓問為，第五、七、八、十句不入韻，與上一格式相比，第七三字句增加一句；第六種格式為張壽卿《紅梨花》，全曲十一句，韻字為：下鴉月霞芷花翠鴦架徑沙，第三、五、七、八、十句不入韻，與第一格式相比，第六句後增四字二句；第七種格式為湯舜卿《四隻鹿歸》，全曲十三句，韻字為：騎溪兔騅德飛草馳喊驟繫雨泥，第六句後增加四字二句，三字二句。《南北詞簡譜》錄有朱庭玉《可愛中秋》，同《一笠庵北詞廣正譜》第一格式。吳梅指出"此曲是正格，一未襯者也"，"此調增句，須在第六句後"，"《廣正譜》共列七格，亦贅語耳"②。《北曲新譜》錄有六種格式：第一格式是基本格式，亦為朱庭玉《可愛中秋》，"為最簡最早形式，用之者僅有初期散套"。第二種格式變異格式為康進之《李逵負荊》，與基本格式相比，此格式第七句變為七字句；第三種格式變異格式為王實甫《西廂記》，此格式第七句變為兩個七字句；第四種、五種、六種格式均為增句格式。鄭騫指出："增句在第六句下，其法有三。其一：增四字句……其二：增三字句……其三：先增四字句，再增三字句……增

① 李玉：《一笠庵北詞廣正譜》，北京大學影印本1937年版，第174頁。

② 吳梅：《南北詞簡譜》，河北教育出版社1989年版，第63頁。

句多少不拘，但必為雙數，須用對偶……增句以每兩句一協韻，且與本曲同韻為原則。此外有完全不用韻者，……增若干句而只末句用韻者，……凡此俱是增句規律尚未完成時格式，並不通行。……此章歷明至清變化極多，即元人增句法則，亦至繁雜，非本譜所能盡。”[1]《中國曲學大辭曲》亦列有七種格式，與上述曲譜大同小異，不再贅述。查戴善夫《風光好》第一折【仙呂·混江龍】，全曲十一句，與諸曲譜相較，在第六句後增兩個四字對偶句，第二句應該協韻。王玉章《元詞斠律》所定此曲韻字為：散番宴闕所山舊盤憚舊殘（第三句末字先天韻“宴”，我們認為按規律可不入韻）。可見桓歡部的“盤”雜入寒山韻。

第五節　先天

一、先天部韻字及其來源

先天韻相當於《廣韻》先仙韻，還有一部分元韻的字，此外監韻的一個字“貶”、寒韻的“戔”，桓韻的“確”字也歸入此部。具體如下：

先：邊55○眠29○顛12○天127○田24 填2 闐○年102○箋3○千27 遷10○前114○先16○肩16 堅20 鵑4○牽10○研3 妍4○賢40 絃26玄2 懸14○煙32 胭咽13 淵10○焉○憐35 蓮21 連10 漣13

銑：典7○腆6 覥○撚2○繭瀽3○犬7○顯20

霰：片11○麪3○殿36 奠8 佃4 鈿6○薦6○見93○硯○現26 縣9○涎8 嚥7 燕13 宴19 咽6○練煉5

仙：編5 鞭24○篇14 偏19 翩2○綿15○邅○傳38 椽6 纏23 廛3○煎23○痊3 詮○錢69 全27 泉17○仙36 鮮3 宣29 躚4○旋13○專13 磚3鸇○川14 穿38○船22○膻搧5○禪4 蟬4○愆11 騫2 僁○拳27 權17 虔3○喧11 暄○娟10 儇○延17 筵16 蜒2 侹沿緣58 員15 圓50 捐○聯6○然27 燃

獮：辨9 辯6○免13○輦7○展21 轉25○篆○剪5○淺23○踐10○蘚2 選8○喘13○善23○卷14 捲5 蹇12○遣14○件5 圈4○衍演2○

① 鄭騫：《北曲新譜》，藝文印書館1973年版，第79頁。

軟 14

線：變 20 遍 31○騙 2○便 36○面 80○轉 16 囀 3○傳 4○碾○箭 14 賤 22○線 17○餞羨 10○鏇○戰 30 顫 3○串 6○扇 9○膳○眷 26○譴○倦 14○院 42○戀 33

元：言 85 元 15 原 12 源 17○軒 18 掀 5○鴛 4 冤 34○園 14 轅 2 猿 10

阮：偃 12 堰苑 5○遠 50

願：建○勸 15 券綣○健 10○願 41○憲 10 獻 5○怨 52○騗 6

琰：貶 7

寒：戔

換：礶

二、他部字雜入先天部現象

元雜劇有五個楔子四十八折共四百八十一支曲子使用了先天韻。其中獨用四百四十六支，如關漢卿《拜月亭》第四折【雙調】十五支曲子所用韻字全部為先天韻部的字，具體如下：【新水令】年怨钿边遍【驻马听】编绻箭缘篇战边现【庆东原】缘愿年员权羡【镇江回】觑掀面前见【步步娇】线宴元偏延咽【雁儿落】痊健见【水仙子】圆传眷元鞭恋天【胡十八】辩绵眠莲见遍【挂玉钩】喧院言现遍拳【乔牌儿】愿见线展【夜行船】年牵贱扇【幺篇】前年渊宪贱【殿前欢】偏钱恋年选眷怨天【沽美酒】迁院悬宣圆【阿忽令】劝年卷变前倦件佃。又如張國賓《汗衫記》第四折【雙調】十支曲子用韻字均為先天韻部字，具體如下：【新水令】钱宪川拳善【风入松】年缘远前穿见【落梅风】缘贱转怨【沽美酒】先缘钱远园【太平令】面钱卷遍便怜蹇荐【小将军】冤缘院田遣【江儿水】砖转见冤【碧玉箫】变天善绵言船年见天院【雁儿落】言遍面【得胜令】传见前言现天穿。有三十五支曲子雜入了其他韻部的字。

1. 家麻部字雜入先天部

家麻部“恰”字雜入先天部。

“恰”在元雜劇用韻處使用了五次，一次雜入先天韻。此現象出現在無名氏《雲窗夢》第一折

【仙呂・勝葫蘆・么篇】可知可知你可甚只願兒孫箇箇賢。月缺又重圓。人老何曾再少年。舌尖無甜唾。口內有頑涎。虔婆我委實難使燕鶯恰。

曲末字必入韻，所以“恰”應該是入韻的，但是“恰”在此表意難

以理解。此曲在隋樹林《元曲選外編》中為“可知可知你可甚只願兒孫箇箇賢。月缺又重圓。人老何曾再少年。舌尖無甜唾。口內有頑涎。虔婆我委實難使燕鶯憐。”句末字為“憐”，從“恰”與“憐”兩字形體來說，“脈本”抄者可能是誤寫，致使家麻部的“恰”無理由地雜入先天韻，而且“憐”字意義正合本句所表達的情意。

2. 尤侯部字雜入先天部

尤侯部“喉、留”兩字雜入先天部。

“喉”在元雜劇用韻處使用了十次，一次雜入先天韻。此現象出現在關漢卿《三勘蝴蝶夢》第三折

【正宮・醉太平】數說起罪愆。委實的銜冤。我這裏煩煩惱惱怨青天。告哥哥可憐。他三個足丟沒亂眼腦剔抽禿刷轉。依柔乞煞手腳滴羞篤速戰。迷留沒亂救他叫破咽喉。氣的我前合後偃。

元雜劇中共有十九劇二十一支曲子使用【正宮・醉太平】，均為八句。《中原音韻》“定格”中收錄張小山小令亦為八句，韻字為：窘新盆袞囤陣鈍穩，句句入韻。周氏評曰：“‘窘’字若平，屬第二着。平仄好。務頭在三對，末句收之。”①《太和正音譜》收錄張小山另外一首小令亦為八句，韻字為：楷裁懷臺載曬開來，句句入韻。《一笠庵北詞廣正譜》和《南北詞簡譜》均收吳昌齡套數一曲，亦為八句，韻字為：裀門昏溫悶信人損，句句入韻。《北曲新譜》與《太和正音譜》所收一致。《中國曲學大辭典》與《中原音韻》所收一致。所以無論從元雜劇的實際用韻還是從曲譜來看，倒數第二句必入韻。關漢卿《三勘蝴蝶夢》第三折【正宮・醉太平】“喉”顯然應該入韻的。此曲在“選本”中為“數說起罪愆。委實的銜冤。我這裏煩煩惱惱怨青天。告哥哥可憐。他三個足丟沒亂眼腦剔抽禿刷轉。依柔乞煞手腳滴羞篤速戰。迷留沒亂救他叫破喉咽。氣的我前合後偃。”從比較中可以看出“脈本”抄者在抄寫過程中由於“咽喉”經常連用，而誤把“喉咽”寫成“咽喉”使本該諧聲的地方出現了不和諧的現象。

“留”在元雜劇用韻處使用了四十六次，一次雜入先天韻。此現象出現在無名氏《留鞋記》第四折

【雙調・收江南】呀你去那陽臺路上始朝天。醉魂兒飛下楚雲邊。夜燈無事可留。我把繡鞋兒做證見。怎知道一靈兒不斷得綿延。

元雜劇有六十二劇六十二支曲子使用【雙調・收江南】，其中無名氏

① 周德清：《中原音韻》，《歷代曲話彙編》（唐宋元編），黃山書社2006年版，第303頁。

《度柳翠》共有四十九句，句句入韻；高文秀《雙獻功》僅一句，疑抄者丟落；王伯成《貶夜郎》少一句，是否脫落，無從考知，吳昌齡《風花雪月》亦少一句，疑抄者丟落。除此四劇外，其他五十八支曲子均為五句。《太和正音譜》收張雲莊散套一曲，全曲五句，韻字為：酡柯蓑他多，句句入韻。《一笠庵北詞廣正譜》收兩種格式：一種同《太和正音譜》，一種為王子一《鳳臺無伴》套數一曲，全曲四句，韻字為：膠撈巢宵，句句入韻，與上一格式的區別在於"減四字句"①。《南北詞簡譜》、《北曲新譜》、《中國曲學大辭典》同《太和正音譜》。鄭騫指出："廣正所列第二格王子一鳳台無伴套減去第四句。按：此套見摘豔及雍熙十一，俱與常格相同，並未減句。廣正所據之本偶脫此句，不足憑信。此章前後四個七字句平仄相同，轉折頓挫全仗第四句，萬無減去之理，遍覽元明作品，亦從未見減去之實例"，"霽景融和套多一七字句，貶夜郎少一七字句，俱僅見。"②《中國曲學大辭典》亦指出此章全曲五句，"王伯成《貶夜郎》於前三句中少作一句，是否脫落，無從考知"③。據元雜劇和曲譜，所以無名氏《留鞋記》第四折【雙調·收江南】"留"應雜入先天韻。

3. 寒山部字雜入先天部

寒山部"盼、扮、閑、帆、山、環、犯、晚、簡、鞍、顏、殘、澗"等字雜入先天部。

"盼"在元雜劇用韻處使用了十三次，一次雜入先天韻。此現象出現在無名氏《替殺妻》第一折

【仙吕·天下乐】嫂嫂！这的是留与游人醉后眠。我想来今年，今年强似去年，若不是俺哥哥赍发有甚钱？人也似好觑付，亲兄弟厮顾盼。嫂嫂！怎着兄弟祖坟前来祭奠？

【仙呂·天下樂】的體式上文"東鍾"部已述。元雜劇中共一百五十二劇一百五十二支曲子使用此曲牌，由於第二句和第五六句的變化，此曲的句數有六句、七句和九句之分，六句者如關漢卿《魯齋郎》和無名氏《諸葛論功》，九句者如關漢卿《裴度還帶》，其餘劇作此曲均為七句，即一百四十九支曲子均為七句，而且第六句均入韻。就六句者而言，第二句與第三句合為一句所致，其第五句亦入韻。就九句而言，第五六句由兩句

① 李玉：《一笠庵北詞廣正譜》，北京大學影印本1937年版，第297頁。

② 鄭騫：《北曲新譜》，藝文印書館1973年版，第317頁。

③ 《中國曲學大辭典》，浙江教育出版社1997年版，第764頁。

變為四句，第八句亦入韻。所以無論此曲牌的句式如何變化，其倒數第二句必入韻。鄭傳寅《〈張千替殺妻〉雜劇斠律》認為“第六句（親兄北廝顧盼）借押旁韻：此曲叶先天韻，第六句須叶韻，‘盼’字屬寒山韻。”因此，我們認為寒山部的“盼”雜入先天韻。

“扮”在元雜劇用韻處使用了五次，一次雜入先天韻。此現象出現在無名氏《藍采和》第一折

【仙呂・鵲踏枝】你道我謊人錢。胡将這傳哥扮。幾曾見歌舞從中。出了個大羅神仙。指大衆抄化些郎頭絮繭。你又不納常住。自趲做家緣。

元雜劇使用【仙呂・鵲踏枝】的情況前文“江陽”部已述，所以第二句末字寒山韻的“扮”雜入先天韻。

“閑”在元雜劇用韻處使用了三十六次，一次雜入先天韻。此現象出現在秦簡夫《剪髮待賓》第一折

【仙呂・賺煞】不為一紙傲書遲。二怕你交朋怨。則我這老益壯貧而益堅。我甘分饑寒守自然。那冷時節熬的舊頦欶。這饑時節是我忍過的心閑。哎！兒也你曾看這魯論篇。民無德而稱馬都是紫。有德行顔淵閔子騫。你與我書讀那萬卷。愁甚麽户封八縣。你再去那六經中苦志二三年。

如上文“東鍾”部所述，【仙呂・賺煞】句數不一致。由於變化在第六句，所以就第五句來講，無論全曲的句數如何，第五句入不入韻應該是一致的，而一百五十八支曲子第五句均入韻，所以秦簡夫《剪髮待賓》第一折【仙呂・賺煞】中寒山韻的“閑”雜入先天韻。

“帆”在元雜劇用韻處使用了四次，一次雜入先天韻。此現象出現在無名氏《雲窗夢》第一折

【仙呂・賺煞尾】贏得腹中愁不趁心頭願。大剛來時乖命蹇。山海恩情方欲堅。被俺愛錢娘撲地掀天。壞了這好姻緣。我則索禱告青天。若到江心早掛帆。向金山那邊。豫草城前面。一帆風剪碎了販茶舡。

如上文所述，曲牌【仙呂・賺煞尾】句數不確定，主要原因在第六句的變化上。一百五十八支曲子一百五十六支倒數第四句入韻，另外一支是關漢卿《謝天香》的曲子，此曲本押支思韻，但倒數第四句末字為齊微韻的“你”。綜合元雜劇的實際用韻和各曲譜，無名氏《雲窗夢》此曲中寒山韻的“帆”雜入先天韻。

“山”在元雜劇用韻處使用了五十三次，一次雜入先天韻。“環”在元雜劇用韻處使用了十四次，一次雜入先天韻。此現象出現在無名氏《連環計》第二折

【南呂·一枝花】急切裡稱不的王允心。酬不了吾皇願。滅不了董太師。立不起漢江山。使碎我意馬心猿。空教我百計思量遍。一時難運轉。憂的我肺腑相煩。愁的我眉頭不展。

【南呂·絮蝦蟆】這的是天道隨人變。忠心得意專。我暗暗的便忻然。何須別尋空便。何須再尋機見。不索共他陣面。不索和他交戰。我這條妙計久遠。我這條妙計長便。蒼生要解倒懸。家國可稱良善。賊臣董卓弄權。滅盡滿門良賤。乾坤社稷保全。日月山河光現。穩取皇家授宣。久後須成姻眷。憂的咱憂的咱意攘情顛。心似油煎。誰承望俺家裹搜尋出這美女連環。到來日開筵。我脂粉內暗暗的藏着征戰。我施謀計他怎脫免。我看你夫妻美滿。永遠團圓。

元雜劇有七十劇七十支曲子使用【南呂·一枝花】，全曲共九句，第一句、第三句及倒數第二句可入韻亦可不入。就第四句而言，有兩句疑誤協，一是上文所例無名氏《連環計》，一是陸登善《勘頭巾》，後者此曲押支思韻，但第四句末字為齊微韻的“基”。考查曲譜，《一笠庵北詞廣正譜》錄有【南呂·一枝花】三種體式：一是關漢卿套數，全曲九句，韻字為：花柳嫩柔流手休紅柳，第一、三、八句不入韻；一是商政叔套數，全曲只有八句，韻字為：心事姿音志枝投似，第一、四、七句不入韻，李玉解釋此體式與上面的體式第三句不同。第三種體式是朱士凱《醉走黃鶴樓》，全曲九句，韻字為：澄秀晚舟憂僽酒竿口，第一、三、八句不入韻，李玉解釋此體式與上面兩體式比較第六句變化。《北曲新譜》所收張可久散曲，全曲九句，韻字為：霞鏡紅青屏徑橫香影，第一、三、八句不入韻，並且認為：“南南呂亦有一枝花，與北小異；南曲與詞滿路花略同，北曲則自南曲變出。廣正所收第二格商政叔作即是南體，廣正誤分正襯。商作釵橫金鳳偏套一枝花亦用南體。政叔是金末元初作家，其時南北曲尚未全分，故爾。此外即無仿效者；廣正列為第二格，大可不必。”①《中國曲學大辭典》所錄與此相同。《南北詞簡譜》所錄為無名氏《貨郎旦》，全曲亦九句，韻字為：村肆伴兒思使枝銀齒，第一、三、八句不入韻。因此此曲牌第四句應該是入韻的。在“選本”中此曲變為“急切裹稱不的王允心。酬不了吾皇願。擒不到董太師。立不起漢山川。則着我算後思前。將百計搜尋遍。奈一時難布展。憂的我神思竭默默無言。愁的我魂膽喪兢兢打戰。”所錄曲詞與“脈本”差異不大，只是第四句由“立不起漢江山”換成“立不起漢山川”，末字成為完全相諧的先天部的“川”。

---

① 鄭騫：《北曲新譜》，藝文印書館1973年版，第120頁。

元雜劇十二劇十二支曲子使用【南吕・絮蝦蟆】，句數十三到三十二不等。《一笠庵北詞廣正譜》錄有該曲牌體式三種，其中第一體即無名氏《連環計》，只是所錄曲詞與“脈本”略有不同。曲詞為“這的是天道隨人願。我心中得意轉。我暗暗的忻然。何須別變計見。我這條妙計長便。蒼生拱手告天。日月山河光現。賊臣董卓弄權。滅盡滿門良賤。險些兒不憂的咱憂的咱意攘心閑。心似油煎。誰想家中搜出美女連環。到來日脂粉內暗暗的藏着征戰。施巧計。怎脫免。貂蟬。美滿團圓。”並且解釋“此章句字不拘可以增損，六字句大約六句四字句大約四句”①。《南北詞簡譜》也錄無名氏《連環記》，曲詞與《廣正譜》大體一致，並且在曲詞中間加入增加句的地方，如在第三句“暗暗忻然”後注“以下六字句不拘多少，大約六句”，在第九句“滅盡滿門良賤”後注“以下四字句亦不拘多少，大約四句為度”②。《北曲新譜》和《中國曲學大辭典》均注明該曲牌基本體式為十句，但有減第四句、第八句的減句格式存在，並說現存元人作品無不增句者。從曲譜中所錄的押韻地方看，“環”一定入韻。就元雜劇的實際情況看，“環”位於倒數第六句，如果減去第八句就位於倒數第五句，而此位置上的句末字十一支曲子都入韻，所以無名氏《連環計》【南吕・絮蝦蟆】中的寒山部“環”雜入先天韻。該曲在“選本”中為“這的是天意隨人轉。也顯得我忠心為國專。背地裏自忻然。何須別尋空便。何須更圖機變。不索共他陣面。不索和他交戰。我這條妙計久遠。我這條妙計長便。蒼生要解倒懸。社稷從此保全。賊臣董卓弄權。端的勢焰薰天。若有半點風聲漏傳。可不滅盡滿門良賤。憂的咱憂的咱意攘情顛。心似油煎。誰承望俺家裏。搜尋出這美女嬋娟。到來日開筵。向脂粉叢中倒暗暗的藏着征戰。這計謀他怎脫免。我看你夫妻美滿。永遠團圓。”雖說曲詞前後多有變化，但是還是能夠看出“誰承望俺家裏搜尋出這美女連環”改換成“搜尋出這美女嬋娟”，而句末字“娟”屬先天韻。

“犯”在元雜劇用韻處使用了十三次，一次雜入先天韻。“晚”在元雜劇用韻處使用了二十六次，兩次雜入先天韻。此現象出現在無名氏《老君堂》第二折

【中吕・粉蝶兒】俺如今度日如年。遭縲拽心中嗟怨。悔不聽賢相之言。自為我看金墉。尋白鹿。怎生敢相犯？他將我拿到廳前。下南牢不由人分辨。

【中吕・醉春風】不由咱心內惱泪珠垂。也是咱時運蹇。不信那賢臣言語受悽惶。

① 李玉：《一笠庵北詞廣正譜》，北京大學影印本1937年版，第200頁。

② 吳梅：《南北詞簡譜》，河北教育出版社1989年版，第63頁。

悔時節晚。晚。恨不的駕霧騰雲。臂生兩翅。飛出獄院。

元雜劇九十六劇九十九支曲子使用【中呂·粉蝶兒】，全曲八句。“犯”在該曲詞的第六句末，而考查元雜劇九十九支曲子，除無名氏《老君堂》第二折【中呂·粉蝶兒】外，其餘九十八支曲子第六句均入韻。《一笠庵北詞廣正譜》錄馬致遠套數，全曲八句，韻字為：夷世飛年下地輝氣，第六句入韻，而且解釋“入樂府字句聲韻俱如此”①。《南北詞簡譜》同。《太和正音譜》錄李致遠散套，全曲八句，韻字為：兮利悲卿輔役職氣，第六句入韻。《北曲新譜》、《中國曲學大辭典》錄白樸《梧桐雨》，體式同上。顯然第六句末字寒山部的“犯”雜入先天韻。

元雜劇九十六劇一百支曲子使用【醉春風】（【中呂】九十九支，【正宮】一支），句數從七句到十句不等。其中八句居多，有八十一支曲子，一般第四句是個一字句，重疊第三句；七句者，無重疊句出現，如楊梓《不伏老》、馬致遠《薦福碑》、鄭光祖《王粲登樓》和《三戰呂布》、李唐賓《梧桐葉》五劇；另有無名氏《風魔蒯通》一劇也為七句，第四句一字句，重疊第三句，只是一字句後只有兩句；九句者，有兩種形式：曲內無重疊如秦簡夫《東堂老》、張國賓《汗衫記》和無名氏《劉弘嫁碑》三劇，重疊三次如關漢卿《單刀會》、岳伯川《岳孔目》、鄭光祖《周公攝政》、無名氏《焚兒救母》、《雲窗夢》、《盆兒鬼》六劇。十句者只有高文秀《遇上皇》，第五、六、七句均重疊第四句末字。除無名氏《老君堂》一曲外，其他各曲無論重疊幾次，凡重疊字必入韻且仄聲。所以無名氏《老君堂》“悔時節晚，晚”中兩個“晚”雜入先天韻。

“簡”在元雜劇用韻處使用了十次，一次雜入先天韻。此現象出現在楊梓《霍光鬼諫》第二折

【中吕·石榴花】我想与皇家出气力二十年，我也曾居帅府掌军权，今日向都堂出纳着帝王宣，不付能得升迁，做个官员。我也曾忘生舍死沙场上战，我也曾眠霜卧雪阵后军前，想着水磨鞭，劈楞简，雕翎箭，卸金甲博得个紫袍穿。

【石榴花】歸屬【中呂】，同時也借入【正宮】。在元雜劇裏【中呂】有五十一劇五十二支曲子、【正宮】有兩劇兩支曲子使用【石榴花】，全曲句數七句到十一句不等，九句居多。《一笠庵北詞廣正譜》錄有兩種體式（除所錄【古調石榴花】外），一是王實甫《西廂記》，全曲九句，韻

① 李玉：《一笠庵北詞廣正譜》，北京大學影印本1937年版，第208頁。

字為：藏腸鄉方陽望亡向囊，句句押韻；一是王伯成《天寶遺事》全曲八句，韻字為：堆旗衣離棄眉繫迷，句句押韻。兩種格式的差別在於王伯成《天寶遺事》第四句相等于王實甫《西廂記》的四五兩句。《太和正音譜》和《南北詞簡譜》所錄為無名氏《心猿意馬》，全曲九句，韻字為：秋侯流首投又謳透頭，句句入韻，並且吳梅解釋“此是正格”①。王力《漢語詩律學》所例此曲的體式為：5A | 5A | 7A | 4b | 4A | 7e | 3a4A | 7e | 5G，全曲也為九句，句句押韻，並且解釋“第四五句都……，或兩句並為一個七字句”②。《北曲新譜》所收與《一笠庵北詞廣正譜》一式相同。《中國曲學大辭典》所收體式也是王實甫《西廂記》。按曲譜，九句應為其基本格式，只是第四句後的句子有變化或合併句子或減句或增句，使此曲的句數不確定。但是據元雜劇和各曲譜，無論句數是七句還是十一句，句句押韻是客觀事實。出現在楊梓《霍光鬼諫》第二折【中呂·石榴花】“簡”雜入先天韻。

“鞍”在元雜劇用韻處使用了十五次，一次雜入先天韻。此現象出現在楊梓《不伏老》第四折

【雙調·甜水令】我閑居時老弱尩羸。廝殺處身輕體健。相持在鴨綠大江邊。撲鼕鼕戰馬聲催。二馬相交。垓心惡戰。把金牙活挾下駿馬雕鞍。

“鞍”位於曲末，雜入先天韻。

“顏”在元雜劇用韻處使用了三十次，一次雜入先天韻。此現象出現在白樸《東牆記》第五折

【雙調·沽美酒】降明香接詔宣。拜天使喜開顏。聖主恩波徧九天。坐金鑾寶殿。四海內都朝見。

元雜劇五十六劇五十六支曲子使用【雙調·沽美酒】，全曲五句，包括此劇在內有三劇涉及押韻相混問題，另外兩劇分別是關漢卿《陳母教子》（此曲押先天韻，但第四句末字為廉纖部的“念”）和無名氏《野猿聽經》（此曲押先天韻，但首句末字為真文部的“鱗”）。其餘五十一劇五十一支曲子均句句押韻。《太和正音譜》錄無名氏小令，韻字為：咱下拿廈嗶，五句且句句入韻。《一笠庵北詞廣正譜》錄有兩種體式：一是王實甫《西廂記》，韻字為：車圖女足故，只是末句“故”仄煞；一是關漢卿《拜月亭》，韻字為：還院懸宣圓，只是末句“圓”平煞。兩種體式均為

① 吳梅：《南北詞簡譜》，河北教育出版社 1989 年版，第 93 頁。

② 王力：《漢語詩律學》，上海教育出版社 1963 年版，第 811 頁。

五句，句句押韻。《南北詞簡譜》、《北曲新譜》、《中國曲學大辭典》均錄王實甫《西廂記》與《一笠庵北詞廣正譜》同。所以【雙調·沽美酒】曲子五句且句句入韻是其基本格式。白樸《東牆記》寒山部“顏”雜入先天韻。

“殘”在元雜劇用韻處使用了二十二次，一次雜入先天韻。“澗”在元雜劇用韻處使用了六次，一次雜入先天韻。此現象出現在關漢卿《單鞭奪槊》第四折

【黃鍾·醉花陰】大路上難行落荒裹殘。兩隻脚驀嶺登山跳澗。走的我一口氣似攛椽。若見俺軍師。一一的都分辯。

元雜劇中有十劇十支曲子使用【黃鍾·醉花陰】，其體式有兩種：一種是五句，如關漢卿《單鞭奪槊》、陳以仁《存孝打虎》、無名氏《鎖魔鏡》、尚仲賢《氣英布》和孟漢卿《魔合羅》五劇；一種是七句，如關漢卿《單鞭奪槊》、無名氏《老君堂》等五劇。《太和正音譜》錄丹丘先生散套，全曲五句，韻字為：祖古舒居母，句句押韻。《一笠庵北詞廣正譜》收有兩種體式：一是日無咎套數，全曲五句，韻字為：屈（借）徹別岩摺，倒數第二句不入韻；一是曾瑞卿套數，全曲八句，韻字為：感減簪鬢慘得慚揞，倒數第三句不入韻，與上一格式相比，末句後增三句。《南北詞簡譜》錄《玉合記》，全曲七句，吳梅在每句後都注“叶”，韻字為：裹起催輝致齊子。《北曲新譜》錄侯正卿散套《涼夜厭厭》，全曲七句，韻字為：冷耿亭涼井情整，第四句不入韻。《中國曲學大辭典》亦錄有侯克中（即侯正卿）散套《涼夜厭厭》，但有兩體：一為五句，就是《北曲新譜》錄曲的前五句，為古體；一是七句，就是古體五句加上“困騰騰瘦了身形，鬢彈鸞釵不欲整”，為近體。考查元雜劇此曲實際的用韻及曲譜的解釋，第四句可押可不押，而其他均須入韻。關漢卿《單鞭奪槊》“殘”位於首句末，雜入先天韻。

4. 監咸部字雜入先天部

監咸部“監、俺”兩字雜入先天部。

“監”在元雜劇用韻處使用了兩次，一次雜入先天韻。此現象出現在關漢卿《竇娥冤》第三折

【正宮·滾綉毬】有日月朝暮顯。有山河今古監。天也却不把清濁分辨。可知道錯看了盜跖顏淵。有德的受貧窮更命短。造惡的享富貴又壽延。天也做得箇怕硬欺軟。不想天地也順水推船。地也你不分好歹難為地。天也我今日負屈銜冤哀告天。空教我獨語獨言。

如“真文”部所述，元雜劇有八十九劇二百一十一支曲子使用【滾繡球】，一般為十一句，一至四句為第一段，五至八句為第二段，兩段句式相同，即將前段重做一遍，故名滾繡球。偶有減去一段者，如無名氏《黃鶴樓》第二折和無名氏《黃花峪》第三折一支都減去第二段即五至八句。另外鄭光祖《王粲登樓》第二折一支只有十句（“選本”為十一句)，第二段少一句。除此外，二百零七支曲子均為十一句，第一句、第五句及倒數第三句可入韻亦可不入韻。各曲譜亦如此。在“選本”中關漢卿《竇娥冤》此曲為“有日月朝暮懸。有鬼神掌着生死權。天地也只合把清濁分辨。可怎生糊突了盜跖顏淵。為善的受貧窮更命短。造惡的享富貴又壽延。天地也做得箇怕硬欺軟。卻元來也這般順水推船。地也你不分好歹何為地。天也你錯勘賢愚枉做天。哎！只落得兩淚漣漣。”可以看出臧氏曲詞雖有變化，但與“脈本”大體一致，而第二句末字換成先天部的“權”，完全入韻。所以“監”雜入先天韻。

“俺”在元雜劇用韻處使用了五次，一次雜入先天韻。此現象出現在無名氏《野猿聽經》第四折

【雙調·太平令】恰便是九重闕蓬萊宮殿。五雲鄉紫氣攸然。動仙音清霄普遍。列幢幡飄摇皆現。也是俺。有緣。遇善緣。賀飛騰入率陀天院。

元雜劇有五十七劇五十七支曲子使用【雙調·太平令】，全曲或七句或八句。《一笠庵北詞廣正譜》、《南北詞簡譜》、《北曲新譜》及《中國曲學大辭典》均錄無名氏小令，全曲八句，韻字為：膩垂墜臂低衣齊帝，句句入韻。《北曲新譜》認為：“第四句偶有減去者，只見小張屠及哭存孝兩例，不必從。第五六七三個兩字句，文義獨立或連貫均可，此種句法謂之短柱。……短柱有增至四句或減為兩句者，但以作三句者居大多數。”①《中國曲學大辭典》亦云短柱句法“三句亦可增為四句或減為兩句，均比較少見”②。查元雜劇發現《哭存孝》、《焚兒救母》兩劇與《北曲新譜》所言不合，其中《焚兒救母》（元刊本）一劇為八句，而《哭存孝》（脈本）為七句，但是減去的是短柱體的一句。另外還有張國賓的《薛仁貴》（元刊本）一劇也減去短柱體一句，全曲為七句。除此外五十五支曲子均為八句。按曲譜，無論七句還是八句，句句入韻。查元雜劇，包括無名氏《野猿聽經》在内有三劇雜入他韻部的字，如白樸《牆頭馬

① 鄭騫：《北曲新譜》，藝文印書館1973年版，第304頁。

② 《中國曲學大辭典》，浙江教育出版社1997年版，第763頁。

上》（此曲押車遮韻，但第二句、第六句末字為家麻韻）、無名氏《鴛鴦被》（此曲押齊微韻，但第三句末字為支思韻）、武漢臣《生金閣》（此曲押齊微韻，但第七句末字為皆來韻）。雖然有他韻字雜入，但是第五句五十六支曲子全入韻，所以“俺”雜入先天韻。

5. 廉纖部字雜入先天部

廉纖部“念、點、劍、染、簷”五字雜入先天部。

“念”在元雜劇用韻處使用了三次，兩次押入先天韻。此現象分別出現在無名氏《替殺妻》第一折【仙呂・勝葫蘆】和關漢卿《陳母教子》第四折【雙調・沽美酒】

【仙吕・胜葫芦】俺哥哥往浙西不到半年，想兄弟情怎无思念？你看路人又不离地远，你待为非作歹，瞒心昧已，终久是不牢坚。

元雜劇有二十六劇五十一支曲子使用【勝葫蘆】（其中【仙呂】二十四劇四十九支曲子，【商調】兩劇兩支曲子，由於【么篇】與正曲同，故不另計），全曲六句。除無名氏《替殺妻》和關漢卿《救風塵》兩劇兩曲外，其餘四十九支曲子，第四句第五句可押可不押，其餘均入韻。《一笠庵北詞廣正譜》收錄王實甫《西廂記》兩支（包括【么篇】），《太和正音譜》、《南北詞簡譜》、《北曲新譜》和《中國曲學大辭典》錄無名氏散套，全曲六句，韻字為：洲秋愁上畔頭，第四五句不入韻。鄭傳寅《〈張千替殺妻〉雜劇斠律》一文認為：“第二句當叶平聲韻，此曲用先天韻，但韻脚‘念’字為去聲，且屬廉纖韻，廉纖為閉口韻，是為開閉不辨。”所以“念”雜入先天韻。

【雙調・沽美酒】着他每按月家請着俸錢。誰着他無明夜讚家緣。俺家裏祖上為官累受宣。我則怕枉教人作念。俺一家兒得安然。

如上文所述【雙調・沽美酒】全曲五句，句句入韻，所以此曲中廉纖韻“念”雜入先天韻。

“點”在元雜劇用韻處使用了三次，一次雜入先天韻。此現象出現在無名氏《替殺妻》第一折

【仙吕・后庭花】你休要犯王杀成罪愆，则索辨人伦依正典。不听见九烈三贞女，三从四德贤。今日个到坟园，祖宗如见，有灵魂在墓前，你狂言不怕天。胡寻思无一点，留声名百世传。

如上文“東鍾”部所述，【仙呂・後庭花】基本句數為七句，但增句現象突出，而且末句增句，句數多少不拘，須每句協韻。鄭傳寅《〈張千替殺妻〉雜劇斠律》一文認為：“全曲本七句，此作增句格，第七句後的

三句均為增句。……韻脚‘點’字為上聲，而且屬廉纖韻。可知此曲開閉混押。”所以“點”雜入先天韻。

“劍”在元雜劇用韻處使用了三次，兩次雜入先天韻。此現象分別出現在無名氏《陳州糶米》第三折和白樸《東牆記》第五折。另外“簷”在元雜劇用韻處使用了一次，且雜入先天韻，與《中原音韻》不合。也出現在白樸《東牆記》第五折

【南呂·烏夜啼】為頭兒先吃俺開荒劍，則他那性命不在皇天，劉衙內可怎生着我行方便。這公事體察完全，不是流傳，那怕你天章學士有貪緣，就待乞天恩走上金鑾殿。只我個包龍圖，元鐵面，也少不得着您名登紫禁，身喪黃泉。（無名氏《陳州糶米》第三折）

【雙調·得勝令】你如今束帶立朝前，得志受皇宣。列翰苑為學士，插金花飲玉筵，標寫在淩煙，寶匣內方顯出龍泉劍。享富貴綿綿，立芳名見大賢。（白樸《東牆記》第五折）

【雙調·駐馬聽】十載心堅，酬志了金屋銀屏紫府仙。當時貧賤，怎忘了簞瓢陋巷在窮簷。官高猶記武陵源，身榮怎忘前新眷。才中選，今朝又把程途踐。（白樸《東牆記》第五折）

如上文“寒山”部所述，【南呂·烏夜啼】雖然有九句和十一句之分，但是變化與首三句無關。所有曲子的首句必入韻。廉纖部的“劍”雜入先天韻。

元雜劇中七十九劇八十五支曲子使用【雙調·得勝令】，全曲八句。除白樸《東牆記》第五折【雙調·得勝令】外，其餘八十四支曲子倒數第三句全部入韻。魯國堯在討論白樸《東牆記》用韻時談到：“按‘劍’為廉纖韻字。《元曲選》出現51次（按：指【雙調·得勝令】），如《漢宮秋》、《救風塵》、《牆頭馬上》、《虎頭牌》、《桃花女》、《生金閣》、《馮玉蘭》等皆於‘劍’處用韻，《元刊雜劇三十種》出現16次（同上），如《單刀會》、《遇上皇》、《替殺妻》、《焚兒救母》等亦如是。”①魯國堯先生雖然參照底本為王文才的《白樸戲曲集校注》，但是王氏著作中的《東牆記》基本據“脈本”移錄，且魯先生所談已經深入到【雙調·得勝令】這一曲牌的體式。所以本書所依“脈本”的《東牆記》“劍”雜入先天韻。

① 《魯國堯自選集》，河南教育出版社1994年版，第221頁。

如上文“真文”部所述，元雜劇有五十六劇五十六支曲子使用【雙調·駐馬聽】。查該曲使用會發現，第四句除楊梓《不伏老》一劇外，其餘五十四支曲子全部入韻。《一笠庵北詞廣正譜》與《北曲新譜》均錄有三種體式。三種體式主要是曲詞個別句子字數的變化，均為八句，且句句入韻。《太和正音譜》錄上兩種曲譜裏的一種體式。《南北詞簡譜》和《中國曲學大辭典》均錄李好古套數《落花滿地》，全曲亦為八句，句句入韻。魯國堯在談論白樸《東牆記》【雙調·駐馬聽】用韻時說“按，‘簷’是廉纖韻字。……”① 魯先生認為這是廉纖叶入先天。由於依據的底本一致，所以我們同意魯先生的看法。

“染”在元雜劇用韻處使用了一次，且雜入先天韻，與《中原音韻》不合。此現象出現在王實甫《西廂記》一本第一折

【仙呂·賺煞】餓眼望將穿。饞口涎空嚥。空着我透骨髓相思病染。怎當他臨去秋波那一轉。便是鐵石人也意惹情牽。近庭軒。花柳爭妍。日午當庭塔影圓。春光在眼前。爭奈玉人不見。將一座梵王宮疑是武陵源。

《西廂記》此曲在《一笠庵北詞廣正譜》、《北曲新譜》及《中國曲學大辭典》中均收錄。但是《一笠庵北詞廣正譜》、《北曲新譜》與《中國曲學大辭典》在第三句末字上不一樣，前者為“病纏”，後者為“病染”。對此，吳梅在《南北詞簡譜》有一段說明，“自《西廂》‘透骨髓相思病纏’用平韻後，而聚訟紛紛。有謂法當用平平去上，變有間用平平去者。……有謂此句本應仄韻，而實甫失韻，因改為‘病染’，而不知為失韻者，……餘謂北詞之法，首重四聲，此句正格，究應去上。伯良、文長，喜逞辨詞，皆文人偏宕之論，不必為實甫護短也。”②《中國曲學大辭典》也認為“染”入韻。所以監咸部的“染”雜入先天韻。

6. 桓歡部字雜入先天部

桓歡部“般、攢、畔、圞、團、貫、鸞”七字雜入先天部。

“般”在元雜劇用韻處使用了兩次，一次押入桓歡韻，與《中原音韻》一致，一次雜入先天韻。此現象出現在石子章《竹塢聽琴》第一折

【仙呂·上馬嬌】不如我琴一張。詩一聯。樂意自悠然。試看他富貴和貧賤。都一般。白骨葬黃泉。

元雜劇有二十四劇二十六支曲子使用【上馬嬌】（【仙呂】二十二劇

① 《魯國堯自選集》，河南教育出版社1994年版，第221頁。

② 吳梅：《南北詞簡譜》，河北教育出版社1989年版，第86頁。

二十四支曲子，【商調】兩劇兩支曲子），全曲句數有六句、八句之分。八句者只有關漢卿《調風月》、金仁傑《追韓信》和孔文卿《東窗事犯》三劇，因為句末增兩句。其餘二十三支曲子均為六句。桓歡部的"般"在第五句末，由於增句在曲末即第六句後，所以不影響前五句用韻的分析說明。二十六支曲子中二十五支第五句全部入韻。查曲譜，《一笠庵北詞廣正譜》和《中國曲學大辭典》均收王實甫《西廂記》，《太和正音譜》和《南北詞簡譜》均收無名氏散套，全曲六句，句句入韻。《北曲新譜》收有兩支，一支為無名氏《麗人天氣》，全曲六句，句句入韻；一支為孔學詩（孔文卿）《東窗事犯》，全曲八句，首句不入韻。可以看出，各曲譜所錄曲子第五句入韻。《北曲新譜》談到【仙呂・上馬嬌】第五句加不加襯字如何增加時說："襯字在上者，如石子章竹塢聽琴之'都一般oo白骨葬黃泉oo'。"① 因此石子章《竹塢聽琴》"般"雜入先天韻。

"貫"在元雜劇用韻處使用了兩次，一次押入桓歡韻，與《中原音韻》一致，一次雜入先天韻。"鸞"在元雜劇用韻處使用了一次，而且雜入先天韻，與《中原音韻》不合。"貫"和"鸞"均出現在無名氏《留鞋記》第四折

【雙調・川撥棹】我和他乍相見。買胭脂三萬貫。兩意留連。一信難傳。雲斷陽臺路遠。沒柰何緣分淺。

【雙調・梅花酒】相思病怎地痊。鎖不住意馬心猿。要成就鳳隻鸞。單使梅香將信傳。書簡帖寄詩篇。相約在上元前。相國寺共團圓。人與月鬪嬋娟。當午夜二更天。燈影下要相見。

元雜劇共六十三劇六十五支曲子使用【雙調・川撥棹】（【正宮】還有一曲六句，句句入韻），全曲句數從六句到十二句不等。《一笠庵北詞廣正譜》錄有【雙調・川撥棹】兩種體式：一種是金志甫（即金仁傑）《追韓信》，全曲六句，句句入韻；一是馬致遠《陳摶高臥》，全曲五句，句句入韻。《北曲新譜》錄有三種體式：一種亦是金志甫（即金仁傑）《追韓信》，一種是馬致遠《漢宮秋》，全曲十二句，句句入韻；一種是楊景賢《西遊記》，全曲八句，句句入韻。並且談到《一笠庵北詞廣正譜》的第二種格式即所錄《陳摶高臥》"三四兩句云'戰鼎的遊仙夢悠揚'並為一句，與常格異；但未見他例，文義亦不可通，蓋有脫誤"②。本書所

① 鄭騫：《北曲新譜》，藝文印書館1973年版，第88頁。

② 同上书，第310頁。

選用的徐沁君校《元刊雜劇三十種》不存在這樣的問題，全曲六句。《南北詞簡譜》所收《法宮雅奏》，全曲六句，句句入韻。《太和正音譜》所收張雪莊散套，全曲八句，句句入韻。《中國曲學大辭曲》也收金仁傑《追韓信》，同時指出“此章可增句，增句格式有三：……”①。從曲譜來看，無論增句與否，句句入韻。查元雜劇六十五支曲子，有兩支曲子第二字不協，其中一支即為無名氏《留鞋記》，另一支為白樸《梧桐雨》。白樸《梧桐雨》【雙調・川撥棹】押家麻韻，但第二句末字為“娥”（脈本）。此曲在“選本”裏也收錄，對比後發現，除第二句末字不同外，其餘完全相同。“選本”第二句末字為“娃”，完全入韻。所以疑“脈本”因字體相似而誤。這樣除無名氏《留鞋記》一劇外，其餘六十四支曲子第二句都入韻。所以我們認為桓歡部的“貫”雜入先天韻。

元雜劇共五十八劇五十八支曲子使用【梅花酒】（【雙調】五十七劇五十七支曲子，【正宮】一劇一支曲子）句數五句到二十八句不等。從押韻情況看，情形較為複雜，可以是全曲句句入韻，如無名氏《衣錦還鄉》、馬致遠《青衫淚》等，也可以是第四句不入韻，如無名氏《捶丸記》，關漢卿《魯齋郎》等，或第五句不入韻，如張壽卿《紅梨花》、關漢卿《哭存孝》等，或第六句不入韻鄭廷玉《忍字記》、無名氏《貨郎旦》。各曲譜厘定的基本格式為七句：三四四四五五六。《一笠北詞廣正譜》和《南北詞簡譜》共收錄九種體式，鄭騫《北曲新譜》收有七種格式。吳梅指出：“此曲之難訂正，可謂無以加矣。《廣正譜》列九格，《大成譜》列十三格，仍未分析明白。余再四探討，方定此格，學者細心按讀元詞，當無甚不合矣。”② 鄭騫也指出此章作法頗為複雜，“統述於下。（一）首句可不用。（二）四字句以作三句為標準；偶有減為兩句者；亦有增多者。增多之句，多少奇偶不拘；每句協韻，並可酌用仄聲韻。（三）第五六兩句可不用。（四）末句之下可增句，且不增者甚少。增句多少奇偶不拘，即用末句句法，其平仄為‘十十十，仄平（上）平（上）oo’增句每句協韻，增句多時可酌用去聲韻，惟最末句仍須用平（上）韻。增句可用連環句。（五）全章作六乙句。以下附舉六例，包括上述一

① 《中國曲學大辭典》，浙江教育出版社 1997 年版，第 763 頁。

② 吳梅：《南北詞簡譜》，河北教育出版社 1989 年版，第 152 頁。

切變化。”[1]《中國曲學大辭典》厘定此曲基本格式為七句，第五句可入韻可不入韻，並且說“此章作法頗多變化”。並且歸納了六種格式：“一、首句三字可作六字折腰句或五字句；亦可省去不用”。“二、四字句以作三句為准，偶有作二句者；可增句”。“三、五字句宜作對語；可增為七字句……可省去不用”。“四、末句後多增句，增句為六字折腰句……增句有作連環句者，即下句前三字重疊上句後三字……增句前一句有減為三字句者……或作五字句”。“五、減去三字句、四字句、五字句而只用六字折腰句者”。“六、首句和末句偶有疊用者。”[2] 結合曲譜與元雜劇實際情況，無名氏《留鞋記》第四折【雙調·梅花酒】應該屬於“全章作六乙句”，“減去三字句、四字句、五字句而只用六字折腰句者”（第二句由於詞語限制變為七字句），各曲譜全章為六字句者句句入韻，所以無名氏《留鞋記》第四折【雙調·梅花酒】第三句末字桓歡韻“鸞”雜入先天韻。

“攢、畔、圈、團”在元雜劇用韻處都使用了一次，而且都押入先天韻，與《中原音韻》不合。分別出現在

【正宮·三煞】赤緊的大姨夫緣分咱身上淺。老太母心腸這壁廂偏。誰想司馬墳邊。彩雲零落。茶客舡頭。明月團圓。娘呵！你早則皂裙兒拖地。拄杖兒過頭。鬆髻兒雲攢。卻怎握這沒程限的竇娥冤。（馬致遠《青衫淚》第二折）

如上文“真文”部所言，元雜劇【正宮·煞】全曲句數有八句、十句、十一句、十二句之分，十一句是其基本格式，馬致遠《青衫淚》的【三煞】少第十句。如果按十一句計算的話，倒數第三句應該入韻。“攢”雜入先天韻。

【雙調·駐馬聽】旱地上不如九裏山前。密匝匝兵排惹近遠。水面上不弱如周公瑾三江側畔。鬧垓垓舡彎下一團圈。大唐家廣大不虛言。金牙家有眼不曾見。震山川。皷角喧。舞龍蛇欻動古剌剌旌旗展。（楊梓《不伏老》第四折）

如上文“真文”部所述，曲牌【雙調·駐馬聽】全曲為八句，句句入韻，所以此曲中的桓歡韻“畔、圈”雜入先天韻。

【雙調·得勝令】請你箇楊衙內恕生面。諕的他半餉家口難言。又無那八棒十枷罪。止不過三交兩句言。這一隻魚船。半夜工夫纏。俺両箇今年。一箇中秋人月團。（關漢卿《望江亭》第四折）

---

① 鄭騫：《北曲新譜》，藝文印書館1973年版，第313頁。

② 《中國曲學大辭典》，浙江教育出版社1997年版，第763頁。

桓歡部的“團”位於曲末必入韻，雜入先天韻，但是“團”在此表意不明。按此句意思應該是人與月俱圓滿，但“團”卻不能表達此意。此曲在“選本”中為“請你箇楊衙內少埋冤。諕的他半餉只茫然。又無那八棒十枷罪。止不過三交兩句言。這一隻魚船。只費得半夜工夫纏。俺兩口兒今年。做一箇中秋八月圓。”“選本”曲末字是與“團”字形相近的“圓”，不僅合意也合律，而且人們一般說“月圓人團圓”。所以，“團”雜入先天韻應該是與“圓”字形相近而誤寫造成的。

7. 真文部字雜入先天部

真文部“鱗”字雜入先天部。

“鱗”在元雜劇用韻處用了六次，一次雜入先天韻。此現象出現在無名氏《野猿聽經》第四折

【雙調·沽美酒】我則見降霞飄五彩鱗。慶雲生半空見。有他那寶樹奇花滿殿前。更有這蓮池碧蓮。真個罕曾見。

如上文所述，【雙調·沽美酒】全曲五句，句句入韻，所以“鱗”雜入先天韻。

8. 東鍾部字雜入先天部

東鍾部“驄”字雜入先天部。

“驄”在元雜劇用韻處用了四次，一次雜入先天韻。此現象出現在關漢卿《單鞭奪槊》第四折

【黃鍾·四門子】俺元帥勒馬親回轉。展虎軀驟駿驄。那一個奔。這一個趕。将来和軍躲的偌近遠。剛俺裹藏。休浪裹潛。馬兒上前合後偃。

元雜劇共有十劇十支曲子使用【黃鍾·四門子】，全曲或七句，如無名氏《老君堂》一劇；或八句，如關漢卿《單鞭奪槊》、李行道《灰闌記》和無名氏《黃花峪》三劇。除以上四劇外，其餘六劇為十句。《中國曲學大辭典》和《北曲新譜》厘定此曲基本格式為十句：七六七六三三七三三七。《中國曲學大辭典》指出：“聯套時，【刮地風】與【四門子】例須連用，四之【四門子】首二句往往移置【刮地風】之末，如【喜遷鶯】首二句移置【醉花陰】末之例。”[①]《北曲新譜》也指出“此章照例上接刮地風，兩章首尾有時移用，其方式共有三種。一：以四門子首兩句移屬刮地風，……”[②] 關漢卿《單鞭奪槊》、李行道《灰闌記》和無名氏

① 《中國曲學大辭典》，浙江教育出版社 1997 年版，第 728 頁。

② 鄭騫：《北曲新譜》，藝文印書館 1973 年版，第 7 頁。

《黃花峪》三劇【四門子】首兩句均移至【刮地風】末，所以是八句；而無名氏《老君堂》一劇則是減去末三句而為七句。以此推押韻地方，可知“驄”應該入韻。《南北詞簡譜》曾提到關漢卿《單鞭奪槊》第四折【黃鍾·四門子】的首二句情況：“如《單鞭奪槊》云：‘俺元帥勒馬回轉。展展展。展虎軀驟駿騎。’”① “選本”此劇（標有尚仲賢作）此曲為“俺元帥勒馬親回轉。展虎軀驟駿騎。看他一來一往相交戰。是誰人敢佔先。那一個奔。這一個趕。將和軍躲的偌近遠。剛崦裹藏。休浪裹潛。馬兒上前合後偃”。也是“展虎軀驟駿騎”，所以“脈本”中疑抄者因字形相近而誤寫。

第六節　庚青

一、庚青部韻字及其來源

庚青部相等於《廣韻》庚耕清青蒸登諸韻字。其中重唇音開口字如崩朋烹和喉牙一二三等合口字如橫兄榮永等同時歸入東鍾韻（只有庚韻系的唇音字“彭猛”，《中原音韻》只收入東鍾韻），“肯”字歸入真文韻。具體如下：

庚：兵 29○平 22○鳴 26 明 80 盟 13○獰○棖撐 6○生 136 牲笙 5○京 12 驚 31 庚 2 更 19 羹 5 荊 4 觥 2○坑 13 炕卿 20○鯨擎 9○迎 17○亨 2 兄 6○衡 3 行 97 橫 7○英 10 榮 3

梗：皿○景 19 哽 4 梗○杏 3○擤○影 38○永 5○冷 43

映：病 42 柄 6○命 66 孟○幢○敬 15 鏡 19 境 9 更 2○慶 13○競 10○行 8○映 9

清：名 54○貞 5○呈 6 程 34 酲○精 20 睛 14 晶○清 47○情 122 晴 4○騂○正征○聲 96○誠 19 成 57 城 25○輕 29 傾 6○瓊 2○嬰纓 6 營 6○贏 8 瀛盈 10 楹縈

靜：餅 8○逞 6○井 24○請 11○靜 32 睜 8 阱○省 18○整 21○頸 13○頃○癭○涅○領 13 嶺 2

勁：聘 8 娉○淨 22○性 40 姓 17○正 19 政 4 症 5○聖 7○盛 14○勁○令 31

① 吳梅：《南北詞簡譜》，河北教育出版社 1989 年版，第 4 頁。

蒸：冰 6○凭 7 憑 4○澄 5○稱 9○乘 3 繩○昇 3○丞 2 承 17○兢 4 矜○凝 2○興 10○應○蠅 4○陵 6 淩 5

證：證 19○稱 3 秤 5○剩 6○勝 6○興 16○應 41

青：瓶 13 屏 17 萍 2○冥 6 瞑○丁 9 釘 2 仃 2○聽 35 汀廳 4 桯○亭 17 停 21 婷 8 廷 7 庭 20 霆 2○寧 19 嚀 6○青 19○星 33 腥 5 惺 5 猩○經 19 疔 扃 5○馨 2○形 9 刑 8 螢 4 熒 3○泠 2 醽齡 2 靈 46 櫺 4 翎 3 鈴 2 伶 3 零 11

迥：並 23○鼎 13 頂 9 酊 4○脡 4○挺 8○醒 22

徑：定 72 錠 3○侫 4○徑 17○磬 2 罄○瑩○另 15

登：崩 2○朋 3○騰 14 滕疼 14○登 8 燈 23○能 22○增 7 憎 11○曾○僧 8○恒○楞

等：等 29

嶝：鐙 6○鄧 3 蹬 6 鞓 5○贈 2

耕：繃○棚○橙○爭 28 箏 9○掙 17 帺○耕 3 莖○嶸 6○鶯 12

耿：耿 4 幸 12○倖 17

諍：迸 3○諍○硬 14

二、他部字雜入庚青部現象

元雜劇六個楔子四十二折共四百三十六支曲子押了庚青部，獨用的曲子有四百零三支，如白樸《梧桐雨》第一折【仙呂】十四支曲子除一曲【金盞兒】押入東鍾“蒙”外，其餘均獨用：【八聲甘州】整清幸城生行鳴，【混江龍】興醒鞓燈聽令呈【油葫蘆】行聽楹映影行掙性明，【天下樂】聲婷迎成撐鶯，【醉中天】鼎瓶生橙定幸靈，【憶王孫】櫺屏景庭冷，【勝葫蘆】清輕聲凈瑩瀛，【金盞兒】乘平慶鳴冷情，【醉扶歸】命生冥另聽病，【後庭花】名生輕誠應稱，【金盞兒】觥屏等贏輕程，【醉中天】憑擎扃静影聽盟，【賺煞尾】盛另定生聲情誠證星。尚仲賢《氣英布》第二折【南呂】七支曲子除【梁州第七】【哭皇天】兩支外，其餘均獨用：【一枝花】令腾争性行生命，【隔尾】等听应静影，【牧羊关】星霆挣生轻，【乌夜啼】命名请情腾凌饼应程，【黄钟尾】径平憎倾清宁请竞净等。李文蔚《燕青博魚》第三折【中呂】八支曲子全部獨用：【粉蝶兒】更鏡生靜清柄，【叫聲】酊酊醒驚清，【醉春風】冷挺挺性，【倘秀才】更聲掙生，【叫聲】情逞行，【滚繡球】睁輕映行聲聲硬程聽盟，【滚繡球】清經倖櫺證生燈明，【尾聲】井坑笙箏繃卿英僧省。

1. 侵尋部字雜入庚青部

侵尋部“襟”字雜入庚青部。

“襟”在元雜劇用韻處使用了一次，《廣韻》“襟”歸二十一侵韻，七林切。從語音的變化規律來說，《廣韻》侵部的字到元代應在侵尋部裏，《中原音韻》即如此。但此字在元雜劇中使用很少，唯一一次押韻押入庚青韻，此現象出現在蕭德祥《殺狗勸夫》第三折

【南呂·感皇恩】哥哥你負屈高聲。你所事無成。見兄弟。心頭刺。眼中釘。有錢時尋那兩個秀才。今日個尋覓孫虫。合捨了揎拳。拽袖布衫。拿住衣的襟。

“襟”位於曲末，必入韻。

2. 支思部字雜入庚青部

支思部“試、思”兩字雜入庚青部。

“試”在元雜劇用韻處使用了六次，一次雜入庚青韻。此現象出現在楊梓《豫讓吞炭》第二折

【正宮·倘秀才】臣不才中然無能。二主公寧心試聽。濟不濟君侯再察情。說着呵憑驗。做着呵有實試。非是自矜。

元雜劇共有八十二劇一百七十三支曲子使用【倘秀才】(【正宮】七十九劇一百六十九支曲子，【中呂】三劇四支曲子)，句數一般六句，第四句可入韻可不入韻。其中鄭光祖《王粲登樓》中的一曲只有五句“如今那有錢的布衣人平登省臺。如今他可也不論文章只論財。赤緊的難尋東道主。久困在書齋。非王粲巧言令色”。但該曲在“選本”中為六句“如今那有錢人沒名的平登省臺。那無錢人有名的終淹草萊。如今他可也不論文章只論財。赤緊的難尋東道主。久困在書齋。非王粲巧言令色”，比“脈本”多第二句。《太和正音譜》錄有尚仲賢《歸去來兮》，全曲六句，韻字為：友酒愁懶酬首，倒數第三句(即第四句)不入韻。《一笠庵北詞廣正譜》錄有三曲，其中一曲為劉時中《衆生靈》，全曲六句，韻字為：良當倆有糠長，倒數第三句不入韻；第二曲即尚仲賢《歸去來兮》，並指此曲與上一曲相異之處在於末字用仄煞(上曲用平煞)；第三曲關漢卿《救風塵》僅錄末三句，特指出“末句止二字平煞”[①]。《南北詞簡譜》亦錄有尚仲賢《歸去來兮》一曲，全曲六句，並指出：“此支末句必須仄聲，且此有二字”，“‘無言低首’(按：尚仲賢《歸去來兮》：面對着青山故友。眼不見白衣送酒。我則怕

① 李玉：《一笠庵北詞廣正譜》，北京大學影印本1937年版，第158頁。

明日黃花蝶也愁。好教我情緒懶。意難酬。無言低首。）一語誤也。”①《北曲新譜》錄有谷子敬《城南柳》全曲六句，韻字為：空種同跡蹤塚，倒數第三句不入韻，並指出：“末句依本格作兩字者較少，多變為‘十平厶上平平上（“厶”指宜去可上）oo‘四字，如右曲（即谷子敬《城南柳》：那裹也清陰半空。何處也紅芳萬種。原來昨日今朝事不同。尋舊跡。覓遺蹤。空留下故塚。）‘空留’兩字亦可作正字看也。”②《中國曲學大辭典》亦錄尚仲賢《歸去來兮》。王玉章《元詞斠律》認為：“此章（即【倘秀才】）亦入中呂。上列各曲。句法大率相同。首二句均作六字。以救孝子第二折第五曲證之。可知此說之不謬。……廣正收劉時中‘殷實戶’（即《衆生靈》）一闋。及尚仲賢‘面對着’（即《歸去來兮》）一闋。首二語均作七字。其實各加一襯字也。……此章第四語。可不韻。但亦有用韻者。……且此章結句止有二字。”③ 綜合元雜劇和各曲譜，【倘秀才】一曲應該為六句，且倒數第三句可入韻亦可不入。所以楊梓《豫讓吞炭》中的“試”所在位置應該入韻，但是“做着呵有實試”卻不知何意。此曲在隋樹森《元曲選外編》第二折“臣不才中然無能。二主公寧心試聽。濟不濟君侯再察情。說着呵憑驗。做着呵有實誠。非是自矜。”從《元曲選外編》的曲子用詞來看，“做着呵有實誠”表達的是一種做事的態度。所以，“試”雜入庚青韻應該是抄者因“試”與“誠”字形相近而誤寫造成的。

“思”在元雜劇用韻處使用了六十一次，一次雜入庚青韻。此現象出現在白樸《東牆記》第二折

【正宮・耍孩兒】似這等空房悄人孤另。卻又早香消金鼎。何時害徹病相思。卜金錢禱告神靈。生前禽演分明。判八卦詳推莫順情。四柱安排定。都來增下。禍福分明。

【耍孩兒】在宮調裹歸屬【般涉調】，但是元雜劇未見單獨使用此宮調的，此宮調中的【哨遍】、【耍孩兒】常借入他宮調中使用，有時有【么篇】伴隨。其中【耍孩兒】常借入【正宮】、【中呂】，在元雜劇中還有借入【南呂】一支。無論在何宮調中，此曲體式全同（始調和【么篇】也同）。元雜劇借入【正宮】九劇十一支，如無名氏《舉案齊眉》第二折【正宮】、宮大用《七裹灘》第三折【正宮】；借入【中呂】六十四劇七

① 吳梅：《南北詞簡譜》，河北教育出版社 1989 年版，第 21 頁。

② 鄭騫：《北曲新譜》，藝文印書館 1973 年版，第 25 頁。

③ 王玉章：《元詞斠律》，商務印書館 1936 年版，第 418 頁。

十三支，如王實甫《麗春堂》第二折【中呂】、白樸《東牆記》第三折【中呂】、戴善夫《風光好》第四折【中呂】；借入【南呂】一劇一支如無名氏《赤壁賦》第二折【南呂】。元雜劇共七十五劇八十五支曲子使用【耍孩兒】，其中有七十七支曲子為九句，八支曲子只有八句。《太和正音譜》收曾褐夫散套一曲，全曲九句，韻字為：徑生平衡洫坑定遠明，第五句和第八句不入韻。《一笠庵北詞廣正譜》收王伯成《過隙駒》始調及【么篇】兩支，始調九句，韻字為：感慘騰龛友菴髩角冠，第三句、第五句、第七句、第八句均不入韻；【么篇】全曲九句，韻字為：賺堪風嵐福聃盡壘潭，押韻用始調。《南北詞簡譜》收王實甫《西廂記》一曲，全曲九句，韻字為：淚濕飛期裏杯醉血灰，第八句不入韻。《北曲新譜》亦收王伯成《過隙駒》，並指出："第七句散套有不協韻者，雜劇無不協韻"，"么篇同始調；用者不多。"① 《中國曲學大辭典》同《南北詞簡譜》，並指出："第七句散套有不叶韻者，此系沿諸宮調作法之故。第五六句對。第八九句對……有么篇，同前篇，散套用之。"② 對比元雜劇和各曲譜，此曲基本句數應該為九句，第三、五、七、八句可入韻亦可不入；八句者均為第五句前少一句，首句、第四、七句可入韻亦可不入。白樸《東牆記》中此曲為九句，"思"位於第三句末。按元雜劇用韻和各曲譜，九句者第三句可入可不入。隋樹森的《元曲選外編》所錄此曲為"似這等空房悄人孤另。卻又早香消金鼎。何時害徹相思病。蓟金錢禱告神靈。生前禽演分明。判八卦詳推莫順情。四柱安排定。都來增下。禍福分明。"第三句後半部分為"相思病"，"病相思"與"相思病"表意一致，但在此曲中"相思病"合意合律。所以，我們認為"思"所在的位置應該入韻，只是詞序顛倒造成了失韻。

3. 真文部字雜入庚青部

真文部"門、臣、辛、存、郡、緊、巡、根、噴、嗔、盡、身、陣、勳、神、君、信、進、聞、肯、本、引、悶、分、倫、狗"等字雜入庚青部。

"門"在元雜劇用韻處使用了一百四十八次，兩次雜入庚青韻。其中一次在無名氏《鎖魔鏡》（下文談），另一次出現在無名氏《浮漚記》第

① 鄭騫：《北曲新譜》，藝文印書館 1973 年版，第 206 頁。

② 《中國曲學大辭典》，浙江教育出版社 1997 年版，第 751 頁。

一折

【仙呂・醉扶歸】我則見那野水穿芳徑。村犬吠柴門。合剌剌轆轤響圪梆梆可則各琊琊的搗碓聲。更那堪緑柳相遮映。則你這醇糯酒渾如靛青。方信道渴來飲一盞消閑興。

如上文“真文”部所述，元雜劇中共有三十九劇四十四支曲子使用了【仙呂・醉扶歸】，均為六句，句句入韻。所以“門”應該入韻。此曲在“選本”第一折中變為“我則見那野水穿芳徑。村犬吠柴扃。合剌剌轆轤響可正和著各琊琊的搗碓聲。更那堪綠柳相遮映。則你這醇糯酒渾如靛青。我且飲一盞消閑興。”其中“門”處變為“扃”，完全協韻。

“臣”在元雜劇用韻處使用了五十八次，一次雜入庚青韻。此現象出現在無名氏《捶丸記》第三折前楔子裏

【仙呂・賞花時】我這裡深謝皇恩擢用臣。量這箇愚魯村夫有甚能。将我似田穰苴的量看承。謝你箇舉賢才的晏嬰。將醜虜生擒住獻入這帝都城。

【仙呂・賞花時】的體式如上文“東鍾”部所述。因此無名氏《捶丸記》第三折前楔子【仙呂・賞花時】首句末字“臣”一定入韻。

“辛”在元雜劇用韻處使用十一次，一次雜入庚青韻。此現象出現在秦簡夫《東堂老》第二折

【正宮・滾繡球】想着我幼年時發志行。甘心兒弩力去爭。我為這幾文錢呵哎呀使的我來一身兒殘病。我去那虎狼窩裏不顧殘生。往常我做買賣問甚夜問甚明。甚的是那雨甚的是晴。我去那利名場往來奔競。想着喒百年人枉受了那萬苦千辛。投至我十年五載我這般鬆寬的有。也是我萬苦千辛積儹成。往事堪驚。

如“真文”部所述，元雜劇中【正宮・滾繡球】一般為十一句，一至四句為第一段，五至八句為第二段，兩段句式相同，即將前段重做一遍，故名滾繡球。偶有減去一段者，如無名氏《黃鶴樓》第二折和無名氏《黃花峪》第三折一支都減去第二段即五至八句。另外鄭光祖《王粲登樓》第二折一支只有十句（“選本”為十一句），第二段少一句。其餘均為十一句，八十五劇二百零三支曲子。這二百零三支曲子倒數第四句末字均入韻。諸曲譜莫不如此。此曲在“選本”為“想着我幼年時血氣猛。為蠅頭努力去爭。哎呀使的我到今來一身兒殘病。我去那虎狼窩裏不顧殘生。我可也問甚的是夜甚的是明。甚的是雨甚的是晴。我只去利名場往來奔競。那裏也有一日的安寧。投至得十年五載我這般鬆寬的有。也是我萬苦千辛積儹成。往事堪驚。”可以看出臧氏所錄曲子與“脈本”所錄幾乎一致，只是“辛”所在的位置改換成庚青部的“寧”，完全協韻。因此秦簡夫《東堂老》第二折【正宮・滾

繡球】中的“辛”應該雜入庚青韻，只是由於某些原因用了真文韻部字。

“噴”在元雜劇用韻處使用了二十三次，兩次雜入庚青韻。分別出現在尚仲賢《氣英布》和無名氏《藍采和》。

【南吕·梁州第七】不由我实丕丕兴刘灭楚，却这般笑吟吟背暗投明。太平只许将军定。折末提人头厮摔，噙热血相喷，折末势雄厮并，威纠纠相持，齐臻臻领将排兵，闹垓垓虎斗龙争。俺也曾湿浸浸卧雪眠霜，圪搽搽登山蓦岭，俺也曾缉林林劫寨偷营。随何！咱是绾角儿弟兄，汉中王不把咱钦敬，都说他是真命。似这般我觑重瞳煞轻省，那武艺我手里怎地施呈。（尚仲賢《氣英布》第二折）

元雜劇有七十劇七十支曲子使用【南呂·梁州第七】，句數多十六到十八不等。據查，減句一般在七句之後，而第五句除狄君厚《介子推》和尚仲賢《氣英布》外，全部入韻。狄君厚《介子推》第二折【南呂·梁州第七】韻字為：仇有謀儔樓醜仇舅後奏侯後頭。其中有個“謀”在《中原音韻》中歸屬魚模部，但在元雜劇中“謀”使用有三十二次，就有七次押入尤侯韻。從來源看，“謀”應該分歸魚模和尤侯兩部，《中原音韻》尤侯部失收。鑒於此，此曲中的“謀”押韻無疑。如此，七十支曲子的第五句均入韻。“選本”所錄此曲為“却教喒實丕丕興劉滅楚。笑吟吟背闇投明。這的是太平本是將軍定。折末他提人頭廝摔。噴熱血相傾。勢雄雄要分箇成敗。威糾糾要決個輸贏。齊臻臻領將排兵。鬧垓垓虎鬬龍爭。喒也曾溼浸浸臥雪眠霜。喒也曾圪擦擦登山驀嶺。喒也曾緝林林劫寨偷營。隨何也喒是你綰角兒弟兄。怎生來漢王不把喒欽敬。你說他有龍顏是真命。因此上將楚國覷重瞳看的忒煞輕。哎！隨何也須索箇心口相應。”比較“選本”所錄可以發現後兩句改動較大包括韻字，而前面的幾乎與“元刊本”一致，但是第五句“元刊本”為“噙熱血相噴”，而臧氏改為“噴熱血相傾”，雖然意思無大變化，但韻律相協無礙。所以我們認為尚仲賢《氣英布》第二折【南呂·梁州第七】中“噴”入韻，只是雜入真文韻罷了。

另一個押入庚青部的“噴”出現在無名氏《藍采和》第二折【南呂·烏夜啼】，並且還有真文部的“信、聞、進”三字也雜入此曲。

【南呂·烏夜啼】這先生言語真實信。果然道壽星做了災星。眼睜睜不敢往前進。不敢明聞。誰敢道是弹箏。想喒人是仲尼行。怎道得犯着蕭何令。一個個。難憑信。都做了狂言詐語。信口胡噴。

無名氏《藍采和》第二折有七支曲子，其押韻情況如下：【一枝花】瓶鼎星生敬能兄【梁州】生命經性騰靈停命情命名逢棚盛並令程【賀新郎】聲姓淨掙稱聽撐羹【鬬蝦蟆】經清經情應徑定靈生淨聽生【哭皇天】

掙靈名靜成疼涅荊【烏夜啼】信星進聞箏行令信噴【尾聲】領行情聲名醒城醒。可以發現七支曲子只有【烏夜啼】雜入真文字，而且九個韻字有四個為真文韻字，略占去一半。【南吕·烏夜啼】的格式如上文“先天”部所言。據元雜劇和各曲譜的用韻，此曲第八句和第十句可不入韻，其餘各句均入韻。所以無名氏《藍采和》第二折【南吕·烏夜啼】中“信、進、聞、噴”均應該押韻。如果不是作者偶然入韻，那就是抄刻者之誤。

“悶”在元雜劇用韵处使用了三十二次，一次雜入庚青韻。此現象出現在無名氏《雲夢窗》第三折

【中呂·紅綉鞋】我害的是閑愁閑悶。害的是多緒多情。害的是眉淡遠山青。害的是傷心症。害的是斷腸聲。害的是繡衾中一半冷。

元雜劇共有五十六劇五十八支曲子（包括【正宫·紅繡鞋】）使用【紅繡鞋】，全曲六句，一般第四句可入韻亦可不入。無名氏《神奴兒》第三折【中呂·紅繡鞋】韻字為：喝伏蘆速吾虛。首句“喝”在《廣韻》屬於入聲曷韻，到《中原音韻》中應入歌戈部。除無名氏《神奴兒》和《雲夢窗》兩曲外，其他五十六支曲子首句全部入韻。周德清《中原音韻》“正語作詞起例”之“定格”所收《隱士》，全曲六句，韻字為：豆侯秋酒樓口，句句入韻。周先生評曰：“二詞（包括【朝天子】一曲）對偶、音律、語句、平仄俱好。前詞（指【朝天子】一曲）務頭在‘人’字。後詞（指【紅繡鞋】一曲）妙在‘口’字上聲，務頭在其上。知音傑作也。”① 《一笠庵北詞廣正譜》收套數王伯成《天寶遺事》，全曲六句，韻字為：遂離馳斷垂一，第四句不入韻。朱權《太和正音譜》和吳梅《南北詞簡譜》均收徐甜齋小令，全曲六句，韻字為：徑聲瀛棗庭景，第四句不入韻。鄭騫《北曲新譜》收馮五振小令，全曲六句，韻字為：興聲鳴冷青景，句句入韻。可以看出韻譜中所收例曲除第四句可押可不押韻外，其餘五句必入韻。因此，無論是無名氏《神奴兒》第三折【中呂·紅繡鞋】首句“喝”還是無名氏《雲夢窗》第三折【中呂·紅繡球】中的“悶”，都應該是入韻的。

“引”在元雜劇用韻處使用了十八次，一次雜入庚青韻。此現象出現在王實甫《西廂記》第二本第四折【越調】末

① 周德清：《中原音韻》，《歷代曲話彙編》（唐宋元編），黃山書社2006年版，第299頁。

【絡絲娘煞尾】不爭惹恨牽情鬪引。少不得廢寢忘餐病證。

王實甫《西廂記》第三本第四折【越調】末也有一曲

【絡絲娘煞尾】因今宵傳言送語。看明日攜雲握雨。

據查，元雜劇中使用【絡絲娘煞尾】除了上面兩曲外，還有王實甫《西廂記》第一本第四折【雙調】末和第四本第四折【雙調】末

【絡絲娘煞尾】則為你閉月羞花相貌。少不得剪草除根大小。（《西廂記》第一本第四折）

【絡絲娘煞尾】都則為一官半職。阻隔得千山萬水。（《西廂記》第四本第四折）

喬孟符《兩世姻緣》第四折【雙調】末

【絡絲娘煞尾】不爭你大鬧西川性窄。翻招了個笑坦東床貴客。

元雜劇這五曲中，王實甫《西廂記》第二本第四折和第三本第四折【絡絲娘煞尾】前面都有【尾】或【煞尾】，第一本第四折和第四本第四折【絡絲娘煞尾】前面有【鴛鴦煞】，唯獨喬孟符《兩世姻緣》【絡絲娘煞尾】前面沒有與收尾相關的曲子。而且這五曲有的押韻與本套內其他曲子一致，有的不一致。查閱相關曲譜，《一笠庵北詞廣正譜》收錄王實甫《西廂記》第三本第四折【越調】末的一曲即“因今宵傳言送語。看明日攜雲握雨。”但曲牌是【小絡絲娘】，而非【絡絲娘煞尾】。《太和正音譜》、《南北詞簡譜》和《北曲新譜》均收王實甫《西廂記》第四本第四折【雙調】末的一曲即“都則為一官半職。阻隔得千山萬水”，也名為【小絡絲娘】。《南北詞簡譜》指出：“【絡絲娘】已見前，此即其首二句，故云‘小’。王實甫《西廂》，每本四折，合五本成之，每本第四折下，必有【小絡絲娘】二句，在套曲之外，此蓋雜劇每本情節未終，始用此式，若情節已完，便可不用，故《西廂》第五本後，獨無之也。凡作此劇，而非四折所能盡者，則第四折後，可用此二句。”① 《北曲新譜》也指出：“雍熙於西廂雲斂晴空及綵筆題詩兩折（即第二本第四折和第三本第四折）後此曲，皆題絡絲娘煞尾，殊不妥，因其作用與煞尾不同，其前固另有尾聲也。”② 所以王實甫《西廂記》的四支應該視為【小絡絲娘】，只有喬夢符（喬吉）《兩世姻緣》中的才是真正的【絡絲娘煞尾】。曲子【小絡絲娘】全曲兩句，就《西廂記》中所使用的【小絡絲娘】曲子來

① 吳梅：《南北詞簡譜》，河北教育出版社 1989 年版，第 219 頁。

② 鄭騫：《北曲新譜》，藝文印書館 1973 年版，第 258 頁。

看，有三支是押韻的，只有第二本第四折兩句不押韻。在諸曲譜中，【小絡絲娘】兩句是入韻的。【小絡絲娘】曲子用的是【絡絲娘】首二句，而元雜劇有十六劇二十二支曲子使用【絡絲娘】（包括【么篇】），這二十二支曲子首句全部入韻，諸曲譜也如此，所以，王實甫《西廂記》第二本第四折【越調】末【絡絲娘煞尾】（實為【小絡絲娘】）首句的“引”入韻，雜入真文韻。

“分”（陰平）在元雜劇用韻處使用了三十次，一次雜入庚青韻。此現象出現在尚仲賢《氣英布》第二折

【南吕·哭皇天】谁将我这背膊来牢扶定？待古你是知心好伴等。泼刘三端的是端的是负功臣！既刘沛公无君臣义分，嗏！汉随何咱有甚么相知面情。这公事其中间都是你的弊幸！你杀了他生性，你失了他信行。

元雜劇共三十劇三十支曲子使用【南吕·哭皇天】，句數從八句到十六句不等，押韻情形較複雜。《太和正音譜》收馬致遠《陳摶高臥》一曲，曲詞與本書所用相同，第三句不入韻。《一笠庵北詞廣正譜》收三種格式：一種與《太和正音譜》同，並注“此章句字不拘，可以增損，周德清失註，以四字句增在第五七字句前後，多寡韻否不拘”①；第二種增句格，為無名氏《鴛鴦塚》，全曲，全曲十句，韻字為：蘸刪闞含冉緘攙擔陷攬，第三句不入韻，增四字二句，在第四句之後；第三種增句格，為馬致遠《漢宮秋》一曲，曲詞與本書所用相同，全曲十五句，第三、六、七、九、十、十一、十二句不入韻，增四字七句，增句在第四、五句之後。《南北詞簡譜》所收同《一笠庵北詞廣正譜》，並指出此曲“句字不拘，可以增損，周德清失注也。其增句法，多在第五句（七字上三下四）前後，多少、韻否，皆所不拘”②。《北曲新譜》和《中國曲學大辭典》所收同《一笠庵北詞廣正譜》第一、三種格式。《北曲新譜》認為：“第五句前後均可增句，多少奇偶不拘，以不協韻為宜；此類增句係帶唱性質，須流利輕快，協韻反礙語勢。”③《中國曲學大辭典》也指出：“增句在第五句前後。……增句為四字句，一般以四句為度；韻否不拘，不韻者較多。”④ 據元雜劇和曲譜，前四句不涉及增句問題。元雜劇三十支曲子

① 李玉：《一笠庵北詞廣正譜》，北京大學影印本 1937 年版，第 198 頁。

② 吳梅：《南北詞簡譜》，河北教育出版社 1989 年版，第 114 頁。

③ 鄭騫：《北曲新譜》，藝文印書館 1973 年版，第 126 頁。

④ 《中國曲學大辭典》，浙江教育出版社 1997 年版，第 743 頁。

中除尚仲賢《氣英布》一曲外，其餘第四句均入韻。所以尚仲賢《氣英布》第二折【南呂・哭皇天】中的“分”雜入庚青韻。

“門、郡、緊、巡、根、嗔、盡、身、陣、勳、神、君、本、狗”等字雜入庚青韻出現在無名氏《鎖魔鏡》第二折【南呂】。【南呂】共用八支曲子，除【隔尾】一支外，其餘七支都有真文部字雜入，韻字具體情況如下：（加__為真文部字）

【一枝花】令庭停郡緊巡根【梁州】君盡倫星睛生精兵贏行命辰名情【隔尾】令聽鏡輕庭整【牧羊關】嗔盡身精名【罵玉郎】狗停陣病【感皇恩】生勳神君兵【採茶歌】神靈驚寧【尾聲】行功爭盡門身本。這些曲子真文韻字與庚青韻字完全混在一起，疑作者受方言影響所致，但是由於把前鼻音讀成後鼻音在漢語方言中分佈較廣，所以很難斷定作者的籍貫。

4. 東鍾部字雜入庚青部

東鍾部“恐、蒙、雄、勇、蟲、功、重、童、共、夢、中、朧”等字雜入庚青部。

“恐”在元雜劇用韻處使用了十七次，四次雜入庚青韻。分別出現在無名氏《浮漚記》第一折【仙呂・醉中天】和【仙呂・後庭花】、李文蔚《圯橋進履》第一折【中呂・朝天子】。“童”在元雜劇用韻處使用了九次，一次雜入庚青韻。“共”在元雜劇用韻處使用了九次，一次雜入庚青韻。“童”和“共”也出現在李文蔚《圯橋進履》第一折【中呂・朝天子】。

【仙呂・醉中天】我則見牡丹堪人賞宜人敬。可人意動人情。我則見白芍藥紫丁香更和這紅錦纓。海棠樹芙蓉杏。我欲待折一朵來呵不由我心中怕恐。百般的把心不定。呀呀呀可怎生撲簌簌枝葉凋零。（無名氏《浮漚記》第一折）

元雜劇共了四十九劇五十四支曲子使用【仙呂・醉中天】，全曲為七句，第六句有不入韻的如關漢卿《謝天香》、羅貫中《風雲會》、無名氏《馬陵道》和無名氏《劉弘嫁婢》四劇，其餘四十五劇五十支曲子全曲七句，句句押韻。周德清《中原音韻》“正語作詞起例”之“定格”所收【醉中天】為“疑是楊妃在，怎脫馬嵬災？曾與明皇捧硯來，美臉風流殺，叵奈揮毫李白，覷着嬌態，灑松煙點破桃腮。”句句押韻。《一笠庵北詞廣正譜》、《南北詞簡譜》、《北曲新譜》所收皆為無名氏小令：淚濺端溪硯，情寫錦花箋。日莫簾櫳生暖煙，睡煞梁間燕。人比青山更遠。梨花庭院，月明閒卻秋千。句句入韻。王力《漢語詩律學》所例體式也是句句入韻。在“選本”裹，《浮漚記》的【仙呂・醉中天】為“我則見牡丹花堪人賞宜人敬。可人意動人情。又則見青芍藥白薔薇紅錦櫻。又則見紫紋桃間着那黃花杏。不由我心中自警。百般的把拏不定。呀！可怎生撲簌簌枝葉凋零。”“恐”所在的第五句末變換成庚青部的“警”，這說明此處是應該入韻的。因此無名氏《浮漚記》第一折【仙呂・醉中天】“恐”雜入庚青韻。

【仙呂・後庭花】則聽的擦擦的鞋底鳴。呸呸的大步行。好教我便可吐吐心頭怕。覺一陣滲滲的身上冷。恰似一箇黑妖精。好教我心中傒倖。這塢兒裡無動靜。昏慘慘的有月明。你虧圖了我的性命。骨碌碌将怪眼睜。不由人添怕恐。不由人添怕恐。（無名氏《浮漚記》第一折）

此曲在“選本”裹為“則聽的擦擦的鞋底鳴。呸呸的大步行。好教我便扢扢的牙根鬬。覺一陣滲滲的身上冷。猛見箇黑妖精。似和人尋爭覓競。這塢兒裹無動靜。昏慘慘月半明。莫不要虧圖咱性命。骨碌碌怪眼睜。早諕的咱先直挺。”“恐”所在位置變換成庚青部“挺”。況且“不由人添怕恐”為增句之末句，只是疊用罷了，而位於末句末字必須入韻。所以兩個“恐”都入韻。

【中呂・朝天子】我是箇道童。道法又不精。在山中閑遊幸。風風傻傻任蹤横。與虎豹狼虫共。那虎他舞爪張牙。将你來攔定。你那魂魄兒添怕恐。那虎将你那骨肉來並。行嚼了你的腿脡。我想來你沒來由閑丟命。（李文蔚《圯橋進履》第一折首）

【朝天子】本屬【中呂】，亦入【正宮】、【雙調】（《一笠庵北詞廣正譜》、《北曲新譜》，但借入【雙調】未見使用，所以《廣正譜》注“缺”）。因而有【中呂・朝天子】和【正宮・朝天子】。在元雜劇中共有六劇六支曲子使用【正宮・朝天子】，十九劇二十二支曲子使用【中呂・朝天子】。除李致遠《還牢末》（脈本）只有八句（“選本”有十一句）外，其餘二十七支曲子均十一句，第六句、第九句有不協韻的。“童”、“共”、“恐”分別位於李文蔚《圯橋進履》第一折【中呂・朝天子】首句、第五句和第八句末。二十七支曲子中二十六支首句、第五句、第八句均入韻，所以我們認為李文蔚《圯橋進履》一曲中的“童、共、恐”應該入韻，只是雜入庚青韻而已。

“蒙”在元雜劇用韻處使用了四次，一次雜入庚青韻。此現象出現在白樸《梧桐雨》第一折

【仙呂・金盞兒】我着絳紗蒙。翠盤盛。兩般禮物堪人敬。趁着這新秋節令賜卿卿。七寶金釵盟厚意。百花鈿盒表深情。這金釵兒教你高聳聳頭上頂。這鈿盒兒把你

另巍巍手中擎。

如上文“東鍾”部所言，元雜劇共有八十九劇一百二十二支曲子使用【仙呂・金盞兒】，句數有六句、八句、九句之分。據元雜劇和各曲譜，八句為此調基本格式，六句者少了五字句一對，九句者為第四句破為兩句。無論是六句、八句還是九句首句必入韻。所以“蒙”雜入庚青韻。

“雄”在元雜劇用韻處使用了二十二次，一次雜入庚青韻。“勇”在元雜劇用韻處使用了十三次，一次雜入庚青韻。兩字都出現在無名氏《千里獨行》劇首楔子

【仙呂・端正好】我則怕他用心機敢可兀的鋪謀這計。我想這曺操是那智足奸雄。信着俺小叔莽戇多英勇。你則合操士馬教三軍明隄備破曺兵。則怕他排隊伍暗伏兵。則要你得勝也把他這干戈未定。

無名氏《千里獨行》劇首楔子原本用【正宮・端正好】（脈本），誤，應為【仙呂】。元雜劇楔子中共二十六支曲子使用【仙呂・端正好】，十支曲子使用【仙呂・端正好・么篇】，句數從五句到十三句不等。《太和正音譜》錄有無名氏《拂塵子》楔子，全曲七句，韻字為：別戀年勸權川願。《一笠庵北詞廣正譜》收有關漢卿《金線池》【仙呂・端正好】及其【么篇】，正格（或始調）五句，韻字為：狐虎儒女婦，句句入韻；【么篇】十句，韻字為：腸付愚叔驢女奴爛酥去，並指出“楔兒不入套數，與正宮不同，正宮不可增損，仙呂可增損”，“閱此（按：指《金線池》【么篇】）似增損止在么篇”①。《南北詞簡譜》亦收關漢卿《金線池》楔子，並指出“此是楔子，不入套數。……且通本可以增句，惟須在第四句下，……可知增句不論多少，實則將首二句重疊敷衍成之也。舊譜謂惟么篇可增，首曲則否，蓋即曲此劇誤會”②。《北曲新譜》收有無名氏《抱粧盒》和馬致遠《青衫淚》兩曲，《抱粧盒》全曲五句，韻字為：宣命屏盛興，首句不入韻；馬致遠《青衫淚》全曲十一句，韻字為：行住書暮袖珠日途切蹰去。與上一曲相較，增句在第四句下，兩句一韻。鄭騫指出“增句在第四句下，每句三字，句數多少不拘，但必為雙數，宜用對偶。……始調獨用可以增句，若連用么篇則只能在么篇增句。”③《中國曲學大辭典》所錄與《北曲新譜》一致，並認為基本格式“全曲五句：

① 李玉：《一笠庵北詞廣正譜》，北京大學影印本 1937 年版，第 172 頁。

② 吳梅：《南北詞簡譜》，河北教育出版社 1989 年版，第 61 頁。

③ 鄭騫：《北曲新譜》，藝文印書館 1973 年版，第 76 頁。

3，3△，7△。7△，5△。（△表示押韻）增句在第四句下，每句三字，必為雙數，偶句叶韻。……本曲單用時可增句；連用么篇者只能在么篇增句，而且么篇必須增句”[①]。王玉章《元詞斠律》認為“此章正格與么篇完全相同。廣正謂么篇可增句。正格不可增句。實謬。……惟增句之法。須在第四句下。即以首二句（三字兩語）重疊敷衍成之可也”[②]。考查元人雜劇，正如曲譜所言：單用此調可增句，連用么篇者只能在么篇增句，而且么篇必須增句。增句多數偶句協韻，亦有句句協韻者。據元雜劇的實際押韻和各曲譜，第二句和第三句末字均入韻。所以“雄”和“勇”應入韻。

“蟲”在元雜劇用韻處共使用了九次，一次雜入庚青韻。此現象出現在蕭德祥《殺狗勸夫》第三折

【南呂·感皇恩】哥哥你負屈高聲。你所事無成。見兄弟。心頭刺。眼中釘。有錢時尋那兩個秀才。今日個尋覓孫虫。合捨了揎拳。拽袖布衫。拿住衣的襟。

元雜劇共有三十六劇三十六支曲子使用【南呂·感皇恩】，除狄君厚《介子推》為八句外，其餘均為十句，第三、四、六、八、九句可入韻亦可不入韻。《太和正音譜》收曾瑞卿散套一曲，全曲十句，韻字為：遮折鳶宇蝶蹬疊麝雪纈，第三、四、六句不入韻。《一笠庵北詞廣正譜》收貫酸齋《柳垂翡翠條》一曲，全曲十句，韻字為：珊殘風雨寒隻單樓院間，第三、四、六、八、九句不入韻，另還收明賈仲明《金童玉女》一曲，入韻情形同上，只是末句用仄煞。《南北詞簡譜》收張小山小令一曲，全曲十句，韻字為：仙禪囂利泉口前丹墨玄，第三、四、六、八、九句不入韻。《北曲新譜》收鍾繼先小令一曲，全曲十句，韻字為：鍾紅長瑞功野空梅竹松，第三、四、六、八、九句不入韻。《中國曲學大辭典》收張可久《楊駒兒墓園》一曲，全曲十句，韻字：凝生扃影燈牙伶藤景情，第六句不入韻。比較元雜劇和各曲譜，狄君厚《介子推》應該少六、七句，除蕭德祥《殺狗勸夫》一曲外，其餘劇曲倒數第四句均入韻。所以“蟲”雜入庚青韻。

“功”在元雜劇用韵處使用了二十八次，一次雜入庚青韻。此現象出現在無名氏《鎖魔鏡》第二折

【南呂·尾聲】則要你鞭敲鐙回軍陣。統領難不成兵疾便行。降妖魔。須用功。敢相持。敢戰爭。将妖魔。便誅盡。三尖刀劈那廝腦門。斬妖劍將那廝粉骨碎分身。

---

① 《中國曲學大辭典》，浙江教育出版社 1997 年版，第 735 頁。

② 王玉章：《元詞斠律》，商務印書館 1936 年版，第 4 頁。

若拿住妖魔呵那時節證了本。

【南呂・尾聲】是【南呂・隔尾】在套曲最後的使用，一般用增句格。增句在第二句下，有兩種情況："一、增三字句若干，須雙數，宜對偶，或兩句相對，平仄不拘，隔句叶韻；二、先增三字句如前，再增四字若干，四字句亦須雙數，宜對偶，平仄宜調諧，隔句叶韻，宜用仄韻。……增句不叶音韻的句式……"①。本曲的增句為"降妖魔。須用功。敢相持。敢戰爭。将妖魔。便誅盡"，從這些相對的句子來看，應該是兩兩相對，且協韻的。雖然這些增句裏偶句末字"功、爭、盡"三字分歸到三個韻部裏，但是有一個現象必須注意，就是此劇中庚青與真文完全相混，所以在此作者或抄刻者看來"爭"與"盡"應該是一個韻部，由此，我們可以推出"功"應該入韻。

"重（去）"在元雜劇用韻處使用了三十一次，一次雜入庚青韻，出現在無名氏《雲窗夢》第三折；"夢"在元雜劇用韻處使用了二十二次，一次雜入庚青韻，也出現在無名氏《雲窗夢》第三折

【中呂・迎仙客】我這裏忙接待。緊相迎。量妹妹有甚德能。交姐姐好看承。姐姐索廝敬重。真然是意重人情。把月蓮真箇的人欽敬。

如上文"東鍾"部所述，元雜劇中共有五十四劇五十五支曲子使用【中呂・迎仙客】，全曲七句，一般首句和第四句可入韻亦可不入。考查元雜劇和各曲譜用韻情況，第五句必入韻。各曲譜也如此，所以"重"雜入庚青韻。

【中呂・尾煞】泪漫漫不暫停。哭啼啼不住聲。不爭這驚回一枕雲窗夢。這煩惱真哭的西樓月兒冷。

元雜劇中共有九十二劇九十五支曲子使用【中呂・煞尾】，其中有八十七支曲子使用的句數與無名氏《雲窗夢》【中呂・煞尾】一致，這八十七支曲子第三句即倒數第二句一定入韻。還有八支曲子句數多於四句，但倒數第三句也入韻。《太和正音譜》收李致遠散套，韻字為：非識意起，句句入韻。《一笠庵北詞廣正譜》【中呂・尾聲】收三格，另【煞尾】收李文蔚《燕青博魚》，韻字為：井坑笙箏繃卿英僧省，句句入韻，並注明原在［正宮］。鄭騫在《北曲新譜》收張可久撰《花落春歸》，韻字為：歸期計裏，句句入韻，並說："此章為中呂尾正格，用者極多，題名紛

① 《中國曲學大辭典》，浙江教育出版社 1997 年版，第 744 頁。

異，正音題煞尾，今從廣正定名尾聲。西廂先生休作謙曲第三句變，是偶然之筆，闔因遷就成語之故，廣正列為第二格，非是。廣正第三格金線池與元曲選不同，查即啄木兒尾而脫去一字，不應另列。”① 因此我們可以推測“夢”是入韻的。

“中（陰）”在元雜劇用韻處使用了八十二次，一次雜入庚青韻。此現象出現在關漢卿《緋衣夢》第三折

【越調・調笑令】你可便悄聲。察賊情。比及拿王矮虎先纏住一丈青。批頭棍大腿上十分的楞。他不肯招承。到來日雲陽鬧市中。殺麽娘七代先靈。

元雜劇共四十一劇四十六支曲子使用【越調・調笑令】，孔文卿《東窗事犯》一曲為六句，其餘均為七句，一般句句入韻，首句偶有不協韻者。《太和正音譜》收王子一散套一曲，全曲七句，韻字為：寬桓冠斷玩纂援，句句入韻。《一笠庵北詞廣正譜》所收同《太和正音譜》，並指出“第一第二句又三格”：“自審，為邪淫審字上聲。一從，上喬木從字不用韻 木字作去聲王伯成天寶遺事這搭兒，和咱無名氏豫讓吞炭劇上下句倒”②，認為王實甫《西廂記》“繡幃裏，效綢繆”也是第一、二句互倒，“效”為襯字。《南北詞簡譜》收宋方壺散曲一曲，全曲七句，韻字為：腑舒縷處數宿蘆，句句入韻。《北曲新譜》所收同《太和正音譜》，並指出“第一句偶有協去聲韻或不協韻者，皆不足為法。……第一句韻下可加一襯字，如豫讓吞炭、東窗事犯、元刊本楚昭王諸劇。無論南曲北曲，襯字皆在句首或句中，僅有少數牌調之某句可於韻下（亦即句尾）加襯，此章為其一例。第二句可減為二字，如豫讓吞炭、敬德不伏老劇。豫讓吞炭第一句既於韻下加襯字，第二句又減為二字，廣正遂以為此兩句可以互倒，即首句古字、次句兩字，實無此作法。……孔文卿東窗事犯劇減第五句，俱僅見，恐係脫誤。”③ 《中國曲學大辭典》所收同《太和正音譜》，並指出此調“首二句語意須聯貫一氣，……因之第一句偶有不叶韻者，如《西廂記》‘夜去明來’折‘你繡幃裏效綢繆”，則不足為法。第二句有減為二字者，如楊梓《豫讓吞炭》‘這答兒，和咱’，‘兒’字是‘這答’語末襯字，‘和咱’應三字，此作二字，僅見。……孔文卿《東窗事

① 鄭騫：《北曲新譜》，藝文印書館 1973 年版，第 171 頁。

② 李玉：《一笠庵北詞廣正譜》，北京大學影印本 1937 年版，第 265 頁。

③ 鄭騫：《北曲新譜》，藝文印書館 1973 年版，第 252 頁。

犯》減第五句，俱僅見“[1]。據元雜劇和曲譜，【越調·調笑令】為七句格，句句入韻，首句偶有不叶韻者，孔文卿《東窗事犯》減第五句，只有六句。所以“中（陰）”雜入庚青韻。

“朧”在元雜劇用韻處使用了九次，一次雜入庚青韻。此現象出現無名氏《浮漚記》第一折

【仙呂·尾聲】他覷我似火上弄冬淩。覷我似碗裏拏蒸餅。不是我酒灌的那廝十分酩酊。他待要所算我些兒潑性命。則除是天眼朦朧。不是我假胡伶。他待要所筭我的殘生。則除是遙指空中雁做羹。比及這賊徒醒。我也要自家膽正。比及他趕將來，我與你先走兩三程。

【仙呂·尾聲】的格式正如上文“真文”部所述，有九、十、十一句之分，但是無論句數如何，首句可入韻可不入，其餘均入韻。所以“朧”雜入庚青韻。

元雜劇中東鍾字“恐、蒙、雄、勇、蟲、功、重、童、共、夢、中”等字混入庚青不是無緣無故的。從來源上看，東鍾部與庚青部就有著密切關係。東鍾部大致是《廣韻》東冬鍾三韻的合併。不過，庚耕登三韻的重唇開口字，如崩繃盲氓蝱萌朋彭鵬棚烹猛蜢孟迸等，和喉牙合口字，如朧觥泓轟薨榮橫弘宏嶸兄永礦泳詠永等，都變入東鍾韻了。《中原音韻》有規律地兼收了東鍾和庚青兩韻（只胡庚韻系的唇音字“彭猛”，〈中原音韻〉只收入東鍾韻）。除了兩收的這些字外，《中原音韻》庚青部和東鍾部還是分韻嚴格的。而我們查元雜劇的押韻也是如此。但是上述這些字原本屬於東鍾卻協入了庚青部。

第七節　侵尋

一、侵尋部韻字及其來源

侵尋部是最簡單的一個韻部，相當於《廣韻》的侵韻。到現在唯獨“品”字變入真文韻，“稟”字變入庚青韻。具體如下：

侵：岑〇侵3〇心12尋2〇參〇鍼3〇今2金2襟〇衾2〇琴2〇吟3

---

① 《中國曲學大辭典》，浙江教育出版社1997年版，第754頁。

○陰 3 音 5○淫噉○臨林 2 啉淋

寢：您 2○寢 3○枕○審○甚 2○錦

沁：沈 6○浸○沁○禁 3○窨廕蔭○稟○任

二、他部字雜入侵尋部現象

此部屬于王力所云“險韻”，元雜劇裏非常罕用，僅見于王實甫《西廂記》第四折【越調】十二支曲子。具體如下：【鬪鵪鶉】綿（先天）寢沈沈侵【紫花兒序】琴噉臨禁鍼任岑【天淨沙】林陰心甚今【調笑令】審淫侵恁唔心吟【小桃紅】沈浸窨尋恁寢沁参【鬼三台】啉唔林音稟鍼禁心【禿廝兒】衾琴寢音【聖藥王】心心沈陰陰金吟【東原樂】枕衾心潯甚恁廕【綿搭絮】心沈鍼音【么篇】吟尋沈今恁金錦【煞尾】禁心您。其中【鬼三台】曲子中還能看到“稟”押侵尋韻，推測此時“稟”正在向庚青部發展中，但《中原音韻》無論庚青部還是侵尋部均未收此字，而同屬《廣韻》侵韻的“品”卻收入，而且歸入真文部。十二支曲子只有【鬪鵪鶉】雜入先天韻的“綿”字。“綿”在元雜劇用韻處共使用十五次，十四次押入先天韻，僅一次雜入侵尋韻，就出現在王實甫《西廂記》第三本第四折

【越調・鬪鵪鶉】則為你彩筆題詩。迴文織綿。迭得人臥枕着床。忘餐廢寢。折倒得鬢似愁潘。腰如病沈。恨已深。病已沈。昨夜箇熱臉兒對面搶白。今日箇冷句兒將人廝侵。

曲牌【越調・鬪鵪鶉】的體式上文“東鍾”部已述。第二句末字“綿”雜入侵尋韻，這應該是“錦”的誤寫。因為“織錦回文”、“回文織錦”屬於典故，文學作品中未見“織綿”一說。

第八節　監咸

一、監咸部韻字及其來源

監咸部主要包括《廣韻》的覃談咸銜四韻，還有監韻的“俺”和“渰”兩字，具體如下：

銜：攙○衫 2○監 2○岩 2

鑒：懺○釤○鑒 4○餡

談：擔5○談3○慚3○三4○甘泔○憨○酣○藍3

敢：膽5○忐○敢5○噉○喊○攬爁

闞：淡2啖○臢○濫3

覃：貪3○潭2○南2男2○參4驂○蠶○毿○堪○庵3○婪

感：昝○慘○糝○撼2○唵

勘：探2○揞2○勘○暗

咸：喃○饞讒2○緘2○

豏：斬

陷：賺3○蘸2○陷2

黶：俺5

琰：渰

二、他部字雜入監咸部現象

監咸韻也被人認為險韻。在元雜劇中有一楔子（《西廂記》第二本第二折前楔子）一折（高文秀《遇上皇》第四折【雙調】）共二十支曲子使用監咸韻。其中十八支曲子未雜入他部的字，如高文秀《遇上皇》第四折【雙調】九支曲子除【喬牌兒】和【七弟兄】兩支外，其餘均獨用：【新水令】参担襴衫谈滥【乔牌儿】三探陷腌（廉纤）【甜水令】赚担胆庵【折桂令】潭岩谗俺憨喃搀三【七弟兄】臣（真文）敢参淡贪滥【梅花酒】胆酣鉴三男惭唵贪【收江南】监谈监俺泔【雁儿落】敢鉴陷【得胜令】担撼滥斩昝赚蓝胆。《西廂記》第二本第二折前楔子【正宮】共十一支曲子，均獨用監咸韻：【端正好】懺衫膽揞【滾繡球】貪敢參潭攙攬淡爁饞臢【叨叨令】糝啖暗餡蘸【倘秀才】敢昝南婪堪【滾繡球】談參蘸緘男渰藍緘慚【白鶴子】擔探【二】釤勘【一】岩撼【耍孩兒】忐敢三慘驂【二】甘俺擔賺慚【收尾】喊俺膽。兩支曲子中有旁韻混入。

1. 真文部字雜入監咸部

真文部“臣”字雜入監咸部。

“臣”在元雜劇用韻處使用了五十八次，一次雜入監咸韻。此現象出現在高文秀《遇上皇》第四折

【双调・七弟兄】微臣怎敢大官参，我则知苦涩酸浑淡。清光滑辣任谁贪，下民易虐何曾滥。

元雜劇五十九劇五十九支曲子使用【雙調·七弟兄】，全曲有五句、六句、七句、十句之分，一般句句入韻。五句者如白樸《東牆記》和無名氏《博望燒屯》兩劇，七句者如無名氏《貨郎旦》一劇，十句者如無名氏《千里獨行》一劇，其餘五十五支曲子均為六句，可見六句應該是其基本格式。《太和正音譜》錄有張雪莊散套，全曲六句，韻字為：歌歌魔破窩禍，句句入韻。《一笠庵北詞廣正譜》錄有兩種體式：一種體式與《太和正音譜》同，一種體式錄李直夫《虎頭牌》，全曲六句，韻字為：索猜猜寨懷在，句句入韻。但是《虎頭牌》今唯一存本"選本"首三句為"你也不索左猜，右猜，既帶了這素金牌"，與第一種格式無異，不知《一笠庵北詞廣正譜》據何版本。按照《一笠庵北詞廣正譜》第二種格式，元人作品未見他例。《南北詞簡譜》亦錄張雲莊散套，並指出"此為正式，各劇皆如是，但襯字有多少耳"①。《北曲新譜》錄有商政叔《彩雲聲斷》，全曲六句，韻字為：惱宵熬躁敲叫，句句入韻，並指出"末句下有多出六乙或數句者，……然千里獨行未用梅花酒，其七弟兄後亦多出六乙四句"②。《中國曲學大辭典》亦錄商政叔《彩雲聲斷》，並指出"白樸《東牆記》首三句作'我這裏向前，謝得完全'，缺一句，疑'謝'字下脫'天'字。元刊本無名氏《博望燒屯》缺第五句"③。對照元雜劇和曲譜，可知白樸《東牆記》首三句缺一句，無名氏《博望燒屯》缺第五句，無名氏《貨郎旦》末句後多出一句，無名氏《千里獨行》末句後多出四句。就首句入韻情形來說，必入韻，所以高文秀《遇上皇》第四折【雙調·七弟兄】中首句末字真文部"臣"雜入監咸韻。

2. 廉纖部字雜入監咸部

廉纖部"醃"字雜入監咸部。

"醃"在元雜劇用韻處僅用了一次，且押入監咸韻。《廣韻》中"醃"歸屬"嚴"韻，按規律應該歸入廉纖韻，《中原音韻》即如此。押入監咸韻出現在高文秀《遇上皇》第四折

【双调·乔牌儿】这言语没掂三，可知水深把杖儿探。对君王休把平人陷，赵元酒性腌。

① 吳梅：《南北詞簡譜》，河北教育出版社1989年版，第151頁。

② 鄭騫：《北曲新譜》，藝文印書館1973年版，第312頁。

③《中國曲學大辭典》，浙江教育出版社1997年版，第763頁。

“醃”位於曲末，必入韻，雜入監咸韻。

第九節　廉纖

一、廉纖部韻字及其來源

廉纖部包括《廣韻》鹽添嚴三韻。具體如下：

鹽：粘○尖3○占○廉鐮臁

琰：颭2○閃2○儉○險○掩○染2

豔：占3○厭懨2

添：攧○添2○甜2○拈2○嫌2

忝：點3

㮇：店呫2 墊○念3○僭

豏：臉2

釅：劍3

二、他部字雜入廉纖部現象

在元雜劇中，武漢臣《老生兒》劇首楔子、王實甫《西廂記》第三本劇首楔子及無名氏《獨角牛》第三折共十一支曲子使用廉纖韻。其中六支曲子獨用，如王實甫《西廂記》第三本劇首楔子【仙呂·賞花時】拈添尖點懨。無名氏《獨角牛》第三折【正宮】【端正好】店粘占僭【白鶴子】懨墊【么篇】尖甜颭【尾聲】劍鐮嫌臉占。其他五支曲子有旁韻字雜入。

1. 先天部字雜入廉纖部

先天部“傳、專、言、健、前、冤、拳、羨、善、喘、怨、倦”等字雜入廉纖部。

“傳”在元雜劇用韻處使用了三十八次，一次雜入廉纖韻；“專”在元雜劇用韻處使用了十三次，兩次雜入廉纖韻；“言”在元雜劇用韻處使用了八十五次，兩次雜入廉纖韻；“健”在元雜劇用韻處使用了十次，一次雜入廉纖韻；“前”在元雜劇用韻處使用了一百一十四次，一次雜入廉纖韻；“冤”在元雜劇用韻處使用了三十四次，一次雜入廉纖韻；“拳”在元雜劇用韻處使用了二十七次，一次雜入廉纖韻；“羨”在元雜劇用韻處使用了十次，一次押廉纖韻；“善”在元雜劇用韻處使用了二十三次，一次雜入廉纖韻；“喘”在元雜劇用韻處使用了十三次，一次雜入廉纖韻；“怨”在元雜劇用韻處使用了五十二次，一次雜入廉纖韻；“倦”在元雜劇用韻處使用了十四次，一次雜入廉纖韻。這些現象均出現在無名氏《獨角牛》第三折

【正宮・滚綉毬】他将那名姓呼。惡氣來呫。他在那露臺上光閃。果然是名不虛傳。他可也忒自專。說大言。自誇輕健。可是他空說在駿馬之前。我打這廝東頭不說可在這西頭說。我打這廝上口不呫下口呫。無恥無廉。

【正宮・倘秀才】哎！你夥看的每休将咱來指點。您可休量小人不是箇馳名的這好颭。打這廝囊裹盛錐自出尖。獨角牛。有讐冤。打這廝說大言。

【正宮・倘秀才】我恰纔吐架子左閃來右閃。我踢了箇提過脚裹臁也那外臁。嘴縫上直拳並塌那廝臉。着這廝頭完揺。早着拳。打這廝自專。

【正宮・伴讀書】贏了的休談羨。輸了的難遮掩。打這廝自獎自誇自豐鑑。休想道虎嚇的咱家善。併一千合者波休想劉千喘。㕲㕲㕲使不着你那句美也那唇甜。

【正宮・笑歌尚】看看看的每俺俺俺這完揺不甚險。您您您老的每休埋怨。告告告那部署休心倦。奇奇奇你水莫噴。您您您鼓輕攧。來來來來來來喒休把這排場占。

【正宮・滚繡球】和【正宮・倘秀才】的體式上文已述（見“真文”部），“傳、專、言、健、前、冤、拳”所在位置均入韻。

元雜劇共十九劇十九支曲子使用【正宮・伴讀書】（【正宮】十八劇十八支曲子，【中呂】一劇一支曲子），全曲六句，無一曲例外。除無名氏《獨角牛》外，所有十八支曲子句句入韻。《太和正音譜》、《一笠庵北詞廣正譜》、《南北詞簡譜》、《北曲新譜》、《中國曲學大辭典》均錄白樸《梧桐雨》一曲，句句入韻。因此無名氏《獨角牛》“羨、善、喘”雜入廉纖韻。

元雜劇共二十二劇二十二支曲子使用【正宮・笑和尚】（【正宮】二十一劇二十一支曲子，【中呂】一劇一支曲子），其中高文秀《澠池會》全曲八句，蕭德祥《殺狗勸夫》全曲十句，以上兩支曲子句句入韻。其餘二十支曲子均為六句，除無名氏《獨角牛》和馬致遠《黃粱夢》（此劇押歌戈韻，但首句混入蕭豪韻字）兩曲外，其餘十八支曲子除第四句可入可不入韻外，其他均入韻。《太和正音譜》錄有無名氏《鴛鴦被》一曲，全曲六句，韻字為：馬畫架竹紗怕，第四句不入韻。《一笠庵北詞廣正譜》錄有兩曲，一曲為無名氏《連環記》，全曲六句，韻字為：堂將帳郎章相，句句入韻；一曲為無名氏《殺狗勸夫》（應該為蕭德祥），全曲

十句，韻字為：飛睡裏息搥地祇弟弟罪，句句入韻。此曲與上一曲相比，“增三字四句”[①]。《南北詞簡譜》、《北曲新譜》、《中國曲學大辭典》亦錄無名氏《連環記》。鄭騫指出此曲“第一句偶有不協韻者”，“第五句下可增三字句，……或增兩句……或增四句，如廣正本殺狗記。增兩句須每句協韻，增四句則一、三兩句可以不協”[②]。《中國曲學大辭典》亦云“全曲六句……首句偶有不叶韻者。第五句下可增三字句二句或四句”[③]。綜合元雜劇和各曲譜，無名氏《獨角牛》中“怨、倦”雜入廉纖韻。

2. 監咸部字雜入廉纖部

監咸部“鑒”字雜入廉纖部。

“鑒”在元雜劇用韻處使用了四次，一次雜入廉纖韻，出現在無名氏《獨角牛》第三折【正宮・伴讀書】。如上文關於【正宮・伴讀書】體式解釋，“鑒”雜入廉纖韻。

---

① 李玉：《一笠庵北詞廣正譜》，北京大學影印本 1937 年版，第 163 頁。

② 鄭騫：《北曲新譜》，藝文印書館 1973 年版，第 31 頁。

③ 《中國曲學大辭典》，浙江教育出版社 1997 年版，第 731 頁。

第五章

元雜劇陰聲韻部研究

第一節　支思

一、支思部韻字及其來源

支思部相當於《廣韻》支脂之三韻裏的精照兩系及日母的開口字和一個入聲字。具體如下：

支：差 7 髭 2 貲 3○雌 8○玼 9 疵 4○廝 8 斯 4 澌○支 4 枝 27 肢 13 巵 7○眵 6○施 6○匙 5○兒 127

紙：紫 6○此 17○紙 19○氏 6 是 25○爾 10 邇

寘：刺 14○漬 2○裕 3○賜 9○翅 3

之：孜 5○慈 11○司 32 思 61 絲 22 偲伺 2○辭 14 詞 36 祠 3○淄○之 25 揸○嗤 2○詩 20○時 89○而 5

止：子 71○祀 2 似 5○士 30○使 28 史 10○止 16 址 7 沚 2○齒 7○始 2○市 8○耳 10

志：字 23○寺 7 嗣 3 食○事 67○志 22○試 6○侍 6○餌

脂：咨 9 姿 18 資 3○私 39○師 29 獅○脂 14○屍 11 屍 4 蓍

旨：死 56○指 9 旨 8○屎

至：次 20○自 5○四 6 肆 4○至 18○示 8○視 11○二 11

櫛：瑟$_4$ 飋

二、他部字雜入支思部現象

元雜劇有四楔子二十一折共一百九十六支曲子使用支思韻。其中一百八十一支曲子沒有他韻字雜入，如高文秀《誶范叔》劇首楔子【仙呂】兩支曲子：【端正好】字辭使思【么篇】志時次淄雌師事。無名氏《抱粧盒》第三折【雙調】十支曲子：【新水令】姿事慈時氏【駐馬聽】兒子是匙私賜此至【沽美酒】死二司耳思【太平令】刺兒二四死子詞字【雁兒落】旨疵詞事【得勝令】脂辭次兒孜視雌死【川撥棹】址紫子肢指思之【七弟兄】詞詞司嗣師使【梅花酒】屍絲眵枝事咨【收江南】兒兒兒兒兒。又如鄭廷玉《買冤家債主》第四折【越調】除【綿搭絮】一支外十二支曲子：【鬪鵪鶉】慈祀司紙死【紫花兒序】兒私慈司事之【東原樂】肢使之兒似【綿搭絮】遲（齊微）司耳詞思【小桃紅】絲事氏咨寺廝字時【鬼三台】士事死之是使兒子【禿廝兒】紙屍死兒私【鬼三台】止玼事司史姿兒子【金焦葉】齒耳兒子【調笑令】廝司思事二子兒【聖藥王】死死師子屍時兒【調笑令】氏師兒嗣字匙資【收尾】至使子。等等。他韻雜入的有十五支曲子。

1. 齊微部字雜入支思部

齊微部“意、期、你、基、的、識、恥”七字雜入支思部。

“意”在元雜劇用韻處使用了九十九次，一次雜入支思韻。此現象出現在關漢卿《謝天香》第一折

【仙呂·醉扶歸】你陡恁的無才思。有甚省不的兩椿兒。你道是相公不是漫詞。你怎麽不解其中意。他道是種桃花砍折竹枝。則說你重色輕君子。

如上文“真文”部所述，【仙呂·醉扶歸】的基本格式是六句，而且句句入韻。所以關漢卿《謝天香》此曲第四句齊微韻“意”雜入支思韻。廖珣英（1963 年）認為是關曲偶爾出韻的現象。

“期”在元雜劇用韻處使用了四十一次，一次雜入支思韻。此現象出現在無名氏《鴛鴦被》第一折

【仙呂·尾聲】則你那脩道的玉清菴。索強如題筆的金山寺。靜幃裏新婚燕爾。你看我舒展開宛鴦錦被兒。可着我羞答答怎生去暗約偷期。自尋思。這一時素質冰姿。誰着你先接了東君第一枝。道與俺那多情的秀士。偷傳心事。到天明是必休撇了這個女孩兒。

如上文“真文”部所述，【仙呂·賺煞尾】的基本格式為十一句，首句可入韻亦可不入，第四句偶有不入韻者。但據元雜劇和各曲譜，第五句應該是入韻的。所以無名氏《鴛鴦被》此曲“期”雜入支思韻。此曲在“選本”中為“則你那修道的玉清菴。索強如題筆的金山寺。羅幃裏新婚燕爾。舒展開鴛鴦錦被兒。可着我羞答答說甚言詞。這些時。素質冰姿。也是我不合先接了東君第一枝。道與那多情的秀士。偷傳心事。到天明是必休撇了這個女孩兒”。相比較可以發現臧氏所錄曲詞與“脈本”有出入，主要集中在第五句和第六句

上，其中第五句末字為支思韻“詞”完全協韻。這說明此位置應該是入韻的。只是“暗約偷期”經常一起用，受此影響出了韻。

“你”在元雜劇用韻處使用了一百二十二次，一次雜入支思韻。此現象出現在關漢卿《謝天香》第一折

【仙呂・賺煞】我這府里祗候幾曾閑。差拔無銓次。從今後無倒斷嗟呀怨咨。我去這觸熱也似官人行將禮數使。若是輕咳嗽便有官司。我直到揭席時。來到家時。我又索趲下些工夫憶念你。是我那清歌皓齒。是我那言談情思。是我那濕浸浸舞困袖梢兒。

如“真文”部所述，元雜劇【仙呂・賺煞】有【仙呂・賺煞】有九句、十句和十一句之分，十一句是其基本格式。關漢卿《謝天香》此曲為十一句。據元雜劇和各曲譜，十一句者倒數第四句必入韻，所以“你”當押韻。此曲在“選本”中為“我這府里祗候幾曾閑。差拔無銓次。從今後無倒斷嗟呀怨咨。我去這觸熱也似官人行將禮數使。若是輕咳嗽便有官司。我直到揭席時。來到家時。我又索趲下些工夫憶念爾。是我那清歌皓齒。是我那言談情思。是我那濕浸浸舞困袖梢兒。”除了倒數第四句末字不同外，其餘全同，而“選本”倒數第四句末字為支思部的“爾”，不存在雜韻現象。因此，“你”應該為雜入支思韻。

“基”在元雜劇用韻處使用了二十三次，一次雜入支思韻。此現象出現在陸登善《勘頭巾》第二折

【南呂・一枝花】雖是個判行的舊狀詞。合幹辦新公事。出司房忙進步。登溢道下堦基。又無甚過犯公私。把文卷依節次。請新官題判時。先呈與個押解牒文。後押上個拘頭僉字。

如上文“先天”部所述，【南呂・一枝花】的基本格式為九句，第一句、第三句及倒數第二句可入韻亦可不入。據元雜劇和各曲譜，第四句應該入韻。陸登善《勘頭巾》此曲第四句末“基”雜入支思韻。此曲在“選本”中為“雖是個判行的舊狀詞。合幹辦新公事。出司房忙進步。登溢道下堦址。又無甚過犯公私。把文卷依節次。請新官題判時。先呈與個押解牒文。後押上個拘頭僉字”。相比較可以發現臧氏所錄曲詞與“脈本”差異僅在第四句末字，但均不影響意思的表達。只是臧氏所用的字是支思韻“址”完全協韻，而“脈本”所用的齊微韻“基”只是雜入支思韻了。

“的”在元雜劇用韻處使用了二百一十四次，一次雜入支思韻。此現象出現在秦簡夫《剪髮待賓》第二折

【正宮・滾綉毬】我這裏自三思。俺那兒做伴的。都是些善人君子。孔子云與朋

友切切偲偲。有朋自遠方至。如此怕不我重管待。理當如是。則為這一頃飯剪了一縷青絲。做兒的攻書十載可便學成儒業。做娘的請客三番敢剪做戒師。我甘分無辭。

如上文“真文”部所述，【正宮·滾繡球】基本格式為十一句，元雜劇共二百一十一支曲子使用，其中四支曲子或減去一段或殘缺等句數不足十一句。據元雜劇和曲譜，此曲第四句一定入韻。所以秦簡夫《剪髪待賓》此曲第四句末字“的”雜入支思韻。

“識 zhì”在元雜劇用韻處使用了一次，且雜入支思韻。此現象出現在王實甫《西廂記》第五本第二折

【中呂·上小樓】這的堪為字史。當為款識。有柳骨顏筋。張旭張顛。羲之獻之。此一時。彼一時。佳人才思。俺鶯鶯世間無二。

元雜劇共八十九劇九十二支曲子使用【上小樓】（其中【中呂】八十二劇八十五支曲子，【正宮】七劇七支曲子），其中有四劇為八句：馬致遠《漢宮秋》和《任風子》、關漢卿《西蜀夢》、王實甫《破窑記》，其餘八十八支曲子均為九句。九句者首句、第三、四、六、七句可入韻亦可不入。《太和正音譜》收李致遠散套一曲，全曲九句，韻字為：日繫疇窗籬荒存廢憩，第三、四、六、七句不入韻。《一笠庵北詞廣正譜》收兩種格式：一種為王實甫《西廂記》，全曲九句，韻字為：訪讓薪糧湯張妝上忘，李玉認為第三、四、六、七均不入韻。並指出“難買三句（即《西廂記》【上小樓】第三、四、五句）又一格”，如李取進《欒巴噀酒》“明一會不暗一會不閉合天地葉”即由原來的三個四字句變為前面兩個三字句後面一個四字句。“主張三句（即《西廂記》【上小樓】第六、七作句）又一格”，如“待月張生不偷香韓壽不謁欒崔護葉”，即由原來兩個三字句一個四字句變為三個四字句。第二種格式為王伯成套數《天寶遺事》八句，韻字為：催費嬌飛啼啼嚦睡，第三、五句不入韻。與上一格式相比較，第三句後即上一格式三、四、五句位置上少了一個四字句。《南北詞簡譜》亦收王實甫《西廂記》，但是確定的韻腳與《一笠庵北詞廣正譜》稍異，韻字為：訪讓薪糧湯張妝上忘，並指出“此調別無他異，止‘難買’三句（即《西廂記》【上小樓】第三、四五句）頗有不同耳”①。《北曲新譜》收有兩種格式：一種為王實甫《西廂記》，押韻同《南北詞簡譜》，並指出“第三、四句偶有各作三字者，……貫雲石小令

① 吳梅：《南北詞簡譜》，河北教育出版社 1989 年版，第 95 頁。

十分豔姿曲減第八句，僅見”，“廣正所載第二格，只天遺事中有之”①。第二種格式為李致遠散套《歸去來兮》一曲同《太和正音譜》，與上一格式的區別在於上一格式第六、七句為三字格，而此格式為四字格。《中國曲學大辭典》亦收王實甫《西廂記》，解釋同《北曲新譜》。考查元雜劇和各曲譜，此調的基本格式為九句，八句者有三劇六、七三字格句少一句如馬致遠《漢宮秋》、《任風子》、王實甫《破窑記》，另有一劇第三、四、五四字格少一句，如關漢卿《西蜀夢》。無論減句與否，均不影響第二句的入韻。所以我們認為王實甫《西廂記》第五本此曲第二句末字“識”雜入支思韻。

“恥”在元雜劇用韻處使用了十四次，一次雜入支思韻。此現象出現在張國賓《相國寺》第三折

【商調・逍遥樂】閃的我單身獨自。又不敢對人聲揚。只自己感歎嗟咨。潑性命似風裹遊絲。落得一碗凉漿一陌紙。街坊論說。鄰裹計較。弟兄咲恥。

齊微韻“恥”位於曲末，必入韻，只是全曲押支思韻，這裹出韻了。

支思部相當於《廣韻》支脂之三韻，與齊微韻同源，只是支脂之三韻裹的精照兩系及日母的開口字由於聲母的影響母音不斷前化高化才與支脂之三韻其他字分開，這在元雜劇支思齊微的用韻中可以發現二者確實有別，周德清敏鋭地注意到這種變化，在《中原音韻》中將此分為兩部，但是在元人劇作中不可避免受到傳統押韻的束縛，所以出現二者相雜的現象，這在齊微韻中也有。

2. 魚模部字雜入支思部

魚模部“住、虛、路、曲”四字雜入支思部。

“住”在元雜劇用韻處使用了六十七次，一次雜入支思韻。此現象出現在無名氏《鴛鴦被》第一折

【仙呂・天下樂】則我這夗鴦被是我夫妻也那信有之。姑姑你說的差也波咨。可也不濟事。則為我父離家因此上不曾理婚姻事。說的人睡臥又不寧。撇的人涕噴又不住。你着我不明白憔悴死。

如上文“東鍾”部所述，【仙呂・天下樂】無論句數如何變化，其倒數第二句必入韻。所以無名氏《鴛鴦被》此曲倒數第二句“撇的人涕噴又不住”應該入韻，但全曲押的是支思韻，而此句末字卻為魚模韻字。相比較此曲在“選本”中為“則這鴛鴦被是我夫妻也那信有之。嗟也波咨。可也甚意

① 鄭騫：《北曲新譜》，藝文印書館 1973 年版，第 148 頁。

兒。則為我父離家因此上不曾理婚姻事。說的人睡臥又不寧。害的人涕噴又不止。你着我不明白憔悴死。”可以發現臧氏所錄曲詞倒數第二句與“脈本”僅一字之差，雖說“住”與“止”在此曲意思一致，但從韻律的角度來說“止”協韻，而“住”卻乖律。可能“脈本”抄者只注意到意思而未注意到韻律所致。

“虛”在元雜劇用韻處使用了五十三次，兩次雜入支思韻。此現象出現在蕭德祥《殺狗勸夫》第四折【中呂・石榴花】和吳昌齡《風花雪月》第三折【正宮・滿庭芳】。

【中呂・石榴花】在生下萬代帝王師。恁兩個二足下道多時。你則待覓衣食說些謊斡家私。尋幾個小廝。儌取些孛兒其實。念不得個二月初春至。你儒人表德呼之。你則待要隨着人倍扶事。他相識意兒每虛。

“虛”位於曲末必入韻，雜入支思韻。

【正宮・滿庭芳】你也合心中暗思。你待要強言折證。不辨個实虛。常記的你風亭月館書你名字。偏不是你過犯公私。你可也全无那風流敬思。我和你枉躭着一個風月的這名兒。你道你便無瑕玼常記的老杜冷的古詩。可不道風雨夜來時。

元雜劇四十三劇四十六支曲子使用【滿庭芳】（【正宮】四劇四支，【中呂】四十劇四十二支）。【正宮】四支曲子全曲均為十句，一般第二句不入韻；【中呂】四十二支曲子中有兩支曲子為九句，分別為馬致遠《漢宮秋》和王實甫《麗春堂》，其餘四十支均為十句，一般第二句不入韻。《中原音韻》“定格”中收《春晚》一曲，全曲十句，韻字為：此也之事脂紙詞字指時，第二句不入韻。雖然周德清對其平仄和對句等有所批評，感歎“今之樂府，難而又難，為格之詞不多見也”①，但是作為定格還是肯定的。《太和正音譜》收張小山小令一曲，全曲十句，韻字為：醒幅更另情影聲聽鳴亭，第二句不入韻。《一笠庵北詞廣正譜》亦收張小山小令一曲，與《太和正音譜》同，並指出第四句、第八句的又一格式。按張小山小令第四句為“起來無語傷孤另”，七字句；第八句為“憑闌聽”，三字句。又一格式第四句為“我到此間登眺”，六字句；第八句為“道德天地”，四字句。《南北詞簡譜》同上兩譜。《北曲新譜》收張可久小令一曲，全曲十句，韻字為：塚抹翁夢中宮峰洞紅風，第二句不入韻。並指出“第六、七兩句作七乙（上三下四）者較多。第八句偶有作四字者……殊

① 周德清：《中原音韻》，《歷代曲話彙編》（唐宋元編），黃山書社2006年版，第301頁。

乖本格，不可從”[1]。《中國曲學大辭典》收喬吉小令《漁父詞》一曲，全曲十句，韻字為：船訊連院賢元仙串邊錢，第二句不入韻。並指出“第二、三句宜對。第六、七句須對。這兩句作上三下四式七字句者多”[2]。考查元雜劇和各曲譜，馬致遠《漢宮秋》之所以為九句是六、七句少了一句七字句，沒有元劇和曲譜所謂的六、七句為對句的現象；王實甫《麗春堂》第八句位置少了一句三字句。此兩劇在“選本”中均收錄，相比較可以發現臧氏增加了原缺的七字句和三字句。因此【滿庭芳】的基本格式為十句。據元雜劇和曲譜，此曲調第三句入韻，所以吳昌齡《風花雪月》第三折【正宮・滿庭芳】第三句入韻，只是句末字為魚模韻“虛”。相比較“選本”中此曲第三句末字為支思部的“雌”完全諧律。“虛”屬魚韻開三，楊耐思擬音為iu，後來發展成為y，與支思部ï讀音相近，直到今天漢語方言中無論北方還是南方均存在i與y不分的現象。所以這裏雜入支思韻，應該是音近而致。

“路”在元雜劇用韻處使用了七十八次，一次雜入支思韻。此現象出現在張國賓《相國寺》第三折

【商調・雙雁兒】白頭翁先哭少年兒。想天公必受私。教老拙遭逢着這場事。遠遠的不避路。特特的來到此。

元雜劇十劇十支曲子使用【商調・雙雁兒】，全曲五句。除張國賓《相國寺》外，其餘九支曲子句句入韻。《太和正音譜》收無名氏《水裏報冤》一曲，全曲五句，韻字為：街側寨階槅，句句入韻。《一笠庵北詞廣正譜》收兩種格式：一種為呂止庵散套《歎浮生》一曲，全曲五句，韻字為：分德繫非理，句句入韻；一種為康進之《黑旋風負荊》一曲，全曲五句，韻字為：標倒跳老小，句句入韻，與上一格式的區別在於末兩句由原來的六字句變為五字句。《北詞簡譜》收馬致遠散套一曲，曲詞同《太和正音譜》。《北曲新譜》收呂止庵散套《歎浮生》一曲，同《一笠庵北詞廣正譜》第一種格式，並指出“第三句偶有省為六乙者，如賈仲名金安壽。末兩句可各作五字，如康進之李逵負荊”[3]。綜合元雜劇和曲譜，【商調・雙雁兒】的基本格式為五句，且句句入韻。所以張國賓《相國寺》第四句入韻，末字“路”誤叶支思韻。此曲在“選本”中為“白

---

① 吳梅：《南北詞簡譜》，河北教育出版社1989年版，第152頁。

② 《中國曲學大辭典》，浙江教育出版社1997年版，第746頁。

③ 鄭騫：《北曲新譜》，藝文印書館1973年版，第225頁。

頭翁先哭少年兒。想天公也有私。教老拙遭逢着這場事。遠遠的不避辭。特特的來到此"。相比較可以發現臧氏所收曲詞第四句末字換成支思部的"辭"，完全協韻。"脈本"之所以此句出韻，可能受到上下文影響，因為"避路"常連在一起說，而且此曲中四、五句有對句的意味，下文"來到此"的"此"為名詞性詞語，所以造成魚模韻雜入支思部的現象。

"曲"在元雜劇用韻處使用了六次，一次雜入支思韻。此現象出現在無名氏《貨郎旦》第四折

【南呂・一枝花】俺這是打牌兒處野村。不比做場戶臨勾肆。比別人無火伴。試看俺當家兒。哥哥你試尋思。錦片也似排着席次。則一例名謳排按一曲。韻悠悠樂府新詞。不如我不瑯瑯搖響蛇皮鼓兒。

如上文"先天"部所述，【南呂・一枝花】的基本格式為九句。據元雜劇和各曲譜，此調倒數第三句入韻。魚模韻"曲"誤叶支思，可能是音近造成的。無名氏《貨郎旦》此曲在"選本"中曲詞變化較大，但倒數第三句入韻。

3. 皆來部字雜入支思部

皆來部"待"字雜入支思部。

"待"在元雜劇用韻處使用了五十一次，一次雜入支思韻。此現象出現在秦簡夫《剪髮待賓》第二折

【正宮・滚綉毬】我這裏自三思。俺那兒做伴的。都是些善人君子。孔子云與朋友切切偲偲。有朋自遠方至。如此怕不我重管待。理當如是。則為這一頃飯剪了一縷青絲。做兒的攻書十載可便學成儒業。做娘的請客三番敢剪做戒師。我甘分無辭。

如上文"真文"部所述，【正宮・滚繡球】基本格式為十一句。據元雜劇和曲譜，十一句的第六句即第二段第二句必入韻。所以秦簡夫《剪髮待賓》"待"誤協支思韻。

4. 寒山部字雜入支思部

寒山部"案"字雜入支思部。

"案"在元雜劇用韻處使用了九次，一次雜入支思韻。此現象出現在陸登善《勘頭巾》第二折

【南呂・賀新郎】這頭巾在菜園裏土眛許多時。可怎生無半點兒塵絲。一星兒土漬。那更這減鐵上因何怎無生澁。則他這一春雨何曾道是住止。可怎生黑真真的不動個文案。請先生別勘問。告大人再尋思。這廝每其中暗昧蹺蹊事。這婦人晴天開水路。無事設官司。

元雜劇三十五劇三十五支曲子使用【南呂・賀新郎】，除馬致遠《漢

宮秋》、鄭廷玉《金鳳釵》和羅本《風雲會》三劇為十句外，其他三十二支曲子均為十一句，第二、七、十句可入韻亦可不入。《太和正音譜》收無名氏《藍關記》一曲，全曲十一句，韻字為：階頭外帶採萊見來愛裏開，第二、七、十句不入韻。《一笠庵北詞廣正譜》所收同《太和正音譜》，並指出"羅褽史嫩簪獅豸冠套減第五句"①。《南北詞簡譜》所收同上兩譜。《北曲新譜》收兩種格式，一為無名氏《藍關記》同上，一為孛羅褽史散套《嫩簪獅豸冠》，同《一笠庵北詞廣正譜》，並指出減第五句"僅見此例及風雲會劇、金鳳釵劇"②。《中國曲學大辭典》收鍾嗣成套數《自序醜齋》一曲，全曲十一句，韻字為：飛宜俐意釋池墜飛避畫題，倒數第二句即第十句不入韻。並指出"減第五句者，有孛羅褽史'懶簪獅豸冠'套、鄭廷玉《金鳳釵》、羅貫中《風雲會》三例"③。對比元雜劇、曲譜和"選本"，"脈本"所錄《漢宮秋》也是減去第五句，所以只有十句。陸登善《勘頭巾》中此曲中"案"出現在第六句末。句數為十一句的三十二支曲子中三十一支第六句均入韻，而為十句第五句均入韻。所以我們認為"案"誤協支思韻。此劇在"選本"中為"這頭巾在菜園裏埋伏許多時。可怎生無半點兒塵絲。一星兒土漬。那更這減銀上因何不見生澁。則他這一春雨何曾道是住止。可怎生黑真真的不動個文字。請先生別勘問。告大人再尋思。這廝每其中敢有暗昧蹺蹊事。這婦人晴天開水路。無事設曹司"。相比較可以發現差異很小，但第六句末字卻是"字"完全協韻。因此我們推測可能是在傳抄過程中出現了"書三寫，帝成虎，魯成魚"的現象，造成出韻的。

5. 侵尋部字雜入支思部

侵尋部"音"字雜入支思部。

"音"在元雜劇用韻處使用了五次，一次雜入支思韻。此現象出現在吳昌齡《風花雪月》第三折

【正宮·尾聲】謝真人勘問。我赴西池對會詞。拼的個盡場兒訴出俺心間事。都向那蟠桃會上聽仙音。

"音"位於曲末必入韻。此劇在"選本"中為"謝真人勘問。我赴西池對會詞。拼的個盡場兒訴出俺心間事。都向那蟠桃會上聽仙旨"。相比較可知道"音"與"旨"字形相近，再加上上文"聽"的影響才造成出韻現象的。

---

① 李玉：《一笠庵北詞廣正譜》，北京大學影印本1937年版，第200頁。

② 吳梅：《南北詞簡譜》，河北教育出版社1989年版，第128頁。

③ 《中國曲學大辭典》，浙江教育出版社1997年版，第742頁。

第二節　齊微

一、齊微部韻字及其來源

齊微韻包括《廣韻》齊微灰祭廢韻字，泰韻合口字（“外”字例外），又支脂之三韻中照精兩系及日母合口字、知徹澄娘及喉牙唇音字，又入聲質迄痕緝德韻字及陌麥昔錫開口三四等字、陌麥開口二等曉匣母字，具體如下：

齊：篦3○批○鼙3○迷27○低59 堤3 隄○梯14○提25 蹄8 題36 啼27○泥21 尼○虀11○淒5 妻83 萋悽3 棲5 蠐○齊53○西49 犀2 嘶16○圭3 雞9 閨○溪13 傒○猊8 霓6 蜺3○兮6 蹊4 畦7 攜5 奚○犁6 黎2 璨

薺：米10○抵2 底41○體21 殢6○弟32○薺○洗7○啟○禮31 醴蠡3

霽：閉12○避16○謎2○帝13 蒂2○替2○第10 遞2○濟21○砌8○婿14 細36○髻5 計63 繫11 桂繼2○契6○霽○惠2 系8 慧7 鏸○麗4

支：碑20 卑12 鵯○披6○皮51 疲3 脾5○糜○知159○馳20 池30 篪○隨60○吹11 炊○垂18 陲○窺11 虧11 攲○騎19 奇11 歧2 祇7○宜47 儀19 危13○兒2 為24 移25 蛇○離63 漓13 羸2 籬5 璃

紙：彼○婢6 被14○彌○旎2○豸○嘴18○髓3○捶○水54○跪10 妓6○毀2○倚5 椅8 委○邐○蘂

寘：帔3 臂8○避4 鞁○智15○睡28○寄6○議9 義29 偽○戲18○易9 縊○累2

微：非50 扉5 緋飛99○菲6 霏3 妃5○肥11○微23 薇○歸65 機70 磯5 璣2○饑2○巍○希3 稀25 暉3 揮輝14○衣89 依11 威49 圍24 違5 闈13 幃11

尾：尾19○鬼27○葦

未：昧12○沸○費2○未2 味29○貴34○氣103○毅○諱10○魏3○尉8 畏2○胃5

脂：悲35○眉50 楣○追12○遲74 墀7○摧2○錐6 騅椎○誰50 鎚2 槌3○饑25 肌5○馗7○伊7○夷15 姨4 荑彝2 遺3 維4○梨8 縲○蕤2 蘂3

旨：比14 吡鄙○否○美21○幾6 揆○履3○壘9

至：轡4○備21 鼻3 鞴○媚6 魅寐2○地126○致5○墜○翠16○悴

12 頪○祟 6○穗 2 遂 5○季○愧○棄 5○位 25○淚 23 利 29 俐 14 悧類 2

灰：盃 41○醅 5○培陪 2 抷○梅 9 媒 15○堆 7 搥 7○推○頽 4○崔催 13○魁 10 盔 5○嵬○灰 16 恢 5○回 56 迴徊 6○偎 5○壘雷 29

賄：倍 5○每 6○腿 5○醉 32○罪 41○悔 26

隊：背 11 輩 28○配 21○珮 2○妹 5○對 38 隊 8○退 17○內 66○碎 24○誨○擂 4

之：癡 25○持 61○基 23 姬 6○欺 18○期 41 棋 5 旗 38 箕 2○疑 20○嘻熙 3 嬉○醫 17○厘 2 狸

止：恥 14○你 122○紀 12○起 78○喜 46 矣 5 已 13○裏 208 理 52 娌李 5

志：置 2○治 5 植○識○記 16 忌 4○器 16○瑞 5○意 99○異○吏 14 哩 2

泰：狽貝 2○蛻○兌 2○最○膾○會 80

祭：弊蔽○袂 9○彘滯 5○際 7 祭 3○脆○歲 22○制 8○世 34 勢 44○誓 3○藝 13○裔 8 衛曳○例 17

廢：廢 4○肺

質：筆 10 蹕○匹 2○蜜 7 密 3○實 50○姪 6○七 8 漆膝 9○疾 66 嫉 2○質 11 騭○室 10 失 6○吉 6○一 14○溢 2 逸○日 91

迄：吃 14○訖 3

緝：集 9○緝○習 15 襲 5○十 16 拾 16○汁 3 執○濕 17○急 11 給○及 22 級 2○吸○揖 2○立 21 粒○入

職：逼 12○敕 8○直 20○稷 17○息 40○戢 4○職 26 織 3○食 76 蝕○識 46○殖 2 植○極 7○臆憶 2○翼 4○劈 7 力 57

德：北 14○德 37 得 41○墨 5○賊 44○塞○國 31○刻 8○黑 10○惑 7○肋 3○勒 4

陌：拆○戟 15○隙 3○劇○逆 5○哧

昔：碧 2○擲 4○跡 7 積 2 脊 2○籍 2 藉 5○席 50 夕 11 蓆○只 21 蹠 6○斥○尺 2 赤 5○奭○石 28○益謚○易 13 驛 4○射 5 役 5

錫：壁 23 璧 2○劈 7 僻○覓 10○的 214 滴鏑○踢 6 剔○敵 37 笛 6○績 4 勣 4○戚 14 刺 5 慽○錫淅○擊○喫 4○檄○曆 3 靂 3 嚦瀝

二、他部字雜入齊微部現象

在元雜劇中，使用齊微韻的共有一千一百零八支曲子，以獨用為主，共用一千零五十九支曲子，如鄭廷玉《疏者下船》第四折【雙調】九支曲子：【新水令】知退回齐亩【驻马听】敌非智夷威泪里弟【沉醉东风】齐眉礼日的里【滴滴金】纪妃职低【折桂令】妻皮日齐德随离回备机【落梅风】内里力妻弟【雁儿落】迟避婢【得胜令】妻姨随知辈戚皮【水仙子】疾迟力飞围碑知。又如王伯成《贬夜郎》第三折【中呂】二十支曲子：【粉蝶儿】持气飞地西睡【醉春风】湿你你醉【迎仙客】霓汲里席丽【醉高歌】基砌气岁【石榴花】围齐知机帝池细溪【斗鹌鹑】黑赤围为湿【普天乐】殢疊归密地席媒【干荷叶】推提持及杯吃【上小楼】啼气立背日【幺篇】的的食气力【满庭芳】知妻戏堆职媒气食迟【快活三】离俐醅蜜【鲍老儿】吃会一味梅梨【哨遍】翠闹医体被利垂集驰皮【耍孩儿】地会吹雷杯内漓【五煞】你罪梯辈悲【四煞】鬼水非类蕊肌【三煞】欺离贵知臂肥【二煞】笔实世碑辈兮【煞尾】妃睡美。齊微部獨用較多，但也有其他韻部的字混入其中，共有四十九支曲子，其情況較為複雜。

1. 支思部字雜入齊微部

支思部“事、時、死、思、枝、姿、四、刺、市、士、子、私”等字雜入齊微部。

“事”在元雜劇用韻處使用了六十七次，其中三次雜入齊微韻。分別出現在無名氏《留鞋記》第一折【仙呂·哪吒令】、關漢卿《救風塵》第一折【仙呂·勝葫蘆·幺篇】、史九敬先《蝴蝶夢》第二折【南呂·一枝花】。

【仙呂·哪吒令】這件事。天知地知。這件事。你知我知。這件事。心知腹知。神知鬼知。口裹言。心中事。且休得洩漏了天機。

無名氏《留鞋記》第一折【仙呂·哪吒令】被收錄在《一笠庵北詞廣正譜》中作為第四種格式，但《廣正譜》所收曲詞為“這事。天知地知。這事。你知我知。這事。心知腹知。這事。神知鬼知。口裹言。心中意。且休洩漏了天機。”“選本”中此曲“這件事，天知地知；這件事，你知我知；這件事，心知腹知。口裹言，心中計，休得便洩漏了天機。”相比較，可以發現問題主要集中在二四句多少上，《一笠庵北詞廣正譜》有二四句四個，“選本”有三個，而“脈本”有三個，但多出一個四字句，可能脫落掉了一個二字句。另外，兩個三字句用字也不同，“選本”和《一笠庵北詞廣正譜》用字均為齊微韻字，自然入韻，而“脈本”卻用了支思部的“事”，如上文“東鍾”部所言，倒數第二句必入韻，所以支思部的“事”雜入齊微韻。

【仙呂·勝葫蘆·么篇】恁時節舡到江心補漏遲。煩惱怨他誰事。要前思免勞後悔。我也勸你不得。有朝一日。准備着搭救你塊望夫石。

【仙呂·勝葫蘆】及其【么篇】體式上文“先天”部已闡明。據元雜劇實際用韻及各曲譜，第二句應該入韻，支思部的“事”雜入齊微韻。

【南呂·一枝花】且盡生前有限盃。莫思身外無窮事。窻外日光彈指過。席前花影坐間移。廣設尊席。休惜千金醉。倒玉山非自頹。儘君心走斝飛觥。快我意追歡共喜。

【南呂·一枝花】體式上文“先天”部已闡明，第二句應該入韻，此曲中支思部的“事”雜入齊微韻。

“時”在元雜劇用韻處使用了八十九次，一次雜入齊微韻。此現象出現在無名氏《留鞋記》第一折

【仙呂·金盞兒】把相思句中題。搜情意蹙雙眉。錦箋染淚衣衫濕。苦心分付筆尖兒起頭將情詞寫。末後把姓句題。成就了洞房花燭夜。便是你金榜掛名時。

支思部“時”位於曲末，必入韻，雜入齊微韻。

“死”在元雜劇用韻處使用了五十六次，三次雜入齊微韻。分別出現在關漢卿《西蜀夢》第一折【仙呂·醉扶歸】、岳伯川《岳孔目》第三折【雙調·大清歌】、楊顯之《酷寒亭》第二折【越調·寨兒令·么篇】。

【仙吕·醉扶归】义赦了严颜罪，鞭打的督邮死，当阳桥喝回个曹孟德。倒大个张车骑，今日被人死羊儿般剁了首级，全不见石亭驿。

【仙呂·醉扶歸】格式詳見“真文”部。據元雜劇和各曲譜，第二句支思韻的“死”雜入齊微韻。

【双调·大清歌】则他那退猪汤不热似俺那研浓墨，则他那杀猪刀不快似俺那圆尖笔。杀生害命为活计，作业死，知是觅了几文钱，拗是为非。俺也曾碜可可活吃民心髓，抵多少猪肚猪蹄。你倚仗秤大小瞒心昧已，我倚仗着脓血债觅衣食。

元雜劇共有三劇三支曲子使用【雙調·大清歌】，句數有八句如白樸《梧桐雨》，十句如岳伯川《岳孔目》，十一句如馬致遠《青衫淚》。《太和正音譜》收尚仲賢《越娘背燈》，全曲八句，韻字為：母符聲孤府烏處吁，第三句不入韻。《一笠庵北詞廣正譜》錄有【太清歌】四種格式：第一種格式為尚仲賢《越娘背燈》，全曲九句，韻字為：母符聲孤餘府烏處吁，第三句不入韻，與《太和正音譜》相比較，不同之處在於曲中“其餘呵”處理不同，《太和正音譜》處理為襯字，而《一笠庵北詞廣正譜》

卻處理為正字，二字句，且入韻；第二種格式為王伯成《天寶遺事》，全曲八句，韻字為：破奪蜀峨惡蛾羅皤，第三句不入韻，與上一格式相比減了二字句；第三種格式為馬致遠《青衫淚》，全曲十一句，韻字為：力妓膾期知維疑睡雷起西，句句入韻，並指出第三句變化，增二句；第四種格式為白樸《梧桐雨》，全曲九句，韻字為：刮花涯霞那嫁笳踏沙，句句入韻，並指出是第三句有所變化。《南北詞簡譜》亦錄尚仲賢《越娘背燈》，與《一笠庵北詞廣正譜》同。吳梅指出“此（太清歌）又名【太平歌】，字句亦可增減，增必用二語在首句前，減則省去二字語也”①。並且列舉三例即《一笠庵北詞廣正譜》其他三種格式的曲子加以說明，談馬致遠《青衫淚》時認為“此增‘片帆’二語（即此劇此曲的首二句“莫不是片帆飽得西風力，怎能夠謝安攜出東山妓”）格也。《大成譜》以為是煞，極是。”談王伯成《天寶遺事》時指出“此‘劍嶺嵯峨’下減去二字句也。”最後指出“但此曲增減有定，非如【混江龍】、【後庭花】等之長短不拘耳”②。《北曲新譜》錄有【太清歌】兩種格式，一種為馬致遠《青衫淚》，全曲九句，韻字為：膾期知維疑睡雷起西，句句入韻，與《一笠庵北詞廣正譜》相較，“廣正曲首多出兩句，係小煞”，並指出“二字句獨立，屬上或屬下，均可。此句又可不用”，“此章前後，必各用小煞一支”③。第二種格式為岳伯川《鐵拐李》，全曲八句，韻字為：計知錢非髓皮已食，第三句不入韻，與上一格式相比較無二字句。“右曲（即岳孔目曲）之外，天寶遺事潼關破曲亦無二字句。正音譜所收越娘背燈及元明雜劇本梧桐雨，俱以二字句為襯字，亦足證明其可用可否。然凡用二字句者皆協韻，可知畢竟非襯字也”④。同時《北曲新譜》還附錄馬致遠《青衫淚》的小煞一曲：“莫不是片帆飽得西風力，怎能夠謝安攜出東山妓”，並指出此曲在【太清歌】前。元雜劇中運用此曲的三劇均在各曲譜舉例中。據三劇的用韻和曲譜，岳伯川《岳孔目》中的支思部“死”雜入齊微韻。

【越調·寨兒令·么篇】這都是俺哥哥命運低微。帶累你兩個孩兒受盡禁持。我本待好心腸苦勸你。你倒惡狠狠把咱推。來來來我便死。也拚得和你做頭敵。

① 吳梅：《南北詞簡譜》，河北教育出版社 1989 年版，第 144 頁。

② 同上书，第 144 頁。

③ 鄭騫：《北曲新譜》，藝文印書館 1973 年版，第 321 頁。

④ 同上书，第 322 頁。

【越調・寨兒令】及其【么篇】在“江陽”部已闡明，“死”雜入齊微韻。

“思”在元雜劇用韻處使用了六十一次，一次雜入齊微韻。此現象出現在關漢卿《救風塵》第一折

【仙呂・村裏迓鼓】你也合三思。然後再思可矣。你如今年紀小裹。我與你慢慢的別尋個姻配。你可便宜。守着銅斗兒緣家計。則你歹姐姐衷腸話勸妹妹。則怕受不過男兒氣思。

“思”位於曲末，必入韻，雜入齊微韻。

“枝”在元雜劇用韻處使用了二十七次，一次雜入齊微韻。此現象出現在王實甫《破窑記》第二折

【正宮・尾聲】則這瓦窑中將一應人皆迴避。你金榜無名誓不歸。立一通賢達德正碑。扶起攀蟾折桂枝。帶將你那金銀還家來報荅你那妻。你若是提着一箇瓦罐還家來我可也怨不的你。

如上文“江陽”部所述，【正宮・煞尾】的體式比較複雜。就王實甫《破窑記》此曲，全曲六句：七七七七七七，與上文所論《浮漚記》同，中間七字句應該入韻，所以支思部的“枝”雜入齊微韻。

“姿”在元雜劇用韻處使用了十八次，一次雜入齊微韻。此現象出現在史九敬先《蝴蝶夢》第二折

【南呂・牧羊關】妙體態人多美。細腰肢舞更宜。多少人趨赴嬌姿。他蚤又調成花又得濟。有禮數知王法。甜口兒不虛脾。因為我來於此為誰人忙甚的。

元雜劇共六十三劇九十五支曲子使用【南呂・牧羊關】，除蕭德祥《殺狗勸夫》中一曲（此曲只有八句，少一個五字句）外，其餘九十四支曲子均為九句。就押韻情形來看，第一句、第四句、第六句、第八句四句可入韻亦可不入韻。只無名氏《野猿聽經》一曲較為特殊（第二句不入韻）。史九敬先《蝴蝶夢》此曲中的“姿”位於第三句末，全部九十五支曲子中九十四支第三句均入韻。所以“姿”應該入韻。《太和正音譜》、《一笠庵北詞廣正譜》、《南北詞簡譜》、《北曲新譜》和《中國曲學大辭典》均收馬致遠《陳摶高臥》一曲。吳梅指出“此曲（即《陳摶高臥》中的【牧羊關】）句法，最為正格”[①]。鄭騫指出“首兩句減為三字或增為七字均可”[②]（元雜劇確實如此）。據元雜劇實際用韻和各曲譜，支思部

① 吳梅：《南北詞簡譜》，河北教育出版社 1989 年版，第 121 頁。

② 鄭騫：《北曲新譜》，藝文印書館 1973 年版，第 124 頁。

的“姿”入韻無疑。

“四”在元雜劇用韻處使用了六次，一次雜入齊微韻。此現象出現在石君寶《紫雲亭》第二折

【南吕·菩萨梁州】告母亲咱疾归，您孩儿也知罪，这里却是那里，则管里唇三口四，唱叫扬疾。不比咱那泼街衢妓馆画楼西，这的是好人家大院深宅内。我交人道尿盆儿刷煞腥臊气！直这般显相貌骋威势！咱正着他泛子消息！

元雜劇有二十二劇二十二支曲子使用【南吕·菩薩梁州】，全曲句數有九句和十句之分，九句者有三劇三支曲子如白樸《牆頭馬上》、無名氏《千里獨行》和無名氏《九世同居》，其餘十九支曲子均為十句。就押韻情形來看，關漢卿《玉鏡臺》和無名氏《㽦江亭》兩劇只有首句不入韻、楊顯之《酷寒亭》只有倒數第二句不入韻、鄭廷玉《金鳳釵》只有第五句不入韻及石君寶《紫雲亭》第四句不入韻。其餘十七支曲子無論九句還是十句，句句入韻。據元雜劇的實際押韻，石君寶《紫雲亭》第四句末字“四”應該入韻。《太和正音譜》、《一笠庵北詞廣正譜》收馬致遠《陳摶高臥》一曲。李玉指出“白仁甫牆頭馬上劇少琴鶴句（按：“琴鶴”句指馬致遠《陳摶高臥》第七句“琴鶴自有林泉分”句）”[①]。《南北詞簡譜》、《北曲新譜》、《中國曲學大辭典》亦收馬致遠《陳摶高臥》一曲，格式均同《太和正音譜》。鄭騫指出“玉鏡臺（按：關漢卿《溫太真玉鏡臺》）劇首句不協韻，偶然之筆，不必從”，“有減去第五句者（按：《一笠庵北詞廣正譜》認為減去第七句，其實無論第五句還是第七句均指七字句），如白樸牆頭馬上劇”[②]。據元雜劇和各曲譜，此曲十句為其基本格式，且一般句句入韻（偶有首句不入韻者），上文談到有三劇九句者，均減去其中七字句一句。因此石君寶《紫雲亭》第四句末字支思部的“四”雜入齊微韻。

“刺”在元雜劇用韻處使用了十四次，一次雜入齊微韻。此現象出現無名氏《摩利支》第三折

【越調·鬼三台】他又不曾言名諱。不使甚別兵器。他使一條方天畫桿戟。身穿着白袍白甲。頭戴着素銀盔，猛見了恰便似西方神下世。這一箇合扇刀望着腦蓋上劈，那一箇方天戟不離了軟肋裏刺。這一箇恨不的揣的扯碎了黃旛。那一箇恨不的支支的頓斷豹尾。

① 李玉：《一笠庵北詞廣正譜》，北京大學影印本1937年版，第201頁。

② 鄭騫：《北曲新譜》，藝文印書館1973年版，第132頁。

如“真文”部所述，元雜劇和各曲譜【越調·鬼三台】，句數從八句到十句不等。九句是其基本格式，且第四句和倒數第二句可入韻可不入韻。八句者主要是第四、第五二句並作一句，如《鴛鴦被》、《焚兒救母》。不過，《風魔蒯通》為八句較為特殊。鄭騫指出“賺蒯通末兩句並為一句且不合律，不宜學”①。《中國曲學大辭典》亦指出“無名氏《賺蒯通》減第八句，僅見”②。十句者是第七句破為兩句。鄭騫在《北曲新譜》中談到《西廂記》此曲時指出“西廂夜去明來折（按：西廂記第四本第二折）第七句破為兩個五字句，且藏一韻”③。《中國曲學大辭典》也說：“《西廂記》‘夜去明來’折第六七句：‘道老夫人事已休，將恩變為仇，着小生半途喜變做憂。’第六句本七字，似破為兩個五字句，且增一韻；實則減去襯字，即仍為七字句。這兩句曲文是：‘夫人事休恩變讎，小生半途喜變憂’。”④ 八句者無論減第幾句，要麼倒數第二句不入韻，要麼全入韻；九句者第四句和倒數第二句有不入韻現象（《魔合羅》押韻較特殊），十句者六支曲子第四句和倒數第二句不入韻，其中兩支曲子即無名氏《摩利支》和《合汗衫》倒數第三句不入韻。綜合元雜劇的實際用韻和各曲譜，倒數第三句應該是入韻的。所以我們認為無名氏《摩利支》中“刺”雜入齊微韻。

“市”在元雜劇用韻處使用了八次，一次雜入齊微韻。此現象出現在無名氏《謝金吾》第三折

【越調·寨兒令·么篇】你道是楊和尚破天陣吃了些虧。卻不道救銅臺是靠着伊誰。他兄弟在沙場上苦戰爭。刀尖上博功績。怎怎怎着他雲陽市。赴這個好筵席。

【越調·寨兒令】及其【么篇】在“江陽”部已闡明，“市”雜入齊微韻。

“士”在元雜劇用韻處使用了三十次，一次雜入齊微韻。此現象出現在鄭廷玉《金鳳釵》第一折

【仙呂·寄生草】普天下。習儒士。學業的七品八品指望功名遂。千人萬人都想詩書濟。十番九番不得文章力。從盤古王沒一箇富書生。知他孔夫子有多少窮徒弟。

如上文“真文”部所述，【仙呂·寄生草】的首句和第六句可入可不

① 鄭騫：《北曲新譜》，藝文印書館 1973 年版，第 263 頁。

② 《中國曲學大辭典》，浙江教育出版社 1997 年版，第 755 頁。

③ 鄭騫：《北曲新譜》，藝文印書館 1973 年版，第 263 頁。

④ 《中國曲學大辭典》，浙江教育出版社 1997 年版，第 755 頁。

入韻，而第二句必入韻，所以此曲第二句末字支思部“士”雜入齊微韻。

“子”在元雜劇用韻處使用了七十一次，兩次雜入齊微韻。分別出現在無名氏《碧桃花》第二折【中呂・石榴花】、無名氏《鴛鴦被》第四折【雙調・太平令】。

【中呂・石榴花】他口誇大語說是賽盧醫。賣弄那聲價有誰及。醫方脈訣幼曾習。這病呵是風寒暑濕。饑飽勞役。你用着建中湯去附子。加官桂必然見功效神奇。怎又道寸關尺三部脈都沉細。還只怕這病候有差遲。

如上文“先天”部所述，【石榴花】句句入韻是客觀事實，所以第六句末字支思部“子”雜入齊微韻。

【雙調・太平令】若問你哥哥休諱。這兇央被是誰的。除妹子別無甚麼妹子。除哥哥別無甚麼兄弟。玉英你世須知的所為。這裏便跪膝。這兇央被你便知根荅底。

如上文“先天”部所述，【雙調・太平令】雖有三劇（包括這裏無名氏《鴛鴦被》）雜入旁韻字，但五十七支曲子中有五十四支曲子句句入韻，而且雜入旁韻的三支曲子不包括此曲，其他兩支曲子第三句亦入韻。所以無名氏《鴛鴦被》的第三句末字支思部“子”雜入齊微韻。

“私”在元雜劇用韻處使用了三十九次，一次雜入齊微韻。此現象出現在無名氏《延安府》第二折

【正宮・一煞】你是箇昧血心欺良善圖榮貴。豈不聞陰發遲陽顯疾作事欺公逃不離。陷害了他人。強姦民婦婦。胡推打收監。仗岳父門楣。犯不道愆縲受戚畹行凶吃祿。更無那為國於家。倚權衡越理徇私。銜一片奸雄巧智。依法律盡淩遲。

如上文“真文”部所述，【正宮・一煞】基本格式為十一句，八句者是減去七、八、九句的結果，十句者或第三段四字句少一句或少第十句，十二句者在四字句前多了兩個六字句而少了一個四字句。查無名氏《延安府》“私”的位置，恰好是十一句第九句末字，除去八句者，十句倒數第三句或第二句，十一句、十二句倒數第三句均入韻。所以此曲中支思部“私”雜入齊微韻。

2. 魚模部字雜入齊微部

魚模部“愚、住、軀、謀、與、出、取、去、飫”等字雜入齊微部。

“愚”在元雜劇用韻處使用了二十五次，一次雜入齊微韻。此現象出現在關漢卿《救風塵》第一折

【仙呂・鵲踏枝】俺說是賣虛脾。他可得逞狂為。一個個敗壞人倫。不辨賢愚。出來一個個綽皮。到說俺女娘每不省越着迷。

如上文“江陽”部所述，【仙呂・鵲踏枝】曲子第四句必入韻，所以

魚模部“愚”雜入齊微韻。此曲在“選本”中為“俺不是賣查梨。他可也逞刀錐。一個個敗壞人倫，喬做胡為，但見俺有些兒不伶俐，便說是女娘家要哄騙東西。”相比較可以看出臧氏在第四句末用的是齊微韻的“為”，不存在雜入問題。

“住”在元雜劇用韻處使用了六十七次，兩次雜入齊微韻。分別出現在無名氏《博望燒屯》第一折【仙呂・寄生草】、馬致遠《岳陽樓》第三折【正宮・倘秀才】

【仙吕・寄生草】能可耕些荒地，拨些菜畦。和这老猿野鹿为相识，共山童樵子为师弟，伴着清风明月为交契。则这药炉经卷老生涯，竹篱茅舍人家住。

【正宮・倘秀才】你在當街上把師父扯住。這是我勸弟子修行的氣力。打打今世饒人不是癡。天生下。這頑皮。壯喫。

【仙呂・寄生草】中魚模部的“住”位於曲末，入韻無疑。【正宮・倘秀才】的體式上文“庚青”部已作交待，據元雜劇和各曲譜，首句應該入韻，所以“住”雜入齊微韻。此曲在“選本”中為“你在當街上把師父扯曳。這是我勸弟子修行的氣力。打打打今世饒人不是癡。天生下。這頑皮。壯吃”。相較可以發現臧氏所收曲子幾乎與“脈本”一致，只是首句末兩字由“扯住”變成“扯曳”，一字之異，押韻全不同，不再有雜韻一說。

“軀”在元雜劇用韻處使用了四十次，兩次雜入齊微韻。分別出現在楊梓《殺狗勸夫》第二折【正宮・四煞】、關漢卿《調風月》第二折【中呂・耍孩兒】。

【正宮・四煞】你不是我呵你明日怎覷人。你不是我呵你今朝做醉鬼。被閑人剝了你新衣袂。衙門前把嫂嫂閑愁殺。巡鋪裡把哥哥高吊起。凍的你則存的一口氣。枕傷你腰胯。凍僵你身軀。

【中呂・耍孩兒】我便做花街柳陌風塵妓。也無那則忺過三朝五日。你那浪心腸看得我忒容易。欺負我是半良不賤身軀。半良身情深如你那指腹為親婦。半賤體意重似拖麻拽布妻。想不想在今日。都了絶爽利。休盡我精細。

楊梓《殺狗勸夫》第二折【正宮・四煞】“軀”位於曲末，曲末字必入韻，所以“軀”雜入齊微韻。此曲在“選本”中為“你不是我呵你明日怎覷人。你不是我呵你今朝做醉鬼。被閑人剝了你新衣袂。洞房中把嫂嫂閑愁殺。巡鋪裏把哥哥高吊起。凍的你則存這一口兒氣。怎不尋那兩個無徒說話。只管把你兄弟禁持。”相比較可以發現臧氏把曲子的最後兩句進行了變化，變得與正曲意一致，同時曲末字“持”屬於齊微韻，不存在雜韻問題。【中呂・耍孩兒】如“庚青”部所述，全曲有八句、九句之分，九句為基本格式，八句者為第五句前少一句。關漢卿《調風月》此曲為九句，“軀”位於第四句末。查元雜劇和各曲譜，第四句入韻，據此斷定“軀”雜入齊微韻。

“謀”在元雜劇用韻處使用了三十二次，一次雜入齊微韻。此現象出現在無名氏《捶丸記》第二折

【南呂·四塊玉】則說他有見識。則說他多智謀。你道我將勇兵強有誰及。爭柰待罪犯歇馬在這雲州地。小官可也武藝低。手下可也軍校微。我怎敢道違宣勑。

元雜劇有十五劇十五支曲子使用【南呂·四塊玉】，除《介子推》一曲為六句，其餘全七句，押韻情形也較複雜，《中原音韻》“定格”中收一曲，全曲七句，韻字為：金錦心沁鶴琴磣，第五句不入韻。《太和正音譜》收關漢卿小令一曲，全曲七句，韻字為：行坐歌臥長闊活，首句和第五句不入韻。《一笠庵北詞廣正譜》收張小山小令一曲，全曲七句，韻字為：雲粉孫信濱春村，句句入韻。《南北詞簡譜》、《北曲新譜》均收張小山小令一曲，鄭騫指出“第一句及第六句偶有不協韻者。介子推劇減第四句，未見他例，不必從”①。《中國曲學大辭典》錄馬致遠小令一曲，全曲七句，韻字為：棠晚看患環山難，首句不入韻。該譜指出“狄君厚《介子推》減第四句，僅見”②。正因如此，所以我們看到《介子推》此曲只有六句。無名氏《捶丸記》【南呂·四塊玉】曲子中“謀”位於第二句末，無論減還是不減不影響第二句，第二句均入韻。“謀”應該雜入齊微韻。

“與”在元雜劇用韻處使用了十五次，兩次雜入齊微韻。分別出現在孟漢卿《魔合羅》第四折【中呂·剔銀燈】、高文秀《遇上皇》第三折【中呂·堯民歌】。“取”在元雜劇用韻處使用了十八次，一次雜入齊微韻。出現在高文秀《遇上皇》第三折【中呂·堯民歌】

【中吕·剔银灯】又不是多年旧积，则是些寒冷物重伤脾胃。子那建中汤我想堪医治，你则多加些附子和当归。那老子还问他，他便实道与，见有人当官告只。

【中吕·尧民歌】几曾见悲田院土地拜钟馗？羊官当厅问牙推？这神针法灸那般疾，似蓝采和舞不的看花回。冷笑微微，吾皇敕赐与，判断开封取。

元雜劇共十一劇十一支曲子使用【剔銀燈】（【中呂】十支，【正宮】一支），其中尚仲賢《氣英布》只有六句，句句入韻；其餘均為七句，倒數第三句可入韻可不入韻。《太和正音譜》收無名氏散套一曲，全曲七

---

① 鄭騫：《北曲新譜》，藝文印書館 1973 年版，第 132 頁。

② 《中國曲學大辭典》，浙江教育出版社 1997 年版，第 743 頁。

句，韻字為：笙令領情性情兄，句句入韻。《一笠庵北詞廣正譜》收有兩種格式：一種為馬致遠《漢宮秋》命姓應青院鳴成，倒數第三句不入韻；一種為關漢卿《單刀會》，全曲七句，韻字為：場帳上剛強張掌，句句入韻。《南北詞簡譜》、《北曲新譜》、《中國曲學大辭典》均收馬致遠《漢宮秋》一曲。比較元雜劇和各曲譜，尚仲賢《氣英布》少一個三字句。而此劇此曲在"選本"為七句："喒則道舌剌剌言十妄九。村棒棒呼么喝六。查沙着打死麒麟手。這半合兒敢罵遍了諸侯。元來他罵的也則是鄉間漢。田下叟。須不共英雄輩做敵頭。"正好多了"鄉間漢"三字句。不過由於此劇此曲句句入韻，不影響其他曲子入韻的判斷。據元雜劇實際用韻和各曲譜，孟漢卿《魔合羅》此曲倒數第二句應該入韻。所以"與"雜入齊微韻。

元雜劇共五十一劇五十一支曲子使用【堯民歌】（【中呂】四十六劇四十六支，【正宮】五劇五支）。紀君祥《趙氏孤兒》和王伯成《貶夜郎》兩劇為八句，其餘四十九支曲子均為七句。無論七句還是八句，除高文秀《遇上皇》一曲外，其餘句句入韻。《中原音韻》"定格"中收【十二月堯民歌】一曲，前六句為【十二月】，後七句為【堯民歌】，韻字為：昏魂痕人春分寸，句句入韻。《太和正音譜》收無名氏小令一曲，全曲七句，韻字為：肥堤籬扉笛吹利，句句入韻。《一笠庵北詞廣正譜》收張雲莊小令一曲，全曲七句，韻字為：平生行成聲聽靜，句句入韻。此曲中二字句格有用疊語者，如上面提到的紀君祥《趙氏孤兒》和王伯成《貶夜郎》，也可加"也波"或"也麼"等字。《南北詞簡譜》同《一笠庵北詞廣正譜》。《北曲新譜》和《中國曲學大辭典》均收張養浩小令一曲，全曲七句，韻字為：源天鞭年川邊願，句句入韻。所以高文秀《遇上皇》此曲也應該句句入韻，"與、取"雜入齊微韻。

"出"在元雜劇用韻處使用了八次，一次雜入齊微韻。此現象出現在孟漢卿《魔合羅》第四折

【中吕·柳青娘】子着这些儿见识，瞒过这老无知。却不你千悔万悔，是泼水在地怎收拾？唬的个黄甘甘脸儿如地皮。古语一言既出，方信驷马难追。已招伏，难擘划，怎支持。

元雜劇共四劇四支曲子使用【柳青娘】（【中呂】三支，【正宮】一支），全曲十句，均第八、九句不入韻。除此外，孟漢卿《魔合羅》劇一曲第六句即"古語一言既出"也出韻。《太和正音譜》收白樸《流紅葉》一曲，全曲十句，韻字為：逐逗投流熟偶繆間上修，第八、九句不入韻。《一笠庵北詞廣正譜》收兩種格式：一種是白樸《箭射雙雕》一曲，全曲

九句，韻字為：騎機膝圍你職威轡衣，句句入韻；一種是白樸《禦水流紅葉》同《太和正音譜》。《南北詞簡譜》亦收白樸《箭射雙雕》，但斷句與《一笠庵北詞廣正譜》不同，因而全曲為十句，騎機膝圍你職威前轡衣，第八句不入韻。《北曲新譜》亦收白樸《箭射雙雕》，斷句同《北詞簡譜》。《中國曲學大辭典》收季子安《意懶心慵》套數一曲，全曲十句，韻字為：朋同濃叢攻蒙峰箋翰紅，第八、九句不入韻。據元雜劇和各曲譜，除第八、九句外，其餘位置均應該入韻，所以孟漢卿《魔合羅》一曲第六句末字“出”雜入齊微韻。

“去”在元雜劇用韻處使用了一百三十四次，一次雜入齊微韻。此現象出現在陸登善《勘頭巾》第三折

【商調·醋葫蘆】聽言罷他口內詞。不由我心內疑。況兼那婆娘顏色有誰及。他莫不共先生暗暗地來去。只他兩個同謀設計。我十猜八九是真實。

元雜劇共二十六劇七十一曲子使用【商調·醋葫蘆】，全曲六句，除陸登善《勘頭巾》一曲和無名氏《村樂堂》一曲外，其餘六十九支曲子，首句可入韻可不入，其餘位置均入韻。陸登善《勘頭巾》一曲和無名氏《村樂堂》一曲除首句與其他相同外，第四句末字與其他位置上的押韻字不在同一韻部。《太和正音譜》、《北曲新譜》、《中國曲學大辭典》收王子一散套一曲，全曲六句，韻字為：疏好醄魄帽簫，首句不入韻。鄭騫指出“此章一套中可用至十余支，連用或間以他曲均可”①。《一笠庵北詞廣正譜》和《南北詞簡譜》收曾瑞卿散套《悶登樓》一曲，全曲六句，韻字為：着寧縈肯靜熒，首句不入韻。吳梅指出“此與正宮之【白鶴子】同，二支可，三支、四支亦可”②。正如鄭吳二位先生所言，在元雜劇中此曲連用有時多達十支之多，如馬致遠《黃粱夢》。據元雜劇和各曲譜，此曲第四句應該入韻。陸登善《勘頭巾》此曲在“選本”中為“聽言罷他口內詞。不由我心內疑。況兼那婆娘顏色有誰及。他莫不共先生平日有些不憐悧。只他兩個同謀設計。我十猜八九是真實。”比較發現只有第四句有變化，臧氏所錄曲子的第四句末字為齊微部“悧”，不存在雜韻問題，所以“去”雜入齊微韻。

“飫”在元雜劇用韻處使用了一次且押入齊微韻。此現象出現在秦簡夫《剪髮待賓》第三折

① 鄭騫：《北曲新譜》，藝文印書館 1973 年版，第 223 頁。

② 吳梅：《南北詞簡譜》，河北教育出版社 1989 年版，第 225 頁。

【中呂・粉蝶兒】則俺這茅舍疎籬。又無甚廳堂客位。則見些蓬窗土坑蘆席。雖然是飯蔬食。薄酒味。大剛來是俺主人家情意。秀才每淡飯黃虀。與你箇噘珍羞大人厭飫。

"飫"位於曲末入韻無疑。

3. 車遮部字雜入齊微部

車遮部"薆、者、月、楫、也、雪、折、列、鉞"等字雜入齊微部。

"薆"在元雜劇用韻處使用了一次且雜入齊微韻。此現象出現在關漢卿《西蜀夢》第一折

【仙吕・天下乐】紧跐定葵花镫薆，鞭催，走似飞坠的双镝，此腿挺无气力。换马处侧一会儿身，行行里吃一口儿食，无明夜不住地。

如上文"東鍾"部所述，元雜劇中共一百五十二劇一百五十二支曲子使用【仙呂・天下樂】，句數有六句、七句、九句之分。但無論元雜劇還是各曲譜，首句一定入韻。所以這裏的"薆"當雜入齊微韻。

"者"在元雜劇用韻處使用了三十四次，五次雜入齊微韻。分別出現在無名氏《黃鶴樓》第四折【南呂・絮蝦蟆】、鄭光祖《三戰呂布》第三折【中呂・粉蝶兒】和【中呂・紅繡鞋】、關漢卿《望江亭》第二折【中呂・十二月】、關漢卿《五侯宴》第四折【商調・後庭花】。

【南呂・絮蝦蟆】軍將便似魚鱗砌。槍刀便似雁翅般齊。我又索與你迎敵。自從桃源結義。又在徐州失配。不曾相持對壘。不曾番天倒地。我無處發付氣力。付能逢着今日。紅錦征袍喜披。黃錦腰帶緊繫。再把烏騅扣轡。又把包中整理。我聽的鼙鼓擂。忽的搖旗出的相持。美也兀的不歡喜煞愛廝殺的張飛。迎敵馬蹄兒踏碎了東吳國。你是那周公瑾。我是這張翼德。眼兒裡見了耳朵兒聽者。（無名氏《黃鶴樓》第四折）

【中呂・紅繡鞋】見元帥惡狠狠手執着兵器。見元帥不鄧鄧氣吐虹蜺。恰便似護法諸天可便立在門旗。元帥你那虎筋條你勒來也那不曾勒。龍鱗鎧你披來也那不曾披。則你那頂鳳翅盔戴來也那不曾戴者。（鄭光祖《三戰呂布》第三折）

【商調・後庭花】則俺這李嗣源別有誰。哎兒也則這箇王阿三可則便是你。不爭噌這養育父將他相瞞昧。哎兒也則他那嫡親娘可是圖一箇甚的。他如今受驅馳。他如今六十餘歲。他身單寒腹內饑。他哭啼啼擔着水。你將來瞞昧者。（關漢卿《五侯宴》第四折）

此三曲中"者"位於曲末，入韻無疑。

【中呂・粉蝶兒】又不敢東轉西移。守着那甲杖庫也不似這般費心勞力。將元帥那護身符在意收者。猛然間。纔聽罷。三通鼓擂。猛可裡觀窺。我看那孫太守氣也那

不氣。（鄭光祖《三戰吕布》第三折）

【中吕·粉蝶儿】用韵如上文“先天”部所述。据元杂剧的实际用韵和各曲谱，此曲第三句入韵。所以车遮部的“者”雜入齐微韵。

【中呂·十二月】你道他是花花太歲。敢也他怎生強要人為妻。全不學知文達禮。則待要雨約雲期。這句話專心兒記者。我怎肯和他步步相隨。（關漢卿《望江亭》第二折）

元雜劇共五十一劇五十一支曲子使用【十二月】（【中呂】四十六支，【正宮】五支），除馬致遠《薦福碑》和無名氏《老君堂》兩劇為四句（脈本）外，四十九支曲子均為六句，第三句可入韻亦可不入。馬致遠《薦福碑》在“選本”中為六句，比“脈本”多五六句。從曲詞意思上和與【堯民歌】相連來講，“脈本”所收當脫落了兩句。無名氏《老君堂》“脈本”和《元曲選外編》均為四句。《中原音韻》“定格”中所收為六句，韻字為：隱鄰衮醺陣紛，句句入韻。《太和正音譜》所收無名氏小令，全曲六句，韻字為：北西瀉堆致圍，第三句不入韻。《一笠庵北詞廣正譜》收兩曲，一為無名氏《雲窗夢》，全曲六句，韻字為：整聲偏睜定成，第三句不入韻；一為馬致遠《漢宮秋》，全曲六句，韻字為：情聽語鳴井程，第三句不入韻。與上一曲相比，李玉認為“末句四字僅此”①。《南北詞簡譜》亦收無名氏《雲窗夢》。《北曲新譜》和《中國曲學大辭典》收張養浩小令一曲，全曲六句，韻字為：煙原桃千弦濺，第三句不入韻。據元雜劇和曲譜，此曲基本格式為六句，第三句可押韻可不押。無名氏《老君堂》應該是脫落了兩句。除此曲和關漢卿《望江亭》外，四十九支曲子倒數第二句均入韻。所以關漢卿《望江亭》曲中“者”雜入齊微韻。

“月”在元雜劇用韻處使用了二十六次，一次雜入齊微韻。此現象出現在無名氏《貨郎旦》【轉調貨郎兒】第九轉

【九轉】我便寫生時年月。不曾到差遲了半米。未落筆花箋上淚珠垂。長吁氣呵軟毛錐。恓惶淚滴滿端溪。到如今十三年不知个消息。相別時恰纔七歲。到如今方纔二十。恰便似大海內沉石。俺在那洛河崖上各分離。知他是江南也塞北。那孩兒富相貌雙耳過肩垂。胸前一點硃砂記。住在長安解庫戶在省衙西。他小名兒喚做春郎身姓李。

元雜劇只有《貨郎旦》一劇使用【九轉貨郎兒】，車遮部的“月”

① 李玉：《一笠庵北詞廣正譜》，北京大學影印本，1937年版，第216頁。

出現在第九轉首句末。《太和正音譜》所收正是無名氏《貨郎旦》【轉調貨郎兒】，第九轉與“脈本”相差無幾。《一笠庵北詞廣正譜》亦收無名氏《貨郎旦》【轉調貨郎兒】，只是首句變為“我便寫生時年紀”與《太和正音譜》和“脈本”僅一字之差，就句句入韻。《南北詞簡譜》、《北曲新譜》所收與《一笠庵北詞廣正譜》同，並指出首三句為【貨郎兒】，第四句至第七句為【脱布衫】，第八句至第十四句為【醉太平】，末一句為【貨郎兒】末句。“選本”首句末字亦為“紀”。《中國曲學大辭典》收洪昇《長生殿・彈詞》【九轉貨郎兒】，第九轉，全曲十五句，句句入韻。查元雜劇【貨郎兒】曲子及無名氏《貨郎旦》【轉調貨郎兒】其他八轉，首句均入韻。所以我們認為此曲首句“月”雜入齊微韻。

“也”在元雜劇用韻處使用了五十一次，一次雜入齊微韻。此現象出現在王曄《桃花女》第三折

【中呂・普天樂】我這裡説真實。言端的。今日是這喪門吊客。把弓箭来忙射。弓拽開怎的休。箭去把門関閉。我這裡笑吟吟那身來宅內。周恭也却不教我直挺挺的板彊了我這身也。羞殺我也曉三才的比干。知六壬的吕望。辱末殺畫八卦的伏羲。

如上文所述，【中呂・普天樂】一般第一、三、五、七、九、十句可入可不入，第八句是入韻的，所以這裏我們認為車遮部的“也”借協齊微韻。此曲在“選本”中為“我這裏説真實。言端的。今日是犯着喪門吊客。把弓箭來忙射。弓拽開似明月彎。箭發去似流星墜。我這裏笑吟吟那身來宅內。周恭也可不教我直挺挺的板死在門闈。羞殺你曉三才的孔明。知六壬的鬼穀。畫八卦的伏羲。”相比較可以發現第八句末字為齊微韻的“闈”。看來臧氏認為此處應該入韻。

“雪”在元雜劇用韻處使用了七次，一次雜入齊微韻。此現象出現在劉唐卿《降桑椹》第一折

【雙調・清江引】這雪白来白似雪。恰便似一床白綾被。鋪在熱炕上。盖着和衣兒睡。醒来时化了一身水。

元雜劇共十七劇十七支曲子使用【雙調・清江引】，其中《度柳翠》一劇在“脈本”中為殘曲，而且各曲子與其他劇作不太一致，再加上此劇此曲句句入韻，所以這裏只討論其他十六支曲子。這十六支曲子全曲五句，除劉唐卿《降桑椹》一曲外，第三句可入韻可不入韻，其餘位置均入韻。劉唐卿《降桑椹》一曲在《元曲選外編》為“這雪白來白似白廝賴。恰便似一床白綾被。鋪在熱炕上。蓋着和衣兒睡。醒來時化了一身水。”首句末字雖然换成“賴”，但押韻仍存在雜韻問題。《中原音韻》“定格”收《九

日》一曲，全曲五句，韻字為：柳又肥瘦酒，第三句不入韻。《太和正音譜》收貫酸齋小令一曲，全曲五句，韻字為：哉外人礙窄，第三句不入韻。《一笠庵北詞廣正譜》、《南北詞簡譜》、《北曲新譜》收張小山小令一曲，全曲五句，韻字為：我破活課朵，句句入韻。《中國曲學大辭典》收曹明善小令一曲，全曲五句，韻字為：縷樹條絮主，第三句不入韻。據元雜劇押韻和各曲譜，此曲首句入韻無疑。這裏車遮部“雪”雜入齊微韻。

“折”在元雜劇用韻處使用了十三次，一次雜入齊微韻。此現象出現在鄭光祖《周公攝政》第三折

【越调·圣药王】君也头不抬，文武每口难启。恁地呵老微臣不死是为贼。臣委实无此心，到如今说甚的。尽忠心有口怎分折？惟有老天知。

如上文“東鍾”部所述，【越調·聖藥王】除第一、四句極少不叶韻外，其餘位置均入韻。所以鄭光祖《周公攝政》此曲第六句應該入韻，車遮部“折”雜入齊微韻。此曲在《元曲選外編》中為“君也頭不抬。文武每口難啟。恁地呵老微臣不死是為賊。臣委實無此心。到如今說甚的。盡忠心有口怎分析？惟有老天知。”，“折”處換成齊微韻“析”。無論是“折”還是“析”從意思上都是說明分辨之義。如果說此處應該為“析”，那不存在雜韻問題；如果是“折”，那就是車遮雜入齊微韻了。不過，從押韻角度，我們認為“析”更合適。

“列”在元雜劇用韻處使用了八次，兩次雜入齊微韻。分別出現在陳以仁《存孝打虎》和無名氏《鎖魔鏡》第四折。

【黃鍾·出隊子】齊臻臻軍卒擺列。韻悠悠画角吹。撲鼕鼕振地凱征鼙。赤力力遮天磨綉旗。不刺刺追風距馬嘶。（陳以仁《存孝打虎》第四折）

【黃鍾·出隊子】齊臻臻天兵擺列。恶哏哏尋對壘。鼕鼕鼓响似春雷。火火火褋彩旗遮了太極。則見那二郎神當先戰馬嘶。（無名氏《鎖魔鏡》第四折）

元雜劇共十劇十一支曲子使用【黃鍾·出隊子】（包括【么篇】），全曲五句。包括【么篇】在內，除以上二劇二曲外，其他九支曲子句句入韻。《太和正音譜》收朱權小令一曲，全曲五句，韻字為：邃稀飛輝裹，句句入韻。《一笠庵北詞廣正譜》收有兩種格式：一種為馬致遠套數《枉了閑愁》和白無咎《獨倚屏山》四曲（包括【么篇】），馬致遠套數中的始調首句不入韻，其餘三支曲子句句入韻；只是馬致遠的用平煞，白無咎用仄煞；一種為王伯成《天寶遺事》一曲，句句入韻，與上種格式的區別在於第二句為七字句。《南北詞簡譜》所收始調與《太和正音譜》

一致，【么篇】所收馬致遠套數與《一笠庵北詞廣正譜》一致。《北曲新譜》、《中國曲學大辭典》所收為朱權小令始調和白無咎【么篇】，均句句入韻。王玉章《元詞斠律》所收八支曲子（包括一支【么篇】）全曲五句，句句入韻。“列”在《廣韻》中屬入聲薛韻，按規律在《中原音韻》歸車遮韻無疑，元雜劇的使用也證明了這點。但是“列”在《集韻》中一音屬《廣韻》的祭韻，按規律在《中原音韻》歸屬齊微部。不過，從此二曲使用“列”的意思上來看，應該是“陳列”意，即《廣韻》所收音反映的意思，所以此二曲中的“列”應該是車遮部的，只是雜入齊微韻。

“鉞”在元雜劇用韻處使用了一次，而且押入齊微韻。此現象出現在無名氏《百花亭》第三折

【商調·逍遙樂】若論着十八般武藝。弓弩鎗牌。戈矛斧鉞。鞭鍊撾槌。將龍韜虎畧溫習。方通道風月無功三不埽。划的着我不存不濟。則為我半生花酒。耽閣盡一世前程。枉受了十載驅馳。

元雜劇二十劇二十支曲子使用【商調·逍遙樂】，除張國賓《相國寺》（只有八句）和無名氏《村樂堂》（只有三句）兩曲外，十八支曲子均為十句，第二、八、九句可入韻亦可不入。與其他元雜劇相比較，張國賓《相國寺》在第四句之前、第八句之前各少了一句，無名氏《村樂堂》只有前三句。無名氏《百花亭》此曲中的“鉞”位於第三句末，所以二十支曲子的押韻情形均可參考。而二十支曲子除無名氏《百花亭》一曲外，第三句均入韻。《太和正音譜》收王子一散套一曲，全曲九句，韻字為：落蔬草騷毫高鳳龍鼇，第二、七、八句不入韻。《一笠庵北詞廣正譜》收三種格式：一種為王實甫《西廂記》一曲，全曲十句，韻字為：瘦閑陡憂樓鉤秀樹天舟，第二、八、九句不入韻。李玉並指出“此章又五格”①，即重第五句、減第四句、減第五句、末三句減一句和止用首三句。一種為呂止庵《歎浮生》套數一曲，與上一格式相比，第七句少三字；第三種為關漢卿《救風塵》一曲，與上面格式相較，第六句句有所變化（上三下四）。《南北詞簡譜》亦收王實甫《西廂記》，並指出“此章以此曲（即西廂記一曲）為正格，末句平煞，然亦有增減句數者”②。《北曲新譜》亦收王實甫《西廂記》一曲，並指

① 李玉：《一笠庵北詞廣正譜》，北京大學影印本1937年版，第251頁。

② 吳梅：《南北詞簡譜》，河北教育出版社1989年版，第222頁。

出“此章增減變化頗多，計有十項：……（五）減第三句又減第七句，如羅李郎劇。……（七）只有用首三句，如村樂堂劇。……”①。《中國曲學大辭典》亦收王實甫《西廂記》一曲，並指出“有減句格幾種：減第四句，如《太和正音譜》所引王子一散套……減第三句及第七（按：此譜誤寫成第一句）句，如無名氏（舊題張國賓）《羅李郎》；只用首三句，如無名氏《村樂堂》……”②。所以據元雜劇實際用韻和各曲譜，無名氏《百花亭》此曲第三句末字應該入韻。此曲在“選本”中為“若論着十八般武藝。弓弩鎗牌。戈矛劍戟。鞭鍊撾槌。將龍韜虎略溫習。方通道風月無功三不歸。剗的着我不存不濟。則為我半生花酒。耽閣盡一世前程。枉受了十載驅馳。”可以發現臧氏所收與“脈本”只有第三句末兩句有差異，而這一變化就使此曲的押韻不存在借叶旁韻的現象，因此“鉞”雜入齊微韻

4. 庚青部字雜入齊微部

庚青部“炕”字雜入齊微部。

“炕”在元雜劇用韻處使用了十五次，一次雜入齊微韻。此現象出現在高文秀《雙獻功》第三折

【雙調·得勝令】便問我要些東西。叔待則您那沒粱桶兒便休提。不比您那城市裏的財主每㗀量。俺這窮庄家有甚的。俺家裏孩兒每臥土炕。披着麻被。您爭知。誰有那閑錢補笊籬。

如上文“真文”部所述，【雙調·得勝令】曲子除第三句可入韻亦可不入外，其餘均入韻。高文秀《雙獻功》第五句末字“炕”應該入韻。此曲在“選本”中為“呀。便問我要東西。叔待則你那沒粱桶兒便休提。不比你財主們多周濟。量俺這窮莊家有甚的。俺真個堪嗤。俺孩兒每臥土坑披麻被。你可也爭知。誰有那閑錢補笊籬。”第五句末字換成完全叶韻的“嗤”。

5. 皆來部字雜入齊微部

皆來部“捱、街、客、格”四字雜入齊微部。

“捱”在元雜劇用韻處使用了三十七次，一次雜入齊微韻。此現象出現在無名氏《留鞋記》第一折

【仙呂·天下樂】我則怕去了朱顏喚不回。悮了我這佳期。怎的捱。把一箇俏書生若還招做了女婿。暗暗的接了財。悄悄的受了禮。落得箇虛名兒則是美。

① 鄭騫：《北曲新譜》，藝文印書館1973年版，第219頁。

② 《中國曲學大辭典》，浙江教育出版社1997年版，第752頁。

如上文“東鍾”部所述，【仙呂·天下樂】有六句、七句、九句之分，六句者第二、三句合併，只有《魯齋郎》和《諸葛論功》兩曲；九句者第五、六句由兩個三字句變成四個三字句，只有《裴度還帶》一曲；其餘均為七字句。無名氏《留鞋記》中的“捱”位於第三句末，所以如果為六句則關係到第二句。包括《魯齋郎》和《諸葛論功》在內所有的元雜劇【仙呂·天下樂】在“捱”位置上的字均是入韻的。所以我們認為雜入齊微韻。此曲在“選本”中為“我則怕一去朱顏喚不回。誤了我這佳期。待怎的。若得箇俏書生早招做女婿。暗暗的接了財。悄悄的受了禮。便落的虛名兒則是美。”可見第三句應該入韻。

“街”在元杂剧用韵处使用了三十八次，一次雜入齊微韻。此現象出現在杨梓《杀狗劝夫》第二折

【正宫·呆骨朵】見哥哥那里迎着風冒着雪則在當街。我又怕那鐘聲盡撞着那巡的。又恐怕大風裡吹着。又怕湿田地上枕直。被你把頭巾来污。却不道花壓帽簷低。滿身上雪又消。这的是酒淹衫袖湿。

元雜劇三十八劇三十九支曲子使用【正宮·呆骨朵】，全曲八句，第三、五、七句可入韻可不入韻。除楊梓《殺狗勸夫》一曲外，其餘三十八支曲子首句全部入韻。《太和正音譜》收尚仲賢《歸去來兮》一曲，全曲八句，韻字為：瘦樓洲收險皺三九，第五、七句不入韻。《一笠庵北詞廣正譜》收鄭玉賓《圖畫中》一曲，全曲八句，韻字為：蕩狂瓢香化巷窄腔，第三、五、七句不入韻。《南北詞簡譜》與《一笠庵北詞廣正譜》同。《北曲新譜》、《中國曲學大辭典》與《太和正音譜》同。《元詞斠律》所收二十一支曲子入韻情形同上。所以楊梓《殺狗勸夫》此曲首句入韻無疑，只是句末字為皆來韻“街”，只能是雜入齊微韻了。此曲在“選本”中為“見哥哥那裏迎着風冒着雪則在當街睡。我只怕那鍾聲盡被那巡夜的淩逼。雖然是背巷裏悄促促沒個行人。只怕雪地裏冷冰冰凍壞了你。為甚麼頭巾上泥來污。卻不道花壓帽簷低。滿身上雪漸消。這的是酒淹衫袖濕。”可以發現首句末多了一個齊微韻的“睡”，這樣就不存在雜韻問題了，但同時也說明此處應該入韻。

“客”在元雜劇用韻處使用了五十六次，一次雜入齊微韻。此現象出現在無名氏《雲窗夢》第四折

【雙調·梅花酒】呀正撞着販茶客。列舞筵歌席。錦帳羅幃。便時要雨約雲期。當日我酒斟着金斝滿。那厮人倒玉山頹。覺来時後悔。與俺娘共商議。待要我復重席。

如上文“先天”部所述，【雙調・梅花酒】首句必入韻，所以此曲首句末字皆來部的“客”雜入齊微韻。

“格”在元雜劇用韻處使用了五次，一次雜入齊微韻。此現象出現在無名氏《舉案齊眉》第三折

【越調・鬼三台】喒與你不班輩。自来不相會。走将来椼牙料嘴。陪着咲。賣查梨。賣弄他舌巧口疾。這厮村的来這恁般村性格。俺窮則窮不曾折了志氣。則管的故意乾喬。你歪云些甚的。

如上文“齊微”部所述，【越調・鬼三台】押韻情形較為複雜，但是據元雜劇和各曲譜，無名氏《舉案齊眉》此曲“格”所在位置應該入韻，所以這裏雜入齊微韻。

6. 蕭豪部字雜入齊微部

蕭豪部“拗”字雜入齊微部。

“拗”在元雜劇用韻處使用十次，一次雜入齊微韻。此現象出現在吳昌齡《東坡夢》第二折

【南呂・感皇恩】你行者休違拗。我須索把你來央及。我其實被東坡。閑魔障。廝禁持。你待赴白蓮會裏。先和那紅粉偷期。卻待說。又教我。怎生題。

如上文“庚青”部所述，【南呂・感皇恩】第三、四、六、八、九句可不入韻，但首句必入韻，所以此曲中首句末字“拗”雜入齊微韻。

另外，無名氏《黃鶴樓》第二折【雙調・豆葉黃】一曲較特殊，具體如下：

【雙調・豆葉黃】那裡那裡。酸棗的林兒西裡。您娘教你早来家。早来家。恐怕那狼蟲咬你。来摘棗兒。摘棗兒。你道不曾摘棗兒。口裏核兒那裡来。張羅張羅。見箇狼呵。跳過墻呵。諕殺你娘呵。

元雜劇有七劇七支曲子使用【雙調・豆葉黃】，其中四支曲子為八句，《玉鏡臺》為九句，《翰林風月》十四句，無名氏《黃鶴樓》十一句（不含重複句）。《太和正音譜》收商政叔散套一曲，全曲六句，韻字為：南遙卻曉催少，第一、五句不入韻。《一笠庵北詞廣正譜》收兩種格式：一種為關漢卿套數《楚臺雲雨》，全曲九句，韻字為：雲鴉胸霞恰誇娥孜達，第一、三、七韻；一種商政叔散套一曲，全曲八句，韻字為：南遙兒了曉催人少，第一、三、六、七句不入韻，所收曲詞與斷句與《太和正音譜》有異。《南北詞簡譜》收董西廂一曲，全曲八句，韻字為：蜂攜鸝對已春家寄，第一、三、六、七句不入韻。吳梅指出“此是正格。《正音譜》收商政叔‘地北天南’一曲，第三句‘將一個粉臉兒他身上何曾忘

卻’作一句，實誤”①。《北曲新譜》收無名氏《碧桃花》一曲，全曲八句，韻字為：魂涯花靄台來歡奶，第一、三、七句不入韻。鄭騫指出“七字句（即八句格式的第五句）以上之四字句可增為五句如玉鏡臺，或六句如秋胡戲妻。……七字句以下之四字句可增為四句如楚臺雲雨套……傷梅香七字句以下增至九句，為僅見之例”②。據元雜劇和各曲譜，【雙調・豆葉黃】的基本格式為八句，《玉鏡臺》九句為第五句前增加了一個四字句，《翰林风月》十四句為第五句後增加了六個四字句，而無名氏《黃鶴樓》十一句的情況是第五句前增加兩個四字句，後增加一個四字句。就押韻情形來看，八句格式的第五句即七字句應該入韻，其前面的四字句無論增否，緊鄰其的四字句應該入韻，其後面無論增否，曲末必須入韻。所以無名氏《黃鶴樓》此曲中“兒、來、呵”均出現在入韻的位置上，但是此曲出現在第二折前，不入套曲，單獨用韻。從整曲來看，前四句押齊微韻，而後面出現的韻字“兒、來、呵”却不是齊微韻的字，因此我們認為這三字雜入齊微韻。

第三節　魚模

一、魚模部韻字及其來源

魚模部相當於《廣韻》魚虞模，又尤侯一部分唇音字，再加上由入聲屋沃燭術物沒變來的字。具體如下：

模：逋脯 11○蒲 4○模 5 謨○都 29○圖 53 屠 4 途 32 塗 4 徒 30○奴 11 孥○粗 5○殂 2○酥 3 蘇○姑 12 辜 7 孤 12 鴣 3 沽 9 箍 3○枯 11○吾 14 烏 5 梧 2 吳 7○呼 18○杇○糊 17 醐湖 24 胡 5 狐壺 9 弧瑚乎 9○蘆 4 爐 15 轤蘆 15 廬 6 顱 8 鱸 2 艫壚鑪 5

姥：圃譜 2○浦 7○簿 11 部 3○堵 4 賭 2 覩○土 18 吐 5○肚 15○弩 2 祖 13○阻 10○古 24 鼓 19 賈 5 股 4○苦 63○伍 5 五 3○虎 16○扈 4 戶 29○塢○虜 3 擄魯 3

暮：布 3○鋪 12 怖 6○步 21 哺 3○暮 12 墓 3○妒 3○兔 6○度 13 渡 8

---

① 吳梅：《南北詞簡譜》，河北教育出版社 1989 年版，第 150 頁。

② 鄭騫：《北曲新譜》，藝文印書館 1973 年版，第 331 頁。

鍍○怒 24○做 31○措 4 醋 2○素塑訴 24○故 19 固 2 顧 9○袴庫 2 褲○污 6 悟 2 誤 3 悞 2○護 13○鷺 2 路 78 露 4

魚：豬 3○除 30 儲 2 躇 17○且○疽蛆 2 雎 2○胥 7○初 27○鋤 4○梳 16 蔬 2 疏 16 踈 33○蜍○諸 5○書 85 舒 17○車 19 居 39 裾 2 琚○渠 3 璩○魚 38 漁 2 鋙○墟 4 虛 53 噓○輿 14 餘 17 餘 8 與 15 舁歟予酴○驢 11 閭 15 ○如 40

語：女 42○貯褚○醑 10○序 8 敘 2 緒 4○沮○楚 13○所 4○煮 2○杵 ○暑 4 鼠黍 3○舉 27○語 33○與妤○許 8○呂旅 4 侶 12○汝 2

禦：筯 2○覷 23○絮 5○助 20○處 113○恕 9 庶 5○據 2○去 134○禦 2 淤 3○豫 6 譽 5 忬○慮 12

虞：夫 113 膚 6○敷○扶 15 符 18 蚨 4○無 52 蕪 2 誣 5○須 8 鬚需○誅 10○躕 7 廚○雛 4○朱 11 珠 34 硃○姝 6 樞 3○輸 6○殊 3 殳○拘 2 駒 11 ○區 2 軀 40 區嶇 2 驅 3○衢 15 朐○愚 25 虞 10 隅 9 娛 10○吁 18○紆○臾 11 榆 5 腴盂瑜 3 揄○儒 23 嚅

麌：甫 2 斧 7 府 27 腑 2○武 14 鵡 2 舞 17 侮○取 17○聚 21○數 17○主 55○豎○宇 9 雨 33 羽 8 禹 2○縷 7 窶○乳

遇：賦 4 付 29○赴○父 16 輔 9 附○霧 6 務 14 騖○註 2○住 67 柱 8○娶趣 3○數 24○注 5 鑄 2○戍 2○樹 14○句 15 屨○懼 7 俱具○遇 12○喻

有：否 4○婦 33○負 16○帚 2

宥：富 14

厚：母 32 畝 2

尤：浮 5○謀 24 蝥○帚 2

屋：僕 2○撲○福 38 腹 5 複○覆 10○服 39 伏 37○睦 8 木 9 牧目 13 穆○禿○獨 16 讀 2○築 2○逐 19 竹 5○鏃 2○簇 5○族 8○速 5 宿 3 肅○縮 1○祝○叔 2 束 4 簌悚○熟 5○穀 2 轂 2 菊○哭 22○斛○屋 9○祿 24 漉 2 鹿 3 陸 1 簏麓 6 戮 2 淥

沃：毒 25○酷○鵠

燭：足 23○促 3○粟 6○俗 29 續 4○燭 6○觸 7○贖 2○屬 13 蜀 2○局 2○曲 6○獄 15 玉 21○欲 2 峪 3○錄綠 2 淥○辱 15 褥 2

術：卒 30○出 8○術 15○恤○律 5

物：拂○佛○屈 17○物 36

沒：突 12○沒 4○捽 8○骨 7○窟 2○笏 6 惚 2○鶻 6

緝：入

藥：矍

二、他部字雜入魚模部現象

元雜劇十五個楔子五十七折共五百九十四支曲子使用魚模韻。元人雜劇中，魚模韻以獨用居多，其中五百七十九支曲子均無他韻混入，如《疏者下船》第三折【中呂】有十三支曲子使用魚模韻：【粉蝶儿】夫府吾主鱼父【醉春风】主数数墓【迎仙客】胥胥母苦卒渡【红绣鞋】父與闾躯主【石榴花】隅湖夫苦无卒疏躇足【普天乐】虑服觑肚疏书书书【上小楼】古步族女故妇【幺篇】父母疏府狱去户【满庭芳】母无妇鱼主夫目主朱【耍孩儿】去祖虚胥助臾【三煞】居住书禄福初【二煞】苦觑诛步湖【煞尾】女住主。又如《謝金吾》第四折【雙調】八支曲子使用魚模韻：【新水令】姑去圖蒲做【甜水令】去屬語伏【折桂令】脯府除祖車疎愚輿【喬牌兒】都屠簿贖【水仙子】徒書怒所辜姑顱【側磚兒】辱如住誣【竹枝歌】初處書吾徒誅【清江引】主誤去古。有十五支曲子混入其他韻部的字。

1. 齊微部字雜入魚模部

齊微部“會、基、的、妻、細、宜、婿”七字雜入魚模部。

“會”在元雜劇用韻處使用了八十二次，一次雜入魚模韻。此現象出現在無名氏《舉案齊眉》第一折

【仙呂·上馬嬌】河出圖。洛出書。他可也識文理辯賢愚。想渭水邊呂望將文王會。吁。方通道吾道果何如。

如上文“先天”部所述，【仙呂·上馬嬌】的基本格式為六句，有三劇在曲末增句。首句可入韻可不入韻，其餘無論增否均入韻。所以無名氏《舉案齊眉》第四句末字齊微部的“會”雜入魚模韻。此曲在“選本”中為“這的是時命乖。非是他文學疎。須知道天不負詩書。則看渭水邊呂望將文王遇。哎。怎笑的霜雪也白頭顱。”相比較，“選本”中的曲詞與“脈本”相差甚大，但第四句卻變化不大；只是句首的“想”換成“則看”，句末的“會”換成“遇”，其餘則完全一致，不過，臧氏第四句末字換成“遇”就完全入韻，不存在雜韻現象了。可見此位置應該是入韻的。

“基”在元雜劇用韻處使用了二十三次，兩次雜入魚模韻。分別出現在無名氏《摩利支》第二折【正宮·尾聲】和關漢卿《三勘蝴蝶夢》第

二折【南呂・牧羊關】

【正宮・尾聲】願吾皇攝夷狄降邊國千千年九五飛龍齊天福。願吾皇永坐着宗廟舊家邦老萬萬載百二山河壯帝基。到来日看排兵列士卒。蕩征塵騰土雨。旱路上亡。水面上浮。成不的功。變不的虎。我直殺的他納不的喊。搖不的旗。放心也我着他便擂不的鼓。（無名氏《摩利支》第二折）

【南呂・牧羊関】這个是金呵有甚么难鎔處。這个是石呵怎做的虚。這个便是銕呵怎當那官法如爐。非干是孩兒每賴肉頑皮。委的啣冤負屈。眼睜睜難搭救。簇擁着下堦基。教我両下里難顧瞻。百般里無是處。（關漢卿《三勘蝴蝶夢》第二折）

如上文"江陽"部所述，【正宮・煞尾】首二句用【煞】首二句，末句用【尾聲】末句，中間有六字折腰句、七字句、四字句等若干，全曲句數不定。無名氏《摩利支》第二折【正宮・煞尾】緊接首二句有兩個六字折腰句，接著六個四字句，全曲十一句。就押韻情形看，首二句用【煞】必定入韻，所以此曲中第二句末字"基"應該雜入齊微韻。無名氏《摩利支》第二折【正宮・煞尾】在隋樹森《元曲選外編》為"願吾皇攝夷狄降邊國千千年九五飛龍齊天福。願吾皇永坐着宗廟舊家邦老萬萬載百二山河壯帝居。到來日看排兵列士卒。蕩征塵騰土雨。旱路上亡。水面上浮。成不的功。變不的虎。我直殺的他納不的喊。搖不的旗。放心也我着他便擂不的鼓。"只有第二句末字與"脈本"不同，由"基"換成"居"完全協韻。【南呂・牧羊關】在上文"齊微"部也已經說明，第一句、四句、八句可入韻可不入韻，其餘均押韻。所以倒數第三句即第七句"基"應該入韻。此曲在"選本"中為"這個是金呵有甚麼難鎔鑄。這個是石呵怎做的虛。這個便是鐵呵怎當那官法如爐。非干是孩兒每賴肉頑皮。委的啣冤負屈。眼睜睜難搭救。簇擁着下堦除。教我兩下裏難顧瞻。百般裏無是處。"相比較，只是兩個押韻字即首句末字"鑄"和第七句末字"除"不同，"鑄"在"脈本"為"處"，還是魚模韻字，換與不換不影響押韻，而第七句末字"除"代替了"基"，就由雜韻現象變成完全協韻了。可見此處應該入韻的。

"的"在元雜劇用韻處使用了二百一十四次，一次雜入魚模韻。此現象出現在王實甫《破窑記》第三折

【中呂・普天樂】我這裡猛然觀。擡頭覷。我道是誰家箇奸漢。却原来是應舉的兒夫。咱須是舊有姻。關連着親腸肚。但得箇身安樂還家重完聚。問甚麼官不官便待怎的。有一箇張良也曾棄印。有一箇陶潛罷職。有一箇范蠡歸湖。

如上文"齊微"部所述【中呂・普天樂】基本句式為十一句，一般

第一、三、五、七、九、十句可入可不入，而其餘位置均入韻。所以王實甫《破窑記》此曲第八句末字“的”應該入韻，只是雜入魚模韻。

“妻”在元雜劇用韻處使用了八十三次，一次雜入魚模韻。此現象出現在白樸《牆頭馬上》第四折

【中呂・耍孩兒】告寬洪爹爹妳妳聽分訴。不是我家醜事将今喻古。一個卓王孫氣量捲江湖。卓文君曾沽酒當爐。他吟詩奪的千鍾禄。不思異日當乘駟馬車。也是他前生福。官居一品。廕子封妻。

“妻”便於曲末必入韻無疑。

“細”在元雜劇用韻處使用了三十六次，一次雜入齊微韻。此現象出現在關漢卿《救風塵》第四折

【雙調・收尾】對恩官一一說詳細。分剖開貪夫怨女。麵糊盆再休說死生交。風月所别尋鶯燕侶。

元雜劇有十二劇十二支曲子使用【雙調・收尾】，全曲四句，一般第三句可入韻可不入韻。除關漢卿《救風塵》一曲首句出韻外，其他十一支曲子首句全部入韻。《太和正音譜》、《一笠庵北詞廣正譜》、《南北詞簡譜》收馬致遠散套《誤入桃源》一曲，全曲四句，韻字為：動童宮種，句句入韻。《北曲新譜》、《中國曲學大辭典》收關漢卿《救風塵》一曲，全曲四句，韻字為：故女交侶，第三句不入韻。雖然有曲譜的收入，但是所依底本不同。此曲在“脈本”首句末字為“細”，而在“選本”中為“對恩官一一說緣故。分剖開貪夫怨女。麵糊盆再休說死生交。風月所别尋鶯燕侶。”僅一詞之差，就影響到叶韻。據元雜劇和曲譜，【雙調・收尾】首句入韻，所以“細”雜入齐微韵。

“宜”在元雜劇用韻處使用了四十七次，一次雜入魚模韻。此現象出現在王實甫《麗春堂》第三折

【越調・小桃紅】則這水聲山色両相宜。閑看雲来去。則我怨結愁腸對誰訴。自躊躕。這一般兒煩惱收拾聚。感時懷古。舊榮新辱。可便都装入酒葫蘆。

元雜劇二十九劇三十四支曲子使用【越調・小桃紅】，除《鴛鴦被》一曲為七句外，其他三十三支曲子均為八句，第六、七句可押韻可不押韻。《太和正音譜》收張小山小令一曲，全曲八句，韻字為：蟬扇片天面箋串眠，句句入韻。《一笠庵北詞廣正譜》收有三種體式：一種為盧疏齋小令一曲，全曲八句，韻字為：紅供動中夢蠛唱蜂，第六、七句不入韻；一種為王實甫《西廂記》，全曲九句，韻字為：波中弄共公夢重動宮，首句不入韻；一種為王和卿小令七句，韻字為：鴦浪況當上胖陽，句句入

韻。《南北詞簡譜》同《太和正音譜》，並指出“王實甫《西廂記·聯吟》折，首云‘人間看波’是賓白，非曲，《廣正譜》別作一體，實是不當，【小桃紅】從無四句開端也”①。《北曲新譜》收任昱小令一曲，全曲八句，韻字為：身鬢恨神印鄰分人，句句入韻，並指出“此調變化極少，各家一致。西廂雲斂晴空折玉容深鎖曲，第一句上有‘人間看波’四字，是夾白，廣正誤以為曲文，據列為第二格；王和卿小令夜深交頸曲，第四句偶少一字，蓋係脫落，廣正據列為第三格；均誤”②。《中國曲學大辭典》收張可久小令一曲，全曲八句，韻字為：涼望上香蕩行唱浪，句句入韻，並指出“王實甫《西廂記》‘雲斂晴空’折，第一句上有‘人音看波’一句，為帶白。《北詞廣正譜》謂：‘增四字一句在首’，列為第二格，實非是。王和卿‘夜深交頸’小令第四句只‘難當’二字，《北宮詞紀外集》作‘最難當’，知前者為脫字，《北詞廣正譜》列為第三格，亦無必要”③。相比較元雜劇和曲譜，《鴛鴦被》少第四句，而此劇在《元曲選》為八句，正好在第四句位置上比“脈本”多出一句，所以不會影響首句押韻。據元雜劇和各曲譜，【越調·小桃紅】首句必入韻。王實甫《麗春堂》此曲在“選本”中為“水聲山色兩模糊。閑看雲來去。則我怨結愁腸對誰訴。自躊躇。想這場煩惱都也由咱取。感時懷古。舊榮新辱。都裝入酒葫蘆。”相比較，可以發現只是首句末兩字與“脈本”不同，“選本”首句末字“糊”完全協韻。這也說明此位置應該入韻的。因此，我們認為“宜”雜入魚模韻。

“婿”在元雜劇用韻處使用了十四次，一次雜入魚模韻。此現象出現在關漢卿《調風月》第四折

【双调·乔牌儿】勘婚处恰岁数，出嫁后有衣禄。若言招女婿，下财钱将他娶过去。

元雜劇共有三十六劇四十四支曲子使用【雙調·喬牌兒】，全曲四句。除關漢卿《調風月》此曲外，其餘四十三支曲子句句入韻，各曲譜也如此。所以“婿”當入韻。查《廣韻》，婿，蘇計切，齊韻。《中原音韻》按規律收在齊微部中。所以這裏“婿”當雜入魚模韻中。不過，今天北京話中的“婿”卻讀 xù。元雜劇中“婿”押入魚模韻可能預示著

① 吳梅：《南北詞簡譜》，河北教育出版社 1989 年版，第 194 頁。

② 鄭騫：《北曲新譜》，藝文印書館 1973 年版，第 253 頁。

③ 《中國曲學大辭典》，浙江教育出版社 1997 年版，第 754 頁。

"婿"音由齊微韻向魚模韻演化的開始。

2. 歌戈部字雜入魚模部

歌戈部"何、着、喝"三字雜入魚模部。

"何"在元雜劇用韻處使用了三十五次，一次雜入魚模韻。此現象出現在鄭廷玉《後庭花》第二折

【南吕・鬦蝦蟆】我這里書名字。画手模。便有你時如何。想着想着做出。真然真然淫欲。瞞着瞞着丈夫。窩盤窩盤人物。說着說着起初。今日今日羞辱。不由我羞跌屑怕怖。乞留兀良口絮。他剔抽禿刷厮覷。迷留沒亂躊躇。想起来想起来殺人可恕。將咱欺侮。並不糊塗。早則招取。這一紙絶恩斷義的休書。你休那里雨泪如珠。可不道鳳凰飛上梧桐樹。見開放着開封寬治老龍圖。必有个目前見血。劍下遭誅。

如上文"先天"部所述，【南吕・鬭蝦蟆】基本句式為十句，但可增減句子，所以句子多少不拘。不過增減一般位於第三句之後。據元雜劇和各曲譜，第三句一定入韻。所以鄭廷玉《後庭花》第二折【南吕・鬦蝦蟆】第三句末字"何"應該雜入魚模韻。此曲在"選本"中為"我這裏書名字。畫手模。便有欠時何如。想着想着做出。真然真然淫欲。瞞着瞞着丈夫。窩盤窩盤人物。說着說着起初。今日今日羞辱。不由我羞跌屑怕怖。乞留兀良口絮。他剔抽禿刷廝覷。迷留沒亂躊躇。想起來想起來殺人可恕。將咱欺侮。並不糊塗。早則招取。這一紙絶恩斷義的休書。你休那裏雨淚如珠。可不道鳳凰飛上梧桐樹。見開放着開封寬治老龍圖。必有個目前見血。劍下遭誅。"相比較，"選本"與"脈本"所錄差異僅在第三句末兩字的順序，一個是"何如"，一個是"如何"。臧氏這一換順序，就使得原本不和諧的押韻變得完全協韻了。

"着"在元雜劇用韻處使用了四次，一次雜入魚模韻。此現象出現在高文秀《遇上皇》第二折

【南吕・菩萨梁州】我虽是鳏寡孤独，对谁人分诉！衔冤负屈，因此上气填胸雨泪如珠。一个举霜毫，一个扳着臂膊，一个把咱扶着，道两行字便是我生天疏，却交无事还乡故。这好事要人做。不想二百长钱买了命卒。

如上文"齊微"部所述，此調十句為其基本格式，且一般句句入韻（偶有首句不入韻者），雖然有個別曲子減去一句，但不影響押韻。所以高文秀《遇上皇》第二折【南吕・菩薩梁州】的第五句末字"着"應該入韻，雜入魚模韻。

"喝"在元雜劇用韻處使用了五次，一次雜入魚模韻。此現象出現在無名氏《神奴兒》第三折

【中吕・紅繡鞋】你也不索硬打掙去街坊上么喝。神奴兒死屍骸只在這水溝裏埋

伏。孩兒也向那夢兒裏依本畫葫蘆。他為甚便慌篤速。一句句緊支吾。您正是賊兒膽底虛。

如上文“庚青”部所述，元雜劇此調五十八支曲子除無名氏《神奴兒》一曲外，首句全部入韻，各曲譜也如此。“喝”在《廣韻》屬曷韻，按規律在《中原音韻》中應該歸屬歌戈部，但是《中原音韻》未收此字。王力《漢語詩律學》在討論歌戈韻時指出曷韻的“褐葛割渴喝曷遏”都屬於歌戈部。因此，我們認為無名氏《神奴兒》【中呂·紅繡鞋】一曲首句末字“喝”雜入魚模韻。

3. 尤侯部字雜入魚模部

尤侯部“投、帚”兩字雜入魚模部。

“投”在元雜劇用韻處使用了三十七次，一次雜入魚模韻。此現象出現在鄭廷玉《斷冤家債主》第三折

【中呂·白鶴子】想當日狄梁公曾斷虎。一箇西門豹把巫来投。包待制白日里斷陽間。他也曾夜断陰司路。

元雜劇共有十二劇三十四支曲子使用【白鶴子】（【中呂】八劇二十四支，【正宮】四劇十支）全曲四句，首句和第三句可不入韻。《太和正音譜》、《一笠庵北詞廣正譜》、《南北詞簡譜》、《北曲新譜》、《中國曲學大辭典》收鮑吉甫《屍諫靈公》一曲，全曲四句，韻字為：冽糊橋路，首句、第三句均不入韻。據元雜劇和曲譜，其調基本格式為四句，首句和第三句可入韻亦可不入。鄭廷玉《斷冤家債主》第三折【中呂·白鶴子】一曲在“選本”中為“哎。想當日狄梁公曾斷虎，一箇西門豹會投巫。又有箇包待制白日裏斷陽間。他也曾夜斷陰司路。”除第二句後半段外，其餘全同。而正是這一變化就使原本不太和諧的韻律變得完全和韻。因此我們認為“脈本”此曲第二句末字“投”雜入魚模韻。

“帚”在元雜劇用韻處使用了兩次，全部雜入魚模韻，與《中原音韻》歸入尤侯部不合。出現在關漢卿《調風月》第四折【雙調·掛玉鉤】和馬致遠《岳陽樓》第四折【雙調·水仙子】。

【双调·挂玉钩】是个破败家私铁扫帚，没些儿发旺夫家处。可更绝子嗣，妨公婆，克丈夫！脸上承泪靥无重数，今年见吊客临，丧门聚！反阴复阴，半载其余。（關漢卿《調風月》第四折）

【雙調·水仙子】這一箇大官人一部落腮鬍。這一箇衹侯人拿着竹掃帚。這一箇緑襴袍板撒雲陽木。這一箇趙州橋嘴揾倒驢。這一箇賣油的偌大葫蘆。這一箇仙花能聖。這一箇髮亂梳。爰打的簡子愚鼓。（馬致遠《岳陽樓》第四折）

元雜劇共二十五劇二十五支曲子使用【雙調·掛玉鉤】。除宮大用《七裹灘》一曲為七句外，其餘均為八句，第五句、第七句可入韻亦可不入。《太和正音譜》收關漢卿散套一曲，全曲八句，韻字為：傳片筵旋紅面冬言，第五句、第七句不入韻。《一笠庵北詞廣正譜》收三種格式：一種為李致遠套數《離鸞別鳳》一曲，全曲八句，韻字為：鳊薦蓮見毫硯鉤箋，第五、七不入韻；一種為商政叔套數《彩雲聲斷》一曲，全曲九句，韻字為：作倒宵耗調癡削隨交，第六句、第八句不入韻，與上一格式相較，增第五句；一種是秦簡夫《趙禮讓肥》，全曲六句，韻字為：速處夫柱忘如，第五句不入韻，與上面相較，減第五、六句。《南北詞簡譜》、《北曲新譜》亦收李致遠散曲一曲，同《一笠庵北詞廣正譜》第一種格式。鄭騫指出："廣正第二格商政叔彩雲聲斷套，第四句下增出七乙一句。今按：樂府新聲、摘豔、雍熙、俱收此曲，俱無增句，廣正所據不知何本？此外亦未見有增句者。又：廣正第三格趙禮讓肥，減第五六兩句，雜劇選本合同文字亦然，此外未見他例。元曲選本則二者均未減句，當是臧晉叔添作。以上增減二者係偶然之筆，且破壞本調之整齊，不宜從。"① 其實《趙禮讓肥》在"脈本"中並無減句，所以《北曲新譜》所謂臧晉叔添作說值得商榷。相比較元雜劇和各曲譜，宮大用《七裹灘》此曲少第二句，所以全曲為七句。徐沁君在宮大用《七裹灘》此曲校記中注"【掛玉鉤】——原脫。今補"②。我們推測，應該是脫落。不過不影響我們這裏的押韻判斷。據元雜劇和各曲譜所收，首句均入韻。因此關漢卿《調風月》第四折【雙調·掛玉鉤】首句末字"帚"雜入魚模韻。"帚"在《中原音韻》中屬尤侯部，但元雜劇未見其押入尤侯韻的。查《廣韻》，帚，之九切，上聲有韻，按規律應該歸屬同《中原音韻》，可能是魚模部與尤侯部的讀音相近造成的，或是方音造成的。

如上文"真文"部所述，【雙調·水仙子】全曲八句，第六句可押可不押，其餘均入韻，所以馬致遠《岳陽樓》第四折【雙調·水仙子】第二句末字"帚"雜入魚模韻。此曲在"選本"中為"這一個是漢鍾離現掌着群仙籙。這一個是鐵拐李發亂梳。這一個是藍采和板撒雲陽木。這一個是張果老趙州

① 鄭騫：《北曲新譜》，藝文印書館 1973 年版，第 306 頁。

② 徐沁君：《新校元刊雜劇三十種》，中華書局 1980 年版，第 640 頁。

橋騎倒驢。這一個是徐神翁身背着葫蘆。這一個是韓湘子韓愈的親姪。這一個是曹國舅宋朝的眷屬。則我是呂純陽愛打的簡子愚鼓。”相比較，可以發現，除第六句外，其餘完全協韻。

4. 皆來部字雜入魚模部

皆來部“怪”字雜入魚模部。

“怪”在元雜劇用韻處使用了五十二次，一次雜入魚模韻。此現象出現在關漢卿《魯齋郎》第三折

【中呂·紅繡鞋】你兩个眉來眼去。不由我心內躊躕。百般難解。啞迷難猜。那一个身無所措。那一个緊支吾。您兩个其情可怪。

“怪”位于曲末入韻無疑，雜入魚模韻。

第四節 皆來

一、皆來部韻字及其來源

皆來部相當於《廣韻》皆咍，又佳（“佳、罷”除外）泰韻的開口字，夬韻（“話”例外）字，又入聲陌麥職的二等字（包括開合口）。又德韻一部分字，又支韻的一個“衰”字、質韻“捽”字、黠韻“煞”字等。具體如下：

皆：排 60○埋 36 霾 3○搋○齋 23○揣 15○儕 4○乖 34 階 29 堦 27 稭 4○揩 4○諧 25 骸 26 淮 14 槐 5 懷 74○挨 14

駭：騃 3○駭 7

怪：拜 35○煞 9○怪 52 戒 6 疥界 37○壞 19 械 7

咍：台 44 苔 9 臺 72 抬 36 駘胎 35○災 62 哉 45 栽 7○猜 35○才 116 材 29 財 45 裁 7○腮 60 豺 6 顋○該 38 垓 17○開 144○咍 5○孩 14 頦 9○埃 37 哀 15 唉○來 305 萊 5

海：待 49 怠○載 40 宰 17○采 10 彩 7 採 6 保睬 7 啋 4○在 75○改 45○凱 5 鎧 3 愷○海 55

代：戴 8○態 15○代 16 袋 9 黛 5 貸○鼐 3 耐 11○載 4 再 3○菜 11○賽 15 塞 9○概 18○慨 5○咳○愛 29 礙 20○賚

佳：牌 34○釵 28 差 30○柴 29○街 38○崖 14 厓 2 捱 37 涯 3○歪 21○鞋 15

蟹：擺16○買13○奶16○灑2○解33 拐2○蟹2○矮

卦：派11○賣25○債36○3 曬○解

夬：敗17○邁12○寨20○快28 塊8 噲

泰：害74 帶26○泰14○大45○柰30○蔡2○蓋32○外86○靄13○賴13

紙：揣5 踹2 闔7○扠

脂：衰23

支：篩14

至：帥12

陌：伯6 百3 柏3○拍3 魄9 珀2○白76 帛7○驀9 貊2 陌9○搿3○拆5○擇3 澤5 宅26○窄21○索○格5○客56○額9

麥：麥6 脈2○蘗○摘8○責20○策46 冊4 柵2○隔5 摑5 槅2○獲4 畫劃36

職：側12○色62

德：則○賊○刻2

質：摔7

曷：歹28

黠：煞8

二、他部字雜入皆來部現象

元雜劇十楔子五十六折共五百五十支曲子使用皆來韻。皆來韻在元雜劇中獨用的有五百四十四支曲子，如張國賓《薛仁貴》第二折【商調】十支曲子使用皆來韻，無他韻字雜入，具體如下：【集贤宾】伯才歪白哉怀牌【逍遥乐】外魄筛埋改代挨柴【梧叶儿】袋钗拜来腮奶【挂金索】债害腮外【后庭花】该在来陌概策改载【柳叶儿】在阶拜待台来【醋葫芦】猜财抬块灾【幺篇】买宰鞋海麦颏【幺篇】色排在拜斋【浪里来煞】坏骸揣在来。鄭光祖《翰林風月》第四折【雙調】十一支使用皆來韻：【新水令】材在來堦臺懷代【駐馬聽】崖捱外來宅菜采蓋【喬牌兒】海大帶色【豆葉黃】齋臺愛諧埋開排諧乖衰才台鼐【滴滴金】怪臺腮【折桂令】來釵堦臺台揣孩猜白儕來【雁兒落】客債開待【得勝令】胎臺策開帶差臺【落梅風】戒窄怪策帶【沽美酒】諧腮來海才【太平令】大堦賚戴裁邁哉泰。等等。有六支曲子雜入旁韻字。

1. 家麻部字雜入皆來部

家麻部"槎"字雜入皆來部。

"槎"在元雜劇用韻處使用了六次，一次雜入皆來韻。此現象出現在吳昌齡《風花雪月》第四折

【雙調·收江南】原来是月明千里故人来。他也李泛浮槎。張騫上天来。一天好事逩人的這来。

如上文"先天"部所述，【雙調·收江南】應該是句句入韻的，所以"槎"雜入皆來韻。

2. 車遮部字雜入皆來部

車遮部"折"字雜入皆來部。

"折"在元雜劇用韻處使用了十三次，一次雜入皆來韻。此現象出現在鄭廷玉《買冤家債主》第二折

【正宮·煞尾】把当的一周年下架休赎解，趱的五个月还钱本利也该，纳了利从头再取索，还了钱文书又厮赖。陷穷人的心儿毒性儿歹，骂穷人的舌儿毒口儿快。打了人牙钱主划，杀了人官司钞分折，有锋利曹司贝挨，敢决断的官人贿赂买，强证的凶徒畅不该，代诉的家奴更叵奈，问不问有钱的自在，是不是无钱的吃嗔责。无官司勾追不请客，有关节临危却相待，请人排筵度量窄，待客尊席不宽大。为钱呵当房恶了叔伯，为钱呵族中失了宗派。与他行钱运气衰，与他交财命不快。无仁义愚浊却有财，有德行聪明少人债。青湛湛高天眼不开，穷滴滴饥民苦怎捱！钱流转时辰有该载，天打算日头轮到来，发背疔疮富汉灾，反食病根源有钱的害，贼打劫天火烧了院宅，人连累抄估了你旧钱债，合着锅没钱买米柴，忍着饿无盐少齑菜，常受饥寒贫不择，才有些余资狠心在。你看他跋扈形骸，毒害心肠，不着他家破人亡那里采，真待失了火遭了丧恁时节改。

如上文"江陽"部所述，【正宮·煞尾】首二句用【煞】首二句，末句用【尾聲】末句，中間有六字折腰句、七字句、四字句等若干，全曲句數不定，但中間的六字句、七字句、四字句一般入韻。就鄭廷玉《買冤家債主》第二折【正宮·煞尾】來說，首二句用【煞】首二句，接著四個六字折腰句，三十個七字句，二個四字句，一個七字字，末句用【尾聲】末句。就此曲整體用韻來看，七字句均應該入韻。此曲在"脈本"和"選本"中都收有，"元刊本"與"脈本"所收曲詞同，而與"選本"差異較大。"選本"此曲句句入韻。所以我們認為第七句末字"折"應該是雜入皆來韻了。

3. 廉纖部字雜入皆來部

廉纖部"拈"字雜入皆來部。

“拈”在元雜劇用韻處使用了兩次，一次押入廉纖韻，與《中原音韻》合；一次雜入皆來韻。查《廣韻》，“拈”屬添韻，按規律應該歸屬《中原音韻》廉纖部，但卻有一次押入皆來韻。出現在武漢臣《玉壺春》第三折

【中呂・石榴花】你道是箏閑玉雁懶鋪排。琴被暗塵埋。休道你那綠窗前針指不曾拈。便小生也土培了硯臺。揪撇下詩才。你為我病懨懨攙過這裙兒帶。我為你沈腰寬減盡了形骸。你怕咱問時休放解。告姨姨只借過那鏡兒來。

如上文“先天”部所述，【中呂・石榴花】的基本格式為九句，只是第四句後的句子有變化或合併句子，或減句或增句，使此曲的句數不確定。但是據元雜劇和各曲譜，無論句數是七句還是十一句，句句押韻是客觀事實。所以武漢臣《玉壺春》此曲第三句末字“拈”雜入皆來韻。這種雜韻可能是表情達意所致。

4. 支思部字雜入皆來部

支思部“時”字雜入皆來部。

“時”在元雜劇用韻處使用了八十九次，一次雜入皆來韻。此現象出現在鄭廷玉《金鳳釵》第三折

【南呂・菩薩梁州】早是這火公吏又心乖。惡少年好毒害。你不是柳盜跖家吊客。則是這窮秀才家橫禍非災。不知怎生年月日時。我恰纔快早閂王恠。使不着老實終須在。不濟事枉分鮮。休折證向雲陽死去来。眼見得命掩泉臺。

如上文“齊微”部所述，【南呂・菩薩梁州】的基本格式為十句，且一般句句入韻（偶有首句不入韻者，有三劇九句者，均減去其中七字句一句）。所以鄭廷玉《金鳳釵》此曲第五句末字“時”雜入皆來韻。

5. 齊微部字雜入皆來部

齊微部“得”字雜入皆來部。

“得”在元雜劇用韻處使用了四十一次，一次雜入皆來韻。此現象出現在關漢卿《竇娥冤》第四折

【雙調・新水令】我每日哭啼啼守定望鄉臺。急煎煎把讐人等得。慢騰騰昏霧裡走。足律律旋風兒来。則被這霧鎖雲埋。攛掇的鬼魂快。

元雜劇共有一百三十二劇一百三十八支曲子使用【雙調・新水令】，全曲句數從六句到九句不等。七句者有十支曲子如無名氏《替殺妻》、金仁傑《追韓信》、宮大用《七裏灘》、鄭廷玉《斷冤家債主》、關漢卿《玉鏡臺》、馬致遠《薦福碑》和《岳陽樓》、武漢臣《老生兒》、無名氏《漁樵記》。其中武漢臣《老生兒》末句變成了對句，其餘均增一四字句；

八句者有七支曲子如鄭光祖《翰林風月》、石君寶《秋胡戲妻》、關漢卿《調風月》、無名氏《焚兒救母》、無名氏《延安府》、無名氏《認父歸朝》，無名氏《浮漚記》，其中無名氏《浮漚記》在第一句下增兩個三字句，其餘均在第五句下增加兩個四字句；九句者有三支曲子如關漢卿《裴度還帶》、鄭廷玉《後庭花》和喬孟符《揚州夢》，均增三個四字句。剩餘一百一十八支曲子均為六句，就押韻情形來看第三句可入韻可不入韻。第五句偶有不入韻的，包括武漢臣《玉壺春》在内共有四支曲子：關漢卿《玉鏡臺》和《調風月》、無名氏《村樂堂》。《太和正音譜》錄有范子安《竹葉舟》，全曲六句，韻字為：遊袖草洲遊晝，第三句不入韻。《一笠庵北詞廣正譜》錄有【雙調・新水令】六種體式：一種白樸《箭射雙鷹》（按：應該為王實甫《西廂記》），全曲六句，韻字為：紗掛靄霞花罷，第三句不入韻；第二種元遺山的曲子，全曲六句，韻字為：中用字櫳工重，第三句不入韻，與第一格式區別在於第三、四句各三字；第三種格式為無名氏《浮漚記》，全曲八句，韻字為：淒啼垂氣險吹移地，首句下增兩三字句；第四種格式為減句格式，無名氏曲子，全曲五句，韻字為：園戀愛圓怨，減第五句四字句；第五格式為無名氏套數，全曲九句，韻字為：天殿影煙弦園員仙年，第五句下增三個四字句；第六種格式王實甫《西廂記》全曲六句，韻字為：蛾污來窩呵臥，增第三句。另有一【么篇】即王實甫《西廂記》，全曲七句，韻字為：儸破聒箇合何過，句句入韻。《南北詞簡譜》亦錄王實甫《西廂記》，同《一笠庵北詞廣正譜》第一種格式。《北曲新譜》錄有三種格式及一【么篇】，一種為馬致遠《青衫淚》，全曲六句，韻字為：迷翠下低維內，第三句不入韻；第二種格式為周文質《蘇武還鄉》，全曲八句，韻字為：鞍扮躞斕膰間殘雁，第三句不入韻，並指出"第五句下可增四字句，即用第五句平仄，每句協韻。增句多少奇偶不拘，普通增一至三句。廣正載浮漚記（即朱砂擔）劇，第一句下增兩三字協韻句云：'哭啼啼oo淚雙垂oo'元曲選無之，當是為臧懋特刪去。此外未見第二例，蓋偶然之筆，作夾白看亦無不可，不必列為增句之又一格"[1]。第三種格式為減句格，同《廣正譜》第四種格式，"此曲見陽春白雪。減去第五句，殊不美聽，又示見第二例；雖元

① 鄭騫：《北曲新譜》，藝文印書館1973年版，第280頁。

人舊作，亦不必從也”①。【么篇】亦同《一笠庵北詞廣正譜》，但全曲只有六句，韻字為：儸破聒合何過，與《一笠庵北詞廣正譜》斷句不同。鄭騫指出“用么篇者，僅見西廂記此曲。第三四兩句俱變為四字，餘同始調。‘不當一個’（即西廂記此曲第四句“不當一個信口開合”）四字，雍熙及王伯良、淩初成兩本俱未點斷，蓋連下四字作一句，明是覶穿鑿附會。廣正定為正字且於個字滂注協韻，遂似多出一句，今改定。廣正載西廂此曲，（包括始調及么篇），正覶分析未當，故似與本格不同”②。《中國曲學大辭典》亦錄馬致遠《青衫淚》，並指出“第五句有不叶韻者，多見於散套”③。據元雜劇和各曲譜，此調的基本格式為六句，無論增減句，第二句均入韻。所以關漢卿《竇娥冤》此曲第二句末字“得”借叶皆來韻。此曲在“選本”中為“我每日哭啼啼守定望鄉臺。急煎煎把讐人等待。慢騰騰昏霎裹走。足律律旋風中來，則被這霎鎖雲埋。攛掇的鬼魂快。”可以發現臧氏把第二句末字換成皆來韻“待”，完全協韻。

6. 寒山部字雜入皆來部

寒山部“漢”字雜入皆來部。

“漢”在元雜劇用韻處使用了三十次，一次雜入皆來韻。此現象出現在鄭廷玉《金鳳釵》第三折

【南呂・紅芍藥】我將那鳳頭釵親手自培埋。跑出来懷內忙揣。我想那戳包兒賊漢。栽排下不義之財。我正是慈悲生患害。這一場鬼使神差。替別人濕肉伴乾柴。沒人情官棒好難捱。

元雜劇有二十二劇二十二支曲子使用【南呂・紅芍藥】，除楊顯之《酷寒亭》為全曲七句外，均為八句。就押韻情形看，除鄭廷玉《金鳳釵》第三折此曲外，全部句句入韻。《太和正音譜》收馬致遠《陳搏高臥》一曲，全曲八句，韻字為：君仁尊坤塵民勤塵，句句入韻。《一笠庵北詞廣正譜》、《南北詞簡譜》收高文秀《誶范叔》一曲，全曲八句，韻字為：光荒揚狂上光黃糠，句句入韻。《北曲新譜》收有兩種格式：一種同《太和正音譜》，一種為楊顯之《酷寒亭》，全曲七句，韻字為：合婆奪梭堝波羅呵，第二句句內藏韻，七句句句入韻。鄭騫指出此曲“減第二句而代以夾白，即‘淘的些冷飯兒’句。第五句變為七字，第六句破

① 鄭騫：《北曲新譜》，藝文印書館 1973 年版，第 281 頁。

② 同上书，第 280—281 頁。

③ 《中國曲學大辭典》，浙江教育出版社 1997 年版，第 757 頁。

為兩個四字。如此作者，僅見右曲，諸譜俱不收；予喜其音節諧婉，錄備一格”①。《中國曲學大辭典》同《太和正音譜》，並指出“楊顯之《酷寒亭》為別體，詳《北詞簡譜》”②。據元雜據和曲譜，【南呂·紅芍藥】應該句句入韻。所以鄭廷玉《金鳳釵》此曲第三句末字“漢”應該押韻的。

第五節 蕭豪

一、蕭豪部韻字及其來源

蕭豪部相當於《廣韻》的蕭宵肴豪四韻，又入聲覺藥鐸等韻的一部分字。具體如下

蕭：刁雕 2 凋 3○挑 14○條 41 調 28 迢 4○瀟 6 簫 12 蕭 3○梟驍 6 澆 13○堯 9○么 6○遼 3 僚 18 聊鷯

筱：鳥 8○褭○皎 3○曉 16○杳 10○了 162

嘯：釣 3 吊 2○眺 4○跳 21 調 9 掉 2○溺○叫 34○竅 4○料 3

宵：標 25 膘 4 鑣○飄 32 漂 3○瓢 16○苗 31 描 10○朝 33○超 2○朝 56 潮 4○焦 32 蕉 2 勦 2○樵 3 瞧 10 憔○霄 35 宵 17 消 62 綃 3 銷○招 17○燒 26○韶 4○驕 19 嬌 24○喬 7 僑橋 21 轎 2 翹 2 蹺○囂 2○腰 33 邀 10 夭 7 妖 2○遥 26 摇 33 瑶 6 颻 2 窑 4 謡 5 徭 2 姚○饒 33 橈

小：表 13○緲○兆 10 趙○剿○悄 6○小 33○沼 3○少 38○紹○燎 4○嬈 12 擾 2 繞 4 遶 10

笑：廟 18 妙 5○召○醮 2○俏 6 峭 2 哨 10○笑 39 肖 2 鞘 3○詔 13 照 12○少 8○嶠 2 轎○要 10○鷂曜耀 12○療 3

肴：包 5 胞 2 苞○泡拋 9○炮 2 刨○茅 3○抓嘲○抄 3○巢 10○梢 26 弰○交 67 教 7 郊 12 蛟 4 鮫膠○敲 19○哮 7○殽○坳

巧：飽 16○鮑 3○揉 7○爪 6○炒 5○狡 6 攪 5 絞 3○巧 9○拗 8 咬

效：豹 3 爆 2○铇 3○貌 22○鬧 31○罩 9○棹○鈔○稍 27○窖教 15 較 3 校 9○孝 21○效

豪：褒○袍 36○毛 17 旄 2○刀 51○饕○叨 5 韜 9 滔濤 13 咷 9 桃 10

---

① 鄭騫：《北曲新譜》，藝文印書館 1973 年版，第 131 頁。

② 《中國曲學大辭典》，浙江教育出版社 1997 年版，第 742 頁。

逃 29 陶 5 萄傜 6○醄 4 淘 2 啕匋○猱 3○遭 27 糟○操 9○曹 15 槽 6 嘈○騷 2 臊○高 98 鰝羔 4 糕 2 皋 2 膏 2 珓○蒿 5○豪 40 嚎 3 毫 23○嫯熬 23 嗷 2 鼇 4 敖璈厫○勞 53 牢 20 醪 10

晧：寶 20 保 5○抱 10○倒 41 島 4 搗 2 禱 4○討 15 套 3○道 152 稻○撓 4 揉 7 惱 23 腦 9○早 8○草 36 造慥 4○掃 13 嫂 4 燥○考栲槁 3 拷 8○好 28○浩○懊襖 10○老 56

號：報 43○暴 18 瀑 2○冒帽 6 耄○到 58 倒 7○盜 8 蹈 2 導○躁 4 灶 2○噪 12○告 16 誥 5○靠 13 犒○傲 6○好 5 耗 10○號 13○奥○傍

覺：剝 2○雹 7○掿 3○卓 6 琢○濁 6 濯○捉 3○朔○覺 16 角 19○殼 4○嶽 4○學 27○幄○樂 44

藥：縛 3○爵 13 雀 6○削 2○酌 2 斫○綽 2 着 137○杓 2○脚 21○卻 11○虐 4 瘧○謔 2○約 22 喲○藥 11 躍 4 鑰○掠略 9○弱 9

鐸：博○膊○薄 19 泊 4 箔 3○寞幙 3○託托 6○鐸 5 度 18○喏○作 11○錯 12○鑿 4○索 7○閣 13 鶴 3 郭槨 2 廓○萼 5 鶚 2○壑○貉鑊 2○惡 11○落 49

黠：詉

二、他部字雜入蕭豪部現象

元人雜劇三楔子五十九折共五百八十二支曲子使用蕭豪韻，獨用五百七十三支曲子，如關漢卿《單刀會》第一折【仙呂】十二支曲子使用蕭豪韻，無他韻字雜入：【点绛唇】僚弱闹刀卓绍【混江龙】操朝调摇膘消僚袍鞘骄【油葫芦】少了交略草烧漂道曹【天下乐】乔朝交错道讨老【那吒令】了着侄闹雹【鹊踏枝】躁豪枭好刀【寄生草】招道操料暴【金盏儿】飘摇道了消袍刀【醉扶归】保包邀到貌要【金盏儿】逃饶狡豪刀桥【后庭花】小高交桥道了【赚煞尾】托嫂小交叫辽刀狡笑袍。又如鄭光祖《智勇定齊》第四折【雙調】四支曲子：【新水令】豪略朝驍岳【沉醉東風】皎飄耀霄朝掃【甜水令】報勞笑郊【折桂令】豪朝刀老勞標遥勞。等等。另有九支曲子雜入旁韻字。

1. 齊微部字雜入蕭豪部

齊微部“飛、眉”兩字雜入蕭豪部。

“飛”在元雜劇用韻處使用了九十九次，一次雜入蕭豪韻。此現象出現在鄭光祖《伊尹耕莘》第二折

【中呂・石榴花】我則見揚塵蔽日罩荒郊。更和那人馬可便鬧護鏍。當頭裡一匹駿馬甚咆哮。見從人列着暢好是英豪。見一人下馬連声叫。諕的我魄散魂飛。他道是齎擎着一紙徵賢詔。你着我疾快便臨朝。

如上文"先天"部所述,【中呂・石榴花】的基本格式為九句,只是第四句後的句子有變化或合併句子,或減句或增句,使此曲的句數不確定。但是據元雜劇和各曲譜,無論句數是七句還是十一句,句句押韻是客觀事實。

"眉"在元雜劇用韻處使用了五十次,一次雜入蕭豪韻。此現象出現在馬致遠《任風子》第四折

【双调・梅花酒】你若将我恼犯了,我敢揝住你那头梢;膀转身摇,腾的漾过你那花梢。我敢腌臢臢打碎你脑,我敢各支支撧折你腰!师父道且忍着。又不会赴蟠桃,又不会上青霄,不死去几时了。□□了便舒眉。

"眉"位於曲末必入韻。此劇在"脈本"和"選本"中均收錄,但是二本均無最後一句。徐沁君在校注記中也說道"按:'眉'字失韻,本句疑有誤"①。

2. 江陽部字雜入蕭豪部

江陽部"坊"字雜入蕭豪部。

"坊"在元雜劇用韻處使用了一次,並押入蕭豪韻。此現象出現在李致遠《還牢末》第二折

【商調・浪里来煞】少不的一命歸。扭回頭他行坊。孩兒也你則去衙坊鄰里宿今宵。赤緊的着疼熱的親娘亡化早。送的人七顛八倒。哎你箇狠公人拖逩的我入死囚牢。

元雜劇共十五劇十六支曲子使用【商調・浪裹來】或【商調・浪裹來煞】,全曲六句,首句可入韻可不入。《太和正音譜》收馬致遠散套,全曲六句,韻字為:永捱哀色待齋,首句不入韻。《一笠庵北詞廣正譜》收喬夢符《兩世姻緣》一曲,全曲六句,韻字為:籌倖程燈命城,首句不入韻。《南北詞簡譜》、《北曲簡譜》、《中國曲學大辭典》所收同《太和正音譜》。吳梅指出"此又作【浪來裹】,又作【浪裹來煞】"②。鄭騫指出此調"亦作尾聲用","一作浪裹來,又名浪裹沙"③。據元雜劇和曲

① 徐沁君:《新校元刊雜劇三十種》,中華書局1980年版,第236頁。

② 吳梅:《南北詞簡譜》,河北教育出版社1989年版,第226頁。

③ 鄭騫:《北曲新譜》,藝文印書館1973年版,第239頁。

譜，此調首句可不入韻，但其餘均入韻。所以李致遠《還牢末》此曲第二句末字“坊”應該入韻的。此曲在“選本”中為“我眼見的一命拋。也留不得三更到。孩兒也你則去街坊鄰里宿今宵。赤緊的着疼熱的親娘亡化早。害的人七顛八倒。天那這都是我五行中惡限怎生逃。”相比較，無論首句還是第二句均用蕭豪韻的字。

3. 寒山部字雜入蕭豪部

寒山部“還”字雜入蕭豪部。

“還”在元雜劇用韻處使用了十三次，一次雜入蕭豪韻。此現象出現在劉唐卿《降桑椹》第一折

【仙呂·寄生草】有錢的高堂上常奢侈。無錢的遭貧寒居瓦窑。有錢的列金釵絃管可便心歡樂。無錢的受恓惶寂寞傷懷抱。有錢的逞軒昂馬踐紅塵道。無錢的向人前縮手口難開，則他這貧窮富貴是天還。

“還”位於曲末一定入韻，但是寒山與蕭豪韻差異很大，不能算是偶然協韻，可能是作者在抄寫過程中訛化。在隋樹森《元曲選外編》中“還”處換成“道”，不僅合韻，而且合意。因此，“還”出韻可能是字形相近造成的。

4. 支思部字雜入蕭豪部

支思部“子”字雜入蕭豪部。

“子”在元雜劇用韻處使用了七十一次，一次雜入蕭豪韻。此現象出現在鄭廷玉《忍字記》第一折

【仙呂·油葫蘆】猛可裡擡頭把他覷覷了。将我来險笑倒。引着些小男小女将他厮搬調。莫不是香積厨做的齋食子。更和那善人家齋得禅僧飽。他腰圍有摟來麄。肚皮有三尺高。便有那駱駝白象青獅豹。敢可便也被你壓折腰。

如上文“東鍾”部所述，此調句法千變萬化，但基本格式為九句，第六句可入韻可不入韻，其餘均入韻，所以鄭廷玉《忍字記》此曲第四句應該入韻，只是一定原因在句末出現了與蕭豪韻差異較大的支思部的“子”，且“齋食子”不知為何意。從上文意思看，這裏表達的應該是“齋食好”的意思。比较“选本”：“猛可裏擡頭把他覷覷了。將我來險笑倒。引着些小男小女將他廝搬調。莫不是香積廚做的齋食好。更和那善人家齋得禪僧飽。他腰圍有簍來麤。肚皮有三尺高。便有那駱駝白象青獅豹。敢可便也被你壓折腰”。可以發現除第四句末字不同外，其他全同，第四句末字由“子”换成蕭豪韻的“好”，而“子”正好是“好”字的右邊部分，以此推斷“脈本”抄者可能脫落了“好”字一部分造成了出韻現象。

5. 皆來部字雜入蕭豪部

皆來部"來"字雜入蕭豪部。

"來"在元雜劇用韻處使用了三百零五次，一次雜入蕭豪韻。此現象出現在馬致遠《踏雪尋梅》第二折

【南呂・隔尾】我雖是引着箇頑童兒丕丕的來。東郭騎着箇驥驢兒騰騰的到。灞橋将這凍剝剝的先生您休笑。我将這酒葫蘆杖挑，詩卷兒袖着。我可便為愛清香被他惱。

元雜劇共四十六劇六十一支曲子使用【南呂・隔尾】，除尚仲賢《氣英布》一曲外，六十支曲子全曲六句。就押韻情形看，除馬致遠《踏雪尋梅》一曲第五句和無名氏《黃鶴樓》中一曲第四句不入韻外，其餘五十九支曲子句句入韻。《太和正音譜》收李致遠散套一曲，全曲六句，韻字為：眼肝幻還山晚，句句入韻。《一笠庵北詞廣正譜》、《南北詞簡譜》、《北曲新譜》同《太和正音譜》，鄭騫指出"第四句偶有不協韻者，不宜從"①。元雜劇中唯獨無名氏《黃鶴樓》中一曲第四句不入韻。《中國曲學大辭典》收馬致遠《陳摶高臥》一曲，全曲六句，韻字為：信鄰盡門人盹，句句入韻。據元雜劇和曲譜，尚仲賢《氣英布》一曲為五句應該是脫落了一句，比較"選本"所收，可以發現二者曲詞幾乎一致，只是"元刊本"少了倒數第二句。如果如此，【南呂・隔尾】基本格式為六句，而且首句應該入韻，所以馬致遠《踏雪尋梅》此曲首句末字"來"偶然雜入蕭豪韻。

6. 歌戈部字雜入蕭豪部

歌戈部"跛"字雜入蕭豪部。

"跛"在元雜劇用韻處使用了八次，五次押入歌戈韻，三次雜入蕭豪韻。在《中原音韻》中"跛"屬於歌戈部。雜入蕭豪韻的三次分別出現在高文秀《澠池會》第四折【雙調・殿前歡】、《襄陽會》第二折【越調・寨兒令・么篇】和無名氏《隔江鬬智》第三折【商調・醋葫蘆】。

【雙調・殿前歡】喒今日自評跛。我和你是風雲會上舊臣僚。見如今偏邦豈敢侵邊徼。懼怕俺這文武英豪。你便似紫金梁架海濤。我似那白玉柱侵雲表。若自傷損相殘暴。則恐怕傾頹了趙國。我則怕暢快了秦朝。（高文秀《澠池會》第四折）

【越調・寨兒令・么篇】你論親戚是漢祖根苗。論昆仲和劉表知交。破黃巾立大功。誅董卓建功勞。是和非心上自評跛。（高文秀《襄陽會》第二折）

---

① 鄭騫：《北曲新譜》，藝文印書館1973年版，第123頁。

【商調・醋葫蘆】你那裏群臣喜共憂。事情歹共好。則您那雲長翼德敢心焦。則怕他急煎煎盼着音信查。為着個甚些擔閣。我怕您無人處將我廝評跋。（無名氏《隔江鬬智》第三折）

如上文“江陽”部所述，【雙調・殿前歡】全曲九句，一般倒數第二句不入韻，其餘均入韻。高文秀《澠池會》此曲首句“跋”雜入蕭豪韻。《襄陽會》和《隔江鬬智》兩劇中“跋”均位於曲末，入韻無疑。

第六節　歌戈

一、歌戈部韻字及其來源

歌戈部相當於《廣韻》的歌戈韻，和入聲末韻，又合曷韻的喉牙音字，又覺藥鐸沒物韻一部分字。具體如下：

歌：多 48○他 31 拖 5 它 2○跎 4 馱陀 3 酡 3 沱○挪 5 那 6○蹉搓 3○娑 3 挲 2○哥 20 歌 22○柯 8○珂 4○峨 3 娥 6 鵝 2 蛾○呵 19○何 35 河 20○阿 4 屙屙○羅 39 鑼 4 囉 3 儸蘿籮攞 2

哿：舵 3○可 15 坷 3○我 56○荷

箇：大 22○那○佐 2 做 2○個 28 個 6○餓 4○賀 3

戈：波 26○坡 2○婆 16 皤 2○麽 21 嬷磨 17 摩 2 魔 11○梭 5 唆 4○戈 7 鍋堝 2○科 14 窠棵○訛○和 14 禾○窩 15

果：朵 6 躲 13○墮 3 垛 2○鎖 12○果 10 裹 3○顆 4○火 26 貨 8○禍 12○裸摞

過：播 2○破 31○剁 3○唾 4○糯懦 2○挫 8○銼 4 剉 3○坐 19 座 2○過 67○課 6○臥 16○和 5

曷：割 4 葛○渴 3○褐喝 5

末：撥 2 跋 8 缽 2 缽○潑 7○末 16 沫○掇 6○脫 15○奪 12○撮 10○聒 7 銛○闊 8○豁 2○活 34

合：合 42

覺：濁鐲捉

藥：着 4

鐸：膊○薄 5○莫寞 3 摸 4 幙 2○鐸 5○閣 9○鑊鶴○惡 2○落 4

物：佛 3

二、他部字雜入歌戈部現象

元人雜劇一楔子十八折共一百八十九支曲子使用歌戈韻，一百八十一支曲子無他韻字雜入，如尚仲賢《氣英布》第一折【仙呂】十二支曲子：【点绛唇】多末可合破【混江龙】过戈何河呵【油葫芦】我末罗过坐合过火蹉【天下乐】可我他过罗火【那咤令】破我我活过呵【鹊踏枝】多罗河窝罗【寄生草】磨火过祸卧【玉花秋】货何呵和躲【后庭花】破脱末波祸科【金盏儿】罗合大磨窝何【雁儿】我末合哥何【赚煞】掇波婆活河阔摩过多。又如石君寶《紫雲亭》第三折【中呂】十八支曲子中十七支（除【紅繡鞋】外）：【粉蝶儿】魔末合个河过【醉春风】潜躲可可破【迎仙客】波涯活儿婆罗磨（【红绣鞋】末多哥渡柯末）【石榴花】珂他跎歌罗货锣大婆【斗鹌鹑】阁他我何波锁【上小楼】可落魔呵末躲过【幺篇】末罗他呵过驮【十二月】哥过和撮波【尧民歌】多呵歌罗哥末饿【快活三】撮何合大【鲍老儿】末个我大活呵【古鲍老】过唾他罗哥堕科河活【要孩儿】躲可和锣歌锁多【四煞】活课坡摸珂【三煞】魔大拖末婆【二煞】脱拔歌破屙【煞尾】躲过我。八支曲子中雜入他韻字。

1. 魚模部字雜入歌戈部

魚模部“污、縮、逐”三字雜入歌戈部。

“污”在元雜劇用韻處使用了六次，一次雜入歌戈韻。出現在王實甫《西廂記》第二本第三折【雙調・新水令】。“逐”在元雜劇用韻處使用了十九次，一次雜入歌戈韻。出現在關漢卿《西蜀夢》第三折【中呂・石榴花】。“縮”在元雜劇用韻處使用了兩次，一次雜入尤侯，一次雜入歌戈韻，與《中原音韻》歸屬魚模不合。雜入歌戈韻出現在無名氏《風魔蒯通》第三折【越調・鬬鵪鶉】。

【雙調・新水令】恰纔向碧紗窗下畫圖了雙蛾。拂拭了羅衣上粉香浮污。則將指尖兒。輕輕的貼了鈿窩。若不是驚覺人呵。猶壓着繡衾卧。（王實甫《西廂記》第二本第三折）

【中吕・石榴花】往常开怀常是笑呵呵，绛云也似丹脸若频婆，今日卧蚕眉瞅定面没罗。却是为何，雨泪如梭？割舍了向前先搀逐，见咱呵恐怕收罗。行行里恐惧明开破，省可里倒反虎躯挪。（關漢卿《西蜀夢》第三折）

【越調・閗鵪鶉】每日點火般調和。使孟婆說合。擬着蠶姑姑為媒。待教狠媽媽嫁我。休笑我面色醃臢。形容兒猥縮。木鞋子踏做粉濫。鐵单袴倒做墨褐。我将這瓦

腿綳牢拴。磁頭巾再裹。（無名氏《風魔蒯通》第三折）

如上文“魚模”部所述，【雙調·新水令】基本格式為六句，無論增減句，第二句均入韻。【中呂·石榴花】基本格式為九句，句句入韻。所以“污”與“逐”均雜入歌戈韻。【越調·鬬鵪鶉】的調式如上文“東鍾”部所述，基本格式為十句，一、三、五、七、九可入韻亦可不入，而第六句入韻，所以“縮”雜入歌戈韻。

2. 齊微部字雜入歌戈部

齊微部“被”字雜入歌戈部。

“被”在元雜劇用韻處使用了十四次，一次雜入歌戈韻。此現象出現在無名氏《貨郎旦》第一折

【仙呂·金盞兒】你這斯小性信調唆。這妮子業口沒遭被。有情人惹起無明火。他那裡精神一撮顯娄羅。他那裡尖着嘴舌剌剌。我這裡俺着口笑呵呵。你道是休抓撥着花妳妳待怎麼。我也不是箇善婆婆。

如上文“東鍾”部所述，【仙呂·金盞兒】有六句、八句和九句之別，但是變化在第四句上。據元雜劇和曲譜，第二句應該入韻，所以“被”雜入歌戈韻。此曲在“選本”中為“俺這廝偏意信調唆。這弟子業口沒遭磨。有情人惹起無明火。他那裏精神一掇顯僂羅。他那裏尖着舌語剌剌。我這裏掩着面笑呵呵。你道我嘲撥着你個花奶奶。我也不是個善婆婆。”相比較可以發現二者差異不大，但第二句末字換成歌戈韻的“磨”完全入韻，不存在雜韻問題。這可能是“脈本”抄者受到上文意思的影響所致。

3. 車遮部字雜入歌戈部

車遮部“熱”字雜入歌戈部。

“熱”在元雜劇用韻處使用了十七次，一次雜入歌戈韻。此現象出現在楊顯之《酷寒亭》第三折

【南呂·菩薩梁州】湯水兒或少或多。乾糧兒一箇兩箇。米麫兒一撮半撮。捨貧的姐姐哥哥。他娘在誰敢把氣兒呵。糖堆裹養的偌來大。如今風雪街忍着十分餓。他不愛惜倒折挫。常言道灰不如火熱。多敢怕我信口開合。

如上文“齊微”部所述，此調十句為其基本格式，且一般句句入韻（偶有首句不入韻者），九句者均減去其中七字句一句（即五六七中的一句）。無論九句還是十句，倒數第二句均入韻，所以楊顯之《酷寒亭》中“熱”雜入歌戈韻。

4. 東鍾部字雜入歌戈部

東鍾部“濃”字雜入歌戈部。

“濃”在元雜劇用韻處使用了二十次，一次雜入歌戈韻。此現象出現在無名氏《貨郎旦》第一折

【仙呂·哪吒令】你信那黑心腸的玉娥。厝眉看取撮。休惱犯黃肚皮小哥。他所量着待濃。即則莫自的老婆。他揪摶着放潑。便有洛陽田。平梁堕。鈔廣銀多。

如上文“東鍾”部所述，【仙呂·哪吒令】的基本格式為九句，無名氏《留鞋記》之所以為十句，是在第七句加了一個四字句。據元雜劇和曲譜，此調第四句必入韻。此曲在“選本”為“休信那黑心腸的玉娥。他們便喬趨搶取撮。休惱犯着黃蘗肚小麽。數量着噥過。緊忙裹做作。似蠍子的老婆。你便有洛陽田。平陽果。鈔廣銀多。”相比較可以發現臧氏第四句是入韻的，末字是歌戈韻字“過”。這也足以說明此位置應該入韻。按【仙呂·哪吒令】格式，第四句應該為四字字，但是《貨郎旦》中此句除去襯字只是三字句，所以我們認為這裏的出韻是作品流傳或抄寫過程中脱落了文字引起的。

5. 皆來部字雜入歌戈部

皆來部“界”字雜入歌戈部。

“界”在元雜劇用韻處使用了三十七次，一次雜入歌戈韻。此現象出現在無名氏《風魔蒯通》第三折

【越調·聖藥王】你待胡扯攞。俺圖甚麽。蒯文通因此作風魔。不是我忒口多。虧負了他立起劉朝世界。漢山河。須不是莊子鼓盆歌。

如上文“東鍾”部所述，元雜劇【越調·聖藥王】，均為七句，一般首句和第四句可押可不押韻。所以無名氏《風魔蒯通》此曲倒數第三句應該入韻。但是皆來韻“界”與歌戈韻讀音相差較大，通用會出現不和諧韻律。在“選本”中此曲為“你待胡扯撮。強領掇。道俺蒯文通故意作風魔。須不是我忒口多。忒意多。也只為誰人立起這山河。怎做一枕夢南柯。”相比較臧氏第五句末字為“多”完全協韻。

6. 家麻部字雜入歌戈部

家麻部“媽”字雜入歌戈部。

“媽”在元雜劇用韻處使用了兩次，一次雜入歌戈韻。此現象出現在無名氏《貨郎旦》第一折

【仙呂·鵲踏枝】有一日典了庄科。准了綾羅。銅斗兒家緣。恰一佀落也廝羅。那節也無保新的姨姨媽媽，下場頭捨貧姐姐哥哥。

如上文“江陽”部所述，【仙呂·鵲踏枝】基本格式為六句，七句者為第五句破為兩句造成。據元雜劇和曲譜，此調第三句可入韻亦可不入，

其餘均入韻，所以“媽”雜入歌戈韻。此曲在“選本”中為“有時節典了莊科。准了綾羅。銅斗兒家私。恰做了落葉辭柯。那其間便是你鄭孔目風流結果。只落得酷寒亭則留下一箇蕭娥。”相比較可以知道，倒數第二句應該是入韻的，我們推測“脈本”作者可能誤把“嬷”字寫成“媽”字，二者在字形上都從“女”字，而且讀音上“嬷”原讀 mā，與“媽”同音。“嬷”屬於歌戈韻字。

第七節　家麻

一、家麻部韻字及其來源

家麻部相當於《廣韻》麻韻二等字（即開口字）、佳韻合口字及“佳”本字和“罷”字。又入聲曷合盍三韻的舌齒音字、黠鎋洽狎四韻字、月乏的輕唇字。具體如下：

麻：笆巴 3○琶 8○麻 20 蟆○他 54○拿 38○茶 15 嗏搽 3○咱 77○撾 3 柤 2○叉 8 差 27 槎 6○查 4 楂蹅 9 喳渣 3○紗 18 砂 2 沙 34 裟 2○嘉 2 痂枷 11 加 23 家 150 葭 3 瓜 14 媧○○誇 16○牙 24 呀 10 芽 19 衙 17 吖 4○花 102 譁 6○華 45 霞 31 遐 2 瑕 4 蝦蝦○鴉 19 娃 12 蛙 5 洼窪

馬：把 10○馬 59○傻耍 19○寡 6 剮 10 假 14 賈斝 7○雅 4 瓦 11○啞 10

禡：霸 4 靶 5 耙 4○怕 41 帕 9○罵 12○吒 6○詫 4○詐 11○乍 3○廈 3○駕 19 價 11 嫁 8○跨 7○訝 5○嚇謼 8 化 24 唬○夏 3 下 132○凹 17○亞 3

佳：佳 2○涯 31

泰：大 33

歌：他 52

夬：話 49

卦：灑 8○卦 8 掛 27○畫 16

蟹：罷 56

梗：打 22

肴：抓

箇：那 16

姥：媽 2

戈：麽 14

曷：達 25 闥〇捺〇擦 2〇砸〇薩 8 撒〇剌 8

合：荅 24 搭 12〇踏 33〇納 8〇匝 3〇雜 12〇颯 2 趿

盍：褡〇榻 22 塌 10 塔 4〇靸〇蠟 6 臘 2

黠：八 6 扒 10〇拔 12〇紮 11 劄 2〇察 11〇殺煞 17〇猾 10 滑 17

鎋：鍘 7〇刮 7〇瞎 4〇轄

洽：劄〇煠〇插 13 鍤〇霎 8〇恰 5 掐 14〇峽 4 洽 6 狹 2

狎：甲 18 胛 2〇匣 8〇押 6 壓 8 鴨 2

月：發 22 髮 27〇伐 13 罰 8 筏 2〇襪 9

乏：法 34〇乏 19

末：抹 9

薛：瘸

職：蓢

二、他部字雜入家麻部現象

元雜劇七楔子三十三折共三百八十四支曲子使用家麻韻，以獨用為主，三百七十四支曲子無旁韻雜入，如關漢卿《拜月亭》楔子【仙呂】兩支：【赏花时】沙鸦霞霎涯【幺篇】马麻伐塌家。又如喬孟符《揚州夢》第三折【南呂】九支曲子：【一枝花】價花娃襪掐恰【梁州第七】茶掛達滑牙琶馬花雅訝下猾家【隔尾】帕花跨榻襪煞【罵玉郎】下娃畫價【感皇恩】茶花鴉霞差【採茶歌】誇嘉華花【牧羊關】家荅馬芽花【一煞】蠟紗琶茶下灑涯呀【黃鍾尾】帕花華乏家嫁他下誇咱把殺華馬。有十支曲子雜入旁韻字。

1. 歌戈部字雜入家麻部

歌戈部“多、娥”兩字雜入家麻部。

“多”在元雜劇用韻處使用了四十八次，四次雜入家麻韻。分別出現在狄君厚《介子推》第三折【中呂・耍孩兒】、張國賓《薛仁貴》第四折【雙調・慶宣和】、《汗衫記》第二折【越調・鬼三台】和【越調・青山口】。

【中吕・耍孩儿】哭啼啼诉不尽别离话。你与我疾忙上马。你一程程乘骑去他邦，我子索慢慢的步�还家。他那里伤心去路何时尽？我这里含恨归程知他几日是家？赤紧的您父子无投机话：可知道风云气少，那里问儿女情多。（狄君厚《介子推》

第三折）

【双调·庆宣和】俺家里没甚草料多，那里取槽铡？这几年折倒的我家缘尽消乏。更那里有铺马！铺马！（張國賓《薛仁貴》第四折）

【越调·鬼三台】听言罢，无凭话，惹的聪明人笑话。那没子嗣，没根芽，烧大驰细马，将金纸银钱香火加，便贤孙孝子儿女多。早难道神不容奸，天能鉴察。（張國賓《汗衫記》第二折）

【越调·青山口】这家那家叫吖吖，街坊每救火咱！几家瓦厦忽剌剌，被巡军都曳塌。天呵！苦痛杀！真加人唾骂。你浪酒闲茶，卧柳眠花，半世禁害杀，自矜自誇，兀的天折天罚。他也波他不瞅咱，多也末多是非多。俺那张家，你那根芽，有伤人伦风化，你好不知个礼法。（張國賓《汗衫記》第二折）

狄君厚《介子推》第三折【中呂·耍孩兒】“多”位於曲末入韻無疑。

元雜劇共四劇五支曲子使用【雙調·慶宣和】，全曲五句，除張國賓《薛仁貴》一曲外，其餘句句入韻。周德清《中原音韻》“定格”中收《五柳莊》一曲，全曲五句，韻字為：宅澤戴來來，句句入韻。《太和正音譜》收張小山小令一曲，全曲五句，韻字為：無疏湖雨雨，句句入韻。《一笠庵北詞廣正譜》錄有四種格式：一種為秦竹村套數《壯歲鄉閭》一曲，全曲五句，韻字為：驢都物取取，句句入韻，並注“末句仄煞”①；第二種為喬夢符套數《燕㥿鶯孱》一曲，全曲五句，韻字為：頑番罕間間，句句入韻，並注“末句平煞”②；以上兩種格式末兩句重疊。第三種為朱庭玉套數《曉角梅花》一曲，全曲五句，韻字為：玉蘇襦幃出，第四句不入韻，並注“末句不疊”③；第四種為關漢卿套數《世情推物理》一曲，全曲五句，韻字為：黑食齊題非，句句入韻，與上一格式區別在於末句不疊但是第五句入韻。《南北詞簡譜》同《太和正音譜》。《北曲新譜》收兩種格式：一種同《太和正音譜》，一種為朱庭玉散套《秋夜誰家》一曲，全曲四句，韻字為：楹明庭泠，句句入韻。《中國曲學大辭典》同《太和正音譜》，並指出“末二句有四種作法：一、兩個二字句疊用，此為多數作法；二、兩個二字句不疊，如關漢卿‘世情推物理’套‘且休題，誰是非’；三、合併為四字一句，如朱庭玉‘秋夜誰家’套

---

① 李玉：《一笠庵北詞廣正譜》，北京大學影印本1937年版，第291頁。

② 同上。

③ 同上。

‘露華乍冷’；四、四字句疊用，如張養浩小令‘倒大業快活，倒大來快活’。王實甫《西廂記》‘蒲東蕭寺’折：‘是人呵疾忙快分說，是鬼呵速滅。聽說罷將香羅袖兒拽，卻原來是姐姐，姐姐。’字聲頗多不合，蓋因運用《董西廂》原文之故”①。元雜劇所用五支曲子，除《西廂記》一曲（上面提到的一曲）外，其餘四支曲子均五句，末兩句均疊。據元雜劇和曲譜，此調首句應該入韻，所以張國賓《薛仁貴》一曲首句末字“多”雜入家麻韻。

如上文“江陽”部所述，【越調·鬼三台】押韻情形較為複雜，但是還有規律可循。據元雜劇和曲譜，全曲為九句者，倒數第三句必入韻。所以張國賓《汗衫記》一曲倒數第三句末字“多”雜入家麻韻。

元雜劇只有兩劇兩支曲子使用【越調·青山口】，分別是張國賓《汗衫記》和鄭光祖《翰林風月》，兩曲的句數不同。《一笠庵北詞廣正譜》收有五種格式，其中第二格式即張國賓《汗衫記》，曲詞為“這家那家鬧交雜，街坊每救火，咱幾間瓦廈忽剌剌，被巡軍都曳塌。天那！天折罰，真家苦痛殺！他那浪酒閑茶，臥柳眠花，半世禁害殺，自獎自誇，天折天罰。他那波他不瞅咱，咱也波咱是非多。俺那張家，你那根芽，有傷人倫風化，今日把我來傒倖殺。”（加線字均為譜中所標叶韻或暗韻地方）所收曲詞與“元刊本”即本文所依底本不完全一致，但倒數第五句末字卻一樣，譜中定為不入韻。《南北詞簡譜》中亦有對張國賓《汗衫記》此曲的解釋，所錄曲詞為“‘我則見這家那家鬧交雜。街坊毎救火咱。大廈大廈古剌剌。被巡軍都拽塌。天折罰。苦痛殺。（以上定格）他那浪酒閑茶。臥柳眠花。半世禁害殺。自獎自誇。天折天罰。（以上增句）他那波佗不瞅咱。咱也波咱可憐咱。俺那張家。您那根牙。有傷人倫風化。半合兒把我來傒幸煞’（以上定格）”②。曲詞既不同於《一笠庵北詞廣正譜》，也不同于本文所用底本，倒數第五句入韻，但韻字不是“多”，並指出“此章句字之多少，本無一定規格，加以作者任意添句，于本調應有之平仄句式，反致模糊一片。……餘細加研討，大抵開首六句，與末後六句……各家皆遵守格式，為此調之正體，中間一段，則變化無方，長短不一，不可衡以定律矣”③。《北曲新譜》收有七種格式或七支曲子，其中第三支曲子為張國賓《汗衫記》，曲詞

① 《中國曲學大辭典》，浙江教育出版社1997年版，第760頁。

② 吳梅：《南北詞簡譜》，河北教育出版社1989年版，第209頁。

③ 同上书，第208頁。

為"這家∧那家∧鬧交雜oo街坊每救火咱oo幾間瓦廈∧忽剌剌oo被巡軍都曳塌oo天啊∧苦痛殺oo真家∧人唾罵oo（他那浪酒閑茶oo臥柳眠花oo半世禁害殺oo自獎自誇oo天折天罰oo他也波他∧不瞅咱oo咱也波咱∧是非多oo俺那張家oo你那根芽oo有傷人倫風化oo半合兒把我來傒倖殺oo"（按：∧表示藏韻或否，oo表示協韻之句，加線字表示襯字或夾白）。鄭騫也指出此調分首六句後六句和中間若干句，"惟中間諸句參差不一"、"無一相同"①。所收曲詞與本文也有區別，但是句數與斷句處一致，更重要是倒數第五句末字亦為"多"，並且入韻。查各曲譜所收曲子，《一笠庵北詞廣正譜》所收其他（除明王田散套《畫閣初開》一曲）曲子，倒數第五句均入韻。《南北詞簡譜》所收其餘曲子（不包括所列又一體的明代諸曲）倒數第五句亦入韻。《北曲新譜》所收其曲（除明王田散套《畫閣初開》一曲），"與前諸曲迥異，又未見第二支，無從參校，姑依廣正錄出，存而不論。王田為明人，本可不收也"②。張國賓《汗衫記》第二折【越調·青山口】中的"多"位於倒數第五句。據曲譜，我們認為此句末字"多"雜入家麻韻。

"娥"在元雜劇用韻處使用了六次，一次雜入家麻韻。此現象出現在白樸《梧桐雨》第三折

【雙調·川撥棹】痛憐他不能勾水銀灌玉匣。又沒甚綵爁宮娥。拽布拖麻。奠酒澆茶。只索淺土兒權時葬下。又不及選山陵將墓打。

如上文"先天"部所述，【雙調·川撥棹】無論增句與否，均句句協韻，所以第二句末字"娥"應該押韻。此曲在"選本"中，為"痛憐他不能勾水銀灌玉匣。又沒甚綵爁宮娃。拽布拖麻。奠酒澆茶。只索淺土兒權時葬下。又不及選山陵將墓打。"僅第二句末字一字相差，而"娃"家麻韻字，完全協韻。所以"脈本"作者可能在抄寫中因字形相近而把"娃"寫成"娥"或不僅字形相近，而且"宮娥"二字常連用造成的。

2. 車遮部字雜入家麻部

車遮部"者、鞋、也"三字雜入家麻部。

"者"在元雜劇用韻處使用了三十四次，一次雜入家麻韻，出現在無名氏《村樂堂》第三折【商調·醋葫蘆】；"鞋"在元雜劇用韻處使用了十五次，一次雜入家麻韻，出現在無名氏《留鞋記》第三折【中呂·十

① 鄭騫：《北曲新譜》，藝文印書館1973年版，第270頁。

② 同上书，第274頁。

二月】。

【商調・醋葫蘆】則被這金晃的我這眼睛兒花借搽。諕的我這手脚兒軟刺答。可若是官司知道怎割殺。你可是那裏每将來你與我疾道者。常好是心粗膽大。天也天也則被些小寃家送了這箇懺知法。（無名氏《村樂堂》第三折）

【中呂・十二月】送了我也香羅手帕。送了我也紅繡花鞋。本待要同衾共枕。則落的帶鎖披枷。倒做了風流的話巴。也是箇歡喜寃家。（無名氏《留鞋記》第三折）

如上文“齊微”部所述，【商調・醋葫蘆】全曲六句，首句可入韻亦可不入，其餘均入韻。【中呂・十二月】的基本格式為六句，第三句可入韻亦可不入，其餘均入韻。所以無名氏《村樂堂》第三折【商調・醋葫蘆】一曲第四句末字“者”雜入家麻韻，無名氏《留鞋記》第三折【中呂・十二月】一曲第二句“鞋”雜入家麻韻。無名氏《留鞋記》此曲在“選本”中為“尚不見留情手帕。卻教我受罪南衙。本待望同衾共枕。倒做了帶鎖披枷。這一場風流話巴。也是箇歡喜寃家。”曲詞差異不大，只第二句不同，且末字為家麻韻“衙”完全協韻。

“也”在元雜劇用韻處使用了五十一次，一次雜入家麻韻。此現象出現在張國賓《薛仁貴》第四折

【双调・阵阵赢】你撇下两口儿老爷娘，却怎生一去不来家。飘零在海角，流落在天涯。□□，盼你似蝶戏镜中花；□□，被你思量杀我也！

“也”出現在曲末，雜入家麻韻。

3. 蕭豪部字雜入家麻部

蕭豪部“刀”字雜入家麻部。

“刀”在元雜劇用韻處使用了五十一次，一次雜入家麻韻。此現象出現在無名氏《盆兒鬼》第一折

【仙呂・六么序】哎約。我這里覷瞻罷。覷了他恶勢殺。他骨碌碌将恠眼来睜叉。我見他迸定鼻凹。咬定鑿牙。哎約。兀的不諕殺人那。這里我行行行趄心驚怕。一隻手横着短刀。一隻手揪住頭髪。

元雜劇二十一劇共二十一支曲子使用【仙呂・六么序】，其中無名氏《盆兒鬼》一曲為九句（脈本），宫大用《范張雞黍》和《七裏灘》兩曲為十三句，其餘十九支曲子均為十一句。就押韻情況來看，無論句數為十三句還是十一句，首句和倒數第二句可入韻亦可不入，其餘一般入韻。《太和正音譜》收無名氏《夢天臺》一曲，全曲十一句，韻字為：練軸壺糊鋪朱暮局舞穩舒，首句和倒數第二句不入韻。《一笠庵北詞廣正譜》收

王實甫《西廂記》一曲，全曲十一句，韻字為：殼身痕因門親奔人振冉紛，首句和倒數第二句不入韻。並注“此章句字不拘可以增損”①。《南北詞簡譜》所收同《太和正音譜》，《北曲新譜》所收與《一笠庵北詞廣正譜》同。《中國曲學大辭典》所收亦與《一笠庵北詞廣正譜》同，並指出“前篇（【六么序】帶【么篇】換頭，前篇即【六么序】）第五句下亦有增句者，如《范張雞黍》增四字二句，但未見他例”②。其實宮大用的《七裏灘》亦在第五句下增四字二句，“元刊本”和《元曲選外編》均如此。據元雜劇和各曲譜，【六么序】的基本句數為十一句，由於第五句下偶有增句，所以宮大用《范張雞黍》和《七裏灘》兩曲十三句均為增句格。前篇未見有減句格的例子，所以無名氏《盆兒鬼》當另有原因。此劇還見於“選本”中，為“哎喲。我這裏覷瞻罷。覷了他惡勢殺。他骨碌碌將怪眼來睁叉。迸定鼻凹。咬定鑿牙。則被你諕殺人那。哎喲。一隻手揪住咱頭髮。一隻手就把短刀拔。眼見得血光災正應着龜兒卦。兀的不殘生潑命。斷送在海角天涯。”本文所選此劇的底本為“脈本”，在“脈本”中此曲與么篇混雜不分，與“選本”相比較，可以發現前篇有脫落現象。按元雜劇和各曲譜的句字情形，“脈本”應該是少了後面三句，所以我們這裏認為第八句“一隻手横着短刀”應該是協韻句，句末字“刀”應該是入韻的。不過“脈本”抄者可能在脫落或漏抄的同時把一些字詞也變了，造成了不入韻的現象。

4. 東鍾部字雜入家麻部

東鍾部“洪”字雜入家麻部。

“洪”在元雜劇用韻處僅使用了一次並且雜入家麻韻。此現象出現在馬致遠《青衫淚》第四折

【中呂・迎仙客】無禮法。婦人家。山呼委實不會他。只辦得緊低頭。忙跪下。願陛下海量寬洪。聽臣妾說一套兒傷心話。

如上文“東鍾”部所述，【中呂・迎仙客】全曲七句，首句和第四句可入韻可不入韻。據元雜劇和曲譜，此調第六句應該入韻。此劇在“選本”中為“無禮法。婦人家。山呼委實不會他。只辦得緊低頭。忙跪下。願陛下海量寬納。聽臣妾說一套兒傷心話。”相比較可以發現僅第六句末字之差，按臧氏用字則完全入韻，而按“脈本”則完全不入韻。我們推測“脈本”作者可能受到“寬洪”常連在一起應用的影響，致使此句出韻。

---

① 李玉：《一笠庵北詞廣正譜》，北京大學影印本1937年版，第182頁。

② 吳梅：《南北詞簡譜》，河北教育出版社1989年版，第739頁。

第八節　車遮

一、車遮部韻字及其來源

車遮部相當於《廣韻》麻韻三四等字（即齊齒呼），又入聲屑薛葉帖業及月韻的牙音字。具體如下

麻：爹5○嗟17○些31○邪9斜12○遮18○車14○蛇9○賒5奢5○耶爺7呆9○倈3

馬：姐4○寫5○者28○撦○舍5捨6扯2○也40野5冶3○惹7喏

禡：借3○趄7○藉2○瀉○謝11榭2○嗻2○射麝5社○舍10赦4○夜10

戈：瘸○靴4

屑：撇3憋○迭13跌○鐵5饕○捏○節22○切10竊○截11○潔4結6決○血10穴7○咽3

薛：憋○別31○滅13○啜○孽○哲2蜇3踅2蹩○徹13○轍2○絕35○雪5○折12拙2○舌12○設5說24○缺9○傑18竭2○悅6拽10○列10裂4劣6冽烈7○爇熱17

葉：輒2○接10○妾6○葉13○涉○曄

帖：帖貼9○蝶6疊5諜3牒2褶○捻3○篋○挾2協

業：劫○怯4○業9

月：月26○闕5撅橛碣2揭3○歇13○謁○曰越鉞

陌：額

曷：蝎2

昔：籍

二、他部字雜入車遮部現象

元雜劇一楔子十四折共一百二十九支曲子使用車遮韻，其中一百一十五支曲子無他韻字雜入，如無名氏《馬陵道》第四折【中呂】十一支曲子：【粉蝶兒】車列遮月裂接【醉春風】徹寫寫滅【石榴花】絕遮呆穴迭赦絕赦遮【鬬鵪鶉】歇別也接野【上小樓】斜貼熱夜【么篇】趄節射月【快活三】揭傑遮熱【朝天子】者說滅也歇鐵瘸者絕月【十二月】跌

絶舌歇瘸【堯民歌】截雪揭傑嗟也赦【尾聲】舌切也。又如關漢卿《單刀會》第四折【雙調】十支曲子：【新水令】迭叶阙穴别社【驻马听】迭也灭嗟绝热切血【风入松】□□说杰□奢【胡十八】灭杰别也也夜【庆东原】设节也曰舌越【沉醉东风】业邪灭业叶说【雁儿落】舌铁血【得胜令】蛰呆别者怯邪也【搅筝琶】列截血辄舌竭【离亭宴带歇指煞】列谢悦扯谢者月夜也节。等等。十四支曲子中雜入他韻字。

1. 家麻部字雜入車遮部

家麻部“花、枷、打”三字雜入車遮部。

“花”在元雜劇用韻處使用了一百零二次，一次雜入車遮韻。此現象出現在高文秀《雙獻功》第二折

【仙呂・點絳唇】柳絮花。亂飄葉。紛紛謝。鶯燕調舌。此景堪遊治。

如上文“東鍾”部所述，【仙呂・點絳唇】的首句應該入韻。此曲在“選本”中為“柳絮堪撦。似花引惹。紛紛謝。鶯燕調舌。此景遊冶”，句句入韻。所以“花”誤協車遮韻。

“枷”在元雜劇用韻處使用了十一次，兩次雜入車遮韻，分别出現在關漢卿《拜月亭》第三折【正宮・二煞】和白樸《牆頭馬上》第三折【雙調・太平令】。“打”在元雜劇用韻處使用了二十二次，一次雜入車遮韻，也出現在白樸《牆頭馬上》第三折【雙調・太平令】。

【正宮・二煞】则就那里先肝肠眉黛千千结，烟水云山万万叠。他便似烈焰飘风，劣心卒性，怎禁那后拥前推，乱棒胡枷！谁无个老父？谁无个尊君？谁无个亲爷？从头儿看来，都不似俺那狠爹爹！（關漢卿《拜月亭》第三折）

【雙調・太平令】隨漢走怎說三貞九烈。勘奸情八棒十枷。誰識他歌臺舞榭。甚的茶房酒舍。相公便把賤妾。拷打。下截。並不是甚風塵煙月。（白樸《牆頭馬上》第三折）

正如上文“真文”部所述，【正宮・二煞】無論句數怎樣變化不影響第六句，第六句全部入韻。所以“枷”誤協車遮韻。此曲在隋樹森《元曲選外編》中為“則就那裏先肝腸眉黛千千結。煙水雲山萬萬疊。他便似烈焰飄風。劣心卒性。怎禁那後擁前推。亂棒胡茄。阿誰無個老父。誰無個尊君。誰無個親爺。從頭兒看來。都不似俺那狠爹爹。”相比較可以說《元曲選外編》的“茄”更合音律，但是意思上卻很難講通。《廣韻》“茄，荷莖又漢複姓有茄羅氏”，而“枷，枷鎖又連枷打穀具”。從《拜月亭》曲詞的意思和上文“亂棒”來說，這裏應該是刑具的“枷”。所以徐沁君《元刊雜劇三十種》就把原作“茄”校成“枷”。但是“枷”屬於麻韻二等字，按規律

應歸屬家麻韻的，與車遮韻不合。

如上文“先天”部所述，【雙調·太平令】的基本格式為八句，且句句入韻。此曲在“選本”中為“隨漢走怎說三貞九烈。勘姦情八棒十挾。誰識他歌臺舞榭。甚的是茶房酒舍。相公便把賤妾。拷折。下截。並不是甚風塵煙月”。可以發現第二句末字由“枷”換成“挾”，倒數第三句末字由“打”換成“折”，這一換使得整曲韻律和諧。通過比較，可以說“打”在這裏既不意思也不合音律，而“折”既合意也合律。“脈本”作者可能因“打”與“折”字形相近而誤抄造成出韻現象的。“挾”有兩個讀音：胡頰切（《廣韻》）、訖洽切（《集韻》），“選本”中音注為“希耶切”同第一個讀音，這個音是作為動詞使用的，而作為名詞使用的則是第二個音。雖然臧氏把“枷”換成“挾”在合韻上非常恰當，但意思上卻不合上文或曲詞意思，所以我們認為“枷”應該入韻卻出韻了。

元代的家麻和車遮韻有部分字的來源是相同的，來自《廣韻》的麻韻。《廣韻》麻韻系的二等字在元代入家麻韻，三四等字入車遮韻。周德清在歸納曲韻時也體現了這種分立現象。在元雜劇使用的陰聲韻部中車遮是使用次數最少的。從我們和《中原音韻》歸納的韻字來看，這一韻部非入聲字很少，入聲字很多，總字數也不多。這樣的韻，按理是不很好用的，很容易雜入他韻的字。事實上元雜劇的獨用很多，只有部分曲子雜入他韻字。正如周德清指出的世上作家有時不可避免按舊韻押韻，所以會造成不協現象。

2. 皆來部字雜入車遮部

皆來部“乖、怪、色、來”四字雜入車遮部。

“乖”在元雜劇用韻處使用了三十四次，一次雜入車遮韻。此現象出現在白樸《牆頭馬上》第三折

【雙調·梅花酒】他毒腸哏切。丈夫又軟揣絕些。相公又恶嗽嗽乖。夫人又叫丫丫似蝎螫。你不望夫石上變化身。築墳臺上立个碑碣。教我謾懺懺。愁萬縷悶千叠。心似醉意如呆。眼似瞎子手如瘤。輕拈掇慢拿捻。

如上文“先天”部所述，【雙調·梅花酒】變化頗雜，但第三句必入韻。根據【雙調·梅花酒】的基本格式，第三句應該是四字句。《牆頭馬上》此曲第三句如果除去襯字卻只有“相公乖”三個字，而且從上下文意思上講這裏應該是兇狠之義。對照“選本”：“他毒腸哏切。丈夫又軟揣些些。相公又惡嗽嗽乖劣。夫人又叫丫丫似蠍蜇。你不望夫石上變化身。築墳臺上立個碑碣。待教我謾懺懺。愁萬縷悶千疊。心似醉意如呆。眼似瞎手如瘸。輕拈掇慢拿

捻。”可以發現，第三句末多了一個“劣”字，“乖劣”在元雜劇中就可以表示兇狠義，所以“選本”用字不僅合意且合律。

“怪”在元雜劇用韻處使用了五十二次，一次雜入車遮韻。此現象出現在無名氏《百花亭》第一折

【仙呂・醉扶歸】他那里滿口兒稱王舍。風流客俊英傑。我曾向煙月新上花臺做子弟俫。你莫不身從謝。小生比崔護吟詩興怪，怎敢大厮八将凉浆謁。

如上文“真文”部所述，【仙呂・醉扶歸】基本格式為六句，句句入韻。所以此曲倒數第二句應該入韻，只是句末字為皆來韻的“怪”。在“選本”中此曲為“他那裏滿口兒稱王舍。多敢是真心的愛豪傑。我也曾向煙月所上花臺做子弟俫。莫不你前身元從謝。自笑我有那崔護詩才幾些，怎敢便大廝八將涼漿謁”。可見倒數第二句應該入韻，“脈本”出韻原因不明。

“色”在元雜劇用韻處使用了六十二次，一次雜入車遮韻。此現象出現在關漢卿《拜月亭》第三折

【正宮・倘秀才】我付能把这残春捱彻。划地是俺愁人瘦色。恰随妹妹闲行散闷些。到池沼，蓦观绝，越交人叹嗟。

如上文“庚青”部所述，【正宮・倘秀才】的基本格式為六句，倒數第三句可入韻亦可不入。據元雜劇和曲譜，第二句必入韻。所以“色”叶車遮韻。“色”在《中原音韻》中歸屬皆來韻，這與我們的歸納相同。在現代北方話裏，“色”有兩個讀音：shǎi 和 sè，可能 sè 音在當時已經開始萌芽，所以元曲作者才偶爾入韻押車韻。

“來”在元雜劇用韻處使用了三百零五次，一次雜入車遮韻。此現象出現在關漢卿《望江亭》第三折

【越調・調笑令】若是賤妾。晚些來。相公船兒上黑齁齁的熟睡者。則你那金牌虎符旁邊列。見官人遠離一舍。索甚用從人攔當者。俺這裡拖狗皮的考斷他腰截。

如上文“庚青”部所述，除孔文卿《東窗事犯》一曲因減第五句為六句外，元雜劇【越調・調笑令】均為七句，首句偶有不協韻者，一般句句協韻。所以關漢卿《望江亭》此曲第二句必入韻，只是句末字為皆來部“來”有些說不通。“選本”收此曲為“若是賤妾。晚來些。相公船兒上黑齁齁的熟睡歇。則你那金牌勢劍身傍列。見官人遠離一射。索用甚從人攔當者。俺只待拖狗皮的拷斷他腰截。”相比較發現臧氏第二句將“些來”顛倒成“來些”完全入韻。因此我們推測“脈本”作者可能只顧及到意思而未意識到音律造成排序的顛倒現象。

3. 齊微部字雜入車遮部

齊微部“的、質、食”三字雜入車遮部。

“的”在元雜劇用韻處使用了二百一十四次，一次雜入車遮韻。此現象出現在宮大用《范張雞黍》第二折

【南吕・哭皇天】他既是肯相採多承谢，便回程因甚的？把房门忙闭上，将衣袖紧揪者。想咱同堂学业，同舍攻书，同心报国，同侍君王，待和你同朝帝阙。谁想你四旬也不到，一事不成，抛离了老母，撇调下妻男，又不顾这旧哥哥死去也。这回相见，今番永别。

如上文“庚青”部所述，【南吕・哭皇天】字句不拘，可以增句，一般在第四句後增句。查元雜劇和曲譜，前四句中第三句可入韻可不入韻，其他入韻。所以宮大用《范張雞黍》第二句末字“的”應該押車遮韻的。此劇在“脈本”和“選本”有收錄。“選本”錄為“他既是肯相採多承謝。便回程因甚也。把書房門忙閉上，將衣袖緊揪撦。誰想你今番今番命絶。想着俺同堂學業，同舍攻書，指望和你同朝帝闕。同建功名。你如今四旬不到，一事不成，抛離老母，割捨妻男，怎下的撇了您歹哥哥歹哥哥死去也。這回相見，今番永别”。第二句與“元刊本”僅一字之差，由“的”換成“也”完全協韻。在“脈本”中此曲詞改動頗多，第二句原為“便回程因甚也”，將“也”圈掉，旁邊加“的”。這說明此劇在流傳過程中可能有人唱“的”，也有人唱“也”。此二字均不影響句意。臧晉叔奉音律為圭臬，當然選取了車遮部的“也”，其他版本為“的”，是因為“甚”和“的（底）”在元曲中連用為一個疑問代詞“甚麼“的意思，而且此時“的”的讀音已經開始弱化，主要母音向央母音靠近，與車遮韻讀音差異開始變得模糊，所以選“的”。不過，據元雜劇中“的”字押韻只有一例押入車遮，說明元代時弱化並不明顯，“的”依然在齊微韻。因此這裏我們認為是偶然出韻。

“質”在元雜劇用韻處使用了十一次，一次雜入車遮韻。此現象出現在高文秀《雙獻功》第二折

【仙吕・後庭花】那廝緑羅衫條似玉結。皂頭巾環是減鐵。他戴着箇玉頂子新梭笠。穿着對錦沿边乾皂靴。那廝常好是忒[illegible][illegible]架着那鴥兒。小鷂馬兒上更馱着一個女鬾質。

“質”位於曲末必入韻。“選本”為“那廝綠羅衫條是玉結。皂頭巾環是減鐵。他戴着個玉頂子新梭笠。穿首對錦沿邊乾皂靴。那廝暢好是忒嗻。且莫說他賊兒小鷂。吹筒粘竿有諸般來擺設。只他馬兒上更馱着一個女鬾冶。”

“食”在元雜劇用韻處使用了七十六次，一次雜入車遮韻。此現象出

現在白樸《牆頭馬上》第三折

【雙調・收江南】玷叮瑠掂做了兩三截。有鸞膠難接玉簪早折。則是夫妻兒女両離別。也是我業徹。也強如参辰日月不交食。

“食”位於曲末入韻無疑。此劇在“選本”中為“玷叮瑠掂做了兩三截。有鸞膠難接玉簪早折。則是夫妻兒女兩離別。也是我業徹。也強如参辰日月不交接。”相比較可以看出僅曲末一字之差，臧氏為車遮部的“接”。所以我們認為這應該是誤協。

4. 尤侯部字雜入車遮部

尤侯部“瘤”字雜入車遮部。

“瘤”在元雜劇用韻處使用了一次且押入車遮韻。此現象出現在白樸《牆頭馬上》第三折

【雙調・梅花酒】他毒腸哏切。丈夫又軟揣絕些。相公又恶噉噉乖。夫人又吽丫丫似蝎螫。你不望夫石上變化身。築墳臺上立个碑碣。教我謾懺懺。愁萬縷悶千叠。心似醉意如呆。眼似瞎子手如瘤。輕拈掇慢拿捻。

如上文“先天”部所述，【雙調・梅花酒】變化頗雜。對比元雜劇和曲譜，可知“愁萬縷悶千叠。心似醉意如呆。眼似瞎子手如瘤。輕拈掇慢拿捻”為句末增的六字折腰句。據元雜劇和各曲譜，增句每句必協，所以這四句每句必入韻。但是增句的第三句末字為尤侯部的“瘤”，尤侯部與車遮讀音差異較大，很難通用的，並且“瘤”在此意思上講不通。此劇在“選本”中為“他毒腸哏切。丈夫又軟揣些些。相公又惡噉噉乖劣。夫人又叫丫丫似蠍螫。你不望夫石上變化身。築墳臺上立個碑碣。待教我謾懺懺。愁萬縷悶千疊。心似醉意如呆。眼似瞎手如瘸。輕拈掇慢拿捻。”比較可以發現，不僅第三句末補上了一個車遮部的“劣”，而且六字增句“瘤”處換成車遮部的“瘸”。臧氏的更換不僅符合上下文意思，而且也合韻。對比可以推測，“脈本”作者在抄寫過程中脫落了字並且因形近而誤把“瘸”寫成“瘤”造成了出韻現象。

5. 真文部字、東鍾部字雜入車遮部

真文部“仁”字、東鍾部“鐘”字雜入車遮部。

“仁”在元雜劇用韻處使用了十二次，一次雜入車遮韻；“鐘”在元雜劇用韻處使用了四十六次，一次雜入車遮韻。“仁”與“鐘”均出現在宫大用《范張雞黍》第二折

【南吕・梁州第七】如今蕭丞相每正争头鼓脑，文宣王缄口藏舌。将古今儒吏分优劣。想舜庭八恺，孔门十哲，周朝八士，殷室三仁，更和那汉国三杰，况中兴已后

三绝。如今那宪台疏乱滚滚当道豺狼，选法弊絮叨叨请俸日月，禹门深眼睁睁不辨龙蛇。纪纲，都败缺，炎炎的汉火看看灭。士大夫尚风节，恰便似寸草将来撞巨钟，枉自摧折。

如前“江陽”部所述，【南呂・梁州第七】雖有十七句、十八句之分，但第七句和倒數第二句不變化。據元雜劇和曲譜，第七句和倒數第二句必入韻，所以宮大用《范張雞黍》此曲第七句末字“仁”和倒數第二句末字“鐘”應該是入韻的。可是“仁”屬於真文部、“鐘”屬於東鍾部，與車遮韻讀音差異非常明顯，不可能是借協的。“脈本”所收曲詞與“元刊本”幾乎一致，此句末字也是“鐘”，只是第七句末字為真文部“人”。“選本”所錄此曲為“如今那蕭丞相爭頭鼓腦，便有那魯諸生也索緘口藏舌。將古今人物分優劣。為吏者矜誇顯達，為儒者賣弄修潔。舜庭八凱，孔門十哲，更和那漢國三傑，況中興以後三絶。如今那憲臺疏亂滾滾當路豺狼，選法弊絮叨叨請俸日月，禹門深眼睜睜不辨龍蛇。紀綱。敗缺。炎炎的漢火看看滅。士大夫尚風節，恰便似寸草將來撞巨鐵，枉自摧折。”相比較發現從第四句到第八句差異較明顯，後面的幾乎一致。但第七句末字為車遮部的“哲”，倒數第二句末字換成“鐵”，均入韻。我們推測“仁”或“人”使用可能是意思所限而致，“鐘”的使用可能是“脈本”抄者因“鐘”與“鐵”字形相近而誤，徐沁君校“元刊本“在斷句上未考慮音律從而也未注意到出韻與否現象，因而我們選用的“元刊本”出現了“鐘”雜入車遮韻現象。

第九節　尤侯

一、尤侯部韻字及其來源

尤侯韻相當於《廣韻》尤侯幽三韻，又入聲屋燭韻的一部分字。具體如下：

侯：兜 8〇偷 2〇投 37 頭 166〇韝 2 鉤 20 溝 6 勾 25〇齁〇侯 58 喉 10〇謳 7 甌 20 漚 15 鷗 5〇婁 2 樓 54 髏 3

厚：剖〇斗 31 陡 2〇走 46〇叟 7 擻 3〇狗 10 垢 2〇口 95 叩 3〇偶 8〇吼 7〇后後 91 厚 16〇毆 2 嘔〇簍嘍

候：鬬 8〇透 46〇逗 9 豆 2〇耨 5〇奏 20〇湊〇嗽 6〇彀 12 媾 2 勾 14 夠構〇扣 7 寇〇候 37〇漏 8

尤：浮 1〇謀 8 眸 25 矛 10〇抽 3〇謅 5〇籌 26 稠 5 紬 2 綢儔 7 疇 3〇鰍 3 秋 60 楸 2〇羞 35 修 12 脩 3 饈〇愁 90〇搊 5 篘〇颼 6 搜 9〇舟 24 周 10 州 44 洲 14〇收 64〇酬 19 讐 41〇鳩 6 鬮 2 揪 10 糾赳 3〇丘 15 坵〇求 23 毬 2 裘 10〇牛 33〇貅 4 休 134〇遊 32 由 56 油 11 游 4 郵優 5 猶 2 尤憂 67〇流 107 劉 8 留 46 騮 8 旒〇柔 8 揉 2

有：否〇扭 2 鈕紐 2〇醜 22〇酒 73〇囚 15〇箒〇手 97 首 52 守 18〇受 53〇久 17 九 7 灸〇臼舅〇朽 4〇有 47 友 35 酉 7 悠 25 牖〇柳 23

宥：晝 14〇畜〇宙 11 胄 4 紂 2〇就 42〇秀 15〇袖 41 岫 4 繡 6〇皺 18 甃 2 縐〇驟 6 僽 5 僽 17〇瘦 29〇咒 13〇臭〇獸 17〇壽 12 綬 5 授 4〇究 16 救 38〇舊 32〇嗅〇佑 3 右 11 祐 2 又 2 宥〇溜 6

幽：彪 2〇丟 6〇虯 2〇幽 10

幼：謬 6 繆 11〇幼 5

魚：瞅 3 瞜 5 僽 5

屋：竹 6〇軸 6 逐 11〇宿 12〇縮 1〇粥 2〇叔 2〇熟 24〇轂〇六 2 陸 1〇肉 22

燭：燭 6

二、他部字雜入尤侯部現象

元雜劇十二楔子五十折共四百九十三支曲子使用尤侯韻，獨用的有四百九十支曲子，如鄭廷玉《疏者下船》第二折【越調】十三支曲子：【斗鹌鹑】口首首纠擞【紫花儿序】仇留游愁后头【小桃红】愁酒袖头透口肉愁【凭栏人】钩楼休走【寨儿令】柳钩羞舟沤愁头眸流由留【调笑令】仇休首纣头休【雪里梅】楼侯手【紫花儿序】投流洲貅牛救油【秃厮儿】走流斗投休【圣药王】虬彪头休收楼忧【鬼三台】忧头救漏后收彀后【络丝娘】口首头奏【尾】救口搜走。又如喬孟符《揚州夢》第一折【仙呂】十一支曲子：【點絳唇】舟有柳愁瘦【混江龍】舊州樓鈎流鷗稠喉樓饈優秋晝頭【油葫蘆】遊酬侯口手僽透秋【天下樂】愁頭籌候休酒【那吒令】頭甌頭鈎頭手老瘦愁【鵲踏枝】流柔羞友頭【寄生草】口袖柳肉透【么篇】秋走透皺首【後庭花】投熟袖甌喉受宙牛樓州頭秋愁裘由收酒【青哥兒】壽袖守流侯酬游繆籌搊謳兜騮州舟悠颼頭袖【賺煞尾】後柳休愁鈎頭箒稠舊流。有三支曲子雜入旁韻字。

1. 家麻部字雜入尤侯部

家麻部“俠”字雜入尤侯部。

“俠”在元雜劇用韻處使用了一次並押入尤侯韻，與《中原音韻》歸屬家麻部不合，出現在楊梓《不伏老》第二折

【中呂·紅繡鞋】不索你箇軍師生受。請起波唐十宰文武公俠。態則待這荅兒里折殺了這尉遲休。衆公卿休将我耻笑。将恩義便為讎。可着我險些兒难措手。

如上文“庚青”部所述，【中呂·紅繡鞋】全曲六句，第四句可入韻亦可不入，而第二句是必入韻的。楊梓《不伏老》此曲第二句不僅出韻，而且“公俠”一語不知何意。按曲文意思，此句應該說的是“文武公侯”。此曲在隋樹森《元曲選外編》為“不索你箇軍師生受。請起波唐十宰文武公侯。恁則待要這搭兒折殺了這尉遲休。衆公卿休將我恥笑。怎麼將恩義便為讎。可着我險些兒難措手。”相比較可以知道，“脈本”抄者把“侯”字訛寫為“俠”造成了一種不押韻的現象。

2. 先天部字雜入尤侯部

先天部“現、淺”兩字雜入尤侯部。

“現”在元雜劇用韻處使用了二十六次，一次雜入尤侯韻。此現象出現在馬致遠《踏雪尋梅》第一折

【仙呂·醉中天】我則道離洛浦神仙現。哦原来是花衚衕女嬌羞。看了他玉骨冰肌體態柔。美臉兒天生就。他是箇會要笑聰明鬼頭。一撮兒玲瓏剔透。便有箇巧筆丹青描不出風流。

如上文“庚青”部所述，【仙呂·醉中天】，全曲為七句，第六句偶有不協韻的，一般句句押韻。所以馬致遠《踏雪尋梅》此曲首句應該入韻，“現”只能是雜入尤侯韻。

“淺”在元雜劇用韻處使用了二十三次，一次雜入尤侯韻。此現象出現在無名氏《貨郎旦》第二折

【雙調·殿前歡】若不是釣魚舟。險些兒一江春水向東流。你虛飀飀恩愛难成就。侶水上浮漚。趂西風捲浪頭。冲在當流。這水抵多少酒淹春衫袖。見淹的眼黃百黑。這沱兒是淺。

“淺”位於曲末，必入韻。相比較“選本”所收此曲“這一片水悠悠。急忙裹覓不出釣魚舟。虛飀飀恩愛難成就。怕不的錦鴛鴦立化做輕鷗。他他他趁西風卒未休。把你推落在水中浮。抵多少酒淹春衫袖。現滂的眼黃百黑。我尚兀自東見東流。”變化甚大，但從押韻上看，臧氏此曲更合音律。

第六章

元雜劇韻部相雜成因研究

元雜劇用韻字通過系聯可歸納為十八個韻部，各韻部多以獨用為主，韻部之間的界線極為分明，但是也存在著韻部之間互相雜入的現象。韻部之間相雜的現象既存在於陰聲韻和陽聲韻內部各韻部之間，也存在於陰聲部與陽聲部之間；既出現在語音相近的韻部之間，也出現在語音差異較大的韻部之間。韻部相雜現象紛繁複雜，原因也各不相同。

表 6－1　　　　元雜劇韻部相雜及形成原因表

韻部	雜入韻部	雜入字	出現劇作及宮調曲牌	形成原因
東鍾	庚青	兵、冷、勝、聲、爭、寧、箏、停、名、生、贏、京、井、迎、澄、騰、成、行、庭、影、鶯、盈	馬陵道一折【仙呂・點絳唇】 野猿聽經一折【仙呂・點絳唇】 麗春堂一折【仙呂・那吒令】 鎖魔鏡一折【仙呂・金盞兒】 襄陽會四折前楔子【仙呂・賞花時】 單鞭奪槊三折【越調・鬬鵪鶉】 單鞭奪槊三折【越調・紫花兒序】 單鞭奪槊三折【越調・調笑令】 單鞭奪槊三折【越調・禿廝兒】 單鞭奪槊三折【越調・聖藥王】 蝴蝶夢一折【仙呂・油葫蘆】 蝴蝶夢一折【仙呂・後庭花】 蝴蝶夢一折【仙呂・青哥兒】 蝴蝶夢一折【仙呂・那吒令】 風花雪月一折【仙呂・油葫蘆】 風花雪月一折【仙呂・天下樂】 風花雪月一折【仙呂・賺煞尾】 東牆記四折【越調・禿廝兒】 東牆記四折【越調・拙魯速】	语音相近
	寒山	趕	單鞭奪槊三折【越調・鬬鵪鶉】	情境
	真文	魂、臣	風花雪月一折【仙呂・點絳唇】 蝴蝶夢一折【仙呂・油葫蘆】	语音相近
	江陽	疆	豫讓吞炭四折【中呂・迎仙客】	上下文意
	齊微	西	東牆記四折【越調・鬬鵪鶉】	倒文

续表

韻部	雜入韻部	雜入字	出現劇作及宮調曲牌	形成原因
江陽	魚模	舒 都	魔合羅三折【商調・金菊香】 千里獨行四折【雙調・殿前歡】	脫文 情境
	蕭豪	陶	衣錦還鄉四折【正宮・脫布衫】	倒文
	寒山	挽、拴、 眼	浮漚記三折【正宮・煞尾・么篇】 風光好二折【南呂・二煞】	原因不明 上下文意
	桓歡	端	麗春堂四折【雙調・金字經】	原因不明
	庚青	姓、症	圯橋進履三折【正宮・貨郎兒】 拜月亭二折【南呂・梁州第七】	上下文意
	真文	筋	生金閣二折【越調・寨兒令・么篇】	原因不明
	皆來	歪	遇上皇一折【仙呂・點絳唇】	上下文意
支思	齊微	意、期、你、基、的、識、恥	謝天香一折【仙呂・醉扶歸】 謝天香一折【仙呂・賺煞】 鴛鴦被一折【仙呂・尾聲】 勘頭巾二折【南呂・一枝花】 剪髮待賓二折【正宮・滾繡球】 西廂記五本二折【中呂・上小樓】 相國寺三折【商調・逍遙樂】	語音相近
	魚模	住、虛、路、曲	鴛鴦被一折【仙呂・天下樂】 殺狗勸夫四折【中呂・石榴花】 風花雪月三折【正宮・滿庭芳】 相國寺三折【商調・雙雁兒】 貨郎旦四折【南呂・一枝花】	语音相近 上下文意
	皆來	待	剪髮待賓二折【正宮・滾繡球】	上下文意
	寒山	案	勘頭巾二折【南呂・賀新郎】	字形訛变
	侵尋	音	風花雪月三折【正宮・尾聲】	字形訛变
齊微	支思	事、時、死、思、枝、姿、四、刺、市、士、子、私	留鞋記一折【仙呂・哪吒令】 留鞋記一折【仙呂・金盞兒】 救風塵一折【仙呂・勝葫蘆・么篇】 救風塵一折【仙呂・村裏迓鼓】 蝴蝶夢二折【南呂・一枝花】 西蜀夢一折【仙呂・醉扶歸】 岳孔目三折【雙調・大清歌】 酷寒亭二折【越調・寨兒令・么篇】 破窑記二折【正宮・煞尾】 蝴蝶夢二折【南呂・牧羊關】 紫雲亭二折【南呂・菩薩梁州】 摩利支三折【越調・鬼三台】 謝金吾三折【越調・寨兒令・么篇】 金鳳釵一折【仙呂・寄生草】 碧桃花二折【中呂・石榴花】 鴛鴦被四折【雙調・太平令】 延安府二折【正宮・一煞】	語音相近

续表

韻部	雜入韻部	雜入字	出現劇作及宮調曲牌	形成原因
齊微	魚模	愚、住、軀、謀、與、出、取、去、飫	救風塵一折【仙呂・鵲踏枝】 博望燒屯一折【仙呂・寄生草】 岳陽樓三折【正宮・倘秀才】 殺狗勸夫二折【正宮・四煞】 調風月二折【中呂・耍孩兒】 捶丸記二折【南呂・四塊玉】 魔合羅四折【中呂・剔銀燈】 遇上皇三折【中呂・堯民歌】 勘頭巾三折【商調・醋葫蘆】 剪髮待賓三折【中呂・粉蝶兒	語音相近 上下文意
	車遮	[illegible]、者、月、楫、也、雪、折、列、鉞	西蜀夢一折【仙呂・天下樂】 黃鶴樓四折【南呂・絮蝦蟆】 三戰呂布三折【中呂・粉蝶兒】 三戰呂布三折【中呂・紅繡鞋】 望江亭二折【中呂・十二月】 五侯宴四折【商調・後庭花】 貨郎旦【轉調貨郎兒】第九轉 桃花女三折【中呂・普天樂】 降桑椹一折【雙調・清江引】 周公攝政三折【越調・聖藥王】 存孝打虎四折【黃鍾・出隊子】 鎖魔鏡四折【黃鍾・出隊子】 百花亭三折【商調・逍遙樂】	上下文意
	庚青	炕	雙獻功三折【雙調・得勝令】	上下文意
	皆來	捱、街、客、格	留鞋記一折【仙呂・天下樂】 殺狗勸夫二折【正宮・呆骨朵】 雲窗夢四折【雙調・梅花酒】 舉案齊眉三折【越調・鬼三台】	語音相近
	蕭豪	拗	東坡夢二折【南呂・感皇恩】	上下文意
魚模	齊微	會、基、的、妻、細、宜、婿	舉案齊眉一折【仙呂・上馬嬌】 摩利支二折【正宮・尾聲】 三勘蝴蝶夢二折【南呂・牧羊關】 破窑記三折【中呂・普天樂】 牆頭馬上四折【中呂・耍孩兒】 救風塵四折【雙調・收尾】 麗春堂三折【越調・小桃紅】 調風月四折【雙調・喬牌兒】	語音相近
	歌戈	何 着、喝	後庭花二折【南呂・鬬蝦蟆】 遇上皇二折【南呂・菩薩梁州】 神奴兒三折【中呂・紅繡鞋】	倒文 上下文意
	尤侯	投 帚	斷冤家債主三折【中呂・白鶴子】 調風月四折【雙調・掛玉鉤】 岳陽樓四折【雙調・水仙子】	倒文 上下文意
	皆來	怪	魯齋郎三折【中呂・紅繡鞋】	上下文意

续表

韻部	雜入韻部	雜入字	出現劇作及宫調曲牌	形成原因
皆來	家麻	槎	風花雪月四折【雙調・收江南】	上下文意
	車遮	折	買冤家債主二折【正宫・煞尾】	上下文意
	廉纖	拈	玉壺春三折【中呂・石榴花】	上下文意
	支思	時	金鳳釵三折【南呂・菩薩梁州】	上下文意
	齊微	得	竇娥冤四折【雙調・新水令】	字形訛变
	寒山	漢	金鳳釵三折【南呂・紅芍藥】	原因不明
真文	魚模	土、珠	三奪槊三折【雙調・駐馬聽】 東堂老四折【雙調・沉醉東風】	上下文意
	車遮	徹	介子推四折【越調・鬼三台】	原因不明
	侵尋	蔭、心、侵、凜、您、淋	替殺妻二折【正宫・滚繡球】 豫讓吞炭一折【仙呂・醉扶歸】 趙氏孤兒一折【仙呂・後庭花】 斷冤家債主四折【雙調・水仙子】 貶黃州四折【雙調・折桂令】 介子推四折【越調・寨兒令】 介子推四折【越調・鬼三台】	語音相近
	庚青	生、定、情、靈、名、貞、靜、佞、明、性、昇、承、兵、頂、掙、命、挺、烹	燕青博魚二折【仙呂・點絳唇】 燕青博魚二折【仙呂・金盞兒】 不伏老一折【仙呂・鵲踏枝】 不伏老一折【仙呂・點絳唇】 不伏老一折【仙呂・寄生草】 不伏老一折【仙呂・六么序・么篇】 替殺妻二折【正宫・倘秀才】 替殺妻二折【正宫・滚繡球】 替殺妻二折【正宫・煞尾】 替殺妻二折【正宫・叨叨令】 殺狗勸夫一折【仙呂・寄生草】 殺狗勸夫一折【仙呂・鵲踏枝】 殺狗勸夫一折【仙呂・青哥兒】 舉案齊眉二折【正宫・端正好】 焚兒救母四折【雙調・水仙子】 焚兒救母四折【雙調・得勝令】 焚兒救母四折【雙調・雁兒落】 村樂堂四折【雙調・喜江南】 村樂堂四折【雙調・殿前歡】 三奪槊三折【雙調・七弟兄】 東窗事犯四折【正宫・滚繡球】 裴度還帶四折【雙調・得勝令】 豫讓吞炭一折【仙呂・醉扶歸】 翫江亭一折【仙呂・尾聲】 追韓信三折【中呂・三煞】 介子推三折【越調・寨兒令】	語音相近
	東鍾	容、弄	殺狗勸夫一折【仙呂・寄生草】 村樂堂四折【雙調・殿前歡】	語音相近
	先天	緣	救風塵三折【正宫・二煞】	上下文意

续表

韻部	雜入韻部	雜入字	出現劇作及宮調曲牌	形成原因
寒山	先天	見、眠、然、躔、踐	澠池會一折【仙呂・醉扶歸】 三戰呂布一折【仙呂・河西後庭花】 緋衣夢一折【仙呂・賺煞尾】 浮漚記三折【正宮・滾繡球】 梧桐雨二折【中呂・迎仙客】	語音相近
	監咸	讒、庵、菴	王粲登樓一折【仙呂・六么序・么篇】 望江亭一折【仙呂・柳葉兒】 岳陽樓二折【南呂・烏夜啼】 岳陽樓二折【南呂・二煞】 老君堂一折【仙呂・油葫蘆】	語音相近
	桓歡	筭、桓、盤	老君堂一折【仙呂・鵲踏枝】 風光好一折【仙呂・混江龍】	語音相近
先天	家麻	恰	雲窗夢一折【仙呂・勝葫蘆・么篇】	字形訛变
	尤侯	喉 留	蝴蝶夢三折【正宮・醉太平】 留鞋記四折【雙調・收江南】	倒文 上下文意
	寒山	盼、扮、閑、帆、山、環、犯、晚、簡、鞍、顔、殘、潤	替殺妻一折【仙呂・天下樂】 藍采和一折【仙呂・鵲踏枝】 剪髮待賓一折【仙呂・賺煞】 雲窗夢一折【仙呂・賺煞尾】 連環計二折【南呂・一枝花】 連環計二折【南呂・絮蝦蟆】 老君堂二折【中呂・粉蝶兒】 老君堂二折【中呂・醉春風】 霍光鬼諫二折【中呂・石榴花】 不伏老四折【雙調・甜水令】 東牆記五折【雙調・沽美酒】 單鞭奪槊四折【黃鍾・醉花陰】	語音相近
	監咸	監、俺	竇娥冤三折【正宮・滾繡球】 野猿聽經四折【雙調・太平令】	語音相近
	廉纖	念、點、劍、染、簷	替殺妻一折【仙呂・勝葫蘆】 替殺妻一折【仙呂・後庭花】 陳母教子四折【雙調・沽美酒】 陳州糶米三折【南呂・烏夜啼】 東牆記五折【雙調・得勝令】 東牆記五折【雙調・駐馬聽】 西廂記一本一折【仙呂・賺煞】	語音相近
	桓歡	般、攢、畔、團、貫、鸞 團	竹塢聽琴一折【仙呂・上馬嬌】 留鞋記四折【雙調・川撥棹】 留鞋記四折【雙調・梅花酒】 青衫淚二折【正宮・三煞】 不伏老四折【雙調・駐馬聽】 望江亭四折【雙調・得勝令】	語音相近 字形訛变
	真文	鱗	野猿聽經四折【雙調・沽美酒】	原因不明
	東鍾	聰	單鞭奪槊四折【黃鍾・四門子】	字形訛变

续表

韻部	雜入韻部	雜入字	出現劇作及宮調曲牌	形成原因
蕭豪	齊微	飛 眉	伊尹耕莘二折【中呂・石榴花】 任風子四折【双调・梅花酒】	上下文意 原因不明
	江陽	坊	還牢末二折【商調・浪裏來煞】	原因不明
	寒山	還	降桑椹一折【仙呂・寄生草】	字形訛变
	支思	子	忍字記一折【仙呂・油葫蘆】	脱文
	皆來	來	踏雪尋梅二折【南呂・隔尾】	上下文意
	歌戈	跋	澠池會四折【雙調・殿前歡】 襄陽會二折【越調・寨兒令・么篇】 隔江鬭智三折【商調・醋葫蘆】	語音相近
歌戈	魚模	家麻	西廂記二本三折【雙調・新水令】 西蜀夢三折【中呂・石榴花】 風魔蒯通三折【越調・鬬鵪鶉】	語音相近
	齊微	被	貨郎旦一折【仙呂・金盞兒】	原因不明
	車遮	熱	酷寒亭三折【南呂・菩薩梁州】	語音相近
	東鍾	濃	貨郎旦一折【仙呂・哪吒令】	脱文
	皆來	界	風魔蒯通三折【越調・聖藥王】	上下文意
	家麻	媽	貨郎旦一折【仙呂・鵲踏枝】	字形訛变
家麻	歌戈	多 娥	介子推三折【中呂・耍孩兒】 薛仁貴四折【雙調・慶宣和】 汗衫記二折【越調・鬼三台】 汗衫記二折【越調・青山口】 梧桐雨三折【雙調・川撥棹】	上下文意 字形訛变
	車遮	者、鞋、也	村樂堂三折【商調・醋葫蘆】 留鞋記三折【中呂・十二月】 薛仁貴四折【双调・阵阵赢】	語音相近
	蕭豪	刀	盆兒鬼一折【仙呂・六么序】	上下文意
	東鍾	洪	青衫淚四折【中呂・迎仙客】	上下文意
車遮	家麻	花、枷 打	雙獻功二折【仙呂・點絳唇】 拜月亭三折【正宮・二煞】 牆頭馬上三折【雙調・太平令】	上下文意 字形訛变
	皆來	怪 色 來 乖	百花亭一折【仙呂・醉扶歸】 拜月亭三折【正宮・倘秀才】 望江亭三折【越調・調笑令】 牆頭馬上三折【雙調・梅花酒】	原因不明 語音相近 倒文 脱文
	齊微	的、質、食	范張雞黍二折【南呂・哭皇天】 雙獻功二折【仙呂・後庭花】 牆頭馬上三折【雙調・收江南】	語音相近
	尤侯	瘤	牆頭馬上三折【雙調・梅花酒】	字形訛变
	真文	仁	范張雞黍二折【南呂・梁州第七】	字形訛变
	東鍾	鐘	范張雞黍二折【南呂・梁州第七】	字形訛变

续表

韻部	雜入韻部	雜入字	出現劇作及宮調曲牌	形成原因
庚青	侵尋	襟	殺狗勸夫三折【南呂·感皇恩】	上下文意
	支思	試 思	豫讓吞炭二折【正宮·倘秀才】 東牆記二折【正宮·耍孩兒】	字形訛变 倒文
	真文	門、臣、辛、存、郡、緊、巡、根、噴、嗔、盡、身、陣、勳、神、君、信、進、聞、肯、本、引、悶、分、倫、狗	浮漚記一折【仙呂·醉扶歸】 捶丸記三折前楔子【仙呂·賞花時】 東堂老二折【正宮·滚繡球】 氣英布二折【南呂·梁州第七】 氣英布二折【南呂·哭皇天】 藍采和二折【南呂·烏夜啼】 雲夢窗三折【中呂·紅綉鞋】 西廂記二本四折【越調·絡絲娘煞尾】 鎖魔鏡二折【南呂·一枝花】 鎖魔鏡二折【南呂·梁州】 鎖魔鏡二折【南呂·牧羊關】 鎖魔鏡二折【南呂·罵玉郎】 鎖魔鏡二折【南呂·感皇恩】 鎖魔鏡二折【南呂·採茶歌】 鎖魔鏡二折【南呂·尾聲】 浮漚記一折【仙呂·醉中天】	語音相近
	東鍾	恐、蒙、雄、勇、蟲、功、重、童、共、夢、中、朧	浮漚記一折【仙呂·後庭花】 浮漚記一折【仙呂·尾聲】 圯橋進履一折【中呂·朝天子】 梧桐雨一折【仙呂·金盞兒】 千里獨行劇首楔子【仙呂·端正好】 殺狗勸夫三折【南呂·感皇恩】 鎖魔鏡二折【南呂·尾聲】 雲窗夢三折【中呂·迎仙客】 雲窗夢三折【中呂·尾煞】 緋衣夢三折【越調·調笑令】	語音相近
尤侯	家麻	俠	不伏老二折【中呂·紅繡鞋】	字形訛变
	先天	現、淺	踏雪尋梅一折【仙呂·醉中天】 貨郎旦二折【雙調·殿前歡】	上下文意
侵尋	先天	綿	西廂記三本四折【越調·鬬鵪鶉】	字形訛变
監咸	真文	臣	遇上皇四折【雙調·七弟兄】	上下文意
	廉纖	醃	遇上皇四折【雙調·喬牌兒】	語音相近
廉纖	先天	傳、專、言、健、前、冤、拳、羨、善、喘、怨、倦	獨角牛三折【正宮·滚繡球】 獨角牛三折【正宮·倘秀才】 獨角牛三折【正宮·笑歌尚】 獨角牛三折【正宮·伴讀書】	語音相近
	監咸	鑒	獨角牛三折【正宮·伴讀書】	語音相近

第一節 語音相近與韻部相雜

押韻就是在韻文學中，在該押韻的句子的尾字部位使用聲音相同或相近的字的現象，其目的是為了達到音調悅耳和諧的效果。在語音科學不發達的時代，音調和諧不和諧、尾字入不入韻不是靠音理上的科學分析，而主要是憑藉人的聽力，各韻部只是從人們押韻的實際情況中通過歸納總結得出來的。作家在創作時，通過選擇那些語音相近、聽起來和諧的韻字押韻，就可使文章的韻律優美動聽。語音的相同相近成為人們選擇韻字的主要標準，也正是這一標準使一些語音相近的韻部之間有了互相雜入的現象。韻部雜入現象主要發生在東鍾與庚青、寒山桓歡與先天、監咸與廉纖、支思與齊微、蕭豪與歌戈、家麻與車遮之間。

一、東鍾部與庚青部

元雜劇中，東鍾部的“恐、蒙、雄、勇、蟲、功、重、童、共、夢、中、朧”等雜入庚青部，庚青部的“兵、冷、勝、聲、爭、寧、箏、停、名、生、贏、京、井、迎、澄、騰、成、行、庭、影、驚、盈”等雜入東鍾部，二者相互雜入，且字數、次數頗多。這種現象與東鍾部、庚青部二韻部的語音相近密切相關。

東鍾部大致是《廣韻》東冬鍾三韻的合併，庚青部相等於《廣韻》庚耕清青蒸登諸韻字。不過，庚耕登三韻的重唇開口字，如崩繃盲氓甍萌朋彭鵬棚烹猛蜢孟迸等，以及喉牙合口字，如朧觥泓轟薨榮橫弘宏嶸兄永礦泳詠永等，都變入東鍾韻了。《中原音韻》有規律地兼收了東鍾和庚青兩韻（只有庚韻系的唇音字“彭猛”，《中原音韻》只收入東鍾韻）。雖然我們上面列舉的庚青部字押入東鍾部、東鍾部字押入庚青部不合語音的發展規律，與《中原音韻》的體例也不合，但是庚青部與東鍾部的密切關係卻顯而易見。周德清《中原音韻》“正語作詞起例”指出“東鍾韻三聲內，‘轟’字許與庚青韻出入通押”[①]，表明東鍾韻字有押入庚青部現象。周德清雖然沒有明確說明庚青部押入東鍾部，但是《中原音韻》中

---

① 周德清：《中原音韻》，《歷代曲話彙編》（唐宋元編），黃山書社2006年版，第265頁。

東鍾部收有原本屬於庚青部字的現象已經證明這種現象的存在。寧繼福指出"在文藝作品中東鍾韻有一部分字能和庚青韻字通押，說明庚青韻韻母和東鍾韻相差不遠"①。人們對元代庚青部的擬音一般為 əŋ、iəŋ、yəŋ，東鍾部為 uŋ、iuŋ，兩部的讀音稍有差別。王力在談到這兩韻部時說"實際上可能沒有差別，只是從音位觀點上看，[uŋ] 也可以寫作 [uəŋ]，認為是 [əŋ] 的合口呼；[iuŋ] 也可以寫作 [yəŋ]，認為是 [əŋ] 的撮口呼罷了。"② 注音字母對 əŋ、iəŋ、uŋ、iuŋ 四個音的標注為ㄥ、ㄧㄥ、ㄨㄥ、ㄩㄥ，說明這兩個韻的韻尾、主要母音都是一樣的，而韻尾相同、主要母音相同或相近正是押韻的條件。這種音相近、聽起來聲音和諧的現象也可以從語音發展的規律上得到驗證。

元代的韻部有十九類。明清時代的韻部，據王力研究，有十五類：中東、江陽、支思、衣期、居魚、姑蘇、懷來、灰堆、人辰、言前、遙迢、梭波、麻沙、乜邪和由求。相比較可以發現，元代十九個韻部發展到明清時代，有些韻部合併了，其中就有庚青與東鍾兩部，兩部合併成明清十五韻部的中東部。明清時出現的一些北方音系韻書、韻圖都把元代時東鍾與庚青兩部合為一韻，如徐孝的《重訂司馬溫公等韻圖經》、喬中和的《元韻譜》、樊騰鳳的《五方母音》、趙紿箕的《拙菴韻悟》、馬自援的《等音》等。明清以來北方說唱文學押韻廣泛使用的"十三轍"（發花、坡梭、乜斜、姑蘇、一七、懷來、灰堆、遙條、油求、言前、人辰、江陽、中東）裏中東轍就是東鍾與庚青兩部的合併。

東鍾與庚青兩部互相雜入與作者的方言無關。在漢語的方言裏有些地方如西南官話、中原官話區等東鍾與庚青兩部主要母音及韻尾是相同的。但是元雜劇中東鍾與庚青兩部互相雜入現象在大都、山東、山西等作家劇作裏都有，如關漢卿（大都）、高文秀（山東）、吳昌齡（大同）、白樸（山西）等，所以應該是語音相近的一種雜韻。

二、支思部與齊微部

元雜劇中，齊微部的"意、期、你、基、的、識、恥"等字雜入支思部，支思部的"事、時、死、思、枝、姿、四、刺、市、士、子、私"

① 寧繼福：《中原音韻表稿》，吉林文史出版社 1985 年版，第 220 頁。

② 王力：《漢語語音史》，商務印書館 2008 年版，第 453 頁。

等字雜入齊微部，二者相互雜入。這種現象產生于支思、齊微兩部的密切關係。

齊微韻包括《廣韻》齊微灰祭廢韻字，泰韻合口字（“外”字例外），又支脂之三韻中照精兩系及日母合口字、知徹澄娘及喉牙脣音字，又入聲質迄痕緝德韻字及陌麥昔錫開口三四等字、陌麥開口二等曉匣母字。支思韵相當於《廣韻》支脂之三韻裹的精照兩系及日母的開口字和一個入聲字。從其來源看，齊微韻有來自《廣韻》支脂之三韻的字，支思韻除一個入聲字外，都來自《廣韻》支脂之三韻。《廣韻》支脂之三韻的字因聲母的影響而分化到支思和齊微兩個韻部裏了。相同的來源表明二者之間在語音上原本相同或相近。清代仲恒的《詞韻》把韻字分為十九部，其中一部就包括《廣韻》的支脂之微齊灰祭隊廢等韻，相當於元代支思與齊微的合併。而且我們從詞的實際用韻中也可以證明這一點。產生時代稍前於元雜劇的諸宮調，其用韻也是支思齊微兩韻不分的。趙蔭棠在《中原音韻研究》曾經指出“‘支思’韻也是周氏特別提出的；然在才老《韻補》中已露端倪。《韻補》的韻字排列，是始‘見’終‘日’的；而在‘支’韻‘日’母‘入’之後，忽贅以‘資、次、斯、兹’等字，論者疑為後人纂補，不知是吳才老在那裏辨別某該讀ɿ，某該讀 i。《指掌圖》將‘兹、慈、思、詞’列為一等，也是表明此數字不以 i 收韻的意思。惟‘知照’系之齶化者，我還沒見有人在周氏以前說過。”① 王力在《漢語語音史》中指出，在晚唐五代韻部中已有資思部，包括《廣韻》支脂之精系字。“資思是一個新興的韻部。朱翺反切一律用齒頭字切齒頭字，說明這個新情況。從此以後，一直到現代北方話和吳語等方言，都存在這個韻部”②。這說明支思部與齊微的分離雖然從晚唐五代就開始了，但是經過宋詞、諸宮調等，到元雜劇中才真正完成了其獨立押韻的任務，但是二者的密切關係並未因各自獨立而嚴格分開，人們在押韻時偶而會受古音影響出現雜韻現象。當然，也與曲意需求不可分割。

三、齊微部與魚模部

元雜劇中，齊微部的“會、基、的、妻、細、宜、婿”等字雜入魚

① 趙蔭棠：《中原音韻研究》，商務印書館 1957 年版，第 108 頁。

② 王力：《漢語語音史》，商務印書館 2008 年版，第 287 頁。

模部，魚模部的“愚、住、軀、謀、與、出、取、去、飫”等字雜入齊微韻。除“謀”外，雜入齊微韻的魚模部字均屬合口三等字。魚模部相當於《廣韻》魚虞模，又尤侯一部分脣音字，再加上由入聲屋沃燭術物沒變來的字。元代以後魚模部内部開始分化，魚韻的二等字、虞韻的輕脣音字和模韻字為一類，魚韻三四等字和虞韻的喉牙舌齒音字為一類。明代蘭茂的《韻略易通》反映的是當時北方的普通話，書中就明確把元代魚模部分為兩類：呼模和居魚，這說明魚模部中魚韻三四等字和虞韻的喉牙舌齒音字主要母音向前顎變化。王力對此類的擬音為 y，並談到“居魚部擬測為［y］，與元代魚模部撮口呼［iu］不同，為什麼呢？元代魚模撮口呼必須擬測為［iu］，然後能和合口呼［u］押韻；明代居魚部正相反，它和衣期（元代齊微部的一部分，主要來自《廣韻》的脂之微齊祭廢質昔錫職緝韻）同屬《等韻圖經》（明徐孝著，此書講述的是當時北京的音系）的止攝，必須是轉化為［y］，［y］與［i］才能押韻，正如今天十三轍［y］［i］同屬衣期轍一樣。”① 雖說在元代時魚模部還未曾分離，但是這些魚模部合口三等字押入齊微部的用例反映了分離和併入的趨勢，魚模部與齊微部混雜可以說是這種音變的濫觴。

另外，在支思部裹，有幾個魚模部字雜入，如住、虛、曲。這些字均為魚模部的三等字，後來都歸屬於十三轍的衣期轍。這些字雜入支思部，說明魚模三等字的讀音開始發生變化。而支思部與齊微部、齊微部與魚模部的密切關係也足以解釋魚模部字為何雜入支思部了。

四、真文部與庚青部

元雜劇中，真文部的“門、臣、辛、存、郡、緊、巡、根、噴、嗔、盡、身、陣、勳、神、君、信、進、聞、肯、本、引、悶、分、倫、狥”等字雜入庚青部，庚青部的“生、定、情、靈、名、貞、靜、佞、明、性、昇、承、兵、頂、掙、命、挺、烹”等字雜入真文部，數量衆多。

真文部包括《廣韻》的真魂文諄痕欣韻字及寢韻“品”、清韻“貞”、證韻“稱孕”、等韻“肯”。庚青部相等於《廣韻》庚耕清青蒸登諸韻字。二韻部來源不同。根據《中原音韻》，十三世紀和十四世紀的北方語音除個别字如“肯孕”外，［n］和［ng］是不混的。人們在分析二

① 王力：《漢語語音史》，商務印書館 2008 年版，第 453 頁。

者相混原因時通常歸結為方言或民間俗曲的影響。目前無論是北方還是南方均存在此現象。如山西晉南地區中古的曾梗通三攝（包括《廣韻》的庚耕清青蒸登東冬鍾韻）的白讀音就有變前鼻音的規律和現象。山西的大同等地前後鼻音也不分。據現代吳語材料，前後鼻音常常混讀。如袁家驊所說的，吳音鼻音韻尾只有一個 - ng（蘇州有 n 和 ng，但不能區別音位）。王力認為："［n］和［ng］的互轉，見於現代某些方言裏。在西南官話（包括湖北方言）裏，一般是 eng 併入 en，ing 併入 in。例如漢口、成都'正'讀如'鎮'，'承'讀如'臣'，'京'讀如'斤'，'靈'讀如'鄰'，'清'讀如'親'。某些方言連 ang 也併入 an，長沙'岡'讀如'幹'，'湯'讀如'灘'，'囊'讀如'難'，'狼'讀如'蘭'。在吳方言裏，en 與 eng，in 與 ing 是互換音位。例如'程'既可讀 zen，又可讀 zeng，'星'既可讀 sin，又可讀 sing，江南人聽起來是沒有分別的。"① 現代民歌、俗曲不分南北，二者相混比比皆是。真文部與庚青部的相互雜入現象既出現在北方作家如關漢卿、紀君祥、李文蔚、狄君厚、鄭廷玉等作品裏，在南方作家如楊梓、蕭德祥、金仁傑等作品裏也存在，所以我們不能斷定是受方音影響所致。其實，真文部與庚青部的相互雜入現象由來已久，宋人詞中就非常普遍，元雜劇不過是沿用這種習慣而已。周德清在《中原音韻》"正語作詞起例"中列舉了很多真文庚青的辨音例子，說明當時這種相雜現象很普遍。如此普遍而又由來已久的現象不可能是偶然的，應該與二韻部的語音聯繫密切相關。王力在《漢語語音史》討論語音的自然變化時說"發音部位的變化，主要是韻尾［m］［n］［ng］的交替。［m］是唇音，［n］是舌尖音，［ng］是舌根音，發音部位相隔頗遠，由於同屬鼻音，發音方法相同，所以能夠互轉"。② 目前許多方言 in 與 iŋ、ən 與 əŋ 也是鼻音互轉所致。所以真文與庚青部的混用應該是很自然的協韻，應該不足為奇。

真文部與東鍾部也存在混押的現象，如果我們同意鼻音可以互轉，那這種現象也是很自然的事。

五、寒山部、桓歡部與先天部

元雜劇中，寒山部的"盼、扮、閑、帆、山、環、犯、晚、簡、鞍、

① 王力：《漢語語音史》，商務印書館 2008 年版，第 602 頁。

② 同上。

顏、殘、澗”等字雜入先天部，先天部的“見、眠、然、躚、踐”雜入寒山部；桓歡部的“般、攢、畔、圞、團、貫、鸞”等字雜入先天部，“筭、桓、盤”雜入寒山部。桓歡部在元雜劇中沒有獨立使用，原因上文已經說明。寒山部、桓歡部、先天部相互雜入現象非常普遍。

先天韻相當於《廣韻》先仙韻，還有一部分元韻的字。寒山韻包括《廣韻》寒删山三韻，又元凡二韻的輕唇音字及仙桓韻部分字。桓歡韻就是《廣韻》的桓韻。六朝時删山與先、仙韻混而不分，晚唐時元韻轉入了山韻與先仙韻合併。桓歡韻在唐代時屬於寒韻，王仁昫《刊謬補缺切韻》韻目中即無桓韻，《廣韻》中才把寒韻的合口類分離出來形成桓韻，但注明寒桓同用。《詞韻》中寒、桓、元、删、山、先、仙合為一部。稍早于元雜劇的諸宮調，其用韻寒山、桓歡、先天三韻混而不分。王力指出“詞韻第七部‘元寒桓删山先仙’在曲韻裏分為‘寒山’‘桓歡’和‘先天’三部”①。這種分韻的細化，王力認為雖然“實際語音和宋代雖然一樣（或差不多），但是曲家要求把韻分得更細，所以把‘寒删山’和‘先仙元’分開，為‘寒山’、‘先天’兩部”②。明清時，寒山、桓歡、先天三部合併成言前部。明清以來的曲藝十三轍也合併為一部。因此，從這三部的來源及其發展規律上看，這三部的語音非常相近，所以才造成其間相互雜入現象。

另外，寒山、桓歡、先天、監咸、廉纖五部之間也出現了相互雜入現象。監咸與廉纖被認為是窄韻或險韻，在元雜劇中使用頻率很低，如只有二十支曲子使用監咸部、十一支曲子使用廉纖部。雖然使用不多，但是我們看到了這兩部與寒山、桓歡、先天三部之間及二者之間相互雜入的現象。這與－n，－m 兩韻的合併有密切關係。王力《漢語史稿》總結：“覃談配寒，銜咸配删山，嚴凡配元，監配仙，添配先，侵配真。但是，－m 尾除凡韻外沒有合口呼，這是它和－n 尾大不相同之點。－n，－m 合併以後，依照對應規律，由山臻兩攝的讀音就可以推知咸深兩攝的讀音。”③“－n－m 的相混，元代正在進行中，說不定有極少數的方言已經開始混了，所以在元曲裏，－n－m 的界限偶然也被打破”④。其實據周祖

① 王力：《漢語詩律學》，上海教育出版社 1963 年版，第 730 頁。

② 同上书，第 732 頁。

③ 王力：《漢語史稿》，中華書局 2007 年版，第 213 頁。

④ 王力：《漢語詩律學》，上海教育出版社 1963 年版，第 756 頁。

譔考訂，敦煌變文中就有咸攝與山攝相押的例子了，已經顯示出咸攝向山攝演變的徵兆，到元雜劇裏咸韻輕唇音字完成了其演變過程。到明清時，監咸、廉纖就消失了，轉入到寒山部、先天部裏了。至於監咸與廉纖兩部，其實在詞韻裏，二者同為一部。正如王力所說曲家為了把韻分得更細，就把詞韻中同為一部的覃談咸銜凡韻和監添嚴韻分為監咸和廉纖兩部了。因此，寒山、桓歡、先天、監咸、廉纖五韻相互雜入是語音發展變化中變得越來越近造成的。

六、家麻部與車遮部

元雜劇中，家麻部的“花、枷、打”等字雜入車遮部，車遮部的“者、鞋、也”雜入家麻部，雖然雜入的字數、次數不是很多，但是卻顯示出了家麻、車遮二部的密切關係。

車遮部相當於《廣韻》麻韻三四等字（即齊齒呼），又入聲屑薛葉帖業及月韻的牙音字。家麻部相當於《廣韻》麻韻二等字（即開口字）、佳韻合口字及“佳”本字和“罷”字。又入聲曷合盍三韻的舌齒音字、黠鎋洽狎四韻字、月乏的輕唇字。如果不計入聲韻，家麻部與車遮部來源相同，都是《廣韻》麻韻字，後來因等呼不同而分化成兩部。這種分化雖然是周德清《中原音韻》提出來的，但是事實上在南宋時代就開始了。毛註《禮部韻略》、韓道昭《五音集韻》已經有了區分。不過，仲恒的《詞韻》中家麻與車遮依舊合而不分。因此，雖然二者的分化從南宋就開始了，但是由於語音相差不遠，作家在創作時依然混押。《中原音韻》明確提出車遮一部，意味著二者的語音差異變得越來越大了，但是人們創作時不免受古音影響，所以才出現偶爾出韻的現象。

七、其他韻部之間

在元雜劇中，還有些韻部之間的雜入是單向的，如魚模部的“汙、縮、逐”、蕭豪部的“跋”、車遮部的“熱”雜入歌戈部，齊微部的“的、質、食”雜入車遮部，皆來部的“捱、街、客、格”雜入齊微部，侵尋部的“蔭、心、侵、凜、您、淋”雜入真文部，皆是因為語音相近形成的。

魚模部的“汙、縮、逐”混入歌戈的現象可能是二者的讀音相近。按楊耐思的擬音，魚模韻為 u 或 iu，歌戈韻為 o 或 io 或 uo，二韻的讀音非常接近，而且我們可以發現，魚模韻的一部分字，在現在的北京話裏讀uo音，如縮做，這些字可能在元代時讀音就已經不那麼穩定了。

蕭豪部的“跋”雜入歌戈部也是語音相近的原故。查《廣韻》，“跋”屬末韻，按規律《廣韻》末韻字在《中原音韻》中應該歸屬歌戈部。但是末韻和入蕭豪部的藥鐸韻讀音非常相近。在《廣韻》中末韻屬合口韻，擬音為uɑt，鐸韻合口擬音為uɑk，藥韻合口為ǐwak。宋元時期入韻塞音尾丟失後，三韻讀音變得非常相近。而藥韻鐸韻字在《中原音韻》中歸屬蕭豪和歌戈兩部。楊耐思先生對蕭豪部的擬音為a（ɛ）u，歌戈部的擬音為o（只列出韻腹和韻尾），也可以看出其中讀音很相近。所以雜入蕭豪韻是音近所致。

車遮部的“熱”雜入歌戈部源於車遮韻讀音的變化。車遮部在變化中一部分字失去介音，元音高化，由原來的iɛ變成ə，變得與歌戈韻很相似。在曲藝十三轍這部分字已經歸屬坡梭轍。

齊微部的“的、質、食”雜入車遮部。“的、質、食”均為入聲，“的”《廣韻》錫韻，“質”《廣韻》質韻，“食”《廣韻》職韻。在《廣韻》中錫音擬音為iek或ǐwek，質韻擬音為ǐĕt或ǐwĕt，職韻擬音為ǐk或ǐwk。宋元之際是入聲消變的重要時段，此時的入聲塞音尾已經消弱，變得越來越像陰聲韻了，雖然在塞音尾脱落的同時主要母音也在弱化脱落，但是個別字的主要母音還有些弱化音遺留，讀起來有點像車遮韻。所以我們這裏認為齊微部字押入車遮韻應該音近造成的。

皆來部的“捱、街、客、格”雜入齊微部。皆來部擬音為ai，齊微部的擬音為i、ei。ai、ei、i三者在發音時區別只在口腔的大小上，發音很相近，聽起來區別不是很大。所以這種現象應該是語音相近造成的。

侵尋部的“蔭、心、侵、凜、您、淋”雜入真文部。王力在《漢語語音史》談到侵尋韻説“宋代的侵尋到元代不變，只有重唇字轉入了庚青（‘稟’）和真文（‘品’）”①，在《漢語詩律學》中説：“咱們應該注意到in，ing和im的相通，又ien和iem的相通。上文説過，曲韻十九部是元代北方的實際語音系統。咱們試看閉口韻的唇音字在元代已發生變化，所以中原音韻，中州音韻和詞林韻釋都把侵韻上聲的‘品’字改隸真文，‘稟’字改隸庚青，監韻上聲的‘貶’字改隸先天，凡韻於上去的

① 王力：《漢語語音史》，商務印書館2008年版，第431頁。

‘凡帆犯範’等字改隸寒山。甚至零星一個‘肯’字由庚青變入了真文，也被據實地紀載了。由於變了的被據實地記載，咱們可以從反面證明那些沒有改編的都是未變的，這就是說，－n－ng－m 三個系統在元代的北方仍舊是保存著的了。曲是配音樂的，用韻必須十分諧和才行。如果－in 和－im 叶，－ing 和－in 叶，ien 和 iem 叶，就只是一種協音（assonance），不是一種韻（rhyme），而不諧和了。由此看來，除非是南方人或後代的人，否則應該是不用這種借韻的了。”① 侵尋部的擬音為 iəm，真文部的擬音為 ən、iən，二者的韻尾不同，一個為閉口，一個為開口。王力認為開閉口相借相叶是南方人或後代人作品中的現象，但是如上文所說，－n－m 的相混，元代就開始了，到明清時代，－m 尾韻消失了，侵尋部就轉到真文部，到今天依然如此。元代開始的轉化一定會在當時的雜劇中留有痕跡，侵尋部的“蔭、心、侵、凜、您、淋”雜入真文部就是明證。所以，侵尋部雜入真文部當為語音相近的原故。

另外，皆來部有一個“色”字雜入車轍部也是語音相近造成的。“色”在《中原音韻》中歸屬皆來韻，這與我們的歸納相同。在現代北方話裏，“色”有兩個讀音：shǎi 和 sè，可能 sè 音在當時已經開始萌芽，所以元曲作者才偶爾入韻押車轍韻。

作家在創作時受許多因素影響，如曲文意境、演唱效果、創作時間等，不可避免會有失韻現象，出現韻部之間混押的情形。但是這種失韻現象由於選擇的是語音相近的韻部字，所以不會影響到樂調的和諧悅耳，對音律無傷大雅。周德清《中原音韻》“正語作詞起例”就對支思與齊微、真文與庚青、侵尋與真文等音近易混現象進行了辨析，可見當時這種混押現象非常普遍。當然，這種韻雜現象雖然主要原因是語音相近，但曲文意境也起了作用，一定的曲文意境要求選用這些語音相近的字。

第二節　曲文意境與韻部相雜

在元雜劇裏，有相當一部分韻雜現象與劇作曲意有關。有時劇作的情境要求用某個意思的字，但同一韻部中卻無法得到；有時上下文影響，只

① 王力：《漢語詩律學》，上海教育出版社 1963 年版，第 755 頁。

能使用某個常連用在一起的而且意義合適的字；有時是選擇了一個意義相同但音不近的字。為了曲意使用出韻的字常是不得已而為之。

一、情境與韻部相雜

在元雜劇裏，有些韻雜現象是因為劇作描述的事情、事件造成的。如寒山部“趕”雜入東鍾部。這種現象出現在關漢卿《單鞭奪槊》第三折【越調・鬪鵪鶉】。此折描述的是唐元帥李世民探察洛陽城被守衛洛陽城的單雄信將軍發現追趕的事情，首先是追趕，然後才是交戰。因此，此折的首曲唱的是單雄信追趕李世民的曲子，用“趕”字再好不過了，但是整折押的是東鍾韻，由此出現寒山韻雜入東鍾韻的現象。“選本”中，臧晉叔把“趕”換成了“攻”，雖然大意不變，但不合當時的情境。又如無名氏《留鞋記》第四折【雙調・收江南】押先天韻，但尤侯韻“留”雜入其中。其曲描寫的是女主人公王月英到寺廟中會見意中人，但意中人酒醉不省人事。無奈之下，王月英想留下一件東西作為定情之物，曲中所唱“夜燈無事可留”應該是當時心情的折射。所以為了照顧曲意使用了“留”，卻造成了音律的不和諧現象。無名氏《千里獨行》第四折【雙調・殿前歡】中魚模韻“都”雜入江陽韻也是如此。

二、上下文與韻部相雜

在元雜劇裏，有些韻雜現象是上下文影響所致。語言使用中，有些詞語因為常用或是常連用的原因而形成人們的一種習慣用法。作家在創作時因為使用這些詞語而造成了韻雜現象。如高文秀《遇上皇》第一折

> 【仙吕・点绛唇】东倒西歪，后合前抢，离席上。这酒兴颠狂，醉魂儿望家往。

此曲中皆來部“歪”雜入江陽部就是因使用了“東倒西歪”這一詞語。其他如使用了“管待”一詞語造成皆來部“待”雜入支思部、使用了“土炕”一詞語造成庚青部“炕”雜入齊微部、使用了“違拗”一詞語造成蕭豪部“拗”雜入齊微部等等。

因重視曲意而造成韻部混雜的現象在元雜劇中非常突出。這裏牽涉到一個文藝批評史上的重要論題：形式與內容的關係，具體到戲劇中就是音律和內容的關係。古代戲曲是“依聲填詞”，曲詞合律依腔，才能方便演員演唱；但如果恪守曲牌格律，又可能會束縛甚至阻滯作家才情的抒寫，進而會影響作品的意趣神色。因此，從戲曲理論成立之初，音律與曲意的

關係問題就備受曲家關注。戲曲史上發生過的影響極大的"湯沈之爭"就是關於曲意和曲律或情與律的爭論。雖然後來中和"湯沈之爭"的"雙美"說產生，但是音律與曲意的矛盾並未解決。從元雜劇的用韻中，我們看到作家創作時寧可違律不工，也不損傷曲文意境。當然，元雜劇在長期流傳過程中，一些字句不免出現訛變現象，但是我們看到這對於曲意傷損不大。

第三節　脫文、倒文與韻部相雜

在元雜劇中，有些韻雜現象與傳抄過程中的脫文與倒文有關。

一、脫文與韻部相雜

在元雜劇中，有些韻雜現象可能是由於文字的脫落形成的。如孟漢卿《魔合羅》一劇第三折【商調·金菊香】押的是江陽韻，而第四句"把咽頸剛舒"中，魚模韻的"舒"雜入其中。【商調·金菊香】的格式為五句，句句入韻，前三句均為七字句，第四句為四字句，最後一句為五字句。以此驗證《魔合羅》中的【商調·金菊香】，可以發現第四句除去襯字只有三字"咽頸舒"。孟漢卿《魔合羅》在"脈本"和"選本"中都存有，與"元刊本"所錄曲詞幾乎一致，但前兩選本第四句在"舒"後多了一個"長"字，結合此曲大意，應該是少了一個"長"字。因此，出現了魚模韻雜入江陽韻現象。又如無名氏《貨郎旦》第一折【仙呂·哪吒令】押的是歌戈韻，而第四句"他所量著待濃"中東鍾韻的"濃"雜入其中。【仙呂·哪吒令】的格式為九句，第四句為四字句，且必入韻。而《貨郎旦》【仙呂·哪吒令】第四句除去襯字只有三字"所量濃"，且不知表述何意。從上下文意來判斷，此處應該與口裹"咕噥"有關，對比"選本"，發現不僅多了一個字"過"，而且"濃"字也換成了"噥"，合意合律。所以，我們判斷此處脫落了一個字。白樸《牆頭馬上》第三折【雙調·梅花酒】押的是車遮韻，而第三句"相公又惡噷噷乖"中皆來韻的"乖"雜入其中。【雙調·梅花酒】的基本格式為七句（第四句後可增句），第三句為四字句且入韻。《牆頭馬上》【雙調·梅花酒】第三句除去襯字只有三個字"相公乖"，顯然脫落了字。按曲文意思，這裹指的是相公性情兇狠，而"乖"字在當時沒有此意義。在元雜劇裏，與"乖"相關表示兇狠、糊塗、暴烈等意思的一般用的是"乖劣"一語。"選本"所錄曲詞與"脈本"幾乎一致，而第三句處多了一個"劣"，合意合律，所以"脈本"《牆頭馬上》【雙調·梅花酒】第三句脫落了一個"劣"字。

另外還有一個是脫落了字的偏旁。鄭廷玉《忍字記》第一折【仙呂·油葫蘆】押的是蕭豪韻，而第四句"莫不是香積廚做的齋食子"中支思韻的"子"雜入其中。【仙呂·油葫蘆】的格式為九句，第四句為七字句，且入韻。《忍字記》【仙呂·油葫蘆】第四句除去襯字也是七字句，但是"齋食子"不知何意。按此曲大意，這裏應該表達的是齋食很不錯的意思。對比"選本"，除第四句末字為"好"外，其餘均同。所以我們斷定此處脫落"好"的偏旁"女"造成了韻雜現象。

二、倒文與韻部相雜

元雜劇中，有些韻雜現象與詞語的排列次序有關。這些詞語的排列或組合比較自由，不同的詞序意思基本一致，但有時會與上下文不搭配。

元雜劇中詞序顛倒引起的韻雜現象主要有"病相思"、"東西"、"唐陶"、"如何"、"把巫來投"、"晚些來"、"咽喉"七例。

"病相思"出現在白樸《東牆記》第二折【正宮·耍孩兒】中。此曲押的是庚青韻，但支思部的"思"雜入其中。從上下文與曲詞"何時害徹病相思"可知害的是"相思病"，而這在隋樹森《元曲選外編》"何時害徹相思病"裏得到了驗證。

"東西"出現在白樸《東牆記》第四折【越調·鬥鵪鶉】"眼見的各東西"中，說的是有情人不能相聚。此曲押的是東鍾韻，但齊微部的"西"雜入其中。從意思上講，"眼見的各東西"與"眼見的各西東"完全一致，但一個不和音律，一個和諧。所以，我們認為此劇在傳刻過程中誤把"西東"寫成"東西"了，這在隋樹森《元曲選外編》中也得到了驗證。

"如何"出現在鄭廷玉《後庭花》第二折【南呂·鬥蝦蟆】"便有你時如何"中。此曲押的是魚模韻，但歌戈部的"何"雜入其中。從曲詞意思上看"如何"與"何如"完全一致。我們推測抄刻者顛倒了"何如"的次序造成韻雜的現象。這在臧晉叔的《元曲選》中得到了證明。

“把巫來投”出現在鄭廷玉《斷冤家債主》第三折【中呂·白鶴子】“想當日狄梁公曾斷虎。一箇西門豹把巫來投”中。此曲押的是魚模韻，但尤侯部的“投”雜入其中。【中呂·白鶴子】的格式為四句，每句基本字數是五字，前兩句一般用對句。從曲牌的格式上講，“一箇西門豹把巫來投”句去掉襯字“一箇、把、來”後難以講通，而且與第一句“想當日狄梁公曾斷虎”不對稱。所以我們認為在抄刻流傳過程中，抄刻者誤把“來投巫”換成“把巫來投”。雖然二者意思一樣，但不合音律。音意俱佳者當屬“來投巫”。

“晚些來”出現在關漢卿《望江亭》第三折【越調·調笑令】第二句“晚些來”中。此曲押的是車遮韻，但皆來部的“來”字雜入其中。從曲詞的意思上看“晚些來”與“晚來些”沒有區別，但是“晚來些”既合意也合律。所以我們認為抄刻者顛倒了“晚來些”的次序造成了韻雜的現象。

“唐陶”出現在無名氏的《衣錦還鄉》第四折【正宮·脫布衫】“明聖主仁倣三皇。明聖主德似唐陶”中，很明顯把“陶唐”誤寫成“唐陶”，從而造成蕭豪部的“陶”雜入江陽韻的現象。

“咽喉”出現在關漢卿《三勘蝴蝶夢》第三折【正宮·醉太平】倒數第二句“迷留沒亂救他叫破咽喉”中。此曲押的是先天韻，但尤侯韻的“喉”字雜入其中。從曲詞的意思上看“咽喉”與“喉咽”沒有區別，但是“喉咽”既合意也合律。“選本”中也有此曲，除倒數第二句末兩字為“喉咽”外，其餘完全一致。雖說臧氏改動元曲備受世人病詬，但此處應該是很合理的。

三、字形訛誤與韻部相雜

元雜劇中，有些韻雜現象主要是由於在翻刻、傳抄過程中不小心寫成了字形相近的字而造成的。在元雜劇中這種形近而誤的現象主要有“打與折、綿與錦、試與誠、驄與駹、團與圓、恰與憐、案與字、折與析、得與待、鐘與鐵、還與道、媽與嬤、娥與娃、瘤與瘸、俠與侯”等。如“打”為家麻韻字，在白樸《牆頭馬上》第三折【雙調·太平令】“相公便把賤妾。拷打。下截”中雜入車遮韻。雖說“拷打”從意思上也講得通，但是根據下文的“下截”，“拷折”更切合文意。一個“打”，一個“折”韻味迥然不同。文學作品中，作者往往不輕下一字，一字之差，就會影響到作品的精神韻味。“折”字無論從意思上還是從押韻上都更勝一籌。“選本”所錄此曲就是“拷折”。又如“綿”為先天韻，在王實甫《西廂記》第三本第四折【越調・鬬鵪鶉】第二句“迴文織綿”中雜入侵尋韻，很顯然把“迴文織錦”誤寫成“迴文織綿”了。“回文織錦”屬於典故，文學作品中未見“織綿”一說。又如“試”為支思韻，在楊梓《豫讓吞炭》第二折【正宮・倘秀才】中雜入庚青韻。【正宮・倘秀才】倒數第二句為“做著呵有實試”，從曲文意思上講應該是實在、真誠義，而“實試”不知為何意。對比“選本”，可以發現所錄曲詞與“脈本”幾乎一致，但倒數第二句是“實誠”。因此，我們認為傳抄者誤把“誠”寫成“試”了。

字形相近的字，有時在意思上並無大礙，如把“折”寫成“打”、“腕”寫成“驄”、“析”寫在“折”、“鐵”與“鐘”、“嬤”寫成“媽”、“娃”寫成“娥”、“旨”寫成“音”；有時字形的誤寫卻會對文意的理解造成很大的麻煩，甚至使得文句不知何意，如把“錦”寫成“綿”、“誠”寫成“試”、“圓”寫成“團”、“憐”寫成“恰”、“字”寫成“案”、“待”寫成“得”、“道”寫成“還”、“瘸”寫成“瘤”、“俟”寫成“俠”等。

雖然元雜劇中大多數韻部雜入現象我們可以找到合理的原因予以解釋，但是，還有一部分韻部雜入現象原因不明，如寒山部“挽、拴”雜入江陽部、真文部“筋”雜入江陽韻、齊微部“眉”雜入蕭豪韻、江陽“坊”雜入蕭豪韻、齊微部“被”雜入歌戈部、寒山部“漢”雜入皆來韻。寒山部“挽、拴”雜入江陽部出現在無名氏《浮漚記》裏，齊微部“被”雜入歌戈部出現在無名氏《貨郎旦》裏，從曲意上都可講得通，這裏的韻雜現象很難用上述原因來解釋，並且作者是無名氏，我們也無從判斷是否為方言影響所致。齊微部“眉”雜入蕭豪韻出現在馬致遠《任風子》中，從元刊本校注中可以發現此處有誤，但原因不得知。江陽“坊”雜入蕭豪韻出現在李致遠《還牢末》、寒山部“漢”雜入皆來韻出現在鄭廷玉《金鳳釵》、真文部“筋”雜入江陽韻出現在武漢臣的《生金閣》是受方言影響還是偶然之筆也不能確定。

元雜劇中，語音相近而帶來的韻雜現象與脫文、倒文、字形訛誤造成的韻雜現象有著本質不同。語音相近帶來的韻雜現象如上文所述，是元時作家創作的一種普遍現象，是作家用韻習慣與當時實際語音的反映。而脫文、倒文、字形訛誤造成的韻雜現象卻與書籍屢經翻刻、傳抄密切相關。在翻刻、傳抄過程中帝虎魯魚、脫文倒文等錯誤滋繁，改變了原著的本來面目，從而也引起了韻律上的不合諧。這種脫文、倒文、字形訛誤讀時會感到窒礙，以致有“書不校勘，不如不讀”的感歎。因此，對古籍進行校勘成為人們閱讀古籍的必要環節。校勘的根本任務是存真復原，努力恢復古籍的原來面貌，提供接近原稿的善本，以便加惠後學。

第七章

元雜劇韻腳處的入聲字

第一節　元雜劇押韻入聲字概述

所謂入聲是與舒聲相對而言的，是一種短促的聲調，入聲字是音節聲調為入聲的字。入聲在音律學上歸屬仄聲。從古到今入聲發生了很大變化，從有塞音尾 -p -t -k，到 -p -t -k 的弱化混同，最後發展到與舒聲陰聲韻無別。在韻文押韻史上，隨著入聲的變化，押韻也不斷變化，唐宋詩中入聲字與舒聲字不相混押，歸屬不同韻的入聲字也不相混押。如劉禹錫《蒙池》“瀠渟幽壁下，深淨如無力。風起不成文，月來同一色。地靈草木瘦，人遠煙霞逼。往往疑列仙，圍棋在岩側。”唐宋詩人押韻依據的是平水韻，“力、色、瘦、逼”四字均屬平水韻一百零六韻的入聲職韻。關於詞韻，有清仲恒的《詞韻》。這部書是以明沈謙的韻書為底本的，該書入聲單獨列出，有五部。“《四庫全書總目提要》對於仲恒《詞韻》有很嚴厲的批評：‘詞體在詩與曲之間，韻不限於方隅，詞亦不分今古。將全用俗音，則去詩未遠；將全從詩韻，則與俗多乖……不俗不雅，不古不今，欲以範圍天下之作者，不亦難耶?’《四庫提要》以為詞是不必規定韻部的：嚴格的詞韻就索性依照詩韻好；若要從寬，就隨便‘參以方音’好了。《中原音韻提要》裏說‘唐無詞韻，凡詞韻與詩皆同。……其法密于宋，漸有以入代平，以上代平諸例。而三百年作者如雲，亦無詞韻。間或參以方音，但取歌者順吻，聽者悅耳而已矣。一則去古未遠，方音猶與韻合，故無所出入；一則去古漸遠，知其不合古音，而又諸方各隨其口語，不可定以一格，故無書也。’”①仲恒《詞韻》一書是依宋詞為據，專門為宋詞而作的，相當客觀。唐詞則

① 王力：《漢語詩律學》，上海教育出版社 1963 年版，第 536 頁。

完全依照詩韻，但是自五代以後，詞的押韻就漸漸和詩韻分開了。宋人創作的詞中入聲已不再因為韻尾的不同而分 -p、-t、-k 三類，入聲之間全部相混。宋人詞的押韻是按照當時的實際語音，雖然入聲之間全部相混，但是入聲不與舒聲相叶，還是單獨押韻。如秦觀《品令》“棹又躍。天然個，品格於中壓一。簾兒下，時把鞵兒踢。語低低，笑咭咭。每每秦樓相見，見了無限憐惜。人前強不欲相沾濕。把不定，臉兒赤。”“躍、一、踢、咭、惜、濕、赤”七字全部屬入聲韻，但是在《廣韻》中“一和咭”屬質韻、“惜和赤”屬陌韻、“躍和踢”屬錫韻、“濕”屬緝韻。詩韻中這四韻是不混押的。雖然詞韻中入聲之間可能通押，但是入聲與舒聲還是不能相押的。到了曲韻中，入聲韻字與舒聲只要韻腹相近相同就可以自由相押。如秦簡夫《趙禮讓肥》一劇第一折【仙呂】【點絳唇】“俺這囊篋消乏。物斛長價。憂愁殺（煞）。一日三衙。幾度添白髮。”在《廣韻》中，“乏”屬入聲乏韻、“殺（煞）”屬入聲黠韻、“髮”屬入聲月韻、“價”屬去聲禡韻、“衙”屬平聲麻韻。此曲中陰聲韻與入聲相押。所以王力認為“曲韻和詞韻大不相同的地方，是入聲取消，原來的入聲字都分別歸入了平上去三聲”，“在《廣韻》裏，入聲字是配陽聲韻（即收音於 -ng，-n，-m 的韻）的；在《中原音韻》和《中州音韻》裏，入聲字改隸陰聲韻，即收音於 -a，-i，-e，-o，-u 等”①。在元雜劇中我們看到，原先的入聲韻均混入陰聲韻與陰聲韻通押，不再有入聲韻單獨相押的現象，這說明中古的入聲韻到元代或確切說到元曲中已經變得與陰聲韻相同或很相似了。周德清在《中原音韻》“自序”中說“夫聲分平仄者，謂無入聲，以入聲派入平、上、去三聲也”②。在“正語作詞起例”中指出“平、上、去、入四聲，《音韻》無入聲，派入平、上、去三聲。前輩佳作中間備載明白，但未有以集之者。……”③ 關於元代入聲消失與否人們還存在爭議。這裏為了稱說和研究方便，我們還是稱元雜劇中來源於中古入聲的這部分字為入聲字。

據我們統計，在元雜劇用韻處使用的中古入聲字共有四百九十六個。兩部重出而且中古來源相同的字算一個字，兩部重出但中古來源不同，則算幾個字。如“索”，《廣韻》收有兩個音：蘇各切（開一鐸心母）、又所戟切（開三陌生母），在元雜劇用韻處共八次，七次押入蕭豪，一次押入皆

① 王力：《漢語詩律學》，上海教育出版社 1963 年版，第 730 頁。

② 周德清：《中原音韻》，《歷代曲話彙編》（唐宋編），黃山書社 2006 年版，第 229 頁。

③ 同上书，第 264 頁。

來。押入蕭豪的如關漢卿《哭存孝》第四折【雙調·太平令】的韻字“弱敲鬧索了了報”和無名氏《野猿聽經》第二折【南吕·隔尾】的韻字“掃敲到瞧瞧索”。押入皆來的如鄭廷玉《買冤家債主》第二折【正宫·煞尾】“解該索賴歹快劃折挨買該奈在責客待窄大伯派衰快財債開捱載來災害宅債柴莱擇在骸采改”。而“入”雖然既押魚模韻又押齊微韻，但《廣韻》只有一個讀音：人執切，所以只算一個字。其他字也如此處理。

表 6－1　　元雜劇入聲韻字表

元雜劇韻部	入聲字（496）	總計（524）
支思	櫛：瑟 4 颸	2
齊微	質：筆 10 蹕○匹 2○蜜 7 密 3○實 50○姪 6○七 8 漆膝 9○疾 66 嫉 2○質 11 騭○室 10 失 6○吉 6○一 14○溢 2 逸○日 91 迄：吃 14○訖 3 緝：集 9○緝○習 15 襲 5○十 16 拾 16○汁 3 執○濕 17○急 11 給○及 22 級 2○吸○揖 2○立 21 粒○入 職：逼 12○敕 8○直 20○稷 17○息 40○戢 4○職 26 織 3○食 76 蝕○識 47○殖 2 植○極 7○臆憶 2○翼 4○髣 7 力 57 德：北 14○德 37 得 41○墨 5○賊 44○塞○國 31○刻 8○黑 10○惑 7○肋 3○勒 4 陌：拆○戟 15○隙 3○劇○逆 5○哧 昔：碧 2○擲 4○跡 7 積 2 脊 2○籍 2 藉 5○席 50 夕 11 蓆○只 21 蹠 6○斥○尺 2 赤 5○奭○石 28○益謚○易 13 驛 4○射 5 役 5 錫：壁 23 璧 2○劈 7 僻○覔 10○的 214 滴鏑○踢 6 剔○敵 37 笛 6○績 4 勣 4○戚 14 刺 5 慽○錫淅○擊○喫 4○檄○曆 3 靂 3 嚦瀝	126
魚模	屋：僕 2○撲○福 38 腹 5 複○覆 10○服 39 伏 37○睦 8 木 9 牧目 13 穆○禿○獨 16 讀 2○築 2○逐 19 竹 5○鏃 2○簇 5○族 8○速 5 宿 3 肅○縮 1○祝○叔 2 束 4 簌悚○熟 5○穀 2 轂 2 菊○哭 22○斛○屋 9○祿 24 漉 2 鹿 3 陸 1 簏麓 6 戮 2 淥 沃：毒 25○酷○鵠 燭：足 23○促 3○粟 6○俗 29 續 4○燭 6○觸 7○贖 2○屬 13 蜀 2○局 2○曲 6○獄 15 玉 21○欲 2 峪 3○錄緑 2○辱 15 褥 2 術：卒 30○出 8○術 15○恤○律 5 物：拂○佛○屈 17○物 36 沒：突 12○沒 4○捽 8○骨 7○窟 2○笏 6 惚 2○鶻 6 緝：入 藥：矍	88
皆來	陌：伯 6 百 3 柏 3○拍 3 魄 9 珀 2○白 76 帛 7○驀 9 貊 2 陌 9○搦 3○拆 5○擇 3 澤 5 宅 26○窄 21○索○格 5○客 56○額 9 麥：麥 6 脈 2○蘗○摘 8○責 20○策 46 冊 4 柵 2○隔 5 摑 5 槅 2○獲 4 畫劃 36 職：側 12○色 62 德：則○賊○刻 2 質：捽 7 曷：歹 28 黠：煞 9	43

续表

元雜劇韻部	入聲字（496）	總計（524）
蕭豪	覺：剝2○雹7○搉3○卓6 琢○濁6 濯○捉3○朔○覺16 角19○殼4○嶽4○學27○幄○樂44 藥：縛3○爵13 雀6○削2○酌2 斫○綽2 着137○杓2○脚21○卻11○虐4 瘧○謔2○約22 喲○藥11 躍4 鑰○掠略9○弱9 鐸：博○膊○薄19 泊4 箔3○寞幙3○託托6○鐸5 度18○喏○作11○錯12○鑿4○索7○閣13 鶴3 郭槨2 廓○萼5 鶚2○壑○貉鑊2○惡11○落49 黠：詙	67
歌戈	曷：割4 葛○渴3○褐喝5 末：撥2 跋8 缽2 鉢○潑7○末16 沫○掇6○脫15○奪12○撮10○聒7 銛○闊8○豁2○活34 合：合42 覺：濁鐲捉 藥：着4 鐸：膊○薄5○莫寞3 摸4 幙2○鐸5○閣9○鑊鶴○惡2○落4 物：佛3	39
家麻	曷：達25 闥○捺○擦2○砸○薩8 撒○刺8 合：荅24 搭12○踏33○納8○匝3○雜12○颯2 趿 盍：褡○榻22 塌10 塔4○靸○蠟6 臘2 黠：八6 扒10○拔12○紮11 劄2○察11○殺50 煞17○猾10 滑17 鎋：鍘7○刮7○瞎4○轄 洽：劄○煠○插13 鍤○霎8○恰5 掐14○峽4 洽6 狹2 狎：甲18 胛2○匣8○押6 壓8 鴨2 月：發22 髮27○伐13 罰8 筏2○襪9 乏：法34○乏19 末：抹9 薛（屑）瘸 職：蒯	65
車遮	屑：撇3 懺○迭13 跌○鐵5 饕○捏○節22○切10 竊○截11○潔4 結6 決○血10 穴7○咽3 薛：憋○別31○滅13○啜○孽○哲2 蜇3 踅2 蹩○徹13○轍2○絶35○雪7○折13 拙2○舌12○設5 說24○缺9○傑18 竭2○悅6 拽10○列8 裂4 劣6 冽烈7○爇熱17 葉：輒2○接10○妾6○葉13○涉○曄 帖：帖貼9○蝶6 疊5 諜3 牒2 褶○捻3○篋○挾2 協 業：劫○怯4○業9 月：月26○闕5 撅橛碣2 揭3○歇13○謁○曰越鉞 陌：額 曷：蝎2 昔：籍	81
尤侯	屋：竹6○軸6 逐11○宿12○縮1○粥2○叔2○熟24○轂○六2 陸1○肉22 燭：燭6	13

注：此表中各韻部的入聲字按實際使用字數統計，總計524個，其中中古來源相同的兩部重出字按一個計算則總數為496個。

第二節　入聲字的歸派分歧

中古入聲字到元代發生了很大變化，在元雜劇中可與陰聲韻相押。可以說在元雜劇中入聲已經變得與相應的舒聲非常接近，入聲塞音尾弱化甚至脫落，以致于周德清的《中原韻韻》把相應的入聲字分別附在平、上、去三聲中。但是對中古入聲字在元曲中的音值及歸派即“入派三聲”，人們意見尚不統一，沒有一個明確的解答。人們的討論主要集中在怎樣解釋“入派三聲”和“入派三聲”是否符合語言實際兩個問題上。怎樣解釋“入派三聲”涉及入聲在《中原音韻》存在與否的問題。目前分成三種意見：一種認為《中原音韻》尚有入聲，主張此說者有陸志韋、楊耐思、李新魁等先生；一種認為《中原音韻》入聲已經消失，主此說者有趙蔭棠、王力、寧繼福等先生。第三種意見承認《中原音韻》無入聲，但當時的讀書音還有入聲，主此說者有薛鳳生、蔣冀騁等先生。造成此種現象的原因來自周德清本人的論述。周德清在《中原音韻》的“自序”和“正語作詞起例”中多次談到“入派三聲”的問題。如“自序”中“夫聲分平仄者，謂無入聲，以入聲派入平、上、去三聲也。作平者最為緊切，施於句中，不可不謹。派入三聲者，廣其韻耳。有才者本韻自足矣”①。“正語作詞起例”中說“平、上、去、入四聲，《音韻》無入聲，派入平、上、去三聲。前輩佳作中間備載明白，但未有以集之者。今撮其同聲，或有未當，與我同志改而正諸”②。“入聲派入平、上、去三聲者，以廣其押韻，為作詞而設耳。然呼吸言語之間，還有入聲之別”③。“入聲派入平、上、去三聲，如‘鞞’字，次本韻後，使黑白分明，以別本聲、外來，庶便學者。有才者本韻自足矣”④。等等。主張有入聲和無入聲的均是從研究周氏的論述後得出結論的。兩種說法都搜集衆多材料包括周德清原書的材料、同時期韻書及元曲用韻、後代筆記曲論中的記載、現代方言等為其觀點提供強有力的支撐，相互很難說服對方。此問題與我們元雜

① 周德清：《中原音韻》，《歷代曲話彙編》（唐宋元編），黃山書社 2006 年版，第 229 頁。

② 同上书，第 264 頁。

③ 同上书，第 264—265 頁。

④ 同上书，第 265 頁。

劇用韻有關，但通過元雜劇用韻研究是無法解決的。我們的元雜劇入聲用韻主要與第二個問題即“入派三聲”是否符合語言實際有關。

關於《中原音韻》“入派三聲”分派是否合理，李新魁說：“周氏對入聲的歸派與實際語言實在不很符合：以之來和現代北京音比較，則在派入平聲和上聲上有出入；以之來和洛陽音或其他某些方言比較，則後者只派入陰、陽平，不作上、去（洛陽音這種情況和宋代的“以入代平”的作法和陶宗儀所說的中州音平入相似的話正相符合），周氏的分派（特別是派入上聲的字）實在是可以懷疑的，它能否代表實際語言的真實情況是不很可靠的。”①

周德清明確指出“平、上、去、入四聲，《音韻》無入聲，派入平、上、去三聲。前輩佳作中間備載明白，但未有以集之者。今撮其同聲，或有未當，與我同志改而正諸”。明清兩代的戲曲家有過不少的論述，如沈寵綏說“入之收平者，大都無誤，而入之收上、收去者，尚費商量”②。周德清“入派三聲”即全濁入聲派入陽平，次濁入聲派入去聲，清入聲字派入上聲。既然周氏指出其派入三聲“前輩佳作中間備載明白”，那麼他對中古入聲字的歸派應該能在元曲中得到驗證。廖珣英率先在這方面進行了有益的嘗試。廖先生考查了關漢卿戲曲中韻脚處的入聲字三百三十三個（入聲字重用一次作一字算），歸納出其派入情況：全濁入聲字百分之九十七派入陽平，次濁入聲字百分之八十六派入去聲，而清入聲字只有百分之三十派入上聲。因此廖先生得出“全濁入聲字派入陽平，次濁入聲字派入去聲，是符合《中原音韻》的，清入聲字有百分之七十不派入上聲”，“至於古入聲字，怎樣派入陰聲各韻的情況，關曲和《中原音韻》大體相同。”此結論一出即刻在學術界引起了轟動，引發了人們對《中原音韻》入派三聲的質疑。楊耐思依據廖珣英的結論得出“例如元代的戲曲裏，中古清入聲字叶入上聲的恐怕還不到半數，而周德清一律派入上聲”，“清入聲派入上聲只不過是權宜之計”③。自此，學術界對周氏入聲字歸派的合理性質疑不斷。“入派三聲”尤其是古清入聲字的歸派問題成為研究中一個焦點。廖先生之後的學者嘗試從各個方面去論證《中原音

---

① 李新魁：《中原音韻音系研究》，中州書畫社 1983 年版，第 41 頁。

② 沈寵綏：《度曲須知》，《歷代曲話彙編》（明代編第二集），黃山書社 2009 年版，第 502 頁。

③ 楊耐思：《中原音韻音系》，中國社會科學出版社 1981 年版，第 62 頁。

韻》“入派三聲”的合理性。除了對北曲同曲牌排比考查中古入聲字的歸派問題外，學者們還從其他角度如元曲異文角度、曲譜角度等研究入聲字的歸派。如劉靜《從元曲異文看清聲母入聲字的歸類》一文，在對元曲異文中的清入聲字和非清入聲字進行分析之後，“發現元曲異文中清入聲字的歸類與《中原音韻》的‘清入歸上’差距頗大。元曲異文中清入聲字不僅可以跟陰平、陽平、上聲、去聲字分別構成異文，而且有些清入聲字還具有一字多調的特性。”證實周德清簡單地把清入聲字歸入上聲是一大失誤。從元曲曲尾上的煞尾字研究古入聲字的歸派如忌浮《曲尾及曲尾上的古入聲字》一文，經過考察得出古全濁聲母入聲字派入平聲、次濁聲母入聲字派入去聲與《中原音韻》一致，而派入上聲卻不相同。施向東、高航《太和正音譜北曲譜考察》一文通過對《太和正音譜》中北曲譜各聲調樂字與《中原音韻》和普通話進行的對照考察，得出《太和正音譜》北曲譜平聲樂字、去聲樂字與《中原音韻》中歸入平聲、去聲的字，以及與普通話中讀為平聲、去聲的字基本相符。而上聲樂字與《中原音韻》也基本相符，但與普通話中變化比較大。作者認為周德清在入派上聲方面考慮的不夠全面，“廖珣英、寧繼福、劉靜能從最原始的材料——元曲出發，進行窮盡性歸納，結論的可信度當然是最高的”。

綜合各種角度論述古入聲字的歸派問題的主要有杜海濤和黎新第。不過二者論述稍有不同。杜海濤《鄭光祖戲曲用韻研究》立足于鄭光祖戲曲的用韻，從《太和正音譜》、鄭光祖戲曲自身內部、《中原音韻》“作詞十法”中“定格”和“末句”三個角度結合戲曲中存在“以上代平”、“上去不分”現象考察了《中原音韻》所收的一百零八個中古入聲字，包括全濁三十二個，次濁二十三個，清入五十三個。得出“雖然清聲母入聲字派入上聲不能從曲韻中歸納出來，但考慮到上聲字在戲曲押韻使用中的靈活性，並比較中古清聲母入聲字與上聲字在鄭曲曲韻中的實際體現，《中原音韻》中清入字派入上聲的結論還是可信的”。而黎新第則是立足於戲曲各個方面運用不同的角度論證古入聲字的歸派情形。如借助元曲句末二字回避上上、去去的特點，考察了元雜劇四大家即關漢卿、鄭光祖、白朴、馬致遠四人的現存散曲清入聲字讀上聲的情況。如通過元刊雜劇說白語言中清入聲字與次濁入聲字同上聲字和去聲字表現趨於一致論證了清入聲與次濁入聲字也應當是分別讀作上聲和去聲。借助金元諸宮調曲句的平仄與入聲的分派說明《中原音韻》入聲歸派的合理性等，並針對懷疑

“入派三聲”合理性的論點一一進行了辨析，強調《中原音韻》“入派三聲”符合當時的語言實際。

整體來說，人們對周德清《中原音韻》“入派三聲”的合理性持懷疑和肯定兩種態度，持肯定態度的主要是黎新第先生，持懷疑態度的有廖珣英、忌浮、李新魁等，佔有絕大多數。黎新第先生把懷疑理由歸納為三條：《中原音韻》“入派三聲”同現代北京音不合；同現代洛陽音或其他某些方言不合，因而也同宋代“以入代平”的作法和陶宗儀所說的中州音平入相似的話不合。最後，也是最重要的是，清入聲作上聲同元代戲曲作品的實際分派不合。並對此一一反駁，證實《中原音韻》“入派三聲”的合理性。

到目前為止，“入派三聲”的問題還是沒有徹底解決。我們對存世的所有元雜劇中所有入韻的入聲字進行窮盡式的研究，通過同曲牌曲子的排比確定古入聲在元雜劇中的聲調，以期能對“入派三聲”問題的解決提供實證。

第三節　入聲字在元雜劇中的實際歸派

在我們用到的幾種曲譜（《太和正音譜》、《北詞廣正譜》、《南北詞簡譜》、《漢語詩律學》、《北曲新譜》、《中國曲學大辭典》）中《太和正音譜》、《北曲新譜》和《中國曲學大辭典》於每一曲字處標有聲調。施向東、高航《太和正音譜北曲譜考察》對《太和正音譜》中入聲字的歸派進行了研究，得出與《中原音韻》一致的結論。《北曲新譜》與《中國曲學大辭典》所收曲詞很多都是一致的，排除了重複出現的，我們抽取了《中國曲學大辭典》韻腳處的八十三個入聲字（全濁：續屬絕碣穴值蝶疊白鶴濕宅達合別纈澤極踏傑活，次濁：日惡納熱月臆拽落樂約蠟蜜弱戲溢力壓幕滅業藥越，清：拙隔說的卒血滴潑闊徹貼切撇節客脫髮斫郭閣爵卻槨腳覺魄色甲搭榻發雪歇窟缺足刮法削宿），考察其派入三聲的情況，結果與《中原音韻》的歸派完全一致。並且從元雜劇中歸納的情形也與《中原音韻》一致。我們的基本方法是排比相同曲牌曲子確定入聲字的聲調。在排比過程中，有些入聲字聲母有清濁兩種，根據押韻情況及意義我們無從確定其清濁，也就無從判斷其聲調歸屬，如劃，麥韻，但既屬曉母又歸匣母；着，藥韻，但既屬知母又歸澄母；合，合韻，但既屬見母又匣母；達，曷韻，但既屬透母又歸定母；別，薛韻，但既屬並母又歸幫母；蝶，帖韻，既屬透母又歸定母；撅，月韻，既屬群母又歸見母等，這些字我們暫且排除。排比中，如果同曲牌曲子某個位置韻字均為某聲調，那入聲字的聲調必歸某聲調，這是最容易判斷的。但是入聲字在使用中可能不止一次如“疾”就在用韻處使用了六十六次，“敵”就使用了三十七次，“的”使用了二百一十四次，“着”使用了一百三十七次等，這些使用次數多於兩次者，如果在某個（些）曲牌中只能歸入某聲調，而在另一個（或另一些）曲牌中不穩定，我們就依前者歸類。有的入聲字在某個曲牌的某個位置既可能是平又可能是上去，其中一類與《中原音韻》同，我們就按《中原音韻》歸類。但是有的入聲字入韻次數太少，再加上有的曲牌曲式變化多，有些入聲字難以排比確定。我們的做法是借助曲譜，但即便如此，還有“慽菊惚壑鉢鞁闥擦跛”等字無法判斷其聲調。所以最後我們實際能夠確定聲調的入聲字有四百七十一個。根據聲母清濁，具體分類如下：

全濁聲母入聲字一百二十個：（大體按照支思、齊微、魚模、皆來、蕭豪、歌戈、家麻、車遮、尤侯排序，下同）

疾實姪嫉習拾集襲及十直極食蝕殖植賊惑劇席夕石擲籍笛敵檄○服獨伏逐僕熟族讀複毒鵠贖俗屬續蜀局簌術佛突鶻捽鏃○白宅帛擇澤畫獲賊○學濁濯縛杓薄泊鐸度博箔鑿鑊鶴詃○活奪濁鐲鐸薄鑊鶴佛褐○雜踏猾拔滑峽洽匣伐罰栰乏鍘狹○迭穴跌截舌絕折傑趄蹷竭涉疊協諜牒挾碣橛○熟軸逐

次濁聲母及影母入聲字一百二十四個：

日密蜜一溢逸立入揖粒力憶翼㓜臆肋勒墨逆易驛射役益謚覓曆瀝靂嚦○祿睦漉木屋牧目鹿穆戮陸簏獄玉辱褥綠欲錄淥峪律物沒入○額貊陌驀搦脈麥○樂嶽掿幄弱約略藥躍瘧掠虐鑰喲落蕚幙惡鶚喏寞貉○末沫寞落幙莫惡摸○納蠟臘押壓鴨襪抹刺捺○揑捻列拽悅滅裂熱劣冽葉業月謁鉞越額烈孽曄爇○肉六

清聲母入聲字二百二十七個：

瑟飈○筆七蹕漆膝失質室吉匹鷙吃訖濕急汁及給級識息稷逼敕職戢織北德得國黑塞隙戟哧赤隻跡尺碧積脊奭跖斥戚的喫壁璧踢劈刺錫僻淅續滴擊剔勣鏑○哭福叔速禿簇覆束穀築竹轂腹宿撲祝粟

觸曲足燭促出卒恤屈拂骨笏窟○客窄魄伯柵柏珀百格拍索拆策隔摘責摑冊蘗槅色側則刻捽○卓覺琢角捉剝朔殼脚雀酌爵綽謔斫削卻閣錯作郭託托槨索廓膊○渴割葛撮潑脫掇闊聒跋撥閣喝豁銛捉○薩撒答搭颯匝榻塌塔殺煞察紮八瞎刮錘恰插掐霎劄甲胛髮發法褡扒劄癥○節血竊潔切結撇懺饕鐵決設雪說缺啜拙哲轍接妾貼篋帖褶怯劫闕歇蝎蜇蹇蔑輒○竹宿

全濁聲母入聲字一百二十個，在排比參照中一百一十七個字歸平聲，占總字數的百分之九十六強，僅有四個字不同其他字歸類："籍"和"簌"歸去聲，"畫"和"泊"歸上聲或去聲，占百分之零點零三。次濁聲母及影母入聲字一百二十四個，百分之百歸入去聲。清聲母入聲字二百二十七個，有二百零八個字歸入上聲，占總字數的百分之九十一強，只有二十個字歸屬不在上聲："鷩"和"撮"歸入平或去，"碧"和"僻"歸入去聲，"逼隻積剔勣哭答設色禿紮卒捉脫插胛"等十六個字歸入平聲，占百分之零點零八。

通過上面的方法，我們得出與《中原音韻》幾乎完全一致的結論：全濁入聲字歸陽平，次濁入聲字歸去聲，清聲母入聲字歸上聲。雖然有個別字不合此規律，但是占的比例極小，不足以動搖《中原音韻》的結論。當然，從個別字的不合律中，我們可以推測入聲字此時正處於變化之中或韻母的變化或聲調的調整。目前，在北京話，入聲已完全歸入相應的舒聲，大體規律為：全濁入聲字歸屬陽平，次濁入聲字歸屬去聲，清聲母的入聲字歸屬陰平、陽平、上聲、去聲的都有。結合韻文押韻史來說，元代是入聲字變化承上啟下的時代。宋詞中入聲就開始變化，入聲韻尾趨於弱化、混同，元代繼續這種變化並接近消失，使入聲字有了明確的歸類，但是這種變化並未因有了明確歸類而停止，所以才形成今天北京話入聲字歸派的實際情形。

第八章

元雜劇用韻與《中原音韻》

第一節 《中原音韻》概述

《中原音韻》，元代周德清著。成書於元泰定元年（1324 年）。周德清生當盛元之世，正是元曲繁榮昌盛的時代。詞曲的撰作必須講求音律。明朱權《太和正音譜》“古今群英樂府格勢”說：“大概作樂府切忌有傷於音律，乃作者之大病也。”① 所以撰詞曲的人“大抵先要明腔，後要識譜，審其音而作之”②。可是撰寫詞曲的人未必都有曉音度律的本事，自然難免詞曲用韻上的混亂現象。正如清李漁說“舊曲韻雜，出入無常者，因其法制未備，原無成格可守，不足怪也”③。周德清編撰《中原音韻》的時代正是北曲創作主潮由大都轉移到江浙一帶的南方，作家主體也主要由南方籍文人組成。他感到當時寫曲、唱曲有的都不太講究格律，曲家不曉音、歌者不識律，忽視了語音的規範化和曲辭的韻律美如“逢雙不對，襯字尤多”、“平仄不一，句法亦粗”、“合用陰而陽，陽而陰”、“歌其字音非其字”等混亂現象。應曲學同好之請，以關漢卿等早期北曲作家的曲作韻律為材料，“撮其同聲”，歸類排比，又結合自己平生研讀、創作劇曲的經驗，著成《中原音韻》一書，籍以“訂砭之文，以正其語”④。

---

① 朱權：《太和正音譜》，《歷代曲話彙編》（明代編第一集），黃山書社 2009 年版，第 38 頁。

② 同上书，第 39 頁。

③ 李漁：《閑情偶寄》，《歷代曲話彙編》（清代編第一集），黃山書社 2008 年版，第 261 頁。

④ 周德清：《中原音韻·自序》，《歷代曲話彙編》（唐宋元編），黃山書社 2006 年版，第 231 頁。

《中原音韻》一書分兩大部分："韻譜" 和 "正語作詞起例"。"韻譜" 部分以實際語音為標準，把元曲作品收集到的五千八百多字分類歸納成十九個韻類，每一韻類以聲調統轄。"正語作詞起例" 由三部分組成：樂府十二宮調三百三十五章、六十八首曲牌末句的平仄譜式、四十首常用曲牌格律定格和例曲評析。實際就是曲譜、曲論和曲選。因此我們可以說《中原音韻》首先是一本曲韻韻書或曲學著作，四庫全書書目便把它放在"詞曲" 一類。它的曲韻、曲譜、曲論思想對後世戲曲曲譜的製作、北曲創作規範、及明清傳奇用韻等具有重要的影響。當時學者虞集、羅宗信等人都為《中原音韻》寫序，作出很高的評價。明王驥德指出 "作曲則用元周德清《中原音韻》。古樂府悉系古韻，宋詞尚用詩韻，入金未能盡變。至元人譜曲，用韻始嚴。德清生最晚，始輯為此韻，作北曲者守之，兢兢無敢出入"[①]。李漁《閑情偶寄》也说 "自《中原音韻》一出，則陰陽平仄，畫有塍區，如舟行水中，車推岸上，稍知率由者欲故犯而不能矣！"[②] 劉熙載《曲概》更是讚揚說 "事莫過於真知，周挺齋不階古音，撰《中原音韻》，永為曲韻之祖"[③]。就連《四庫全書總目提要》批評其"輕詆古書，所見雖謬" 之後也不得不承認他 "所定之譜，則至今為北曲之準繩"[④]。《中原音韻》不僅在戲曲學史上具有重要的地位，而且在語音發展史上也是一項極重要的參考資料。《中原音韻》"正語作詞起例二〇" 極力批評 "世之泥古非今、不達時變者衆；呼吸之間，動引《廣韻》為證，寧甘受鴃舌之誚而不悔"[⑤]。維護和確定在關、鄭、白、馬等前輩佳作中 "韻共守自然之音，字能通天下之語"[⑥] 的語言規範。可見這個 "自然之音"、"天下之語" 即為當時的實際語言也就是十三、十四世紀時期的語言。錢玄同先生在《文字學音篇》把元明時期的語音看作古今語音演變的第五期，他說："此期文學，以北曲為主，於是有以北音為主之韻

① 王驥德：《曲論 · 論韻第七》，《歷代曲話彙編》（明代編第二集），黃山書社 2009 年版，第 68 頁。

② 李漁：《閑情偶寄》，《歷代曲話彙編》（清代編第一集），黃山書社 2008 年版，第 236 頁。

③ 劉熙載：《藝概》，《歷代曲話彙編》（清代編第四集），黃山書社 2008 年版，第 464 頁。

④ 王力：《漢語音韻學》，中華書局 1981 年版，第 501—502 頁。

⑤ 周德清：《中原音韻》，《歷代曲話彙編》（唐宋元编），黃山書社 2006 年版，第 267 頁。

⑥ 同上书，第 290 頁。

書發生，……至用當時活語所作之曲，即用《中原音韻》一派之新韻……此六百年之普通口音，即為《中原音韻》、《洪武正韻》等韻書之音”。後來又說“《中原音韻》一系之韻書，皆根據當時北方活語言之音而作。”[①] 因此在漢語語音史上佔有很重要的地位。人們在此基礎上構擬近代漢語語音系統，研究普通話的形成和發展的歷史。

第二節　前人時人對《中原音韻》的研究

一、《中原音韻》的版本研究

《中原音韻》元代周德清著。此書記錄了十三、四世紀北方漢民族共同語的語音系統。本世紀初，《中原音韻》成為語言學的研究焦点。凡研究近代漢語語音史者，無不以之為根據和出發點。幾十年來，《中原音韻》的研究，已成為國際漢語學界的重要課題，大有發展為“周學”之勢。《中原音韻》成書於元泰定甲子（1324），推測初刻于至正元年（1341），可惜已佚。現在存世的《中原音韻》的版本大都是明清時代的刊本或抄本，是否存有元刊，還有爭議。據現有史料推測，《中原音韻》自元至正元年初刻，經元明清三代，至少有十几種版本，可惜，多數失傳。如永新刻本、監本、徐霖《中原音韻注釋》、何瑭序本、《重刻中原音韻》、周之翰《重校中原音韻》等版本已佚。現存明清版本有卓從之厘訂本（只有韻譜）、訥庵本、瞿氏鐵琴銅劍樓藏本、嘯餘譜本等，其中訥庵本應是元刻本的重刻，基本上保留了元刻面貌。瞿氏鐵琴銅劍樓藏本是最接近元刻本的版本。現代刊行本均以明清刊刻本或抄寫本為底本進行校訂而成。各種版本內容各有側重，其中趙蔭棠《中原音韻研究》、楊耐思《中原音韻音系》、寧繼福《中原音韻表稿》、李新魁《〈中原音韻〉音系研究》等校勘校訂所論多精，成就最大。

二、《中原音韻》音系的研究

元代著名戲曲作家、戲曲理論家周德清所著《中原音韻》系戲曲學

① 錢玄同：《文字學音篇》，北京大學出版組出版，1918 年版，第 3 頁。

不祧之祖。早在其成書之時，就有人對其語音特點進行研究，如虞集、羅宗信、瑣非複初等為其作的序中就有所反映，但真正系統而全面地研究是從二十世紀初開始的，經由錢玄同、趙蔭棠、羅常培諸專家大力表彰，遂成為漢語音韻學的經典著作之一。近一個世紀以來，中國、日本、美國等國的學者競相研究，可謂成果輝煌。

《中原音韻》音系的研究涉及到音系的多個層面，如《中原音韻》的聲母系統、韻母系統和聲調系統。在這個方面有影響的如趙蔭棠就全面地研究了《中原音韻》的聲類和韻類，並且對跟《中原音韻》有關的、元末至清初的重要韻書一一考訂。羅常培對《中原音韻》的聲類和音值的研究，已經達到了一個很高的水準，創立"歸納法"，為《中原音韻》音系的研究奠定了基礎。陸志韋先生利用八思巴字漢語資料，考訂《中原音韻》的聲類和韻類。王力首次對《中原音韻》的聲調進行了構擬。在此基礎上，薛鳳生採用嚴格的音位解釋，闡述了以《中原音韻》為中心的一大段的漢語語音演變史。另外，楊耐思（《中原音韻研究》）、李新魁（《中原音韻音系研究》）、寧繼福（《中原音韻表稿》）等先生也作出了重要的貢獻。他們的研究代表目前《中原音韻》研究的最高水準。可以說有關《中原音韻》音系的性質、結構等情況，目前學界在很多方面都已經達到共識，但也存在著一些尚有爭議的問題，如聲母中最大的分歧在於對中古知章莊三組字的分合與音值構擬上。對此，羅常培、趙蔭堂、楊耐思、李新魁、陸志韋、寧繼福等先生都發表了自己的看法，使得此問題成為目前人們關注《中原音韻》研究的焦點之一。羅常培、趙蔭堂、楊耐思等認為中古知章莊三組字在《中原音韻》中已經合流，但是在音值的具體構擬方面有所不同；而陸志韋和寧繼福兩位先生則認為中古知章莊三組字在《中原音韻》尚未完全合流。在此基礎上，學術界以方言語音為依據，對這兩種觀點進行了解釋和說明，掀起了把《中原音韻》和方言結合起來研究的熱潮，使《中原音韻》的研究進一步深化，出現了一系列相關的著作和論文。又如入聲的問題，《中原音韻》雖然把入聲分派到平、上、去三聲中，不再單列為一類，但周德清並未完全把入聲融進平、上、去三聲中，因為其排列入聲時，把入聲明確排在平、上、去三聲之後，並且注明"入聲作平聲陽"、"入聲作上聲"、"入聲作去聲"。尤其是在"正語作詞起例"中對"入派三聲"作了這樣的解釋："入聲派入平、上、去三聲者，以廣期押韻，為作詞而設耳，然呼吸言語之間，還有入聲之別”。這些現象不由得使人對《中原音韻》到底有無入聲產生了疑問，也引發了學術界對此問題關注和熱議，形成了三種不同的看法：陸志韋先生認為入聲在實際語言中依然存在，周德清所謂“入派三聲”實際上只是為戲曲創作、歌唱的方便而設，只是為“廣其押韻”而已；楊耐思、李新魁等學者認為入聲作為一個調類仍然存在，但塞音韻尾已經消失，已經讀成與平、上、去三聲同一類型的長調；王力、趙蔭堂、寧繼福等先生認為《中原音韻》中入聲已經消失，所謂“入派三聲”實際就是“入變三聲”，至於周德清所謂的呼吸言語之間的入聲，只不過是方言中的現象而已。三種看法在學術界各有支持者，人們從不同角度借助不同的語料紛紛發表自己的看法或支持或反對，不斷把“入派三聲”的研究引向深入。其中廖珣英先生《關漢卿戲曲的用韻》一文影響較為深遠。廖先生通過窮盡式分析關漢卿一文的用韻，得出了清入字有百分之七十不派入上聲的結論，增加了學術界對周氏清入聲作上聲是否符合語言實際的質疑程度，引發了一輪利用元曲材料與《中原音韻》相互驗證來研究元曲的音韻和《中原音韻》的性質。

三、《中原音韻》與元曲關係研究

周德清在《中原音韻》自序裹說“言語一科，欲作樂府，必正言語；欲正言語，必宗中原之音。樂府之盛、之備、之難，莫如今時。其盛，則自搢紳及閭閻歌詠者衆。其備，則自關、鄭、白、馬，一新製作，韻共守自然之音，字能通天下之語，……”① 及“正語作詞起例”說“平、上、去、入四聲，音韻無入聲，派入平、上、去三聲。前輩佳作中間，備載明白，但未有以集之者，今撮其同聲。或有未當，與我同志改而正諸”、“入聲派入平、上、去三聲者，以廣期押韻，為作詞而設耳，然呼吸言語之間，還有入聲之別。”② 從中可以看到周德清《中原音韻》與元曲之間極為密切的關係。明代的王伯良，近人邵鳴九、張世祿、楊耐思等都認為《中原音韻》是歸納元人的作品而成的。如張世祿說《中原音韻》“直接根據於戲曲作品，未必是由觀察實際的語言系統而作”。③ 楊耐思認為

① 周德清：《中原音韻》，《歷代曲話彙編》（唐宋元編），黃山書社2006年版，第229頁。

② 同上书，第264頁。

③ 張世祿：《中國音韻學史》（下冊），商務印書館1938年版，第316頁。

《中原音韻》是憑著當時的戲曲用韻客觀地進行歸納，再根據“中原之音”為標準來審訂每個韻字的具體讀音。然而，以李新魁為代表的學者卻有不同的看法。李新魁先生認為“周氏的書是歸納戲曲用韻而成的是不大靠得住的。他據以撰作的應當是一個實際的口語。”① 另外，從人們對元曲的一些用韻研究結果來看，也能反映《中原音韻》與元人作品的差異。目前，人們研究元曲音韻，離不開《中原音韻》的參照，或以元曲音韻說明《中原音韻》，或以《中原音韻》來歸納元曲用韻，以此來論證二者之間的異同關係及造成異同的原因。

第三節　元雜劇用韻與《中原音韻》的異同

如上文所述，周德清感到當時寫曲、唱曲的不規範現象，應曲學同好之請，以關漢卿等早期北曲作家的曲作韻律為材料，“撮其同聲”、歸類排比，又結合自己平生研讀、創作劇曲的經驗，著成《中原音韻》一書，籍以“訂砭之文，以正其語”。但是學者們的研究有的承認《中原音韻》是依據戲曲用韻進行歸納的，有的認為是按當時實際的口語寫作的。比較元雜劇的用韻，可以發現與《中原音韻》有著頗為複雜的關係，很難說是完全依據戲曲用韻歸納的，也很難說不是按照戲曲用韻歸納的。

一、分韻上的異同

《中原音韻》分為十九韻部，每個韻部下列出元曲中用韻的字。元雜劇的韻字也分為十九部，雖然說只有十八部獨用，桓歡一部未見獨立通用的現象，但桓歡一部字並不是統一歸入某個韻部中，而是雜入到像寒山、先天等韻部中。並且與元雜劇有著共同之處的元散曲中桓歡韻是獨立的，再加上元雜劇流傳到現在有很多佚失了，也許有的元雜劇獨立用到此部，只是現在不可得知。不過現有的材料足以說明元雜劇中桓歡韻應該是獨立的一部，所以在分韻部上元雜劇與《中原音韻》是一致的。

二、韵字有无的異同

從元雜劇所使用的韻字來看，由於元雜劇的流失，所以數量少於

① 李新魁：《〈中原音韻〉音系研究》，中州書畫社 1983 年版，第 10—11 頁。

《中原音韻》是正常現象。但是在排比調查中，我們發現元雜劇中使用的韻字有一部分《中原音韻》未收錄，如庚青部的“榏、症、嚀、另、睜、鶯、蹬、莖、耕”等，齊微部的“吏、搥、槌、魁、椎、誨、薇、恢、職、級、跖、吃”等。有些韻字的使用頻率還非常高，如江陽部的“槍”使用了二十四次，庚青部的“另”使用了一十三次，齊微部的“吏”使用了一十四次、“職”使用了二十六次等，具體如下：

東鍾：玜、鏦、慵、衕、鬃、諍、甕、喁、俸、栱、[illegible]

江陽：妨、攘、慌、倆、蹌、槍、耩、誆、穰、膛、症、徨、仿、攩、崗、躺、鶬、嚷、鎗、煌、喨、膀、韁

真文：悋、溷、滾、棍、鐏、徇、嚔、盹、裀、憤、坌、璺、們、靳、嚀、琨、掯

寒山：叛、杆、癱、幡、儇、齁

先天：瀍、騗、躩、礶、侹、戔、搧、漣、膳、捐、辯、攍、覞、涎

庚青：榏、症、嚀、另、䁝、睜、鶯、蹬、莖、耕、脡、浧、狥、縢、擤、桯、峥

侵尋：噷、鍼、稟

監咸：臢、釤、揝、嚂、鬖

廉纖：呫、鐮

支思：伺、嗤、颸、蓍

齊微：每、邐、欸、吏、鏸、嬉、搥、槌、魁、僞、椎、誨、薇、揆、畿、韡、鈚、韝、鞁、恢、頛、抵、祭、恓、緝、螃、荑、抷、拆、傒、臂、掮、植、塞、斥、豸、哩、蜺、欹、職、踅、鏑、級、殖、跖、謚、吃、髯、膝、籍、嚦、勣、戢、執、臆、慽、縊、吡

魚模：褲、踷、屨、硃、揄、袴、庫、屨、瑜、朽、予、惚、蘢、捽、酴、撲、殳、朐、箍、鶩、忬、簌、渌、峪、悚、恤、祝、膚、且、篩、篦、淤、鍪

皆來：愷、拆、閡、歹、礙、拆、搋、概、槅、涯、顋、睬、醲、唻、獲、保、踹、貸、扨

蕭豪：饕、铇、刨、拷、靠、滌、雹、鼇、套、徭、鑣、轎、匋、緲、嚎、澆、鞘、傍、嚎、勦、剿、憔、珓、驕、犒、拷、

皎、篙、啕、稍、喲、托、卻、貉、殼、幄、膊、詖

歌戈：喝、豁、摸、堝、捉、酡、褐、它、銛、詖、棵、舵、托

家麻：渣、柤、狹、扒、褡、煠、嗏、剌、鍘、闥、瘂、劄、耙、吖、耙、擦、砸、趿、捺、莿、喳、叚、靶

車遮：徹、揭、嗻、爇、輒、橛、烈、趄、嘩、孽、蜇、曰、籍、扯

尤侯：赳、丟、擻、縐、謅、瞅、偢、氉、瞜、嘍、扭、揪、叩

所以，有的學者認為《中原音韻》韻部是按元散曲歸納出來的，但是人們對元散曲的用韻也進行了研究發現確實有些字《中原音韻》未收入。其中原因不得而知。

三、韻字歸類的異同

元雜劇韻字的歸類包括入聲字在內絕大部分與《中原音韻》是一致的，但是還有一部分字在歸類上與《中原音韻》不同。主要體現在一些字應該兩屬，而《中原音韻》只歸入一類。具體如下：

1. 藉

“藉”在元雜劇用韻處使用了七次，五次押入齊微韻，與《中原音韻》歸車遮部不合。分別出現在關漢卿《陳母教子》第三折【中呂·粉蝶兒】、鄭光祖《倩女離魂》第三折【中呂·普天樂】、楊顯之《酷寒亭》第二折【越調·紫花兒序】、無名氏《盆兒鬼》第三折【越調·紫花兒序】、無名氏《認父歸朝》第三折【越調·調笑令】。絕大多數押齊微韻，《中原音韻》歸類值得商榷。查《廣韻》，“藉”有兩個音：慈夜切和慈亦切，即麻韻開三去聲和昔韻開三入聲。《廣韻》麻韻開三在《中原音韻》歸車遮部，而昔韻字歸齊微部。但《中原音韻》齊微部未收“藉”，卻收了與“藉”音韻地位相同的“液腋易驛埸益”等字，所以從根源來說“藉”應該車遮、齊微兩部兼收。

2. 刻、賊

“刻”在元雜劇用韻處使用了十次，八次押入齊微韻，分別出現在馬致遠《陳摶高臥》第三折【正宮·倘秀才】、王實甫《西廂記》第三本第三折【正宮·滿庭芳】、關漢卿《裴度還帶》第二折【南呂·隔尾】、《玉鏡臺》第三折【中呂·上小樓】、武漢臣《生金閣》第四折【雙調·太平令】、無名氏《替殺妻》第四折【雙調·折桂令】、無名氏《謝金吾》第三折【越調·鬬鵪鶉】、陸登善《勘頭巾》第三折【商調·逍遙

樂】。但《中原音韻》“刻”歸屬皆來韻，這與元雜劇的實際入韻情況不合。“賊”在元雜劇用韻處使用了四十五次，一次押入皆來韻，出現在馬致遠《黃粱夢》第二折【商調·醋葫蘆】一曲裏。但《中原音韻》“賊”歸屬齊微韻。查《廣韻》，“刻、賊”均屬入聲德韻，德韻字一部分入齊微，如“或劾北勒”等；一部分入皆來韻，如“塞墨”等，並無規律。王力在《漢語詩律學》談到齊微和皆來兩韻時，均涉及《廣韻》的入聲德韻。像“刻”、“墨”兩字都是兩收字。“刻”在元雜劇的實際用韻中也顯示了這種兩屬的特徵，只是《中原音韻》齊微韻失收“刻”字，使元雜劇的實際用字與其出現了差異。“賊”也如此。

3. 蛇、拽

“蛇”在元雜劇用韻處使用了十次，一次押入齊微韻，出現在無名氏《隔江鬬智》第二折

【中呂·普天樂】我則見玳筵前。擺列着英雄輩。一個個精神抖擻。一個個禮度委蛇。那軍師有冠世才。堪可稱龍德。覷他這道貌非常仙家氣。穩稱了星履霞衣。待道他是齊管仲多習些戰策。待道他是周呂望大減些年紀。待道他是漢張良還廣有神機。

元雜劇有三十八劇三十八支曲子使用【中呂·普天樂】，三十七支曲子的句數是十一句，第一、三、五、七、九十句可入韻亦可不入；一支曲子即岳伯川《岳孔目》（元刊本）一曲只有十句，第一、三、五、九句不入韻，比較“選本”中的十一句，可以發現“元刊本”所錄此曲句末的四字句少一句。《中原音韻》“定格”中收《別友》一曲，全曲十一句，韻字為：秋夜去疊來謝舍別也也些，第一、三、五句不入韻，周氏評曰“造語、音律、對偶、平仄皆好”①。《太和正音譜》收張小山小令一曲，全曲十一句，韻字為：邊下蝀琶聲架畫家霞水花，第一、三、五、十句不入韻。《一笠庵北詞廣正譜》收有兩種體式：一種與《太和正音譜》一致，一種是王伯成《天寶遺事》一曲，全曲十一句，韻字為：裏圍劍輝言妹失際威髻衣，第三、五句不入韻，並注與上一體式區別在於第三、第四句變（編者按：前一體式第三四句為四字句，此式為三字句）。《南北詞簡譜》、《中國曲學大辭典》所收與《太和正音譜》同。《北曲新譜》收趙善慶小令一曲，全曲十一句，韻字為：長蒼日陽詞唱上裳凰武鴦，第

① 周德清：《中原音韻》，《歷代曲話彙編》（唐宋元編），黃山書社 2006 年版，第 300 頁。

三句、第十句不入韻。據元雜劇的實際用韻和各曲譜，無名氏《隔江鬬智》第四句末字“蛇”應該入韻。但是《中原音韻》“蛇”歸車遮部。按“選本”的“音釋”：“委平聲 蛇音移”①，此處的“蛇”應該歸屬齊微韻。查《廣韻》，“蛇”有兩音：一在麻韻，神遮切；一在支韻，弋支切。“神遮切”一音肯定歸屬車遮部，《廣韻》支韻字在《中原音韻》分歸在支思和齊微兩部。在《廣韻》支韻下與“蛇”音韻地位相同的“移扅”等字都歸在齊微部，所以“蛇”按其兩讀應該分歸在車遮部和齊微部，《中原音韻》齊微部失收。

“拽”在元雜劇用韻處使用了十次，一次押入齊微韻，出現在關漢卿《玉鏡臺》第三折

【中呂·粉蝶兒】怕不動的鼓樂聲齊。若是女孩兒不諳魚水。我自索自拖拽。這一場出醜揚疾。安排下单方一味。他若是皺一對雙眉。我則索牙牀前告他一會。

【中呂·粉蝶兒】用韻如上文“先天”部所述。據元雜劇的實際用韻和各曲譜，此曲第三句“拽”入韻，押入齊微韻，與《中原音韻》歸入車遮韻不合。查《廣韻》，“拽”，拕也，羊列切又餘世切即分屬薛韻和祭韻。按規律，薛韻字和祭韻字在《中原音韻》應該分歸車遮韻和齊微韻。《中原音韻》齊微韻失收“拽”字。

4. 涯

“涯”在元雜劇用韻處共使用了三十八次，三十五次押家麻韻，三次押皆來韻。押皆來韻分別出現在李好古《張生煮海》第二折、陳以仁《存孝打虎》第一折和無名氏《碧桃花》第四折。

【南呂·梁州第七】你看那縹渺間十洲三島。微茫處閬苑蓬萊。望黃河一股兒渾流派。高沖九曜。遠映三台。上連銀漢。下接黃埃。勢汪洋無岸無涯。出許多異寶奇哉。看看看波濤湧光隱隱無價珠璣。是是是草木長香噴噴長生藥材。有有有蛟龍偃蹇沉沉精怪靈胎。常則是雲昏。氣靄。碧油油隔斷紅塵界。恍疑在九天外。平吞了八九區雲夢澤。問甚麼翠島蒼崖。(李好古《張生煮海》第二折)

【仙呂·混江龍】遙望見雁門紫塞。黃沙漠漠接天涯。看了這山遙路遠。更和那日炙風篩。一騎馬直臨蘇武坡。半天雲遮盡李陵臺。一川煙草。數點寒鴉。半竿紅日。幾縷殘霞。悠悠羌笛在這晚風前。呀呀歸雁遙天外。增添旅況。蕭索情懷。(陳以仁《存孝打虎》第一折)

【雙調·豆葉黃】可憐我滯魄遊魂。流落在海角天涯。長伴着野草閑花。殘煙斷

① 臧晋叔：《元曲选》（第四册），中华书局1979年版，第1311页。

靄。我只道曉色何曾到夜臺。誰承望萬里歸來。喜喜歡歡。再拜我爹爹妳妳。（無名氏《碧桃花》第四折）

如上文“江陽”部所述，元雜劇中【南呂・梁州第七】有十七十八句之分，主要是十三、十四兩個二字句有時合有時分造成的。大致來說，如果十三、十四兩句分開，那麼第一、四、六、十、十一、十三、十七可押韻亦可不押，如果十三、十四合為一句，則第一、四、六、十、十一、十六句可押韻亦可不押。李好古《張生煮海》中的“涯”位於曲子的第八句末，所以“涯”入韻無疑。元雜劇【仙呂・混江龍】的使用情形在“寒山”部已作分析。元雜劇【仙呂・混江龍】全曲句數從九句到五十二句不等，主要是第六句下增句所致。考查元雜劇和各曲譜，此曲第二句均入韻，所以“涯”當入皆來韻。【雙調・豆葉黃】的基本格式如上文“齊微”部所述，為八句，第一、三、六、七句可入韻亦可不入，其餘均入韻，所以無名氏《碧桃花》一曲中第二句“涯”應該入韻。

據《廣韻》，“涯”有兩切：魚羈切，支韻；五佳切，佳韻，水際。支韻字按規律應該歸屬齊微部，而佳韻字則應該分屬家麻部和皆來部。《中原音韻》應該把“涯”分歸到齊微、皆來和家麻三部，但是只有家麻部收入此字。

5. 揉

“揉”在元雜劇用韻處使用了九次，兩次押入尤侯韻，七次押入蕭豪韻。《中原音韻》歸屬尤侯部。押入尤侯部兩次分別出現在關漢卿《謝天香》第四折【中呂・粉蝶兒】和鄭廷玉《斷冤家債主》第二折【商調・醋葫蘆】。押入蕭豪部七次分別出現在關漢卿《裴度還帶》第三折【正宮・脫布衫】、馬致遠《薦福碑》第二折【正宮・醉太平】、張國賓《相國寺》第二折【南呂・一枝花】、尚仲賢《三奪槊》第二折【南呂・梁州第七】、紀君祥《趙氏孤兒》第三折【雙調・收江南】、孟漢卿《魔合羅》第二折【黃鍾・刮地風】和李致遠《還牢末》第二折【商調・柳葉兒】。按《中原音韻》的歸屬，押入蕭豪韻的七次只能定位於雜入。但是將近百分之八十入蕭豪部定位於雜入似乎不合元雜劇的實際用韻。查《廣韻》，“揉”屬尤韻，按規律在《中原音韻》中應該歸屬尤侯部。查押入蕭豪的七劇發現有六劇出現在“心癢難揉”格式中，只有李致遠《還牢末》一曲出現在“把孩兒打栲撾揉”格式中。徐沁君在尚仲賢《三奪槊》和孟漢卿《魔合羅》兩劇相關的校注中指出“‘揉’原作‘猱’。

盧隋本（按：盧本指盧冀野編《元人雜劇全集》，隋本指隋樹森編《元曲選外編》）已改”，“‘揉’原作‘猱’。據各本改”①。在“心癢難揉”中，“揉”義作“撓”，元曲中（包括散曲）“撓揉”二字常互相混用，如“心癢難撓”亦作“心癢難揉”，“搵揉”亦作“搵撓”。從徐沁君校注中也可以發現“揉”應該同“撓”同音，因為“猱”屬蕭豪韻，原作中作“猱”是入韻的，後改應該是從俗而已。所以《中原音韻》應該兩韻並收。

6. 做

“做”在元雜劇用韻處使用了三十三次，兩次押入歌戈韻，分別出現在石君寶《曲江池》第四折【雙調・七弟兄】和無名氏《謝金吾》第二折【南呂・梁州第七】。

【雙調・七弟兄】你敢是恨我。怨我。甚存活。想你來迎新送舊多胡做。到今日窮身潑命怎收科。舒着那手掌兒道乞化錢一個。（石君寶《曲江池》第四折）

如上文“監咸”部所述，【雙調・七弟兄】基本格式為六句，且句句入韻。所以第四句末字“做”亦押入歌戈韻。

【南呂・梁州第七】都是這兩賴子調度的軍馬。你可甚麼一管筆判斷山河。痛煞煞這幾日難挨過。不聽的做夜市的炒鬧。爭地鋪的攙奪。經商客旅。買賣無多。往常時這肖風樓前後屯合。到今日冷清清只一片空闊。不見了祥雲罩碧瓦丹甍。不見了曉日映珠簾繡幙。不見了香霧鎖畫戟雕戈。那廝敢胡為亂做。把先皇對旨不怕些兒個。平白地闖出這場禍。送的我倒枕着床沒奈何。拆的來做不得存活。（無名氏《謝金吾》第二折）

按上文“江陽”部所述，此曲中“做”入韻。

“做”，《廣韻》無。《中原音韻》收入魚模部。《正字通》“做”，俗“作”字。《廣韻》“作”，則落切、則邏切和臧路切。按《廣韻》，“作”當兼收歌戈、蕭豪和魚模三韻。《中原音韻》“作”只收在蕭豪韻裏。按《正字通》和《廣韻》，《中原音韻》歌戈韻失收“做”。所以“做”押入歌部是很自然的協韻。

7. 他、麼、煞

“他”在元雜劇用韻處使用了八十五次，三十一次押入歌戈韻，五十四次押入家麻韻；“麼”在元雜劇用韻處使用了三十五次，二十一次押入歌戈韻，十四次押入家麻韻；此兩字與《中原音韻》只收入歌戈不合。

---

① 徐沁君：《新校元刊雜劇三十種》，中華書局1980年版，第276頁。

"煞"在元雜劇用韻處使用了二十六次，九次押入皆來韻，十七次押入家麻韻，與《中原音韻》只收入皆來韻不合。"他、麽、煞"這三個字同時押入兩韻，而且比例都相當高，應該不是雜韻的問題。

"他"，《廣韻》歌韻，託何切，中古讀音為【$t^hɑ$】（折合今音讀tuō），與相鄰麻韻音【－a】十分接近。宋代此音隨歌戈韻逐漸演變為【－o】時，民間口語中仍保留了【－ɑ】。在漢語沒有ɑ與a之分的時侯，ɑ變成了前母音【－a】，直到元代仍如此。因此，按照其語音的演變，曲作家們用"他"押歌戈韻，順其音變，但也仍然用保留下來的【－a】音押家麻韻。王力指出"'他'，歌韻字，讀入麻沙，是古音的殘留"①。周德清忽視了此音，大概他認為此是古音不代表元代語音而不予採納。同時代及稍後的字書、韻書，均只歸歌戈韻，但在民間口語中，【－a】音卻久盛不衰。直到明末清初《正字通》才記錄了他們認為是方言音的此音，正式承認了【－a】音。到今，此音取代了tuō音，成為北方話讀音。"麽"，《廣韻》果韻，與"他"一樣，在元代口語中保留了中古的【－a】，並用以押家麻韻。王力認為"麽"是疑問語氣詞"嗎"的較古形式。"我們知道，'麽'在中古屬戈韻（據《集韻》），起初唸muɑ（細也），後來由於韻頭失落，變為mɑ，估計借用為語氣詞的時侯，'麽'已經是mɑ，後來整個歌戈韻演變為o，uo，ə，只有'他''麽'等少數字成為強式，沒有參與變化。最後才有人採用了比較適合於後代音系的諧聲偏旁的'馬'字，寫作'嗎'"②，"水滸、西遊記、儒林外史、紅樓夢，直到鏡花緣等，都寫作'麽'"③。《中原音韻》未能重視這一現象，所以只把"麽"收入歌戈韻。"煞"，《廣韻》黠韻，《集韻》怪韻，均同"殺"。元曲裏，"煞、殺"常混用，多用在句末作助詞，表程度深。"殺"在元雜劇中押家麻韻，未見其押入皆來韻的例子。"煞"押皆來韻，同時也押家麻韻，二字又互為異體，據此，周德清主觀將其分工："煞"歸皆來韻，"殺"歸家麻韻。所以"他"和"麽"無論押入歌戈還是家麻韻都只能算自然協韻，"煞"押入皆來或家麻也如此。

8. 咽

"咽"在元雜劇用韻處使用了十六次，三次押入車遮韻，與《中原音

① 王力：《漢語語音史》，中國社會科學出版社1985年版，第449頁。

② 王力：《漢語史稿》，中華書局2007年版，第523頁。

③ 同上。

韻》歸先天部不合。出現在關漢卿《拜月亭》第三折【正宮・倘秀才】、高文秀《雙獻功》第二折【仙呂・天下樂】、王實甫《西廂記》第四本第四折【雙調・鴛鴦煞】。

【正宮・倘秀才】我怨感，我合哽咽！你啼哭，你为甚迭？你莫不元是俺男儿的旧妻妾？当时只争个，字儿别，我错呵了应者！（關漢卿《拜月亭》第三折）

【仙呂・天下樂】打得那一匹馬不剌剌走不迭。我這里便覷也波絶。那里無話說。我見他自推自攧自哽咽。我與你便一處行。一處歇。哥也不知道你煩惱因甚些。（高文秀《雙獻功》第二折）

【雙調・鴛鴦煞】柳絲長咫尺情牽惹。水聲幽彷佛人嗚咽。斜月殘燈。半明不滅。唱道是舊恨連綿。新愁鬱結。恨塞離愁滿肺腑。難淘瀉。除紙筆代喉舌。千種相思對誰說。（王實甫《西廂記》第四本第四折）

如上文"庚青"部所述，【正宮・倘秀才】基本格式為六句，第四句可入韻亦可不入。據元雜劇和曲譜，此調第二句入韻，所以關漢卿《拜月亭》中"咽"入車遮韻。【仙呂・天下樂】如上文"東鍾"部所述，全曲基本格式為七句，第二句、第五句可入韻亦可不入。高文秀《雙獻功》此曲中的"咽"位於第四句末應該入韻。

元雜劇三十六劇三十六支曲子使用【雙調・鴛鴦煞】，句數有八句、九句和十句之別。八句者有五劇：《黄鶴樓》、《東牆記》、《梧桐葉》、《戰呂布》、《雙獻功》，九句者有十支：《虎頭牌》、《凍蘇秦》、《東坡夢》、《抱妝盒》、《青衫淚》、《蝴蝶夢》、《後庭花》、《三奪槊》、《九世同居》、《曲江池》，其餘為十句。入韻情形隨句數變化而有不同。《太和正音譜》收貫雲石散套一曲，全曲十句，韻字為：露度綃鬢生祝巍露呼主，第三、五、七句不入韻。《一笠庵北詞廣正譜》收五種格式：一種為馬致遠《青衫淚》一曲，全曲九句，韻字為：醉淚語啼多濕配搥水，並注明倒數第二句可不入韻、白樸《梧桐雨》有增句、武漢臣（誤，應該是鄭光祖）《三戰呂布》有減句；第二種格式為王伯成諸宮調《不覺天顏》一曲，全曲十一句，韻字為：住去骨綠主處軍蹦墓舉土，倒數第五句末字"軍"處注應韻，指出"將前四句重複八句"、"減暢道二句"①；第三種格式為王伯成套數《簾外西風》一曲，全曲九句，韻字為：趄葉開折人者捱別也，並注明第二句有變化；第四種格式為金仁傑《追韓信》

① 李玉：《一笠庵北詞廣正譜》，北京大學影印本1937年版，第314頁。

一曲，全曲十句，韻字為：難旱書環名晚山歎看趕，第三、五句不入韻，並注明把第七句七字句分作二句；第五種格式為關漢卿《玉鏡臺》一曲，全曲九句，韻字為：簿苦娛獨如負句夫雨，句句入韻，注“暢道下減四字一句仍還七字一句”①。《南北詞簡譜》所收同《太和正音譜》，不同在於吳梅在曲詞中間加注說明，如在第三、四句後注“以上二句可以增減。又可作三字句”，在第五六句後亦注“以上二句亦可增加”，在第七句後注“此句七字亦可分為兩句，或用暗韻，亦可作上三下四”②。並附帶說明王實甫《西廂記》第一本第四折此曲和王伯成散套《不覺天顏》一曲。《北曲新譜》收有兩種格式：一種為馬致遠《青衫淚》，個別字詞與《一笠庵北詞廣正譜》相異，不過全曲句數、入韻情形相同，並指出“第七句可變為兩句，一四字，一五字，即下列第二格，如此作者較多。有減去第七句者，如馬致遠四時湖水無瑕套。第八句，廣正注云，可不協韻；但實例極少，故本譜定為必協。……玉鏡臺劇冰人完月老曲，第六句變六乙，與本格差別細微，且未見效者；此種偶然之筆，廣正列為又一格，太煩瑣矣”，“王伯成簾外西風套誰承望曲，句法平仄與本格相去太遠，未見效者，疑是他調誤題；廣正亦列為一格，實不可學也”，“西廂第一本第四折有心爭似無心好曲是歇指煞，諸本均誤題為鴛鴦煞”③；第二種格式為貫雲石散套《鬱蔥佳氣》，同《太和正音譜》，與第一格式相比“第七句變為四字五字各一句，餘同前格。如此作者較多”④。另附有王伯成諸宮調《不覺天顏》一曲，同《一笠庵北詞廣正譜》第二種格式，指出“將首四句照式重作一遍，而減去第五六兩句。如此作者，僅見右曲（即王伯成《不覺天顏》一曲）。……而其格式又與北曲通用者不同，蓋兩栖而獨立者也。廣正收之，列為鴛鴦煞之第二格，實不甚妥；今改為附錄”⑤。《中國曲學大辭典》也收馬致遠《青衫淚》一曲，並指出“第七句多破為兩句，一四字，一五字或六字折腰句，如此作者甚多。減句格有幾種：減第五、六句者……減第六句者……減第七句者……減第五六七句

① 李玉：《一笠庵北詞廣正譜》，北京大學影印本 1937 年版，第 315 頁。

② 吳梅：《南北詞簡譜》，河北教育出版社 1989 年版，第 187 頁。

③ 鄭騫：《北曲新譜》，藝文印書館 1973 年版，第 390—391 頁。

④ 同上书，第 391 頁。

⑤ 同上书，第 392 頁。

者”①。同時說明馬致遠《薦福碑》、王實甫《西廂記》第一本第四折所題【鴛鴦煞】實皆為【歇指煞】。綜合元雜劇和曲譜，八句者《黃鶴樓》、《戰呂布》和《雙獻功》三劇減第七句，《東牆記》和《梧桐葉》二劇減第五句。十句者第七者破為兩句，九句為其基本格式。無論減句還是破句均不影響第二句，據元雜劇和曲譜，第二句必入韻。所以王實甫《西廂記》第四本此曲第二句末字“咽”押入車遮韻。按《中原音韻》“咽”屬於先天部，先天部與車遮部讀音差異很大，而且這字押入先天和車遮在各種版本都存在。查《廣韻》，“咽”有三個音：烏前切，先韻平聲；於甸切，霰韻去聲；烏結切，屑韻入聲。在元雜劇中押入車遮韻的三個“咽”一般出現在“哽咽”、“嗚咽”環境中，只有讀音為“烏結切”才能表示聲音滯澀的意思，而屑韻字發展到元代後進入車遮部，所以“咽”可以押車遮韻，不存在出韻現象，《中原音韻》車遮部失收此字。

9. 浮、謀、叔、陸、縮、顱

“浮”在元雜劇用韻處共使用了六次，一次押入尤侯韻，出現在楊顯之《瀟湘雨》第一折【仙呂·混江龍】；“謀”在元雜劇用韻處共使用了三十二次，八次押入尤侯韻，出現在無名氏《連環計》第一折【仙呂·油葫蘆】和【仙呂·鵲踏枝】、無名氏《謝金吾》楔子【仙呂·賞花時】、無名氏《陳州糶米》第二折【正宮·滾繡球】、關漢卿《單鞭奪槊》第二折【正宮·倘秀才】和《緋衣夢》第二折【正宮·黃鍾尾】、狄君厚《介子推》第二折【南呂·梁州第七】、無名氏《捶丸記》第二折【南呂·四塊玉】；“叔”在元雜劇用韻處共使用了四次，兩次押入尤侯韻，出現在關漢卿《單刀會》第二折【正宮·倘秀才】和無名氏《千里獨行》第二折【南呂·菩薩梁州】；“陸”在元雜劇用韻處共使用了兩次，一次押入尤侯韻，出現在無名氏《百花亭》第二折【中呂·上小樓】；“縮”在元雜劇用韻處共使用了兩次，一次押入尤侯，出現在無名氏《鎖魔鏡》第三折【越調·雪裏梅】；“顱”在元雜劇用韻處共使用了九次，一次押入尤侯韻，出現在關漢卿《救風塵》第二折【商調·後庭花】。這些字《中原音韻》均歸入魚模韻。

在《廣韻》中，“浮、謀”屬十八尤韻，“叔、縮、陸”屬入聲一屋韻，“顱”屬十一模韻。在語音發展過程中，《廣韻》模韻在元代歸入魚

① 《中國曲學大辭典》，浙江教育出版社1997年版，第764頁。

模部，尤侯韻的一部分唇音字在元代也變入魚模部，但還有一部分歸尤侯部，《中原音韻》將尤侯韻的“謀浮否婦負阜母某畝戊部”等字歸入魚模部，元雜劇的押韻也顯示了這一變化，但是“浮謀”等也押尤侯韻，散曲中也有類似現象。這表明，雖然《廣韻》尤侯韻唇音字在元代已完成向魚模韻的演變，由於還不夠穩定，實際語音中還保留有尤侯的讀音，形成讀書音與口語音並存的現象。直到今天，北方方言的一些地方口語中這些字依然讀尤侯類音，在元代這些字押入尤侯就不足為怪了，是一種自然的協韻。《廣韻》入聲屋部字只有一小部分（如“軸逐熟竹燭粥宿肉褥六”）併入元代的尤侯部，其餘併入了魚模部，但是這種變化也出現了讀書音和白話音的分離。王力《漢語詩律學》認為“這一回我們卻以為魚模韻裏的它們是文言音，這裏（尤侯韻）的它們是白話音，因為在現代普通話的白話音在還有它們的遺跡。例如：1. 齊齒乎：‘六’讀如‘溜’。2. 開口呼：‘粥’讀如‘州’。‘軸’‘妯’‘舳’讀‘州’字陽平。‘熟’讀‘收’字陽平。‘肉’讀‘柔’字去聲”①，同時讓人們“注意：這只是知照系及來日二母的字，可見其他的屋燭韻字是沒有讀入尤侯的”②。以此，《中原音韻》把屬屋韻的“軸逐熟竹燭粥宿褥”八個字並收入魚模和尤侯兩韻，可是，同樣屬知照系及來日二母的屋韻字“叔”和“陸”卻只收入魚模部。而與它同時或稍後的《中州音韻》卻把“叔”和“陸”兩字分歸到魚模和尤侯兩部。從元雜劇對此二字的使用來看，百分之五十押魚模，百分之五十押尤侯，據此我們認為《中原音韻》尤侯部失收二字。“縮、顱”字則另當別論，它本該押入魚模韻，但是我們發現魚虞模韻精系字和來日字在漢語的很多地方白話音讀同尤侯韻字。所以我們認為這可能是魚模部和尤侯部讀音相近或同類字的感染而造成的一種混讀，很可能在元代時這種現象就存在。

另外“瓊”在元雜劇用韻處使用了三次，一次押入東鍾韻，兩次押入庚青韻。如前所述，庚耕登三韻的重唇開口字和喉牙合口字，都變入了東鍾韻了應該歸屬庚青與東鐘兩部，但《中原音韻》只歸入庚青部。“帚”在元雜劇用韻處共使用了兩次，全部押入魚模韻，而《中原音韻》歸入尤侯部。“帚”《廣韻》之九切，按規律歸尤侯部，但是魚模部字與

① 王力：《漢語詩律學》，上海教育出版社 1963 年版，第 752 頁。

② 同上。

尤侯部字的混讀不僅在今天許多方言就是在元代也很普遍，而且“帚”在今天一般讀輕音，讀音上與韻母與 ü 和 u 相近（有的地方聲母為舌面音，有的地方聲母為舌尖前音），所以我們認為“帚”押魚模也應當是自然的協韻，不歸入韻部相雜現象。

四、韻部相雜的異同

元雜劇不同韻部之間的字雜押現象非常突出，這是多種因素造成的如版本流傳、字形字音相近、上下文意思影響、語音變化及作家方言等。雖說周德清在《中原音韻》中嚴格分了十九部，似乎韻部之間界限分明，但是我們從其中的兩出以上的字還是可以看到韻部之間的關係，而且周德清在“正語作詞起例”中專門論及“依後項呼吸之法，庶無‘之’、‘知’不辨，‘王’、‘楊’分，及諸方語之病矣”①，並依十九韻韻次排列二百四十一組進行分辨。所謂“後項呼吸之法”，就是把容易混讀的兩個不同音的字用一個“有”字連接起來，供人們誦讀分辨，就像現在方言區人學習北京話練習那樣。其中涉及到“支思”與“齊微”、“庚青”與“真文”、“侵尋”與“真文”、“監咸”與“寒山”、“廉纖”與“先天”等韻部之間的分辨現象。這二百四十一組正音練習，一方面“坦露了這些韻的聲韻調全部結構，提示了《中原音韻》音系內各音位間的關係，為我們透視《中原音韻》音系，構擬聲母韻母無保留地攤出了第一手材料”②。從用韻角度來說，更為重要的是讓我們看到在當時這些韻部之間相混的局面。因此《中原音韻》雖然十九部界限分明，但同時也反映了當時韻部之間相雜的現象。

五、入聲字歸派的異同

周德清《中原音韻》把入聲分派到平上去三聲中，其中清聲母入聲字歸上聲，次濁聲母入聲字歸去聲，全濁聲母入聲字歸陽平。我們把元雜劇入韻的入聲字依據排比輔以曲譜，發現除個別字外，歸派與《中原音韻》一致。

---

① 周德清：《中原音韻》，《歷代曲話彙編》（唐宋元編），黃山書社 2006 年版，第 268 頁。

② 寧繼福：《中原音韻表稿》，吉林文史出版社 1985 年版，第 180 頁。

第九章

元雜劇與諸宮調、元散曲的用韻

第一節　元雜劇與諸宮調的用韻

一、諸宮調對元雜劇的影響

元雜劇直接從宋雜劇、金院本和諸宮調發展而來，這是學術界的共識。宋雜劇和金院本對元雜劇的影響雖然極大，但如果缺少了諸宮調，元雜劇的音樂體系就無從完備。鄭振鐸认为從宋代的大曲或宋代的雜劇詞变化到元代的雜劇，這中間一定要經過宋、金諸宮調的階段。余從、周育德、金水《中國戲曲史略》指出元雜劇的發展“是從諸宮調、唱賺、詞調小令及民歌中吸收了歌唱藝術，在民間器樂中伴奏藝術，在耍鮑老、跳竹馬之類的民間娛樂中吸收了舞蹈藝術，從參軍戲、宋雜劇、金院本中接受了滑稽表演和念白藝術……”①。可以說，多種藝術的綜合促成了元雜劇的發展與成熟。但從雜劇的曲體結構、曲調與故事來源、演員的表演形式等方面看，宋代的說唱藝術對雜劇的形成具有較大影響。青木正兒《中國近世戲曲史》認為“兩者（諸宮調和唱賺）在樂曲之組織上用雜綴式而開元曲之先聲，當為我人應行目之事項”②。楊東甫《從六個方面看諸宮調對北曲形成的影響》一文認為“從某種意義上說，可以認為，它（諸宮調）為與唐詩宋詞並稱的元曲的新紀元的到來揭開了序幕——至少，將它視為北曲的母體，是不會有大錯的。而且事實上，它的影響所及並不僅限於元北曲，而是對整個南北曲的形成與發展都有不同程度的影響”。正是因為諸宮調對雜劇的影響，所以《董西廂》被人視為北曲的創

---

① 余從、周育德、金水：《中國戲曲史略》，人民音樂出版社 1993 年版，第 125 頁。

② 青木正兒：《中國近世戲曲史》，上海文藝聯合出版社 1954 年版，第 28 頁。

始者，如鍾嗣成《錄鬼簿》“以其創始，故列諸首”①。《太和正音譜》也說他“始制北曲”②。張羽《古本董解元西廂記序》說“為後世北曲之祖”③。

在用韻上，元曲也與諸宮調一脈相承。《劉知遠》和《董西廂》產生於北方，在用韻上雖依照詞韻，但已突破了詞韻的規則，與《中原音韻》所歸納的音韻體系基本相合。而《中原音韻》是元曲用韻規則的總結，反映了北方官話在元代發展和運用的實際情況。如果把詞、諸宮調和元雜劇的同曲牌作品作一比較，便可清楚地發現三者用韻的異同和因變。詞中平仄入三聲不允許通押，諸宮調突破了詞的格律，三聲通押卻屢見不鮮，直接開啟了元雜劇用韻的新規格。此外，諸宮調同套一韻到底，不得換韻也為元雜劇所繼承，成為元雜劇一個重要形式特點。可見，元曲的用韻規則是從諸宮調沿承下來的，反映了金元時期民間新興文藝在音韻格律上的發展走向。

二、諸宮調用韻研究的成果

諸宮調的傳世作品只有三種即《董西廂》、《劉知遠》和《天寶遺事》，其中只有《董西廂》一種是完整的。這三種均產生北方。雖然《劉知遠》和《董西廂》用的是詞韻，但已經突破了詞韻的規則，反映的是宋金元時期北方官話的實際情況，與《中原音韻》的用韻體系更為接近。元雜劇的用韻與諸宮調應該是一脈相承的。此節通過諸宮調與元雜劇用韻的比較，尋求二者用韻的異同和因變，突出元雜劇在用韻上的特點。

目前人們對《劉知遠》、《董西廂》和《天寶遺事》三種諸宮調的用韻都進行了研究，如周大璞的《〈董西廂〉用韻考》、李春豔的《〈董解元西廂記〉用韻考》、徐建的《〈劉知遠諸宮調〉殘卷用韻考》、田業政《〈天寶遺事諸宮調〉用韻考》。綜合研究諸宮調用韻的有廖珣英《諸宮調的用韻》、黎新第《金諸宮調曲句的平仄及入聲分派》。把諸宮調的用韻與元曲的用韻進行了比較研究的，如（日）高橋繁樹《論金諸宮調與元雜劇的韻》。本節諸宮調的用韻特點利用了這些成果。這裏要說明的是，

① 鍾嗣成：《錄鬼簿》，《歷代曲話彙編》（唐宋元編），黃山書社 2006 年版，第 316 頁。

② 朱權：《太和正音譜》，《歷代曲話彙編》（明代編第一集），黃山書社 2009 年版，第 36 頁。

③ 張羽：《古本董解元西廂記序》，上海古籍出版社 1984 年版。

雖然高橋繁樹先生對諸宮調和元雜劇的用韻進行了比較研究，但是一方面沒有涉及元代諸宮調，另一方面元雜劇的研究對象僅限於元刊雜劇的九種語料。由於諸宮調沒有涉及《天寶遺事》，所以我們不能看出從宋金到元諸宮調用韻的發展變化，元雜劇研究對象太少無法反映全元雜劇用韻的整體特點。我們的比較研究建立在現在所有諸宮調和元雜劇用韻上。

三、元雜劇與諸宮調用韻比較

表 9－1　《劉知遠》、《董西廂》、《天寶遺事》、元雜劇用韻比較表

<table>
<tr><th>作品
韻部</th><th>劉知遠諸宮調
韻部 混入韻 混入字</th><th>董西廂諸宮調
韻部 混入韻 混入字</th><th>天寶遺事諸宮調
韻部 混入韻 混入字</th><th>元雜劇
韻部 混入韻 混入字</th></tr>
<tr><td>東鍾</td><td>+ 庚青 朋兄</td><td>+ —— ——</td><td>+ 庚青 騁盈硬</td><td>+ 庚青 兵京勝
江陽 疆
寒山 趕
真文 魂臣
齊微 西</td></tr>
<tr><td>江陽</td><td>+ —— ——</td><td>+ —— ——</td><td>+ —— ——</td><td>+ 魚模 舒都
蕭豪 陶
寒山 挽拴眼
桓歡 端
庚青 姓症
真文 筯
皆來 歪</td></tr>
<tr><td>支思</td><td rowspan="2">+ —— ——</td><td>+ 齊微 裹第妻壻</td><td>+ 齊微 你</td><td>+ 齊微 意期基
魚模 住虛路
皆來 待
寒山 案
侵尋 音</td></tr>
<tr><td>齊微</td><td>+ 支思 是事
魚模 語
皆來 外</td><td>+ 支思 爾
魚模 曲</td><td>+ 支思 事時死
魚模 住出軀
車遮 也雪月
皆來 來揌街
庚青 炕
蕭豪 拗</td></tr>
<tr><td>魚模</td><td>+ —— ——</td><td>+ 齊微 計國
家麻 涯</td><td>+ 尤侯 肉</td><td>+ 齊微 會基妻
尤侯 投帚
歌戈 何着喝
皆來 怪</td></tr>
<tr><td>皆來</td><td>+ —— ——</td><td>+ —— ——</td><td>+ —— ——</td><td>+ 家麻 槎
齊微 得
寒山 漢
廉纖 拈
車遮 折
支思 時</td></tr>
</table>

续表

<table>
<tr><th>作品
韻部</th><th>劉知遠諸宮調
韻部 混入韻 混入字</th><th>董西廂諸宮調
韻部 混入韻 混入字</th><th>天寶遺事諸宮調
韻部 混入韻 混入字</th><th>元雜劇
韻部 混入韻 混入字</th></tr>
<tr><td>真文</td><td rowspan="2">+ —— ——</td><td rowspan="2">+ 侵尋 沉衾陰琴</td><td>+ 庚青 鏗
侵尋 禁</td><td>+ 侵尋 心侵凜
庚青 生定情
魚模 土珠
東鍾 容弄
車遮 徹
先天 緣</td></tr>
<tr><td>庚青</td><td>+ —— ——</td><td>+ 東鍾 功重童
真文 門臣根
侵尋 襟
支思 試思</td></tr>
<tr><td>寒山</td><td rowspan="3">+ 監咸 攬感慘衫
廉咸 閃</td><td rowspan="3">+ 廉纖 掩閃斂添</td><td>+ 桓歡 暖儹</td><td>+ 桓歡 算桓盤
先天 見眠然
監咸 讒庵菴</td></tr>
<tr><td>桓歡</td><td></td><td></td></tr>
<tr><td>先天</td><td>+ —— ——</td><td>+ 寒山 盼扮閑
桓歡 般攢畔
監咸 監俺
廉纖 念點劍
尤侯 喉留
東鍾 聰
真文 鱗
家麻 恰</td></tr>
<tr><td>蕭豪</td><td>+ —— ——</td><td>+ —— ——</td><td>+ —— ——</td><td>+ 車遮 拙
齊微 飛眉
歌戈 跛
皆來 來
寒山 還
江陽 坊
支思 子</td></tr>
<tr><td>歌戈</td><td>+ —— ——</td><td>+ 魚模 撲奴粗汙</td><td>+ —— ——</td><td>+ 魚模 做汙縮
車遮 熱
皆來 界
東鍾 濃
齊微 被
家麻 媽</td></tr>
<tr><td>家麻</td><td>+ —— ——</td><td>+ 車遮 斜奢捨
歌戈 呵</td><td>+ —— ——</td><td>+ 蕭豪 刀
車遮 者鞋也
歌戈 多娥
東鍾 洪</td></tr>
<tr><td>車遮</td><td>+ —— ——</td><td>+ —— ——</td><td>+ —— ——</td><td>+ 家麻 花枷打
齊微 的質食
皆來 怪色來
尤侯 瘤
東鍾 鐘
真文 仁</td></tr>
</table>

续表

<table>
<tr><th>作品
韻部</th><th>劉知遠諸宮調
韻部 混入韻 混入字</th><th>董西廂諸宮調
韻部 混入韻 混入字</th><th>天寶遺事諸宮調
韻部 混入韻 混入字</th><th>元雜劇
韻部 混入韻 混入字</th></tr>
<tr><td>尤侯</td><td>+ —— ——</td><td>+ 魚模 玉祿</td><td>+ —— ——</td><td>+ 先天 現淺
家麻 俠</td></tr>
<tr><td>侵尋</td><td></td><td></td><td></td><td>+ 先天 綿</td></tr>
<tr><td>監咸</td><td rowspan="2"></td><td rowspan="2">+ —— ——</td><td rowspan="2"></td><td>+ 廉纖 醃
真文 臣</td></tr>
<tr><td>廉纖</td><td>+ 先天 傳專言
監咸 鑒</td></tr>
</table>

注："+"表示有此韻部，"——"表示無混入他韻，空白處表示無此韻部

1. 元雜劇與諸宮調用韻的共性

雖然《劉知遠》和《天寶遺事》均為殘卷，但是我們還是能夠從其押韻的實情很明顯地看出無論是諸宮調還是元雜劇共有一個非常重要特徵：入聲不獨立押韻，與陰聲韻互押，分派到陰聲韻裏了。《劉知遠》是最早一部諸宮調，據徐健《〈劉知遠諸宮調〉殘卷用韻考》一文，"《殘卷》中已經'入派三聲'，未見單獨押入聲韻的曲例，故而入聲韻不能單獨立部"。《董西廂》是唯一一部完整的諸宮調作品，據周大璞《〈董西廂〉用韻考》一文，"在《董西廂》裏，入聲韻已經完全歸入陰聲，毫無例外"，"可以肯定入聲在《董西廂》中已經不是一種獨立的聲調，從前的入聲字都已經分派到陰聲韻中去了"。李春豔《〈董解元西廂記〉用韻考》也說"在《董西廂》中，未見單獨押入聲韻的曲子，說明入聲韻已經不能單獨立部，入聲韻和陰聲韻部通押，未見與陽聲韻通押的"。元代的《天寶遺事》諸宮調受到元曲影響更不會有入聲韻獨立相押現象。大家知道，"入派三聲"的現象是元代周德清在他的《中原音韻》裏首先提出來的："《音韻》無入聲，派入平、上去三聲"。但是"入派三聲"的現象卻不始於元代。清代萬樹《詞律・發凡》說"入之派入三聲，為曲言之也，然詞曲一理。今詞中之作平者比比而是，比上作平者更多，難以條舉。作者不可因其用入是仄聲而填作上去也。且有以入叶上者不可用去，以入叶去者不可用上，亦須知之。"又卷一"南歌子"注云"愚謂入聲可作平，人多不信，曰：'入聲派入三聲，始於元人論曲，君何乃移其說於詞？'餘曰："聲音之道，古今遞傳，詩變詞，詞變曲，同是一理。自曲盛興，故詞不入歌。然北曲'憶王孫'、'青杏兒'等，即與詞同。南曲之'引子'與詞同者將六十調，是詞曲同源也。況詞之變曲，正宋

元相接處，豈曲入歌，當以入派三聲，而詞則不然乎？故知入之作平，當先詞而後曲矣。蓋時周柳諸公制調，皆用中州正韻。今觀詞中，如‘不’音‘逋’，‘一’音‘伊’之類，多至萬千，正與北曲同，而又何疑于入作平之說邪？且用韻句亦可以入為叶，如惜香‘醉蓬萊’以‘吉’字叶‘髻’、‘戲’，坦菴以‘極’字叶‘氣’、‘瑞’等甚多。若云入不可叶，則此等詞落一韻矣。至通篇入叶之詞有可兼用上去，如‘賀新郎’、‘念奴嬌’之類，有本是平韻而以入代叶者，如金穀此篇之類，雖全用入聲，而實以入作平，必不可謂是仄聲而用上去為韻腳也。”① 萬氏根據宋詞，斷定“入派三聲”的現象宋代已有。北宋邵雍作的《聲音倡和圖》就將－t、－k 尾韻字與陰聲韻相配。唐鉞先生的《入聲演化與詞曲發達的關係》一文則根據《四庫全書總目提要・中原音韻條》、沈義父《樂府指迷》、菉斐軒刊本《詞林韻釋》等書的材料和《董西廂》的用韻，得出“入聲派入三聲，起源甚古”，人們把“入聲的字歸入陰聲：或念平聲或上聲或去聲”“從金章宗時起首”，“它的完全失掉，則在北曲盛行以後”。周大璞先生根據《董西廂》韻腳處的入聲字進行了窮盡式研究，認為“《董西廂》所反映的這種入聲轉歸陰聲的情況，基本上是和《中原音韻》一致的。只是由於諸宮調用韻不分平仄，不能象《中原音韻》那樣細緻地規定哪些派入平聲，哪些派入上聲，哪些派入去聲而已”。所以周大璞認為周德清《中原音韻》中所說的“入派三聲”、“前輩佳作中間，備載明白”中“前輩”“應該不限於和他同時的元代作家，象董解元等宋金的作家也可以包括在內”。周祖謨在《宋代汴洛語音考》中說：“至於入聲字，《廣韻》本不與陰聲韻相承，今圖中（按：北宋邵雍作的《聲音倡和圖》）於陰聲韻下皆配以入聲，是入聲字之收尾久已失去，以其母音與所配之陰聲相近或相同，故列為一貫耳。”② 語言史家大多認為在金元時期，北方話口語中入聲並未消失，派入三聲只是曲的用韻習慣使然。《中原音韻》只是對這種習慣作了總結而已。

另一個共性就是“東鍾、江陽、皆來、魚模、蕭豪、歌戈、家麻、車遮、尤侯”等韻部獨立及韻部之間的通用現象。在三部諸宮調作品中可以看到這些韻部已經形成並獨立。據清仲恒的《詞韻》，“東鍾、江陽、

① 萬樹：《詞律》，上海古籍出版社 1984 年版，第 16 頁。

② 周祖謨：《宋代汴洛語音考》，《問學集》（下册），中華書局 1966 年版，第 600 頁。

皆來、魚模、蕭豪、歌戈、尤侯”這些韻已經形成並獨立使用。清仲恒的《詞韻》是以明沈謙的書做藍本的。王力認為“沈氏所定，大致是從宋詞歸納出來的”，“宋人以實際語音施于詞韻，沈氏歸納宋詞以成《詞韻》，這是很合理的”①。《廣韻》雖然分為二百零六韻，但實際語言已經有許多合併現象。這些韻部的形成據人們研究都在宋以前，如東鍾韻部在唐代已經形成，周祖謨考訂唐代敦煌變文用韻就發現有此現象。王力考定在玄應《一切經音義》和《經典釋文》中也有此現象。江陽韻部形成時間更早，在唐代之前。王力在《漢語史稿》中說“江和宕合流的時代很早，大約第五世紀已經開始了，《中原音韻》的江陽韻只是追認幾世紀以來的即成事實”②。只是“車遮”獨立稍晚些。仲恒的《詞韻》中尚未從家麻部分離出來。趙陰棠《中原音韻研究》指出“世人俱知車遮韻之獨立是周氏的特識；不知其來已舊。毛註《禮部韻略》‘微韻’後案語云：……所謂一韻當析為二者，如‘麻’字韻自‘奢’以下，‘馬’字韻自‘寫’以下，‘禡’字韻自‘藉’以下，皆當別為一韻，但與之通可也。蓋‘麻’‘馬’‘禡’等字皆喉音，‘奢’‘寫’‘藉’等字皆齒音。以《中原雅音》求之，夐然不同矣。韓道昭《五音集韻》‘麻韻’迦字下注云：居迦切，出釋典又音加，此字元在‘戈’韻收之，今將‘戈’韻等三等開合共有明頭八字使學者難以檢尋，今韓道昭移於此‘麻韻’中收之，與‘遮’‘車’‘蛇’者同為一類，豈不妙哉。達者細說，知不謬矣。”③ 毛書產生于紹興三十二年或三十三年，韓書作於泰和戊辰，即嘉定元年。是在南宋時代，“車遮”韻已有獨立之趨勢。唐代的詩韻和變文押韻也是麻韻二等和三等字不分的。所以車遮韻從家麻韻中分離出來當在南宋時期。諸宮調和元雜劇的用韻只不過承繼了以前人們用韻的系統而已。

2. 元雜劇與諸宮調用韻的不同

雖然諸宮調和元雜劇用韻有相同之處，都是口語化的文學，但畢竟是不同的文體，而且有時間的發展變化。通過比較可以發現用韻還是不太一樣。這種差異在一定程度上反映了語音的變化。除上文所談諸宮調押韻不

① 王力：《漢語詩律學》，上海教育出版社 1963 年版，第 537 頁。

② 王力：《漢語史稿》，中華書局 2004 年版，第 224 頁。

③ 趙陰棠：《中原音韻研究》，商務印書館 1956 年版，第 107—108 頁。

分平仄外，還有韻部獨立程度不同、韻部之間的通押程度不同及韻部的來源不同等區別。

在諸宮調中，我們可以看到支思韻與齊微韻不分，寒山、桓歡、先天不分，真文與庚青不分，監咸與廉纖不分等現象，而在元雜劇中這些韻均獨立押韻，因此元雜韻比諸宮調的押韻分部更細。王力指出如果不論入聲，“專就舒聲（平上去）而論，曲韻卻比詞韻分得更細。曲韻的舒聲共有十九部，而詞韻的舒聲只有十四部，因為：1. 詞韻第三部‘支脂之微齊灰’在曲韻裏分為‘支思’和‘齊微’兩部；2. 詞韻第七部‘元寒桓刪山先仙’在曲韻裏分為‘寒山’‘桓歡’和‘先天’三部；3. 詞韻第八部‘麻韻’（及佳韻合口字）在曲韻裏分為‘家麻’和‘車遮’兩部；4. 詞韻第十四部‘覃談監添嚴咸銜凡’在曲韻裏分為‘監咸’和‘廉纖’兩部”①。從王力的說明中我們可以看出諸宮調不僅在音樂結構上承接詞調，就押韻而言也與詞相似，與元雜劇不同。這種分韻的細化，王力認為：“大約有兩種原因：第一，實際語音已經顯然分為兩韻，若勉強合成一韻，一定弄到不諧和。在這樣的情形之下的韻部有‘支思’和‘齊微’，‘家麻’和‘車遮’，‘寒山’和‘桓歡’。……第二，實際語音和宋代雖然一樣（或差不多），但是曲家要求把韻分得更細，所以把‘寒刪山’和‘先仙元’分開，為‘寒山’、‘先天’兩部；又把‘覃談咸銜凡’和‘監添嚴’分開，為‘監咸’、‘廉纖’兩部。”② 王力沒有談到真文和庚青的分合問題。《劉知遠》殘卷中沒有獨立押庚青韻，庚青韻部字混入真文部。《董西廂》真文與庚青完全混押，這種混押現象在元雜劇中也很普遍。周大璞認為《劉知遠》和《董西廂》真文庚青兩韻混押現象是一種合韻，而不是方言問題，並以宋詞用韻作旁證，認為諸宮調作品真文與庚青混押不過是沿用宋詞的通例而已。其實，真文與庚青通押現象，周祖謨考訂敦煌變文與唐代語音關係時就已發現，只是他認為這種通押或是均變為真文韻或是庚青韻尾變為鼻化音，與現在西安音同。真文和庚青的韻尾變化在方言中是存在的，但是南方官話和北方官話一直界限分明，所以我們認為這種通押可能有方言的因素，但更多是一種用韻習慣。

《劉知遠》殘卷和《董西廂》兩部諸宮調支思與齊微合為一韻，《天

① 王力：《漢語詩律學》，上海教育出版社 1963 年版，第 730 頁。

② 同上书，第 732 頁。

寶遺事》與《元雜劇》分為兩部。趙蔭棠在《中原音韻研究》雖然曾經指出齊微韻與支思韻的分離在宋代的《韻補》、《切韻指掌圖》中已露端倪，但是也明確說明支思韻是周德清特別提出的。王力在《漢語語音史》中也指出“資思是一個新興的韻部。朱翱反切一律用齒頭字切齒頭字，說明瞭這個新情況。從此以後，一直到現代北方話和吳語等方言，都存在這個韻部”①。這說明支思部與齊微的分離從元以前就開始了，但是經過宋詞、諸宮調等，到元雜劇中才完成了其獨立押韻的任務。雖然在《天寶遺事》諸宮調中支思與齊微各自獨立，但是此部作品受元雜劇影響極大，而且作者本身就創作元雜劇，所以與元雜劇的用韻更為接近。元雜劇中支思齊微兩韻相通的現象從某種意義上說是二者密切關係的一種體現或者說二者雖各自獨立但並不是壁壘分明，在實際語言中還很相近。

寒山、桓歡、先天三韻在諸宮調中混而不分，但元雜劇各自獨立，只是相互之間還可相通。寒山、桓歡、先天三韻包括《廣韻》寒刪元山桓先仙韻。寒韻（寒韻開口）與桓韻（寒韻合口）在唐代時混而不分，王仁昫《刊謬補缺切韻》韻目中即無桓韻；《廣韻》中才有此兩部，但注明同用。《刊謬補缺切韻》雖有山先仙韻，但在山韻目下注明可以先仙同用。其實六朝時刪山與先、仙韻也混而不分了。晚唐時元韻轉入了仙韻與先仙韻合併。《詞韻》中這七韻混用不分，而曲韻中分為三部並在寒山部中收入咸韻的輕唇音字。正如王力所說元代的實際語音和宋代雖然一樣（或差不多），但是曲家和語言學家不一樣，他們要求把韻分得更細，所以寒山與先天就分部而立了。

監咸與廉纖二韻在諸宮調中只有《董西廂》可見獨立使用情形，《劉知遠》中未見獨用的例子，但常與寒山先天相押。《天寶遺事》未見獨用也未見與寒山先天相押的例子。《董西廂》監咸與廉纖合用不分。而元雜劇中分部而押，各自獨立。其情形與寒山、桓歡、先天一樣，也是曲家對分韻細化要求所致。

諸宮調與元雜劇用韻的差異除了韻的分合不一樣外，韻部之間的通押程度不同也是其一。這種現象的造成，我們認為有以下幾個方面原因：一是諸宮調作品只有三部，作品少，有許多通押現象無法見到。而元雜劇上百部作品，不同作品使用韻字靈活性較大。二是諸宮調用韻的韻部所含韻

① 王力：《漢語語音史》，商務印書館 2008 年版，第 287 頁。

較廣，如支思齊微為一部、寒山、桓歡和先天為一部、監咸與廉纖為一部，這些大的韻把讀音相近的韻都放在一起，可供選擇的餘地很大，所以諸宮調作品就目前來看不同韻部相通程度並不是很高。而元雜劇的用韻分得很細，在諸宮調中為一部的，在元雜劇中或分為二或三部，韻部的細化一方面使所轄韻字數量少了，可供選擇的範圍有限，另一方面無法使原本相近相似的韻界限分明。三是三部諸宮調作品，除《天寶遺事》外，《劉知遠》沒有經過後人改動，《董西廂》傳有古本，而元雜劇我們所使用的有"元刊本"、"脈本"、"選本"，這些選本中的元雜劇都經過人們的改造，不同人在改造中由於各種原因可能使用不同的韻字，所以元雜劇中不同韻部通押現象很普遍，甚至有些韻部之間的混押無論從當時還是現在的語音無法解釋清楚。

除以上所談的差異外，東鍾部在諸宮調作品所含韻與元雜劇不一樣。如《劉知遠》殘卷和《董西廂》東鍾部僅包括《廣韻》的東冬鍾三韻，只是有個別庚耕登韻字混入。而元雜劇此部不僅包括東冬鍾三韻，而且還包括庚耕登三韻的重唇開口字和喉牙合口字。王力指出，在元代"東鍾韻擴大了，庚生和蒸登的合口字（如"觥薨轟橫泓宏弘"）、撮口字（如"兄瓊永詠"）和唇音開口字（如"崩烹甍盲萌彭棚鵬朋猛孟迸"）都併入了東鍾。今北京話'觥朧轟實驗室'等字仍讀入東鍾"①。諸宮調庚耕登韻個別字混入東鍾是庚耕登韻部分字向東冬鍾演變的開始，元雜劇中這種現象極為普遍，是庚青向東鍾過渡的興盛時期。周德清《中原音韻》有規律地將這部分字分收在東鍾部和庚青部。從元代到明清時代庚青與東鍾合流，直到現代北京話中此二部還合為一部即中東部。

從上文對比中我們可以得出這樣的結論，諸宮調作品的用韻是從詞韻向曲韻過渡的一種狀態，與詞韻相比較，諸宮調和元雜劇的用韻不但"把入聲的系統弄亂了，甚至還把它取消"②。但是，就舒聲而論，諸宮調與宋詞的用韻幾乎一致，而元雜劇比二者分得更細。這種同異一方面體現了作家對用韻粗細的要求，另一方面更表現出宋金元語音的發展變化，讓人們看到諸宮調和元雜劇用韻的一脈相承的關係。

---

① 王力：《漢語語音史》，商務印書館 2008 年版，第 430 頁。

② 王力：《漢語詩律學》，上海教育出版社 1963 年版，第 731 頁。

第二節　元雜劇與元散曲的用韻

一、元散曲對元雜劇的影響

元散曲和元雜劇統稱元曲。從形成先後來看，元散曲應該在先。任中敏認為“北散套應發生在北劇套之前”①，李昌集也說“套曲的成立促使北雜劇的誕生”②。無論從現存散曲作家作品出現的時間、成熟程度還是從現存曲論來看，散曲的形成都在元雜劇之前。另外也可以從事物發展的規律上看，都要經歷簡單到複雜的過程，散曲與雜劇相比較無論從篇幅還是曲調的連接上都相對簡單些。所以作為創作雜劇前的基礎就是可能的了。散曲寫作為雜劇創作提供了多方面的嘗試和準備。

二、元散曲用韻研究的成果

元散曲成就輝煌，作品作家豐富，雖大量散佚，現存的作品仍有小令三千八百多首、套數四百七十餘套，已知的散曲作家有三百餘人。元楊朝英《陽春白雪》和《太平樂府》、無名氏《樂府新聲》和《樂府群玉》、貫雲石《酸齋樂府》、徐再思《甜齋樂府》均為元代的散曲集子。還有元明散曲集子如《萬花集》、《元明小令鈔》、《樂府群珠》等。隋樹森先生所編《全元散曲》為元人散曲搜集最詳細者。

目前對元散曲用韻的研究主要有楊載武《元散曲的用韻》和馬重奇《元代小令陽聲韻部研究》和《元代小令陰聲韻部研究》。楊先生綜合研究了元散曲中小令和套數的用韻，指出十九韻部的獨用與通用的大體情形，並有數量的統計。但是韻部通用現象僅例舉性指出易相通的一些韻部如真文與庚青、支思與齊微、寒山桓歡與先天等，其他通押借叶現象未加以說明。馬先生的研究詳細具體，遺憾的是只研究了小令。不過通過二位先生的研究我們還是可以得出元散曲用韻的大體特徵。所以本節關於元散曲的用韻採用了楊馬二位先生的成果。

---

① 趙義山：《20 世紀元散曲研究綜論》，上海古籍出版社 2002 年版，第 69 頁。

② 李昌集：《中國古代散曲史》，華東師範大學出版社 1991 年版，第 170 頁。

三、元雜劇和元散曲用韻比較

表 9－2　　元雜劇與元散曲用韻比較表

<table>
<tr><th rowspan="2">元曲
韻部</th><th colspan="3">元散曲</th><th colspan="3">元雜劇</th></tr>
<tr><th>韻部</th><th>混入韻</th><th>混入字</th><th>韻部</th><th>混入韻</th><th>混入字</th></tr>
<tr><td>東鍾</td><td>+</td><td>庚青</td><td>燈名並</td><td>+</td><td>庚青
江陽
寒山
真文
齊微</td><td>兵京勝
疆
趕
魂臣
西</td></tr>
<tr><td>江陽</td><td>+</td><td>——</td><td>——</td><td>+</td><td>魚模
蕭豪
寒山
桓歡
庚青
真文
皆來</td><td>舒都
陶
挽拴眼
端
姓
筋
歪</td></tr>
<tr><td>支思</td><td>+</td><td>齊微
魚模</td><td>徙你
書</td><td>+</td><td>齊微
魚模
皆來
寒山
侵尋</td><td>意期基
住虛路
待
案
音</td></tr>
<tr><td>齊微</td><td>+</td><td>支思
魚模
蕭豪
歌戈
車遮</td><td>時思枝事
主
卯
落
些</td><td>+</td><td>支思
魚模
車遮
皆來
庚青
蕭豪</td><td>事時死
住出軀
也雪月
來捱街
炕
拗</td></tr>
<tr><td>魚模</td><td>+</td><td>齊微
尤侯
支思
皆來
蕭豪</td><td>體
帚
事
捽
毛</td><td>+</td><td>齊微
尤侯
歌戈
皆來</td><td>會基的妻
投
何着喝
怪</td></tr>
<tr><td>皆來</td><td>+</td><td>家麻
齊微
車遮</td><td>花涯
水回碑配隨
姐</td><td>+</td><td>家麻
齊微
寒山
廉纖
車遮
支思</td><td>槎
得
漢
拈
折
時</td></tr>
<tr><td>真文</td><td>+</td><td>侵尋
庚青</td><td>心甚
聽鈴</td><td>+</td><td>侵尋
庚青
魚模
東鍾
車遮
先天</td><td>心侵凜
生定情
土珠
容弄
徹
緣</td></tr>
</table>

续表

元曲 韻部	元散曲 韻部　混入韻　混入字	元雜劇 韻部　混入韻　混入字
寒山	+　江陽　想上郎 桓歡　暖湍寬官冠丸 先天　仙筵箭變船 廉纖　掩 監咸　參	+　桓歡　算桓盤 先天　見眠然 監咸　譏庵菴南
桓歡	+　先天　喘 廉纖　減占	
先天	+　寒山　雁散間 桓歡　喚玩亂暖 廉纖　潛 真文　茵	+　寒山　盼扮閑帆山環 桓歡　般攢畔團貫鸞 監咸　監俺 廉纖　念點劍染簷 尤侯　喉留 東鍾　驄 真文　鱗 家麻　恰
蕭豪	+　車遮　滅 尤侯　揪	+　齊微　飛眉 歌戈　跋 皆來　來 寒山　還 江陽　坊 支思　子
歌戈	+　魚模　做汙 車遮　些閱	+　魚模　做汙縮逐 車遮　熱 皆來　界 東鍾　濃 齊微　被 家麻　媽
家麻	+　蕭豪　掏 皆來　淬 車遮　夜	+　蕭豪　刀 車遮　者鞋也 歌戈　多娥 東鍾　洪
車遮	+　魚模　付駒 齊微　炙的低你 皆來　捱	+　家麻　花枷打 齊微　的質食 皆來　怪色來 尤侯　瘤 東鍾　鐘 真文　仁
庚青	+　東鍾　弄中夢動風慵 真文　鱗村昏悶損塵 信順 侵尋　心枕衾臨尋斟	+　東鍾　功重童共夢中 真文　門臣根盡身陣 侵尋　襟 支思　試思
尤侯	+　魚模　負蕪怒; 蕭豪　遙	+　先天　現淺 家麻　俠

续表

元曲韻部	元散曲 韻部 混入韻 混入字	元雜劇 韻部 混入韻 混入字
侵尋	+ 真文 身狠 庚青 情程 東鍾 夢聾	+ 先天 綿
監咸	+ 寒山 泛藍珊 廉纖 嫌簾簷	+ 廉纖 醃 真文 臣
廉纖	+ 寒山 歎 桓歡 滿 先天 邊卷	+ 先天 傳專言前善怨 監咸 鑒

注："+"表示有此韻部，"——"表示無混入他韻，空白處表示無此韻部

表 9－3　　元雜劇與元散曲韻部數量表

元曲韻部	元雜劇				元散曲			
	楔子	劇曲	合計	排序	小令	套數	合計	排序
東鍾	9	193	202	11	188	14	202	12
江陽	10	681	691	2	234	21	255	8
支思	6	190	196	12	164	13	177	14
齊微	12	1096	1108	1	438	71	509	1
魚模	25	569	594	3	359	52	411	2
皆來	12	538	550	6	221	22	243	9
真文	21	567	588	4	242	19	261	7
寒山	3	168	171	14	209	16	225	10
桓歡	0	0	0	19	34	6	40	18
先天	7	474	481	8	233	28	261	7
蕭豪	3	579	582	5	248	37	285	6
歌戈	1	188	189	13	208	16	224	11
家麻	10	374	384	10	283	26	309	5
車遮	1	136	137	15	169	21	190	13
庚青	7	429	436	9	298	30	328	4
尤侯	15	478	493	7	322	44	366	3
侵尋	0	12	12	17	76	6	82	15
監咸	11	9	20	16	48	16	64	17
廉纖	2	9	11	18	57	15	72	16

注："排序"指各韵部使用数量从多到少的次序

通過比較元雜劇和元散曲的用韻，我們可以發現二者之間無論從入聲

分派、韻部獨立、韻部使用頻率還是韻部相通的情況來看幾乎是一致的。這與二者均為元代作品、均是當時實際語音的反映密不可分。但是散曲在音律方面，一般比較協律，語言比較精煉，對偶襯字的運用比較妥貼。雜劇的文字和音律自然不象散曲那麼考究。因此，韻部通用的現象元雜劇更加複雜些，這一方面與流傳中人們的改動或訛寫有關，另一方面更與元雜劇尚俗傾向、元雜劇演出的靈活性有關。除此外，二者的區別主要體現在江陽部、桓歡部和侵尋部三部上。

江陽韻在元散曲中獨立使用，雖有個別字如“想上郎”等混入寒山部，如張養浩《述懷十首》【中呂・山坡羊】139頁叶“患憚慢班山飯暖想想”、《失題七首》【雙調・沉醉東風】186頁叶“間乾限上竿懶”，阿魯威《失題七首》【雙調・折桂令】306頁叶“閑湍山還關郎殘”。但無他韻字押入，可以說用韻單純。在元雜劇中，江陽部也有個別字押入他韻如押入東鍾韻，但是沒有一個字押入寒山的，而且有他韻的字押入江陽部，如庚青部“姓請症明”、東鍾部“逢”等。總體而言，江陽部獨立性很強，用韻相對單純，偶爾出現的與他韻相通的現象可能是作者的方音影響如與寒山、庚青的相通或是曲子在流傳過程中訛傳等原因所致。

侵尋部在元雜劇和元散曲中使用次數都不多，是王力所謂的“險韻”。元雜劇只有王實甫《西廂記》第三本第四折【越調】十二支使用，沒有他韻字押入，但是卻經常雜入真文韻，偶爾也雜入庚青等。在元散曲中侵尋與真文、庚青相通，三者互押，既有真文、庚青字押入侵尋，也有侵尋字押入真文、庚青的現象。這與侵尋本身的特點是分不開的。侵尋部最簡單，就是整個的侵韻（按《廣韻》侵韻）字，本身所轄字很少，又沒有入相應的入聲字加入。元雜劇一般為四折，每折包括同一宮調的若干曲牌，必須同韻。侵尋部選擇餘地很小，所以元雜劇一般儘量避免使用此韻部。由於使用頻率很低，所以與他韻相混的現象不易體現出來。元散曲雖然用的也不是很多，但是元散曲中的小令用此韻部相對容易些，所以與元雜劇相比較使用次數和頻率相對高些，因此與他韻相通的現象突出些。

桓歡部在元雜劇中沒有獨立使用。元雜劇韻腳處使用的桓歡部字完全押入寒山、先天等部。元散曲中雖然有獨立使用的現象，但和其他韻相比較，使用次數最少。所以王力稱此部為“險韻中之最險者”。桓歡部本身的情況一方面與侵尋一致即所轄字數量少，且沒有入聲字加入，另一方面不同於侵尋部。桓歡部原就與寒山、先天合而不分，在詞韻、諸宮調用韻中均是。王力認為元曲中的分立只不過是曲家的要求罷了。所以我們看到無論元雜劇還是元散曲中桓歡部的字均有押入寒山部、先天部的現象，由於元雜劇中無獨立使用的桓歡部，所以我們不能發現寒山、先天押入的具體情形，但元散曲中卻有寒山、先天部字押入桓歡部的現象。

結　語

元雜劇雖是元代文學的代表，但在很長的時期裹不受正統文學重視。據研究，元雜劇劇目不下幾百種，可惜流傳到現在的只有一百五十六種，而且這些作品屢經翻刻、傳抄，難免造成文字上的脫、倒現象及因文字音近或形近而造成的錯誤，有時還有抄刻者的主觀臆斷，致使作品失去原本面目。書有訛誤，不僅會影響到作品的精神韻味，埋沒作者經營的良苦用心，也給後學者帶來窒礙。因此，校勘成為整理元雜劇的基本環節，校勘的基本任務是存真復原，努力恢復元雜劇的原來面貌，提供接近原稿的善本。校勘的內容很多如斷句、注釋、錯字糾正等。本書選擇植根於民間、反映當時實際語言的元雜劇作為研究對象，通過對其韻腳用字的窮盡性分析，一方面瞭解元雜劇記錄的語音面貌，及其與《中原音韻》的關係，另一方面也為元雜劇的校勘提供音韻上的理據，以便其他學者研究。

本書所取的成果如下：

（1）首次通過排比同曲牌的所有曲子確定其韻字，並進行韻部歸納。文章選用所有存世的元雜劇一百五十六種，得出元雜劇的韻部共十八部：東鍾、江陽、支思、齊微、魚模、皆來、真文、寒山、先天、蕭豪、歌戈、家麻、車遮、庚青、尤侯、侵尋、監咸、廉纖，與《中原音韻》相比，元雜劇的少了一個桓歡部，通過韻部之間混雜押韻的情形，我們確定元雜劇中還應該有一個桓歡部，而且通過元散曲用韻的實際，證明在元代桓歡部應該是獨立的一部。元雜劇中之所以沒有使用桓歡部，這可能是元雜劇在流傳中有些使用此部的雜劇佚失造成的，也可能是與桓歡韻所屬字少難以進行用字選擇的險韻現實有關。

（2）清楚了元雜劇用韻的特點。元雜劇的用韻並不像人們想像的如此單純和嚴格，並不是同韻部的字或相近韻部字才能相押。作為演劇文學，韻腳合韻即嚴守韻部的分類，唱者才不至於拗折嗓子，唱出來才能悅耳動聽，聽者才能賞心悅耳。所以同一韻部的字相押才是最合理的，相近韻相借押韻還算和諧。可是在元雜劇押韻中不相近甚至差異較大的韻部相雜卻非常突出。在我們使用的基礎材料中“元刊本”和“選本”都有，只是“脈本”較多。這裏面原因較為複雜。或曲意所需、或字形相近而誤、或詞序顛倒所致等。除此之外，我們還發現一些韻部相雜現象無法用上面原因解釋如真文與庚青之間、魚模與齊微之間等，曾一度歸結為方言影響的結果，可是按元雜劇通行的區域主要是官話方言區，而官話方言區這種現象分佈很廣，無論是北京官話還是蘭銀官話、中原官話、江淮官話等，最終我們無法得出合理的解釋。

（3）對元雜劇韻部之間的相雜情形進行了逐一分析，並輔之以曲譜進行論證。本書以押韻韻部為基礎，對雜入該韻部的韻字進行了一一分析。如東鍾部中分析了庚青、寒山、江陽和齊微四部雜入的情況。在分析韻部相雜的過程中，我們首先運用排比，並用歷史上著名的北曲譜加以說明驗證，充分論證了一個字是否入韻。這些別人沒有進行過的。

（4）對元雜劇韻雜現象的原因進行了分析說明。元雜劇的韻雜現象紛繁複雜，但是這些韻雜現象絕大多數都能夠得到較好的解釋，如語音相近、脫文、倒文、字形訛誤等。

（5）從我們歸納的韻字來看，《中原音韻》韻部應該不是完全歸納元曲所得。我們窮盡性地分析了元雜劇的所有韻腳字，發現有一部分韻腳字包括使用頻率很高的一部分字《中原音韻》並未收錄。

（6）把元雜劇用韻與諸宮調用韻、元散曲用韻進行了比較。元雜劇反映的語音特點只是一個靜態的共時的現象，為了更好地體現其在語音史上的地位及其反映語音的合理性，本書把其與諸宮調及同時代的散曲進行了縱向橫向比較。諸宮調在元雜劇發展中起著非常重要的作用，對元雜劇的影響極深。時間上諸宮調在前，元雜劇在後，不過相距不遠。元散曲與元雜劇時代相同，只是地位稍有差異。在比較中我們發現，雖說諸宮調和元雜劇相距不遠，但是語音上卻出現了變化如諸宮調用韻中齊微與支思不分，寒山、桓歡與先天不分等現象，而元雜劇卻截然分開；元散曲韻相雜的現象相對少些，有些韻部的單純性極強如江陽部沒有任何一個韻部的字雜入，而元雜劇中江陽部中卻有蕭豪、寒山、桓歡、庚青、真文、東鍾等多部字雜入。通過比較諸宮調用韻我們可以得出這些韻部之間分合的大致時間，也說明在語音發展中從《廣韻》到現在元雜劇所處的一種過渡的歷史地位。同時通過與元散曲的比較，證明了元代的實際語音狀態，同時從某種意義上論證了“元散曲”的社會地位稍高於“元雜劇”的事實。

雖然本書獲得了一定的結論，但是還存在一些問題：

（1）對《廣韻》、《中原音韻》未收字缺乏來源追溯。元雜劇韻腳處的一些字在《廣韻》中未見，有些字在《中原音韻》中未收。由於時間和精力的原因，本書只是羅列出了元雜劇的韻腳字，並未對其來源進行探究，影響到本書的深度。

（2）關於入聲字的歸派的方法有待驗證。《中原音韻》入聲字歸派的問題是人們質疑的一個焦點，很多學者通過各種方法對其進行分析論證，但得出的結論依然有《中原音韻》入聲字歸派合理與不合理兩種觀點。本書在論證過程中參考了官話方言目前入聲分派的情況，在入聲字歸派上採取了不確定歸類的入聲字只要與《中原音韻》歸派有一次相同，就按《中原音韻》的歸類進行歸派。這種方法的合理性還有待驗證。在作者看來，元代時入聲的歸派可能像今天的膠遼官話一樣，全濁入歸陽平、次濁入歸去聲、清入歸上聲，而與今天北京話的歸派（全濁入歸陽平、次濁入歸去聲、清入歸派歸陰陽上去）不一致。這種現象的造成可能是清入聲字發展到元代時並未停止其變化腳步，依舊不斷變化調整，最終形成北京話的目前的情形。

（3）有关韵部与作品思想感情的关系、无名氏作家作品的厘定等问题没有探索。

（4）不同地域作家的用韻差異未得到解釋。雖說在元雜劇用韻分析中，合韻、出韻的現象非常普遍，但是作家在創作過程中不可能不受自己所在的區域特徵的影響如當地文化、方言土語，只是本書未對此進行分析說明。

總而言之，本書確實取得一定的結論，但是由於時間和精力的原因，本書還存在一些問題。在以後的研究分析中，我們會就這些未解釋清楚的問題進行深入探討，希望對元雜劇的用韻有個全面的結論。

附錄

元雜劇各曲押韻字表

（此表中，“陽”表示陽平，“陰”表示陰平，“上”表示上聲，“去”表示去聲。入聲分派三聲：入作平、入作上、入作去，如果無法確定則作“入作?”，“□”表示缺字）

“元刊本”

關張雙赴西蜀夢

第一折【仙呂】（齊微韵）

【點絳唇】席（入作平）帝（去）易（入作去）夕（入作平）水（上）

【混江龍】弟（去）垂（陽）提（陽）椅（上）衣（陰）悲（陰）

【油葫蘆】德（入作上）急（入作上）馳（陽）地（去）蹄（陽）疾（入作平）轡（去）遲（陽）

【天下樂】蔓（車遮）催（陰）鏑（入作上）力（入作去）食（入作平）地（去）

【醉扶歸】内（去）遲（陽）歸（陰）驛（入作去）裏（上）會（去）

【金盞兒】持（陽）敵（入作平）會（去）泥（陽）威（陰）宜（陽）

【醉扶歸】罪（去）死（支思）德（入作上）騎（陽）級（入作上）驛（入作去）

【金盞兒】離（陽）衣（陰）日（入作去）馳（陽）回（陽）飛

（陰）

【賺煞】汁（入作上）赤（入作上）赤（入作上）衣（陰）漓（陽）推（陰）石（入作平）兒（陽）地（去）泥（陽）

第二折【南吕】（江陽韵）

【一枝花】象（去）芒（陽）上（去）光（陰）詳（陽）象（去）

【梁州第七】將（去）樑（陽）望（去）將（去）疆（陰）相（去）王（陽）腸（陽）良（陽）陽（陽）襄（陰）王（陽）想（上）望（去）降（去）當（陰）揚（陽）

【隔尾】亮（去）王（陽）誑（去）場（陽）當（陰）謊（上）

【牧羊關】傍（去）芳（陰）相（去）光（陰）江（陰）

【賀新郎】張（陰）上（去）癢（上）攘（陽）傷（陰）量（陽）想（上）長（陽）

【牧羊關】望（去）王（陽）撞（去）唐（陽）場（陽）

【收尾】丈（去）張（陰）狀（去）況（去）訪（上）壤（上）樁（陰）杖（去）講（上）

第三折【中吕】（歌戈韵）

【粉蝶兒】過（去）禍（去）戈（陰）佐（去）鑼（陽）個（去）

【醉春風】喝（入作上）合（入作?）我（上）我（上）磨（陽）銼（去）落（入作去）

【紅綉鞋】大（去）過（去）哥（陰）他（陰）躲（上）

【迎仙客】過（去）麽（陰）合（入作?）多（陰）個（去）

【石榴花】呵（陰）婆（陽）羅（陽）何（陽）梭（陰）逐（魚模）羅（陽）破（去）挪（陽）

【鬥鵪鶉】麽（陰）末（入作去）喝（入作上）火（上）他（陰）我（上）

【上小樓】過（去）銼（去）末（入作去）我（上）他（陰）破（去）過（去）

【幺篇】可（上）河（陽）鎖（上）個（去）坐（去）個（去）

【哨遍】破（去）卧（去）薄（入作平）何（陽）割（入作上）躲（上）葛（入作上）哥（陰）波（陰）躲（上）

【耍孩兒】大（去）坷（上）波（陰）和（陽）磨（陽）

【三煞】活（入作平）個（去）歌（陰）破（去）銛（入作上）

【二煞】鑊（入作平）銼（去）剁（去）他（陰）坐（去）科（陰）

【煞尾】果（上）潑（入作上）我（上）

第四折【正宫】（尤侯韵）

【端正好】受（去）投（陽）手（上）救（去）

【滾綉球】頭（陽）彀（去）鯫（陰）鄹（陽）醜（上）胄（去）侯（陽）休（陰）酬（陽）

【倘秀才】手（上）後（去）由（陽）流（陽）友（上）

【滾綉球】秋（陰）九（上）壽（去）侯（陽）甌（陰）酒（上）壽（去）秋（陰）頭（陽）流（陽）

【叨叨令】皺（去）透（去）甃（去）獸（去）漏（去）

【倘秀才】侯（陽）首（上）走（上）由（陽）擻（上）

【呆古朵】愁（陽）投（陽）右（去）獸（去）漚（陰）

【倘秀才】樓（陽）州（陰）丘（陰）受（去）收（陰）就（去）

【滾綉球】休（陰）休（陰）厚（去）偢（上）舊（去）侯（陽）咒（去）牛（陽）頭（陽）悠（陽）

【三煞】奏（去）頭（陰）留（陽）侯（陽）籌（陽）愁（陽）樓（陽）

【二煞】走（上）流（陽）僽（去）秋（陰）休（陰）透（去）仇（陽）

【隨煞尾】口（上）頭（陽）矛（陽）流（陽）囚（陽）頭（陽）流（陽）酒（上）

閨怨佳人拜月亭

楔子【仙吕】（家麻韵）

【賞花時】沙（陰）鴉（陰）霞（陽）霎（入作上）涯（陽）

【幺篇】馬（上）麻（陽）伐（入作平）塌（入作上）家（陰）

第一折【仙吕】（齊微韵）

【點絳唇】夷（陽）北（入作上）起（上）池（陽）地（去）

【混江龍】内（去）知（陰）離（陽）回（陽）意（去）凄（陰）

【油葫蘆】國（入作上）息（入作上）垂（陽）泪（去）氣（去）提（陽）底（上）泥（陽）

【天下樂】裏（上）低（陰）黑（入作上）裏（上）水（上）力（入作去）

【醉扶歸】鏸（去）篦（陰）比（上）對（去）裏（上）係（去）

【後庭花】婿（去）位（去）皮（陽）持（陽）避（去）耻（上）

【金盞兒】西（平）離（陽）妹（去）隨（陽）宜（陽）妻（陰）

【醉扶歸】墨（入作去）集（入作平）你（上）第（去）姨（陽）弟（去）

【金盞兒】披（陰）衣（陰）會（去）遲（陽）疾（入作平）賊（入作平）

【賺煞尾】意（去）吃（入作上）地（去）西（陰）憶（入作去）爲（陽）俐（去）拾（入作平）計（去）賊（入作平）

第二折【南吕】（江陽韵）

【一枝花】降（去）亡（陽）傷（陰）況（去）當（陰）裳（陽）仗（去）

【梁州第七】陽（陽）膛（陽）項（去）狂（陽）坊（陰）娘（陽）湯（陰）鄉（陰）浪（去）床（陽）傷（陰）傷（陰）請（上）當（去）症（庚青）陽（陽）

【攱羊關】强（陽）當（陰）上（去）晌（上）光（陰）湯（陰）

【賀新郎】堂（陽）恙（去）想（上）樑（陽）徨（陽）漾（去）亡（陽）向（去）陽（陽）

【牧羊關】仗（去）傍（陽）場（陽）晃（上）荒（陰）郎（陽）

【鬥蝦蟆】望（去）皇（陽）陽（陽）暢（去）霜（陰）腸（陽）放（去）喪（陰）亡（陽）惶（陽）傷（陰）

【哭皇天】傍（去）忘（去）張（陰）房（陽）當（去）黨（上）暢（去）

【烏夜啼】上（去）防（陽）忘（去）陽（陽）揚（陽）郎（陽）相（去）樣（去）凉（陽）

【三煞】當（去）傷（陰）望（去）康（陰）巷（去）訪（上）況（去）惶（陽）

【二煞】唱（去）行（陽）娘（陽）孀（陰）長（陽）（想（上）堂（陽）常（陽）

【黃鐘尾】帳（去）窗（陰）忘（去）當（陰）妄（去）詳（陽）

光（陰）謊（上）

第三折【正宮】（車遮韻）

【端正好】舍（去）蟄（入作平）折（入作上）拽（入作去）

【滚綉球】爺（陽）説（入作上）裂（入作去）絶（入作平）些（陰）業（入作去）惹（上）奢（陰）車（陰）別（入作?）

【倘秀才】徹（入作上）色（皆來）些（陰）絶（入作平）嗟（陰）

【呆古朵】月（入作去）葉（入作去）潔（入作上）惹（上）貼（入作上）

【倘秀才】惹（上）也（上）説（入作上）呆（陽）迭（入作平）

【滚綉球】惹（上）説（入作上）熱（入作去）別（入作?）篋（入作上）啜（入作上）設（入作平）些（陰）滅（入作去）斜（陽）舌（入作平）

【伴讀書】榭（去）爇（入作去）説（入作上）麝（去）月（入作去）別（入作?）

【笑和尚】絶（入作平）滅（入作去）設（入作平）迭（入作平）節（入作上）夜（去）

【倘秀才】切（入作上）些（陰）諜（入作平）嗻（去）缺（入作上）

【叨叨令】遮（陰）捻（入作去）拽（入作去）熱（入作去）説（入作上）

【倘秀才】咽（入作上）迭（入作平）妾（入作上）別（入作?）者（上）

【呆古朵】熱（入作去）節（入作上）姐（上）葉（入作去）者（上）

【三煞】舍（去）車（陰）蛇（陽）嗟（陰）切（入作上）呆（陽）

【二煞】結（入作上）迭（入作平）枷（家麻）爺（陽）爹（陰）

【黄鐘尾】徹（入作上）絶（入作平）舍（去）貼（入作上）切（入作上）撇（入作上）別（入作?）節（入作上）絶（入作平）熱（入作去）貼（入作上）些（陰）也（上）

第四折【雙調】（先天韻）

【新水令】年（陽）怨（去）鈿（去）邊（陰）遍（去）

【駐馬聽】編（陰）綣（去）箭（去）緣（陽）篇（陰）戰（去）邊（陰）現（去）

【慶東原】緣（陽）願（去）年（陽）員（陽）權（陽）羡（去）

【鎮江回】覥（上）掀（陰）面（去）前（陽）見（去）

【步步嬌】綫（去）宴（去）元（陽）偏（陰）延（陽）咽（陰）

【雁兒落】痊（陽）健（去）見（去）

【水仙子】圓（陽）傳（陽）眷（去）元（陽）鞭（陰）戀（去）天（陰）

【胡十八】辯（去）綿（陽）眠（陽）蓮（陽）見（去）遍（去）

【掛玉鈎】喧（陰）院（去）言（陽）現（去）遍（去）拳（陽）

【喬牌兒】願（去）見（去）綫（去）展（上）

【夜行船】年（陽）牽（陰）賤（去）扇（去）

【幺篇】前（陽）年（陽）淵（陰）憲（去）賤（去）

【殿前歡】偏（陰）錢（陽）戀（去）年（陽）選（上）眷（去）怨（去）天（陰）

【沽美酒】遷（陰）院（去）懸（陽）宣（陰）圓（陽）

【阿忽令】勸（去）年（陽）卷（上）變（去）前（陽）倦（去）件（去）佃（去）

關大王單刀會

第一折【仙吕】（蕭豪韵）

【點絳唇】僚（陽）弱（入作去）鬧（去）刀（陰）卓（入作上）紹（去）

【混江龍】操（去）朝（陽）調（陽）摇（陽）膘（陰）消（陰）僚（陽）袍（陽）鞘（去）驕（陰）

【油葫蘆】少（上）了（上）交（陰）略（入作去）草（上）燒（陰）漂（陰）道（去）曹（陽）

【天下樂】喬（陽）朝（陽）交（陰）錯（入作上）道（去）討（上）老（上）

【那咤令】了（上）着（入作?）倒（上）鬧（去）雹（入作平）

【鵲踏枝】躁（去）豪（陽）梟（陰）好（上）刀（陰）

【寄生草】招（陰）道（去）操（去）料（去）暴（去）

【金盞兒】飄（陰）搖（陽）道（去）消（陰）袍（陽）刀（陰）

【醉扶歸】保（上）包（陰）邀（陰）到（去）貌（去）要（去）

【金盞兒】逃（陽）鐃（陽）狡（上）豪（陽）刀（陰）橋（陽）

【後庭花】小（上）高（陰）交（陰）橋（陽）道（去）了（上）

【賺煞尾】托（入作上）嫂（上）小（上）交（陰）叫（去）遼（陽）刀（陰）狡（上）笑（去）袍（陽）

第二折【正宮】（尤侯韵）

【端正好】叟（上）侯（陽）手（上）袖（去）

【滚綉球】叟（上）友（上）酒（上）甌（陰）手（上）晝（去）頭（陽）侯（陽）游（陽）

【倘秀才】口（上）手（上）酒（上）侯（陽）友（上）

【滚綉球】甌（陰）籌（陽）後（去）流（陽）州（陰）酒（上）首（上）憂（陰）愁（陽）悠（陽）

【倘秀才】候（去）酒（上）受（去）流（陽）走（上）

【滚綉球】酒（上）鬥（去）州（陰）手（上）皺（去）收（陰）酒（上）頭（陽）州（陰）

【倘秀才】手（上）口（上）叔（入作上）愁（陽）手（上）

【滚綉球】鬥（去）袖（去）侯（陽）矛（陽）吼（上）貅（陰）流（陽）休（陰）

【叨叨令】凑（去）驟（去）袖（去）救（去）透（去）

【煞尾】手（上）頭（陽）友（上）州（陰）虬（陽）胄（去）醜（上）首（上）頭（陽）口（上）手（上）

第三折【中吕】（江陽韵）

【粉蝶兒】荒（陰）項（去）陽（陽）創（去）江（陰）將（去）

【醉春風】亡（陽）響（上）枉（上）枉（上）枉（上）撞（去）

【十二月】陽（陽）桑（陰）樑（陽）陽（陽）方（陰）張（陰）

【堯民歌】岡（陰）邦（陰）王（陽）襄（陰）江（陰）埸（陽）浪（去）

【石榴花】江（陰）長（上）常（陽）光（陰）釀（去）霜（陰）將（去）妝（陰）

【鬥鵪鶉】網（上）場（陽）想（上）講（上）往（上）

【上小樓】廣（上）壯（去）當（去）江（陰）場（陽）傍（去）上（去）

【幺篇】强（上）殃（陰）霜（陰）藏（陽）防（陽）黨（上）將（去）

【快活三】王（陽）皇（陽）昂（陽）上（去）

【鮑老兒】陽（陽）上（去）昌（陰）相（去）陽（陽）

【剔銀燈】場（陽）帳（去）上（去）剛（陰）强（陽）仗（去）掌（上）

【蔓菁菜】將（去）槍（陰）仗（去）長（上）丈（去）

【柳青娘】行（陽）簧（陽）章（陰）漿（陰）常（陽）觴（陰）槍（陰）郎（陽）

【道和】量（去）量（去）量（去）□（）讓（去）障（去）□（）相（陰）傍（去）□（）喪（去）湯（陰）□（）江（陰）

【尾】王（陽）將（去）攘（陽）

第四折【雙調】（車遮韵）

【新水令】迭（入作平）葉（入作去）闕（入作上）穴（入作平）別（入作?）社（去）

【駐馬聽】迭（入作平）也（上）滅（入作去）嗟（陰）絶（入作平）熱（入作去）切（入作上）血（入作上）

【風入鬆】□（）□（）説（入作上）杰（入作平）□（）奢（陰）

【胡十八】滅（入作去）杰（入作平）別（入作?）也（上）也（上）夜（去）

【慶東原】設（入作平）節（入作上）也（上）曰（入作去）舌（入作平）越（入作去）

【沉醉東風】業（入作去）邪（陽）滅（入作去）業（入作去）葉（入作去）説（入作上）

【雁兒落】舌（入作平）鐵（入作上）血（入作上）

【得勝令】蟄（入作平）呆（陽）別（入作?）者（上）怯（入作上）邪（陽）也（上）

【攪筝琶】列（入作去）截（入作平）血（入作上）輒（入作上）舌（入作平）竭（入作平）

【離亭宴帶歇指煞】列（入作去）謝（去）悦（入作去）扯（上）謝（去）者（上）月（入作去）夜（去）也（上）節（入作上）

【沽美酒】理（上）席（入作平）識（入作上）騎（平）持（陽）（齊微韵）

【太平令】會（去）西（陰）疾（入作平）備（去）起（上）只（入作上）腿（上）氣（去）（齊微韵）

詐妮子調風月

第一折【仙吕】（真文韵）

【點絳唇】人（陽）困（去）粉（上）巾（陰）恨（去）

【混江龍】分（去）分（陰）雲（陽）人（陽）親（陰）糞（去）身（陰）

【油葫蘆】狠（上）村（陰）門（陽）穩（上）隱（上）真（陰）論（去）根（陰）

【天下樂】論（去）門（陽）身（陰）粉（上）真（陰）人（陽）

【那吒令】温（陰）盆（陽）盆（陽）巾（陰）巾（陰）門（陽）人（陽）潤（去）分（陰）

【鵲踏枝】門（陽）身（陰）陳（陽）順（去）勤（陽）

【寄生草】人（陽）訓（去）舜（去）信（去）晋（去）

【幺篇】賓（陰）印（去）信（去）潤（去）賓（陰）問（去）

【村裏迓鼓】問（去）辰（陽）潤（去）村（陰）人（陽）

【元和令】身（陰）悶（去）魂（陽）分（陰）肯（上）姻（陰）

【上馬嬌】婚（陰）親（陰）人（陽）近（去）親（陰）親（陰）嗔（陰）聞（陽）

【勝葫蘆】恩（陰）根（陰）門（陽）分（陰）君（陰）

【幺篇】貧（陽）恩（陰）緊（上）問（去）恩（陰）

【後庭花】婚（陰）噴（去）人（陽）親（陰）論（去）狠（上）本（上）新（陰）人（陽）

【柳葉兒】糞（去）恩（陰）信（去）忖（上）真（陰）婚（陰）

【賺煞】問（去）親（陰）論（去）雲（陽）春（陰）裙（陽）純（陽）珍（陰）信（去）人（陽）

第二折【中吕】（齊微韵）

【粉蝶兒】食（入作平）會（去）拾（入作平）地（去）遲（陽）婿（去）

【醉春風】抵（上）倚（上）你（上）你（上）意（去）計（去）

【朱履曲】祟（去）痴（陰）灰（陰）底（上）非（陰）

【滿庭芳】息（入作上）梨（陰）係（去）提（陽）髻（去）衣（陰）記（去）勢（去）賊（入作平）

【十二月】黑（入作上）袂（去）離（陽）拆（入作上）地（去）

【堯民歌】拾（入作平）裏（上）敵（入作平）議（去）題（陽）題（陽）的（入作上）

【江兒水】你（上）起（上）的（入作上）婢（去）你（上）

【上小樓】碎（去）持（陽）你（上）你（上）底（上）碎（去）

【幺篇】的（入作上）貴（去）裏（上）的（入作上）績（入作上）背（去）

【哨遍】勒（入作去）誓（去）移（陽）遲（陽）回（陽）世（去）意（去）雷（陽）賊（入作平）夕（入作平）

【耍孩兒】妓（去）日（入作去）易（去）軀（魚模）妻（陰）日（入作去）利（去）細（去）

【五煞】尾（上）吃（入作上）蜜（入作去）泥（陽）迹（入作上）味（去）

【四煞】悔（上）體（上）披（陰）内（去）北（入作上）西（陰）

【三煞】吃（入作上）睡（去）灰（陰）記（去）德（入作上）妻（陰）

【二煞】低（陰）地（去）提（陽）底（上）蹄（陽）

【尾】你（上）髻（去）的（入作上）

第三折【越調】（庚青韵）

【鬥鵪鶉】聲（陰）更（去）餅（上）成（陽）興（去）

【紫花兒序】命（去）情（陽）騰（陽）燈（陰）命（去）並（去）熒（陽）

【幺篇】定（去）靈（陽）名（陽）贏（陽）影（上）正（去）稱（陰）

【梨花兒】争（陰）承（陽）行（陽）鐙（去）

【紫花兒序】定（去）星（陰）盟（陽）性（去）情（陽）聲（陰）誠（陽）桯（陰）燈（陰）

【小桃紅】經（陰）聘（去）定（去）城（陽）证（去）姓（去）政（去）凌（陽）

【調笑令】命（去）程（陽）輕（陰）定（去）性（去）成（陽）靈（陽）

【聖藥王】迎（陽）聽（陰）成（陽）庭（陽）婷（陽）誠（陽）情（陽）

【鬼三臺】聘（去）頸（上）聲（陰）生（平）等（上）行（陽）星（陰）領（上）

【天净沙】情（陽）疼（陽）聲（陰）幸（去）靈（陽）

【東原樂】病（去）釘（陰）病（去）行（陽）坑（陰）净（去）

【綿搭絮】幸（去）英（陰）輕（陰）情（陽）疼（陽）

【拙魯速】星（陰）羹（陰）聲（陰）兢（陰）停（陽）行（陽）零（陽）清（陰）哽（上）精（陰）

【尾】勝（去）廳（陰）成（陽）冷（上）

第四折【雙調】（魚模韵）

【新水令】書（陰）户（去）車（陰）魚（陽）獨（入作平）處（去）

【駐馬聽】珠（陰）鵠（入作平）序（去）服（入作平）珠（陰）玉（入作去）鴣（陰）舞（上）

【甜水令】塑（去）酥（陰）舉（上）如（陽）

【折桂令】朱（陰）圖（陽）疏（陰）兔（去）梳（陰）覻（去）俗（入作平）餘（陽）

【水仙子】處（去）骨（入作上）處（去）處（去）怒（去）語（上）付（去）主（上））

【殿前歡】駒（陰）車（陰）樹（去）雛（陽）魚（陽）聚（去）雨（上）無（陽）

【喬牌兒】數（去）禄（入作去）婿（齊微）去（去）

【掛玉鈎】帚（上）處（去）夫（陽）數（去）聚（去）餘（陽）

【落梅風】數（去）婦（去）女（上）户（去）

【雁兒落】處（去）做（去）語（上）

【得勝令】虛（陰）做（去）措（去）軀（陰）苦（上）住（去）脯（陽）處（去）

【阿古令】醑（陰）奴（陽）舉（上）婦（去）夫（陽）處（去）舞（上）路（去）

好酒趙元遇上皇

第一折【仙吕】（江陽韵）

【點絳唇】歪（皆來）搶（上）上（去）狂（陽）往（上）

【混江龍】望（去）陽（陽）漿（陰）香（陰）唱（去）揚（陽）

【油葫蘆】當（陰）撞（陽）狼（平）上（去）唱（去）撞（陽）搶（去）裳（陽）

【天下樂】場（陽）當（陰）當（陰）狀（去）糧（陽）

【那吒令】樑（陽）羊（陽）降（陽）訪（上）將（陰）

【鵲踏枝】房（陽）良（陽）腸（陽）量（去）慌（陰）

【寄生草】郎（陽）耩（上）唱（去）尚（去）項（去）

【醉中天】放（去）香（陰）黄（陽）上（去）晌（上）釀（去）光（陰）

【金盞兒】郎（陽）坊（陰）耩（上）霜（陰）場（陽）香（陰）

【游四門】郎（陽）張（陰）向（去）亡（陽）凰（陽）

【柳葉兒】向（去）霜（陰）蕩（去）狀（去）殃（陰）妨（陰）

【賞花時】鄉（陰）仗（去）腸（陽）上（去）房（陽）

【幺篇】良（陽）傷（陰）量（陽）想（上）亡（陽）

【賺煞】講（上）巷（去）當（去）惶（陽）量（陽）量（陽）長（上）旁（陽）喪（去）房（陽）

第二折【南吕】（魚模韵）

【一枝花】拂（入作上）枯（陰）途（陽）路（去）撲（入作上）絮（去）

【梁洲第七】驢（陽）木（入作去）疏（陰）楚（上）服（入作平）珠（陰）鸜（陽）鼠（上）朐（陽）都（陰）鼓（上）苦（上）樹（去）族（入作平）

【牧羊關】覆（入作上）聚（去）處（去）途（陽）遇（去）否（上）

【隔尾】女（上）夫（陽）做（去）夫（陽）數（去）去（去）

【感皇恩】酺（陰）呼（陰）儒（陽）去（去）捽（入作平）沽（陰）

【采茶歌】服（入作平）糊（陽）扶（陽）懼（去）蚨（陽）

【紅芍藥】毒（入作平）突（入作平）夫（陽）魚（陽）處（去）書（陰）夫（陽）裾（陰）

【菩薩梁州】獨（入作平）訴（去）屈（入作上）珠（陰）着（蕭豪）疏（陰）故（去）做（去）卒（入作平）書（陰）

【黄鐘尾】顧（去）書（陰）住（去）訴（去）屈（入作上）都（陰）苦（上）

第三折【中吕】（齊微韵）

【粉蝶兒】飛（陰）退（去）低（陰）力（入作去）泥（陽）避（去）

【醉春風】妻（陰）杯（陰）悔（上）悔（上）悔（上）悔（上）地（去）

【迎仙客】吏（去）知（陰）會（去）飛（陰）推（陰）罪（去）

【上小樓】息（入作上）細（去）疾（入作平）的（入作上）實（入作平）厘（陽）世（去）

【幺篇】杯（陰）疾（入作平）議（去）弟（去）

【十二月】地（去）起（上）猊（陽）息（入作上）醫（陰）

【堯民歌】馗（陽）推（陰）疾（入作平）回（陽）微（陽）與（魚模）取（魚模）

【耍孩兒】例（去）理（上）習（入作平）持（陽）裏（上）知（陰）係（去）吏（去）席（入作平）

【二煞】制（去）識（入作上）歸（陰）醉（去）席（入作平）

【煞尾】杯（陰）水（上）裏（上）

第四折【雙調】（監咸韵）

【新水令】參（陰）擔（去）襴（陽）衫（陰）談（陽）濫（去）

【喬牌兒】三（陰）探（去）陷（去）腌（廉纖）

【甜水令】賺（去）擔（陰）膽（上）庵（陰）

【折桂令】潭（陽）岩（陽）讒（陽）俺（上）憨（陰）喃（陽）巉（陽）三（陰）

【七弟兄】臣（真文）敢（上）參（陰）淡（去）貪（陰）濫（去）

【梅花酒】膽（上）酣（陰）鑒（去）三（陰）男（陽）慚（陽）唵（陰）貪（陰）

【收江南】監（陰）談（陽）嚂（陰）俺（上）泔（陰）

【雁兒落】敢（上）鑒（去）陷（去）

【得勝令】擔（陰）撼（去）濫（去）斬（上）揞（上）賺（去）藍（陽）膽（上）

楚昭王疏者下船

楔子【仙呂】（齊微韵）

【端正好】弟（去）夷（陽）帝（去）罪（去）

第一折【仙呂】（寒山韵）

【點絳唇】安（陰）辨（先天）諫（去）間（陰）叛（桓歡）

【混江龍】限（去）間（陰）安（陰）難（陽）山（陰）顔（陽）竿（陰）炭（去）寒（陽）

【油葫蘆】干（陰）還（陽）番（陰）散（去）晚（上）餐（陰）眼（上）安（陰）

【天下樂】關（陰）干（陰）煩（陽）反（上）寒（陽）看（去）

【那吒令】間（陰）班（陰）番（陰）漢（去）環（陽）

【鵲踏枝】攔（陽）關（陰）眼（上）顔（陽）

【寄生草】山（陰）反（上）慢（去）諫（去）旦（去）

【幺篇】難（陽）岸（去）澗（去）棧（去）萬（去）

【金盞兒】還（陽）安（陰）限（去）闌（陽）關（陰）寒（陽）

【賺煞】晚（上）慢（去）顔（陽）間（陰）幡（陰）盞（上）安（陰）難（去）難（陽）

第二折【越調】（尤侯韵）

【鬥鵪鶉】口（上）首（上）首（上）糾（上）擻（上）

【紫花兒序】仇（陽）留（陽）游（陽）愁（陽）後（去）頭（陽）

【小桃紅】愁（陽）酒（上）袖（去）頭（陽）透（去）口（上）肉（入作去）愁（陽）

【憑欄人】鈎（陰）樓（陽）休（陰）走（上）

【寨兒令】柳（上）鈎（陰）羞（陰）舟（陰）漚（陰）愁（陽）頭（陽）眸（陽）流（陽）由（陽）留（陽）

【調笑令】有（上）仇（陽）休（陰）首（上）紂（去）頭（陽）休（陰）

【雪裏梅】樓（陽）侯（陽）手（上）

【紫花兒序】投（陽）流（陽）洲（陰）貅（陰）牛（陽）救（去）油（陽）

【禿厮兒】走（上）流（陽）鬥（去）投（陽）休（陰）

【聖藥王】虬（陽）彪（陰）頭（陽）休（陰）收（陰）樓（陽）憂（陰）

【鬼三台】憂（陰）頭（陽）救（去）漏（去）後（去）收（陰）彀（去）後（去）

【絡絲娘】口（上）首（上）頭（陽）奏（去）

【尾】救（去）口（上）搜（陰）走（上）

第三折【中呂】（魚模韵）

【粉蝶兒】夫（陽）府（上）吾（陽）主（上）魚（陽）父（去）

【醉春風】主（上）數（上）數（上）墓（去）

【迎仙客】胥（陰）胥（陰）母（上）苦（上）卒（入作平）渡（去）

【紅綉鞋】父（去）輿（陽）閭（陽）軀（陰）主（上）

【石榴花】隅（陽）湖（陽）夫（陽）苦（上）無（陽）卒（入作平）疏（陰）躇（陽）足（入作上）

【普天樂】慮（去）服（入作平）覷（去）肚（去）疏（陰）書（陰）書（陰）書（陰）

【上小樓】古（上）步（去）族（入作平）女（上）故（去）婦（去）

【幺篇】父（去）母（上）疏（陰）府（上）獄（入作去）去（去）户（去）

【滿庭芳】母（上）無（陽）婦（去）魚（陽）主（上）夫（陽）目（入作去）主（上）朱（陰）

【耍孩兒】去（去）祖（上）虚（陰）胥（陰）助（去）臾（陽）

【三煞】居（陰）住（去）書（陰）禄（入作去）福（入作上）初（陰）

【二煞】苦（上）覷（去）誅（陰）步（去）湖（陽）

【煞尾】女（上）住（去）主（上）

第四折【雙調】（齊微韵）

【新水令】知（陰）退（去）回（陽）齊（陽）備（去）

【駐馬聽】敵（入作平）非（陰）智（去）夷（陽）威（陰）泪（去）裏（上）弟（去）

【沉醉東風】齊（陽）眉（陽）禮（上）日（入作去）的（入作上）裏（上）

【滴滴金】紀（去）妃（陰）職（入作上）低（陰）

【折桂令】妻（陰）皮（陽）齊（陽）德（入作上）隨（陽）離（陽）回（陽）備（去）機（陰）

【落梅風】内（去）裏（上）力（入作去）妻（有）弟（去）

【雁兒落】遲（陽）避（去）婢（去）

【得勝令】妻（陰）姨（陽）隨（陽）知（陰）輩（去）戚（入作上）皮（陽）

【水仙子】疾（入作平）遲（陽）力（入作去）飛（陰）圍（陽）碑（陰）知（陰）

看錢奴買冤家債主

第一折【仙吕】（家麻韵）

【點絳唇】乏（入作平）寡（上）下（去）猾（入作平）嚇（去）

【混江龍】價（去）芽（陽）家（陰）花（陰）達（入作?）茶（陽）牙（陽）華（陽）駕（去）拿（陽）踏（入作平）衙（陽）下（去）轄（入作?）化（去）紗（陰）

【油葫蘆】要（上）法（入作上）差（陰）插（入作平）下（去）叉（陰）踏（陰）大（去）他（陰）

【天下樂】罰（入作平）華（陽）煞（入作上）抓（陰）家（陰）他（陰）

【那吒令】下（去）罰（入作平）猾（入作平）化（去）撒（入作上）殺（入作上）話（去）涯（陽）

【鵲踏枝】他（陰）他（陰）沙（陰）察（入作上）拔（入作平）那（去）

【寄生草】茶（陽）灑（上）霎（入作上）掛（去）下（去）

【幺篇】叉（陰）罵（去）打（上）怕（去）罷（去）

【六幺序】拿（陽）家（陰）胛（入作平）凹（去）洽（入作平）跨（去）咱（陽）詐（去）花（陰）

【幺篇】狹（入作平）雜（入作平）拿（陽）加（陰）咱（陽）踏（入作平）家（陰）馬（上）殺（入作上）乏（入作平）達（入作?）他（陰）下（去）蛙（陰）大（去）華（陽）

【賺煞尾】下（去）家（陰）把（上）乏（入作平）加（陰）差（陰）下（去）發（入作上）罷（去）花（陰）

第二折【正宮】（皆來韵）

【端正好】在（去）白（入作平）蓋（去）外（去）

【滾綉球】海（上）界（去）陌（入作去）臺（陽）來（陽）戴（去）街（陽）開（陰）挨（陽）

【倘秀才】魄（入作上）色（入作平）外（去）懷（陽）揣（上）

【滾綉球】臺（陽）珀（入作上）賣（去）柴（陽）白（入作平）色（入作平）胎（陰）來（陽）懷（陽）

【倘秀才】乖（陰）採（上）來（陽）齋（陰）客（入作上）

【滾綉球】色（入作平）劃（入作?）奈（去）抬（陽）胎（陰）來（陽）外（去）開（陰）腮（陰）懷（陽）

【倘秀才】責（入作上）摑（入作上）腮（陰）來（陽）揩（陰）

【呆古朵】拜（去）孩（平）奶（上）待（去）蓋（去）排（陽）改（上）

【倘秀才】海（上）載（上）外（去）釵（陰）解（上）

【滾綉球】澤（入作平）色（入作平）賴（去）白（入作平）揣（陰）抬（陽）百（入作上）財（陽）開（陰）差（陰）

【脱布衫】牌（陽）劃（入作?）賣（去）寨（去）

【小梁州】灾（陰）財（陽）來（陽）壞（去）宅（入作平）

【幺篇】害（去）柴（陽）債（去）外（去）來（陽）

【塞鴻秋】驀（入作去）待（去）麥（入作去）債（去）臺（陽）蓋（去）外（去）

【三煞】賣（去）埋（陽）在（去）來（陽）懷（陽）開（陰）胎（陰）

【二煞】柏（入作上）揣（上）泰（去）來（陽）材（陽）麥（入作去）財（陽）

【煞尾】解（去）該（陰）索（入作上）賴（去）歹（入作去）快（去）劃（入作?）折（車遮）挨（陰）買（上）該（陰）奈（去）在（去）責（入作上）客（入作上）待（去）窄（入作上）大（去）伯（入作上）派（去）衰（陰）快（去）財（陽）債（去）開（陰）挨（陽）載（上）來（陽）灾（陰）害（去）宅（入作平）債（去）柴（陽）菜（去）擇（入作平）在（去）骸（陽）採（上）改（上）

第三折【商調】（江陽韵）

【集賢賓】樑（陽）茫（陽）坊（陰）墻（陽）蒼（陰）光（陰）鄉（陰）

【逍遥樂】上（去）香（陰）堂（陽）商（陰）行（陽）傷（陰）娘（陽）惶（陽）量（陽）

【金菊香】堂（陽）房（陽）丈（去）亡（陽）量（陽）

【後庭花】賞（陽）望（去）長（陽）章（陰）降（去）臧（陰）上（去）兩（上）量（陽）羊（陽）良（陽）狀（去）

【雙雁兒】香（陰）長（上）放（去）坊（陰）方（陰）鄉（陰）堂（陽）

【青哥兒】上（去）恙（去）張（陰）厢（陰）旁（陽）方（陰）祥（陽）上（去）

【梧葉兒】當（陰）香（陰）癢（上）腸（陽）想（上）

【村裏迓鼓】障（去）長（上）丈（去）像（去）樣（去）想（上）晌（上）

【元和令】厢（陰）上（去）郎（陽）當（陰）昂（陽）場（陽）

【上馬嬌】傷（陰）搶（陰）量（陽）向（去）償（陽）當（陰）

【游四門】娘（陽）鄉（陰）丈（去）常（陽）强（陽）裳（陽）

【勝葫蘆】光（陰）章（陰）讓（去）壯（去）堂（陽）

【後庭花】堂（陽）漿（陰）方（陰）康（陰）葬（去）堂（陽）香（陰）仗（去）謊（上）讓（去）當（去）

【柳葉兒】樣（去）腸（陽）上（去）放（去）殃（陰）亡（陽）

【高過煞】常（陽）養（上）剛（陰）糠（陰）當（陰）凉（陽）郎（陽）娘（陽）蒼（陰）桑（陰）響（上）

【浪來裏煞】昌（陰）旺（去）芳（陰）方（陰）杖（去）郎（陽）

第四折【越調】（支思韵）

【鬥鵪鶉】慈（陽）祀（去）司（陰）紙（上）死（上）

【紫花兒序】兒（陽）私（陰）慈（陽）司（陰）事（去）之（陰）

【東原樂】肢（陰）使（上）之（陰）兒（陽）似（去）

【綿搭絮】遲（齊微）司（陰）耳（上）詞（陽）思（陰）

【小桃紅】絲（陰）事（去）氏（去）咨（陰）寺（去）廝（陰）字（去）時（陽）

【鬼三台】士（去）事（去）死（上）之（陰）是（去）使（上）兒（陽）子（上）

【禿廝兒】紙（上）屍（陰）死（上）兒（陽）私（陰）

【鬼三台】止（上）玼（上）事（去）司（陰）史（上）姿（陰）兒（陽）子（上）

【金焦葉】齒（上）耳（上）兒（陽）子（上）

【調笑令】廝（陰）司（陰）思（陰）事（去）二（去）子（上）兒（陽）

【聖藥王】死（上）死（上）師（陰）子（上）屍（陰）時（陽）兒（陽）

【調笑令】氏（去）師（陰）兒（陽）嗣（去）字（去）匙（陽）資（陰）

【收尾】至（去）使（上）子（上）

泰華山陳摶高卧

第一折【仙吕】（庚青韵）

【點絳唇】生（陰）正（去）應（去）瓶（陽）鼎（上）

【混江龍】命（去）鶩（陽）程（陽）星（陰）静（去）情（陽）

【油葫蘆】經（陰）精（陰）明（陽）定（去）省（上）靈（陽）命（去）平（陽）

【天下樂】生（陰）嚀（陽）星（陰）行（陽）丁（陰）聽（陰）

【醉中天】整（上）生（陰）整（上）定（去）程（陽）姓（去）靈（陽）

【後庭花】庚（陰）貞（陰）星（陰）情（陽）錠（去）瓶（陽）

【金盞兒】形（陽）生（陰）並（去）嶸（陽）卿（陰）星（陰）

【後庭花】清（陰）明（陽）聲（陰）迎（陽）命（去）醒（上）

【金盞兒】青（陰）荊（陰）鄧（去）京（陰）靈（陽）城（陽）

【醉中天】命（去）名（陽）生（陰）病（去）睛（陰）盛（去）明（陽）

【金盞兒】清（陰）生（陰）净（去）名（陽）鳴（陽）聲（陰）

【賺煞】生（陰）定（去）請（上）兄（陰）生（陰）兵（陰）清（陰）平（陽）明（陽）令（去）陵（陽）

第二折【南吕】（真文韵）

【一枝花】身（陰）混（去）坤（陰）雲（陽）尹（上）吞（陰）民（陽）

【梁州第七】臣（陽）隱（上）身（陰）群（陽）神（陽）人（陽）人（陽）人（陽）身（陰）雲（陽）盡（去）哂（上）春（陰）存（陽）

【隔尾】信（去）鄰（陽）盡（去）門（陽）人（陽）盹（上）

【牧羊關】閽（陰）門（陽）緊（上）春（陰）滚（上）

【紅芍藥】君（陰）仁（陽）尊（陰）坤（陰）塵（陽）民（陽）勤（陽）塵（陽）

【菩薩梁州】臣（陽）問（去）尊（陰）人（陽）恩（陰）信（去）分（陰）盡（去）身（陰）塵（陽）

【隔尾】困（去）人（陽）寸（去）恩（陰）臣（陽）準（上）

【牧羊關】臣（陽）麟（陽）雲（陽）人（陽）秦（陽）

【賀新郎】琨（陰）遁（去）君（陰）真（陰）引（上）神（陽）存（陽）近（去）人（陽）

【牧羊關】銀（陽）人（陽）身（陰）勤（陽）本（上）

【哭皇天】覲（去）臣（陽）鈍（陽）盹（上）人（陽）鈍（去）聞（陽）

【烏夜啼】順（去）民（陽）分（去）貧（陽）門（陽）身（陰）

印（去）緊（上）坌（去）巾（陰）

【黄鐘尾】進（去）塵（陽）緊（上）困（去）裀（陰）門（陽）雲（陽）穩（上）

第三折【正宫】（齊微韵）

【端正好】會（去）啼（陽）起（上）意（去）

【滚綉球】飛（陰）違（陽）利（去）知（陰）迹（入作上）裹（上）識（入作上）基（陰）圭（陰）夷（陽）

【倘秀才】畦（陽）幾（上）貴（去）棋（陽）比（上）

【滚綉球】催（陰）筆（入作上）内（去）低（陰）闈（陰）池（陽）砌（去）齊（陽）旗（陽）衣（陰）

【倘秀才】例（去）禮（上）歲（去）稀（陰）喜（上）

【叨叨令】計（去）例（去）氣（去）睡（去）被（去）

【倘秀才】刻（入作上）水（上）鷄（陰）起（上）遲（陽）理（上）

【滚綉球】衣（陰）食（入作平）地（去）雷（陽）起（上）歷（入作去）題（陽）知（陰）眉（陽）

【倘秀才】比（上）矣（上）德（入作上）直（入作平）宜（陽）

【滚綉球】石（入作平）職（入作上）記（去）食（入作平）禮（上）地（去）衣（陰）利（去）非（陰）兮（陽）

【倘秀才】國（入作上）已（上）知（陰）齏（陰）薇（陽）

【三煞】蜕（去）飛（陰）石（入作平）移（陽）一（入作去）機（陰）

【二煞】計（去）知（陰）飛（陰）鷄（陰）提（陽）

【煞尾】細（去）遲（陽）希（陰）齊（陽）履（上）吃（入作上）杯（陰）只（入作上）世（去）暉（陰）德（入作上）水（上）易（去）係（去）裏（上）敕（入作上）位（去）揆（上）會（去）細（去）俐（去）期（陽）美（上）

第四折【雙調】（江陽韵）

【新水令】霜（陰）上（去）鄉（陰）光（陰）帳（去）

【駐馬聽】旁（陽）行（陽）上（去）場（陽）郎（陽）敞（上）量（去）障（去）

【步步嬌】撞（去）蕩（去）當（陰）娘（陽）香（陰）象（去）

【沉醉東風】槍（陰）湘（陰）香（陰）響（上）腸（陽）康（陰）湯（去）

【攪箏琶】相（去）長（陽）癢（上）黄（陽）桑（陰）忙（陽）狂（陽）響（上）量（陽）

【雁兒落】王（陽）相（去）傍（去）

【川撥棹】唐（陽）娘（陽）涼（陽）揚（陽）上（去）旁（陽）

【七弟兄】場（陽）央（陰）常（陽）樣（去）裳（陽）喪（去）

【梅花酒】當（去）邦（陰）陽（陽）香（陰）光（陰）皇（陽）量（陽）堂（陽）

【收江南】鴦（陰）妝（陰）涼（陽）攘（陽）量（陽）

【水仙子】莊（陰）樑（陽）上（去）王（陽）光（陰）慌（陰）囊（陰）

【太平令】像（去）墻（陽）杖（去）帳（去）上（去）當（陰）忘（去）相（去）

【離亭宴帶歇指煞】放（去）養（上）賞（上）鳖（上）丈（去）倆（上）相（去）爽（上）窗（陰）掌（上）

馬丹陽三度任風子

第一折【仙吕】（先天韵）

【點絳唇】憐（陽）見（去）面（去）專（陰）院（去）

【混江龍】宴（去）川（陰）肩（陰）蓮（陽）前（陽）言（陽）咽（去）千（陰）

【油葫蘆】淺（上）滻（上）填（陽）圈（陰）院（去）喘（上）眷（去）圈（陰）

【天下樂】仙（陰）緣（陽）穿（陰）憐（陽）圓（陽）年（陽）

【那吒令】專（陰）船（陽）傳（陽）田（陽）賢（陽）天（陰）眷（去）院（去）

【鵲踏枝】纏（陽）錢（陽）拳（陽）遣（上）田（陽）

【寄生草】善（去）膻（陰）院（去）縣（去）傳（去）殿（去）

【醉中天】願（去）錢（陽）懸（陽）奠（去）年（陽）見（去）仙（陰）

【金盞兒】前（陽）搧（陰）轉（去）椽（陽）拳（陽）天（陰）

【賺煞】展（上）健（去）見（去）言（陽）軒（陰）仙（陰）顯（上）前（陽）面（去）天（陰）

第二折【正宮】（魚模韻）

【端正好】暮（去）糊（陽）素（去）辱（入作去）

【滾綉球】惚（入作?）做（去）夫（陽）服（入作平）舉（上）除（陽）姑（陰）虛（陰）

【倘秀才】婦（去）母（上）夫（陽）哭（入作平）去（去）

【滾綉球】去（去）處（去）伏（入作平）竹（入作上）去（去）疏（陰）虛（陰）粗（陰）

【呆骨朵】□（）□（）□（）撲（入作上）□（）□（）□（）伏（入作平）

【倘秀才】武（上）主（上）術（入作平）圖（陽）取（上）

【窮河西】無（陽）符（陽）羽（上）住（去）去（去）

【叨叨令】做（去）去（去）苦（上）福（入作上）路（去）

【三煞】户（去）廬（陽）猪（陰）惚（入作?）夫（陽）朱（陰）魯（上）書（陰）

【二煞】許（上）圖（陽）湖（陽）物（入作去）徒（陽）蘆（陽）

【煞尾】苦（上）拘（陰）餘（陽）鹿（入作去）虎（上）户（去）壺（陽）爐（陽）書（陰）術（入作平）無（陽）虛（陰）愚（陽）古（上）駒（陰）燭（入作上）伏（入作平）疏（陰）圖（陽）居（陰）谷（入作上）圃（上）數（上）負（去）木（入作去）暑（上）菊（入作?）竹（入作上）主（上）侶（上）譜（上）圖（陽）拘（陰）舞（上）無（陽）除（陽）虎（上）主（上）父（去）羽（上）許（上）阻（上）服（入作平）蔬（陰）轤（陽）土（上）屠（陽）苦（上）

第三折【中吕】（齊微韻）

【粉蝶兒】持（陽）計（去）機（陰）世（去）齏（陰）味（去）

【醉春風】水（上）起（上）起（上）世（去）

【紅綉鞋】氣（去）棋（陽）歸（陰）池（陽）裏（上）

【石榴花】稀（陰）遲（陽）馳（陽）悔（上）及（入作平）慧（去）地（去）内（去）衣（陰）

【鬥鵪鶉】德（入作上）皮（陽）痴（陰）離（陽）底（上）

【普天樂】會（去）持（陽）紙（支思）地（去）内（去）離（陽）絶（車遮）幃（陽）

【上小樓】隨（陽）貴（去）薺（陽）畦（陽）殢（去）縊（去）脆（去）

【幺篇】弟（去）你（上）批（陰）的（入作上）日（入作去）利（去）貴（去）

【滿庭芳】底（上）宜（陽）廢（去）非（陰）職（入作上）兮（陽）罪（去）離（陽）妻（陰）

【耍孩兒】内（去）幾（上）菲（陰）歸（陰）幾（上）氣（去）眉（陽）

【六煞】吃（入作上）濟（去）迷（陽）内（去）棋（陽）

【五煞】隨（陽）偎（陰）被（去）圍（陽）理（上）回（陽）

【四煞】你（上）濟（去）畦（陽）計（去）兮（陽）

【三煞】西（陰）逼（入作平）罪（去）誰（陽）泪（去）起（上）

【二煞】黑（入作上）意（去）退（去）提（陽）氣（去）回（陽）

【收尾】一（入作去）弟（去）的（入作上）

第四折【雙調】（蕭豪韵）

【新水令】霄（陰）道（去）瓢（陽）橋（陽）鬧（去）

【駐馬聽】遥（陽）草（上）惱（上）桃（陽）澆（陰）掃（上）早（上）了（上）

【川撥棹】盜（去）鬧（去）遭（陰）着（入作?）瀟（陰）飄（陰）到（去）高（陰）皋（陰）了（上）悄（上）

【雁兒落】覺（入作上）叫（去）鬧（去）道（去）

【得勝令】絲（陰）瓢（陽）高（陰）着（入作?）報（去）饒（陽）交（陰）

【川撥棹】消（陰）刀（陰）豪（陽）雹（入作上）殼（入作上）老（上）小（上）

【七弟兄】着（入作?）着（入作?）毫（陽）要（去）度（入作平）好（上）

【梅花酒】了（上）梢（陰）摇（陽）梢（陰）腦（上）腰（陰）道（去）着（入作?）桃（陽）霄（陰）了（上）眉（齊微）

【收江南】刀（陰）套（去）曹（陽）着（入作?）勞（陽）

散家財天賜老生兒

楔子【仙吕】（廉纖韻）

【端正好】儉（去）占（去）減（監咸）添（陰）嫌（陽）厭（去）

第一折【仙吕】（皆來韻）

【點絳唇】財（陽）外（去）快（去）來（陽）債（去）

【混江龍】脈（入作去）胎（陰）額（入作去）懷（陽）臺（陽）揣（上）開（陰）白（入作平）白（入作平）來（陽）齋（陰）災（陰）拜（去）差（陰）

【油葫蘆】才（陽）害（去）街（陰）賽（去）宰（上）捱（陽）外（去）柴（陽）

【天下樂】來（陽）衰（陰）該（陰）歹（入作去）埋（陽）哉（陰）

【那吒令】色（入作平）乖（陰）財（陽）在（去）來（陽）

【鵲踏枝】賣（去）邁（去）胎（陰）客（入作上）財（陽）

【寄生草】災（陰）大（去）敗（去）害（去）債（去）

【幺篇】猜（陰）愛（去）待（去）拜（去）胎（陰）態（去）

【後庭花】外（去）代（去）害（去）財（陽）外（去）諧（陽）捱（陽）來（陽）買（上）柴（陽）帛（入作平）懷（陽）腮（陰）宅（入作平）宅（入作平）

【青哥兒】拜（去）待（去）挨（陰）埋（陽）栽（陽）在（去）解（上）臺（陽）牌（陽）載（上）排（陽）猜（陰）外（去）

【金盞兒】捱（陽）柴（陽）大（去）街（陰）災（陰）財（陽）

【賺煞尾】載（上）害（去）代（去）財（陽）懷（陽）齋（陰）災（陰）解（上）債（去）來（陽）

第二折【正宫】（蕭豪韻）

【端正好】鬧（去）勞（陽）寶（上）廟（去）

【滚繡球】少（去）少（上）要（去）刀（陰）抛（陰）到（去）

逃（陽）遭（陰）消（陰）

【倘秀才】豪（陽）梢（陰）報（去）條（陽）約（入作去）

【呆骨朵】道（去）交（陰）草（上）告（去）老（上）

【倘秀才】草（上）約（入作去）了（上）交（陰）倒（上）

【滾綉球】牢（陽）倒（上）調（陽）喏（入作去）傲（去）道（去）着（入作?）高（陰）毫（陽）

【脱布衫】焦（陰）饒（陽）叫（去）

【小梁州】刁（陰）摇（陽）澆（陰）笑（去）刀（陰）

【幺篇】要（去）消（陰）小（上）教（去）拗（去）驕（陰）

【倘秀才】草（上）惱（上）驕（陰）學（入作平）了（上）

【滾綉球】高（陰）小（上）好（去）學（入作平）袍（陽）樂（入作去）腰（陰）消（陰）勞（陽）

【黄鐘尾】教（去）教（陰）靠（去）孝（去）道（去）報（去）着（入作?）遭（陰）燒（陰）澆（陰）教（陰）老（上）

第三折【越調】（江陽韵）

【鬥鵪鶉】墻（陽）楊（陽）房（陽）上（去）香（陰）

【紫花兒序】漿（陰）凉（陽）量（陽）荒（陰）旺（去）羊（陽）

【調笑令】雙（陰）樁（陰）長（陽）葬（去）陽（陽）上（去）香（陰）

【小桃紅】房（陽）葬（去）上（去）娘（陽）杖（去）量（陽）樣（去）量（陽）

【鬼三台】降（去）望（去）娘（陽）腸（陽）慌（陰）忙（陽）張（陰）

【金焦葉】莊（陰）墻（陽）行（陽）餉（上）

【寨兒令】郎（陽）慌（陰）香（陰）光（陰）香（陰）常（陽）長（陽）娘（陽）場（陽）王（陽）

【雪裏梅】郎（陽）璋（陰）狼（陽）

【紫花兒序】香（陰）房（陽）將（陰）光（陰）上（去）房（陽）

【禿厮兒】想（上）堂（陽）行（陽）腸（陽）亡（陽）

【聖藥王】場（陽）仗（去）凉（陽）長（陽）當（陰）娘（陽）

【尾】强（去）向（去）想（上）

第四折【雙調】（真文韵）

【新水令】親（陰）盡（去）身（陰）辛（陰）揁（上）

【駐馬聽】貧（陽）身（陰）分（去）唇（陽）葷（陰）悶（去）人（陽）鬢（去）

【七弟兄】文（陽）文（陽）輪（陽）論（去）分（陰）揁（上）

【梅花酒】門（陽）唇（陽）神（陽）近（去）文（陽）親（陰）鄰（陽）塵（陽）倫（陽）魂（陽）身（陰）門（陽）人（陽）

【收江南】君（陰）墳（陽）親（陰）論（去）人（陽）

【落梅風】順（去）分（去）恩（陰）恨（去）

【江兒水】問（去）忍（上）墳（陽）分（去）

【碧玉簫】信（去）聞（陽）分（去）問（去）人（陽）順（去）分（去）門（陽）棍（去）

【水仙子】親（陰）恩（陰）論（去）人（陽）魂（陽）文（陽）根（陰）

【雁兒落】親（陰）恨（去）分（去）

【德勝令】墳（陽）人（陽）恩（陰）人（陽）運（去）親（陰）分（陰）

尉遲恭三奪槊

第一折【仙吕】（江陽韵）

【點絳唇】王（陽）上（去）掌（上）邦（陰）相（去）

【混江龍】量（去）良（陽）疆（陰）瘡（陰）喪（陰）陽（陽）

【油葫蘆】唐（陽）樑（陽）防（陽）將（去）相（去）傷（陰）賞（上）陽（陽）

【天下樂】長（陽）陽（陽）綱（陰）良（陽）方（陰）

【醉扶歸】相（去）皇（陽）央（陰）講（上）王（陽）望（去）

【後庭花】想（上）忘（去）張（陰）詳（陽）忘（去）仗（去）

【金盞兒】唐（陽）行（陽）蕩（去）當（去）場（陽）王（陽）

【賞花時】陽（陽）岡（陰）黄（陽）想（上）防（陽）

【幺篇】陽（陽）蒼（陰）强（陽）况（去）繮（陰）

【勝葫蘆】光（陰）郎（陽）慌（陰）行（陽）

【幺篇】藏（陽）亡（陽）當（去）厢（陰）

【金盞兒】慌（陰）忙（陽）當（去）槍（陰）膛（陽）王（陽）

【醉扶歸】奬（上）强（陽）槍（陰）狀（去）晌（上）上（去）

【賺煞】項（去）樑（陽）漿（陰）王（陽）强（陽）傷（陰）當（陰）障（去）腸（陽）

第二折【南吕】（蕭豪韵）

【一枝花】角（入作上）袍（陽）哮（陰）却（入作上）焦（陰）討（上）

【梁州第七】交（陰）角（入作平）敲（陰）摇（陽）揉（陽）橋（陽）道（去）遼（陽）消（陰）較（去）約（入作去）療（去）作（入作上）消（陰）

【賀新郎】邀（陰）報（去）到（去）脚（入作上）腰（陰）噪（去）爆（去）僚（陽）

【牧羊關】遭（陰）報（去）脚（入作上）腰（陰）交（陰）

【隔尾】校（去）討（上）到（去）約（入作去）度（入作平）了（上）

【牧羊關】着（入作?）高（陰）却（入作上）饒（陽）了（上）

【隔尾】角（入作上）爪（上）跳（去）着（入作?）着（入作?）曉（上）

【鵪鶉兒】掿（入作去）躍（入作去）勞（陽）小（上）弱（入作去）韜（陰）略（入作去）暴（去）懆（去）着（入作?）道（去）惱（上）躁（去）着（入作?）消（陰）度（入作平）閣（入作上）爪（上）高（陰）

【哭皇天】笑（去）教（陰）袍（陽）倒（上）交（陰）捉（入作平）鑿（入作平）

【烏夜啼】藥（入作去）消（陰）落（入作去）喬（陽）描（陽）摇（陽）跳（去）弱（入作去）殼（入作上）

【黄鐘尾】覺（入作上）消（陰）調（陽）角（入作上）着（入作?）了（上）

第三折【雙調】（真文韵）

【新水令】軍（陰）頓（去）臣（陽）尊（陰）問（去）

【駐馬聽】軍（陰）身（陰）土（魚模）臣（陽）勤（陽）信

（去）論（去）潤（去）

【步步嬌】糞（去）盡（去）恨（去）因（陰）君（陰）信（去）

【攪箏琶】盡（陽）身（陰）緊（上）臣（陽）人（陽）孫（陰）親（陰）渾（陽）

【沉醉東風】門（陽）根（陰）滾（上）塵（陽）人（陽）分（去）

【川撥棹】因（陰）滾（上）嗔（陰）昏（陰）焚（陽）忍（上）

【七弟兄】恩（陰）臣（陽）村（陰）印（去）軍（陰）命（庚青）

【梅花酒】村（陰）君（陰）門（陽）狠（上）信（去）論（去）

【收江南】葷（陰）君（陰）臣（陽）忿（去）論（去）

【鴛鴦煞】陣（去）殯（去）筋（陰）信（去）近（去）順（去）根（陰）本（上）

第四折【正宮】（先天韵）

【端正好】戰（去）員（陽）演（上）煉（去）

【滾綉球】宣（陰）展（上）健（去）前（陽）箭（去）捻（上）拳（陽）鞭（陰）先（陰）

【倘秀才】面（去）面（去）慫（陰）駹（陽）邊（陰）

【滾綉球】園（陽）展（上）天（陰）軟（上）展（上）健（去）傳（陽）煙（陰）旋（陽）

【倘秀才】見（去）偃（上）言（陽）延（陽）轉（上）

【呆骨朵】現（去）天（陰）見（去）免（上）片（去）天（陰）

【叨叨令】遍（去）展（上）現（去）見（去）善（去）

【伴讀書】剪（上）踐（去）轉（去）戰（去）健（去）前（陽）

【笑和尚】戀（去）怨（去）眷（去）鞭（陰）佃（去）面（去）

【倘秀才】便（去）轉（上）權（陽）懸（陽）免（上）

【滾綉球】言（陽）前（陽）善（去）眠（陽）賢（陽）憐（陽）遍（去）全（陽）冤（陰）天（陰）

【快活三】免（上）泉（陽）延（陽）見（去）

【鮑老兒】天（陰）願（去）冤（陰）殿（去）賢（陽）權（陽）

漢高皇濯足氣英布

第一折【仙吕】（歌戈韵）

【點絳唇】多（陰）末（入作去）可（上）合（入作?）破（去）

【混江龍】過（去）戈（陰）何（陽）河（陽）呵（陰）

【油葫蘆】我（上）末（入作去）羅（陽）過（去）坐（去）合（入作?）過（去）火（上）蹉（陰）

【天下樂】可（上）我（上）他（陰）過（去）羅（陽）火（上）

【那吒令】破（去）我（上）我（上）活（入作平）過（去）呵（陰）

【鵲踏枝】多（陰）羅（陽）河（陽）窩（陰）羅（陽）

【寄生草】磨（陽）火（上）過（去）禍（去）卧（去）

【玉花秋】貨（去）何（陽）呵（陰）和（陽）躲（上）

【後庭花】破（去）脱（入作平）末（入作去）波（陰）禍（去）科（陰）

【金盞兒】羅（陽）合（入作?）大（去）磨（陽）窩（陰）何（陽）

【雁兒】我（上）末（入作去）合（入作?）哥（陰）何（陽）

【賺煞】掇（入作上）波（陰）婆（陽）活（入作平）河（陽）闊（入作上）摩（陽）過（去）多（陰）

第二折【南吕】（庚青韵）

【一枝花】令（去）騰（陽）争（陰）性（去）行（陽）生（陰）命（去）

【梁州第七】明（陽）定（去）噴（真文）並（去）兵（陰）争（陰）嶺（上）營（陽）兄（陰）敬（去）命（去）省（上）呈（陽）

【隔尾】等（上）聽（陰）應（去）静（去）影（上）

【牧羊關】星（陰）霆（陽）挣（去）生（陰）輕（陰）

【哭皇天】定（去）等（上）分（真文）情（陽）幸（去）性（去）行（陽）

【烏夜啼】命（去）名（陽）請（上）情（陽）騰（陽）凌（陽）餅（上）應（去）程（陽）

【黄鐘尾】徑（去）平（陽）憎（陰）傾（陰）清（陽）寧（陽）請（上）競（去）净（去）等（上）

第三折【正宫】（尤侯韵）

【端正好】門（去）游（陽）口（上）就（去）

【滾綉球】謳（陰）鞲（陰）袖（去）羞（陰）醜（上）口（上）肉（入作去）投（陽）羞（陰）讎（陽）

【倘秀才】酉（上）酒（上）後（去）籌（陽）有（上）

【滾綉球】侯（陽）狗（上）舊（去）貅（陰）友（上）手（上）奏（去）頭（陽）鈎（陰）求（陽）

【脱布衫】頭（陽）牛（陽）走（上）臼（去）

【小梁州】侯（陽）流（陽）侯（陽）厚（去）收（陰）

【幺篇】後（去）甌（陰）酒（上）厚（去）獸（去）頭（陽）

【叨叨令】受（去）謬（去）後（去）奏（去）够（去）

【剔銀燈】九（上）六（入作去）手（上）侯（陽）叟（上）收（陰）

【蔓菁菜】扣（去）軸（入作平）流（陽）厚（去）

【柳青娘】酒（上）奏（去）憂（陰）矛（陽）口（上）宙（去）州（陰）休（陰）

【道和】收（陰）收（陰）劉（陽）求（陽）厚（去）受（去）酬（陽）由（陽）丘（陰）驟（去）走（上）鬥（去）救（去）鬥（去）手（上）首（上）頭（陽）

【啄木兒尾】憂（陰）仇（陽）溜（去）後（去）溝（陰）

第四折【黄鐘】（魚模韵）

【醉花陰】宇（上）輸（陰）俗（入作平）如（陽）舉（上）

【喜遷鶯】書（陰）主（上）處（去）呼（陰）徒（陽）恕（去）負（去）辱（入作去）辜（陰）

【出隊子】部（去）付（去）鏃（入作平）卒（入作平）駒（陰）

【刮地風】鼓（上）舒（陰）處（去）隅（陽）去（去）堵（上）注（去）羽（上）脯（陽）

【四門子】處（去）去（去）路（去）軀（陰）毒（入作平）虛（陰）度（去）虛（陰）舉（上）

【水仙子】雨（上）虛（陰）霧（去）促（入作上）軀（陰）舉（上）注（去）鳌（陽）

【收尾】住（去）脯（陽）斧（上）

冤報冤趙氏孤兒

楔子【仙吕】（尤侯韵）

【賞花時】休（陰）手（上）侯（陽）首（上）頭（陽）

【幺篇】丘（陰）流（陽）留（陽）後（去）仇（陽）

第一折【仙吕】（真文韵）

【點絳唇】秦（陽）晋（去）穩（上）臣（陽）損（上）

【混江龍】順（去）人（陽）身（陰）恩（陰）盡（去）軍（陰）

【油葫蘆】塵（陽）分（陰）坤（陰）困（去）順（去）民（陽）問（去）人（陽）

【天下樂】身（陰）吞（陰）恨（去）臣（陽）準（上）

【那吒令】民（陽）賓（陰）人（陽）身（陰）窘（上）恩（陰）徇（陽）倫（陽）

【鵲踏枝】塵（陽）勛（陰）麟（陽）墳（陽）親（陰）孫（陰）

【寄生草】遁（去）論（去）論（去）恨（去）分（去）盡（去）

【後庭花】賓（陰）人（陽）門（陽）心（侵尋）問（去）恩（陰）

【金盞兒】痕（陽）噴（陰）認（去）身（陰）伸（陰）人（陽）

【醉中天】分（去）人（陽）門（陽）盡（去）身（陰）龀（去）根（陰）

【賺煞】問（去）刎（上）緊（上）身（陰）旬（陽）文（陽）分（陰）恨（去）趁（去）人（陽）

第二折【南吕】（東鍾韵）

【一枝花】棟（去）公（陰）從（陽）重（去）忠（陰）胸（陰）中（陰）

【梁州第七】農（陽）從（陽）公（陰）鐘（陰）盲（陽）聾（陽）俸（去）功（陰）中（陰）窮（陽）冢（上）種（去）叢（陽）慵（陽）

【隔尾】用（去）同（陽）重（去）公（陰）忠（陰）噥（上）

【賀新郎】宫（陰）從（陽）恐（上）懂（上）胸（陰）嚨（陽）夢（去）中（陰）

【牧羊關】宗（陰）兇（陰）宫（陰）蟲（陽）種（上）

【紅芍藥】公（陰）嶸（陽）空（陰）同（陽）功（陰）容（陽）風（陰）鐘（陰）

【菩薩梁州】中（陰）弄（去）送（去）雄（陽）逢（陽）勇

（上）用（去）奉（去）終（陰）鬆（陰）

【罵玉郎】從（陽）中（陰）痛（去）兄（陰）重（去）仲（去）

【感皇恩】鋒（陰）中（陰）烹（陰）蒙（陽）風（陰）

【采茶歌】翁（陰）童（陽）中（陰）窮（陽）空（陰）

【二煞】種（上）踪（陰）宗（陰）痛（去）供（去）空（陰）公（陰）

【煞尾】永（上）雄（陽）衆（去）從（陽）猛（上）送（去）終（陰）用（去）鋒（陰）動（去）空（陰）重（去）中（陰）冢（上）

第三折【雙調】（蕭豪韵）

【新水令】橋（陽）到（去）刀（陰）朝（陽）虐（入作去）

【駐馬聽】驕（陰）交（陰）弱（入作去）刀（陰）豪（陽）道（去）了（上）草（上）

【沉醉東風】霄（陰）條（陽）覺（入作上）勞（陽）落（入作去）拷（上）

【雁兒落】調（陽）告（去）摇（陽）跳（去）

【水仙子】招（陰）了（上）道（去）梢（陰）鑊（入作平）倒（上）着（入作?）雹（入作平）

【川撥棹】獒（陽）咬（上）朝（陽）僚（陽）了（上）着（入作?）惡（入作去）

【七弟兄】却（入作上）貌（去）饒（陽）了（上）袍（陽）鞘（去）

【梅花酒】泊（入作?）勞（陽）逃（陽）消（陰）老（上）惱（上）草（上）朝（陽）刀（陰）

【收江南】嬌（陰）揉（陽）抛（陰）了（上）澆（陰）

【鴛鴦煞】老（上）小（上）標（陰）朔（入作上）報（去）刀（陰）了（上）

第四折【中吕】（魚模韵）

【粉蝶兒】卒（入作平）助（去）孤（陰）物（入作去）輿（陽）懼（去）

【醉春風】賈（上）服（入作平）主（上）主（上）辱（入作去）

【迎仙客】吁（陰）覆（入作上）怒（去）躇（陽）處（去）

【紅綉鞋】樹（去）夫（陽）車（陰）誅（陰）與（陽）

【石榴花】吾（陽）隅（陽）卒（入作平）軀（陰）戮（入作去）毒（入作平）處（去）蘆（陽）

【鬥鵪鶉】祖（上）母（上）圖（陽）數（上）屈（入作上）

【普天樂】初（陰）助（去）脯（陽）祖（上）處（去）哭（入作平）主（上）輔（去）如（陽）

【上小樓】付（去）舉（上）墟（陰）賈（上）夫（陽）樹（去）户（去）

【幺篇】族（入作平）儲（陽）庶（去）處（去）主（上）護（去）負（去）父（去）

【十二月】母（上）徒（陽）驢（陽）軀（陰）女（上）屬（入作平）

【堯民歌】如（陽）符（陽）誅（陰）糊（陽）臾（陽）臾（陽）負（去）去（去）

【耍孩兒】遇（去）住（去）服（入作平）舒（陰）車（陰）恕（去）豫（去）毒（入作平）

【三煞】除（陽）母（上）夫（陽）慮（去）虚（陰）

【二煞】足（入作上）骨（入作上）夫（陽）護（去）卒（入作平）

【煞尾】福（入作上）護（去）主（上）

諸宮調風月紫雲亭

楔子【仙吕】（真文韵）

【賞花時】新（陰）茵（陰）塵（陽）盡（去）春（陰）

【幺篇】人（陽）親（陰）狠（上）緊（上）雲（陽）

第一折【仙吕】（庚青韵）

【點絳唇】亭（陽）徑（去）景（上）生（陰）競（去）

【混江龍】行（去）寧（陽）兵（陰）經（陰）硬（去）聲（陰）

【油葫蘆】疼（陽）驚（陰）生（陰）症（去）病（去）情（陽）頸（上）汀（陰）

【天下樂】生（陰）平（陽）情（陽）冷（上）冰（陰）生（陰）

【醉中天】令（去）聽（陰）聲（陰）敬（去）卿（陰）蹬（去）靈（陽）

【金盞兒】騰（陽）翎（陽）冷（上）擎（陽）靈（陽）青（陰）

【醉扶歸】柄（去）情（陽）疼（陽）等（上）生（陰）病（去）

【金盞兒】鶯（陰）鯨（陰）病（去）棖（陰）聲（陰）婷（陽）

【後庭花】盛（陽）擎（陽）生（陰）靈（陽）定（去）星（陰）

【賞花時】誠（陽）争（陰）應（陰）聖（去）兵（陰）

【幺篇】青（陰）命（去）精（陰）並（去）輕（陰）

【賺煞】病（去）坑（陰）行（陽）明（陽）等（上）成（陽）平（陽）井（上）秤（去）情（陽）

第二折【南吕】（齊微韻）

【一枝花】（缺）

【感皇恩】□（）□（）□（）□（）石（入作平）歲（去）馗（陽）西（陰）

【采茶歌】裹（上）拾（入作平）移（陽）期（陽）栖（陰）

【隔尾】倍（去）回（陽）戲（去）一（入作上）嘿（入作上）的（入作上）

【牧羊關】裹（上）覓（入作去）鬼（上）知（陰）裹（上）

【紅芍藥】隨（陽）離（陽）離（陽）非（陰）理（上）裹（上）細（去）的（入作上）

【菩薩梁州】歸（陰）罪（去）裹（上）四（支思）疾（入作平）西（陰）内（去）氣（去）勢（去）息（入作上）

【三煞】體（上）衣（陰）臂（去）知（陰）罪（去）配（去）碑（陰）爲（陽）

【二煞】利（去）直（入作平）泪（去）逼（入作平）係（去）碎（去）利（去）離（陽）

【黄鐘尾】裹（上）杯（陰）的（入作上）得（入作上）識（入作上）知（陰）意（去）你（上）記（去）入（入作去）刺（支思）理（上）的（入作上）歲（去）得（入作上）得（入作上）底（上）

第三折【中吕】（歌戈韻）

【粉蝶兒】魔（陽）末（入作去）合（入作?）個（去）河（陽）過（去）

【醉春風】躲（上）可（上）可（上）破（去）

【迎仙客】波（陰）活（入作平）婆（陽）羅（陽）磨（陽）

【紅綉鞋】末（入作去）多（陰）哥（陰）柯（陰）末（入作去）

【石榴花】珂（陰）他（陰）跎（陽）歌（陰）羅（陽）貨（去）鑼（陽）大（去）婆（陽）

【鬥鵪鶉】閣（入作上）他（陰）我（上）何（陽）波（陰）鎖（上）

【上小樓】可（上）落（入作去）魔（陽）呵（陰）末（入作去）躲（上）過（去）

【幺篇】末（入作去）羅（陽）他（陰）呵（陰）過（去）馱（陽）

【十二月】哥（陰）過（去）和（陽）撮（入作?）波（陰）

【堯民歌】多（陰）呵（陰）歌（陰）羅（陽）哥（陰）末（入作去）餓（去）

【快活三】撮（入作?）何（陽）合（入作?）大（去）

【鮑老兒】末（入作去）個（去）我（上）大（去）活（入作平）呵（陰）

【古鮑老】過（去）唾（去）他（陰）羅（陽）哥（陰）墮（去）科（陰）河（陽）活（入作平）

【耍孩兒】躲（上）可（上）和（陽）鑼（陽）歌（陰）鎖（上）多（陰）

【四煞】活（入作平）課（去）坡（陰）摸（入作去）珂（陰）

【三煞】魔（陽）大（去）拖（陰）末（入作去）婆（陽）

【二煞】脱（入作平）拔（入作上）歌（陰）破（去）屙（陰）

【煞尾】躲（上）過（去）我（上）

第四折【雙調】（江陽韵）

【新水令】芳（陰）浪（去）娘（陽）唐（陽）鴦（陰）

【駐馬聽】章（陰）腸（陽）唱（去）鄉（陰）長（陽）浪（去）當（陰）腸（陽）上（去）

【落梅風】藏（陽）恙（去）響（上）棒（去）

【水仙子】房（陽）堂（陽）丈（去）長（陽）堂（陽）當（陰）鄉（陰）

【雁兒落】想（上）撞（去）上（去）

【得勝令】鴦（陰）凰（陽）强（陽）當（陰）上（去）詳（陽）

張（陰）

【川撥棹】揚（陽）場（陽）唐（陽）忙（陽）長（陽）賞（上）

【七弟兄】岡（陰）行（陽）腸（陽）唱（去）墻（陽）上（去）

【梅花酒】墻（陽）將（陰）芳（陰）堂（陽）張（陰）望（去）藏（陽）相（去）

【收江南】郎（陽）房（陽）鶬（陰）當（去）雙（陰）

【鷓鴣天】魂（陽）雲（陽）分（陰）人（陽）新（陰）

公孫汗衫記

第一折【仙吕】（真文韵）

【點絳唇】雲（陽）粉（上）緊（上）銀（陽）穩（上）

【混江龍】分（陰）春（陰）紛（陰）坤（陰）嫩（去）民（陽）

【油葫蘆】身（陰）窘（上）樽（陰）困（去）印（去）雲（陽）俊（去）人（陽）

【天下樂】新（陰）門（陽）分（去）雲（陽）身（陰）

【金盞兒】唇（陽）神（陽）棍（去）雲（陽）文（陽）真（陰）

【後庭花】筋（陰）紋（陽）親（陰）嗔（陰）困（去）噴（陰）恨（去）人（陽）分（陰）

【青哥兒】信（去）論（去）身（陰）聞（陽）雲（陽）恩（陰）民（陽）貧（陽）鄰（陽）門（陽）春（陰）分（去）

【賺煞】困（去）恩（陰）隱（上）貧（陽）聞（陽）銀（陽）狠（上）恩（陰）恨（去）人（陽）

第二折【越調】（家麻韵）

【鬥鵪鶉】啞（上）發（入作上）法（入作上）怕（去）罰（入作平）馬（上）

【紫花兒序】涯（陽）家（陰）差（陰）怕（去）大（去）家（陰）

【天净沙】鴉（陰）霞（陽）馬（上）下（去）家（陰）

【酒旗兒】下（去）筏（入作平）他（陰）叉（陰）家（陰）罵（去）

【小桃紅】花（陰）話（去）卦（去）家（陰）榻（入作上）寡（上）詐（去）達（入作?）

【鬼三台】罷（去）話（去）話（去）芽（陽）馬（上）加（陰）多（歌戈）察（入作上）

【紫花兒序】下（去）娃（陽）麻（陽）家（陰）掐（入作上）化（去）牙（陽）

【調笑令】下（去）捺（入作去）花（陰）下（去）沙（陰）搭（入作上）麻（陽）

【寨兒令】呀（陰）他（陰）筏（入作平）踏（入作平）家（陰）葭（陽）鴨（入作去）雜（入作平）他（陰）花（陰）

【絡絲娘】瓜（陰）沙（陰）打（上）下（去）

【幺篇】詐（去）答（入作平）八（入作上）達（入作?）

【幺篇】發（入作上）殺（入作上）馬（上）煞（入作上）

【耍三台】下（去）刮（入作上）搭（入作上）下（去）瓦（上）

【青山口】家（陰）家（陰）吖（陰）咱（陽）厦（去）塌（入作上）殺（入作上）罵（去）茶（陽）花（陰）殺（入作上）夸（陰）罰（入作平）咱（陽）多（歌戈）家（陰）芽（陽）化（去）法（入作上）

【收尾】大（去）化（去）殺（入作上）

第三折【中吕】（皆來韵）

【粉蝶兒】街（陰）菜（去）篩（陰）外（去）乖（陰）愛（去）

【醉春風】在（去）柴（陽）歹（入作去）睬（上）買（上）界（去）

【快活三】抬（陽）揣（陰）財（陽）在（去）

【朝天子】邁（去）該（陰）煞（去）挨（陽）塞（去）塊（去）灾（陰）在（去）街（陰）拜（去）

【四邊静】色（入作平）柴（陽）骸（陽）保（上）埋（陽）外（去）

【普天樂】腮（陰）驀（入作去）抬（陽）外（去）煞（去）灾（陰）階（陰）

【上小樓】來（陽）界（去）哀（陰）礙（去）快（去）

【幺篇】來（陽）材（陽）賽（去）怪（去）

【脱布衫】腮（陰）劃（入作?）奶（上）在（去）

【小梁州】開（陰）來（陽）財（陽）外（去）街（陰）

【幺篇】才（陽）灾（陰）客（入作上）外（去）派（去）來（陽）

【要孩兒】帶（去）邁（去）白（入作平）開（陰）敗（去）來（陽）

【煞尾】摑（入作上）拜（去）採（上）

第四折【雙調】（先天韵）

【新水令】錢（陽）憲（去）川（陰）拳（陽）善（去）

【風入鬆】年（陽）緣（陽）遠（上）前（陽）穿（陰）見（去）

【落梅風】緣（陽）賤（去）轉（去）怨（去）

【沽美酒】先（陰）緣（陽）錢（陽）遠（上）園（陽）

【太平令】面（去）錢（陽）卷（上）遍（去）便（去）憐（陽）蹇（上）薦（去）

【小將軍】冤（陰）緣（陽）院（去）田（陽）遣（上）

【江兒水】磚（陰）轉（去）見（去）冤（陰）

【碧玉簫】變（去）天（陰）善（去）綿（陽）言（陽）船（陽）年（陽）見（去）天（陰）院（去）

【雁兒落】言（陽）遍（去）面（去）

【得勝令】傳（陽）見（去）前（陽）言（陽）現（去）天（陰）穿（陰）

薛仁貴衣錦還鄉

楔子【仙吕】（江陽韵）

【端正好】莊（陰）黨（上）娘（陽）上（去）昂（陽）堂（陽）場（陽）槍（陰）强（陽）鄉（陰）望（去）

第一折【仙吕】（魚模韵）

【點絳唇】途（陽）去（去）路（去）朱（陰）舉（上）

【混江龍】恕（去）突（入作平）虎（上）謀（陽）扶（陽）笏（入作上）步（去）虚（陰）

【油葫蘆】主（上）武（上）伏（入作平）簿（去）樹（去）無（陽）兔（去）魚（陽）

【天下樂】夫（陽）除（陽）書（陰）府（上）禄（入作去）

【金盞兒】謀（陽）符（陽）扈（去）儲（陽）疏（陰）居（陰）

爐（陽）

【醉扶歸】禄（入作去）俗（入作平）服（入作平）賭（上）主（上）去（去）

【憶王孫】初（陰）虛（陰）嚅（陽）娛（陽）處（去）

【醉扶歸】曲（入作上）俗（入作平）故（去）住（去）出（入作上）步（去）

【那吒令】福（入作上）數（上）虜（上）處（去）路（去）如（陽）

【鵲踏枝】謀（陽）輸（陰）助（去）逐（入作平）無（陽）

【金盞兒】輸（陰）辱（入作去）處（去）魚（陽）鋤（陽）圖（陽）

【賺煞尾】綠（入作去）古（上）土（上）除（陽）都（陰）虞（陽）居（陰）雨（上）霧（去）書（陰）

第二折【商調】（皆來韵）

【集賢賓】伯（入作上）才（陽）歪（陰）白（入作平）哉（陰）懷（陽）牌（陽）

【逍遥樂】外（去）魄（入作上）篩（陰）埋（陽）改（上）代（去）挨（陰）柴（陽）

【梧葉兒】袋（去）釵（陰）拜（去）來（陽）腮（陰）奶（上）

【掛金索】債（去）害（去）腮（陰）外（去）

【後庭花】該（陰）在（去）來（陽）陌（入作去）概（去）策（入作上）改（上）載（上）

【柳葉兒】在（去）階（陰）拜（去）待（去）臺（陽）來（陽）

【醋葫蘆】猜（陰）財（陽）抬（陽）塊（去）灾（陰）

【幺篇】買（上）宰（上）鞋（陽）海（上）麥（入作去）頦（陽）

【幺篇】色（入作平）排（陽）在（去）拜（去）齋（陰）

【浪裏來煞】壞（去）骸（陽）揣（陰）在（去）來（陽）

第三折【中吕】（齊微韵）

【粉蝶兒】食（入作平）備（去）食（入作平）彘（去）爲（陽）勢（去）

【醉春風】鞞（陰）髻（去）你（上）你（上）地（去）

【朝天子】壁（入作上）壁（入作上）醉（去）實（入作平）貴（去）會（去）理（上）你（上）你（上）醉（去）

【十二月】皮（陽）袂（去）機（陰）實（入作平）杯（陰）

【堯民歌】西（陰）衣（陰）石（入作平）計（去）吡（上）每（上）醉（去）

【上小樓】嘶（陰）底（上）飛（有）避（去）跪（去）

【幺篇】眉（陽）嘴（上）地（去）每（上）的（入作上）厘（陽）地（去）

【滿庭芳】西（陰）機（陰）役（入作去）微（陽）疾（入作平）役（入作去）知（陰）隨（陽）

【快活三】穗（去）梅（陽）笛（入作平）吃（入作上）

【紅芍藥】知（陰）隨（陽）習（入作平）犁（陽）藝（去）輩（去）射（入作去）騎（陽）錐（陰）

【鮑老兒】尾（上）戟（入作上）一（入作去）貴（去）持（陽）旗（陽）

【哨遍】立（入作去）地（去）贏（陽）低（陰）裏（上）氣（去）備（去）妻（陰）彌（上）地（去）

【耍孩兒】貴（去）靂（入作去）肥（陽）髣（入作去）罪（去）得（入作上）的（入作上）低（陰）

【五煞】十（入作平）弟（去）饑（陰）歲（去）地（去）眉（陽）

【四煞】食（入作平）委（上）碑（陰）的（入作上）役（入作去）

【三煞】米（上）的（入作上）灰（陰）碎（去）齏（陰）

【二煞】水（上）水（上）貴（去）歸（陰）泪（去）悲（陰）

【煞尾】夕（入作平）貴（去）你（上）

第四折【雙調】（家麻韵）

【新水令】花（陰）下（去）沙（陰）達（入作?）罷（去）

【陣陣贏】家（陰）涯（陽）□（）花（陰）□（）也（車遮）

【豆葉黄】家（陰）殺（入作上）家（陰）家（陰）八（入作上）麻（陽）茶（陽）

【慶東原】耍（上）怕（去）發（入作上）芽（陽）花（陰）話

（去）

【慶宣和】多（歌戈）鍘（入作平）乏（入作平）馬（上）馬（上）

【川撥棹】芽（陽）殺（入作上）夸（陰）滑（入作平）達（入作?）甲（入作上）殺（入作上）馬（上）

【七弟兄】話（去）咱（陽）華（陽）罵（去）蝦（陰）耙（去）

【絡絲娘】厦（去）塌（入作上）剌（入作去）殺（入作上）

【雁兒落】麻（陽）掐（入作上）把（上）

【搗練子】達（入作?）涯（陽）搭（入作上）趿（入作?）

【梅花酒】殺（入作上）沙（陰）雜（入作平）瞎（入作上）剌（入作去）掐（入作上）砸（入作?）化（去）查（陰）察（入作上）

【收江南】家（陰）差（陰）瓜（陰）他（陰）娃（陽）

【太平令】罷（去）麻（陽）瓜（陰）詐（去）花（陰）薩（入作上）咤（去）

【得勝令】沙（陰）發（入作上）下（去）凹（去）詫（去）駕（去）察（入作上）他（陰）

【殿前歡】罰（入作平）家（陰）怕（去）踏（入作平）話（去）瓦（上）下（去）凹（去）

張鼎智勘魔合羅

楔子【仙吕】（皆來韵）

【賞花時】乖（陰）來（陽）懷（陽）外（去）孩（陽）

【幺篇】揣（陰）賣（去）腮（陰）載（上）來（陽）

第一折【仙吕】（魚模韵）

【點絳唇】初（陰）序（去）暑（上）服（入作平）雨（上）

【混江龍】住（去）糊（陽）虚（陰）湖（陽）路（去）途（陽）

【油葫蘆】圖（陽）漉（入作去）渠（陽）路（去）樹（去）淤（陰）去（去）軀（陰）

【天下樂】乳（上）付（去）住（去）舒（陰）處（去）

【那吒令】步（去）住（去）苦（上）速（入作上）豫（去）

【鵲踏枝】途（陽）木（入作去）宇（上）居（陰）

【醉中天】户（去）除（陽）爐（陽）覷（去）護（去）路（去）

閭（陽）

【醉扶歸】袴（去）服（入作平）處（去）覷（去）顱（陽）取（上）

【憶王孫】脯（陽）腑（上）觸（入作上）慮（去）雨（上）

【金盞兒】俗（入作平）舒（陰）鼓（上）謀（陽）梳（陰）婦（去）蘆（陽）

【後庭花】屋（入作上）鋪（去）處（去）鋪（去）與（陽）

【賺煞】慮（去）付（去）去（去）驢（陽）躇（陽）無（陽）書（陰）阻（上）婦（去）軀（陰）

第二折【黄鐘】（蕭豪韻）

【醉花陰】攪（上）角（入作上）燒（陰）跳（去）

【喜遷鶯】熬（陽）腦（上）療（去）郊（陰）着（入作?）到（去）盜（去）摇（陽）

【出隊子】倒（去）約（入作去）挑（陰）燒（陰）澆（陰）

【刮地風】杳（上）揉（陽）廟（去）眺（去）道（去）梢（陰）道（去）着（入作?）牢（陽）

【四門子】了（上）交（陰）草（上）腰（陰）焦（陰）梢（陰）焦（陰）告（去）

【水仙子】着（入作?）飄（陰）靠（去）着（入作?）腰（陰）眺（去）貌（去）樂（入作去）鐸（入作平）

【寨兒令】宵（陰）朝（陽）着（入作?）澆（陰）焦（陰）藥（入作去）

【神仗兒】調（陽）了（上）倒（上）竅（去）稍（去）刀（陰）郊（陰）

【村裏迓鼓】道（去）要（去）夭（陰）少（上）鮑（去）

【者剌古】逃（陽）學（入作平）表（上）報（去）惡（入作去）招（陰）

【掛金索】藥（入作去）哨（去）嫂（上）笑（去）

【尾聲】寶（上）毫（陽）了（上）

第三折【商調】（江陽韻）

【集賢賓】當（陰）房（陽）亡（陽）浪（去）掌（上）唐（陽）箱（陰）

【逍遥樂】望（去）講（上）裳（陽）詳（陽）狼（陽）娘（陽）桑（陰）

【金菊香】裳（陽）瘡（陰）樑（陽）舒（魚模）汪（陰）

【醋葫蘆】晌（上）藏（陽）當（陰）棒（去）張（陰）

【麽篇】廊（陽）墻（陽）腸（陽）當（去）放（去）昂（陽）

【金菊香】贓（陰）榜（上）方（陰）樣（去）糧（陽）

【醋葫蘆】倉（陰）莊（陰）傷（陰）狀（去）坊（陰）

【幺篇】忙（陽）攘（陽）殃（陰）想（上）忘（去）忙（陽）

【幺篇】剛（陰）長（陽）量（陽）張（陰）狀（去）陽（陽）

【浪裹來煞】强（陽）鄉（陰）昌（陰）喪（去）償（陽）

第四折【中吕】（齊微韵）

【粉蝶兒】賊（入作平）碎（去）食（入作平）細（去）機（陰）計（去）

【醉春風】已（上）悔（上）悔（上）昧（去）

【叫聲】跪（去）低（陰）

【喜春來】你（上）誰（陽）遲（陽）逼（入作平）宜（陽）

【紅綉鞋】日（入作去）回（陽）推（陰）實（入作平）得（入作上）

【迎仙客】槌（陽）力（入作去）赤（入作上）逼（入作平）悔（上）

【白鶴子】實（入作平）意（去）

【幺篇】知（陰）息（入作上）

【幺篇】肥（陽）髩（入作去）

【幺篇】北（入作上）諱（去）

【幺篇】備（去）碎（去）

【幺篇】衣（陰）内（去）

【叫聲】慧（去）知（陰）

【醉春風】刺（入作上）你（上）你（上）祭（去）戲（去）

【滚綉球】眉（陽）衣（陰）帔（去）宜（陽）七（入作上）的（入作上）隨（陽）非（陰）知（陰）

【倘秀才】儀（陽）皮（陽）氣（去）窺（陰）底（上）

【蠻姑令】壁（入作上）裏（上）賊（入作平）基（陰）的（入作

上）

【快活三】的（入作上）諱（去）誰（陽）諱（去）

【鮑老兒】妻（陰）計（去）的（入作上）地（去）題（陽）實（入作平）

【古鮑老】日（入作去）理（上）會（去）昧（去）逼（入作平）裏（上）意（去）係（去）

【鬼三台】離（陽）息（入作上）誰（陽）喜（上）的（入作上）的（入作上）識（入作上）

【剔銀燈】積（入作上）胃（去）治（去）歸（陰）與（魚模）只（入作上）

【蔓菁菜】吏（去）追（陰）你（上）隨（陽）内（去）

【窮炣西】伊（陰）醫（陰）義（去）侄（入作平）的（入作上）

【柳青娘】識（入作上）知（陰）悔（上）拾（入作平）皮（陽）出（魚模）追（陰）持（陽）

【道和】的（入作上）的（入作上）實（入作平）蹊（陽）緝（入作?）機（陰）危（陰）非（陰）對（去）細（去）喜（上）俐（去）訖（入作上）慽（入作?）計（去）宜（陽）

【煞尾】雷（陽）昧（去）遲（陽）

李太白貶夜郎

第一折【仙吕】（江陽韵）

【點絳唇】翔（陽）向（去）上（去）浪（去）況（去）

【混江龍】放（去）忙（陽）香（陰）鄉（陰）巷（去）蒼（陰）

【油葫蘆】章（陰）蹌（陰）香（陰）釀（去）浪（去）王（陽）量（去）腸（陽）

【天下樂】湯（陰）香（陰）嘗（陽）癢（上）量（陽）忙（陽）

【那吒令】蕩（去）況（去）象（去）旺（去）光（陰）

【鵲踏枝】狂（陽）唐（陽）墻（陽）綱（陰）量（陽）

【寄生草】炕（去）床（陽）掌（上）帳（去）巷（去）觴（陰）丈（去）

【幺篇】光（陰）像（去）帳（去）將（去）狀（去）

【六幺序】狂（陽）常（陽）粱（陽）裳（陽）箱（陰）浪（去）

琅（陽）壯（去）章（陰）

【幺篇】王（陽）皇（陽）昂（陽）揚（陽）上（去）場（陽）章（陰）羊（陽）囊（陽）旺（去）陽（陽）胖（去）腸（陽）

【金盞兒】行（陽）場（陽）降（去）洋（陽）鄉（陰）場（陽）

【醉扶歸】央（陰）長（陽）妝（陰）樣（去）長（陽）撞（去）

【金盞兒】妝（陰）唐（陽）帳（去）湯（陰）凰（陽）鴦（陰）

【後庭花】霜（陰）堂（陽）香（陰）邦（陰）樣（去）央（陰）

【賺煞】謊（上）娘（陽）章（陰）惶（陽）場（陽）狂（陽）嘗（陽）量（去）央（陰）江（陰）

第二折【正宮】（魚模韵）

【端正好】數（去）榆（陽）路（去）物（入作去）

【滚綉球】沽（陰）與（陽）路（去）突（入作平）居（陰）廬（陽）處（去）蛆（陰）爐（陽）壺（陽）

【倘秀才】褥（入作去）燭（入作上）扶（陽）徒（陽）侶（上）

【滚綉球】處（去）舞（上）數（去）無（陽）曲（入作上）譜（上）律（入作去）珠（陰）鹿（入作去）魚（陽）湖（陽）

【脱布衫】雛（陽）須（陰）塢（上）絮（去）

【醉太平】轂（入作上）衢（陽）都（陰）路（去）住（去）去（去）扶（陽）出（入作上）

【倘秀才】簇（入作上）足（入作上）駒（陰）如（陽）雨（上）

【叨叨令】路（去）緑（入作去）樹（去）路（去）去（去）

【喜春來】物（入作去）徒（陽）主（上）符（陽）

【十二月】笏（入作上）魚（陽）服（入作平）禄（入作去）蚨（陽）

【堯民歌】沽（陰）餘（陽）衢（陽）壺（陽）臾（陽）臾（陽）去（去）去（去）

【四煞】土（上）書（陰）露（去）醐（陽）沽（陰）浦（上）漉（入作去）

【三煞】婦（去）夫（陽）瑚（陽）須（陰）璖（陽）

【二煞】柱（去）珠（陰）夫（陽）朱（陰）蘆（陽）

【煞尾】怒（去）虚（陰）束（入作上）露（去）隅（陽）魯（上）餘（陽）楚（上）圖（陽）疏（陰）書（陰）無（陽）卒（入作

平）都（陰）枯（陰）宇（上）夫（陽）付（去）虧（齊微）物（入作去）主（上）

第三折【中吕】（齊微韵）

【粉蝶兒】持（陽）氣（去）飛（陰）地（去）西（陰）睡（去）

【醉春風】濕（入作上）你（上）你（上）醉（去）

【迎仙客】霓（陽）汲（入作上）裏（上）席（入作平）麗（去）

【醉高歌】基（陰）砌（去）氣（去）歲（去）

【石榴花】圍（陽）齊（陽）知（陰）機（陰）帝（去）池（陽）細（去）溪（陰）

【鬥鵪鶉】黑（入作上）赤（入作上）圍（陽）爲（陽）濕（入作上）

【普天樂】殢（去）壘（陽）歸（陰）密（入作去）地（去）席（入作平）媒（陽）

【乾荷葉】推（陰）提（陽）持（陽）及（入作平）杯（陰）吃（入作上）

【上小樓】啼（陽）氣（去）立（入作去）背（去）日（入作去）

【幺篇】的（入作上）的（入作上）食（入作平）氣（去）力（入作去）

【滿庭芳】知（陰）妻（陰）戲（去）堆（陰）職（入作上）媒（陽）氣（去）食（入作平）遲（陽）

【快活三】離（陽）俐（去）醅（陰）蜜（入作去）

【鮑老兒】吃（入作上）會（去）一（入作去）味（去）梅（陽）梨（陽）

【哨遍】翠（去）闈（陽）醫（陰）體（上）被（去）利（去）垂（陽）集（入作平）馳（陽）皮（陽）

【耍孩兒】地（去）會（去）吹（陰）雷（陽）杯（陰）内（去）漓（陽）

【五煞】你（上）罪（去）梯（陰）輩（去）悲（陰）

【四煞】鬼（上）水（上）非（陰）類（去）蕊（上）肌（陰）

【三煞】欺（陰）離（陽）貴（去）知（陰）臂（去）肥（陽）

【二煞】筆（入作上）實（入作平）世（去）碑（陰）輩（去）兮（陽）

【煞尾】妃（陰）睡（去）美（上）

第四折【雙調】（先天韵）

【新水令】仙（陰）怨（去）眼（寒山）煙（陰）院（去）

【駐馬聽】宣（陽）船（陽）勸（去）蓮（陽）天（陰）綫（去）邊（陰）遠（上）

【沉醉東風】前（陽）邊（陰）貶（上）千（陰）然（陽）遠（上）

【沽美酒】便（去）言（陽）權（陽）賢（陽）轉（上）

【太平令】辨（去）眼（寒山）風（去）辨（去）仙（陰）貶（上）年（陽）面（去）

【殿前歡】川（陰）源（陽）殿（去）煙（陰）眼（寒山）堰（去）宴（去）蓮（陽）

【甜水令】宴（去）邊（陰）戀（去）煙（陰）

【折桂令】船（陽）延（陽）鞭（陰）原（陽）騫（陽）宣（陰）賤（去）娟（陰）然（陽）圓（陽）

【夜行船】仙（陰）源（陽）面（去）遍（去）

【川撥棹】選（上）元（陽）泉（陽）淵（陰）天（陰）遠（上）

【七弟兄】然（陽）面（去）年（陽）片（去）船（陽）面（去）

【梅花酒】宣（平）全（陽）權（陽）肩（陰）川（陰）元（陽）園（陽）院（去）軒（陰）筵（陽）偏（陰）原（陽）煙（陰）邊（陰）前（陽）見（去）全（陽）圈（陰）

【收江南】千（陰）眼（寒山）喘（上）全（陽）

【後庭花】徹（入作上）徹（入作上）缺（入作上）些（陰）趄（去）揭（入作上）雪（入作上）諜（入作平）説（入作上）闕（入作上）歇（入作上）節（入作上）設（入作平）竭（入作平）也（上）絶（入作平）潔（入作上）趄（去）折（入作平）（車遮韵）

【柳葉兒】滅（入作去）絶（入作平）月（入作去）業（入作去）别（入作?）也（上）（車遮韵）

岳孔目借鐵拐禮還魂

第一折【仙吕】（蕭豪韵）

【點絳唇】薄（入作平）小（上）暴（去）刨（陽）絞（上）

【混江龍】盜（去）毫（陽）敲（陰）刀（陰）少（上）道（去）牢（陽）

【油葫蘆】小（上）道（去）醄（陽）笑（去）鬧（去）着（入作?）了（上）告（去）條（陽）

【天下樂】牢（陽）交（陰）了（上）脚（入作上）緇（陰）袍（陽）拷（上）

【醉扶歸】郭（入作上）徭（陽）作（入作上）號（去）朝（陰）報（去）

【金盞兒】小（上）高（陰）小（上）拷（上）條（陽）腰（陰）

【賺煞】拗（去）招（陰）覺（入作上）毛（陽）度（入作平）饒（陽）了（上）錯（入作上）報（去）刀（陰）

第二折【正宮】（先天韵）

【端正好】件（去）穿（陰）淺（上）見（去）

【滚綉球】賢（陽）言（陽）綫（去）綿（陽）冤（陰）錢（陽）件（去）纏（陽）穿（陰）煎（陰）

【倘秀才】言（陽）年（陽）犬（上）緣（陽）腆（上）

【叨叨令】纏（陽）善（去）見（去）勸（去）便（去）

【倘秀才】年（陽）筵（陽）面（去）年（陽）面（去）

【滚綉球】錢（陽）年（陽）見（去）堅（陰）錢（陽）面（去）年（陽）冤（陰）言（陽）

【脱布衫】穿（陰）眼（陽）前（陽）奠（去）

【小梁州】年（陽）漣（陽）員（陽）面（去）年（陽）

【幺篇】戀（去）胭（陰）冤（陰）勸（去）眷（去）錢（陽）

【煞尾】佃（去）搧（陰）涎（陽）拳（陽）面（去）戀（去）見（去）羨（去）憐（陽）遠（上）

楔子【仙吕】（家麻韵）

【賞花時】踏（陰）拿（陽）塔（入作平）鍘（入作平）罰（入作平）煠（入作?）

【幺篇】他（陰）殺（入作上）瘸（入作上）家（陰）花（陰）

第三折【雙調】（齊微韵）

【新水令】鼻（陽）弟（去）妻（陰）回（陰）日（入作去）

【沽美酒】誰（陽）記（去）得（入作上）起（上）戚（入作上）

【太平令】日（入作去）妻（陰）日（入作去）氣（去）裏（上）裏（上）備（去）

【雁兒落】直（入作平）地（去）貴（去）役（入作去）

【得勝令】宜（陽）疾（入作平）疾（入作平）日（入作去）氣（去）日（入作去）低（陰）

【川撥棹】妻（陰）日（入作去）裏（上）裏（上）喜（上）十（入作平）眉（陽）理（上）疾（入作平）

【七弟兄】七（入作上）七（入作上）啼（陽）立（入作去）稀（陰）泪（去）

【梅花酒】日（入作去）係（去）逼（入作平）及（入作平）歲（去）遲（陽）機（陰）裏（上）計（去）西（陰）翠（去）媒（陽）持（陽）

【收江南】妻（陰）隨（陽）離（陽）宜（陽）宜（陽）

【大清歌】墨（入作去）筆（入作上）計（去）死（支思）非（陰）髓（上）蹄（陽）已（上）食（入作平）

【川撥棹】易（入作去）利（去）裏（上）地（去）力（入作去）識（入作上）揖（入作去）勢（去）

【鴛鴦煞】危（陽）腿（上）肥（陽）皮（陽）氣（去）妻（陰）的（入作上）

第四折【中吕】（皆來韵）

【粉蝶兒】宅（入作平）外（去）齋（陰）在（去）來（陽）怪（去）

【醉春風】海（上）歹（入作去）歹（入作去）歹（入作去）待（去）

【十二月】魄（入作上）灾（陰）骸（陽）劃（入作?）哀（陰）

【堯民歌】來（陽）埃（陰）懷（陽）臺（陽）歪（陰）來（陽）外（去）

【普天樂】代（去）牌（陽）壞（去）在（去）來（陽）胎（陰）

【鮑老兒】宰（上）債（去）快（去）來（陽）拜（去）腮（陰）

【上小樓】開（陰）帶（去）色（入作平）埃（陰）拐（上）鞋（陽）快（去）大（去）

【幺篇】袋（去）來（陽）街（陰）齋（陰）礙（去）袋（去）

【尾聲】踹（去）拐（上）海（上）

晉文公火燒介子推

第一折【仙呂】（皆來韵）

【點絳唇】才（陽）代（去）宰（上）階（陰）壞（去）

【混江龍】愷（上）哉（陰）懷（陽）灾（陰）諧（陽）劃（入作?）揣（陰）豺（陽）孩（陽）差（陰）裁（陽）拜（去）哉（陰）

【油葫蘆】摘（入作上）才（陽）來（陽）載（去）採（上）臺（陽）階（陰）蓋（去）材（陽）

【天下樂】開（陰）差（陰）駭（上）臺（陽）來（陽）

【那吒令】色（入作平）宰（上）色（入作平）海（上）色（入作平）載（上）代（去）差（陰）

【鵲踏枝】階（陰）材（陽）蓋（去）載（上）財（陽）

【寄生草】賣（去）買（上）壞（去）拆（入作上）蓋（去）在（去）

【六幺序】害（去）開（陰）階（陰）伯（入作上）埃（陰）開（陰）摘（入作上）懷（陽）在（去）腮（陰）

【幺篇】態（去）色（入作平）來（陽）埋（陽）裁（陽）開（陰）排（陽）材（陽）孩（陽）來（陽）該（陰）衰（陰）劃（入作?）壞（去）臺（陽）來（陽）灾（陰）才（陽）壞（去）埃（陰）大（去）排（陽）

【賺煞】客（入作上）害（去）哉（陰）胎（陰）灾（陰）臺（陽）外（去）來（陽）來（陽）

第二折【南吕】（尤侯韵）

【一枝花】囚（陽）走（上）由（陽）仇（陽）受（去）休（陰）酒（上）

【梁州第七】仇（陽）有（上）謀（陽）儔（陽）樓（陽）醜（上）仇（陽）舅（去）後（去）奏（去）侯（去）後（去）頭（陽）

【牧羊關】走（上）留（陽）休（陰）仇（陽）由（陽）

【四塊玉】手（上）留（陽）首（上）休（陰）酒（上）

【罵玉郎】謬（去）仇（陽）透（去）彀（去）

【感皇恩】悠（陽）後（去）收（陰）奏（去）愁（陽）

【采茶歌】頭（陽）休（陰）憂（陰）有（上）休（陰）

【牧羊關】口（上）肉（入作去）袖（去）由（陽）狗（上）

【黄鐘尾】口（上）頭（陽）侯（陽）勾（陰）守（上）就（去）受（去）奏（去）醜（上）柳（上）狗（上）獸（去）壽（去）受（去）咒（去）朽（上）首（上）手（上）

第三折【中吕】（家麻韵）

【粉蝶兒】涯（陽）耙（去）踏（入作平）下（去）家（陰）怕（去）

【醉春風】瞎（入作上）啞（上）啞（上）啞（上）啞（上）掛（去）

【喜春來】下（去）伐（入作平）達（入作?）罷（去）家（陰）

【普天樂】駕（去）華（陽）大（去）怕（去）家（陰）馬（上）牙（陽）

【迎仙客】咱（陽）那（去）下（去）剮（上）遐（陽）罵（去）

【上小樓】匣（入作平）發（入作上）那（去）駕（去）下（去）

【幺篇】麼（陽）家（陰）殺（入作上）怕（去）

【醉高歌】巴（陰）灑（上）下（去）殺（入作上）

【紅綉鞋】怕（去）乏（入作平）家（陰）他（陰）殺（入作上）

【快活三】下（去）家（陰）拿（陽）煞（入作上）

【朝天子】咱（陽）他（陰）怕（去）那（去）發（入作上）罷（去）扎（入作上）剮（上）咱（陽）罷（去）

【耍孩兒】話（去）馬（上）家（陰）家（陰）話（去）多（歌戈）

【三煞】達（入作?）化（去）那（去）拔（入作平）芽（陽）

【二煞】他（陰）插（入作平）牙（陽）下（去）駕（去）伐（入作平）

【煞尾】家（陰）罷（去）家（陰）殺（入作上）

楔子【仙吕】（庚青韵）

【賞花時】榮（陽）名（陽）程（陽）嶺（上）行（陽）

第四折【越調】（真文韵）

【鬥鵪鶉】雲（陽）滚（上）隱（上）熏（陰）噴（陰）門（陽）

【紫花兒序】門（陽）魂（陽）魂（陽）存（陽）人（陽）奔

（陰）村（陰）

【小桃紅】旬（陽）薪（陰）遁（去）臣（陽）燼（去）身（陰）信（去）人（陽）

【金焦葉】君（陰）尊（陰）品（上）人（陽）

【調笑令】臣（陽）身（陰）人（陽）刎（上）身（陰）論（去）軍（陰）

【寨兒令】塵（陽）烹（庚青）臣（陽）君（陰）人（陽）身（陰）焚（陽）滚（上）焚（陽）您（侵尋）臣（陽）

【鬼三台】徹（無）盡（去）人（陽）塵（陽）雲（陽）昏（陰）分（陰）淋（侵尋）

【禿厮兒】軍（陰）門（陽）身（陰）麟（陽）墳（陽）

【聖藥王】旬（陽）旬（陽）人（陽）狠（上）嗔（陰）塵（陽）身（陰）

【尾】盡（上）論（去）輪（陽）狠（上）

東窗事犯

楔子【仙吕】（寒山韵）

【端正好】看（陰）間（陰）殘（陽）晚（上）關（陰）

【幺篇】山（陰）間（陰）難（陽）犯（去）安（陰）

第一折【仙吕】（江陽韵）

【點絳唇】邦（陰）將（去）上（去）霜（陰）掌（上）

【混江龍】將（去）場（陽）疆（陰）郎（陽）上（去）上（去）章（陰）

【油葫蘆】樑（陽）皇（陽）霜（陰）將（去）相（去）邦（陰）黨（上）王（陽）

【天下樂】王（陰）荒（陰）方（陰）傷（陰）張（陰）

【那吒令】想（上）場（陽）想（上）邦（陰）想（上）綱（陰）壯（去）荒（陰）

【鵲踏枝】亡（陽）槍（陰）良（陽）網（上）殃（陰）

【寄生草】蒼（陰）象（去）蕩（去）喪（去）上（去）

【村裹迓鼓】望（去）蕩（去）壯（去）昌（陰）向（去）賞（上）

【元和令】相（去）郎（陽）行（陽）郎（陽）堂（陽）

【上馬嬌】慌（陰）量（陽）杖（去）江（陰）杭（陽）

【游四門】墻（陽）綱（陰）上（去）方（陰）將（陰）旁（陽）

【勝葫蘆】旁（陽）光（陰）亡（陽）降（去）殃（陰）

【寄生草】匡（陰）量（去）帳（去）王（陽）上（去）

【賺煞】帳（去）當（陰）邦（陰）槍（陰）床（上）講（上）降（陽）蕩（去）樑（陽）

第二折【中吕】（齊微韵）

【粉蝶兒】痴（陰）意（去）機（陰）地（去）積（入作上）世（去）

【醉春風】裏（上）你（上）你（上）對（去）

【迎仙客】得（入作上）知（陰）裏（上）只（陽）會（去）提（陽）力（入作去）

【石榴花】實（入作平）依（陰）妻（陰）你（上）知（陰）意（去）持（陽）昧（去）意（去）知（陰）

【鬥鵪鶉】國（入作上）悔（上）欺（陰）爲（陽）尾（上）

【紅綉鞋】勢（去）飛（陰）宜（陽）携（陽）稷（入作上）

【十二月】職（入作上）犁（陽）提（陽）嘴（上）食（入作平）

【堯民歌】饑（陰）的（入作上）疑（陽）誰（陽）知（陰）知（陰）機（陰）

【滿庭芳】國（入作上）持（陽）罪（去）非（陰）疾（入作平）醫（陰）輩（去）鬼（上）衣（陰）

【快活三】起（上）輝（陰）漓（陽）泪（去）

【鮑老兒】你（上）罪（去）你（上）意（去）知（陰）追（陰）

【耍孩兒】翠（去）碧（入作上）圍（陽）堤（陰）非（陰）利（去）飛（陰）

【三煞】知（陰）水（上）威（陰）理（上）遲（陽）

【二煞】催（陰）内（去）知（陰）世（去）回（陽）

【煞尾】疑（陽）意（去）悔（上）

楔子【仙吕】（寒山韵）

【賞花時】看（去）間（陰）殘（陽）晚（上）關（陰）

【幺篇】山（陰）間（陰）難（陽）犯（去）安（陰）

第三折【越調】（尤侯韵）

【鬥鵪鶉】吼（上）後（去）首（上）收（陰）手（上）

【紫花兒序】悠（陽）侯（陽）由（陽）仇（陽）謬（去）樓（陽）

【小桃紅】頭（陽）叩（去）僽（去）頭（陽）奏（去）首（上）舊（去）愁（陽）

【鬼三台】受（去）冑（去）首（上）貅（陰）羞（陰）休（陰）囚（陽）籌（陽）

【紫花兒序】漚（陰）頭（陽）收（陰）頭（陽）流（陽）勾（陰）

【金焦葉】鬥（去）後（去）偢（上）宙（去）

【調笑令】逐（入作平）仇（陽）休（陰）受（去）有（上）秋（陰）

【禿厮兒】朽（上）留（陽）燭（入作上）仇（陽）仇（陽）休（陰）

【聖藥王】頭（陽）由（陽）求（陽）收（陰）州（陰）囚（陽）憂（陰）

【絡絲娘】守（上）酒（上）勾（陰）

【綿搭絮】收（陰）愁（陽）侯（陽）悠（陽）流（陽）

【拙魯速】頭（陽）頭（陽）鈎（陰）彀（去）救（去）鈎（陰）

【幺篇】酬（陽）休（陰）頭（陽）留（陽）透（去）獸（去）肉（入作去）頭（陽）憂（陰）

【收尾】彀（去）究（去）酒（上）

第四折【正宫】（真文韵）

【端正好】郡（去）人（陽）趁（去）信（去）

【滚綉球】旬（陽）春（陰）鬢（去）麟（陽）穩（上）盡（去）坤（陰）君（陰）奔（陰）

【呆骨朵】問（去）因（陰）人（陽）近（去）根（陰）

【倘秀才】論（去）準（上）身（陰）人（陽）緊（上）

【滚綉球】狠（上）緊（上）陣（去）昏（陰）塵（陽）雲（陽）損（上）身（陰）奔（陰）門（陽）

【倘秀才】村（陰）隱（上）鄰（陽）人（陽）□（）

【叨叨令】信（去）韵（去）問（去）近（去）問（去）

【倘秀才】身（陰）引（上）狠（上）臣（陽）門（陽）

【滚綉球】文（陽）緊（上）運（去）倫（陽）銀（陽）分（陰）軍（陰）身（陰）神（陽）

【倘秀才】因（陰）痕（陽）恩（陰）悶（去）勤（陽）魂（陽）

【滚綉球】狠（上）困（去）痕（陽）分（陰）問（去）神（陽）身（陰）貞（陰）

【二煞】信（去）印（去）身（陰）人（陽）滚（上）噴（陰）麟（陽）

【煞尾】凖（上）神（陽）人（陽）身（陰）論（去）君（陰）民（陽）文（陽）本（上）

【仙吕】【後庭花】牌（陽）開（陰）栅（入作上）埃（陰）派（去）揣（陰）劃（入作?）責（入作上）揣（陰）腮（陰）載（上）責（入作上）（皆來韵）

【柳葉兒】外（去）階（陰）壞（去）大（去）骸（陽）白（入作平）（皆來韵）

霍光鬼諫

第一折【仙吕】（江陽韵）

【點絳唇】王（陽）項（去）將（去）邦（陰）丈（去）

【混江龍】望（去）陽（陽）江（陰）皇（陽）□（）樣（去）邦（陰）

【油葫蘆】鄉（陰）房（陽）妝（陰）往（上）亮（去）康（陰）王（陽）唱（去）綱（陰）

【天下樂】旁（陽）墻（陽）王（陽）響（上）厢（陰）行（陽）

【那吒令】王（陽）王（陽）王（陽）相（去）量（陽）

【鵲踏枝】邦（陰）良（陽）床（陽）揚（陽）湯（陰）

【寄生草】昌（陰）葬（去）相（去）亢（去）浪（去）

【六幺序】搶（陰）黄（陽）剛（陰）强（陽）常（陽）丈（去）墻（陽）上（去）光（陰）

【幺篇】昂（陽）唐（陽）床（陽）裳（陽）上（去）場（陽）忙（陽）狂（陽）忙（陽）擋（去）王（陽）望（去）湯（陰）

【後庭花】享（上）誆（陰）掌（上）綱（陰）撞（去）行（陽）張（陰）郎（陽）堂（陽）

【青哥兒】相（去）望（去）房（平）章（陰）幢（陽）堂（陽）皇（陽）綱（陰）邦（陰）陽（陽）蒼（陰）殃（陰）霜（陰）桑（陰）莊（陰）荒（陰）亡（陽）狼（陽）羊（陽）樣（去）相（去）養（上）望（去）慌（陰）筐（陰）湯（陰）羌（陰）章（陰）良（陽）良（陽）方（陽）常（陽）邦（陰）疆（陰）降（陽）康（陰）疆（陰）揚（陽）狂（陽）像（去）

【賺煞】象（去）朗（上）蒼（陰）光（陰）鄉（陰）江（陰）響（上）章（陰）上（去）藏（陽）

第二折【中吕】（先天韵）

【粉蝶兒】鞭（陰）倦（去）然（陽）怨（去）冤（陰）願（去）

【醉春風】千（陰）遠（上）遠（上）現（去）

【紅綉鞋】面（去）圓（陽）煎（陰）田（陽）遣（上）

【剔銀燈】見（去）獻（去）殿（去）賢（陽）邊（陰）年（陽）

【蔓菁菜】顯（上）錢（陽）錢（陽）咽（陰）戰（去）

【石榴花】年（陽）權（陽）宣（陰）遷（陰）員（陽）戰（去）前（陽）鞭（陰）簡（寒山）箭（去）穿（陰）

【鬥鵪鶉】宣（陰）錢（陽）冤（陰）年（陽）面（去）

【上小樓】淺（上）轉（上）言（陽）見（去）縣（去）

【幺篇】錢（陽）宣（陰）愆（陰）憲（去）賤（去）

【耍孩兒】辯（去）前（陽）言（陽）前（陽）倦（去）千（陰）

【三煞】原（陽）踐（去）賢（陽）辨（去）淵（陰）

【二煞】錢（陽）顯（上）賢（陽）願（去）前（陽）

【煞尾】宣（陰）顯（上）淺（上）

第三折【正宮】（尤侯韵）

【端正好】受（去）劉（陽）首（上）袖（去）

【滚綉球】頭（陽）候（去）獸（去）休（陰）毆（上）嗽（去）留（陽）羞（陰）漚（陰）

【倘秀才】友（上）酒（上）秋（陰）丘（陰）收（陰）

【呆骨朵】後（去）留（陽）酒（上）奏（去）後（去）

【倘秀才】幼（去）宙（去）透（去）頭（陽）後（去）

【幺篇】囚（陽）口（上）修（陰）肉（入作去）仇（陽）流（陽）

【滚綉球】有（上）受（去）矛（陽）熟（入作平）走（上）流（陽）求（陽）由（陽）

【倘秀才】綬（去）首（上）頭（陽）侯（陽）候（去）

【滚綉球】頭（陽）狗（上）丘（陰）首（上）救（去）收（陰）頭（陽）休（陰）

【三煞】口（上）頭（陽）劉（陽）流（陽）佑（去）侯（陽）

【二煞】壽（去）籌（陽）受（去）休（陰）悠（陽）首（上）流（陽）

【煞尾】救（去）休（陰）久（上）後（去）丘（陰）受（去）口（上）憂（陰）厚（去）修（陰）口（上）樓（陽）酒（上）

第四折【雙調】（寒山韵）

【新水令】幡（陰）散（去）環（陽）欄（陽）諫（去）

【駐馬聽】闌（陽）關（陰）散（去）安（陰）山（陰）漢（去）番（陰）憚（去）

【雁兒落】班（陰）散（去）諫（去）

【得勝令】寒（陽）殘（陽）山（陰）間（陰）旦（去）閑（陽）看（去）

【雁兒落】關（陰）棧（去）犯（去）

【掛玉鈎】關（陰）慢（去）難（陽）炭（去）旦（去）山（陰）

【落梅風】産（上）干（去）干（陰）諫（去）

死生交范張鷄黍

楔子【仙吕】（魚模韵）

【賞花時】儒（陽）夫（陽）餘（陽）去（去）躇（陽）

【幺篇】汝（上）母（上）腴（陽）黍（上）途（陽）

第一折【仙吕】（真文韵）

【點絳唇】分（陰）沌（去）蕴（去）紛（陰）盡（去）

【混江龍】運（去）坤（陰）君（陰）春（陰）民（陽）欣（陰）濱（陰）辰（陽）臣（陽）耘（陽）新（陰）雲（陽）仁（陽）尊（陰）伸（陰）文（陽）墳（陽）倫（平）仁（陽）親（陰）恩（陰）

舜（去）

【油葫蘆】君（陰）人（陽）文（陽）本（上）準（上）論（去）印（去）臣（陽）

【天下樂】身（陰）人（陽）引（上）緊（上）文（陽）臣（陽）

【那吒令】人（陽）人（陽）人（陽）論（去）文（陽）

【鵲踏枝】民（陽）猻（陰）雲（陽）身（陰）人（陽）

【寄生草】門（陽）進（去）問（去）論（去）陣（去）

【幺篇】存（陽）運（去）運（去）運（去）盡（去）

【六幺序】津（陰）君（陰）春（陰）雲（陽）輪（陽）神（陽）臣（陽）寸（去）坤（陰）囤（去）斤（陰）

【幺篇】軍（陰）勛（陰）門（陽）裀（陰）銀（陽）裙（陽）群（陽）尊（陰）盡（去）筋（陰）身（陰）貧（陽）雲（陽）憤（去）吞（陰）信（去）巾（陰）

【金盞兒】塵（陽）魂（陽）郡（去）親（陰）文（陽）人（陽）

【醉中天】準（上）辰（陽）真（陰）醞（去）順（去）困（去）塵（陽）

【金盞兒】芬（陰）醇（陽）問（去）身（陰）新（陰）君（陰）

【賺煞】本（上）尊（陰）村（陰）豚（陽）親（陰）孫（陰）人（陽）門（陽）問（去）雲（陽）

第二折【南吕】（車遮韵）

【一枝花】夜（去）絶（入作平）邪（陽）也（上）劫（入作上）節（入作上）

【梁州第七】舌（入作平）劣（入作去）哲（入作上）杰（入作平）絶（入作平）月（入作去）蛇（陽）缺（入作上）滅（入作去）節（入作上）鐘（東鍾）折（入作平）

【隔尾】[illegible]（入作上）呆（陽）劣（入作去）絶（入作平）也（上）説（入作上）

【牧羊關】也（上）杰（入作平）潔（入作上）絶（入作平）月（入作去）

【隔尾】接（入作上）迭（入作平）熱（入作去）折（入作平）撇（入作上）也（上）

【牧羊關】折（入作平）輒（入作上）截（入作平）橛（入作平）

也（上）

【隔尾】接（入作上）牒（入作平）舍（去）說（入作去）徹（入作上）也（上）

【罵玉郎】月（入作去）貼（入作上）說（入作上）些（陰）接（入作平）悅（入作去）

【感皇恩】賒（陰）別（入作?）迭（入作平）遮（陰）熱（入作去）

【采茶歌】些（陰）截（入作平）遮（陰）嗟（陰）

【哭皇天】謝（去）者（上）業（入作去）闕（入作上）也（上）別（入作?）

【烏夜啼】月（入作去）絶（入作平）說（入作上）喋（入作平）些（陰）蝶（入作?）夜（去）也（上）爺（陽）

【三煞】冽（入作去）斜（陽）邪（陽）烈（入作去）餮（入作上）者（上）耶（陽）

【二煞】借（去）截（入作平）賒（陰）月（入作去）業（入作去）缺（入作上）杰（入作平）

【黃鐘尾】切（入作上）別（入作?）烈（入作去）也（上）絶（入作平）血（入作上）裂（入作去）借（去）月（入作去）雪（入作上）車（陰）舍（上）舍（去）節（入作上）歇（入作上）悅（入作去）穴（入作平）者（上）徹（入作上）碣（入作平）寫（上）

第三折【商調】（尤侯韵）

【集賢賓】友（上）由（陽）悠（陽）騮（陽）口（上）留（陽）愁（陽）

【逍遥樂】驟（去）頭（陽）楸（陰）喉（陽）吼（上）收（陰）猶（陽）

【金菊香】幽（陰）休（陰）憂（陰）頭（陽）憂（陰）

【梧葉兒】流（陽）侯（陽）秋（陰）頭（陽）久（上）

【掛金索】髏（陽）瘦（去）受（去）候（去）救（去）

【村裏迓鼓】壽（去）垢（上）秀（去）狗（上）口（上）

【元和令】鬥（上）晝（去）愁（陽）柳（上）頭（陽）流（陽）

【上馬嬌】州（陰）牛（陽）軸（入作平）候（去）酬（陽）收（陰）

【游四門】颼（陰）揪（陰）侯（去）頭（陽）收（陰）洲（陰）幽（陰）丘（陰）

【勝葫蘆】愁（陽）丘（陰）後（去）厚（去）舊（去）休（陰）

【後庭花】鬥（上）首（上）手（上）游（陽）右（去）宙（去）牛（陽）頭（陽）秋（陰）由（陽）勾（陰）

【青哥兒】就（去）後（去）侯（陽）休（陰）留（陽）投（陽）憂（陰）州（陰）修（陰）旒（陽）奏（去）

【醋葫蘆】後（去）僽（去）宿（入作上）後（去）由（陽）

【幺篇】口（上）秋（陰）酒（上）後（去）頭（陽）

【幺篇】收（陰）秋（陰）頭（陽）舊（去）休（陰）

【高平煞】逐（入作平）右（去）頭（陽）憂（陰）謬（去）愁（陽）疇（陽）丘（陰）悠（陽）俅（上）首（上）

【尾聲】幼（去）憂（陰）愁（陽）就（去）流（陽）

第四折【中吕】（江陽韵）

【粉蝶兒】蒼（陰）上（去）楊（陽）愴（去）喪（陰）望（去）

【醉春風】凰（陽）講（上）講（上）葬（去）

【紅綉鞋】相（去）羊（陽）娘（陽）堂（陽）養（上）

【石榴花】黄（陽）墻（陽）藏（陽）上（去）良（陽）蕩（去）狂（陽）上（去）王（陽）

【鬥鵪鶉】象（去）往（上）王（陽）墻（陽）想（上）

【上小樓】郎（陽）相（去）章（陰）仗（去）障（去）

【幺篇】長（陽）昂（陽）堂（陽）恙（去）忘（去）

【滿庭芳】漿（陰）光（陰）抗（去）徉（陽）蕩（去）翔（陽）暢（去）壤（上）堂（陽）

【十二月】裳（陽）章（陰）箱（陰）行（陽）陽（陽）惶（陽）

【堯民歌】王（陽）龐（陽）張（陰）黄（陽）良（陽）望（去）喪（陰）

【普天樂】向（去）章（陰）狀（去）棒（去）房（陽）當（去）當（陰）當（陰）

【快活三】囊（陽）長（陽）洋（陽）丈（去）

【鮑老兒】剛（陰）相（去）凰（陽）上（去）常（陽）陽（陽）

【耍孩兒】黨（上）章（陰）亡（陽）張（陰）望（去）張（陰）

【幺篇】長（上）降（去）忘（去）喪（陰）長（陽）將（去）雙（陰）

【牆頭花】强（陽）仗（去）訪（陽）上（去）

【九煞】行（陽）想（上）樑（陽）相（去）洋（陽）

【八煞】剛（陰）尚（去）臟（陰）養（上）孀（陰）

【七煞】郎（陽）帳（去）王（陽）量（去）章（陰）

【六煞】房（陽）丈（去）郎（陽）相（去）羊（陽）

【五煞】羊（陽）相（去）方（陰）上（去）量（陽）

【四煞】當（陰）上（去）江（陰）唱（去）商（陰）

【三煞】行（陽）蟒（上）長（陽）樣（去）蒼（陰）

【二煞】香（陰）仰（上）享（上）長（上）疆（陰）

【煞尾】賞（上）上（去）仰（上）

嚴子陵垂釣七裏灘

第一折【仙吕】（江陽韵）

【點絳唇】皇（陽）降（去）相（去）良（陽）莽（上）

【混江龍】喪（去）湯（陰）王（陽）王（陽）邦（陰）場（陽）場（陽）瘡（陰）腸（陽）上（去）芒（陽）

【油葫蘆】爽（上）想（上）光（陰）網（上）釀（去）觴（陰）喪（陰）場（陽）

【天下樂】長（陽）量（陽）况（去）王（陽）邦（陰）鄉（陰）

【那吒令】漲（去）往（上）穰（上）上（去）荒（陰）

【鵲踏枝】腔（陰）狂（陽）堂（陽）裳（陽）腸（陽）

【寄生草】凉（陽）旺（去）胖（去）傍（去）上（去）

【六幺序】賞（上）獎（上）狼（陽）章（陰）量（陽）良（陽）光（陰）章（陰）相（去）强（陽）旺（去）疆（陰）

【幺篇】詳（陽）樣（去）忙（陽）蒼（陰）光（陰）良（陽）量（陽）槍（陰）墻（陽）床（陽）裳（陽）將（陰）陽（陽）長（陽）上（去）場（陽）槍（陰）慌（陰）傷（陰）網（上）張（陰）旺（去）亡（陽）

【後庭花】相（去）况（去）觴（陰）漿（陰）亮（去）光（陰）行（陽）響（上）香（陰）妝（陰）將（陰）上（去）藏（陽）

【青哥兒】丈（去）傷（陰）妨（陽）鄉（陰）將（陰）堂（陽）窗（陰）凉（上）廂（陰）裳（陽）腸（陽）妨（陽）王（陽）床（陽）亢（去）

【賺煞】網（上）訪（上）方（陰）藏（陽）唐（陽）岡（陰）强（陽）杖（去）漾（去）浪（去）陽（陽）

第二折【越調】（魚模韻）

【鬥鵪鶉】侶（上）雨（上）縷（上）屋（入作上）處（去）

【紫花兒序】務（去）魚（陽）兔（去）烏（陰）躇（陽）古（上）物（入作去）蘇（陰）

【金蕉葉】居（陰）福（入作上）物（入作去）足（入作上）

【調笑令】暮（去）隅（陽）縷（上）貯（去）父（去）處（去）去（去）

【鬼三台】住（去）去（去）語（上）輿（陽）苦（上）足（入作上）顱（陽）笏（入作去）

【禿厮兒】笏（入作去）魚（陽）圖（陽）魚（陽）虛（陰）

【聖藥王】居（陰）餘（陽）居（陰）祿（入作去）族（入作平）書（陰）符（陽）

【麻郎兒】脯（陽）輿（陽）壚（陽）去（去）

【幺篇】徒（陽）餘（陽）足（入作上）褥（入作去）覆（入作上）處（去）

【絡絲娘】足（入作上）舞（上）去（去）句（去）

【尾聲】付（去）笏（入作去）武（上）

第三折【正宮】（庚青韵）

【端正好】聖（去）興（平）請（上）命（去）

【滚綉球】陵（陽）逞（上）静（去）情（陽）登（陰）程（陽）敬（去）行（陽）京（陰）停（陽）

【倘秀才】驚（陰）等（上）生（陰）清（陰）應（去）

【滚綉球】扃（陰）應（去）徑（去）迎（陽）醒（上）景（上）興（去）燈（陰）影（上）聲（陰）情（陽）

【倘秀才】精（陰）星（陰）映（去）情（陽）生（陰）

【滚綉球】應（去）驚（陰）慶（去）呈（陽）迎（陽）等（上）柄（去）争（陰）行（陽）廷（陽）

【倘秀才】領（上）名（陽）命（去）情（陽）等（上）

【滚綉球】興（陰）成（陽）静（去）争（陰）情（陽）聽（陰）姓（去）凝（陽）冰（陰）驚（陰）

【脱布衫】名（陽）生（陰）鼎（上）頸（上）

【小梁州】兵（陰）成（陽）廷（陽）命（去）興（陰）

【幺篇】省（上）程（陽）兵（陰）陣（真文）亭（陽）

【耍孩兒】定（去）平（陽）城（陽）生（陰）明（陽）聖（去）鳴（陽）

【四煞】耕（陰）静（去）星（陰）慶（去）清（陰）

【三煞】冷（上）興（陰）聲（陰）剩（去）酊（上）情（陽）

【二煞】卿（陰）定（去）登（陰）姓（去）陵（陽）

【煞尾】卿（陰）更（陰）等（上）醒（上）

第四折【雙調】（皆來韵）

【新水令】來（陽）待（去）臺（陽）階（陰）蓋（去）

【喬牌兒】苔（陽）怪（去）開（陰）來（陽）

【掛玉鈎】外（去）來（陽）在（去）黛（去）懷（陽）

【滴滴金】解（上）胎（陰）外（去）猜（陰）

【折桂令】來（陽）骸（陽）白（入作平）海（上）階（陰）才（陽）埃（陰）衰（陰）崖（陽）柴（陽）來（陽）才（陽）

【喬牌兒】抬（陽）驀（入作去）策（入作上）責（入作上）

【殿前歡】階（陰）臺（陽）外（去）歪（陰）來（陽）蓋（去）大（去）階（陰）

【水仙子】開（陰）臺（陽）額（入作去）在（去）懷（陽）害（去）開（陰）

【落梅風】來（陽）菜（去）擺（上）怪（去）

【鴛鴦煞】册（入作上）改（上）埃（陰）害（去）敗（去）階（陰）海（上）

輔成王周公攝政

楔子【仙吕】（先天韵）

【賞花時】天（陰）天（陰）天）（陰）天（陰）天（陰）

第一折【仙吕】（庚青韵）

【點絳唇】耕（陰）聘（去）姓（去）行（陽）盛（去）

【混江龍】行（去）成（陽）荆（陰）平（陽）行（陽）刑（陽）明（陽）腥（陰）卿（陰）生（陰）盟（陽）兵（陰）呈（陽）騰（陽）明（陽）登（陰）寧（陽）寧（陽）病（去）寧（陽）

【油葫蘆】登（陰）誠（陽）靈（陽）性（去）病（去）星（陰）並（去）生（陰）

【天下樂】聲（陰）靈（陽）明（陽）能（陽）增（陰）命（去）

【那吒令】鼎（上）刑（陽）成（陽）聲（陰）令（去）景（上）磬（去）牲（陰）

【鵲踏枝】興（陰）行（陽）情（陽）衡（陽）滕（陽）

【寄生草】貞（陰）聖（去）定（去）命（去）勝（去）

【幺篇】情（陽）正（去）盛（去）净（去）明（陽）柄（去）

【六幺序】兄（陰）靈（陽）成（陽）骍（陰）明（陽）聖（去）聲（陰）命（去）誠（陽）

【幺篇】能（陽）廷（陽）嚀（陽）聽（陰）興（陰）撑（陰）憑（陽）盟（陽）冥（陽）崩（陰）行（陽）征（陰）争（陰）行（陽）佞（去）行（陽）柄（去）成（陽）

【賺煞】定（去）井（上）名（陽）明（陽）輕（陰）情（陽）行（陽）生（陰）應（陰）

第二折【中吕】（蕭豪韵）

【粉蝶兒】噭（陽）道（去）郊（陰）教（去）霄（陰）竅（去）

【醉春風】早（上）了（上）了（上）了（上）號（去）

【迎仙客】郊（陰）倒（上）了（上）學（入作平）廟（去）

【上小樓】薄（入作平）肖（陰）姚（陽）堯（陽）樂（入作去）道（去）

【幺篇】老（上）苗（陽）着（入作?）道（去）教（去）兆（去）

【滿庭芳】腦（上）鑊（入作平）效（去）僚（陽）濁（入作平）調（陽）道（去）韜（陰）袍（陽）

【普天樂】着（入作?）蹈（去）條（陽）毫（陽）噪（去）拗（去）毛（陽）爵（入作上）茅（陽）

【耍孩兒】早（上）了（上）調（陽）朝（陽）詔（去）陶（陽）

【幺篇】保（上）小（上）朝（陽）曹（陽）跳（去）道（去）標

（陰）

【三煞】爵（入作上）樂（入作去）校（去）薄（入作平）盜（去）逃（陽）

【二煞】了（上）叫（去）條（陽）樂（入作去）喬（陽）

【煞尾】高（陰）却（入作上）了（上）

第三折【越調】（齊微韵）

【鬥鵪鶉】國（入作上）德（入作上）理（上）石（入作平）彝（陽）植（入作上）

【紫花兒序】敵（入作平）機（陰）夕（入作平）位（去）力（入作去）黎（陽）

【小桃紅】圭（陰）椅（上）立（入作去）卑（陰）罪（去）敕（入作上）帝（去）齊（陽）

【雪裏梅】歸（陰）稀（陰）跪（去）宜（陽）

【鬼三台】日（入作去）計（去）水（上）衣（陰）稷（入作上）的（入作上）矣（上）裏（上）

【金蕉葉】塞（入作上）斥（入作上）期（陽）息（入作上）

【調笑令】知（陰）實（入作平）碑（陰）國（入作上）意（去）歲（去）地（去）

【禿廝兒】國（入作上）基（陰）爲（陽）的（入作上）每（上）疑（陽）

【聖藥王】啓（上）賊（入作平）的（入作上）折（入作上）知（陰）

【麻郎兒】逆（入作去）遲（陽）籍（入作上）夷（陽）

【幺篇】地（去）依（陰）理（上）宜（陽）益（入作去）利（去）

【絡絲娘】息（入作上）非（陰）給（入作上）隨（陽）

【幺篇】譏（陰）起（上）罪（去）實（入作平）

【東原樂】位（去）職（入作上）裏（上）闈（陽）爲（陽）罪（去）退（去）違（陽）

【綿搭絮】直（入作平）灰（陰）非（陰）彝（陽）池（陽）的（入作上）

【幺篇】旗（陽）息（入作上）裏（上）級（入作上）裔（去）騎

（陽）機（陰）國（入作上）

【拙魯速】歸（陰）威（陰）罪（去）衛（去）意（去）忌（去）記（去）係（去）質（入作上）

【收尾】帝（去）國（入作上）奭（入作上）

第四折【雙調】（皆來韵）

【新水令】淮（陽）敗（去）胎（陰）灾（陰）泰（去）

【駐馬聽】階（陰）才（陽）册（入作上）來（陽）開（陰）在（去）責（入作上）載（上）蓋（去）

【喬牌兒】街（陰）外（去）待（去）抬（陽）

【掛玉鈎】來（陽）驀（入作去）來（陽）愛（去）賴（去）哉（陰）哉（陰）

【川撥棹】淮（陽）來（陽）埋（陽）開（陰）臺（陽）霾（陽）鼐（去）界（去）色（入作平）階（陰）

【水仙子】）來（陽）灾（陰）外（去）來（陽）諧（陽）改（上）開（陰）

【沽美酒】責（入作上）在（去）來（陽）摑（入作上）大（去）

【太平令】快（去）開（陰）壞（去）賴（去）來（陽）開（陰）腮（陰）害（去）

【甜水令】敗（去）來（陽）額（入作去）白（入作平）

【折桂令】埃（陰）伯（入作上）崖（陽）開（陰）白（入作平）海（上）階（陰）骸（陽）腮（陰）懷（陽）册（入作上）

【雁兒落】害（去）礙（去）代（去）

【得勝令】裁（陽）開（陰）階（陰）懷（陽）奈（去）揣（陰）在（去）

【落梅風】外（去）代（去）戒（去）懷（陽）才（陽）澤（入作平）在（去）

蕭何月夜追韓信

第一折【仙呂】（蕭豪韵）

【點絳唇】超（陰）道（去）浩（去）濁（入作平）琢（入作上）

【混江龍】教（去）朝（陰）鰲（陽）霄（陰）岳（入作去）道（去）瓢（陽）

【油葫蘆】學（入作平）老（上）豪（陽）曉（上）少（上）鐸（入作平）妙（去）勞（陽）

【天下樂】條（陽）焦（陰）了（上）却（入作上）却（入作上）學（入作平）好（上）

【那吒令】惱（上）熬（陽）倒（上）兆（去）着（入作?）

【鵲踏枝】瑶（陽）毛（陽）遥（陽）倒（上）熬（陽）

【寄生草】飄（陰）瀑（去）落（入作去）掃（上）道（去）

【幺篇】熬（陽）草（上）了（上）到（去）笑（去）

【村裏迓鼓】暴（去）召（去）調（去）傲（去）高（陰）寶（上）

【元和令】了（上）鬧（去）飽（上）嬈（上）倒（上）

【上馬嬌】惡（入作去）曹（陽）道（去）逃（陽）着（入作?）消（陰）遭（陰）

【游四門】捉（入作上）朝（陽）好（上）饒（陽）交（陰）

【勝葫蘆】高（陰）刀（陰）錯（入作上）摇（陽）

【後庭花】毛（陽）腰（陰）小（上）遭（陰）笑（去）消（陰）弱（入作去）熬（陽）道（去）了（上）着（入作?）

【柳葉兒】到（去）雹（入作上）笑（去）道（去）豪（陽）交（陰）

【賺煞尾】好（上）嫂（上）交（陰）刀（陰）嬈（陽）霄（陰）雀（入作上）韜（陰）略（入作去）朝（陰）

第二折【雙調】（寒山韵）

【新水令】寒（陽）幻（去）寒（陽）間（陰）闌（陽）漢（去）

【駐馬聽】山（陰）鞍（陰）雁（去）寒（陽）關（陰）棧（去）閑（陽）眼（上）

【沉醉東風】難（陽）番（陰）漢（去）顔（陽）看（去）眼（上）

【水仙子】灘（陰）壇（陽）宦（去）難（陽）寒（陽）干（去）間（陰）安（陰）

【雁兒落】趕（上）盼（去）慢（去）

【得勝令】難（陽）鞍（陰）眼（上）鞍（陰）岸（去）竿（陰）寒（陽）

【夜行船】閑（陽）顏（陽）飯（去）限（去）

【掛玉鈎】斑（陰）漢（去）關（陰）蚡（去）干（陰）山（陰）壇（陽）

【川撥棹】還（陽）晚（上）珊（陰）寒（陽）晚（上）

【七弟兄】板（上）竿（陰）攀（陰）岸（去）灘（陰）泛（去）

【梅花酒】殘（陽）闌（陽）山（陰）閑（陽）關（陰）帆（陰）炭（去）飯（去）山（陰）灘（陰）單（陰）干（陰）斑（陰）潺（陽）竿（陰）間（陰）

【收江南】難（陽）寒（陽）鞍（陰）憚（去）閑（陽）

【鴛鴦煞】難（去）旱（去）環（陽）晚（上）山（陰）嘆（去）看（去）懶（上）

第三折【中呂】（真文韵）

【粉蝶兒】辰（陽）信（去）綸（陽）混（去）巾（陰）進（去）

【醉春風】昏（陰）新（陰）準（上）準（上）身（陰）盡（去）

【石榴花】塵（陽）奔（陰）神（陽）身（陰）門（陽）近（去）勤（陽）信（去）臣（陽）

【鬥鵪鶉】塵（陽）尊（陰）濱（陰）人（陽）臣（陽）準（上）

【剔銀燈】員（陽）臏（去）陣（去）輪（陽）人（陽）品（上）

【蔓菁菜】印（去）坤（陰）本（上）勛（陰）盡（去）

【十二月】莘（陰）綸（陽）貧（陽）人（陽）民（陽）

【堯民歌】門（陽）臣（陽）君（陰）軍（陰）脣（陽）掄（陽）刃（去）

【上小樓】人（陽）君（陰）盡（去）奔（去）

【么篇】臣（陽）門（陽）民（陽）信（去）印（去）

【耍孩兒】運（去）分（去）群（陽）身（陰）定（庚青）秦（陽）

【么篇】人（陽）分（有）坤（陰）秦（陽）準（上）困（去）軍（陰）

【三煞】軍（陰）兵（庚青）趁（去）陣（去）軍（陰）頂（上）人（陽）

【二煞】引（上）陣（去）身（陰）趁（去）神（陽）

【煞尾】人（陽）盡（去）刎（上）

第四折【正宫】（庚青韵）

【端正好】兵（陰）並（去）争（陰）命（去）定（去）

【滚綉球】性（去）形（陽）鼎（上）情（陽）聲（陰）明（陽）成（陽）兵（陰）鳴（陽）

【煞尾】影（上）行（陽）成（陽）争（陰）增（陰）並（去）定（去）頂（上）迎（陽）寧（陽）横（去）稱（去）領（上）

陳季卿悟道竹葉舟

第一折【仙吕】（魚模韵）

【點絳唇】梧（陽）度（去）古（上）枯（陰）路（去）

【混江龍】土（上）餘（陽）虚（陰）虚（陰）朱（陰）母（上）術（入作平）符（陽）住（去）枯（陰）

【油葫蘆】途（陽）苦（上）如（陽）武（上）女（上）愚（陽）鑄（去）湖（陽）

【天下樂】枯（陰）區（陰）武（上）笏（入作去）書（陰）古（上）

【那吒令】區（陰）府（陽）都（陰）去（去）衢（陽）

【鵲踏枝】俗（入作平）居（陰）衢（陽）去（去）愚（陽）

【寄生草】祖（上）羽（上）處（去）路（去）渡（去）去（去）

【幺篇】履（上）爐（陽）住（去）覆（入作上）固（去）處（去）

【醉中天】賦（去）鱸（陽）蘆（陽）渡（去）舉（上）去（去）胥（陰）

【金盞兒】吴（陽）艫（陽）怒（去）軀（陰）浮（陽）渡（去）閭（陽）

【賺煞】路（去）悟（去）住（去）榆（陽）壺（陽）俗（入作平）粗（陰）侣（上）去（去）湖（陽）

第二折【雙調】（尤侯韵）

【新水令】游（陽）袖（去）洲（陰）游（陽）晝（去）

【駐馬聽】游（陽）秋（陰）究（去）流（陽）愁（陽）瘦（去）休（陰）秀（去）

【雁兒落】鈎（陰）救（去）牛（陽）叩（去）

【掛玉鈎】侯（陽）袖（去）愁（平）瘦（去）後（去）游（陽）

【沽美酒】守（上）留（陽）手（上）休（陰）透（去）

【太平令】秀（去）州（陰）究（去）受（去）侯（陽）樓（陽）酒（上）綬（去）

【滴滴金】鬥（上）籌（陽）透（去）游（陽）

【折桂令】秋（陰）頭（陽）秋（陰）叟（上）憂（陰）舟（有）流（陽）愁（陽）

【川撥棹】僽（去）口（上）劉（陽）侯（陽）宙（去）手（上）

【七弟兄】頭（陽）袖（去）游（陽）鬥（上）流（陽）舊（去）

【梅花酒】秋（陰）憂（陰）流（陽）頭（陽）洲（陰）友（上）幽（陰）洲（陰）舟（陰）

【收江南】州（陰）游（陽）樓（陽）手（上）周（陰）

【鴛鴦煞】後（去）受（去）秋（陰）手（上）游（陽）垢（上）游（陽）走（上）

第三折【南吕】（尤侯韵）

【一枝花】就（去）舟（陰）悠（陽）酒（上）篘（陽）久（上）

【梁州第七】流（陽）後（去）洲（陰）頭（陽）流（陽）鷗（陰）口（上）頭（陽）友（上）肉（入作去）酒（上）憂（陰）

【隔尾】走（上）游（陽）候（去）口（上）後（去）有（上）

【賀新郎】由（陽）舊（去）候（去）投（陽）仇（陽）舟（陰）究（去）舟（陰）

【罵玉郎】透（去）流（陽）瘦（去）鷗（陰）逐（入作平）秀（去）

【感皇恩】悠（陽）颼（陰）洲（陰）首（上）流（陽）留（陽）

【采茶歌】籌（陽）收（陰）頭（陽）舟（陰）幽（陰）

【牧羊關】甌（陰）熟（入作平）偶（上）囚（陽）舟（陰）

【哭皇天】頭（陽）流（陽）儔（陽）舟（陰）頭（陽）游（陽）袖（去）洲（陰）休（陰）鬥（去）走（上）

【烏夜啼】口（上）流（陽）瘦（去）眸（陽）悠（陽）愁（陽）袖（去）受（去）裘（陽）

【三煞】口（上）頭（陽）流（陽）愁（陽）驟（去）候（去）流（陽）頭（陽）

【二煞】吼（上）愁（陽）侯（陽）漏（去）救（去）舟（陰）漚（陰）

【黄鐘尾】手（上）眸（陽）流（陽）州（陰）軸（入作平）流（陽）流（陽）休（陰）丘（陰）酒（上）

第四折

【仙吕】（寒山韵）

【節節高】案（去）看（去）干（去）竿（陰）簡（上）

【元和令】寰（陽）干（去）關（陰）攀（陰）干（去）眼（上）

【上馬嬌】姦（陰）安（陰）岸（去）灘（陰）竿（陰）

【游四門】難（陽）閑（陽）澗（去）關（陰）拴（陰）山（陰）

【勝葫蘆】關（陰）鞍（陰）寒（陽）閑（陽）

【幺篇】安（陰）煩（陽）山（陰）卷（去）案（去）間（陰）

【後庭花】干（陰）寒（陽）壇（陽）潺（陽）幻（去）眼（上）間（陰）還（陽）拴（陰）閑（陽）間（陰）

【柳葉兒】飯（去）丹（陰）慣（去）漢（去）顔（陽）間（陰）

【正宫】（歌戈韵）

【端正好】卧（去）陀（陽）過（去）課（去）

【滚綉球】過（去）和（陽）個（去）峨（陽）摩（陽）喝（入作上））波（陰）歌（陰）何（陽）

【倘秀才】着（入作?）我（上）麽（陰）阿（陰）脱（入作上）

【滚綉球】科（陰）麽（陰）破（去）河（陽）火（上）破（去）挲（陰）多（陰）磨（陽）

【叨叨令】卧（去）潑（入作上）落（入作去）鎖（上）閣（入作上）

【十二月】羅（陽）和（陽）拖（陰）脱（入作平）歌（陰）

【堯民歌】酡（陽）過（去）河（陽）柯（陰）個（去）坷（上）播（去）

諸葛亮博望燒屯

第一折【仙吕】（齊微韵）

【點絳唇】極（入作平）易（入作去）理（上）機（陰）會（去）

【混江龍】日（入作去）迷（陽）雷（陽）威（陰）窺（陰）帝

（去）扉（陰）

【醉中天】起（上）基（陰）體（上）罪（去）地（去）備（去）眉（陽）

【油葫蘆】非（陰）德（入作上）磯（陰）利（去）位（去）衣（陰）食（入作平）睡（去）西（陰）

【天下樂】知（陰）實（入作平）智（去）力（入作去）饑（陰）的（入作上）

【那咤令】起（上）璧（入作上）食（入作平）履（上）覓（去）低（陰）

【鵲踏枝】夷（陽）持（陽）際（去）識（入作上）職（入作上）遲（陽）

【寄生草】地（去）畦（陽）識（入作上）弟（去）契（去）住（魚模）

【幺篇】廢（去）退（去）位（去）帝（去）國（入作上）輩（去）

【金盞兒】鼻（陽）眉（陽）赤（入作上）垂（陽）氣（去）威（陰）只（陽）

【醉中天】耻（上）卑（陰）誰（陽）力（入作去）氣（去）地（去）飛（陰）

【金盞兒】機（陰）直（入作平）職（入作上）計（去）敵（入作平）旗（陽）回（陽）

【後庭花】起（上）德（入作上）儀（陽）帝（去）痴（陰）

【賺煞】魏（去）稷（入作上）一（入作去）基（陰）拾（入作平）隨（陽）裏（上）知（陰）氣（去）衣（陰）

第二折【南吕】（魚模韵）

【一枝花】鼓（上）突（入作平）殳（陰）弩（上）斧（上）虎（上）

【梁州第七】盧（陽）物（入作去）術（入作平）書（陰）吴（陽）蜀（入作平）褚（上）瑜（陽）覆（入作上）伍（上）土（上）卒（入作平）夫（陽）

【牧羊關】居（陰）舒（陰）雨（上）吴（陽）圖（陽）

【四塊玉】住（去）夫（陽）部（去）語（上）輸（陰）

【牧羊關】伍（上）謀（陽）鼓（上）伏（入作平）虛（陰）

【賀新郎】蘆（陽）鋪（去）舞（上）哭（入作平）無（陽）軀（陰）怒（去）書（陰）

【罵玉郎】渡（去）湖（陽）覷（去）住（去）去（去）處（去）

【感皇恩】渠（陽）卒（入作平）伏（入作平）魚（陽）謀（陽）

【采茶歌】没（入作去）無（陽）魚（陽）武（上）夫（陽）

【紅芍藥】疏（陰）呼（陰）浮（陽）伏（入作平）鼓（上）卒（入作平）錘（陽）軀（陰）

【菩薩梁州】途（陽）路（去）去（去）吾（陽）書（陰）住（去）處（去）恕（去）符（陽）謀（陽）

【黄鐘尾】峪（入作去）途（陽）腹（入作上）誤（去）竺（去）付（去）語（上）負（去）目（入作去）足（入作上）主（上）

第三折【雙調】（江陽韵）

【新水令】郎（陽）亮（去）岡（陰）亡（陽）降（去）

【步步嬌】將（去）浪（去）槍（陰）强（陽）綱（陰）相（去）

【風入鬆】當（陰）堂（陽）撞（去）羊（陽）枉（上）王（陽）

【水仙子】疆（陰）場（陽）巷（去）傍（陽）糧（陽）將（去）蒼（陰）亡（陽）

【川撥棹】長（陽）陽（陽）囊（陽）江（陰）長（陽）慌（陰）忙（陽）

【七弟兄】廂（陰）廂（陰）當（陰）降（去）蕩（去）

【梅花酒】觴（陰）疆（陰）王（陽）堂（陽）邦（陰）昌（陰）降（去）王（陽）章（陰）堂（陽）相（去）將（去）岡（陰）將（去）量（陽）繮（陰）場（陽）郎（陽）昂（陽）

【收江南】良（陽）揚（陽）漿（陰）撞（去）邙（陽）

【雁兒落】響（上）唱（去）膀（上）項（去）

【得勝令】樑（陽）王（陽）張（陰）桑（陰）丈（去）忙（陽）强（陽）

【沽美酒】場（陽）槍（陰）當（去）相（上）陽（陽）

【太平令】上（去）旁（陽）狀（去）量（去）場（陽）行（陽）降（去）放（去）

【鴛鴦煞】帳（去）鼈（上）陽（陽）癢（上）張（陰）講（上）

疆（陰）賞（上）

第四折【中吕】（東鐘韻）

【粉蝶兒】鋒（陰）夢（去）雄（陽）衆（去）功（陰）棟（去）

【醉春風】熊（陽）龍（陽）冗（上）冗（上）種（去）

【迎仙客】鐘（陰）兄（陰）中（陰）逢（陽）重（去）

【朱履曲】哄（去）功（陰）從（陽）統（上）龍（陽）公（陰）

【剔銀燈】弄（去）弄（去）恐（上）通（陰）空（陰）動（去）

【蔓菁菜】縫（陽）籠（陽）功（陰）中（陰）用（去）

【快活三】中（陰）容（陽）弓（陰）洞（去）

【鮑老兒】勇（上）鳳（去）弄（去）俸（去）功（陰）風（陰）

【十二月】龍（陽）封（陰）公（陰）通（陰）窮（陽）

【堯民歌】龍（陽）公（陰）東（陰）宮（陰）嶸（陽）中（陰）洞（去）

張千替殺妻

楔子【仙吕】（齊微韻）

【賞花時】禮（上）德（入作上）題（陽）漆（入作上）離（陽）

第一折【仙吕】（先天韻）

【點絳唇】軒（陰）院（去）轉（去）先（陰）燕（去）

【混江龍】綫（去）園（陽）煙（陰）千（陰）喧（陰）翩（陰）戀（去）闐（陰）

【油葫蘆】邊（陰）遠（上）憐（陽）綫（去）片（去）穿（陰）踐（去）天（陰）

【天下樂】眠（陽）年（陽）年（陽）錢（去）盼（寒山）奠（去）

【村裏迓鼓】院（去）錢（陽）見（去）千（陰）緣（陽）賢（陽）淺（上）

【元和令】煙（陰）天（陰）喧（陰）穿（陰）連（陽）言（陽）

【上馬嬌】顛（陰）賢（陽）娟（陰）纏（陽）涎（陽）延（陽）

【游四門】邊（陰）天（陰）見（去）顛（陰）賢（陽）延（陽）

【勝葫蘆】年（陽）念（廉纖）遠（上）堅（陰）

【幺篇】邊（陰）言（陽）戰（去）天（陰）

【後庭花】愆（陰）典（上）賢（陽）園（陽）見（去）前（陽）天（陰）點（廉纖）傳（陽）

【青哥兒】眷（去）院（去）圓（陽）見（去）天（陰）妍（陽）翩（陰）旋（陽）傳（陽）煎（陰）涎（陽）願（去）

【賺煞】怨（去）千（陰）展（上）前（陽）鞭（陰）轅（陽）冤（陰）錢（陽）眷（去）錢（陽）

第二折【正宮】（真文韵）

【端正好】悶（去）人（陽）問（去）潤（去）

【滚綉球】辛（陰）勤（陽）困（去）塵（陽）渾（陽）蔭（侵尋）身（陰）親（陰）嚀（庚青）

【倘秀才】本（上）順（去）盡（去）君（陰）分（去）

【滚綉球】巡（陽）樽（陰）困（去）君（陰）雲（陽）信（去）春（陰）門（陽）身（陰）

【倘秀才】跟（陰）門（陽）新（陰）人（陽）生（庚青）

【滚綉球】褪（去）緊（上）困（去）神（陽）村（陰）奔（去）婚（陰）筋（陰）情（庚青）

【倘秀才】銀（陽）恩（陰）人（陽）臏（去）秦（陽）嗔（陰）

【滚綉球】貞（庚青）狠（上）粉（平）門（陽）春（陰）根（陰）恩（陰）魂（陽）

【叨叨令】分（去）性（庚青）困（去）韵（去）盡（去）

【煞尾】刃（去）人（陽）情（庚青）親（陰）門（陽）銀（陽）本（上）

第三折【中吕】（蕭豪韵）

【粉蝶兒】玟（陰）嬈（上）道（去）消（陰）□（）饒（陽）報（去）

【醉春風】了（上）少（上）少（上）鮑（去）

【快活三】落（入作去）着（入作?）苗（陽）道（去）

【朝天子】高（陰）孝（去）道（去）交（陰）報（去）咷（陽）叫（去）老（上）了（上）了（上）笑（去）

【上小樓】了（上）跳（去）消（陰）牢（陽）貌（去）抱（去）

【么篇】刀（陰）摇（陽）耀（去）貌（去）告（去）

【滿庭芳】招（陰）了（上）饒（陽）報（去）交（陰）惡（入作

去）學（入作平）俏（去）約（入作去）刀（陰）

【石榴花】交（陰）學（入作平）了（上）遥（陽）猱（陽）條（陽）作（入作上）郊（陰）落（入作去）梢（陰）

【鬥鵪鶉】約（入作去）倒（上）了（上）刀（陰）了（上）

【十二月】惱（上）着（入作?）弱（入作去）條（陽）老（上）咷（陽）

【堯民歌】牢（陽）刀（陰）交（陰）落（入作去）焦（陰）着（入作?）道（去）

【耍孩兒】絞（上）拷（上）消（陰）交（陰）落（入作去）朝（陽）

【二煞】少（上）道（去）燒（陰）叫（去）梢（陰）

【三煞】老（上）樂（入作去）腰（陰）落（入作去）勞（陽）

【四煞】報（去）老（上）了（上）躁（去）懊（去）

【尾聲】少（上）報（去）老（上）

第四折【雙調】（齊微韻）

【新水令】食（入作平）地（去）賊（入作平）戚（入作上）直（入作平）義（去）

【夜行船】悲（陰）急（入作上）食（入作平）杯（陰）味（去）

【雁兒落】悔（上）對（去）弟（去）

【得勝令】識（入作上）息（入作上）非（陰）杯（陰）例（去）妻（陰）的（入作上）

【落梅風】起（上）體（上）地（去）禮（上）日（入作去）

【甜水令】裹（上）的（入作上）地（去）悲（陰）逆（入作去）知（陰）

【折桂令】衣（陰）低（陰）推（陰）推（陰）刻（入作上）離（陽）啼（陽）悲（陰）迷（陽）

【水仙子】飛（陰）起（上）立（入作去）裹（上）妻（陰）碑（陰）題（陽）

小張屠焚兒救母

楔子【仙吕】（魚模韻）

【端正好】物（入作去）爐（陽）苦（上）處（去）

【幺篇】如（陽）瑜（陽）夫（陽）服（入作平）珠（陰）躇（陽）語（上）

第一折【仙吕】（江陽韵）

【點絳唇】肓（陽）搶（上）悵（去）孀（陰）望（去）

【混江龍】仗（去）凉（陽）攘（上）慌（陰）忘（去）糧（陽）亡（陽）光（陰）上（去）方（陰）

【油葫蘆】方（陰）樑（陽）窗（陰）廣（上）響（上）當（陰）誑（去）湯（陰）

【天下樂】光（陰）張（陰）糧（陽）妨（陰）羊（陽）養（上）

【那吒令】莊（陰）房（陽）亡（陽）當（陰）量（去）娘（陽）

【鵲踏枝】裝（陰）裳（陽）坊（陰）薑（陰）娘（陽）

【寄生草】章（陰）養（上）降（去）象（去）上（去）

【醉中天】廣（上）堂（陽）湯（陰）兩（上）糧（陽）床（陽）

【金盞兒】光（陰）黄（陽）誑（去）床（陽）腸（陽）娘（陽）

【後庭花】方（陰）想（上）香（陰）湯（陰）暢（去）漿（陰）凉（陽）光（陰）當（陰）

【青哥兒】樣（去）像（去）方（陰）坊（陰）惶（陽）蒼（陰）香（陰）羊（陽）床（陽）傍（去）

【賺煞尾】丈（去）腔（陰）娘（陽）腸（陽）詳（陽）忘（去）行（陽）光（陰）喪（去）堂（陽）

第二折【越調】（歌戈韵）

【鬥鵪鶉】朵（上）閣（入作上）羅（陽）和（陽）火（上）

【紫花兒序】娑（陰）鑼（陽）歌（陰）多（陰）座（去）河（陽）

【金蕉葉】躲（上）我（上）波（陰）合（入作?）

【調笑令】賀（去）活（入作平）何（陽）大（去）多（陰）我（上）河（陽）

【金蕉葉】我（上）羅（陽）過（去）波（陰）

【禿厮兒】可（上）他（陰）何（陽）可（上）我（上）多（陰）

【小桃紅】多（陰）禍（去）餓（去）薄（入作平）大（去）銼（去）多（陰）

【鬼三台】坐（去）合（入作?）惡（入作去）皤（陽）多（陰）

羅（陽）我（上）

【寨兒令】羅（陽）我（上）惡（入作去）啰（陰）呵（陰）挪（陽）跛（入作上）奪（入作平）訛（陽）呵（陰）柯（陰）

【鬼三台】大（去）貨（去）鎖（上）合（入作?）他（陰）麽（陰）個（去）鐲（入作平）顆（上）

【禿廝兒】火（上）合（入作?）垛（去）呵（陰）羅（陽）

【聖藥王】多（陰）火（上）多（陰）梭（陰）我（上）魔（陽）娑（陰）

【尾聲】墮（去）割（入作上）他（陰）我（上）

第三折【中呂】（皆來韻）

【粉蝶兒】排（陽）債（去）灾（陰）害（去）來（陽）敗（去）

【醉春風】窄（入作上）排（陽）改（上）改（上）改（上）灾（陰）戒（去）外（去）

【迎仙客】街（陰）臺（陽）來（陽）害（去）腮（陰）大（去）

【石榴花】街（陰）苔（陽）腮（陰）奶（上）白（入作平）外（去）灾（陰）大（去）火（上）

【鬥鵪鶉】改（上）哉（陰）客（入作上）責（入作上）海（上）

【上小樓】態（去）待（去）街（陰）孩（陽）來（陽）奈（去）拜（去）

【幺篇】戒（去）愛（去）懷（陽）害（去）泰（去）

【滿庭芳】載（上）歪（陰）客（入作上）懷（陽）灾（陰）來（陽）額（入作去）害（去）排（陽）

【普天樂】怪（去）胎（陰）外（去）埃（陰）牌（陽）宰（上）差（陰）

【快活三】垓（陰）垓（陰）衰（陰）大（去）

【朝天子】歹（入作去）財（陽）怪（去）灾（陰）債（去）奈（去）灾（陰）裁（陽）乖（陰）蓋（去）

【耍孩兒】大（去）海（上）臺（陽）牌（陽）愛（去）胎（陰）

【二煞】財（陽）怪（去）哉（陰）拜（去）財（陽）

【三煞】窄（入作上）帶（去）白（入作平）大（去）財（陽）

【四煞】財（陽）寨（去）開（陰）大（去）宅（入作平）

【煞尾】來（陽）礙（去）摔（入作上）

第四折【雙調】（真文韵）

【新水令】門（陽）奔（去）痕（陽）塵（陽）村（陰）門（陽）問（去）

【沽美酒】親（陰）醺（陰）魂（陽）本（上）因（陰）

【太平令】分（陰）身（陰）郡（去）吝（去）孫（陰）焚（陽）盆（陽）忿（去）

【雁兒落】魂（陽）掙（庚青）悶（去）

【得勝令】身（陰）昏（陰）順（去）靈（庚青）信（去）人（陽）人（陽）

【水仙子】神（陽）身（陰）信（去）恩（陰）情（庚青）順（去）名（庚青）

“選本”

李太白匹配金錢記

第一折【仙呂】（家麻韻）

【點絳唇】涯（陽）下（去）馬（上）瓜（陰）甲（入作上）

【混江龍】下（去）花（陰）價（去）誇（陰）瓜（陰）架（去）馬（上）牙（陽）

【油葫蘆】榻（入作上）殺（入作上）華（陽）罷（去）下（去）馬（上）駕（去）花（陰）

【天下樂】華（陽）嘩（陽）佳（陰）家（陰）霞（陽）假（上）

【那吒令】娃（陰）花（陰）馬（上）花（陰）家（陰）花（陰）架（去）加（陰）

【鵲踏枝】蛙（陰）鴉（陰）家（陰）恨（去）華（陽）

【寄生草】花（陰）架（去）襪（入作去）帕（去）畫（去）

【金盞兒】家（陰）掐（入作上）畫（去）他（陰）峽（入作平）花（陰）

【後庭花】甲（入作上）發（入作上）瓜（陰）鴉（陰）抹（入作去）煞（入作上）

【醉扶歸】榻（入作上）紗（陰）咱（陽）話（去）霎（入作上）

罷（去）

【金盞兒】雜（入作平）紮（入作上）暇（去）咱（陽）涯（陽）衙（陽）

【醉中天】揷（入作上）踏（入作平）涯（陽）下（去）欛（去）帕（去）家（陰）

【賺煞尾】价（去）纳（入作去）下（去）鍘（入作平）霞（陽）沙（陰）鸦（陰）家（陰）闼（入作平）花（陰）

第二折【正宮】（先天韻）

【端正好】殿（去）錢（陽）眷（去）片（去）

【滾繡球】戀（去）遠（上）見（去）千（陰）煙（陰）燕（去）言（陽）鵑（陰）連（陽）

【倘秀才】院（去）苑（上）阮（上）天（陰）遠（上）

【滾繡球】轉（去）免（上）怨（去）仙（陰）鞭（平）鍘（陽）善（去）源（陽）年（陽）煎（陰）

【醉太平】權（陽）言（陽）千（陰）天（陰）院（去）殿（去）前（陽）蹇（上）

【呆骨朵】眷（去）篇（平）輦（上）卷（去）顯（上）園（陽）天（陰）

【滾繡球】宣（陰）遷（陰）建（去）淵（陰）邊（陰）院（去）穿（陰）騫（陰）冤（陰）

【倘秀才】賢（陽）遷（陰）錢（陽）員（陽）然（陽）

【叨叨令】硯（去）願（去）宴（去）殿（去）選（上）

【煞尾】燕（去）蓮（陽）泉（陽）穿（陰）圓（陽）穿（陰）絃（陽）怨（去）蟬（陽）肩（陰）煙（陰）軒（陰）眠（陽）仙（陰）筵（陽）邊（陰）前（陽）眷（去）願（去）牽（陰）鐫（陽）年（陽）面（去）遠（上）喘（上）

第三折【中呂】（尤侯韻）

【粉蝶兒】悠（陽）逗（去）丘（陰）輳（去）頭（陽）僽（去）

【醉春風】酒（上）有（上）有（上）漏（去）

【迎仙客】頭（陽）瞅（上）鈎（陰）柳（上）羞（陰）袖（去）

【白鶴子】投（陽）後（去）

【么篇】休（陰）驟（去）

【普天樂】獸（去）秋（陰）皺（去）後（去）流（陽）樓（陽）

【紅繡鞋】就（去）繆（去）州（陰）愁（陽）有（上）

【石榴花】州（陰）甌（陰）油（陽）後（去）樓（陽）透（去）流（陽）首（上）鈎（陰）

【鬭鵪鶉】侯（陽）口（上）愁（陽）流（陽）酒（上）

【上小樓】鈎（陰）獸（去）羞（陰）袖（去）瘦（去）

【么篇】手（上）頭（陽）岫（去）皺（去）

【滿庭芳】後（去）留（陽）勾（陰）侯（陽）友（上）儔（陽）究（去）醜（上）愁（陽）

【耍孩兒】壽（去）首（上）髏（陽）樓（陽）奏（去）流（陽）

【煞尾】酒（上）柳（上）手（上）

第四折【双调】（蕭豪韻）

【新水令】霄（陰）躍（入作去）驕（陰）標（陰）誥（去）

【沉醉東風】樂（入作去）簫（陰）落（入作去）雹（入作上）嬌（陰）好（上）

【喬牌兒】保（上）拗（去）暴（去）了（上）

【水仙子】交（陰）巢（陽）道（去）招（陰）條（陽）焦（陰）么（陰）

【雁兒落】觱（陽）笑（去）樂（入作去）

【得勝令】招（陰）橋（陽）倒（去）高（陰）吊（去）高（陰）腰（陰）

【沽美酒】豪（陽）巧（上）少（上）兆（去）描（陽）

【太平令】寶（上）夭（陰）耀（去）老（上）茅（陽）遭（陰）朝（陽）報（去）

包待制陳州糶米

楔子【仙吕】（尤侯韻）

【賞花時】收（陰）流（陽）州（陰）奏（去）憂（陰）

第一折【仙吕】（庚青韻）

【點絳唇】情（陽）應（去）併（去）名（陽）省（上）

【混江龍】正（去）憎（陰）蹬（陰）騰（陽）聲（陰）命（去）蠅（陽）

【油葫蘆】挺（上）秤（陰）明（陽）嶺（上）井（上）平（陽）秤（去）爭（陰）

【天下樂】星（陰）清（陰）行（陽）名（陽）升（陰）輕（陰）

【金盞兒】行（陽）行（陽）命（去）爭（陰）羹（陰）名（陽）

【村裏迓鼓】頂（上）迸（去）掙（去）井（上）疼（陽）命（去）

【元和令】名（陽）淨（去）刑（陽）坑（陰）平（陽）輕（陰）

【上馬嬌】精（陰）青（陰）廳（陰）鏡（去）清（陰）冰（陰）

【勝葫蘆】羹（陰）廷（陽）刑（陽）能（陽）

【後庭花】疔（陰）癭（上）秤（陰）驚（陰）證（去）省（上）聲（陰）情（陽）卿（陰）行（陽）生（陰）能（陽）成（陽）登（陰）鳴（陽）

【青哥兒】定（去）明（陽）命（去）冥（陽）情（陽）靈（陽）庭（陽）承（陽）生（陰）平（陽）睛（陰）瞑（陽）

【賺煞尾】正（去）請（上）省（上）靈（陽）程（陽）京（陰）兵（陰）整（上）證（去）情（陽）

第二折【正宮】（尤侯韻）

【端正好】後（去）頭（陽）手（上）透（去）

【滾繡球】謀（陽）彀（去）讐（陽）囚（陽）咒（去）勾（陰）口（上）頭（陽）游（陽）

【倘秀才】六（入作去）九（上）休（陰）秋（陰）手（上）

【滾繡球】休（陰）剖（上）侯（陽）走（上）首（上）鈎（陰）頭（陽）求（陽）

【呆骨朵】奏（去）頭（陽）狗（上）逐（入作平）由（陽）

【脫布衫】頭（陽）油（陽）酉（上）奏（去）

【小梁州】愁（陽）州（陰）留（陽）透（去）受（去）

【么篇】救（去）休（陰）肉（入作去）獸（去）頭（陽）

【耍孩兒】斗（上）久（上）頭（陽）羞（陰）祿（入作去）侯（陽）口（上）憂（陰）

【煞尾】籌（陽）瘦（去）斗（上）

第三折【南呂】（先天韻）

【一枝花】怨（去）宣（陰）年（陽）倦（去）言（陽）戰（去）

【梁州第七】年（陽）縣（去）權（陽）卷（上）原（陽）田（陽）緣（陽）員（陽）錢（陽）冤（陰）遠（上）賤（去）見（去）前（陽）拳（陽）

【牧羊關】遠（上）前（陽）見（去）纏（陽）錢（陽）

【隔尾】顫（去）言（陽）踐（去）憐（陽）憐（陽）喘（上）

【哭皇天】薦（去）宣（陰）煎（陰）戀（去）錢（陽）蓮（陽）見（去）免（上）

【烏夜啼】劍（廉纖）天（陰）便（去）全（陽）傳（陽）緣（陽）殿（去）面（去）泉（陽）

【牧羊關】言（陽）權（陽）仙（陰）顛（陰）禪（陽）

【黃鍾煞尾】怨（去）錢（陽）見（去）鸇（陰）前（陽）捐（陰）憐（陽）賤（去）遠（上）

第四折【雙調】（皆來韻）

【新水令】差（陽）害（去）來（陽）牌（陽）怪（去）

【駐馬聽】財（陽）刻（入作上）械（去）災（陰）臺（陽）海（上）街（陰）外（去）

【雁兒落】騃（陽）策（入作上）態（去）

【得勝令】排（陽）骸（陽）解（上）捱（陽）快（去）該（陰）來（陽）

【沽美酒】歹（入作去）奈（去）開（陰）煞（去）債（去）

【太平令】大（去）豺（陽）在（去）袋（去）拆（入作上）灑（去）責（入作上）帶（去）

【殿前歡】來（陽）咍（陰）大（去）衰（陰）裁（陽）壞（去）貸（去）白（入作平）

爭報恩三虎下山

楔子【仙呂】（支思韻）

【賞花時】廝（陰）死（上）屍（陰）士（去）司（陰）

第一折【仙呂】（蕭豪韻）

【點絳唇】瞧（陽）笑（去）老（上）腰（陰）脚（入作上）

【混江龍】道（去）饒（陽）雹（入作上）臊（陰）嬈（上）交（陰）着（入作?）鬧（去）廟（去）橋（陽）

【油葫蘆】拷（上）着（入作?）叨（陰）泊（入作?）島（上）小（上）叫（去）高（陰）

【天下樂】覺（入作上）了（上）敲（陰）槽（陽）草（上）

【村裏迓鼓】道（去）小（上）笑（去）帽（去）刀（陰）襖（上）

【元和令】縛（入作平）落（入作去）稍（陰）叫（去）較（去）了（上）

【上馬嬌】貌（去）腦（上）消（陰）到（去）教（去）着（入作?）

【勝葫蘆】嬌（陰）腰（陰）樂（入作去）朝（陰）博（入作平）

【么篇】少（上）薄（入作平）好（上）落（入作去）巢（陽）

【賺煞尾】倒（上）少（上）着（入作?）薄（入作平）豪（陽）么（陰）驕（陰）惱（上）靠（去）遭（陰）

第二折【中呂】（皆來韻）

【粉蝶兒】宅（入作平）態（去）骸（陽）耐（去）來（陽）愛（去）

【醉春風】財（陽）歹（入作去）睬（上）睬（上）在（去）

【迎仙客】骸（陽）來（陽）在（去）開（陰）外（去）

【紅繡鞋】帶（去）鞋（陽）擡（陽）來（陽）海（上）

【石榴花】臺（陽）挨（陰）堦（陰）來（陽）開（陰）驀（入作去）外（去）怪（去）來（陽）

【鬭鵪鶉】海（上）械（去）來（陽）劃（入作?）色（入作平）

【上小樓】責（入作上）賴（去）埋（陽）帶（去）害（去）

【么篇】柴（陽）開（陰）白（入作平）奈（去）快（去）

【快活三】埋（陽）篩（陰）臺（陽）魄（入作上）

【朝天子】待（去）閡（去）捱（陽）開（陰）在（去）孩（陽）頦（陽）奶（上）哀（陰）界（去）

【耍孩兒】睬（上）害（去）開（陰）財（陽）臺（陽）外（去）街（陰）

【二煞】才（陽）蓋（去）來（陽）債（去）挨（陰）

【煞尾】胎（陰）害（去）摔（入作上）

第三折【越調】（歌戈韻）

【鬬鵪鶉】鎖（上）窩（陰）剁（去）鑼（陽）和（去）

【紫花兒序】拖（陰）挪（陽）麼（陰）合（入作?）過（去）奪（入作平）

【小桃紅】詖（入作平）個（去）過（去）活（入作平）大（去）捰（上）破（去）儸（陽）

【鬼三台】坐（去）臥（去）末（入作去）磨（陽）過（去）多（陰）闊（入作上）閣（入作上）

【金焦葉】聒（入作上）磨（陽）朵（上）我（上）

【調笑令】活（入作平）個（去）波（陰）破（去）挫（去）波（陰）合（入作?）

【禿廝兒】果（上）磨（陽）麼（陰）何（陽）個（去）

【聖藥王】合（入作?）合（入作?）羅（陽）個（去）個（去）多（陰）波（陰）

【收尾】禍（去）過（去）他（陰）我（上）

第四折【雙調】（齊微韻）

【新水令】旗（陽）吏（去）杯（陰）嵬（陽）地（去）

【沉醉東風】裏（上）的（入作上）喜（上）置（去）題（陽）得（入作上）

【喬牌兒】推（陰）氣（去）婢（去）鬼（上）

【雁兒落】跖（入作上）肺（去）罪（去）

【得勝令】杯（陰）席（入作平）吃（入作上）日（入作上）意（去）日（入作去）皮（陽）

【側磚兒】意（去）提（陽）起（上）底（上）

【竹枝歌】勢（去）賊（入作平）的（入作上）妻（陰）蹊（陽）疾（入作平）

【隨尾】義（去）世（去）美（上）

臨江驛瀟湘秋夜雨

楔子【仙呂】（江陽韻）

【端正好】上（去）裳（陽）養（上）望（去）

第一折【仙呂】（尤侯韻）

【點絳唇】愁（陽）後（去）究（去）悠（陽）否（上）

【混江龍】救（去）流（陽）浮（陽）憂（陰）厚（去）留（陽）

【油葫蘆】手（上）後（去）羞（陰）秀（去）厚（去）斗（上）扣（去）流（陽）

【天下樂】籌（陽）優（陰）優（陰）秋（陰）傷（上）酒（上）

【醉中天】口（上）頭（陽）求（陽）媾（去）偶（上）就（去）愁（陽）

【金盞兒】流（陽）繆（去）口（上）留（陽）頭（陽）有（上）羞（陰）

【賺煞】斗（上）友（上）走（上）投（陽）樓（陽）頭（陽）休（陰）口（上）舊（去）舟（陰）

第二折【正宮】（齊微韻）

【醉太平】齊（陽）習（入作平）知（陰）你（上）只（入作上）只（入作上）的（入作上）洗（上）

【南呂】（支思韻）

【一枝花】枝（陰）賜（去）時（陽）私（陰）次（去）子（上）絲（陰）颸（入作上）

【梁州】脂（陰）事（去）差（陰）疵（陽）眵（陰）肢（陰）兒（陽）兒（陽）兒（陽）廝（陰）侍（去）紙（上）時（陽）思（陰）

【牧羊關】思（陰）枝（陰）志（去）姿（陰）子（上）士（去）

【隔尾】瑟（入作上）兒（陽）址（上）的（齊微）詞（陽）指（上）

【哭皇天】刺（去）紫（上）時（陽）子（上）死（上）士（去）兒（陽）

【烏夜啼】刺（去）司（陰）事（去）絲（陰）咨（陰）慈（陽）至（去）是（去）齒（上）私（陰）

【黃鍾煞】使（上）司（陰）之（陰）是（去）此（上）自（去）思（陰）止（上）屍（陰）死（上）

第三折【黃鍾】（魚模韻）

【醉花陰】鼓（上）雨（上）途（陽）住（去）姝（陰）主（上）

【喜遷鶯】路（去）都（陰）吁（陰）務（去）住（去）骨（入作上）淤（陰）

【出隊子】步（去）處（去）服（入作平）肚（去）梳（陰）

【么篇】慮（去）卒（入作平）墟（陰）木（入作去）苦（上）

【山坡羊】怒（去）覷（去）句（去）嶇（陰）紆（陰）去（去）吾（陽）步（去）福（入作上）

【刮地風】呼（陰）脯（陽）路（去）軀（陰）住（去）湖（陽）處（上）疏（陰）暮（去）去（去）

【四門子】訴（去）夫（陽）虛（陰）屬（入作平）奴（陽）屈（入作上）

【古水仙子】毒（入作平）圖（陽）束（入作上）楚（上）數（去）住（去）獄（入作去）訴（去）符（陽）

【隨尾】助（去）聚（去）雨（上）

第四折【正宮】（先天韻）

【端正好】扇（去）纏（陽）怨（去）面（去）

【滾繡球】邊（陰）前（陽）捲（上）然（陽）穿（陰）瀽（上）善（去）愆（陰）天（陰）漣（陽）

【伴讀書】遣（上）辯（去）踐（去）戰（去）倦（去）眠（陽）

【笑和尚】年（陽）天（陰）願（去）眼（上）咽（陰）嚥（去）

【快活三】牽（陰）天（陰）言（陽）便（去）

【醉太平】氏（去）施（陰）貲（陰）指（上）兒（陽）兒（陽）次（去）使（上）（支思韻）

【鮑老兒】冤（陰）獻（去）戀（去）面（去）天（陰）

【貨郎兒】變（去）蹇（上）泉（陽）緣（陽）全（陽）

【醉太平】元（陽）娟（陰）圓（陽）譴（上）殿（去）縣（去）源（陽）憐（陽）

【尾煞】宴（去）千（陰）絃（陽）鴛（陰）蓮（陽）篇（陰）年（陽）冤（陰）軟（上）

李亞仙花酒曲江池

楔子【仙呂】（尤侯韻）

【賞花時】酬（陽）秋（陰）頭（陽）口（上）樓（陽）

第一折【仙呂】（先天韻）

【點絳唇】原（陽）片（去）軟（上）妍（陽）淺（上）

【混江龍】羨（去）錢（陽）千（陰）煙（陰）前（陽）邊（陰）

戀（去）圓（陽）

【油葫蘆】遣（上）喘（上）涎（陽）線（去）扇（去）蹇（上）面（去）錢（陽）

【天下樂】天（陰）翩（陰）前（陽）千（陰）弦（陽）遠（上）

【那吒令】年（陽）見（去）見（去）戀（去）戀（去）鞭（陰）片（去）纏（陽）

【鵲踏枝】鮮（陰）綿（陽）鵑（陰）仙（陰）涎（陽）

【寄生草】串（去）穿（陰）面（去）扇（去）線（去）殿（去）

【醉中天】縣（去）園（陽）天（陰）殿（去）遠（上）見（去）源（陽）

【金盞兒】鸇（陰）膻（陰）面（去）錢（陽）箭（去）拳（陽）船（陽）

【青哥兒】善（去）變（去）邊（陰）掀（陰）連（陽）牽（陰）煎（陰）旋（陽）研（陽）年（陽）憲（去）

【賺煞】扇（去）腆（上）顛（陰）鞭（陰）緣（陽）筵（陽）免（上）穿（陰）賤（去）錢（陽）

第二折【南呂】（真文韻）

【一枝花】狠（上）紋（陽）倫（陽）寸（去）緊（上）昏（陰）損（上）

【梁州第七】門（陽）棍（去）筋（陰）真（陰）君（陰）瘟（陰）神（陽）人（陽）魂（陽）親（陰）緊（上）近（去）順（去）村（陰）銀（陽）

【商調】【尚京馬】迷（陽）的（入作上）裏（上）悲（陰）食（入作平）（齊微韻）

【隔尾】殯（去）人（陽）問（去）旬（陽）親（陰）緊（上）

【牧羊關】貧（陽）君（陰）運（去）門（陽）人（陽）

【罵玉郎】盡（去）神（陽）近（去）噙（陽）噀（去）

【感皇恩】墳（陽）身（陰）塵（陽）魂（陽）嗔（陰）恨（去）

【採茶歌】巡（陽）榛（陰）君（陰）忍（上）春（陰）

【黃鍾煞】棍（去）裩（陰）勤（陽）狠（上）順（去）仁（陽）忿（去）噴（陰）盡（去）刎（上）問（去）頓（去）近（去）迸（去）分（陰）本（上）

第三折【中呂】（庚青韻）

【粉蝶兒】亭（陽）正（去）鶯（陰）淨（去）生（陰）命（去）

【醉春風】鼎（上）冷（上）冷（上）聽（陰）

【十二月】景（上）瓊（陽）凝（陽）命（去）名（陽）

【堯民歌】亭（陽）鉼（陰）翎（陽）腥（陰）生（陰）精（陰）病（去）

【滿庭芳】驚（陰）星（陰）淨（去）生（陰）名（陽）行（陽）釘（陰）令（去）惺（陰）

【耍孩兒】柄（去）等（上）承（陽）冰（陰）釘（陰）定（去）程（陽）

【三煞】屏（陽）井（上）坑（陰）證（去）城（陽）

【二煞】生（陰）競（去）箏（陰）正（去）盟（陽）

【尾煞】輕（陰）硬（去）等（上）

第四折【雙調】（歌戈韻）

【新水令】珂（陰）過（去）娑（陰）哥（陰）破（去）

【沉醉東風】摩（陽）柯（陰）薄（入作平）何（陽）囉（陰）果（上）

【雁兒落】活（入作平）坐（去）貨（去）

【得勝令】和（陽）哥（陰）歌（陰）呵（陰）過（去）波（陰）多（陰）

【川撥棹】鐸（入作平）麼（陰）窩（陰）鍋（陰）河（陽）婆（陽）破（去）

【七弟兄】我（上）我（上）活（入作平）做（去）科（平）個（去）

【梅花酒】火（上）羅（陽）合（入作平）婆（陽）着（入作?）臥（去）何（陽）多（陰）磨（陽）

【收江南】過（去）跎（陽）和（陽）奪（入作平）呵（陰）

【鴛鴦煞】銼（去）割（入作上）跋（入作平）脫（入作上）汙（去）河（陽）我（上）

龐居士誤放來生債

楔子【仙呂】（魚模韻）

【賞花時】夫（陽）苦（上）軀（陰）與（去）無（陽）

第一折【仙呂】（真文韻）

【點絳唇】倫（陽）問（去）忖（上）貧（陽）分（去）

【混江龍】憤（去）勳（陰）麟（陽）軍（陰）勤（陽）墳（陽）身（陰）巡（陽）運（去）雲（陽）

【油葫蘆】身（陰）緊（上）貧（陽）趁（去）近（去）恩（陰）奔（去）門（陽）

【天下樂】人（陽）論（去）真（陰）銀（陽）本（上）

【那吒令】津（陰）神（陽）賓（陰）人（陽）民（陽）門（陽）淪（陽）遁（去）身（陰）

【鵲踏枝】神（陽）君（陰）銀（陽）門（陽）盡（去）因（陰）

【寄生草】本（上）因（陰）盹（上）印（去）悶（去）論（去）

【六幺序】勻（陽）雲（陽）仁（陽）恩（陰）鄰（陽）俊（去）真（陰）分（去）春（陰）

【幺篇】勤（陽）親（陰）奔（陰）根（陰）神（陽）身（陰）人（陽）君（陰）臣（陽）勳（陰）贐（去）雲（陽）悋（去）聞（陽）

【醉扶歸】憫（上）銀（陽）恩（陰）運（去）本（上）坌（去）

【賺煞】哂（上）人（陽）身（陰）坤（陰）民（陽）銀（陽）春（陰）肯（上）靳（去）人（陽）

第二折【中呂】（魚模韻）

【粉蝶兒】俗（入作平）鼓（上）徒（陽）醋（去）呼（陰）物（入作去）

【醉春風】古（上）數（上）數（上）助（去）

【紅繡鞋】顧（去）娛（陽）除（陽）軀（陰）主（上）

【迎仙客】服（入作平）福（入作上）古（上）住（去）注（去）

【醉高歌】獨（入作平）苦（上）敘（去）怖（去）

【滿庭芳】主（上）福（入作上）魚（陽）獄（入作去）躇（陽）虎（上）驢（陽）路（去）府（上）虛（陰）

【石榴花】如（陽）初（陰）術（去）負（去）逋（陰）去（去）途（陽）住（去）符（陽）

【鬭鵪鶉】出（入作上）除（陽）主（上）處（去）餘（陽）足（入作上）

【上小樓】庫（去）數（去）處（去）步（去）去（去）

【么篇】福（入作上）復（入作上）路（去）度（去）

【耍孩兒】賈（上）府（上）湖（陽）驅（陰）夫（陽）緒（去）疎（陰）

【二煞】腹（入作上）粟（入作上）數（去）玉（入作去）孥（陽）

【煞尾】書（陰）福（入作上）苦（上）

第三折【越調】（皆來韻）

【鬬鵪鶉】解（上）開（陰）珀（入作上）來（陽）客（入作上）

【紫花兒序】埃（陰）劃（入作?）排（陽）礙（去）解（上）萊（陽）

【天淨沙】衰（陰）埋（陽）界（去）駭（上）災（陰）

【鬼三台】大（去）載（上）在（去）儕（陽）哉（陰）窄（入作上）開（陰）彩（上）

【紫花兒序】台（陰）派（去）埃（陰）腮（陰）解（上）蟹（上）臺（陽）

【憑欄人】裁（陽）彩（上）開（陰）客（入作上）

【寨兒令】排（陽）靄（上）載（上）猜（陰）

【么篇】埋（陽）財（陽）苔（陽）拜（去）開（陰）

【金蕉葉】魄（入作上）色（入作平）擺（上）凱（上）

【調笑令】該（陰）該（陰）懷（陽）奈（去）寨（去）色（入作平）霾（陽）

【禿廝兒】塊（去）崖（陽）踹（去）胎（陰）哉（陰）

【聖藥王】擡（陽）開（陰）來（陽）衰（陰）擺（上）財（陽）來（陽）

【收尾】債（去）載（上）海（上）

第四折【雙調】（先天韻）

【新水令】禪（陽）煉（去）邊（陰）緣（陽）遍（去）

【沉醉東風】腆（上）延（陽）怨（去）田（陽）絃（陽）遠（上）

【雁兒落】顯（上）見（去）殿（去）

【得勝令】天（陰）軒（陰）燃（陽）前（陽）便（去）先（陰）

穿（陰）

【喬牌兒】偃（上）顫（去）現（去）宣（陰）

【殿前歡】緣（陽）年（陽）轉（去）天（陰）言（陽）見（去）願（去）蓮（陽）

【折桂令】天（陰）元（陽）愆（陰）苑（上）千（陰）員（陽）錢（陽）仙（陰）

便宜行事虎頭牌

第一折【仙呂】（真文韻）

【點絳唇】門（陽）分（去）印（去）塵（陽）盡（去）

【混江龍】陣（去）勳（陰）群（陽）軍（陰）悶（去）奔（陰）

【油葫蘆】穩（上）准（上）人（陽）混（去）褪（去）噴（陰）寸（去）神（陽）

【天下樂】昏（陰）魂（陽）魂（陽）親（陰）君（陰）人（陽）問（去）

【醉中天】困（去）辛（陰）春（陰）信（去）親（陰）盡（去）塵（陽）

【金盞兒】親（陰）貧（陽）訓（去）文（陽）軍（陰）人（陽）

【一半兒】臣（陽）軍（陰）分（去）欣（陰）肯（上）

【金盞兒】諄（陰）醺（陰）印（去）恩（陰）氛（去）臣（陽）

【賺煞】津（陰）津（陰）人（陽）狠（上）門（陽）循（陽）親（陰）軍（陰）吞（陰）緊（上）君（陰）

第二折【雙調】（先天韻）

【五供養】綿（陽）拳（陽）錢（陽）餞（去）戀（去）圓（陽）

【落梅風】圓（陽）奠（去）願（去）見（去）

【阿那忽】緣（陽）纏（陽）箭（去）絃（陽）

【慢金盞】言（陽）戀（去）邊（陰）前（陽）健（去）面（去）然（陽）貶（上）

【石竹子】善（去）憐（陽）怨（去）宣（陰）

【大拜門】年（陽）眷（去）絃（陽）千（陰）宴（去）

【山石榴】善（去）軟（上）線（去）

【醉娘子】圓（陽）穿（陰）現（去）面（去）

【相公愛】鈿（去）纏（陽）員（陽）傳（陽）偏（陰）

【不拜門】喧（陰）健（去）前（陽）躚（陰）羨（去）

【也不羅】員（陽）眷（去）宴（去）戀（去）見（去）

【喜人心】見（去）便（去）煎（陰）怨（去）變（去）辨（去）

【醉也摩娑】天（陰）天（陰）典（上）穿（陰）年（陽）

【月兒彎】見（去）穿（陰）傳（陽）嚥（去）

【風流體】喧（陰）遍（去）天（陰）片（去）

【忽都白】緣（陽）田（陽）椽（陽）線（去）面（去）綿（陽）面（去）穿（陰）煎（陰）漣（陽）怨（去）願（去）

【唐兀歹】眠（陽）磚（陰）薦（去）天（陰）

【離亭宴煞】戰（去）箭（去）前（陽）倦（去）院（去）年（陽）遠（上）

第三折【雙調】（齊微韻）

【新水令】雷（陽）備（去）期（陽）追（陰）未（去）

【沉醉東風】地（去）疑（陽）職（入作上）卑（陰）知（陰）膝（入作上）

【攪箏琶】意（去）機（陰）戟（入作上）敵（入作平）泥（陽）的（入作上）啼（陽）

【胡十八】食（入作平）妓（去）賊（入作平）席（入作平）十（入作平）比（上）歲（去）

【慶宣和】裏（上）妻（陰）疾（入作平）皮（陽）皮（陽）

【步步嬌】跪（去）恥（上）姪（入作平）灰（陰）提（陽）例（去）

【沽美酒】勢（去）對（去）只（入作上）會（去）易（入作去）

【太平令】退（去）回（陽）吏（去）地（去）裏（上）你（上）吃（入作上）碎（去）

【雁兒落】力（入作去）意（去）氣（去）

【得勝令】錐（陰）皮（陽）實（入作平）期（陽）罪（去）十（入作平）威（陰）

【鴛鴦煞】隊（去）戟（入作上）杯（陰）悔（上）醉（去）誰（陽）的（入作上）

第四折【正宮】（皆來韻）

【端正好】害（去）白（入作平）礙（去）外（去）

【滾繡球】宅（入作平）帥（去）排（陽）責（入作上）怪（去）開（陰）來（陽）猜（陰）

【伴讀書】大（去）懷（陽）在（去）改（上）害（去）埋（陽）

【笑和尚】來（陽）該（陰）外（去）才（陽）釵（陰）待（去）

【川撥棹】咳（去）窄（入作上）差（陰）該（陰）邁（去）百（入作上）

【七弟兄】猜（陰）猜（陰）牌（陽）寨（去）懷（陽）債（陰）

【梅花酒】諧（陽）台（陰）臺（陽）開（陰）劃（入作?）歪（陰）來（陽）擡（陽）白（入作平）

【收江南】牌（陽）柴（陽）災（陰）歹（入作去）胎（陰）

【尾煞】釃（去）宰（上）態（去）保（上）

包龍圖智賺合同文字

楔子【仙呂】（尤侯韻）

【賞花時】收（陰）憂（陰）州（陰）救（去）留（陽）

第一折【仙呂】（先天韻）

【點絳唇】煎（陰）便（去）戀（去）年（陽）願（去）

【混江龍】賤（去）源（陽）先（陰）田（陽）邅（陰）纏（陽）遠（上）年（陽）見（去）拳（陽）

【油葫蘆】錢（陽）天（陰）年（陽）片（去）件（去）憐（陽）眷（去）椽（陽）

【天下樂】蹇（上）前（陽）緣（陽）穿（陰）賢（陽）年（陽）

【那吒令】言（陽）錢（陽）冤（陰）戰（去）蜒（陽）

【鵲踏枝】邊（陰）原（陽）旋（陽）偃（上）天（陰）

【柳葉兒】遣（上）煙（陰）膳（去）眷（去）緣（陽）全（陽）

【青哥兒】券（去）院（去）顯（上）泉（陽）賢（陽）年（陽）然（陽）連（陽）源（陽）邊（陰）見（去）

【寄生草】年（陽）勸（去）善（去）變（去）面（去）

【賺煞尾】遣（上）遠（上）奠（去）言（陽）園（陽）前（陽）田（陽）先（陰）眷（去）圓（陰）

第二折【正宮】（真文韻）

【端正好】訓（去）身（陰）問（去）進（去）

【滾繡球】貧（陽）勤（陽）鈍（去）人（陽）鱗（陽）門（陽）憤（去）雲（陽）身（陰）門（陽）

【倘秀才】隱（上）忍（上）人（陽）門（陽）孫（陰）

【呆骨朵】忿（去）昏（陰）論（去）盡（去）親（陰）恩（陰）

【倘秀才】訓（去）分（去）親（陰）渾（陽）身（陰）

【滾繡球】文（陽）親（陰）盡（去）人（陽）村（陰）門（陽）殯（去）身（陰）恩（陰）辛（陰）

【倘秀才】隱（上）滾（上）村（陰）墳（陽）順（去）

【滾繡球】親（陰）親（陰）盡（去）真（陰）魂（陽）人（陽）順（去）神（陽）分（陰）雲（陽）

【煞尾】緊（上）勤（陽）分（陰）穩（上）塵（陽）雲（陽）新（陰）魂（陰）親（陰）本（上）

第三折【中呂】（魚模韻）

【粉蝶兒】都（陰）住（去）無（陽）路（去）途（陽）步（去）

【醉春風】母（上）苦（上）苦（上）父（去）

【紅繡鞋】肚（去）吁（陰）睦（入作去）吾（陽）母（上）

【普天樂】速（去）豫（去）疎（陰）去（去）覷（去）婦（去）夫（陽）服（入作平）屬（入作平）

【迎仙客】去（去）府（上）處（去）母（上）獨（入作平）住（去）

【石榴花】簏（入作去）塗（陽）初（陰）阻（上）書（陰）聚（去）居（陰）付（去）虛（陰）

【鬬鵪鶉】母（上）土（上）所（上）足（入作上）無（陽）故（去）

【上小樓】母（上）務（去）熟（入作平）促（入作上）毒（入作平）顧（去）墓（去）

【么篇】酷（去）付（去）伏（入作平）女（上）夫（陽）取（上）戶（去）

【滿庭芳】主（上）奴（陽）途（陽）怒（去）書（陰）去（去）母（上）如（陽）

【十二月】苦（上）居（陰）宿（入作上）閭（陽）父（去）初

（陰）

【堯民歌】徒（陽）都（陰）無（陽）蘆（陽）屈（入作上）訴（去）哭（入作平）

【收尾】如（陽）去（去）屈（入作上）

第四折【雙調】（齊微韻）

【新水令】機（陰）日（入作去）及（入作平）提（陽）疑（陽）意（去）

【喬牌兒】悔（上）智（去）罪（去）義（去）

【掛玉鉤】知（陰）弟（去）的（入作上）昧（去）姪（入作平）計（去）歸（陰）

【雁兒落】皮（陽）罪（去）壁（入作上）對（去）

【得勝令】宜（陽）癡（陰）尉（去）悲（陰）瑞（去）知（陰）制（去）

【甜水令】起（上）水（上）幃（陽）忌（去）逼（入作平）微（陽）

【折桂令】離（陽）期（陽）機（陰）契（去）殖（入作平）依（陰）虧（陰）攜（陽）

【水仙子】衣（陰）知（陰）輩（去）垂（陽）輝（陰）德（入作上）義（去）妻（陰）

凍蘇秦衣錦還鄉

楔子【仙呂】（皆來韻）

【賞花時】才（陽）開（陰）埃（陰）策（入作上）來（陽）

第一折【仙呂】（庚青韻）

【點絳唇】生（陰）應（去）井（上）行（陽）病（去）

【混江龍】定（去）經（陰）纓（陰）翎（陽）倖（去）名（陽）

【油葫蘆】等（上）程（陽）憎（陰）剩（去）冷（上）晴（陽）領（上）更（陰）

【天下樂】成（陽）廳（陰）冷（上）明（陽）睛（陰）生（陰）

【元和令】精（陰）逞（陽）清（陰）星（陰）亨（陰）餅（上）

【上馬嬌】淩（陽）情（陽）定（去）驚（陰）成（陽）

【後庭花】傾（陰）稱（陰）盛（去）睜（陰）蹬（陰）經（陰）

領（上）坑（陰）井（上）憑（陽）生（陰）

【青哥兒】定（去）影（上）成（陽）耕（陰）形（陽）名（陽）聲（陰）刑（陽）庭（陽）英（陰）卿（陰）生（陰）零（陽）嶸（陽）生（陰）競（去）

【賺煞尾】冷（上）贈（去）零（陽）行（陽）生（陰）登（陰）名（陽）整（上）定（去）程（陽）

第二折【正宮】（齊微韻）

【端正好】濟（去）妻（陰）識（入作上）避（去）

【滾繡球】跡（入作上）日（入作去）疾（入作平）歸（陰）歲（去）得（入作上）貴（去）淒（陰）位（去）衣（陰）悲（陰）

【倘秀才】水（上）職（入作上）歸（陰）妻（陰）的（入作上）

【伴讀書】裔（陰）義（去）得（入作上）慧（去）意（去）疾（入作平）

【笑歌賞】齊（陽）逼（入作平）疑（陽）底（上）的（入作上）內（去）

【滾繡球】會（去）日（入作去）對（去）誰（陽）悔（上）的（入作上）第（去）衣（陰）知（陰）只（入作上）

【朝天子】識（入作上）為（陽）胃（去）饑（陰）計（去）裏（上）的（入作上）氣（去）炊（陰）機（陰）淚（去）

【四邊靜】日（入作去）歸（陰）裏（上）依（陰）狽（去）鬼（上）

【煞尾】氣（去）灰（陰）內（去）衣（陰）隨（陽）圍（陽）的（入作上）戚（入作上）得（入作上）悔（上）

第三折【南呂】（江陽韻）

【一枝花】相（去）糧（陽）窗（陰）況（去）慌（陰）腸（陽）梁（陽）

【梁州第七】箱（陰）上（去）商（陰）章（陰）搶（上）巷（去）鄉（陰）廂（陰）廂（陰）黨（上）撞（去）方（陰）囊（陽）

【賀新郎】窗（陰）向（去）旺（去）梁（陽）光（陰）量（陽）上（去）粧（陰）

【隔尾】釀（去）涼（陽）盪（去）當（陰）腸（陽）晌（上）

【絮蝦蟆】相（去）量（陽）常（陽）仗（去）堂（陽）訪（上）

章（陰）方（陰）傷（陰）裝（陰）望（去）恙（去）床（陽）當（去）湯（陰）傍（陽）様（去）魎（上）當（去）往（上）狂（陽）棒（去）霜（陰）慌（陰）旺（去）況（去）綱（陰）行（陽）講（上）良（陽）

【牧羊關】囊（陽）章（陰）丈（去）棒（去）埸（陽）湯（陰）

【么篇】埸（陽）忘（去）量（去）倉（陰）強（陽）

【黃鍾尾】丈（去）章（陰）黨（上）埸（陽）王（陽）觴（陰）上（去）訪（上）誑（去）當（去）兩（上）忘（去）想（上）

第四折【雙調】（真文韻）

【新水令】臣（陽）奔（去）春（陰）辛（陰）分（陰）

【步步嬌】認（去）頓（去）分（去）印（去）門（陽）棍（去）

【川撥棹】勤（陽）昆（陰）身（陰）輪（陽）跟（陰）忍（上）哏（陰）

【七弟兄】問（去）人（陽）君（陽）信（去）雲（陽）運（去）

【梅花酒】分（去）村（陰）身（陰）親（陰）人（陽）奔（去）貧（陽）尊（陰）塵（陽）存（陽）人（陽）魂（陽）門（陽）

【喜江南】根（陰）筋（陰）秦（陽）本（上）人（陽）

【沽美酒】親（陰）貧（陽）人（陽）窘（上）銀（陽）

【太平令】准（上）恩（陰）遜（去）問（去）親（陰）鄰（陽）門（陽）盡（去）

【鴛鴦煞】憫（上）近（去）印（去）忖（上）盡（去）秦（陽）哂（上）

李素蘭風月玉壺春

第一折【仙呂】（先天韻）

【點絳唇】前（陽）倦（去）典（上）先（陰）選（上）

【混江龍】宴（去）年（陽）宣（陰）偏（陰）紘（陽）天（陰）殿（去）鞭（陰）

【油葫蘆】苑（上）煙（陰）綿（陽）囀（去）戀（去）喧（陰）院（去）筵（陽）

【天下樂】紘（陽）懸（陽）軟（上）鵑（陰）天（陰）

【那吒令】輦（上）駥（陽）船（陽）院（去）紘（陽）

【鵲踏枝】仙（陰）娟（陰）圈（陰）面（去）源（陽）

【寄生草】全（陽）薦（去）線（去）片（去）燕（去）

【六么序】天（陰）仙（陰）傳（陽）煎（陰）牽（陰）戀（去）蜒（陽）羨（去）蓮（陽）

【么篇】侹（陽）煎（陰）旋（陽）言（陽）原（陽）前（陽）猿（陽）眠（陽）便（去）緣（陽）燕（去）涎（陽）

【後庭花】仙（陰）天（陰）緣（陽）言（陽）願（去）錢（陽）年（陽）

【柳葉兒】眷（去）前（陽）戀（去）縣（去）園（陽）船（陽）

【賺煞】扇（去）堅（陰）免（上）穿（陰）掀（陰）千（陰）園（陽）專（陰）願（去）錢（陽）

楔子【仙呂】（車遮韻）

【端正好】闕（入作上）傑（入作平）絶（入作平）蛇（陽）靴（陰）奢（陰）節（入作上）謝（去）

第二折【南呂】（江陽韻）

【一枝花】巷（去）鄉（陰）香（陰）丈（去）行（陽）郎（陽）敞（上）

【梁州第七】當（去）量（去）商（陰）槍（陰）忙（陽）張（陰）項（去）降（陽）綱（陰）將（去）浪（去）章（陰）腔（陰）

【牧羊關】棠（陽）牀（陽）帳（去）香（陰）粧（陰）

【隔尾】旺（去）香（陰）放（去）窗（陰）汝（陰）賞（上）

【賀新郎】章（陰）唱（去）浪（去）朗（上）光（陰）榜（上）場（陽）相（去）陽（陽）

【四塊玉】蕩（去）常（陽）像（去）賞（上）

【隔尾】響（上）香（陰）當（去）張（陰）藏（陽）講（上）

【罵玉郎】降（去）量（陽）浪（去）棒（去）

【感皇恩】鴦（陰）凰（陽）娘（陽）廂（陰）忙（陽）

【採茶歌】囊（陽）螂（陽）粧（陰）腔（陰）娘（陽）

【牧羊關】當（陰）霜（陰）房（陽）章（陰）巷（去）娘（陽）

【二煞】放（去）忙（陽）香（陰）牀（陽）帳（去）愴（去）茫（陽）江（陰）

【黃鍾尾】釀（去）湯（陰）量（陽）張（陰）窗（陰）放（去）

娘（陽）郎（陽）黨（上）腸（陽）望（去）雙（陰）想（上）

第三折【中呂】（皆來韻）

【粉蝶兒】來（陽）怪（去）街（陰）奈（去）臺（陽）債（去）

【醉春風】海（上）改（上）改（上）愛（去）

【迎仙客】才（陽）在（去）客（入作上）災（陰）寨（去）

【紅繡鞋】外（去）來（陽）劃（入作?）白（入作平）來（陽）

【滿庭芳】色（入作平）腮（陰）客（入作上）白（入作平）釵（陰）臺（陽）額（入作去）猜（陰）來（陽）

【石榴花】排（陽）埋（陽）掂（先天）臺（陽）才（陽）帶（去）骸（陽）解（陽）來（陽）

【鬭鵪鶉】白（入作平）責（入作上）開（陰）劃（入作?）海（上）

【快活三】街（陰）臺（陽）開（陰）帶（去）

【鮑老兒】來（陽）塊（去）排（陽）怪（去）街（陰）白（入作平）

【十二月】色（入作平）擡（陽）來（陽）才（陽）釵（陰）

【堯民歌】來（陽）開（陰）台（陰）臺（陽）哉（陰）該（陰）礙（去）

【上小樓】態（去）耐（去）釵（陰）頦（陽）袋（去）害（去）賴（去）

【么篇】才（陽）宰（上）柴（陽）改（上）在（去）賣（去）

【耍孩兒】態（去）策（入作上）篩（陰）崖（陽）賣（去）諧（陽）

【四煞】頦（陽）賽（去）街（陰）客（入作上）鞋（陽）

【三煞】財（陽）才（陽）大（去）排（陽）快（去）蘖（去）

【二煞】捱（陽）帶（去）牌（陽）在（去）釵（陰）

【煞尾】該（陰）外（去）彩（上）

第四折【雙調】（齊微韻）

【新水令】溪（陰）蜜（入作去）遲（陽）事（支思）悴（去）

【駐馬聽】疾（入作平）鬼（上）地（去）賊（入作平）饑（陰）利（去）理（上）立（入作去）

【水仙子】題（陽）碑（陰）日（入作去）攜（陽）回（陽）內

（去）輝（陰）魁（陽）

【落梅風】理（上）勢（去）的（入作上）翼（入作去）

【雁兒落】棲（陰）配（去）戲（去）

【得勝令】培（陽）蕤（陽）闈（陽）期（陽）繫（去）飛（陰）離（陽）

【沽美酒】持（陽）移（陽）美（上）妻（陰）對（去）

【太平令】貴（去）儀（陽）器（去）配（去）衣（陰）食（入作平）意（去）世（去）

小尉遲將鬥將認父歸朝

第一折【仙呂】（東鍾韻）

【點絳唇】鋒（陰）總（上）夢（去）功（陰）用（去）

【混江龍】動（去）雄（陽）蜂（陰）紅（陽）蛩（陽）重（陽）濛（陽）縱（去）封（陰）

【油葫蘆】中（陰）從（陽）風（陰）棟（去）鳳（去）公（陰）從（去）宮（陰）

【天下樂】勇（上）功（陰）通（陰）雄（陽）充（陰）

【村裏迓鼓】中（去）縱（去）容（陽）恐（上）公（陰）蟲（陽）

【元和令】凶（陰）動（去）弓（陰）蹤（陰）沖（陰）風（陰）

【上馬嬌】攻（陰）龍（陽）鞚（去）轟（陰）空（陰）

【遊四門】重（陽）衕（陽）重（去）鐘（陰）空（陰）嚨（陽）

【勝葫蘆】種（上）鋒（陰）哄（去）動（去）通（陰）

【後庭花】攻（陰）重（去）風（陰）蟲（陽）訟（去）終（陰）聾（陽）中（陰）容（陽）公（陰）

【柳葉兒】痛（去）通（陰）動（去）送（去）逢（陽）鋒（陰）

【賺煞尾】衆（去）忠（陰）蹤（陰）風（陰）雄（陽）容（陽）紅（陽）聳（上）動（去）恭（陰）

第二折【雙調】（家麻韻）

【清江引】傻（上）罵（去）話（去）耍（上）

【中呂】（皆來韻）

【粉蝶兒】腮（陰）[illegible]（入作去）頦（陽）海（上）快（去）垓

（陰）鎧（上）

【醉春風】額（入作去）才（陽）改（上）改（上）代（去）

【迎仙客】垓（陰）窄（入作上）策（入作上）咍（陰）賣（去）

【紅繡鞋】蟹（去）豺（陽）災（陰）蓋（去）薹（陽）害（去）

【快活三】衰（陰）開（陰）白（入作平）邁（去）

【鮑老兒】概（去）在（去）來（陽）宰（上）災（陰）差（陰）

【柳青娘】凱（上）哀（陰）篩（陰）開（陰）色（入作平）柵（入作上）埃（陰）挨（陰）

【道合】才（陽）才（陽）垓（陰）來（陽）怪（去）待（去）擡（陽）歪（陰）腮（陰）開（陰）孩（陽）害（去）側（入作上）帶（去）骸（陽）胎（陰）來（陽）

【隨尾】害（去）寨（去）慨（去）擡（陽）

第三折【越調】（齊微韻）

【鬬鵪鶉】氣（去）德（入作上）稷（入作上）賊（入作平）敵（入作平）矣（上）

【紫花兒序】旗（陽）盔（陰）持（陽）脊（入作上）碎（去）蹄（陽）

【小桃紅】微（陽）紀（去）勢（去）題（陽）騎（陽）砌（去）利（去）機（陰）

【鬼三台】砌（去）隊（去）勢（去）吹（陰）擊（入作上）碎（去）飛（陰）鎚（陽）戟（入作上）

【調笑令】日（入作去）敵（入作平）的（入作上）離（陽）肋（入作去）力（入作去）藉（入作平）

【麻郎兒】義（去）持（陽）裏（上）記（去）

【么篇】的（入作上）遲（陽）日（入作上）知（陰）立（入作去）

【絡絲娘】息（入作上）你（上）的（入作上）哩（上）畏（去）

【收尾】裹（上）喜（上）國（入作上）

第四折【雙調】（真文韻）

【新水令】麟（陽）陣（去）掄（陽）紛（陰）親（陰）因（陰）信（去）

【駐馬聽】分（陰）珍（陰）認（去）人（陽）存（陽）恨（去）

忖（上）分（去）

【沽美酒】恩（陰）塵（陽）軍（陰）盡（去）坤（陰）

【太平令】順（去）根（陰）齦（陽）進（去）肯（上）認（去）親（陰）信（去）

【雁兒落】真（陰）忿（去）論（去）

【得勝令】軍（陰）臣（陽）真（陰）欣（陰）運（去）勤（陽）人（陽）

魯大夫秋胡戲妻

第一折【仙呂】（真文韻）

【點絳唇】人（陽）訓（去）分（去）姻（陰）順（去）

【混江龍】論（去）倫（陽）君（陰）春（陰）親（陰）裙（陽）分（去）人（陽）

【油葫蘆】塵（陽）運（去）門（陽）困（去）信（去）臣（陽）順（去）根（陰）

【天下樂】貧（陽）人（陽）窘（上）身（陰）論（去）君（陰）

【村裏迓鼓】悶（去）身（陰）問（去）盡（去）人（陽）窘（上）痕（陽）親（陰）

【元和令】辛（陰）困（去）臣（陽）軍（陰）人（陽）身（陰）

【上馬嬌】狠（上）村（陰）筋（平）棍（去）哏（陽）麟（陽）

【遊四門】勤（陽）軍（陰）晉（去）溫（陰）親（陰）門（陽）

【勝葫蘆】痕（陽）鱗（陽）文（陽）滾（上）噴（去）勳（陰）

【後庭花】婚（陰）輪（陽）恩（陰）犟（陽）分（陰）君（陰）神（陽）運（去）村（陰）

【柳葉兒】奔（去）婚（陰）運（去）忖（上）人（陽）辰（陽）

【賺煞】近（去）樽（陰）新（陰）村（陰）人（陽）親（陰）恩（陰）魂（陽）恨（去）昏（陰）

第二折【正宮】（齊微韻）

【端正好】氣（去）妻（陰）體（上）睡（去）

【滾繡球】醫（陰）息（入作上）治（去）槌（陽）日（入作去）地（去）會（去）皮（陽）回（陽）稀（陰）

【呆骨朵】袂（去）低（陰）水（上）倚（上）壁（入作上）籬

（陽）

【倘秀才】笛（入作平）壻（去）識（入作上）妻（平）理（上）

【滚繡球】雞（陰）飛（陰）配（去）食（入作平）起（上）夕（入作平）米（上）衣（陰）饑（陰）遲（陽）

【脱布衫】啼（陽）悲（陰）恥（上）禮（上）

【醉太平】食（入作平）席（入作平）搥（陽）皮（陽）戲（去）濟（去）隨（陽）的（入作上）

【叨叨令】配（去）對（去）勢（去）擂（去）睡（去）

【煞尾】計（去）賊（入作平）戚（入作上）識（入作上）位（去）裏（上）圍（陽）騎（陽）齊（陽）直（入作平）隨（陽）旗（陽）歲（去）地（去）備（去）氣（去）誰（陽）伊（陽）你（上）

第三折【中吕】（魚模韻）

【粉蝶兒】胡（陽）路（去）獨（入作平）負（去）疎（陰）序（去）

【醉春風】雨（上）苦（上）苦（上）婦（去）

【普天樂】樹（去）糊（陽）露（去）婦（去）物（入作去）枯（陰）

【滿庭芳】福（入作上）儒（陽）語（上）書（陰）女（上）姑（陰）句（去）如（陽）

【上小樓】宇（陽）去（去）處（去）住（去）付（去）

【十二月】夫（陽）麄（入作去）捽（入作去）路（去）呼（陰）

【堯民歌】娛（陽）速（入作上）服（入作平）住（去）初（陰）夫（陽）女（上）

【耍孩兒】玉（入作去）雨（上）書（陰）珠（陰）夫（陽）怒（去）裾（陰）

【二煞】雛（陽）簿（去）魚（陽）玉（入作去）俗（入作平）誅（陰）

【三煞】顱（陽）足（入作上）骨（入作上）驢（平）律（入作去）墓（去）屬（入作平）

【尾煞】祖（上）婦（去）主（上）

第四折【雙調】（江陽韻）

【新水令】忙（陽）放（去）黄（陽）桑（陰）莊（陰）坊（陰）

當（去）

【甜水令】上（去）膛（陽）裳（陽）防（陽）

【折桂令】鄉（陰）娘（陽）唐（陽）章（陰）粱（陽）糠（陰）涼（陽）腸（陽）腸（陽）涼（陽）

【喬牌兒】贓（陰）強（陽）相（去）娘（陽）

【豆葉黃】郎（陽）娘（陽）壯（去）章（陰）量（陽）上（去）

【川撥棹】當（陰）桑（陰）娘（陽）床（陽）堂（陽）房（陽）場（陽）

【殿前歡】鴦（陰）郎（陽）上（去）漿（陰）張（陰）狀（去）講（上）良（陽）

【雁兒落】湯（陰）望（去）上（去）

【得勝令】香（陰）霜（陰）想（上）忙（陽）撞（去）量（陽）長（陽）

【鴛鴦煞】養（上）望（去）粧（陰）享（上）張（陰）樣（去）綱（陰）謊（上）

神奴兒大鬧開封府

第一折【仙呂】（齊微韻）

【點絳唇】直（入作平）會（去）紀（去）非（陰）貴（去）

【混江龍】世（去）癡（陰）低（陰）移（陽）旎（上）癡（陰）嬉（去）悲（陰）淚（去）推（陰）

【油葫蘆】裏（上）殢（去）知（陰）醉（去）氣（去）的（入作上）禮（上）遲（陽）

【天下樂】皮（陽）知（陰）你（上）起（上）尾（上）箕（陽）

【那吒令】你（上）地（去）壁（入作上）地（去）哩（上）地（去）娌（上）機（陰）

【鵲踏枝】卑（陰）慧（去）疾（入作平）肥（陽）妻（陰）

【寄生草】弟（去）義（去）識（入作上）戚（入作上）意（去）議（去）

【後庭花】移（陽）的（入作上）義（去）裏（上）遲（陽）墨（入作去）筆（入作上）棄（去）的（入作上）

【柳葉兒】弟（去）皮（陽）意（去）意（去）離（陽）妻（陰）

【賺煞尾】意（去）水（上）雞（陰）遺（陽）誰（陽）非（陰）欺（陰）已（上）逆（入作去）遲（陽）

楔子【仙呂】（皆來韻）

【賞花時】買（上）側（入作上）街（陰）待（去）來（陽）

第二折【南呂】（庚青韻）

【一枝花】病（去）疼（陽）驚（陰）倖（去）生（陰）行（陽）影（上）

【梁州第七】乘（陰）聽（陰）領（上）行（陽）承（陽）迎（陽）翎（陽）餅（上）鈴（陽）聲（陰）冷（上）定（去）停（陽）傾（陰）

【四塊玉】正（去）城（陽）姓（去）生（陰）命（去）

【隔尾】敬（去）擎（陽）應（去）挺（上）睛（陰）等（上）

【牧羊關】冷（上）燈（陰）餅（上）聲（陰）聽（陰）

【罵玉郎】定（去）掙（去）蹬（陰）生（陰）性（去）

【感皇恩】聲（陰）行（陽）盈（陽）伶（陽）惺（陰）

【採茶歌】情（陽）靈（陽）桯（陰）醒（上）停（陽）

【黃鍾尾】徑（去）亭（陽）哽（上）冷（上）耿（上）睛（陽）行（陽）影（上）

第三折【中呂】（魚模韻）

【粉蝶兒】俗（入作平）路（去）圖（陽）恕（去）服（入作平）去（去）

【醉春風】處（去）堵（上）堵（上）訴（去）

【紅繡鞋】喝（入作上）伏（入作平）蘆（陽）速（去）吾（陽）虛（陰）

【迎仙客】淤（陰）土（上）住（去）促（入作上）去（去）

【石榴花】除（陽）服（入作平）哭（入作平）去（去）逐（入作平）處（去）覷（去）付（去）無（陽）

【鬭鵪鶉】暮（去）鼓（上）住（去）卒（入作平）府（上）

【上小樓】毒（入作平）姑（陰）奴（陽）女（上）婦（去）戶（去）

【么篇】母（上）舉（上）哺（去）肚（去）

【十二月】婦（去）閭（陽）圖（陽）物（入作去）主（上）誣

(陽)

【堯民歌】夫(陽)突(入作平)書(陰)虛(陰)伏(入作平)付(去)倣(去)

【耍孩兒】曲(入作上)糊(陽)鼓(上)虎(上)獄(入作去)鑪(陽)

【煞尾】苦(上)府(上)屈(入作上)

第四折【雙調】(真文韻)

【新水令】軍(陰)頓(去)門(陽)塵(陽)進(去)

【慶東原】存(陽)忿(去)親(陰)鄰(陽)分(陰)因(陰)隱(上)

【攪箏琶】棍(去)民(陽)因(陰)釁(去)親(陰)銀(陽)人(陽)根(陰)

【雁兒落】婚(陰)晉(去)殯(去)

【得勝令】墳(陽)門(陽)親(陰)身(陰)孕(去)人(陽)恩(陰)

【沉醉東風】問(去)親(陰)憫(上)恨(去)因(陰)神(陽)穩(上)

【甜水令】忿(去)欣(陰)文(陽)信(去)焚(陽)

【折桂令】神(陽)魂(陽)痕(陽)分(去)村(陰)民(陽)神(陽)人(陽)

【收江南】身(陰)親(陰)神(陽)問(去)塵(陽)

謝金吾詐拆清風府

楔子【仙呂】(尤侯韻)

【賞花時】樓(陽)投(陽)州(陰)首(上)謀(陽)

第一折【仙呂】(皆來韻)

【點絳唇】臺(陽)在(去)大(去)色(入作平)拆(入作上)

【混江龍】蓋(去)財(陽)牌(陽)來(陽)垓(陰)咍(陰)擡(陽)捱(陽)外(去)埃(陰)

【油葫蘆】來(陽)柴(陽)刻(入作上)怪(去)害(去)閡(去)帶(去)排(陽)

【天下樂】來(陽)才(陽)歹(入作去)載(上)來(陽)窄

（入作上）

【那吒令】策（入作上）壞（去）戴（去）該（陰）駭（上）白（入作平）

【鵲踏枝】釵（陰）駘（陰）堦（陰）外（去）懷（陽）

【寄生草】擺（上）賴（去）界（去）在（去）客（入作上）

【村裏迓鼓】派（去）概（去）邁（去）來（陽）摔（入作上）蓋（去）袋（去）奶（上）

【元和令】開（陰）槅（入作上）敗（去）稭（陰）街（陰）額（入作去）界（去）

【青哥兒】宅（入作平）賴（去）劃（入作?）衰（陰）災（陰）街（陰）骸（陽）來（陽）煞（去）

【賺煞】蓋（去）改（上）責（入作上）差（陰）開（陰）猜（陰）害（去）白（入作平）奈（去）來（陽）

第二折【南呂】（歌戈韻）

【一枝花】臥（去）潑（入作上）何（陽）過（去）他（陰）和（陽）掇（入作上）

【梁州第七】河（陽）過（去）奪（入作平）多（陰）合（入作?）闊（入作上）幙（入作去）戈（陰）做（去）箇（去）禍（去）何（陽）活（入作平）

【牧羊關】麼（陰）羅（陽）過（去）破（去）撮（入作上）可（上）

【罵玉郎】坐（去）撮（入作上）唾（去）膊（入作上）和（去）

【感皇恩】哥（陰）他（陰）聒（入作上）婆（陽）末（入作上）

【採茶歌】戈（陰）坡（陰）河（陽）我（上）魔（陽）

【哭皇天】可（上）個（去）他（陰）潑（入作上）閣（入作上）窩（陰）火（上）活（入作平）

【烏夜啼】磨（陽）波（陰）大（去）搓（陰）羅（陽）過（去）個（去）波（陰）坐（去）渴（入作上）

【尾聲】閣（入作上）脫（入作上）破（去）薄（入作平）挫（去）我（上）

第三折【越調】（齊微韻）

【鬭鵪鶉】壻（去）的（入作上）刻（入作上）只（入作上）得

（入作上）

【紫花兒序】推（陰）離（陽）違（陽）裏（上）對（去）皮（陽）

【金蕉葉】知（陰）力（入作去）悲（陰）國（入作上）

【寨兒令】稷（入作上）碑（陰）毀（上）旗（陽）威（陰）敵（入作平）

【么篇】虧（陰）誰（陽）績（入作上）市（支思）席（入作平）

【鬼三台】得（入作上）賊（入作平）嘴（上）卑（陰）你（上）的（入作上）識（入作上）已（上）

【調笑令】的（入作上）賊（入作平）細（陽）欺（陰）你（上）移（陽）

【雪裏梅】剔（入作上）拾（入作平）起（上）疾（入作平）

【禿廝兒】你（上）直（入作平）遲（陽）闈（陽）裏（上）

【聖藥王】力（入作去）位（去）婢（去）你（上）你（上）疑（陽）抵（上）

【麻郎兒】位（去）基（陰）戚（入作上）義（去）

【么篇】極（入作平）衣（陰）姪（入作平）妹（去）

【慶元貞】姬（陰）妻（陰）輝（陰）知（陰）知（陰）姨（陽）

【收尾】昧（去）跡（入作上）你（上）

第四折【雙調】（魚模韻）

【新水令】姑（陰）去（去）圖（陽）蒲（陽）做（去）

【甜水令】去（去）屬（入作平）語（上）伏（入作平）

【折桂令】脯（陽）府（上）除（陽）祖（上）車（陰）疎（陰）愚（陽）輿（陽）

【喬牌兒】都（陰）屠（陽）簿（去）贖（入作平）

【水仙子】徒（陽）書（陰）怒（去）所（上）辜（陰）姑（陰）顱（陽）

【側磚兒】辱（入作去）如（陽）住（去）誣（陽）

【竹枝歌】初（陰）處（去）書（陰）吾（陽）徒（陽）誅（陰）

【清江引】主（上）誤（去）去（去）古（上）

説鱄諸伍員吹簫

第一折【仙呂】（江陽韻）

【點絳唇】方（陰）將（去）壯（去）江（陰）浪（去）

【混江龍】蕩（去）椿（陰）埸（陽）堂（陽）良（陽）桑（陰）亡（陽）糧（陽）上（去）湯（陰）

【油葫蘆】狼（陽）上（去）殃（陰）謊（上）喪（去）方（陰）讓（去）綱（陰）

【天下樂】訪（上）徨（陽）行（陽）上（去）腸（陽）長（陽）

【村裏迓鼓】強（去）旺（去）丈（去）謊（上）網（上）

【元和令】相（去）腸（陽）當（陰）常（陽）枉（上）

【上馬嬌】慌（陰）忙（陽）量（陽）當（去）強（陽）牆（陽）

【勝葫蘆】揚（陽）剛（陰）倘（上）樣（去）倆（上）張（陰）

【么篇】長（陽）簧（陽）詳（陽）尚（去）相（去）償（陽）

【賺煞】恙（去）莊（陰）場（陽）強（陽）茫（陽）鄉（陰）鄉（陰）量（陽）傍（去）槍（陰）

第二折【南呂】（魚模韻）

【一枝花】路（去）珠（陰）躇（陽）故（去）圖（陽）霧（去）

【梁州第七】駒（陰）簿（去）糊（陽）伏（入作平）謀（陽）族（入作平）楚（上）吳（陽）吁（陰）苦（上）序（去）愚（陽）初（陰）

【牧羊關】虛（陰）吾（陽）屈（入作上）逐（入作平）女（上）胥（陰）

【罵玉郎】住（去）書（陰）沒（入作去）處（去）

【哭皇天】侶（上）夫（陽）浮（陽）與（去）疎（陰）處（去）取（上）

【烏夜啼】父（去）吁（陰）鶩（去）閭（陽）湖（陽）沽（陰）渡（去）路（去）夫（陽）

【煞尾】護（去）居（陰）楚（上）處（去）夫（陽）哭（入作平）女（上）

第三折【中呂】（齊微韻）

【粉蝶兒】歸（陰）寄（去）馳（陽）會（去）席（入作平）對（去）

【醉春風】國（入作去）食（入作上）恥（上）恥（上）勢（去）

【石榴花】西（陰）泥（陽）妻（陰）威（陰）基（陰）的（入作

上）為（陽）背（去）十（入作平）

【鬬鵪鶉】理（上）皮（陽）識（入作上）只（入作上）尾（上）

【迎仙客】禮（上）惑（入作平）得（入作上）識（入作上）誰（陽）弟（去）

【快活三】藝（去）機（陰）提（陽）地（去）

【朝天子】知（陰）裏（上）會（去）日（入作去）輩（去）嫉（入作平）得（入作上）議（去）訖（入作上）例（去）

【上小樓】氣（去）級（入作平）石（入作平）裏（上）避（去）輩（去）

【滿庭芳】推（陰）追（陰）義（去）席（入作平）地（去）眉（陽）對（去）制（去）悲（陰）

【尾聲】你（上）碎（去）禮（上）

楔子【仙呂】（家麻韻）

【賞花時】殺（入作上）加（陰）猾（入作平）大（去）拿（陽）

第四折【雙調】（蕭豪韻）

【新水令】勞（陽）少（去）豪（陽）稍（陰）到（去）

【駐馬聽】驍（陰）寶（上）暴（去）簫（陰）標（陰）報（去）約（入作去）少（上）

【雁兒落】逃（陽）抱（去）道（去）

【得勝令】焦（陰）嬌（陰）飽（上）濤（陽）跳（去）勞（陽）燒（陰）

【甜水令】表（上）遙（陽）調（去）巢（陽）

【折桂令】交（陰）飄（陰）熬（陽）腳（入作上）毛（陽）滔（陰）蕭（陰）拋（陰）

【月上海棠】狡（上）苗（陽）高（陰）料（去）了（上）惱（上）

【么篇】討（上）剝（入作上）鐃（陽）落（入作去）薄（入作平）報（去）

【喬牌兒】稍（去）告（去）到（去）着（入作?）

【清江引】保（上）靠（去）孝（去）老（上）

【隨尾】表（上）了（上）少（上）

救孝子賢母不認屍

第一折【仙呂】（家麻韻）

【點絳唇】乏（入作平）化（去）下（去）家（陰）寡（上）

【混江龍】大（去）花（陰）撾（陰）家（陰）查（陰）瓜（陰）麻（陽）牙（陽）

【油葫蘆】麼（陽）話（去）達（入作?）耙（去）鍤（入作上）甲（入作上）發（入作上）花（陰）

【天下樂】家（陰）那（去）咱（陽）發（入作上）大（去）煞（入作上）

【憶王孫】咱（陽）他（陰）乏（入作平）家（陰）煞（入作上）

【醉中天】馬（上）滑（入作平）八（入作上）掛（去）加（陰）話（去）甲（入作上）

【後庭花】斝（上）發（入作上）花（陰）誇（陰）價（去）化（去）家（陰）法（入作上）他（陰）咱（陽）差（陰）

【青哥兒】卦（去）化（去）涯（陽）馬（上）甲（入作上）紮（入作上）插（入作上）麻（陽）掛（去）

【賺煞尾】下（去）匣（入作平）殺（入作上）耍（上）華（陽）家（陰）那（去）伐（入作平）劄（入作上）涯（陽）

楔子【仙呂】（皆來韻）

【賞花時】摘（入作上）劃（入作?）白（入作平）麥（入作去）宅（入作平）

【么篇】奶（上）才（陽）齋（陰）外（去）來（陽）

第二折【正宮】（真文韻）

【端正好】悶（去）身（陰）問（去）盡（去）

【滾繡球】們（陽）跟（陰）趁（去）塵（陽）人（陽）鄰（陽）問（去）聞（陽）村（陰）身（陰）

【倘秀才】聞（陽）滾（上）墳（陽）存（陽）痕（上）

【滾繡球】真（陰）魂（陽）困（去）人（陽）淳（陽）温（陰）寸（去）裙（陽）身（陰）春（陰）

【倘秀才】門（陽）根（陰）親（陰）嗔（陰）論（去）

【滾繡球】真（陰）緊（上）問（去）分（陰）狠（上）刃（去）

魂（陽）村（陰）人（陽）

【叨叨令】問（去）認（去）分（去）糞（去）盡（去）

【四煞】嫩（去）顰（陽）韻（去）神（陽）唇（陽）雲（陽）近（去）因（陰）

【三煞】潤（去）溫（陰）釁（去）人（陽）本（上）身（陰）痕（陽）問（去）分（陰）

【二煞】本（上）申（陰）分（陰）親（陰）焚（陽）殯（去）渾（陽）

【煞尾】燼（去）真（陰）論（陰）緊（上）信（去）認（去）問（去）筋（陰）痕（陽）門（陽）昏（陰）人（陽）噴（陰）哏（陰）損（上）

第三折【中呂】（魚模韻）

【粉蝶兒】如（陽）汙（陰）余（陽）訴（去）疎（陰）務（去）

【醉春風】楚（上）顱（陽）福（入作上）福（入作上）苦（上）辱（入作去）

【迎仙客】夫（陽）處（去）阻（上）付（去）途（陽）去（去）

【紅繡鞋】睦（入作去）觸（入作上）無（陽）虛（陰）主（上）

【普天樂】辱（入作去）軀（陰）呼（陰）汙（陰）處（去）哭（入作平）做（去）如（陽）

【上小樓】覆（入作上）故（去）服（入作平）無（陽）獄（入作去）慮（去）

【么篇】主（上）母（去）度（去）書（陰）去（去）訴（去）婦（去）

【滿庭芳】屈（入作上）軀（陰）府（上）突（入作平）腹（入作上）伏（入作平）住（去）卒（入作上）夫（陽）

【耍孩兒】婦（去）復（入作上）儒（陽）如（陽）書（陰）物（入作去）徒（陽）

【五煞】續（入作平）恕（去）虛（陰）祿（入作去）辜（陰）

【四煞】箍（陰）骨（入作上）枯（陰）處（上）爐（陽）

【三煞】處（去）圖（平）路（去）鼓（上）府（上）糊（陽）

【二煞】苦（上）顧（去）鋪（陰）肚（去）捽（入作平）

【尾煞】母（上）去（去）屈（入作上）

第四折【雙調】(江陽韻)

【新水令】行(陽)上(去)場(陽)陽(陽)腸(陽)葬(去)

【駐馬聽】孀(陰)方(陰)障(去)香(陰)房(陽)黨(上)快(去)想(上)

【喬牌兒】忙(陽)誑(去)謊(上)償(陽)

【水仙子】娘(陽)賞(上)望(去)長(上)行(陽)放(去)慌(陰)

【沽美酒】場(陽)忙(陽)娘(陽)慌(陰)光(陰)

【太平令】枉(上)防(陽)蕩(去)降(去)棒(去)傷(陰)粱(陽)狀(去)

【收江南】光(陰)堂(陽)常(陽)上(去)忘(去)

杜牧之詩酒揚州夢

楔子【仙呂】(庚青韻)

【賞花時】行(陽)影(上)亭(陽)景(上)情(陽)

【么篇】聲(陰)程(陽)名(陽)梗(上)城(陽)

第一折【仙呂】(尤侯韻)

【點絳唇】舟(陰)有(上)柳(上)愁(陽)瘦(去)

【混江龍】舊(去)州(陰)樓(陽)鈎(陰)流(陽)鷗(陰)稠(陽)喉(陽)樓(陽)饈(陰)袖(去)優(陰)秋(陰)晝(去)頭(陽)

【油葫蘆】遊(陽)酬(陽)侯(陽)口(上)手(上)傷(上)透(去)秋(陰)

【天下樂】愁(陽)頭(陽)籌(陽)候(去)休(陰)酒(上)

【那吒令】頭(陽)甌(陰)頭(陽)鈎(陰)頭(陽)手(上)老(上)瘦(去)愁(陽)

【鵲踏枝】流(陽)柔(陽)羞(陰)友(上)頭(陽)

【寄生草】口(上)袖(去)柳(上)肉(入作去)透(去)

【么篇】秋(陰)走(上)透(去)皺(去)首(上)

【後庭花】投(陽)熟(入作平)袖(去)甌(陰)喉(陽)受(去)宙(去)牛(陽)樓(陽)州(陰)頭(陽)秋(陰)愁(陽)裘(陽)由(陽)收(陰)酒(上)

【青哥兒】壽（去）袖（去）守（上）流（陽）侯（陽）酬（陽）游（陽）繆（去）籌（陽）搊（陰）謳（陰）兜（陰）騮（陽）州（陰）舟（陰）悠（陽）颼（陰）頭（陽）袖（去）

【賺煞尾】後（去）柳（上）休（陰）愁（陽）鈎（陰）頭（陽）箒（上）稠（陽）舊（去）流（陽）

第二折【正宮】（東鍾韻）

【端正好】重（去）風（陰）送（去）夢（去）

【滾繡球】重（陽）湧（上）鳳（去）融（陽）醲（陽）翁（陰）甕（去）龍（陽）宮（陰）櫳（陽）

【倘秀才】奉（去）公（陰）同（陽）叢（陽）擁（上）

【滾繡球】空（陰）終（陰）鞚（去）風（陰）孔（上）重（去）從（陽）童（陽）桐（陽）

【醉太平】懂（上）東（陰）宮（陰）中（陰）奉（去）從（陽）濃（陽）翁（陰）

【脱布衫】朧（陽）紅（陽）風（陰）鳳（去）

【小梁州】空（陰）蓉（陽）踪（陰）寵（上）逢（陽）

【么篇】洞（去）龍（陽）疼（陽）痛（去）重（去）中（陰）

【一煞】洞（去）鐘（陰）空（陰）鳳（去）絨（陽）籠（陽）用（去）功（陰）

【煞尾】夢（去）峰（陰）通（陰）濛（陽）融（陽）溶（陽）聳（上）濃（陽）叢（陽）中（陰）縫（去）供（去）送（去）弄（去）逢（陽）同（陽）桶（上）

第三折【南吕】（家麻韻）

【一枝花】價（去）花（陰）娃（陰）襪（入作去）掐（入作上）恰（入作上）

【梁州第七】茶（陽）掛（去）達（入作?）滑（入作平）牙（陽）琶（陽）馬（上）花（陰）雅（陽）訝（去）下（去）猾（入作平）家（陰）

【隔尾】帕（去）花（陰）跨（去）榻（入作平）襪（入作去）煞（入作上）

【罵玉郎】下（去）娃（陰）畫（去）價（去）

【感皇恩】茶（陽）花（陰）鴉（陰）霞（陽）差（陰）

【採茶歌】誇（陰）嘉（陰）華（陽）花（陰）

【牧羊關】家（陰）答（入作平）馬（上）芽（陽）花（陰）

【一煞】蠟（入作去）紗（陰）琶（陽）茶（陽）下（去）灑（上）涯（陽）呀（陰）

【黄鍾尾】帕（去）花（陰）華（陽）乏（入作平）家（陰）嫁（去）他（陰）下（去）誇（陰）咱（陽）把（上）殺（入作上）華（陽）馬（上）

第四折【雙調】（庚青韻）

【新水令】醒（上）鐙（去）城（陽）嶸（陽）生（陰）纓（陰）箏（陰）姓（去）

【沉醉東風】平（陽）伶（陽）興（去）清（陰）行（陽）境（去）

【水仙子】擎（陽）聽（陰）性（去）屏（陽）纓（陰）證（去）誠（陽）清（陰）

【雁兒落】影（上）令（去）病（去）

【得勝令】瓊（陽）婷（陽）鳳（去）鶯（陰）情（陽）硬（去）成（陽）擎（陽）

【甜水令】性（去）承（陽）井（上）憑（陽）

【折桂令】情（陽）營（陽）令（去）生（陰）鳴（陽）榮（陽）名（陽）

【鴛鴦煞】影（上）鏡（去）燈（陰）行（陽）整（上）病（去）惺（陰）醒（上）

昊天塔孟良盜骨

第一折【仙吕】（東鍾韻）

【點絳唇】中（陰）送（去）弄（去）空（陰）夢（去）

【混江龍】壟（上）雄（陽）虹（陽）窮（陽）塚（上）功（陰）

【油葫蘆】蟲（陽）用（去）風（陰）重（去）衆（去）攻（陰）衝（陰）動（去）鋒（陰）

【天下樂】窮（陽）通（陰）送（去）勇（上）公（陰）

【後庭花】聾（陽）矇（陽）公（陰）逢（陽）送（去）攻（陰）桶（上）空（陰）通（陰）風（陰）重（去）雄（陽）容（陽）終

（陰）紅（陽）恐（上）

【青哥兒】弄（去）控（去）風（陰）龍（陽）戎（陽）中（陰）蓬（陽）通（陰）踪（陰）凶（陰）叢（陽）供（去）

【寄生草】懂（上）閧（去）動（去）痛（去）夢（去）

【賺煞尾】訟（去）寵（上）終（陰）風（陰）匆（陰）朧（陽）中（陰）種（去）重（去）宮（陰）

第二折【中呂】（家麻韻）

【粉蝶兒】伐（入作平）罷（去）拏（陽）乍（去）咱（陽）掛（去）

【醉春風】馬（上）耍（上）耍（上）納（去）

【紅繡鞋】話（去）呀（陰）麽（陽）蹋（入作平）殺（入作上）

【石榴花】踏（入作平）殺（入作上）家（陰）馬（上）華（陽）壓（入作去）加（陰）抹（入作去）拏（陽）

【鬭鵪鶉】叉（陰）下（去）他（陰）化（去）塌（入作上）

【上小樓】把（上）法（入作上）裟（陰）差（陰）發（入作上）榻（入作上）下（去）

【么篇】撾（陰）叉（去）凹（去）薩（入作上）吒（陰）話（去）下（去）

【耍孩兒】甲（入作上）紮（入作上）蟆（陽）法（入作上）擦（入作上）罷（去）瓜（陰）

【三煞】花（陰）搭（入作上）馬（上）匣（入作平）下（去）笆（陰）

【二煞】踏（陰）掛（去）拔（入作平）把（上）沙（陰）

【煞尾】拏（陽）搯（入作上）瓦（上）塔（入作上）

第三折【正宮】（魚模韻）

【端正好】布（去）蘆（陽）舞（上）路（去）

【滾繡球】居（陰）哭（入作平）骨（入作上）罏（陽）舉（上）怒（去）衢（陽）罏（陽）無（陽）

【倘秀才】宇（上）主（上）毒（入作平）圖（陽）燭（入作上）

【滾繡球】呼（陰）數（去）與（去）顱（陽）肚（去）膚（陰）付（去）屬（入作平）取（上）虚（陰）

【倘秀才】戶（去）窟（入作上）燭（入作上）駒（陰）途（陽）

【滚繡球】豬（陰）虎（上）覰（去）物（入作去）苦（上）做（去）瑜（陽）圖（陽）夫（陽）

【煞尾】去（去）哭（入作平）舉（上）土（上）逐（入作平）僕（入作平）住（去）伏（入作平）負（去）毒（入作平）突（入作平）路（去）斧（上）

第四折【雙調】（庚青韻）

【新水令】醒（上）淨（去）精（陰）靈（陽）敬（去）

【駐馬聽】哽（上）僧（陰）另（去）兵（陰）聽（陰）定（去）騰（陽）靜（去）

【步步嬌】姓（去）病（去）輕（陰）兵（陰）聲（陰）應（去）

【雁兒落】應（去）競（去）名（陽）命（去）

【水仙子】腥（陰）燈（陰）證（去）經（陰）明（陽）請（上）僧（陰）

【雁兒落】能（陽）硬（去）佞（去）

【得勝令】生（陰）僧（陰）兄（陰）驚（陰）倖（去）情（陽）城（陽）

【川撥棹】掙（去）鄧（去）生（陰）蠅（陽）頂（上）贏（陽）

【七弟兄】鞓（陰）定（去）星（陰）性（去）生（陰）命（去）

【梅花酒】挺（上）丁（陰）兵（陰）靈（陽）睜（陰）停（陽）傾（陰）疼（陽）行（陽）明（陽）生（陰）平（陽）聲（陰）名（陽）

【喜江南】僧（陰）情（陽）庭（陽）頸（上）營（陽）

朱太守風雪漁樵記

第一折【仙呂】（魚模韻）

【點絳唇】書（陰）沒（入作去）祿（入作去）乎（陽）骨（入作上）

【混江龍】遇（去）如（陽）徒（陽）扶（陽）處（去）除（陽）

【油葫蘆】餘（陽）吁（陰）誣（陽）做（去）數（去）軀（陰）粟（入作上）漁（陽）

【天下樂】書（陰）躇（陽）無（陽）獄（入作去）輔（去）古（上）

【村裹迓鼓】助（去）注（去）簌（入作上）沽（陰）苦（上）

【元和令】虛（陰）穀（入作上）罏（陽）居（陰）梳（陰）夫（陽）

【上馬嬌】愚（陽）儒（陽）呼（陰）句（去）虛（陰）書（陰）

【勝葫蘆】軀（陰）書（陰）語（上）賦（去）無（陽）

【寄生草】舒（陰）住（去）去（去）路（去）處（去）

【後庭花】築（入作上）鋤（陽）魚（陽）卒（入作平）畝（上）豬（陰）屨（上）數（去）覆（入作上）

【青哥兒】訴（去）富（去）如（陽）屠（陽）漁（陽）餘（陽）遇（去）

【賺煞】去（去）都（陰）舉（上）諸（陰）魚（陽）儒（陽）伏（入作平）斧（上）步（去）除（陽）

第二折【正宮】（皆來韻）

【端正好】靄（上）臺（陽）灑（去）界（去）

【滾繡球】篩（陰）擺（上）怪（去）災（陰）柴（陽）薹（陽）在（去）街（陰）開（陰）捱（陰）

【倘秀才】白（入作平）摑（入作上）害（去）開（陰）來（陽）

【滾繡球】擡（陽）在（去）債（去）柴（陽）胎（陰）該（陰）賴（去）排（陽）腮（陰）乖（陰）

【快活三】開（陰）哀（陰）白（入作平）待（去）

【朝天子】耐（去）才（陽）快（去）畫（入作平）煞（去）礙（去）閡（去）材（陽）怪（去）擺（上）賣（去）

【脫布衫】釵（陰）街（陰）模（魚模）載（去）

【醉太平】擡（陽）劃（入作?）排（陽）揣（陰）待（去）歹（入作去）臺（陽）才（陽）

【三煞】駭（陽）擇（入作平）諧（陽）賣（去）柴（陽）壞（去）栽（陽）

【二煞】柏（入作上）材（陽）骸（陽）台（陰）堦（陰）蓋（去）來（陽）

【隨煞尾】策（入作上）懷（陽）改（上）堦（陰）開（陰）戴（去）色（入作平）排（陽）擺（上）才（陽）來（陽）腮（陰）拜（去）睬（上）

楔子【仙呂】(齊微韻)

【賞花時】習(入作平)知(陰)息(入作上)意(去)歸(陰)

第三折【中呂】(真文韻)

【粉蝶兒】村(陰)認(去)門(陽)趁(去)人(陽)信(去)

【醉春風】神(陽)人(陽)狠(上)狠(上)近(去)

【迎仙客】分(陰)臣(陽)貧(陽)人(陽)溫(陰)問(去)

【喜春兒】恨(去)恩(陰)君(陰)穩(上)人(陽)

【上小樓】恩(陰)恨(去)衾(陽)墳(陽)旬(陽)肯(上)進(去)分(去)

【么篇】親(陰)門(陽)身(陰)真(陰)論(去)糞(去)

【滿庭芳】恩(陰)君(陰)鬢(去)嗔(陰)緊(上)門(陽)潤(去)親(陰)神(陽)

【耍孩兒】溫(陰)問(去)鄰(陽)趁(去)文(陽)

【一煞】人(陽)認(去)新(陰)俊(去)盆(陽)

【煞尾】伸(陰)盡(去)本(上)

第四折【雙調】(先天韻)

【新水令】穿(陰)面(去)天(陰)煙(陰)肩(陰)戰(去)

【川撥棹】千(陰)先(陰)錢(陽)眠(陽)年(陽)遣(上)蹇(上)

【七弟兄】眷(去)便(去)仙(陰)怨(去)天(陰)見(去)

【梅花酒】腆(上)緣(陽)綿(陽)年(陽)圓(陽)年(陽)面(去)線(去)連(陽)員(陽)

【喜江南】緣(陽)漣(陽)涎(陽)專(陰)宣(陰)

【雁兒落】賢(陽)賤(去)願(去)

【得勝令】言(陽)連(陽)然(陽)泉(陽)見(去)堅(陰)穿(陰)

【甜水令】怨(去)憐(陽)勸(去)愆(陰)

【折桂令】船(陽)天(陰)錢(陽)園(陽)軒(陰)田(陽)船(陽)拳(陽)

【落梅風】勸(去)言(陽)面(去)瀽(上)眷(去)

【沽美酒】偏(陰)變(去)賢(陽)前(陽)纏(陽)

【太平令】線(去)言(陽)見(去)怨(去)轉(上)轉(上)

轉（上）面（去）

【鴛鴦煞尾】遍（去）淺（上）千（陰）田（陽）緣（陽）願（去）傳（陽）演（上）

玉簫女兩世姻緣

第一折【仙呂】（先天韻）

【點絳唇】鈿（陽）扇（去）戀（去）妍（陽）賤（去）

【混江龍】院（去）園（陽）前（陽）年（陽）見（去）全（陽）

【油葫蘆】錢（陽）天（陰）仙（陰）殿（去）院（去）猿（陽）怨（去）天（陰）

【天下樂】絃（陽）掀（陰）偏（陰）肩（陰）邊（陰）煙（陰）

【那吒令】船（陽）拳（陽）田（陽）年（陽）園（陽）殿（去）源（陽）

【鵲踏枝】躚（陰）娟（陰）涎（陽）年（陽）椽（陽）

【寄生草】遠（上）選（上）傳（去）片（去）箭（去）

【么篇】拳（陽）宴（去）殿（去）院（去）蓮（陽）燕（去）

【得勝樂】捲（上）勸（去）便（去）鏇（去）蓮（陽）

【醉中天】遍（去）年（陽）穿（陰）願（去）遣（上）面（去）煎（陰）

【後庭花】船（陽）鵑（陰）天（陰）漣（陽）燕（去）錢（陽）煙（陰）前（陽）邊（陰）言（陽）然（陽）

【青哥兒】宴（去）嚥（去）天（陰）綿（陽）邊（陰）前（陽）眠（陽）肩（陰）軒（陰）川（陰）年（陽）見（去）

【賺煞】遠（上）淺（上）邊（陰）箋（陰）年（陽）圓（陽）絃（陽）輦（上）眷（去）緣（陽）

第二折【商調】（庚青韻）

【集賢賓】影（上）鶯（陰）酲（陽）亭（陽）屏（陽）螢（陽）聲（陰）

【逍遙樂】定（去）京（陰）情（陽）屏（陽）誠（陽）盟（陽）憑（陽）

【尚京馬】箏（陰）笙（陰）鼎（上）冥（陽）醒（上）

【梧葉兒】疼（陽）形（陽）寧（陽）憑（陽）症（去）

【醋葫蘆】撐（陰）整（上）明（陽）清（陰）性（去）靈（陽）

【金菊香】能（陽）情（陽）成（陽）冰（陰）惺（陰）

【浪裏來】聲（陰）等（上）更（陰）生（陰）定（去）承（陽）

【後庭花】清（陰）冷（上）經（陰）憑（陽）頸（上）停（陽）星（陰）橫（陽）整（上）勝（去）成（陽）

【金菊香】呈（陽）能（陽）定（去）橫（陽）明（陽）

【柳葉兒】鏡（去）疼（陽）幀（去）令（去）情（陽）青（陰）

【浪裏來】行（陽）成（陽）爭（陰）星（陰）應（去）明（陽）

【高過隨調煞】倖（去）程（陽）燈（陰）命（去）城（陽）

第三折【越調】（家麻韻）

【鬭鵪鶉】紗（陰）瓦（上）榻（入作上）鴨（陰）下（去）馬（上）

【紫花兒序】花（陰）華（陽）牙（陽）下（去）畫（去）琶（陽）

【金焦葉】蠟（入作去）罣（上）雅（上）罷（去）

【調笑令】他（陰）花（陰）咱（陽）掛（去）家（陰）馬（上）峽（入作平）

【小桃紅】花（陰）價（去）抹（入作去）霞（陽）凹（去）八（入作上）嫁（去）芽（陽）

【鬼三台】話（去）下（去）馬（上）花（陰）靶（去）耍（上）假（上）馬（上）

【禿廝兒】瓜（陰）花（陰）耍（上）家（陰）娃（陰）

【聖藥王】搭（入作上）納（入作去）譁（陽）罣（上）紗（陰）匣（入作平）

【麻郎兒】甲（入作上）笳（陰）法（入作上）鍘（入作平）

【么篇】麼（陽）大（去）殺（入作上）瓜（陰）把（上）夏（去）

【絡絲娘】差（陰）發（入作上）啞（上）話（去）

【東原樂】價（去）瑕（陽）駕（去）衙（陽）踏（陰）下（去）

【拙魯速】法（入作上）伐（入作平）蛙（陰）沙（陰）喳（陰）麼（陽）家（陰）扎（入作上）剮（上）

【收尾】大（去）殺（入作上）馬（上）

第四折【雙調】(皆來韻)

【新水令】排(陽)噲(去)牌(陽)差(陰)帥(去)

【沉醉東風】海(上)街(陰)賽(去)賣(去)宅(入作平)改(上)

【喬牌兒】概(去)大(去)帶(去)階(陰)

【水仙子】釵(陰)垓(陰)寨(去)該(陰)臺(陽)色(入作平)來(陽)

【攪箏琶】怪(去)猜(陰)奶(上)白(入作平)哀(陰)來(陽)腮(陰)

【雁兒落】腮(陰)額(入作去)態(去)

【得勝令】來(陽)厓(陽)牌(陽)街(陰)債(去)財(陽)在(去)

【甜水令】外(去)胎(陰)邁(去)排(陽)

【折桂令】開(陰)材(陽)白(入作平)臺(陽)台(陰)諧(陽)栽(陰)埋(陽)

【落梅風】臺(陽)菜(去)乖(陰)怪(去)

【沽美酒】策(入作上)才(陽)客(入作上)諧(陽)劃(入作?)

【太平令】奈(去)埋(陽)耐(去)快(去)釵(陰)財(陽)采(上)拜(去)

【絡絲娘收尾】窄(入作上)客(入作上)

鄭孔目風雪酷寒亭

楔子【仙呂】(真文韻)

【賞花時】彬(陰)魂(陽)聞(陽)盾(去)輪(陽)

【么篇】恩(陰)身(陰)雲(陽)恨(去)人(陰)

第一折【仙呂】(家麻韻)

【點絳唇】雜(入作平)下(去)化(去)家(陰)話(去)

【混江龍】押(入作去)衙(陽)花(陰)娃(陰)掛(去)差(陰)

【油葫蘆】耍(上)家(陰)扒(入作平)嫁(去)話(去)他(陰)發(入作上)薩(入作上)花(陰)

【天下樂】家（陰）察（入作上）殺（入作上）塌（入作上）他（陰）瓦（上）

【醉中天】榻（入作上）家（陰）咱（陽）打（上）他（陰）罵（去）瓜（陰）

【後庭花】匣（入作平）花（陰）話（去）猾（入作平）化（去）發（入作上）

【金盞兒】猾（入作平）達（入作?）下（去）吒（去）洽（入作上）花（陰）

【賺煞尾】架（去）馬（上）咱（陽）踏（入作平）加（陰）茶（陽）靶（去）煞（入作上）罵（去）家（陰）

第二折【越調】（齊微韻）

【鬭鵪鶉】西（陰）北（入作上）室（入作上）戚（入作上）起（上）鬼（上）

【紫花兒序】日（入作去）悲（陰）飛（陰）藉（入作平）裏（上）內（去）啼（陽）

【小桃紅】的（入作上）刺（入作上）及（入作平）題（陽）對（去）日（入作去）貝（去）悲（陰）

【天淨沙】移（陽）遲（陽）疾（入作平）袂（去）隨（陽）

【調笑令】癡（陰）你（上）世（去）知（陰）皮（陽）啼（陽）

【禿廝兒】地（去）眉（陽）隙（入作上）的（入作上）依（陰）悲（陰）

【聖藥王】啼（陽）啼（陽）嘶（陰）隨（陽）隨（陽）飛（陰）離（陽）

【寨兒令】西（陰）嘴（上）非（陰）日（入作去）妻（陰）

【么篇】微（陽）持（陽）你（上）推（陰）死（支思）敵（入作平）

【收尾】地（去）知（陰）你（上）

第三折【南呂】（歌戈韻）

【一枝花】過（去）多（陰）合（入作?）掇（入作上）濁（入作平）火（上）

【梁州第七】籮（陽）座（去）羅（陽）缽（入作上）他（陰）珂（陰）果（上）歌（陰）過（去）過（去）糯（去）破（去）和（陽）

波（陰）

【賀新郎】婆（陽）過（去）唾（去）唆（陰）撮（入作?）娥（陽）破（去）何（陽）

【紅芍藥】合（入作?）婆（陽）奪（入作平）梭（陰）堝（陰）波（陰）囉（陽）阿（陰）

【菩薩梁州】多（陰）個（去）撮（入作?）哥（陰）呵（陰）大（去）餓（去）挫（去）熱（入作去）合（入作?）

【罵玉郎】箇（去）那（去）大（去）剝（蕭豪）潑（入作上）過（去）

【感皇恩】合（入作?）磨（陽）沱（陽）和（陽）窩（陰）

【採茶歌】搓（陰）呵（陰）歌（陰）羅（陽）鵝（陽）

【哭皇天】過（去）合（入作?）羅（陽）鍋（陰）個（去）挲（陰）麼（陰）

【烏夜啼】貨（去）哥（陰）箇（去）活（入作平）歌（陰）多（陰）過（去）禍（去）魔（陽）

【黃鍾尾】破（去）合（入作?）捉（入作上）脫（入作上）麼（陰）鎖（上）郭（入作上）剁（去）婆（陽）我（上）

第四折【雙調】（皆來韻）

【新水令】來（陽）債（去）胎（陰）懷（陽）寨（去）

【沉醉東風】側（入作上）歪（陰）宰（上）捱（陽）來（陽）買（上）

【落梅風】海（上）害（去）來（陽）在（去）

【喬牌兒】怪（去）蓋（去）塊（去）械（去）

【川撥棹】孩（陽）來（陽）崖（陽）霾（陽）埃（陰）臺（陽）街（陰）鎧（上）煞（去）

【七弟兄】猜（陰）來（陽）開（陰）策（入作上）骸（陽）拜（去）

【梅花酒】隔（入作上）釵（陰）災（陰）白（入作平）捱（陽）奈（去）載（上）懷（陽）排（陽）

【收江南】來（陽）牌（陽）埋（陽）解（上）腮（陰）

【鴛鴦煞】解（上）待（去）改（上）概（去）材（陽）外（去）來（陽）宰（上）

謝金蓮詩酒紅梨花

第一折【仙呂】（家麻韻）

【點絳唇】華（陽）下（去）灑（上）踏（入作平）襪（入作去）

【混江龍】下（去）鴉（陰）霞（陽）花（陰）架（去）沙（陰）

【油葫蘆】他（陰）恰（入作上）涯（陽）下（去）甲（入作上）答（入作平）詐（去）家（陰）

【天下樂】馬（上）發（入作上）察（入作上）法（入作上）咱（陽）打（上）

【那吒令】沙（陰）答（入作平）啞（去）罵（去）牙（陽）

【鵲踏枝】下（去）達（入作?）凹（去）渣（無）吒（去）

【寄生草】咱（陽）壓（入作去）訝（去）怕（去）下（去）

【後庭花】他（陰）咱（陽）花（陰）家（陰）靶（去）殺（入作上）

【金盞兒】達（入作?）芽（陽）下（去）誇（陰）花（陰）家（陰）

【醉中天】霞（陽）答（入作平）法（入作上）下（去）殺（入作上）嫁（去）麻（陽）

【賺煞】罷（去）颯（入作上）滑（入作平）紗（陰）嗏（陰）花（陰）霞（陽）話（去）搭（入作上）家（陰）

第二折【南呂】（庚青韻）

【一枝花】靜（去）明（陽）驚（陰）徑（去）鶯（陰）行（陽）等（上）

【梁州第七】影（上）清（陰）性（去）生（陰）能（陽）應（去）盟（陽）情（陽）誠（陽）程（陽）景（上）整（上）冷（上）亭（陽）停（陽）

【隔尾】迸（去）生（陰）性（去）屏（陽）鼎（上）等（上）

【哭皇天】興（去）爭（陰）明（陽）景（上）盛（去）聲（陰）倖（去）省（上）

【烏夜啼】杏（去）醒（上）柄（去）青（陰）熒（陽）亭（陽）徑（去）燈（陰）稱（陰）盈（陽）

【賀新郎】鶯（陰）明（陽）正（去）敬（去）英（陰）名（陽）

清（陰）興（陰）婷（陽）

【四塊玉】正（去）嚀（陽）另（去）誠（陽）瓶（陽）明（陽）

【罵玉郎】應（去）情（陽）命（去）醒（去）競（去）

【感皇恩】能（陽）聲（陰）燈（陰）耿（上）冷（上）星（陰）

【採茶歌】程（陽）生（陰）更（陰）硬（去）承（陽）

【一煞】另（去）成（陽）淨（去）鏡（去）冷（上）繩（陽）澄（陽）

【尾煞】映（去）行（陽）淨（去）勁（去）鳴（陽）冷（上）睛（陰）影（上）

第三折【中呂】（真文韻）

【粉蝶兒】貧（陽）趁（去）昏（陰）盡（去）春（陰）韻（去）

【醉春風】粉（上）春（陰）引（上）引（上）芬（陰）噴（去）

【迎仙客】痕（陽）嗔（陰）本（上）笋（上）根（陰）信（去）

【紅繡鞋】陣（去）紛（陰）村（陰）人（陽）狠（上）

【石榴花】新（陰）春（陰）醺（陰）魂（陽）君（陰）韻（去）神（陽）認（去）人（陽）

【鬬鵪鶉】引（上）粉（上）春（陰）哂（上）人（陽）

【快活三】塵（陽）人（陽）新（陰）悶（去）

【鮑老兒】人（陽）嫩（去）濱（陰）問（去）紛（陰）

【十二月】親（陰）顰（陽）雲（陽）文（陽）民（陽）

【堯民歌】神（陽）人（陽）頻（陽）春（陰）紛（陰）茵（陰）恨（去）

【亂柳葉】魂（陽）褪（去）春（陰）旬（陽）身（陰）進（去）

【上小樓】新（陰）真（陰）雲（陽）潤（去）困（去）

【么篇】塵（陽）魂（陽）近（去）棍（去）

【煞尾】魂（陽）問（去）穩（上）

第四折【雙調】（先天韻）

【新水令】天（陰）面（去）轉（上）躚（陰）絃（陽）宴（去）

【沉醉東風】年（陽）前（陽）薦（去）連（陽）筵（陽）願（去）

【雁兒落】圓（陽）面（去）現（去）

【得勝令】仙（陰）冤（陰）傳（陽）天（陰）便（去）搧（陰）

元（陽）

【掛玉鉤】憐（陽）眷（去）牽（陰）面（去）前（陽）遠（上）全（陽）

【川撥棹】賢（陽）邊（陰）言（陽）顛（陰）偃（上）遣（上）

【七弟兄】年（陽）年（陽）綿（陽）見（去）仙（陰）院（去）

【梅花酒】元（陽）娟（陰）纏（陽）言（陽）緣（陽）然（陽）圓（陽）

【收江南】錢（陽）天（陰）纏（陽）然（陽）前（陽）

【水仙子】蓮（陽）偏（陰）宴（去）穿（陰）遷（陰）變（去）戀（去）緣（陽）

包待制智賺灰闌記

楔子【仙呂】（真文韻）

【賞花時】新（陰）人（陽）真（陰）准（上）門（陽）

第一折【仙呂】（江陽韻）

【點絳唇】窗（陰）帳（去）望（去）良（陽）巷（去）

【混江龍】唱（去）場（陽）長（陽）鄉（陰）當（陰）搶（陽）量（陽）上（去）娘（陽）

【油葫蘆】娘（陽）張（陰）當（陰）訪（上）傍（去）方（陰）旺（去）裳（陽）

【天下樂】行（陽）腸（陽）向（去）梁（陽）長（陽）強（上）

【那吒令】傷（陰）量（陽）量（陽）防（陽）防（陽）場（陽）慌（陰）謗（去）雙（陰）

【鵲踏枝】娘（陽）強（陽）腸（陽）當（去）娼（陰）

【寄生草】娘（陽）長（上）往（上）強（去）上（去）

【後庭花】棒（去）湯（陰）長（陽）張（陰）醬（去）響（上）嘗（陽）上（去）光（陰）

【青哥兒】喪（去）行（陽）亡（陽）廊（陽）莊（陰）娘（陽）郎（陽）孀（陰）仗（去）

【賺煞】謊（上）娘（陽）養（上）坊（陽）藏（陽）湯（陰）償（陽）良（陽）枉（上）腸（陽）

第二折【商調】（蕭豪韻）

【集賢賓】着（入作?）逃（陽）稍（去）苗（陽）表（上）告（去）昭（陰）

【逍遙樂】落（入作去）拷（上）着（入作?）招（陰）套（去）敲（陰）

【梧桐兒】着（入作?）苗（陽）曹（陽）毫（陽）拷（上）

【山坡羊】笑（去）調（陽）靠（去）宵（陰）朝（陰）好（上）小（上）交（陰）了（上）

【金菊香】勞（陽）託（入作上）着（入作?）刀（陰）調（陽）

【醋葫蘆】了（上）倒（去）着（入作?）少（上）藥（入作去）郊（陰）

【么篇】嫂（上）遭（陰）着（入作?）道（去）牢（陽）

【么篇】草（上）燒（陰）老（上）倒（去）濁（入作平）

【么篇】度（入作平）約（入作去）條（陽）曉（上）抱（去）抄（陰）

【後庭花】拷（上）着（入作?）消（陰）梢（陰）叫（去）饒（陽）暴（去）着（入作?）落（入作去）

【雙雁兒】遭（陰）好（上）報（去）了（上）熬（陽）

【浪裹來煞】虐（入作去）招（陰）高（陰）到（去）牢（陽）

第三折【黃鍾】（家麻韻）

【醉花陰】霎（入作上）刮（入作上）呀（平）乏（入作平）發（入作上）吖（陰）打（上）

【喜遷鶯】法（入作上）沙（陰）家（陰）打（上）押（入作去）咱（陽）扒（入作平）

【出隊子】下（去）紮（入作上）叉（陰）叚（陽）滑（入作平）

【刮地風】他（陰）花（陰）罷（去）差（陰）胛（入作上）胯（去）枷（陰）也（車遮）咱（陽）拔（入作平）薩（入作上）麼（陰）

【四門子】罵（去）納（入作去）咱（陽）殺（入作上）咱（陽）發（入作上）

【古水仙子】咱（陽）他（陰）發（入作上）沙（陰）芽（陽）猾（入作平）插（入作上）查（陰）

【古寨兒令】花（陰）達（入作?）家（陰）牙（陽）話（去）

【古神仗兒】殺（入作上）把（上）發（入作上）打（上）下（去）家（陰）扒（入作平）

【節節高】大（去）罷（去）拿（陽）法（入作上）

【掛金索】下（去）話（去）大（去）罷（去）

【尾聲】押（入作去）差（陰）殺（入作上）

第四折【雙調】（齊微韻）

【新水令】知（陰）淚（去）遲（陽）推（陰）氣（去）

【步步嬌】內（去）洗（上）的（入作上）對（去）機（陰）妹（去）

【喬牌兒】膝（入作上）細（去）吏（去）裏（上）

【甜水令】妓（去）妻（陰）覓（入作去）袂（去）

【折桂令】疾（入作平）推（陰）離（陽）嫉（入作平）隨（陽）非（陰）欺（陰）逼（入作平）

【雁兒落】威（陰）罪（去）壁（入作上）

【得勝令】雷（陽）皮（陽）虧（陰）迷（陽）碎（去）齊（陽）力（入作去）

【掛玉鉤】得（入作上）細（去）的（入作上）意（去）氣（去）肌（陰）

【慶宣和】妻（陰）歸（陰）意（去）嘴（上）嘴（上）

【水仙子】實（入作平）得（入作上）例（去）的（入作上）依（陰）地（去）裏（上）知（陰）

須賈大夫誶范叔

楔子【仙呂】（支思韻）

【端正好】字（去）辭（陽）使（上）思（陰）

【么篇】志（去）時（陽）次（去）淄（陰）雌（陰）師（陰）事（去）

第一折【仙呂】（蕭豪韻）

【點絳唇】熬（陽）擾（上）老（上）朝（陰）少（上）

【混江龍】教（去）驕（陰）勞（陽）袍（陽）笑（去）瓢（陽）

【油葫蘆】薄（入作平）少（上）霄（陰）暴（去）飽（上）老（上）老（上）寶（上）曹（陽）

【天下樂】草（上）了（上）學（入作平）沼（陰）雀（入作上）

【那吒令】蛟（陰）鼇（陽）雕（陰）跳（去）高（陰）

【鵲踏枝】着（入作?）脚（入作上）腰（陰）着（入作?）蒿（陰）

【寄生草】交（陰）了（上）哨（去）落（入作去）道（去）

【金盞兒】朝（陰）朝（陰）叫（去）遙（陽）高（陰）襖（上）袍（陽）

【醉扶歸】釣（去）瓢（陽）朝（陽）樂（入作去）酌（入作上）到（去）

【金盞兒】毛（陽）羔（陰）幙（入作去）嬈（上）簫（陰）高（陰）

【賺煞】少（上）了（上）飽（上）醄（陽）道（去）腰（陰）報（去）叨（陰）要（去）消（陰）

第二折【南呂】（江陽韻）

【一枝花】傍（去）上（去）望（去）王（陽）量（陽）相（去）方（陰）將（去）

【梁州第七】放（去）邦（陰）上（去）裝（陰）倆（上）涼（陽）章（陰）霜（陰）相（去）王（陽）當（陰）丈（去）往（上）僵（陰）鄉（陰）

【隔尾】帳（去）堂（陽）上（去）獎（上）量（去）講（上）

【牧羊關】湯（陰）妨（陰）降（陽）廂（陰）觴（陰）

【隔尾】杖（去）殃（陰）降（去）場（陽）棒（去）賞（上）

【牧羊關】梁（陽）霜（陰）臟（陽）涼（陽）堂（陽）

【紅芍藥】藏（陽）荒（陰）揚（陽）狂（陽）上（去）光（陰）黃（陽）糠（陰）

【菩薩梁州】裳（陽）坑（陰）腸（陽）羊（陽）當（陰）棒（去）況（去）傷（陰）亡（陽）

【隔尾】帳（去）窗（陰）放（去）廂（陰）廂（陰）尚（去）

【牧羊關】藏（陽）撞（去）棒（去）膛（陽）香（陰）

【黃鍾尾】壯（去）降（陽）張（陰）陽（陽）量（去）當（去）相（去）望（去）響（上）

第三折【正宮】（真文韻）

【端正好】困（去）門（陽）盡（去）鬢（去）

【滾繡球】貧（陽）身（陰）進（去）人（陽）秦（陽）奔（陰）根（陰）貧（陽）淪（陽）

【叨叨令】進（去）近（去）認（去）褪（去）奔（去）

【滾繡球】頓（去）棍（去）門（陽）春（陰）穩（上）身（陰）魂（陽）神（陽）

【倘秀才】門（陽）筋（陰）新（陰）神（陽）哂（上）

【伴讀書】分（去）吝（去）遜（去）囤（去）悶（去）恩（陰）

【笑和尚】分（陰）寸（去）刃（去）春（陰）分（去）

【滾繡球】辰（陽）分（陰）問（去）塵（陽）恩（陰）糞（去）身（陰）親（陰）嗔（陰）

【呆骨朵】論（去）臣（陽）盾（去）困（去）輪（陽）恩（陰）

【滾繡球】身（陰）鬢（去）門（陽）身（陰）問（去）新（陰）人（陽）聞（陽）

【三煞】臏（去）員（陽）秦（陽）身（陰）頓（去）君（陰）

【二煞】信（去）嗔（陰）秦（陽）門（陽）准（上）雲（陽）

【煞尾】粉（上）塵（陽）進（去）引（上）

第四折【雙調】（齊微韻）

【新水令】西（陰）位（去）衣（陰）霓（陽）氣（去）

【步步嬌】魏（去）會（去）息（入作上）醉（去）杯（去）未（去）

【沉醉東風】裏（上）推（陰）裏（上）逆（去）屎（陰）息（入作上）

【沽美酒】的（入作上）日（入作去）你（上）吏（去）袂（去）

【太平令】罪（去）槌（陽）瑞（去）地（去）只（入作上）只（入作上）只（入作上）碎（去）

【川撥棹】西（陰）的（入作上）裏（上）底（上）喫（入作上）食（入作平）

【七弟兄】的（入作上）你（上）日（入作去）歲（去）遲（陽）味（去）

【梅花酒】齊（陽）扉（陰）杯（陰）衣（陰）夕（入作平）醉（去）會（去）會（去）

【收江南】饑（陰）席（入作平）機（陰）的（入作上）宜（陽）

【清江引】裏（上）避（去）臂（去）你（上）

【雁兒落】皮（陽）意（去）地（去）

【得勝令】題（陽）虧（陰）威（陰）伊（陰）日（入作去）伊（陰）德（入作上）

【收尾】寄（去）知（陰）喜（上）

花間四友東坡夢

第一折【仙呂】（真文韻）

【點絳唇】文（陽）印（去）溷（陽）真（陰）論（去）

【混江龍】悙（去）嗔（陰）分（陰）身（陰）塵（陽）盡（去）貧（陽）

【油葫蘆】春（陰）問（去）雲（陽）韻（去）頓（去）樽（陰）近（去）醺（陰）

【天下樂】人（陽）門（陽）哂（上）塵（陽）巾（陰）尹（上）

【金盞兒】恩（陰）臣（陽）論（去）樽（陰）賓（陰）人（陽）

【後庭花】珍（陰）窘（上）身（陰）欣（陰）分（去）隱（上）

【醉中天】醞（去）葷（陰）盆（陽）印（去）人（陽）信（去）豚（陽）

【金盞兒】塵（陽）裙（陽）俊（去）魂（陽）群（陽）尊（陰）

【金盞兒】春（陰）文（陽）論（去）人（陽）親（陰）身（陰）

【賺煞】恩（陰）恨（去）身（陰）魂（陽）雲（陽）人（陽）辰（陽）婚（陰）肯（上）順（去）門（陽）

第二折【南呂】（齊微韻）

【一枝花】意（去）知（陰）機（陰）繫（去）理（上）致（去）

【梁州第七】機（陰）力（入作去）閉（去）拾（入作平）戲（去）為（陽）非（陰）歸（陰）蘂（上）泥（陽）壁（入作上）底（上）世（去）知（陰）眉（陽）

【隔尾】識（入作上）知（陰）味（去）非（陰）貴（去）得（入作上）

【牧羊關】齏（陰）味（去）裏（上）梯（陰）歸（陰）

【罵玉郎】戲（去）誰（陽）內（去）替（去）

【感皇恩】拗（蕭豪）及（陽）持（陽）裹（上）期（陽）題（陽）

【採茶歌】隨（陽）恥（上）遲（陽）理（上）迷（陽）

【賀新郎】機（陰）提（陽）計（去）被（去）會（去）尼（陽）期（陽）悧（去）遲（陽）

【哭皇天】意（去）備（去）杯（陰）水（上）氣（去）力（入作去）知（陰）

【烏夜啼】蜜（入作去）席（入作平）議（去）堤（陰）妃（陰）期（陽）識（入作上）麗（去）稀（陰）

【黃鍾尾】比（上）知（陰）眉（陽）識（入作上）尾（上）味（去）旎（上）媚（去）雞（陰）裹（上）

【月兒高】柳（上）手（上）袖（去）候（去）透（去）酒（上）愁（陽）舊（去）

第三折【正宮】（東鍾韻）

【端正好】重（去）重（去）朧（陽）弄（去）動（去）

【滾繡球】松（陰）峯（陰）共（去）踪（陰）孔（上）捧（上）鍾（陰）風（陰）濃（陽）

【叫聲】櫳（陽）風（陰）風（陰）恐（上）紅（陽）

【上小樓】空（陰）仲（去）通（陰）從（陽）重（去）

【么篇】朦（陽）聾（陽）蹤（陰）空（陰）通（陰）送（去）動（去）

【滿庭芳】用（去）醲（陽）動（去）工（陰）玲（陰）茸（陽）洞（去）湧（上）風（陰）

【十二月】擁（上）容（陽）紅（陽）弄（去）風（陰）

【堯民歌】朧（陽）終（陰）容（陽）松（陰）宗（陰）宗（陰）空（陰）供（去）

【耍孩兒】寵（上）懂（上）紅（陽）籠（陽）中（陰）用（去）公（陰）

【煞尾】風（陰）鐘（陰）夢（去）懂（上）

第四折【雙調】（江陽韻）

【新水令】蒼（陰）量（陽）槍（陰）康（陰）降（去）

【水仙子】堂（陽）場（陽）藏（陽）娘（陽）郎（陽）丈（去）

房（陽）光（陰）

【落梅花】香（陰）黄（陽）養（上）唱（去）

【風入松】娼（陰）良（陽）尚（去）光（陰）藏（陽）

【川撥棹】堂（陽）賞（上）揚（陽）芳（陰）香（陰）狂（陽）倆（上）障（去）

【七弟兄】張（陰）鄉（陰）張（陰）傍（陽）藏（陽）様（去）

【梅花酒】癢（上）癢（上）長（陽）龐（陽）漿（陰）當（陰）量（陽）章（陰）商（陰）唐（陽）

【收江南】粧（陰）常（陽）腸（陽）當（陰）當（陰）芳（陰）

【鴛鴦煞尾】相（去）况（去）涼（陽）障（去）蕩（去）章（陰）講（上）

兩軍師隔江鬭智

第一折【仙吕】（支思韻）

【點絳唇】思（陰）事（去）袛（陰）肢（陰）指（上）

【混江龍】侍（去）時（陽）枝（陽）詩（陰）師（陰）脂（陰）視（去）址（上）

【油葫蘆】兒（陽）使（上）慈（陽）氏（去）此（上）時（陽）事（去）師（陰）

【天下樂】枝（陰）思（陰）止（上）時（陽）辭（陽）子（上）

【鵲踏枝】孜（陰）施（陰）雌（陰）士（去）時（陽）

【元和令】思（陰）師（陰）差（陰）使（上）枝（陰）死（上）

【後庭花】詩（陰）事（去）兒（陽）嗤（陰）髭（陰）四（去）之（陰）辭（陽）時（陽）爾（上）

【青哥兒】使（上）詞（陽）絲（陰）姿（陰）支（陰）私（陰）兒（陽）獅（陰）巵（陰）時（陽）志（去）

【賺煞】事（去）止（上）斯（陰）賜（去）而（陽）之（陰）詞（陽）次（去）二（去）兒（陽）

第二折【中吕】（齊微韻）

【粉蝶兒】淒（陰）地（去）迷（陽）意（去）離（陽）計（去）

【醉春風】理（上）喜（上）喜（上）尾（上）細（去）

【迎仙客】齊（陽）裏（上）實（入作平）池（陽）濟（去）

【普天樂】輩（去）蛇（入作平）德（入作上）氣（去）衣（陰）紀（去）機（陰）

【十二月】履（上）威（陰）狸（上）室（入作上）持（陽）

【堯民歌】杯（陰）闈（陽）隨（陽）推（陰）知（陰）識（入作上）勢（去）

【耍孩兒】裏（上）窺（陰）習（入作平）雞（陰）膝（入作上）裔（陰）飛（平）

【三煞】歸（陰）計（去）遂（去）提（陽）悔（上）機（陰）

【二煞】幾（陰）底（上）碎（去）稀（陰）妹（去）池（陽）

【煞尾】美（上）直（入作平）起（上）

第三折【商調】（蕭豪韻）

【集賢賓】好（上）殽（陽）簫（陰）刀（陰）了（上）苗（陽）消（陰）

【逍遙樂】秏（去）少（上）曉（上）條（陽）遭（陰）棹（去）逃（陽）

【梧葉兒】勞（陽）醪（陽）惱（上）澆（陰）老（上）

【金菊香】蹺（上）巧（上）着（入作?）朝（陽）刀（陰）

【醋葫蘆】好（上）焦（陰）杳（上）閣（入作上）跋（入作上）

【么篇】瞧（陽）着（入作?）了（上）叫（去）梢（陰）

【么篇】曉（上）着（入作?）好（上）拗（去）嬈（上）

【浪裏來煞】笑（去）鼇（陽）着（入作?）到（去）邀（陰）

楔子【仙呂】（家麻韻）

【賞花時】發（入作上）殺（入作上）猾（入作平）馬（上）家（陰）

第四折【雙調】（皆來韻）

【新水令】開（陰）賽（去）來（陽）排（陽）耐（去）

【沉醉東風】腮（陰）擡（陽）諧（陽）靄（上）拜（去）垓（陰）凱（上）

【沽美酒】來（陽）釵（陰）才（陽）帶（去）待（去）

【太平令】帥（去）來（陽）敗（去）害（去）擺（上）保（上）策（入作上）泰（去）

【錦上花】奈（去）乖（陰）來（陽）採（上）

【么篇】白（入作平）牌（陽）猜（陰）策（入作上）

【碧玉簫】該（陰）來（陽）懷（陽）諧（陽）載（上）災（陰）釃（上）戴（去）礙（去）

【收尾】派（去）界（去）歹（入作去）

秦修然竹塢聽琴

楔子【仙呂】（魚模韻）

【賞花時】母（上）無（陽）書（陰）土（上）奴（陽）

【么篇】主（上）苦（上）如（陽）燭（入作上）姑（陰）

第一折【仙呂】（先天韻）

【點絳唇】緣（陽）院（去）倦（去）煙（陰）煉（去）

【混江龍】面（去）蟬（陽）傳（陽）天（陰）勸（去）年（陽）

【村裏迓鼓】煉（去）戀（去）怨（去）錢（陽）免（上）

【元和令】年（陽）變（去）煙（陰）鈿（去）全（陽）天（陰）

【上馬嬌】聯（陽）然（陽）賤（去）般（桓歡）泉（陽）

【勝葫蘆】前（陽）牽（陰）遠（上）年（陽）

【么篇】偏（陰）眠（陽）賢（陽）轉（上）卷（去）言（陽）

【後庭花】煙（陰）絃（陽）篇（陰）全（陽）遍（去）前（陽）然（陽）傳（陽）圓（陽）圓（陽）

【金盞兒】然（陽）煙（陰）便（去）天（陰）圓（陽）仙（陰）

【賺煞】殿（去）淺（上）轉（去）緣（陽）肩（陰）前（陽）言（陽）苑（上）卷（去）年（陽）

第二折【中呂】（家麻韻）

【粉蝶兒】華（陽）掛（去）滑（入作平）罷（去）家（陰）下（去）

【醉春風】馬（上）假（上）假（上）跨（去）

【紅繡鞋】架（去）家（陰）涯（陽）雜（入作平）馬（上）

【石榴花】衙（陽）紗（陰）霞（陽）馬（上）踏（入作平）怕（去）雅（陽）踏（入作平）家（陰）

【鬬鵪鶉】榻（入作上）下（去）發（入作上）咱（陽）打（上）

【上小樓】煞（入作上）詐（去）衙（陽）下（去）罷（去）

【么篇】馬（上）花（陰）化（去）話（去）

【快活三】牙（陽）霞（陽）麼（陽）話（去）

【鮑老兒】察（入作上）下（去）塔（入作上）話（去）花（陰）家（陰）

【耍孩兒】掛（去）榻（入作上）嘩（陽）家（陰）誇（陰）下（去）霞（陽）

【尾聲】花（陰）下（去）煞（入作上）

第三折【正宮】（庚青韻）

【端正好】令（去）情（陽）靜（去）聽（去）

【滾繡球】情（陽）倖（去）鏡（去）箏（陰）燈（陰）聲（陰）定（去）明（陽）成（陽）盈（陽）

【么篇】卿（陰）丞（陽）慶（去）纓（陰）生（陰）聘（去）行（陽）靜（去）清（陰）情（陽）

【叨叨令】頸（上）性（去）定（去）病（去）正（去）

【倘秀才】永（上）冷（上）明（陽）程（陽）等（上）

【滾繡球】生（陰）精（陰）症（去）丁（陰）行（陽）影（上）靈（陽）聽（陰）清（陰）

【尾煞】鏡（去）經（陰）行（陽）稱（陰）醒（上）屏（陽）靜（去）鼎（上）興（去）誠（陽）省（上）

第四折【雙調】（蕭豪韻）

【新水令】交（陰）笑（去）挑（陰）朝（陰）覺（入作上）

【喬牌兒】稍（陰）少（上）操（陰）了（上）

【雁兒落】邀（陽）告（去）鬧（去）

【得勝令】高（陰）約（入作去）鳥（上）胞（陰）了（上）朝（陰）好（上）

【甜水令】廟（去）叨（陰）條（陽）牢（陽）

【折桂令】焦（陰）燒（陰）嘲（陽）槁（上）妖（陰）拋（陰）招（陰）樂（入作去）

【沽美酒】袍（陽）毛（陽）勞（陽）了（上）么（陰）

【太平令】小（上）消（陰）約（入作去）道（去）着（入作?）着（入作?）了（上）報（去）

【離亭宴煞】着（入作?）調（去）巧（上）誥（去）教（去）惱（上）老（上）

金水橋陳琳抱妝盒

楔子【仙呂】（庚青韻）

【端正好】命（去）屏（陽）盛（去）興（去）

【么篇】令（去）誠（陽）徑（去）明（陽）庭（陽）星（陰）慶（去）

第一折【仙呂】（先天韻）

【點絳唇】筵（陽）宴（去）殿（去）前（陽）院（去）

【混江龍】倦（去）天（陰）軒（陰）綿（陽）遍（去）圓（陽）

【油葫蘆】鵑（陰）搧（陰）旋（陽）串（去）囀（去）喘（上）燕（去）邊（陰）

【天下樂】前（陽）便（去）戀（去）園（陽）天（陰）

【那吒令】掀（陰）邊（陰）偏（陰）前（陽）遠（上）面（去）見（去）圓（陽）

【鵲踏枝】軒（陰）煙（陰）錢（陽）面（去）傳（陽）

【寄生草】蟬（陽）轉（上）淺（上）片（去）現（去）

【金盞兒】堅（陰）緣（陽）便（去）圓（陽）蓮（陽）鴛（陰）

【賺煞】羨（去）憐（陽）遠（上）眠（陽）綿（陽）仙（陰）輦（上）苑（上）殿（去）緣（陽）

第二折【南呂】（皆來韻）

【一枝花】客（入作上）開（陰）才（陽）愛（去）差（陰）黛（去）

【梁州第七】萊（陽）蓋（去）階（陰）靄（上）埃（陰）開（陰）排（陽）槅（入作上）臺（陽）差（陰）側（入作上）外（去）牌（陽）猜（陰）

【隔尾】怪（去）來（陽）蓋（去）策（入作上）乖（陰）海（上）

【牧羊關】揣（陰）來（陽）害（去）開（陰）在（去）

【隔尾】矮（上）窄（入作上）大（去）界（去）代（去）載（上）

【牧羊關】袋（去）白（入作平）胎（陰）災（陰）來（陽）

【賀新郎】來（陽）外（去）耐（去）閡（去）骸（陽）擡（陽）

邁（去）臺（陽）

【隔尾】礙（去）害（去）在（去）色（入作平）格（入作上）彩（上）

【紅芍藥】開（陰）栽（陰）澤（入作平）胎（陰）來（陽）白（入作平）篩（陰）埋（陽）

【菩薩梁州】堦（陰）外（去）宰（上）來（陽）材（陽）採（上）戴（去）歹（入作去）苔（陽）崖（陽）

【罵玉郎】快（去）猜（陰）敗（去）劃（入作?）開（陰）蓋（去）

【感皇恩】唉（陰）該（陰）白（入作平）來（陽）排（陽）

【採茶歌】差（陰）孩（陽）來（陽）腮（陰）

【二煞】泰（去）來（陽）宅（入作平）挨（陰）側（入作上）驀（入作去）擡（陽）懷（陽）

【黃鍾尾】寨（去）垓（陰）海（上）外（去）駭（去）待（去）害（去）來（陽）堦（陰）摔（入作上）

楔子【仙呂】（齊微韻）

【賞花時】姪（入作平）誰（陽）基（陰）喜（上）闈（陽）

第三折【雙調】（支思韻）

【新水令】姿（陰）事（去）慈（陽）時（陽）氏（去）

【駐馬聽】兒（陽）子（上）是（去）匙（陽）私（陰）賜（去）此（上）至（去）

【沽美酒】死（上）二（去）司（陰）耳（上）思（陰）

【太平令】刺（去）兒（陽）二（去）四（去）死（上）子（上）詞（陽）字（去）

【雁兒落】旨（上）玼（上）詞（陽）事（去）

【得勝令】脂（陰）辭（陽）次（去）兒（陽）孜（陰）視（去）雌（陰）死（上）

【川撥棹】址（上）紫（上）子（上）肢（陰）指（上）思（陰）之（陰）

【七弟兄】詞（陽）詞（陽）司（陰）嗣（去）師（陰）使（上）

【梅花酒】屍（陰）絲（陰）眵（陰）枝（陰）事（去）咨（陰）

【收江南】兒（陽）兒（陽）兒（陽）兒（陽）兒（陽）

【鴛鴦煞】賜（去）死（上）詞（陽）紙（上）志（去）私（陰）史（上）

第四折【中呂】（魚模韻）

【粉蝶兒】除（陽）路（去）梳（陰）浦（上）玉（入作去）如（陽）數（去）

【醉春風】苦（上）主（上）主（上）毒（入作平）樹（去）

【石榴花】姝（陰）車（陰）圖（陽）宿（入作上）獨（入作平）戶（去）吁（陰）處（去）初（陰）

【鬭鵪鶉】魚（陽）雨（上）屋（入作去）居（陰）苦（上）鼓（上）

【普天樂】步（去）敷（陰）處（去）去（去）蕪（陽）福（入作上）付（去）雎（陰）

【上小樓】毒（入作平）妒（去）圖（陽）女（上）禦（去）付（去）路（去）

【么篇】福（入作上）護（去）軀（陰）去（去）遇（去）

【十二月】曲（入作上）餘（陽）謀（陽）住（去）無（陽）

【堯民歌】符（陽）蘆（陽）疎（陰）吾（陽）初（陰）初（陰）觸（入作上）

【耍孩兒】露（去）所（上）扶（陽）輿（陽）雛（陽）去（去）虞（陽）

【二煞】殊（陰）怒（去）否（上）無（陽）楚（上）壚（陽）

【尾煞】祿（入作去）做（去）主（上）

梁山泊李逵負荊

第一折【仙呂】（尤侯韻）

【點絳唇】酬（陽）舊（去）酒（上）留（陽）有（上）

【混江龍】候（去）愁（陽）收（陰）舟（陰）綢（陽）鷗（陰）

【醉中天】秀（去）洲（陰）流（陽）透（去）口（上）逗（去）頭（陽）

【油葫蘆】有（上）九（上）樓（陽）酒（上）肉（入作去）熟（入作平）篘（陰）透（去）甌（陰）

【天下樂】愁（陽）丟（陰）後（去）休（陰）頭（陽）嘔（上）

【賞花時】投（陽）俫（上）搜（陰）首（上）留（陽）

【金盞兒】眸（陽）頭（陽）口（上）休（陰）甌（陰）牛（陽）

【賺煞】鬬（去）竹（入作上）醜（上）收（陰）由（陽）謅（陰）熟（入作平）有（上）後（去）頭（陽）

第二折【正宮】（齊微韻）

【端正好】髫（入作去）拾（入作平）裏（上）氣（去）

【滾繡球】為（陽）理（上）意（去）雷（陽）誰（陽）誰（陽）隙（入作上）食（入作平）

【倘秀才】喜（上）裏（上）你（上）持（陽）底（上）（入作平）皮（陽）疑（陽）

【滾繡球】妻（陰）媒（陽）日（入作去）旗（陽）直（入作平）力（入作去）席（入作平）蹠（入作上）宜（陽）

【倘秀才】質（入作上）的（入作上）昧（去）悽（陰）你（上）

【叨叨令】立（入作去）氣（去）醉（去）睡（去）義（去）

【一煞】廢（去）非（陰）尾（上）錐（陰）知（陰）勢（去）堆（陰）

【黃鍾尾】鬼（上）誰（陽）細（去）俐（去）裏（上）對（去）實（入作平）嘴（上）禮（上）悔（上）輩（去）得（入作上）

第三折【商調】（蕭豪韻）

【集賢賓】脚（入作上）招（陰）朝（陰）毛（陽）喬（陽）簫（陰）交（陰）

【逍遙樂】道（去）橋（陽）腰（陰）交（陰）好（上）笑（去）毛（陽）

【醋葫蘆】槽（陽）杓（入作平）嬌（陰）老（上）倒（去）陶（陽）

【么篇】瞧（陽）豪（陽）了（上）道（去）鐃（陽）

【么篇】草（上）着（入作?）倒（去）號（去）度（入作平）

【後庭花】藥（入作去）杓（入作平）橋（陽）消（陰）落（入作去）索（入作上）槽（陽）瓢（陽）刀（陰）

【雙雁兒】瓢（陽）倒（去）跳（去）老（上）小（上）

【浪裏來煞】照（去）高（陰）着（入作?）靠（去）刀（陰）

第四折【雙調】（皆來韻）

【新水令】來（陽）賽（去）鞋（陽）猜（陰）塊（去）

【駐馬聽】骸（陽）崖（陽）寨（去）臺（陽）牌（陽）界（去）劃（入作?）采（上）

【攪箏琶】外（去）排（陽）睬（上）才（陽）頦（陽）白（入作平）來（陽）該（陰）

【沉醉東風】責（入作上）柴（陽）債（去）埋（陽）來（陽）改（上）

【步步嬌】駭（上）快（去）械（去）稭（陰）懷（陽）蓋（去）

【喬牌兒】乖（陰）敗（去）寨（去）歹（入作去）

【殿前歡】材（陽）開（陰）外（去）來（陽）齋（陰）色（入作平）怪（去）災（陰）

【離亭宴煞】待（去）宰（上）買（上）摘（入作上）害（去）客（入作上）

洞庭湖柳毅傳書

楔子【仙呂】（齊微韻）

【端正好】期（陰）會（去）飛（陰）氣（去）意（去）

【么篇】計（去）移（陽）裏（上）磯（陰）眉（陽）漓（陽）戚（入作上）備（去）

第一折【仙呂】（魚模韻）

【點絳唇】哭（入作平）覩（上）暮（去）湖（陽）訴（去）

【混江龍】助（去）梳（陰）枯（陰）奴（陽）初（陰）娛（陽）軀（陰）疎（陰）呼（陰）睦（入作去）怒（去）獨（入作平）

【油葫蘆】土（上）雨（上）梳（陰）女（上）武（上）舒（陰）處（去）吁（陰）

【天下樂】居（陰）無（陽）書（陰）羽（上）愚（陽）阻（上）

【那吒令】語（上）苦（上）苦（上）故（去）故（去）湖（陽）簿（去）夫（陽）

【鵲踏枝】脯（陽）鬚（陰）珠（陰）雨（上）湖（陽）

【寄生草】故（去）府（陽）步（去）務（去）渡（去）住（去）

【么篇】浦（上）宇（上）股（上）樹（去）路（去）去（去）

【賺煞】浦（上）夫（陽）逐（入作平）魚（陽）躇（陽）孤

（陰）雨（上）足（入作上）去（去）書（陰）

第二折【越調】（東鍾韻）

【鬭鵪鶉】東（陰）衝（陰）烘（陰）重（陽）濃（陽）風（陰）

【紫花兒序】童（陽）翁（陰）風（陰）籠（陽）攻（陰）空（陰）銅（陽）

【小桃紅】鍾（陰）送（去）重（去）籠（陽）動（去）隴（上）栱（上）宮（陰）

【紫花兒序】空（陰）穹（陰）風（陰）公（陰）通（陰）峰（陰）

【鬼三台】縱（去）動（去）勇（上）紅（陽）衝（陰）恐（上）用（去）羾（去）

【調笑令】龍（陽）公（陰）叢（陽）種（上）峯（陰）封（陰）鴻（陽）

【禿廝兒】通（陰）逢（陽）終（陰）中（陰）宮（陰）

【聖藥王】胸（陰）傾（陰）籠（陽）雄（陽）蔥（陰）龍（陽）東（陰）

【拙魯速】重（陽）種（上）鬆（陰）沖（陰）從（陽）縱（去）攻（陰）送（去）

【么篇】蓬（陽）茸（陽）絨（陽）銅（陽）弓（陰）鋒（陰）動（去）空（陰）擁（上）鞏（陽）桶（上）

【收尾】弄（去）東（陰）塚（上）

第三折【商調】（真文韻）

【集賢賓】身（陰）雲（陽）群（陽）門（陽）姻（陰）哂（上）婚（陰）人（陽）

【金菊香】痕（陽）門（陽）親（陰）奔（陰）神（陽）

【梧葉兒】進（去）欣（陰）溫（陰）緊（上）勤（陽）人（陽）

【後庭花】姻（陰）婚（陰）人（陽）鞶（陽）信（去）親（陰）引（上）嗔（陰）忍（上）緊（上）昏（陰）魂（陽）身（陰）狠（上）恩（陰）

【柳葉兒】奔（去）辰（陽）悶（去）順（去）真（陰）雲（陽）

【醋葫蘆】樽（陰）醺（陰）穩（上）問（去）君（陰）

【金菊香】紛（陰）雲（陽）聞（陽）唇（陽）人（陽）

【浪裹來煞】贐（去）親（陰）損（上）悶（去）昏（陰）

第四折【雙調】（江陽韻）

【新水令】長（陽）浪（去）量（陽）香（陰）強（去）

【駐馬聽】煌（陽）房（陽）喨（去）堂（陽）香（陰）浪（去）傷（陰）當（去）

【夜行船】藏（陽）陽（陽）降（陽）唐（陽）想（上）

【沽美酒】羊（陽）娘（陽）鄉（陰）想（上）惶（陽）

【太平令】傍（去）娘（陽）相（去）帳（去）祥（陽）康（陰）享（上）藏（去）

【雁兒落】忘（去）恙（去）陽（陽）上（去）

【得勝令】觴（陰）韁（陰）漿（陰）堂（陽）響（上）桑（陰）香（陰）

【鴛鴦尾煞】浪（去）敞（上）裳（陽）郎（陽）堂（陽）帳（去）章（陰）講（上）

薩真人夜斷碧桃花

楔子【仙呂】（尤侯韻）

【賞花時】候（去）逐（入作平）頭（陽）後（去）羞（陰）

【么篇】休（陰）愁（陽）流（陽）偶（上）留（陽）

第一折【仙呂】（真文韻）

【點絳唇】春（陰）恨（去）寸（去）君（陰）盡（去）

【混江龍】悶（去）紛（陰）唇（陽）恨（去）魂（陽）分（陰）麟（陽）

【油葫蘆】身（陰）人（陽）昏（陰）恨（去）運（去）忍（上）奔（去）魂（陽）

【天下樂】身（陰）春（陰）損（上）分（陰）雲（陽）人（陽）

【那吒令】痕（陽）痕（陽）痕（陽）深（陰）盡（去）聞（陽）

【鵲踏枝】人（陽）門（陽）君（陰）穩（上）魂（陽）

【寄生草】勤（陽）問（去）褪（去）認（去）訊（去）

【醉中天】恨（去）恩（陰）鄰（陽）近（去）人（陽）問（去）根（陰）

【金盞兒】存（陽）勤（陽）順（去）親（陰）文（陽）春（陰）

【後庭花】真（陰）新（陰）神（陽）親（陰）論（去）軍（陰）雲（陽）臣（陽）君（陰）

【柳葉兒】信（去）神（陽）俊（去）困（去）勤（陽）雲（陽）

【賺煞尾】信（去）准（上）神（陽）魂（陽）身（陰）婚（陰）恩（陰）近（去）趁（去）人（陽）

第二折【中呂】（齊微韻）

【粉蝶兒】催（陰）日（入作去）飛（陰）額（去）眉（陽）對（去）

【醉春風】水（上）喜（上）喜（上）慧（去）

【紅繡鞋】悴（去）羸（陽）醫（陰）細（去）迷（陽）力（入作去）

【普天樂】胃（去）疾（入作平）力（入作去）氣（去）機（陰）疑（陽）

【石榴花】醫（陰）及（入作平）習（入作平）濕（入作上）役（去）子（支思）奇（陽）細（去）遲（陽）

【鬭鵪鶉】疾（入作平）國（入作上）醫（陰）你（上）鬼（上）

【上小樓】齊（陽）媚（去）眉（陽）識（入作上）氣（去）配（去）位（去）

【么篇】理（上）期（陽）會（去）會（去）意（去）謎（去）

【滿庭芳】壻（去）惑（入作平）習（入作平）俐（去）質（入作上）眉（陽）對（去）體（上）醫（陰）

【煞尾】媒（陽）氣（去）喜（上）

第三折【正宮】（先天韻）

【端正好】顯（上）煎（陰）遍（去）殿（去）

【滾繡球】穿（陰）懸（陽）善（去）拳（陽）軟（上）戰（去）前（陽）天（陰）邊（陰）

【呆骨朵】辨（去）源（陽）仙（陰）怨（去）年（陽）

【倘秀才】前（陽）邊（陰）憐（陽）年（陽）免（上）

【滾繡球】圓（陽）院（去）前（陽）聯（陽）現（去）仙（陰）眠（陽）言（陽）

【倘秀才】研（陽）展（上）篇（陰）天（陰）戀（去）

【滾繡球】言（陽）眠（陽）怨（去）前（陽）纏（陽）願（去）

千（陰）鵑（陰）漣（陽）

【倘秀才】緣（陽）年（陽）言（陽）圓（陽）天（陰）

【隨煞尾】便（去）懸（陽）緣（陽）願（去）年（陽）痊（陰）傳（陽）宣（陰）軟（上）

第四折【雙調】（皆來韻）

【新水令】埋（陽）界（去）開（陰）來（陽）泰（去）

【步步嬌】拜（去）邁（去）載（去）來（陽）白（入作平）外（去）

【折桂令】來（陽）才（陽）柴（陽）怪（去）差（陰）懷（陽）諧（陽）台（陰）

【沽美酒】愛（去）齋（陰）來（陽）才（陽）敗（去）

【太平令】怪（去）擡（陽）愛（去）賽（去）客（入作上）開（陰）白（入作平）在（去）

【豆葉黄】涯（陽）靄（上）臺（陽）來（陽）奶（上）

【七兄弟】衰（陰）該（陰）釵（陰）大（去）牌（陽）債（去）

【梅花酒】乖（陰）腮（陰）懷（陽）災（陰）改（上）埋（陽）該（陰）載（上）材（陽）排（陽）栽（陰）摘（入作上）

【收江南】來（陽）臺（陽）胎（陰）猜（陰）開（陰）

沙門島張生煮海

第一折【仙呂】（東鍾韻）

【點絳唇】洶（陰）送（去）湧（上）東（陰）動（去）

【混江龍】夢（去）蹤（陰）空（陰）中（陰）宫（陰）哄（去）通（陰）

【油葫蘆】永（上）中（陰）紅（陽）重（去）動（去）蔥（陰）弓（陰）鳳（去）風（陰）

【天下樂】空（陰）中（陰）蓬（陽）冬（陰）鐘（陰）懂（上）

【那吒令】風（陰）松（陰）容（陽）空（陰）沖（陰）中（陰）動（去）曨（陽）

【鵲踏枝】玎（陰）鏦（陽）鐘（陰）恐（上）桐（陽）

【寄生草】終（陰）動（去）送（去）弄（去）迸（去）

【六么序】功（陰）攏（陽）容（陽）豐（陰）邛（陽）鳳（去）

濃（陽）弄（去）湧（上）瓏（陽）

【么篇】聰（陰）工（陰）鴻（陽）蛩（陽）容（陽）轟（陰）種（上）通（陰）踪（陰）宮（陰）翁（陰）夢（去）櫳（陽）

【金盞兒】空（陰）中（陰）從（陽）宮（陰）瓊（陽）東（陰）

【後庭花】蹤（陰）從（陽）峰（陰）風（陰）從（陰）公（陰）寵（上）翁（陰）風（陰）重（去）中（陰）

【青哥兒】弄（去）奉（去）東（陰）空（陰）櫳（陽）同（陽）叢（陽）鍾（陰）從（陽）洞（去）

【賺煞】懂（上）恐（上）寵（上）逢（陽）容（陽）濛（陽）冗（上）擁（上）棟（去）宮（陰）

第二折【南呂】（皆來韻）

【一枝花】大（去）崖（陽）來（陽）在（去）垓（陰）淮（陽）海（上）

【梁州第七】萊（陽）派（去）台（陰）埃（陰）涯（陽）哉（陰）材（陽）胎（陰）靄（上）界（去）外（去）澤（入作平）崖（陽）

【牧羊關】摘（入作上）來（陽）客（入作上）白（入作平）怪（去）哉（陰）

【罵玉郎】態（去）來（陽）債（去）猜（陰）解（陽）害（去）

【感皇恩】開（陰）擡（陽）淮（陽）窄（入作上）埋（陽）乖（陰）

【採茶歌】來（陽）埃（陽）骸（陽）才（陽）

【黃鍾煞尾】界（去）來（陽）劃（入作?）懷（陽）財（陽）客（入作上）開（陰）諧（陽）哉（陰）策（入作上）排（陽）海（上）

第三折【正宮】（江陽韻）

【端正好】攘（上）王（陽）撞（去）熗（陰）

【滾繡球】望（去）場（陽）倆（上）強（陽）光（陰）陽（陽）浪（去）惶（陽）藏（陽）漿（陰）

【倘秀才】房（陽）堂（陽）量（陽）詳（陽）當（去）

【滾繡球】糧（陽）養（上）訪（上）妨（陰）娘（陽）郎（陽）降（去）光（陰）方（陰）常（陽）

【脫布衫】藏（陽）量（陽）壤（上）蕩（去）

【小梁州】荒（陰）桑（陰）洋（陽）讓（去）床（陽）

【么篇】丈（去）邦（陰）茫（陽）樣（去）量（去）光（陰）

【笑和尚】堂（陽）誑（去）相（去）粧（陰）雙（陰）帳（去）

【尾聲】況（去）忙（陽）良（陽）香（陰）當（陰）方（陰）娘（陽）敞（上）賞（上）

第四折【雙調】（魚模韻）

【新水令】疎（陰）路（去）獄（入作去）夫（陽）隅（陽）聚（去）

【駐馬聽】卒（入作上）夫（陽）數（去）魚（陽）珠（陰）玉（入作去）付（去）處（去）

【滴滴金】霚（去）壺（陽）序（去）初（陰）

【折桂令】除（陽）俗（入作平）烏（陰）侶（上）孤（陰）愚（陽）疎（陰）魚（陽）

【雁兒落】魚（陽）玉（入作去）烏（陰）樹（去）

【得勝令】枯（陰）爐（陽）度（去）煮（上）術（入作平）婦（去）乎（陽）屬（入作平）

【沽美酒】府（上）衢（陽）母（上）舉（上）蜍（陽）

【太平令】句（去）書（陰）赴（去）助（去）夫（陽）女（上）阻（上）欲（入作去）

【收尾】去（去）物（入作去）苦（上）

冯玉蘭夜月泣江舟

第一折【仙吕】（真文韻）

【点絳唇】尘（阳）尽（去）问（去）津（阴）近（去）

【混江龍】頓（去）身（陰）親（陰）門（陽）因（陰）勤（陽）

【油葫蘆】頻（陽）忖（上）存（陽）謹（上）論（去）嗔（陰）郡（去）巡（陽）

【天下樂】人（陽）尊（陰）紳（陰）忍（上）顰（陽）昏（陰）穩（上）

【那吒令】晨（陽）門（陽）晨（陽）濱（陰）晨（陽）身（陰）緊（上）人（陽）

【鵲踏枝】噋（陰）昏（陰）村（陰）綸（陽）分（去）神（陽）

【後庭花】人（陽）存（陽）巾（陰）鄰（陽）遴（去）們（陽）貧（陽）身（陰）銀（陽）跟（陰）人（陽）論（去）褪（去）

【青哥兒】刃（去）遁（去）春（陰）恩（陰）親（陰）昏（陰）勤（陽）新（陰）珍（陰）身（陰）認（去）

【賺煞】盹（上）滾（上）悶（去）人（陽）魂（陽）痕（陽）真（陰）隱（上）近（去）人（陽）

第二折【正宮】（魚模韻）

【端正好】覷（去）途（陽）助（去）處（去）

【滾繡球】鋪（去）去（去）舒（陰）浦（上）住（去）隅（陽）浮（陽）糊（陽）

【倘秀才】數（上）物（入作去）鴣（陰）湖（陽）住（去）

【滾繡球】雨（上）緒（去）除（陽）圖（陽）兔（去）烏（陰）續（入作平）俗（入作平）

【倘秀才】熟（入作平）女（上）酺（陰）躇（陽）語（上）

【呆骨朵】覷（去）無（陽）呼（陰）斧（上）路（去）堵（上）

【伴讀書】顧（去）去（去）訴（去）哭（入作平）怒（去）呼（陰）

【笑歌賞】主（上）父（去）聚（去）虛（陰）徒（陽）護（去）

【煞尾】去（去）無（陽）擄（入作去）取（上）與（去）毒（入作平）府（陽）苦（上）路（去）付（去）女（上）

第三折【商調】（蕭豪韻）

【集賢賓】皎（上）遙（陽）漂（陰）篙（陰）濤（陽）鬧（去）高（陰）

【逍遙樂】叫（去）杳（上）咷（陽）消（陰）着（入作?）告（去）了（上）

【金菊香】瞧（陽）遭（陰）了（上）苗（陽）薄（入作平）

【醋葫蘆】嬌（陰）朝（陽）惡（入作去）掠（入作去）抛（陰）

【金菊香】僚（陽）削（入作上）巧（上）照（去）朝（陰）

【醋葫蘆】搖（陽）邀（陰）到（去）卻（入作上）刀（陰）

【么篇】小（上）嬌（陰）曉（上）到（去）逃（陽）

【梧葉兒】盜（去）着（入作?）條（陽）照（去）高（陰）度（入作平）討（上）

【浪裹來煞】鐃（陽）調（陽）招（陰）報（去）拷（上）刀（陰）

第四折【雙調】（庚青韻）

【新水令】廳（陰）定（去）應（去）明（陽）稱（陰）鏡（去）

【駐馬聽】睛（陰）驚（陰）掙（去）精（陰）明（陽）倖（去）盈（陽）命（去）

【喬牌兒】傾（陰）逞（上）證（去）應（去）

【雁兒落】聲（陰）應（去）名（陽）令（去）

【得勝令】亭（陽）生（陰）影（上）情（陽）硬（去）行（陽）等（上）

【側磚兒】定（去）經（陰）領（上）省（上）

【竹枝哥】行（陽）聘（去）鶯（陰）僧（陰）精（陰）生（陰）

【水仙子】承（陽）情（陽）佞（去）整（上）名（陽）頸（上）情（陽）

"脈本"

孤雁漢宮秋

楔子【仙呂】（家麻韻）

【賞花時】馬（上）伐（入作平）娃（陰）乏（入作平）家（陰）

第一折【仙呂】（家麻韻）

【點絳唇】花（陰）下（去）罷（去）娃（陰）髮（入作上）

【混江龍】掛（去）涯（陽）紗（陰）槎（陽）怕（去）鴉（陰）

【油葫蘆】咱（陽）下（去）踏（入作平）帕（去）襪（入作去）娃（陰）他（陰）下（去）花（陰）

【天下樂】紗（陰）家（陰）咱（陽）殺（入作上）下（去）家（陰）

【醉中天】画（去）搽（陽）苍（陰）價（去）他（陰）話（去）家（陰）

【金盞兒】鴉（陰）霞（陽）揷（入作上）涯（陽）麻（陽）家（陰）

【醉扶歸】話（去）茶（陽）瑕（陽）瞎（入作上）他（陰）画（去）

【金盞兒】瓜（陰）麻（陽）法（入作上）沙（陰）衙（陽）家（陰）

【賺尾】話（去）榻（入作上）耍（上）假（上）家（陰）滑（入作平）踏（入作平）下（去）駕（去）琶（陽）

第二折【南呂】（尤侯韻）

【一枝花】秀（去）憂（陰）眸（陽）晝（去）候（去）酒（上）

【梁州】秋（陰）袖（去）投（陽）游（陽）樓（陽）鬮（陰）柔（陽）偶（上）流（陽）求（陽）右（去）柳（上）壽（去）休（陰）收（陰）

【隔尾】舊（去）熟（入作平）就（去）羞（陰）後（去）有（上）

【牧羊關】有（上）休（陰）手（上）流（陽）憂（陰）手（上）頭（陽）

【賀新郎】楼（陽）紂（去）後（去）羞（陰）裘（陽）瘦（去）秋（陰）

【鬥蝦蟆】劉（陽）鬥（去）就（去）頭（陽）綬（去）頭（陽）袖（去）漏（去）驟（去）嗽（去）僽（去）幼（去）救（去）雠（陽）休（陰）壽（去）州（陰）溝（陰）求（陽）

【哭皇天】奏（去）油（上）矛（陽）首（上）后（去）鬥（去）友（上）

【烏夜啼】受（去）投（陽）岫（去）眸（上）秋（陰）愁（陽）瘦（去）綬（去）裘（陽）

【三煞】獸（去）頭（陽）奏（去）逗（去）斗（上）牛（陽）

【二煞】有（上）由（陽）騮（陽）兜（陰）綉（去）就（去）流（陽）悠（陽）

【尾聲】肉（入作去）粥（陰）柳（上）酒（上）頭（陽）首（上）樓（陽）宿（入作上）

第三折【雙調】（江陽韻）

【新水令】妝（陰）樣（去）長（陽）央（陰）望（去）

【駐馬聽】量（陽）賞（上）快（去）裝（陰）涼（陽）愴（去）

腸（陽）上（去）

【步步嬌】放（去）樣（去）觴（陰）光（陰）商（陰）唱（去）

【落梅風】忙（陽）上（去）想（上）忘（去）

【殿前歡】裳（陽）香（陰）巷（去）房（陽）妝（陰）相（去）上（去）鄉（陰）

【雁兒落】王（陽）將（去）相（去）

【得勝令】梁（陽）郎（陽）堂（陽）鎗（陰）撞（去）娘（陽）強（陽）

【川撥棹】韁（陰）响（上）陽（陽）綱（陰）邦（陰）疆（陰）香（陰）霜（陰）鄉（陰）堂（陽）王（陽）

【七弟兄】王（陽）當（陰）嬙（陽）望（去）揚（陽）壯（去）

【梅花酒】凉（陽）黄（陽）霜（陰）蒼（陰）鎗（陰）装（陰）粮（陽）場（陽）梁（陽）行（陽）陽（陽）陽（陽）墙（陽）墙（陽）黄（陽）黄（陽）廊（陽）廊（陽）凉（陽）凉（陽）房（陽）房（陽）螿（陰）螿（陰）窓（陰）窓（陰）量（陽）

【收江南】腸（陽）行（陽）陽（陽）養（上）妝（陰）

【鴛鴦煞】謊（上）講（上）光（陰）晌（上）翔（陽）喨（去）羊（陽）响（上）

第四折【中呂】（庚青韻）

【粉蝶兒】生（陰）靜（去）燈（陰）倖（去）廷（陽）性（去）

【醉春風】餅（上）形（陽）影（上）影（上）敬（去）

【叫聲】成（陽）卿（陰）卿（陰）聖（去）輕（陰）

【剔銀燈】命（去）姓（去）應（去）青（陰）鳴（陽）成（陽）

【蔓青菜】應（去）明（陽）境（去）聲（陰）另（去）

【白鶴子】輕（陰）硬（去）

【幺篇】横（陽）聲（陰）令（去）

【上小樓】寧（陽）定（去）更（陰）應（去）令（去）

【幺篇】卿（陰）陵（陽）情（陽）命（去）淨（去）

【滿庭芳】聽（陰）零（陽）鏡（去）程（陽）景（上）名（陽）永（上）明（陽）

【十二月】情（陽）聽（陰）鳴（陽）井（上）程（陽）

【堯民歌】燈（陰）城（陽）丁（陰）清（陰）更（陰）聲（陰）

靜（去）

【尾聲】城（陽）病（去）省（上）

呂洞賓三醉岳陽樓

第一折【仙呂】（江陽韻）

【點絳脣】房（陽）上（去）掌（上）張（陰）響（上）

【混江龍】樣（去）窓（陰）房（陽）香（陰）丈（去）鄉（陰）

【油葫蘆】蒼（陰）皇（陽）坊（陰）盪（陰）巷（去）江（有）亮（去）黄（陽）

【天下樂】場（陽）香（陰）償（陽）涼（陽）鄉（陰）長（陽）

【那吒令】上（去）陽（陽）當（陰）房（陽）康（陰）釀（去）光（陰）

【鵲踏枝】唐（陽）亡（陽）光（陰）蕩（去）浪（去）

【寄生草】浆（陰）上（去）浪（去）帳（去）閬（去）

【么篇】墻（陽）望（去）丧（去）葬（去）巷（去）

【後庭花】両（上）場（陽）忙（陽）腸（陽）上（去）

【金盞兒】牀（陽）湘（陰）唱（去）妨（陰）粧（陰）梁（陽）

【醉中天】杖（去）王（陽）當（有）望（去）楊（陽）丈（去）光（陰）

【一半兒】涼（陽）長（陽）腸（陽）忙（陽）香（陰）

【金盞兒】陽（陽）楊（陽）上（去）狂（陽）涼（陽）椿（陰）

【賺煞】樣（去）長（上）鄉（陰）陽（陽）光（陰）椿（陰）傍（陽）上（去）霜（陰）

第二折【南呂】（寒山韻）

【一枝花】飯（去）鄲（陰）難（陽）患（去）番（陰）潺（陽）眼（上）

【梁州】間（陰）扮（去）襴（陽）丹（陰）顔（陽）壇（陽）山（陰）関（陰）彎（陰）間（陰）散（去）讚（去）難（陽）蕃（陰）

【賀新郎】山（陰）漢（去）歎（去）晚（上）間（陰）閑（陽）幻（去）干（陰）

【梧桐樹】汗（去）関（陰）飯（去）饌（去）

【隔尾】嬾（上）單（陰）瓣（去）難（陽）難（陽）盞（上）

【牧羊関】翻（陰）散（去）顏（陽）斑（陰）眼（上）

【紅芍藥】山（陰）頑（陽）播（陰）還（陽）板（上）肝（陰）関（陰）儇（陽）

【菩薩梁州】跧（陰）爛（去）散（去）丹（陰）山（陰）漢（去）炭（去）限（去）憚（去）欄（陽）

【哭皇天】案（去）竿（陰）攀（陰）挽（上）邊（先天）竿（陰）誕（去）懶（上）

【烏夜啼】岸（去）庵（監咸）辦（去）関（陰）寰（陽）灘（陰）棧（去）宦（去）安（陰）

【三煞】患（去）安（陰）間（陰）辦（去）看（去）残（陽）還（陽）

【二煞】澗（去）菴（監咸）渲（先天）犯（去）斑（陰）凡（陽）

【煞尾】板（上）丹（陰）憚（去）灣（陰）舡（先天）帆（陽）山（陰）関（陰）眼（上）

楔子【仙呂】（尤侯韻）

【賞花時】游（陽）牛（陽）頭（陽）柳（上）楼（陽）

【村裏迓鼓】就（去）透（去）透（去）漚（陰）久（上）

【元和令】秋（陰）頭（陽）轂（去）憂（陰）休（陰）后（去）

【上馬嬌】收（陰）侯（陽）彀（去）休（陰）喉（陽）

【勝葫蘆】休（陰）頭（陽）由（陽）游（陽）

【柳葉兒】舊（去）遊（陽）袖（去）由（陽）侯（陽）

第三折【正宮】（齊微韻）

【端正好】氣（去）兮（陽）被（去）睡（去）

【滚綉球】衣（陰）食（入作平）味（去）椎（陽）的（入作上）里（上）易（入作去）離（陽）醫（陰）吹（陰）

【倘秀才】住（魚模）力（入作去）痴（陰）皮（陽）吃（入作上）

【滚綉球】你（上）氣（去）随（陽）的（入作上）的（入作上）氣（去）泥（陽）遲（陽）宜（陽）

【叨叨令】髣（入作去）氣（去）内（去）睡（去）日（入作去）

【倘秀才】誰（陽）你（上）碑（陰）西（陰）里（上）

【滚綉球】飛（陰）随（陽）閉（去）妻（陰）機（陰）扉（陰）氣（去）眉（陽）梅（上）池（陽）

【道情曲】飽（上）襖（上）草（上）笑（去）（蕭豪韻）

【么篇】笑（去）了（上）惱（上）樂（入作去）（蕭豪韻）

【三煞】你（上）泥（陽）踢（入作上）地（去）欺（陰）實（入作平）賊（入作平）

【二煞】醉（去）騎（陽）廻（陽）輝（陰）帝（去）知（陰）

【煞尾】水（上）棊（陽）的（入作上）的（入作上）的（入作上）的（入作上）雷（陽）席（入作平）醅（陰）暉（陰）回（陽）誰（陽）磯（陰）畦（陽）溪（陰）籬（陽）遲（陽）催（陰）歸（陰）池（陽）衣（陰）食（入作平）梯（陰）微（陽）你（上）直（入作平）北（入作上）里（上）

第四折【雙調】（魚模韻）

【新水令】符（陽）悟（去）蘆（陽）夫（陽）書（陰）疏（陰）

【駐馬聽】捽（入作平）煮（上）住（去）沽（陰）簏（入作去）夫（陽）負（去）處（去）

【沉醉東風】侶（上）夫（陽）女（上）務（去）姑（陰）呂（上）

【七弟兄】處（去）去（去）做（去）處（去）夫（陽）吐（上）

【梅花酒】夫（陽）愚（陽）物（入作去）徒（陽）術（入作平）木（入作去）服（入作平）父（去）語（上）躇（陽）

【收江南】湖（陽）酥（陰）鬍（陽）録（入作去）姑（陰）

【水仙子】鬍（陽）帚（上）木（入作去）驢（陽）蘆（陽）梳（陰）鼓（上）

江州司馬青衫淚

第一折【仙呂】（皆來韻）

【點絳唇】白（入作平）在（去）外（去）開（陰）客（入作上）

【混江龍】柰（去）排（陽）臺（陽）差（陰）賣（去）釵（陰）

【油葫蘆】歪（陰）乖（陰）白（入作平）改（上）在（去）柴（陽）害（去）該（陰）

【天下樂】腮（陰）胎（陰）在（去）牌（陽）開（陰）篩（陰）

來（陽）

【醉扶歸】外（去）臺（陽）揌（陰）菜（去）才（陽）帶（去）

【後庭花】街（陰）宅（入作平）來（陽）才（陽）拜（去）色（入作平）

【金盞兒】懷（陽）才（陽）客（入作上）來（陽）腮（陰）開（陰）

【後庭花】顋（陰）袋（去）海（上）懷（陽）哉（陰）

【金盞兒】台（陰）臺（陽）客（入作上）街（陰）宅（入作平）災（陰）

【賺煞】債（去）賣（去）奶（去）開（陰）才（陽）擇（入作平）臺（陽）改（上）恠（去）來（陽）

楔子【仙呂】（魚模韻）

【端正好】住（去）書（陰）暮（去）蹰（陽）珠（陰）途（陽）

第二折【正宮】（先天韻）

【端正好】賤（去）千（陰）徧（去）怨（去）

【滾綉球】元（陽）年（陽）見（去）宣（陰）仙（陰）眠（陽）硯（去）前（陽）年（陽）賢（陽）

【倘秀才】天（陰）磚（陰）錢（陽）原（陽）遣（上）

【滾綉球】言（陽）纏（陽）扇（去）緣（陽）轉（上）賤（去）源（陽）船（陽）煎（陰）

【呆骨朵】見（去）拳（陽）蹇（上）勸（去）嚥（去）怜（陽）煎（陰）

【倘秀才】見（去）天（陰）線（陽）言（陽）前（陽）

【滾綉球】箋（陰）絃（陽）院（去）眠（陽）拳（陽）錢（陽）勸（去）天（陰）圓（陽）然（陽）

【叨叨令】徧（去）面（去）院（去）線（去）現（去）

【倘秀才】院（去）輦（上）田（陽）前（陽）腆（上）

【滾綉球】仙（陰）然（陽）殿（去）淵（陰）絃（陽）現（去）前（陽）錢（陽）漣（陽）

【醉太平】錢（陽）言（陽）天（陰）年（陽）轉（上）戰（去）旋（陽）元（陽）

【一煞】剪（上）然（陽）堅（陰）田（陽）恋（去）川（陰）

【二煞】犬（上）蟬（陽）猿（陽）烟（陰）卷（去）眠（陽）

【三煞】淺（上）偏（陰）邊（陰）圓（陽）攢（桓歡）寃（陰）

【四煞】轉（去）穿（陰）年（陽）蓮（陽）韆（陽）院（去）填（陽）

【尾煞】扇（去）船（陽）天（陰）錢（陽）圓（陽）賢（陽）恋（去）願（去）然（陽）泉（陽）煎（陰）研（陽）前（陽）邊（陰）緣（陽）寃（陰）年（陽）遠（上）

第三折【雙調】（齊微韻）

【新水令】迷（陽）翠（去）低（陰）維（陽）內（去）

【駐馬聽】歸（陰）旗（陽）地（去）磯（陰）溪（陰）驛（入作去）稀（陰）北（入作上）

【步步嬌】臂（去）壻（去）起（上）偎（陰）恓（陰）被（去）

【攪箏琶】罪（去）離（陽）北（入作上）猊（陽）悲（陰）歸（陰）裡（上）笛（入作平）

【雁兒落】期（陽）瑞（去）蠡（上）易（去）

【小將軍】日（入作去）鬼（上）得（入作上）底（上）

【沉醉東風】勢（去）低（陰）氣（去）議（去）裡（上）底（上）

【撥不斷】虀（陰）西（陰）里（上）盃（陰）尺（入作上）遞（去）

【掛搭沽】味（去）的（入作上）飛（陰）避（去）戚（入作上）衣（陰）

【沽美酒】例（去）易（去）泥（陽）喫（入作上）賊（入作平）

【太平令】睡（去）飛（陰）氣（去）地（去）只（入作上）只（入作上）你（上）醉（去）

【川撥棹】持（陽）滯（去）希（陰）垂（陽）勢（去）對（去）

【七弟兄】夕（入作平）里（上）妻（陰）濟（去）誰（陽）地（去）

【梅花酒】離（陽）拾（入作平）李（上）徊（陽）期（陽）夕（入作平）的（入作上）議（去）睡（去）只（入作上）起（上）疾（入作平）

【收江南】歸（陰）齊（陽）石（入作平）只（入作上）夷（陽）

【水仙子】璨（陽）低（陰）起（上）悲（陰）霏（陰）翠（去）催（陰）歸（陰）

【大清歌】力（入作去）妓（去）膾（去）期（陽）知（陰）維（陽）疑（陽）睡（去）雷（陽）起（上）西（陰）

【二煞】濕（入作上）急（入作上）地（去）國（入作上）雷（陽）旗（陽）溪（陰）里（上）

【鴛鴦煞】醉（去）泪（去）啼（陽）濕（入作上）配（去）推（陰）水（上）

第四折【中呂】（家麻韻）

【粉蝶兒】花（陰）下（去）華（陽）嫁（去）咱（陽）卦（去）

【醉春風】打（上）瓜（陰）要（上）要（上）察（入作上）

【迎仙客】法（入作上）家（陰）他（陰）下（去）洪（東鍾）話（去）

【石榴花】華（陽）涯（陽）叉（陰）假（上）刮（入作上）茶（陽）猾（入作平）花（陰）

【鬥鵪鶉】斝（上）達（入作?）滑（入作平）家（陰）

【上小樓】嫣（陰）大（去）紗（陰）法（入作上）罷（去）下（去）剌（入作去）

【么篇】他（陰）麻（陽）下（去）價（去）

【紅芍藥】花（陰）茶（陽）蟆（陽）紗（陰）煞（入作上）画（去）蛙（陰）沙（陰）

【紅繡鞋】下（去）芽（陽）沙（陰）咱（陽）剮（上）

【喜春來】馬（上）家（陰）衙（陽）他（陰）槎（陽）

【普天樂】掛（去）霞（陽）訝（去）罷（去）琶（陽）苍（陰）

【快活三】華（陽）葭（陰）槎（陽）下（去）

【鮑老兒】他（陰）大（去）家（陰）帕（去）凹（去）荅（入作平）

【叫聲】花（陰）花（陰）抹（入作去）咱（陽）

【剔銀燈】麽（陽）謕（去）話（去）咱（陽）差（陰）榻（入作上）

【蔓菁菜】駕（去）大（去）家（陰）抹（入作去）下（去）

【隨煞】涯（陽）髮（入作上）罷（去）花（陰）

半夜雷轟薦福碑

第一折【仙呂】（魚模韻）

【點絳唇】儒（陽）沒（入作去）路（去）軀（陰）處（去）

【混江龍】富（去）途（陽）廬（陽）疎（陰）路（去）樞（陰）

【後庭花】餘（陽）疎（陰）無（陽）書（陰）聚（去）車（陰）

【油葫蘆】書（陰）魚（陽）夫（陽）註（去）疏（陰）圖（陽）書（陰）女（上）如（陽）

【天下樂】車（陰）愚（陽）居（陰）獄（入作去）粟（入作上）古（上）

【那吒令】肅（去）禹（上）叔（入作上）遇（去）圖（陽）

【鵲踏枝】服（入作平）乎（陽）處（去）諸（陰）

【寄生草】語（上）虛（陰）簇（入作上）粟（入作上）玉（入作去）處（去）

【么篇】路（去）途（陽）苦（上）福（入作上）富（去）禄（入作去）

【六么序】夫（陽）爐（陽）鵠（入作平）魚（陽）徒（陽）雨（上）榆（陽）悞（去）閭（陽）

【么篇】儒（陽）屋（陰）書（陰）硃（陰）舉（上）夫（陽）服（入作平）膚（陰）辜（陰）賦（去）乎（陽）曲（入作上）揄（陽）

【金盞兒】愚（陽）疎（陰）束（入作上）蘆（陽）驢（陽）鵜（陽）魚（陽）

【醉中天】富（去）虛（陰）辜（陰）賦（去）書（陰）户（去）

【尾聲】牧（入作去）福（入作上）速（入作上）駒（陰）符（陽）蚨（陽）夫（陽）旅（上）遇（去）書（陰）

楔子【仙呂】（尤侯韻）

【賞花時】猷（陽）舟（陰）鳩（陰）宿（入作上）流（陽）

【么篇】秋（陰）愁（陽）州（陰）友（上）樓（陽）

第二折【正宮】（蕭豪韻）

【端正好】落（入作去）超（陰）到（去）道（去）

【滾繡球】着（入作?）好（上）鶚（入作去）霄（陰）學（入作平）袍（陽）跳（去）巢（陽）腰（陰）勞（陽）

【叨叨令】道（去）道（去）道（去）道（去）道（去）

【滚綉球】窰（陽）瓢（陽）樂（入作去）驕（陰）了（上）約（入作去）托（入作上）交（陰）傲（去）着（入作?）熬（陽）

【倘秀才】老（上）錯（入作上）敲（陰）僚（陽）了（上）

【醉太平】着（入作?）揉（陽）耗（去）倒（上）落（入作去）要（去）條（陽）學（入作平）

【倘秀才】倒（上）却（入作上）嚎（陽）燒（陰）薄（入作平）

【滚綉球】了（上）遭（陰）道（去）高（陰）蛟（陰）貉（入作去）落（入作去）苗（陽）着（入作?）調（陽）

【呆骨朵】叫（去）着（入作?）小（上）爵（入作上）了（上）

【倘秀才】却（入作上）了（上）着（入作?）學（入作平）好（上）

【滚綉球】高（陰）告（去）號（去）着（入作?）豪（陽）曹（陽）鮑（去）刀（陰）交（陰）饒（陽）

【尾聲】草（上）刀（陰）饒（陽）爵（入作上）誥（去）遭（陰）到（去）高（陰）了（上）報（去）着（入作?）詔（去）貌（去）幙（入作去）卓（入作上）少（上）燒（陰）老（上）

第三折【中呂】（皆來韻）

【粉蝶兒】来（陽）戴（去）鞋（陽）在（去）階（陰）寨（去）

【醉春風】海（上）齋（陰）客（入作上）待（去）

【石榴花】開（陰）齋（陰）来（陽）埃（陰）債（去）外（去）碍（去）来（陽）

【鬪鵪鶉】窄（入作上）色（入作平）開（陰）才（陽）釵（陰）客（入作上）

【普天樂】待（去）懷（陽）賣（去）待（去）来（陽）雀（入作上）豺（陽）

【紅綉鞋】界（去）臺（陽）差（陰）海（上）来（陽）客（入作上）

【上小樓】来（陽）煞（去）澤（入作平）靄（上）麥（入作去）

【么篇】開（陰）崖（陽）大（去）怪（去）

【滿庭芳】界（去）災（陰）塊（去）帛（入作平）才（陽）臺（陽）害（去）来（陽）臺（陽）

【快活三】乖（陰）埋（陽）帛（入作平）界（去）

【鮑老兒】才（陽）盖（去）来（陽）怪（去）淮（陽）崖（陽）

【十二月】槐（陽）骸（陽）哉（陰）排（陽）

【堯民歌】開（陰）牌（陽）宅（入作平）来（陽）哉（陰）懷（陽）外（去）

【耍孩兒】陌（入作去）色（入作平）埋（陽）来（陽）垓（陰）大（去）宅（入作平）

【二煞】灾（陰）戒（去）苔（陽）怪（去）捱（陽）

【一煞】来（陽）怪（去）堦（陰）柰（去）才（陽）

【尾聲】白（入作平）客（入作上）策（入作上）

第四折【雙調】（齊微韻）

【新水令】遲（陽）第（去）衣（陰）食（入作平）虀（陰）味（去）

【駐馬聽】食（入作平）水（上）桂（去）梯（陰）席（入作平）筆（入作上）礼（上）立（入作去）

【雁兒落】期（陽）會（去）力（入作去）

【得勝令】雷（陽）齊（陽）皮（陽）祭（去）實（入作平）碑（陰）

【落梅風】碑（陰）墨（入作去）起（上）碎（去）

【水仙子】飛（陰）灰（陰）例（去）皮（陽）稀（陰）誰（陽）醫（陰）

【川撥棹】實（入作平）知（陰）犁（陽）畦（陽）的（入作上）威（陰）力（入作去）

【七弟兄】里（上）石（入作平）地（去）蹄（陽）背（去）

【梅花酒】禮（上）日（入作去）移（陽）随（陽）稀（陰）里（上）的（入作上）的（入作上）地（去）地（去）雷（陽）雷（陽）衣（陰）衣（陰）位（去）位（去）墀（陽）墀（陽）知（陰）知（陰）虧（陰）虧（陰）日（入作去）日（入作去）裏（上）裏（上）宜（陽）

【收江南】宜（陽）池（陽）疾（入作平）的（入作上）賊（入作平）

【尾聲】會（去）起（上）計（去）意（去）裏（上）鬼（上）

孟浩然踏雪尋梅

第一折【仙呂】（尤侯韻）

【點絳唇】繆（陽）僽（去）酒（上）憂（陰）逗（去）

【混江龍】袖（去）鈎（陰）口（上）頭（陽）流（陽）州（陰）樓（陽）軸（入作平）甌（陰）愁（陽）幽（陰）首（上）侯（陽）

【油葫蘆】有（上）酬（陽）投（陽）嗽（去）瘦（去）甌（陰）友（上）樓（陽）

【天下樂】酬（陽）愁（陽）斗（上）優（陰）走（上）有（上）

【醉中天】現（先天）羞（陰）柔（陽）就（去）頭（陽）透（去）流（陽）

【金盞兒】投（陽）繆（陽）透（去）樓（陽）柔（陽）頭（陽）

【醉扶歸】後（去）秋（陰）留（陽）袖（去）謳（陰）僽（去）

【金盞兒】愁（陽）休（陰）舊（去）頭（陽）鬮（陰）羞（陰）

【賺煞尾】袖（去）手（上）樓（陽）稠（陽）悠（陽）籌（陽）秋（陰）酬（陽）就（去）流（陽）

第二折【南呂】（蕭豪韻）

【一枝花】落（入作去）飄（陰）毛（陽）幄（入作去）袍（陽）曉（上）

【梁州】橋（陽）抱（去）條（陽）敲（陰）哨（去）璬（陽）簫（陰）醪（陽）教（陰）倒（上）笑（去）鬧（去）謡（陽）匋（陽）

【隔尾】兆（去）高（陰）樂（入作去）了（上）少（上）老（上）

【牧羊關】落（入作去）飄（陰）坳（陰）到（去）消（陰）老（上）

【隔尾】來（皆來）到（去）笑（去）挑（陰）着（入作?）惱（上）

【賀新郎】橋（陽）帽（去）到（去）島（上）稍（去）招（陰）鬧（去）飄（陰）

【罵玉郎】俏（去）瑶（陽）奥（去）消（陰）飄（陰）到（去）

【感皇恩】桃（陽）標（陰）操（陰）交（陰）苞（陰）少（上）梢（陰）

【採茶歌】高（陰）騷（陰）嬈（上）條（陽）

【玄鶴鳴】消（陰）嬌（陰）貌（去）標（陰）操（陰）草（上）

【烏夜啼】抱（去）袍（陽）嶠（去）敲（陰）豪（陽）飄（陰）落（入作去）笑（去）陶（陽）

【黃鍾尾】少（上）鐃（陽）笑（去）樂（入作去）靠（去）峭（去）叫（去）萼（入作去）落（入作去）照（去）道（去）耗（去）高（陰）曉（上）

第三折【中呂】（齊微韻）

【粉蝶兒】飛（陰）意（去）菲（陰）水（上）細（去）魁（陽）致（去）

【醉春風】體（上）你（上）你（上）媚（去）

【紅繡鞋】氣（去）菲（陰）威（陰）蕤（陽）一（入作去）

【石榴花】輝（陰）宜（陽）奇（陽）質（入作平）題（陽）氣（去）知（陰）誓（去）溪（陰）

【鬪鵪鶉】質（入作平）裏（上）迷（陽）比（上）蘂（上）

【上小樓】杯（陰）粒（入作去）輝（陰）意（去）醉（去）

【么篇】堆（陰）圍（陽）窺（陰）欺（陰）摧（陰）砌（去）氣（去）

【普天樂】蒂（去）奇（陽）世（去）細（去）宜（陽）裏（上）西（陰）

【滿庭芳】溪（陰）迷（陽）意（去）伊（陰）質（入作平）披（陰）勢（去）得（入作上）知（陰）

【耍孩兒】致（去）質（入作平）魁（陽）宜（陰）移（陽）蹟（入作上）妃（陰）

【二煞】美（上）氣（去）題（陽）麗（去）魁（陽）

【煞尾】盃（陰）貴（去）一（入作去）

第四折【雙調】（江陽韻）

【新水令】窗（陰）丈（去）嘗（陽）床（陽）放（去）

【駐馬聽】光（陰）鄉（陰）放（去）香（陰）狂（陽）悵（去）堂（陽）講（上）

【雁兒落】芳（陰）賞（上）上（去）

【得勝令】黃（陽）香（陰）堂（陽）徉（陽）壯（去）量（陽）

長（陽）

【甜水令】降（去）香（陰）向（去）惶（陽）

【折桂令】常（陽）堂（陽）潢（陽）唐（陽）養（上）光（陰）光（陰）窓（陰）江（陰）香（陰）祥（陽）

【水仙子】章（陰）光（陰）相（去）張（陰）堂（陽）况（去）腸（陽）陽（陽）

【收尾】往（上）訪（上）賞（上）

開壇闡教黃粱夢

第一折【仙呂】（真文韻）

【點絳唇】分（陰）運（去）舜（去）倫（陽）本（上）

【混江龍】信（去）貧（陽）本（上）門（陽）人（陽）塵（陽）混（去）辰（陽）

【油葫蘆】頻（陽）賓（陰）神（陽）隱（上）進（去）軍（陰）臣（陽）論（去）身（陰）

【天下樂】人（陽）盡（去）門（陽）論（去）本（上）

【金盞兒】嶙（陽）辰（陽）滾（上）塵（陽）寸（去）鱗（陽）覷（陽）人（陽）

【後庭花】神（陽）君（陰）春（陰）醺（陰）論（去）人（陽）

【醉中天】嫩（去）新（陰）尊（陰）引（上）身（陰）韻（去）根（陰）

【金盞兒】塵（陽）春（陰）嫩（去）門（陽）潤（去）新（陰）邨（陰）

【雁兒】分（去）巾（陰）君（陰）人（陽）

【後庭花】因（陰）根（陰）身（陰）勻（陽）分（去）穩（上）

【醉中天】信（去）秦（陽）身（陰）忍（上）慎（去）孕（去）塵（陽）

【一半兒】真（陰）人（陽）聞（陽）神（陽）盹（上）

【金盞兒】塵（陽）滾（上）運（去）坤（陰）身（陰）新（陰）

【賺煞】進（去）引（上）穩（上）真（陰）欣（陰）雲（陽）醺（陰）訓（去）印（去）門（陽）

楔子【仙呂】（齊微韻）

【賞花時】尉（去）你（上）痴（陰）世（去）離（陽）

【么篇】盃（陰）稷（入作上）題（陽）囬（陽）

第二折【商調】（皆來韻）

【集賢賓】来（陽）排（陽）哀（陰）槐（陽）堦（陰）隔（入作上）腮（陰）

【逍遙樂】愛（去）態（去）胎（陰）臺（陽）海（上）陌（入作去）挨（陰）開（陰）

【金菊香】懷（陽）腮（陰）觧（上）柴（陽）崖（陽）

【醋葫蘆】嚇（入作上）賴（去）来（陽）扠（上）賊（齊微）擡（陽）

【么篇】才（陽）災（陰）歪（陰）菜（去）排（陽）

【么篇】才（陽）牌（陽）擺（上）戴（去）材（陽）

【么篇】改（上）劃（入作?）来（陽）恠（去）揩（陰）

【么篇】歹（入作去）騃（陽）骸（陽）財（陽）快（去）捱（陽）

【么篇】慨（去）哉（陰）牌（陽）在（去）拜（去）咍（陰）

【么篇】色（入作平）腮（陰）来（陽）外（去）来（陽）

【么篇】差（陰）開（陰）来（陽）財（陽）敗（去）揣（陰）

【么篇】害（去）災（陰）白（入作平）街（陰）賴（去）乖（陰）

【么篇】開（陰）篩（陰）該（陰）界（去）敗（去）豺（陽）

【後庭花】捽（入作上）開（陰）來（陽）哉（陰）害（去）閡（去）劃（入作?）責（入作上）宅（入作平）

【雙雁兒】臺（陽）改（上）在（去）哀（陰）觧（上）

【高過浪裹來】白（入作平）揣（陰）歪（陰）盖（去）孩（陽）懷（陽）腮（陰）擡（陽）開（陰）来（陽）才（陽）隔（入作上）

【收尾煞】快（去）臺（陽）靄（上）在（去）来（陽）

第三折【大石調】（蕭豪韻）

【六國朝】角（入作上）毛（陽）老（上）描（陽）表（上）掃（上）稍（去）杳（上）

【歸塞北】早（上）飄（陰）道（去）橋（陽）遥（陽）

【初問口】釣（去）道（去）噪（去）叫（去）

【怨別離】條（陽）覺（入作上）掃（上）峭（去）了（上）

【歸塞北】島（上）郊（陰）蛟（陰）濤（陰）

【么篇】曉（上）高（陰）消（陰）樵（陽）

【雁過南樓】小（上）搖（陽）腳（入作上）道（去）道（去）到（去）

【六國朝】遥（陽）倒（上）稍（去）倒（上）脚（入作上）消（陰）了（上）

【歸塞北】道（去）橋（陽）脚（入作上）標（陰）遭（陰）

【擂鼓體】鶴（入作平）島（上）高（陰）曉（上）

【歸塞北】藥（入作去）學（入作平）桃（陽）霄（陰）

【淨瓶兒】岳（入作去）妖（陰）濤（陰）學（入作平）貌（去）高（陰）道（去）朝（陽）

【玉翼蟬煞】桃（陽）閣（入作上）掃（上）老（上）繞（上）罩（去）炮（去）燒（陰）道（去）壑（入作上）鑰（入作去）卓（入作上）調（去）迢（陽）飄（陰）高（陰）道（去）

第四折【正宮】（歌戈韻）

【端正好】寞（入作去）峨（陽）臥（去）裹（上）

【滚繡球】活（入作平）過（去）羅（陽）箇（去）火（上）坐（去）科（陰）磨（陽）何（陽）

【倘秀才】他（陰）我（上）麼（陰）多（陰）窩（陰）

【叨叨令】挫（去）餓（去）大（去）貨（去）脫（入作上）

【倘秀才】火（上）鎖（上）顆（上）河（陽）豁（入作上）

【滚繡球】過（去）活（入作平）撮（入作?）波（陰）河（陽）貨（去）挫（去）何（陽）多（陰）羅（陽）

【笑和尚】綽（入作上）和（陽）過（去）躲（上）活（入作平）剉（去）

【叨叨令】坐（去）播（陰）卧（去）摸（入作去）過（去）

【倘秀才】火（上）顆（上）何（陽）梭（陰）坷（上）

【滚繡球】麼（陰）麼（陰）炎（上）活（入作平）窩（陰）科（陰）和（去）河（陽）皤（陽）跎（陽）

【煞尾】果（上）脫（入作平）聒（入作上）坐（去）陀（陽）過（去）箇（去）箇（去）魔（陽）我（上）

蘇子瞻風雪貶黃州

第一折【仙呂】（江陽韻）

【點絳唇】湘（陰）象（去）浪（去）腸（陽）丈（去）

【混江龍】上（去）郎（陽）香（陰）章（陰）上（去）荒（陰）

【油葫蘆】央（陰）章（陰）香（陰）帳（去）巷（去）響（上）降（去）王（陽）

【天下樂】皇（陽）忙（陽）央（陰）長（陽）凉（陽）響（上）凰（陽）

【那吒令】綱（陰）巷（去）象（去）堂（陽）章（陰）綱（上）腸（陽）量（去）鄉（陰）

【鵲踏枝】王（陽）陽（陽）浪（去）鄉（陰）陽（陽）

【寄生草】堂（陽）誑（去）講（上）謗（去）亮（去）

【幺篇】郎（陽）放（去）葬（去）丧（去）江（陰）浪（去）

【金盞兒】唐（陽）狂（陽）上（去）章（陰）堂（陽）梁（陽）

【賺煞】浪（去）江（陰）腸（陽）茫（陽）凉（陽）陽（陽）鄉（陰）狼（陽）浪（去）場（陽）

第二折【正宮】（先天韻）

【端正好】言（陽）卷（去）天（陰）戰（去）遠（上）

【幺篇】戰（去）川（陰）宴（去）剪（上）

【滚繡球】天（陰）殿（去）田（陽）遷（陰）貶（上）見（去）千（陰）前（陽）言（陽）

【倘秀才】遠（上）捲（上）鞭（陰）肩（陰）前（陽）

【滚繡球】遷（陰）建（去）元（陽）仙（陰）愿（去）淵（陰）然（陽）賢（陽）

【叨叨令】串（去）旋（陽）踐（去）戰（去）倦（去）

【倘秀才】廛（陽）面（去）千（陰）賢（陽）展（上）

【滚繡球】聯（陽）篇（陰）戰（去）宣（陰）緣（陽）權（陽）怨（去）遷（陰）前（陽）然（陽）

【呆骨朵】勸（去）顛（陰）貶（上）願（去）篇（陰）

【五煞】典（上）絃（陽）間（陰）邊（陰）賤（去）眠（陽）

【四煞】鑒（監咸）懸（陽）千（陰）邊（陰）天（陰）

【三煞】戀（去）穿（陰）邊（陰）烟（陰）舡（陽）眠（陽）

【二煞】犬（上）田（陽）蝉（陽）軒（陰）賤（去）年（陽）

【煞尾】貶（上）傳（陽）淺（上）烟（陰）天（陰）遠（上）

第三折【越調】（齊微韻）

【鬭鵪鶉】里（上）鬼（上）起（上）息（陽）帰（陰）水（上）

【紫花兒序】啼（陽）飛（陰）霓（陽）衣（陰）戲（去）回（陽）

【小桃紅】堤（陰）貴（去）翠（去）非（陰）悴（去）嘶（陰）醉（去）西（陰）

【天淨沙】籬（陽）虀（陰）衣（陰）食（入作平）

【鬼三台】氣（去）濟（去）米（上）遲（陽）識（入作上）彼（上）急（入作上）美（上）

【紫花兒序】已（上）回（陽）妻（陰）提（陽）灰（陰）衣（陰）饑（陰）

【金焦葉】遂（去）欺（陰）閉（去）里（上）

【聖藥王】回（陽）遲（陽）飛（陰）理（上）美（上）歸（陰）機（陰）

【鬼三台】閉（去）棄（去）你（上）低（陰）知（陰）地（去）跖（入作上）利（去）

【紫花兒序】妻（陰）食（入作平）悲（陰）欺（陰）器（去）疾（入作平）

【綿搭絮】闈（陽）雷（陽）起（上）

【么篇】椅（上）馳（陽）飛（陰）日（入作去）霓（陽）池（陽）闈（陽）墀（陽）你（上）

【尾聲】輩（去）濟（去）水（上）

楔子【仙呂】（尤侯韻）

【賞花時】楼（陽）洲（陰）裘（陽）守（上）州（陰）

第四折【雙調】（真文韻）

【新水令】濱（陰）盡（去）貧（陽）雲（陽）恨（去）

【駐馬聽】神（陽）身（陰）近（去）塵（陽）分（陰）盡（去）新（陰）進（去）

【落梅風】問（去）隱（上）盡（去）尊（陰）遴（去）

【水仙子】隣（陽）塵（陽）問（去）痕（陽）嗔（陰）本（上）門（陽）

【甜水令】韻（去）文（陽）遜（去）勤（陽）

【折桂令】春（陰）君（陰）坤（陰）凜（侵尋）彬（陰）臣（陽）人（陽）

【川撥棹】文（陽）倫（陽）銀（陽）珍（陰）仁（陽）人（陽）人（陽）

【七弟兄】分（陰）存（陽）尊（陰）問（去）文（陽）論（去）

【梅花酒】聞（陽）賓（陰）貧（陽）人（陽）恩（陰）人（陽）禽（去）倫（陽）貧（陽）嗔（陰）門（陽）人（陽）

【收江南】君（陰）麟（陽）人（陽）窘（上）門（陽）

【雁兒落】貧（陽）悶（去）困（去）

【得勝令】軍（陰）臣（陽）俊（去）惷（陽）村（陰）論（去）門（陽）人（陽）

四丞相歌舞麗春堂

第一折【仙呂】（東鍾韻）

【點絳唇】戎（陽）宋（去）統（上）鏞（陽）貢（去）

【混江龍】鞚（去）龍（陽）中（陰）豐（陰）龍（陽）奉（去）奉（去）東（陰）

【油葫蘆】中（陰）湧（上）東（陰）洞（去）種（上）峯（陰）動（去）宮（陰）

【天下樂】雄（陽）戎（陽）統（上）忠（陰）功（陰）用（去）

【那吒令】統（上）中（陰）奉（去）勝（庚青）風（陰）

【鵲踏枝】絨（陽）瓏（陽）弓（陰）蟲（陽）踪（陰）

【賞花時】東（陰）中（陰）茸（陽）衕（陽）

【勝葫蘆】通（陰）鬃（陰）功（陰）龍（陽）

【么篇】風（陰）蓉（陽）鍾（陰）鳳（去）紅（陽）

【尾聲】捧（上）從（陽）濃（陽）虹（陽）紅（陽）風（陰）中（陰）驄（陰）鞚（去）中（陰）

第二折【中呂】（齊微韻）

【粉蝶兒】巍（陽）碧（入作上）璃（陽）翠（去）梯（陰）內

（去）

【醉春風】裡（上）起（上）起（上）氣（去）

【迎仙客】闈（陽）梯（陰）盔（陰）漓（陽）罪（去）

【紅繡鞋】翠（去）璣（陰）機（陰）夷（陽）里（上）

【上小樓】日（入作去）地（去）威（陰）微（陽）貴（去）力（入作去）

【么篇】力（入作去）襲（入作平）遲（陽）疾（入作平）遞（去）氣（去）

【滿庭芳】勢（去）蹄（陽）意（去）對（去）皮（陽）隨（陽）哨（上）機（陰）

【石榴花】眉（陽）稀（陰）飛（陰）擲（入作平）食（入作平）滯（去）宜（陽）意（去）

【鬥鵪鶉】皮（陽）恥（上）底（上）的（入作上）理（上）

【耍孩兒】戲（去）力（入作去）誰（陽）裔（陰）誰（陽）職（入作上）臂（去）漓（陽）

【尾聲】弟（去）姪（入作平）會（去）你（上）

第三折【越調】（魚模韻）

【鬥鵪鶉】腹（入作上）窟（入作上）雨（上）壺（陽）舞（上）

【紫花兒序】湖（陽）蒲（陽）夫（陽）去（去）鷺（去）歟（陽）

【小桃紅】宜（齊微）去（去）訴（去）蹰（陽）聚（去）古（上）辱（入作去）蘆（陽）

【金焦葉】處（去）住（去）縷（上）舞（上）

【調笑令】處（去）軀（陰）去（去）緑（入作去）須（陰）姝（陰）魚（陽）

【禿廝兒】舞（上）魚（陽）語（上）圖（陽）梳（陰）

【聖藥王】餘（陽）足（入作上）沽（陰）壺（陽）縷（上）扶（陽）閭（陽）

【麻郎兒】屋（入作上）墟（陰）女（上）車（陰）

【么篇】與（陽）處（去）府（上）湖（陽）足（入作上）去（去）

【東原樂】趣（去）疎（陰）路（去）居（陰）去（去）住（去）

【綿搭絮】夫（陽）賈（上）儒（陽）書（陰）疎（陰）愚（陽）

【絡絲娘】居（陰）處（去）古（上）度（去）

【拙魯速】輿（陽）吾（陽）御（去）去（去）語（上）書（陰）懼（去）

【么篇】都（陰）付（去）卒（入作平）户（去）睦（入作去）伏（入作平）去（去）書（陰）付（去）餘（陽）主（上）

【尾聲】去（去）圖（陽）足（入作上）

第四折【雙調】（江陽韻）

【五供養】裝（陰）鄉（陰）鄉（陰）丈（去）望（去）堂（陽）

【喬木查】恙（去）鄉（陰）方（陰）凉（陽）

【一錠銀】凰（陽）揚（陽）唱（去）傷（陰）

【相公愛】行（陽）望（去）常（陽）鄉（陰）上（去）

【醉娘子】量（陽）傷（陰）粧（陰）房（陰）量（陽）

【金字經】長（陽）當（陰）腸（陽）上（去）端（桓歡）

【山石榴】亡（陽）丧（去）愴（去）項（去）

【么篇】場（陽）降（去）想（上）望（去）上（去）

【落梅風】長（上）囊（陽）霜（陰）像（去）

【雁兒落】牀（陽）帳（去）釀（去）

【德勝令】簧（陽）廊（陽）香（陰）皇（陽）擋（去）量（陽）郎（陽）

【風流體】王（陽）相（去）當（陰）擋（去）

【古都白】疆（陰）惶（陽）荒（陰）王（陽）孀（陰）上（去）忘（去）

【唐兀歹】昌（陰）長（陽）讓（去）當（陰）

【攪箏琶】杖（去）量（陽）楊（陽）梁（陽）詳（陽）強（陽）詳（陽）盪（去）霜（陰）

【沽美酒】長（陰）簧（陽）粧（陰）行（陽）堂（陽）

【太平令】亮（去）揚（陽）相（去）蕩（去）方（陰）荒（陰）邦（陰）上（去）

呂蒙正風雪破窑記

第一折【仙吕】（江陽韻）

【點絳唇】娘（陽）養（上）樣（去）郎（陽）上（去）

【混江龍】望（去）香（陰）常（陽）郎（陽）強（陽）樣（去）裳（陽）

【油葫蘆】郎（陽）場（陽）堂（陽）將（去）相（去）望（去）上（去）王（陽）

【天下樂】忙（陽）詳（陽）想（上）響（上）郎（陽）堂（陽）相（去）

【金盞兒】良（陽）章（陰）上（去）妨（陽）量（陽）郎（陽）

【金字經】才（陽）腮（陰）腮（陰）該（陰）恠（去）來（陽）

【醉中天】炕（去）光（陰）湯（陰）綱（上）房（陽）帳（去）堂（陽）

【尾聲】響（上）房（陽）廣（上）箱（陰）郎（陽）良（陽）粧（陰）床（陽）帳（去）堂（陽）

第二折【正宮】（齊微韻）

【端正好】世（去）食（入作平）倚（陰）婿（去）

【滾繡球】息（入作上）第（去）意（去）席（入作平）日（入作去）德（入作上）歸（陰）饑（陰）奇（陽）

【倘秀才】喜（上）裡（上）的（入作上）水（上）灰（陰）筆（入作上）

【倘秀才】的（入作上）的（入作上）齊（陽）宜（陰）理（上）

【倘秀才】癡（陰）息（陽）底（上）衣（陰）裡（上）

【尾聲】避（去）歸（陰）碑（陰）枝（支思）妻（陰）你（上）

第三折【中呂】（魚模韻）

【粉蝶兒】樞（陰）處（去）疎（陰）住（去）居（陰）户（去）

【醉春風】女（上）苦（上）苦（上）禄（入作去）

【上小樓】苦（上）覷（去）俗（入作平）去（去）覷（去）

【普天樂】覷（去）夫（陽）肚（去）聚（去）湖（陽）

【十二月】雨（上）魚（陽）服（入作平）物（入作去）伏（入作平）

【堯民歌】珠（陰）魚（陽）如（陽）胡（陽）夫（陽）句（去）聚（去）

【尾聲】主（上）母（上）富（去）苦（上）

第四折【雙調】（皆來韻）

【新水令】擡（陽）恠（去）臺（陽）堦（陰）態（去）

【川撥棹】外（去）財（陽）牌（陽）才（陽）待（去）才（陽）

【七弟兄】街（陰）劃（入作?）柴（陽）捱（陽）捱（陽）礙（去）

【梅花酒】開（陰）頦（陽）腮（陰）開（陰）柴（陽）齋（陰）擡（陽）揣（陰）開（陰）揩（陰）

【收江南】来（陽）来（陽）来（陽）待（去）来（陽）

【水仙子】懷（陽）㖂（上）拜（去）責（入作上）埋（陽）帶（去）来（陽）

杜蕊娘智賞金線池

楔子【仙呂】（魚模韻）

【端正好】狐（陽）虎（上）儒（陽）女（上）婦（去）

【么篇】付（去）愚（陽）叔（入作上）驢（陽）女（上）奴（陽）酥（陰）去（去）

第一折【仙呂】（真文韻）

【點絳唇】門（陽）運（去）本（上）銀（陽）狠（上）

【混江龍】近（去）根（陰）神（陽）軍（陰）運（去）本（上）門（陽）

【油葫蘆】神（陽）哏（陰）君（陰）印（去）棍（去）人（陽）論（去）分（陰）門（陽）

【天下樂】人（陽）勤（陽）恩（陰）順（去）噴（陰）人（陽）

【醉中天】尊（陰）隣（陽）春（陰）嫩（去）分（去）問（去）

【金盞兒】淳（陽）村（陰）钝（去）昏（陰）勤（陽）神（陽）

【賺煞】迅（去）穩（上）君（陰）民（陽）門（陽）人（陽）裀（陰）婚（陰）運（去）春（陰）

第二折【南呂】（尤侯韻）

【一枝花】羞（陰）醜（上）愁（陽）投（陽）後（去）就（去）收（陰）久（上）

【梁州】頭（陽）走（上）岫（去）流（陽）逐（入作平）繆（陽）讐（陽）酒（上）樓（陽）醜（上）有（上）受（去）休（陰）

由（陽）

【牧羊関】舊（去）投（陽）油（陽）口（上）籌（陽）手（上）

【二煞】肉（入作去）頭（陽）救（去）休（陰）僽（去）舊（去）友（上）鳩（陰）

【三煞】耨（去）偷（陰）漏（去）手（上）咒（去）口（上）休（陰）

【尾煞】手（上）有（上）勾（去）逐（入作平）袖（去）頭（陽）柳（上）

第三折【中呂】（庚青韻）

【粉蝶兒】生（陰）倖（去）零（陽）情（陽）聘（去）嬴（陽）倖（去）

【醉春風】井（上）騰（陽）醒（上）醒（上）定（去）

【石榴花】明（陽）澄（陽）経（陰）程（陽）境（去）庭（陽）定（去）縈（陽）

【鬪鵪鶉】景（上）挺（上）睛（陰）生（陰）井（上）

【普天樂】敬（去）承（陽）性（去）慶（去）鳴（陽）疼（陽）

【醉高歌】名（陽）聲（陰）頂（上）笙（陰）

【十二月】稱（陰）能（陽）誠（陽）明（陽）成（陽）情（陽）

【堯民歌】卿（陰）生（陰）程（陽）城（陽）清（陰）情（陽）定（去）

【上小樓】另（去）鄧（去）聲（陰）醒（上）掙（去）正（去）性（去）

【么篇】情（陽）敬（去）定（去）性（去）幸（去）姓（去）

【耍孩兒】令（去）名（陽）朋（陽）清（陰）等（上）秤（陰）正（去）姓（去）程（陽）

【二煞】聲（陰）競（去）青（陰）病（去）箏（陰）

【尾煞】情（陽）整（上）成（陽）等（上）

第四折【雙調】（先天韻）

【新水令】傳（陽）扇（去）年（陽）錢（陽）見（去）

【沽美酒】腆（上）院（去）前（陽）言（陽）勸（去）

【太平令】眷（去）前（陽）徧（去）騙（去）千（陰）言（陽）面（去）變（去）

【川撥棹】緣（陽）天（陰）緣（陽）天（陰）遠（上）圓（陽）

【七弟兄】面（去）肩（陰）前（陽）願（去）篇（陰）線（去）

【梅花酒】年（陽）憐（陽）面（去）全（陽）煎（陰）恋（去）憐（陽）錢（陽）纒（陽）

【收江南】錢（陽）蓮（陽）川（陰）元（陽）舡（陽）

劉夫人慶賞五侯宴

楔子【仙呂】（真文韻）

【端正好】悶（去）親（陰）問（去）勤（陽）身（陰）殯（去）

第一折【仙呂】（魚模韻）

【點絳唇】吁（陰）屈（入作上）訴（去）疎（陰）絮（去）

【混江龍】户（去）毒（入作平）書（陰）母（上）軀（陰）數（去）母（上）軀（陰）

【油葫蘆】主（上）付（去）初（陰）哭（入作上）吐（上）觸（入作上）褲（去）驢（陽）

【天下樂】觸（入作上）哭（入作平）處（去）觸（入作上）處（去）

【金盞兒】珠（陰）獨（入作平）肚（去）衢（陽）舉（上）舒（陰）服（入作平）

【尾聲】福（入作上）苦（上）五（上）奴（陽）蹰（陽）徒（陽）疏（陰）古（上）做（去）書（陰）

第二折【南呂】（車遮韻）

【一枝花】舍（去）迭（入作平）遮（陰）葉（入作去）歇（入作上）遮（陰）野（上）

【梁州】捨（上）別（入作?）業（入作去）傑（入作平）此（陰）舌（入作平）嗟（陰）捨（上）也（上）别（入作?）拙（入作上）徹（入作上）歇（入作上）些（陰）貼（入作上）

【隔尾】捨（上）嗟（陰）遮（陰）些（陰）者（上）也（上）

【賀新郎】迭（入作平）謝（去）葉（入作去）靴（陰）悦（入作去）傑（入作平）拙（入作上）爹（陰）

【尾聲】熱（入作去）鉞（入作去）絶（入作平）節（入作上）者（上）也（上）

第三折【正宮】（先天韻）

【端正好】戰（去）拳（陽）佃（去）戰（去）

【滚繡球】喘（上）軟（上）轉（上）邊（陰）偃（上）怨（去）緣（陽）肩（陰）言（陽）

【倘秀才】喘（上）軟（上）邊（陰）拳（陽）轉（上）

【倘秀才】碾（上）卷（上）面（去）駢（陽）偏（陰）

【呆骨朵】箭（去）員（陽）然（陽）便（去）見（去）源（陽）

【啄木兒尾聲】源（陽）騫（陰）見（去）面（去）圓（陽）

第四折【商調】（齊微韻）

【集賢賓】旗（陽）回（陽）擂（去）吹（陰）席（入作平）裡（上）威（陰）膝（入作上）

【逍遥樂】的（入作上）帰（陰）席（入作平）的（入作上）紀（去）位（去）

【醋葫蘆】得（入作上）弟（去）食（入作平）你（上）日（入作去）虧（陰）

【幺篇】你（上）裡（上）梨（陽）知（陰）意（去）疑（陽）

【後庭花】誰（陽）你（上）昧（去）的（入作上）馳（陽）歲（去）饑（陰）水（上）者（車遮）

【雙雁兒】饑（陰）的（入作上）氣（去）義（去）你（上）

【尾聲】戟（入作上）器（去）随（陽）依（陰）會（去）回（陽）

第五折【雙調】（皆來韻）

【新水令】来（陽）恠（去）骸（陽）乖（陰）柰（去）

【川撥棹】垓（陰）来（陽）懷（陽）孩（陽）海（上）腮（陰）

【七弟兄】来（陽）来（陽）才（陽）蘙（入作去）来（陽）拜（去）

【梅花酒】妳（去）開（陰）策（入作上）擺（上）排（陽）哉（陰）埃（陰）埃（陰）

【喜江南】來（陽）来（陽）材（陽）概（去）来（陽）

【沽美酒】靄（上）萊（陽）諧（陽）帛（入作平）邁（去）

【太平令】盖（去）才（陽）界（去）賽（去）哉（陰）哉（陰）哉（陰）拜（去）

趙蚡兒風月救風塵

第一折【仙呂】（齊微韻）

【點絳唇】陪（陽）世（去）計（去）随（陽）壻（去）

【混江龍】配（去）為（陽）意（去）知（陰）遲（陽）覓（入作去）為（陽）

【油葫蘆】你（上）的（入作上）回（陽）配（去）棄（去）堆（陰）地（去）誰（陽）

【天下樂】每（上）儀（陽）鬼（上）息（陽）日（入作去）頹（陽）

【那吒令】實（入作平）德（入作上）妓（去）意（去）的（入作上）尾（上）内（去）宜（陽）

【鵲踏枝】脾（陽）為（陽）愚（魚模）皮（陽）迷（陽）

【寄生草】妓（去）妻（陰）利（去）利（去）例（去）例（去）

【村裏迓鼓】矣（上）里（上）配（去）宜（陽）計（去）妹（去）思（支思）

【元和令】弟（去）意（去）脾（陽）實（入作平）皮（陽）的（入作上）

【上馬嬌】里（上）的（入作上）微（陽）睡（去）衣（陰）

【游四門】皮（陽）袂（去）篦（陰）脾（陽）迷（陽）

【勝葫蘆】食（入作平）里（上）棄（去）踢（入作上）啼（陽）

【么篇】遲（陽）事（支思）悔（上）得（入作上）日（入作去）石（入作平）

【賺煞】崇（去）腿（上）水（上）食（入作平）易（入作去）的（入作上）喜（上）弟（去）帔（去）魁（陽）

第二折【商調】（尤侯韻）

【集賢賓】頭（陽）休（陰）樓（陽）鳩（陰）柳（上）優（陰）由（陽）

【逍遥樂】就（去）手（上）謳（陰）仇（陽）酉（上）彀（去）勾（陰）

【金菊香】仇（陽）口（上）秋（陰）儔（陽）繆（去）

【醋葫蘆】久（上）手（上）休（陰）手（上）救（去）牛（陽）

【么篇】籌（陽）頭（陽）口（上）咒（去）休（陰）

【么篇】憂（陰）愁（陽）丘（陰）酒（上）後（去）流（陽）

【後庭花】修（陰）漏（去）頭（陽）頭（陽）綉（去）手（上）丟（陰）流（陽）囚（陽）搊（陰）髏（陽）口（上）醜（上）

【雙雁兒】牛（陽）休（陰）咒（去）口（上）手（上）

【浪裏來煞】憂（陰）愁（陽）秋（陰）狗（陰）透（去）休（陰）

第三折【正宮】（真文韻）

【端正好】悶（去）門（陽）忖（上）陣（去）

【滚繡球】噴（陰）因（陰）糞（去）君（陰）勤（陽）問（去）親（陰）人（陽）神（陽）

【倘秀才】君（陰）人（陰）門（陽）分（陰）忍（上）

【滚繡球】匀（陽）粉（上）鬢（去）痕（陽）近（去）順（去）韻（去）孫（陰）論（去）塵（陽）

【滚繡球】聞（陽）分（去）俊（去）春（陰）新（陰）昏（陰）钝（去）文（陽）人（陽）魂（陽）

【倘秀才】婚（陰）親（陰）村（陰）姻（陰）論（去）

【脱布衫】人（陽）聞（陽）忍（上）頓（去）

【小梁州】恩（陰）嗔（陰）村（陰）忖（上）麟（陽）

【么篇】棍（去）君（陰）噴（去）遴（去）塵（陽）

【煞尾】緊（上）親（陰）緣（先天）辛（陰）忍（上）君（陰）

【尾聲】困（去）論（去）順（去）人（陽）文（陽）人（陽）銀（陽）親（陰）身（陰）姻（陰）本（上）

第四折【雙調】（魚模韻）

【新水令】書（陰）處（去）女（上）術（入作平）蘆（陽）句（去）

【喬牌兒】物（入作去）去（去）處（去）取（上）

【慶東原】虚（陰）路（去）女（上）数（去）無（陽）户（去）

【落梅風】數（去）糊（陽）目（入作去）模（陽）去（去）

【雁兒落】毒（入作平）富（去）路（去）

【得勝令】夫（陽）室（入作去）粗（陰）徒（陽）做（去）書（陰）取（上）

【收尾】細（齊微）女（上）侶（上）

溫太真玉鏡臺

第一折【仙呂】（江陽韻）

【點絳唇】昂（陽）顙（上）訪（上）章（陰）讓（去）

【混江龍】丈（去）傍（陽）墻（陽）章（陰）唱（去）像（去）王（陽）

【油葫蘆】倆（上）場（陽）窗（陰）将（去）相（去）湯（陰）網（上）良（陽）

【天下樂】凰（陽）湯（陰）昌（陰）相（去）長（上）郎（陽）

【那吒令】王（陽）邦（陰）講（上）常（陽）鄉（陰）方（陰）望（去）粮（陽）

【鵲踏枝】荒（陰）梁（陽）逢（陽）江（陰）蒼（陰）王（陽）

【寄生草】鄉（陰）望（去）謗（去）相（去）上（去）

【么篇】堂（陽）况（去）曠（去）悵（去）帳（去）

【六么序】光（陰）上（去）香（陰）當（陰）裳（陽）上（去）當（去）強（陽）腸（陽）

【么篇】詳（陽）樣（去）粧（陰）光（陰）唐（陽）揚（陽）上（去）肓（陰）傍（陽）亡（陽）

【醉扶歸】两（上）将（陰）當（陰）講（上）倆（上）上（去）

【金盞兒】亡（陽）當（陰）旺（去）妨（陰）堂（陽）量（陽）

【醉中天】晌（上）長（陽）忙（陽）長（上）當（陰）上（去）房（陽）

【賺煞】釀（去）鄉（陰）放（去）光（陰）楊（陽）陽（陽）蒼（陰）牀（陰）帳（去）腸（陽）

第二折【南呂】（庚青韻）

【一枝花】頚（上）城（陽）瓊（陽）病（去）醒（上）燈（陰）影（上）

【梁州】屏（陽）應（去）驚（陰）清（陰）輕（陰）鳴（陽）整（上）盈（陽）明（陽）應（去）性（去）成（陽）靈（陽）

【牧羊関】成（陽）晶（陰）憎（去）鳴（陽）

【隔尾】硬（去）清（陰）幸（去）生（陰）星（陰）挺（上）

【四塊玉】慶（去）擎（陽）正（去）睜（陰）性（去）

【牧羊関】病（去）情（陽）剩（去）正（去）性（去）憎（去）蹬（去）

【賀新郎】醒（上）倖（去）影（上）領（上）寧（陽）猩（陰）命（去）程（陽）

【隔尾】並（去）輕（陰）剩（去）生（陰）情（陽）等（上）

【紅芍藥】爭（陰）形（陽）明（陽）英（陰）恁（陽）應（去）能（陽）庭（陽）

【菩薩梁州】正（去）誠（陽）輕（陰）明（陽）笙（陰）鏡（去）併（去）燈（陰）輕（陰）

【煞尾】頸（上）青（陰）登（陰）行（陽）勝（去）亭（陽）淨（去）螢（陽）清（陰）屏（陽）星（陰）亭（陽）瓶（陽）剩（去）性（去）憎（去）稱（去）睛（陰）定（去）冷（上）

第三折【中呂】（齊微韻）

【粉蝶兒】齊（陽）拽（入作去）疾（入作平）味（去）眉（陽）會（去）

【紅綉鞋】氣（去）随（陽）梯（陰）衣（陰）皮（陽）

【迎仙客】媒（陽）離（陽）喜（上）底（上）味（去）

【醉高歌】儀（陽）地（去）椅（上）抷（陰）

【醉春風】礼（上）席（入作平）你（上）你（上）氣（去）

【紅綉鞋】睡（去）恓（陰）幃（陽）妻（陰）美（上）

【普天樂】内（去）窺（陰）婢（去）味（去）翠（去）食（入作平）齊（陽）

【滿庭芳】的（入作上）漓（陽）計（去）衣（陰）地（去）囬（陽）意（去）湿（入作上）低（陰）

【上小樓】敕（入作上）地（去）刻（入作上）位（去）勢（去）

【么篇】尾（上）低（陰）里（上）的（入作上）會（去）際（去）

【耍孩兒】配（去）味（去）宜（陽）随（陽）喜（上）的（入作上）地（去）祇（陽）

【六煞】室（入作上）水（上）湿（入作上）礼（上）衣（陰）

【五煞】傗（去）比（上）穗（去）泥（陽）内（去）奇（陽）

【四煞】衣（陰）洗（上）飛（陰）戲（去）體（上）擲（入作平）

【三煞】嘶（陰）睡（去）歸（陰）器（去）妻（陰）

【二煞】伊（陰）輩（去）窺（陰）意（去）紀（去）

【煞尾】知（陰）迷（陽）壻（去）你（上）

第四折【雙調】（魚模韻）

【新水令】鶻（入作平）婦（去）車（陰）魚（陽）步（去）

【駐馬聽】罏（陽）女（上）步（去）如（陽）車（陰）柱（去）訴（去）苦（上）

【喬牌兒】舉（上）句（去）暮（去）處（去）

【掛玉鉤】去（去）玉（入作去）毒（入作平）處（去）目（入作去）符（陽）

【川撥棹】臾（陽）毒（入作平）朱（陰）梳（陰）浦（上）住（去）

【豆葉黃】輿（陽）處（去）夫（陽）娛（陽）膚（陰）夫（陽）木（入作去）

【喬牌兒】處（去）住（去）楚（上）去（去）

【掛玉鉤】古（上）語（上）糊（陽）處（去）懼（去）措（去）句（去）

【水仙子】俗（入作平）書（陰）玉（入作去）去（去）夫（陽）突（入作平）如（陽）

【甜水令】聚（去）盂（陽）覷（去）物（入作去）

【折桂令】湖（陽）乎（陽）無（陽）足（入作上）緒（去）步（去）廬（陽）語（上）伏（入作平）去（去）

【雁兒落】輸（陰）苦（上）處（去）睦（入作去）

【得勝令】書（陰）悞（去）酺（陰）珠（陰）去（去）姝（陰）夫（陽）

【鴛鴦煞】簿（去）苦（上）獨（入作平）如（陽）負（去）處（去）句（去）夫（陽）雨（上）

望江亭中秋切鱠旦

第一折【仙呂】（寒山韻）

【點絳唇】单（陰）散（去）晚（上）殘（陽）限（去）

【混江龍】歎（去）杆（陰）間（陰）斑（陰）岸（去）閑（陽）

【村裹迓鼓】祖（上）間（陰）難（去）慣（去）環（陽）飯（去）間（陰）丹（陰）

【元和令】飡（陰）慣（去）拴（陰）眼（上）難（陽）丹（陰）圜（陽）

【上馬嬌】間（陰）干（陰）山（陰）慣（去）關（陰）攔（陽）

【遊四門】煩（陽）奸（陰）漢（去）攔（陽）奸（陰）間（陰）拴（陰）顏（陽）

【勝葫蘆】山（陰）壇（陽）看（去）難（陽）

【後庭花】間（陰）閑（陽）安（陰）看（去）讚（去）閑（陽）蘭（陽）

【柳葉兒】案（去）庵（監咸）慣（去）散（去）丹（陰）寒（陽）

【賺煞尾】晚（上）番（陰）趕（上）顏（陽）安（陰）關（陰）板（上）帆（陰）岸（去）山（陰）

第二折【中呂】（齊微韻）

【粉蝶兒】齊（陽）退（去）知（陰）會（去）窺（陰）地（去）

【醉春風】底（上）妻（陰）悔（上）悔（上）意（去）計（去）

【紅繡鞋】計（去）妻（陰）俐（去）離（陽）你（上）

【普天樂】易（入作去）妻（陰）輩（去）意（去）細（去）北（入作上）飛（陰）

【十二月】歲（去）妻（陰）禮（上）期（陽）者（車遮）随（陽）

【堯民歌】宜（陽）歸（陰）悲（陰）眉（陽）日（入作去）裡（上）備（去）

【煞尾】膝（入作上）裡（上）得（入作上）

第三折【越調】（車遮韻）

【鬪鵪鶉】節（入作上）缺（入作上）說（入作上）別（入作?）切（入作上）

【紫花兒序】節（入作上）賒（陰）列（入作去）別（入作?）揑（入作去）些（陰）

【金焦葉】接（入作上）别（入作?）些（陰）節（入作上）

【調笑令】妾（入作上）来（皆來）者（上）列（入作去）舍（上）者（上）截（入作平）

【鬼三台】烈（入作去）趄（去）憏（入作上）邪（陽）節（入作上）徹（入作上）血（入作上）潔（入作上）

【聖藥王】者（上）者（上）遮（陰）妾（入作上）者（上）别（入作?）車（陰）

【禿廝兒】趄（去）斜（陽）者（上）些（陰）者（上）

【絡絲娘】謝（去）也（上）說（入作上）悦（入作去）

【尾】歇（入作上）趄（去）也（上）

（蕭豪韻）【馬鞍兒】熬（陽）熬（陽）焦（陰）道（去）燒（陰）燒（陰）跳（去）

第四折【雙調】（先天韻）

【新水令】員（陽）騙（去）蓮（陽）寃（陰）見（去）

【雁兒落】言（陽）串（去）見（去）

【得勝令】面（去）言（陽）言（陽）船（陽）纏（陽）年（陽）團（桓歡）

錢大尹智寵謝天香

楔子【仙呂】（先天韻）

【賞花時】篇（陰）天（陰）前（陽）遠（上）軒（陰）

【么篇】絃（陽）戀（去）員（陽）便（去）蓮（陽）

第一折【仙呂】（支思韻）

【點絳唇】詞（陽）市（去）似（去）丝（陰）此（上）

【混江龍】試（去）時（陽）師（陰）兒（陽）事（去）辭（陽）

【油葫蘆】詩（陰）兒（陽）時（陽）伺（去）使（上）史（上）司（陰）字（去）兒（陽）

【天下樂】耳（上）時（陽）思（陰）事（去）姿（陰）子（上）

【金盞兒】姿（陰）址（上）死（上）兒（陽）詞（陽）時（陽）

【醉中天】士（去）而（陽）視（去）兒（陽）次（去）之（陰）

【金盞兒】詞（陽）玼（陽）思（陰）兒（陽）詩（陰）志（去）時（陽）

【醉扶歸】思（陰）兒（陽）詞（陽）意（齊微）枝（陰）子（上）

【賺煞】次（去）咨（陰）使（上）司（陰）時（陽）時（陽）你（齊微）齒（上）思（陰）兒（陽）

第二折【南呂】（江陽韻）

【一枝花】響（上）桑（陰）昂（陽）相（去）當（去）粧（陰）奬（上）

【梁州】狂（陽）放（去）防（陽）當（去）方（陰）腸（陽）郎（陽）量（陽）張（陰）霜（陰）當（去）想（上）相（去）敞（上）量（去）陽（陽）

【隔尾】幌（去）堂（陽）唱（去）娘（陽）場（陽）賞（上）

【賀新郎】芳（陰）降（去）當（去）量（去）詳（陽）娼（陰）良（陽）謊（上）香（陰）

【牧羊関】坊（陰）場（陽）唱（去）相（去）當（去）

【二煞】浪（去）湯（陰）房（陽）行（陽）樣（去）傍（去）粱（陽）雙（陰）

【尾聲】棒（去）筐（陰）網（上）望（去）撞（去）倆（上）腸（陽）謊（上）

第三折【正宮】（齊微韻）

【端正好】妓（去）席（入作平）鬼（上）內（去）

【滚綉球】水（上）被（去）幃（陽）的（入作上）鬼（上）睡（去）實（入作平）妻（陰）題（陽）

【倘秀才】知（陰）知（陰）的（入作上）稀（陰）微（陽）體（上）

【滚綉球】每（上）誨（上）意（去）卑（陰）失（入作平）的（入作上）會（去）疾（入作平）眉（陽）低（陰）

【倘秀才】七（入作上）里（上）非（陰）兒（陽）的（入作上）

【窮河西】集（入作平）虧（陰）你（上）會（去）題（陽）

【滚綉球】日（入作去）棋（陽）戲（去）囲（陽）日（入作去）對（去）題（陽）皮（陽）細（去）

【倘秀才】十（入作平）七（入作上）尾（上）的（入作上）俐（去）擲（入作平）

【呆骨朵】內（去）十（入作平）回（陽）題（陽）的（入作上）

【倘秀才】起（上）極（入作平）的（入作上）蹄（陽）誰（陽）

【醉太平】膝（入作上）推（陰）底（上）地（去）避（去）戲（去）卑（陰）罪（去）

【二煞】意（去）遲（陽）疑（陽）醉（去）迷（陽）日（入作去）

【一煞】諱（去）追（陰）幃（陽）理（上）息（入作上）藝（入作去）啼（陽）

【尾聲】藝（入作去）力（入作去）碑（陰）的（入作上）位（去）疾（入作平）識（入作上）里（上）你（上）

第四折【中呂】（尤侯韻）

【粉蝶兒】頭（陽）豆（去）揉（陽）就（去）油（陽）臭（去）

【醉春風】紐（上）傷（上）傷（上）候（去）

【石榴花】流（陽）眸（陽）州（陰）投（陽）逗（去）羞（陰）厚（去）由（陽）

【鬪鵪鶉】仇（陽）酒（上）楸（陰）候（去）首（上）右（去）後（去）

【上小樓】頭（陽）僽（去）右（去）後（去）酒（上）休（陰）逗（去）侯（去）

【么篇】手（上）眸（陽）揪（陰）由（陽）肉（入作去）瘦（去）

【哨遍】後（去）透（去）籌（陽）游（陽）酒（上）勾（陰）救（去）侯（陽）謳（陰）搜（陰）口（上）

【耍孩兒】有（上）偷（陰）繆（陽）頭（陽）透（去）舟（陰）

【二煞】酉（上）晝（去）甌（陰）嗅（去）頭（陽）

【煞尾】休（陰）手（上）柳（上）

鄧夫人痛哭存孝

第一折【仙呂】（齊微韻）

【點絳唇】齐（陽）裔（去）戚（入作上）随（陽）會（去）

【混江龍】势（去）奇（陽）味（去）杯（陰）席（入作平）立（入作去）妻（陰）

【油葫蘆】膝（入作上）殢（去）漓（陽）喫（入作上）醉（去）器（去）體（上）擂（去）笛（入作平）

【天下樂】齐（陽）实（入作平）貴（去）威（陰）随（陽）裡（上）

【節節高】際（去）利（去）地（去）計（去）稷（入作上）

【元和令】衣（陰）轡（去）題（陽）氣（去）池（陽）的（入作上）

【遊四門】食（入作平）敵（入作平）知（陰）利（去）持（陽）低（陰）

【勝葫蘆】微（陽）回（陽）旗（陽）體（上）費（去）飛（陰）

【後庭花】騎（陽）射（入作去）的（入作上）实（入作平）地（去）喫（入作上）水（上）殖（入作平）起（上）起（上）

【柳葉兒】器（去）搥（陽）劈（入作上）内（去）嘶（陰）飛（陰）

【尾聲】意（去）的（入作上）李（上）祇（陽）离（陽）池（陽）你（上）已（上）力（入作去）賊（入作平）

第二折【南呂】（真文韻）

【一枝花】順（去）動（陰）親（陰）問（去）忿（去）門（陽）認（去）

【梁州】親（陰）陣（去）辛（陰）根（陰）裩（陰）裀（陰）民（陽）人（陽）分（去）信（去）信（去）忿（去）順（去）渾（陽）

【牧羊関】悶（去）哏（陰）民（陽）論（去）敦（陰）人（陽）

【紅芍藥】門（陽）痕（陽）巡（陽）唇（陽）嗔（陰）嗔（陰）勤（陽）循（陽）

【菩薩梁州】身（陰）進（去）問（去）塵（陽）魂（陽）悶（去）問（去）本（上）村（陰）因（陰）

【罵玉郎】印（去）勤（陽）盡（去）陣（去）

【感皇恩】勳（陰）坤（陰）温（陰）文（陽）塵（陽）

【採茶歌】人（陽）問（去）軍（陰）身（陰）麟（陽）

【尾聲】悶（去）嗔（陰）真（陰）神（陽）根（陰）信（去）顿（去）人（陽）肯（上）本（上）

第三折【中呂】（車遮韻）

【粉蝶兒】邪（陽）烈（入作去）爹（陰）蛇（陽）蝎（入作上）劣（入作去）車（陰）舍（去）

【醉春風】歇（入作上）者（上）說（入作上）說（入作上）借（去）

【上小樓】也（上）劣（入作去）傑（入作平）別（入作?）舌（入作平）說（入作上）孽（入作去）

【么篇】爺（陽）絶（入作平）者（上）者（上）熱（入作去）葉（入作去）

【十二月】絶（入作平）蜇（入作平）缺（入作上）絶（入作平）雪（入作上）邪（陽）

【堯民歌】截（入作平）說（入作上）傑（入作平）踅（入作平）嗟（陰）者（上）月（入作去）

【耍孩兒】烈（入作去）絶（入作平）說（入作上）靴（陰）捨（上）節（入作上）

【三煞】節（入作上）拽（入作去）遮（陰）也（上）傑（入作平）

【二煞】挾（入作平）血（入作上）車（陰）拽（入作去）嗟（陰）

【尾聲】俫（陽）拽（入作去）也（上）

第四折【雙調】（蕭豪韻）

【新水令】遭（陰）道（去）燒（陰）遥（陽）到（去）

【水仙子】摇（陽）着（入作?）秏（去）了（上）咷（陽）倒（上）撓（陽）

【慶東原】脚（入作上）叫（去）落（入作去）着（入作?）道（去）

【川撥棹】了（上）咷（陽）劳（陽）標（陰）孝（去）着（入作?）

【七弟兄】着（入作?）了（上）劳（陽）落（入作去）摇（陽）操（陰）

【梅花酒】腦（上）膘（陰）鑿（入作平）稍（陰）高（陰）了（上）孝（去）

【收江南】袍（陽）朝（陽）橋（陽）稍（陰）巢（陽）

【沽美酒】道（去）到（去）了（上）小（上）逃（陽）

【太平令】弱（入作去）敲（陰）鬧（去）索（入作上）了（上）了（上）报（去）

錢大尹智勘緋衣夢

第一折【仙呂】（寒山韻）

【點絳唇】閑（陽）雁（去）晚（上）殘（陽）眼（上）

【混江龍】間（去）竿（陰）環（陽）单（陰）串（去）檀（陽）彎（陰）閑（陽）闌（陽）顔（陽）

【油葫蘆】番（陰）揀（上）彎（陰）按（去）扮（去）煩（陽）鞸（陰）環（陽）

【天下樂】安（陰）寒（陽）看（去）間（陰）萬（去）漢（去）

【後庭花】看（去）罕（去）還（陽）安（陰）慢（去）看（去）間（陰）盼（去）顔（陽）患（去）

【青哥兒】雁（去）寒（陽）閑（陽）闌（陽）欄（陽）間（陰）難（陽）盼（去）

【賺煞】慢（去）晚（上）眼（上）闌（陽）間（陰）然（先天）盼（去）憚（去）慣（去）山（陰）

第二折【南呂】（尤侯韻）

【一枝花】後（去）憂（陰）油（陽）後（去）右（去）愁（陽）搜（陰）

【梁州】揪（陰）透（去）收（陰）愁（陽）裘（陽）洲（陰）獸（去）鳩（陰）休（陰）頭（陽）走（上）候（去）就（去）收（陰）

【四塊玉】有（上）頭（陽）溜（去）口（上）頭（陽）

【罵玉郎】鬪（去）休（陰）受（去）囚（陽）救（去）

【感皇恩】流（陽）頭（陽）樓（陽）秋（陽）友（上）儔（陽）繆（陽）

【採茶歌】就（去）頭（陽）愁（陽）讐（陽）休（陰）

【尾聲】口（上）手（上）斗（上）究（去）有（上）口（上）逗（去）謀（陽）頭（陽）醜（上）

第三折【越調】（庚青韻）

【鬪鵪鶉】城（陽）井（上）景（上）寧（陽）京（陰）

【紫花兒序】晉（陽）橙（陽）瓶（陽）增（陰）冰（陰）

【寨兒令】脡（上）桯（陽）聲（陰）生（陰）憎（去）争（陰）櫺（陽）餅（陽）睁（陰）星（陰）

【鬼三台】姓（去）兢（陰）領（上）明（陽）證（去）興（去）刑（陽）應（去）

【調笑令】聲（陰）情（陽）青（陰）楞（陽）承（陽）中（東鍾）靈（陽）

【尾聲】命（去）平（陽）井（上）

第四折【雙調】（真文韻）

【新水令】春（陰）訊（去）神（陽）門（陽）問（去）

【喬牌兒】恩（陰）順（去）盡（去）恨（去）

【雁兒落】窘（上）信（去）問（去）

【得勝令】門（陽）循（陽）人（陽）姻（陰）順（去）尊（陰）親（陰）

包待制三勘蝴蝶夢

楔子【仙呂】（真文韻）

【賞花時】身（陰）窘（上）勤（陽）民（陽）真（陰）

【么篇】人（陽）順（去）春（陰）准（上）門（陽）

第一折【仙呂】（支思韻）

【點絳唇】思（陰）次（去）事（去）丝（陰）翅（去）

【混江龍】事（去）兒（陽）私（陰）司（陰）市（去）耳（上）眵（陰）

【油葫蘆】紫（上）屍（陰）私（陰）死（上）事（去）肢（陰）紙（上）時（陽）

【天下樂】死（上）私（陰）思（陰）時（陽）紙（上）兒（陽）子（上）

【那吒令】是（去）試（去）死（上）屍（陰）士（去）詞（陽）

【鵲踏枝】時（陽）兒（陽）枝（陰）子（上）司（陰）

【寄生草】思（陰）次（去）是（去）事（去）士（去）

【金盞兒】孜（陰）丝（陰）賜（去）辭（陽）子（上）兒（陽）時（陽）

【醉中天】食（去）匙（陽）時（陽）字（去）死（上）事（去）兒（陽）

【金盞兒】時（陽）思（陰）是（去）私（陰）屍（陰）時（陽）

【後庭花】私（陰）時（陽）思（陰）事（去）支（陰）士（去）枝（陰）死（上）私（陰）爾（陽）詞（陽）子（上）

【柳葉兒】至（去）屍（陰）是（去）死（上）司（陰）兒（陽）

【賺煞】史（上）子（上）字（去）兒（陽）時（陽）之（陰）旨（上）死（上）祀（去）兒（陽）

第二折【南呂】（魚模韻）

【一枝花】府（上）徒（陽）㑮（陽）懼（去）虛（陰）伏（入作平）目（入作去）

【梁州】塗（陽）鼓（上）粗（陰）舒（陰）俗（入作平）徒（陽）獄（入作去）誅（陰）怖（去）覷（去）府（上）福（入作上）虛（陰）

【賀新郎】徒（陽）恕（去）庶（去）主（上）書（陰）圖（陽）訴（去）謀（陽）

【隔尾】律（去）書（陰）覷（去）骨（入作上）股（上）苦（上）

【鬥蝦蟆】苦（上）伏（入作平）覆（入作上）負（去）夫（陽）婦（去）虎（上）怒（去）簁（陰）目（入作去）汙（陰）屈（入作下）訴（去）獄（入作去）負（去）毒（入作平）肚（去）忤（去）覷（去）去（去）哭（入作平）圖（陽）福（入作上）吐（上）路（去）吁（陰）珠（陰）

【牧羊關】處（去）虛（陰）爐（陽）屈（入作上）基（齊微）處（去）

【隔尾】肚（去）腑（上）去（去）毒（入作平）訴（去）屈（入作上）

【牧羊關】哺（去）舉（上）母（上）毒（入作平）婦（去）姑（陰）

【紅芍藥】吾（陽）蘆（陽）膚（陰）糊（陽）獄（入作去）去（去）屬（入作平）族（入作平）

【菩薩梁州】誅（陰）路（去）府（上）軀（陰）疎（陰）户

（去）語（上）去（去）苦（上）呼（陰）

【水仙子】捽（入作平）屈（入作上）路（去）處（去）如（陽）去（去）住（去）服（入作平）

【收尾】數（去）古（上）符（陽）禄（入作去）屈（入作上）獄（入作去）做（去）部（去）鼓（上）突（入作平）古（上）主（上）處（去）獨（入作平）苦（上）

第三折【正宫】（先天韻）

【端正好】院（去）延（陽）遍（去）麪（去）

【滚繡球】元（陽）錢（陽）憲（去）千（陰）穿（陰）眠（陽）賤（去）賢（陽）煎（陰）

【倘秀才】煎（陰）穿（陰）錢（陽）全（陽）憐（陽）

【脱布衫】牽（陰）煎（陰）戀（去）漣（陽）

【醉太平】僊（陰）寃（陰）天（陰）憐（陽）轉（去）戦（去）喉（尤侯）偃（上）

【笑和尚】前（陽）勸（去）徧（去）咽（陰）嚥（去）

【叨叨令】飯（寒山）麪（去）宴（去）縣（去）殿（去）怨（去）

【上小樓】免（上）轉（去）年（陽）憲（去）善（去）

【么篇】寃（陰）顛（陰）怨（去）恋（去）面（去）

【快活三】憐（陽）泉（陽）漣（陽）怨（去）

【朝天子】憐（陽）年（陽）見（去）泉（陽）怨（去）徧（去）天（陰）段（桓歡）廛（陽）面（去）

【尾聲】錢（陽）僊（陰）見（去）圓（陽）

第四折【雙調】（皆來韻）

【新水令】来（陽）恠（去）柴（陽）擡（陽）觧（上）

【駐馬聽】懷（陽）牌（陽）策（入作上）臺（陽）白（入作平）外（去）来（陽）駭（去）

【夜行船】色（入作平）骸（陽）帶（去）策（入作上）

【掛玉鉤】頦（陽）魄（入作上）鞋（陽）採（上）柰（去）哀（陰）

【沽美酒】拍（入作上）白（入作平）哉（陰）奶（上）摑（入作上）

【太平令】揀（入作上）来（陽）害（去）耐（去）猜（陰）猜（陰）来（陽）恠（去）

【風入松】来（陽）腮（陰）拜（去）齋（陰）白（入作平）来（陽）

【川撥棹】灾（陰）衰（陰）懷（陽）腮（陰）海（上）責（入作上）

【殿前歡】開（陰）来（陽）大（去）差（陰）該（陰）碍（去）在（去）埋（陽）

【水仙子】来（陽）責（入作上）拜（去）載（上）開（陰）債（去）灾（陰）来（陽）

【尾煞】債（去）寨（去）堦（陰）宰（上）碍（去）灾（陰）載（上）

感天動地竇娥冤

第一折【仙吕】（尤侯韻）

【點絳唇】愁（陽）受（去）守（上）休（陰）有（上）

【混江龍】晝（去）憂（陰）頭（陽）休（陰）皺（去）悠（陽）

【油葫蘆】憂（陰）休（陰）流（陽）後（去）久（上）籌（陽）守（上）揪（陰）

【天下樂】頭（陽）勾（陰）修（陰）守（上）口（上）

【一半兒】流（陽）憂（陰）候（去）由（陽）羞（陰）

【後庭花】憂（陰）愁（陽）頭（陽）留（陽）右（去）休（陰）勾（陰）投（陽）口（上）口（上）

【青哥兒】受（去）幼（去）偶（上）留（陽）憂（陰）粥（陰）繆（陽）頭（陽）受（去）

【賺煞】口（上）久（上）頭（陽）勾（陰）究（去）州（陰）有（上）就（去）受（去）收（陰）

第二折【南吕】（齊微韻）

【一枝花】睡（去）妻（陰）随（陽）計（去）非（陰）識（入作上）

【梁州】器（去）眉（陽）知（陰）宜（陽）濕（入作上）衣（陰）水（上）石（入作平）悲（陰）耻（上）意（去）氣（去）里

（上）随（陽）

【隔尾】味（去）美（上）濟（去）盃（陰）體（上）喜（上）

【賀新郎】喫（入作上）喫（入作上）氣（去）喜（上）理（上）随（陽）石（入作平）配（去）衣（陰）

【鬭蝦蟆】會（去）廻（陽）疾（入作平）氣（去）濕（入作上）役（入作去）知（陰）地（去）的（入作上）世（去）日（入作去）計（去）匹（入作上）禮（上）日（入作去）棄（去）耻（上）逆（入作去）世（去）啼（陽）地（去）你（上）你（上）妻（陰）泪（去）醉（去）痴（陰）飛（陰）啼（陽）

【隔尾】你（上）誰（陽）鞴（去）日（入作去）理（上）的（入作上）

【牧羊関】水（上）實（入作平）知（陰）味（去）迷（陽）對（去）的（入作上）

【罵玉郎】的（入作上）誰（陽）每（上）例（去）

【感皇恩】疾（入作平）啼（陽）迷（陽）漓（陽）皮（陽）

【採茶歌】飛（陰）石（入作平）知（陰）實（入作平）

【尾】鬼（上）賊（入作平）欺（陰）欺（陰）知（陰）底（上）的（入作上）罪（去）的（入作上）你（上）

第三折【正宮】（先天韻）

【端正好】憲（去）天（陰）怨（去）便（去）

【滚綉毬】顕（上）監（監咸）辨（去）淵（陰）延（陽）軟（上）船（陽）天（陰）言（陽）

【倘秀才】偏（陰）偃（上）言（陽）怨（去）寃（陰）專（陰）

【叨叨令】眷（去）面（去）怨（去）見（去）便（去）

【快活三】愆（陰）全（陽）縁（陽）面（去）

【鮑老兒】年（陽）奠（去）錢（陽）面（去）天（陰）寃（陰）

【尾聲】鞭（陰）衍（陽）寃（陰）

第四折【雙調】（皆來韻）

【新水令】臺（陽）得（入作上）来（陽）埋（陽）快（去）

【雁兒落】猜（陰）恠（去）拜（去）

【雁兒落】来（陽）大（去）壞（去）

【得勝令】臺（陽）哀（陰）快（去）差（陰）白（入作平）敗

（去）才（陽）来（陽）

【尾聲】壞（去）快（去）害（去）妳（上）大（去）開（陰）改（上）

山神廟裴度還帶

第一折【仙呂】（皆來韻）

【點絳唇】埋（陽）蓋（去）載（上）白（入作平）債（去）

【混江龍】泰（去）堦（陰）釵（陰）開（陰）耐（去）臺（陽）

【油葫蘆】乖（陰）来（陽）才（陽）麥（入作去）債（去）客（入作上）賣（去）儕（陽）

【天下樂】開（陰）材（陽）態（去）窄（入作上）改（上）

【那吒令】哉（陰）哉（陰）哉（陰）代（去）才（陽）

【鵲踏枝】捱（陽）衰（陰）才（陽）海（上）台（陰）

【寄生草】海（上）捱（陽）債（去）外（去）蔡（去）

【後庭花】賣（去）概（去）在（去）淮（陽）外（去）客（入作上）乖（陰）埃（陰）色（入作平）

【青哥兒】帥（去）貊（入作去）宰（上）堦（陰）腮（陰）牌（陽）開（陰）載（上）

【尾聲】帶（去）哉（陰）臺（陽）排（陽）歪（陰）懷（陽）腮（陰）擺（上）蓋（去）来（陽）

第二折【南呂】（齊微韻）

【一枝花】起（上）飛（陰）吹（陰）戲（去）垂（陽）回（陽）起（上）

【梁州】跡（去）啼（陽）閉（去）灰（陰）悲（陰）儀（陽）黎（陽）歸（陰）北（上）低（陰）姬（陰）衣（陰）細（去）退（去）飛（陰）夷（陽）

【隔尾】濕（入作上）微（陽）世（去）刻（入作上）壁（入作上）裏（上）

【牧羊関】衣（陰）悲（陰）禮（上）食（入作平）你（上）

【罵玉郎】輩（去）倍（去）義（去）貴（去）為（陽）會（去）

【感皇恩】食（入作平）俐（去）持（陽）威（陰）宜（陽）

【採茶歌】勢（去）馳（陽）齊（陽）已（上）皮（陽）

【賀新郎】推（陰）尉（去）貴（去）極（入作平）犀（陰）理（上）機（陰）吉（入作上）低（陰）

【哭皇天】紀（去）非（陰）為（陽）機（陰）矣（上）器（去）疾（入作平）移（陽）地（去）稷（入作上）

【烏夜啼】背（去）雷（陽）內（去）食（入作平）回（陽）梯（陰）輩（去）翼（入作去）氣（去）霓（陽）

【煞】美（上）知（陰）賊（入作平）低（陰）氣（去）第（去）回（陽）墀（陽）

【尾聲】比（上）知（陰）齊（陽）衣（陰）吏（去）氣（去）勢（去）髩（入作去）嘶（陰）里（上）

第三折【正宮】（蕭豪韻）

【端正好】廟（去）蒿（陰）到（去）道（去）

【滾綉毬】鶴（入作平）貌（去）角（入作上）稍（陰）薄（入作平）夭（陰）錯（入作上）毫（陽）曲（陽）交（陰）

【醉太平】托（入作上）箔（入作平）糟（陰）倒（去）廟（去）窖（去）瓢（陽）

【倘秀才】着（入作?）着（入作?）消（陰）朝（陰）倒（上）

【呆骨朵】靠（去）高（陰）度（入作平）約（入作去）跳（去）了（上）了（上）

【倘秀才】曉（上）惱（上）條（陽）着（入作?）托（入作上）

【脫布衫】揉（陽）咷（陽）抱（去）

【小梁州】嬌（陰）苗（陽）牢（陽）報（去）嬌（陰）

【么篇】老（上）勞（陽）吊（去）孝（去）苗（陽）

【叨叨令】孝（去）孝（去）孝（去）孝（去）孝（去）

【塞鴻秋】樂（入作去）道（去）教（去）好（去）暴（去）笑（去）

【倘秀才】道（去）角（入作上）驕（陰）桃（陽）瑶（陽）作（入作上）

【滾綉毬】招（陰）道（去）消（陰）角（入作上）桃（陽）少（去）豪（陽）高（陰）標（陰）

【煞】道（去）鶴（入作平）逃（陽）勞（陽）朝（陰）夭（陰）郊（陰）

【尾聲】道（去）高（陰）爵（入作上）飽（上）報（去）了（上）老（上）

楔子【仙呂】（江陽韻）

【賞花時】方（陰）方（陰）疆（陰）相（去）鄉（陰）

第四折【雙調】（真文韻）

【新水令】塵（陽）震（去）身（陰）臣（陽）仁（陽）巾（陰）文（陽）新（陰）寸（去）

【慶東原】紳（陰）進（去）本（上）憒（去）身（陰）印（去）

【川撥棹】門（陽）去（陽）唇（陽）裙（陽）人（陽）引（上）君（陰）問（去）樽（陰）

【殿前歡】人（陽）春（陰）順（去）身（陰）親（陰）遜（去）韻（去）婚（陰）

【喬牌兒】門（陽）分（去）信（去）人（陽）

【水仙子】魂（陽）春（陰）韻（去）身（陰）文（陽）真（陰）人（陽）

【雁兒落】姻（陰）近（去）晉（去）

【得勝令】人（陽）人（陽）恩（陰）勤（陽）印（去）貞（庚青）貧（陽）

尉遲恭單鞭奪搠

楔子【仙呂】（齊微韻）

【端正好】日（入作去）知（陰）禮（上）遲（陽）裡（上）會（去）

第一折【仙呂】（皆來韻）

【點絳唇】該（陰）在（去）寨（去）来（陽）待（去）

【混江龍】寨（去）来（陽）才（陽）臺（陽）開（陰）篩（陰）帥（去）災（陰）

【油葫蘆】擺（上）哉（陰）排（陽）鎧（上）帶（去）械（去）在（去）来（陽）

【天下樂】開（陰）才（陽）猜（陰）階（陰）哀（陰）来（陽）

【那吒令】胎（陰）策（入作上）界（去）敗（去）材（陽）

【鵲踏枝】袋（去）儕（陽）才（陽）臺（陽）改（上）来（陽）

【後庭花】材（陽）胎（陰）薹（陽）排（陽）待（去）界（去）策（入作上）策（入作上）

【青哥兒】慨（去）衰（陰）才（陽）埃（陰）塞（去）界（去）牌（陽）階（陰）才（陽）待（去）

【尾聲】塞（去）開（陰）折（入作平）白（入作平）才（陽）牌（陽）帥（去）械（去）寨（去）来（陽）

第二折【正宫】（尤侯韻）

【端正好】舊（去）肉（入作去）讐（陽）走（上）究（去）

【滚綉毬】手（上）右（去）侯（陽）熟（入作平）受（去）由（陽）休（陰）流（陽）

【倘秀才】口（上）手（上）州（陰）求（陽）謀（陽）

【脱布衫】頭（陽）眸（陽）後（去）

【小梁州】甌（陰）讐（陽）愁（陽）守（上）留（陽）

【么篇】奏（去）勾（陰）讐（陽）後（去）受（去）憂（陰）

【尾聲】手（上）收（陰）酒（上）

第三折【越調】（東鍾韻）

【鬬鵪鶉】蓬（陽）龍（陽）趕（寒山）風（陰）寧（庚青）勇（上）

【紫花兒序】童（陽）箏（庚青）停（庚青）名（庚青）動（去）籠（陽）

【耍三台】縱（去）送（去）公（陰）鬆（陰）封（陰）從（陽）通（陰）

【調笑令】從（陽）鋒（陰）中（陰）重（去）衝（陰）公（陰）生（庚青）

【小桃紅】弓（陰）縱（去）用（去）鍾（陰）動（去）猛（上）從（陽）公（陰）

【秃廝兒】猛（上）功（陰）停（庚青）空（陰）籠（陽）

【聖藥王】猛（上）龍（陽）贏（庚青）從（陽）恭（陰）

【尾聲】重（去）腫（上）恭（陰）勇（上）

第四折【黄鍾】（先天韻）

【醉花陰】殘（寒山）澗（寒山）椽（陽）辯（去）源（陽）展（上）

【喜遷鶯】伴（桓歡）天（陰）千（陰）顯（上）前（陽）煙（陰）

【出隊子】轉（上）賢（陽）弦（陽）船（陽）犬（上）

【刮地風】鞭（陰）煙（陰）前（陽）練（去）穿（陰）搧（陰）圓（陽）展（上）肩（陰）騗（陽）箭（去）鞭（陰）

【四門子】轉（上）驄（東鍾）遠（上）潛（陽）偃（上）

【水仙子】見（去）憐（陽）箭（去）展（上）弦（陽）園（陽）轉（上）川（陰）

【煞尾】顯（上）鞭（陰）遠（上）

狀元堂陳母教子

楔子【仙呂】（齊微韻）

【賞花時】一（入作去）你（上）梯（陰）貴（去）衣（陰）

【么篇】帰（陰）你（上）盃（陰）喜（上）帰（陰）

第一折【仙呂】（江陽韻）

【點絳唇】香（陰）旺（去）傍（去）強（陽）講（上）

【混江龍】讓（去）綱（陰）良（陽）章（陰）章（陰）揚（陽）湯（陰）鏘（陰）揚（陽）邦（陰）藏（陽）綱（陰）窻（陰）揚（陽）香（陰）觴（陰）郎（陽）昂（陽）太（去）箱（陰）

【油葫蘆】場（陽）廣（上）降（陽）長（陽）響（上）廣（上）浪（去）郎（陽）

【天下樂】行（陽）揚（陽）方（陰）芳（陰）娘（陽）強（陽）

【醉扶歸】幌（去）窻（陰）當（陰）長（上）場（陽）向（去）

【金盞兒】堂（陽）坊（陰）榜（上）雙（陰）章（陰）梁（陽）

【後庭花】雙（陰）两（上）強（陽）常（陽）向（去）張（陰）量（陽）象（去）強（陽）

【柳葉兒】相（去）剛（陰）太（去）強（陽）慌（陰）章（陰）

【尾聲】講（上）張（陰）忘（去）芳（陰）堂（陽）黄（陽）方（陰）榜（上）望（去）堂（陽）

第二折【南呂】（尤侯韻）

【一枝花】厚（去）頭（陽）修（陰）受（去）求（陽）酉（上）

【梁州】秋（陰）竹（入作上）楼（陽）幽（陰）留（陽）愁

（陽）綬（去）裘（陽）後（去）受（去）周（陰）留（陽）

【紅芍藥】楼（陽）逐（入作平）騮（陽）揪（陰）秋（陰）流（陽）頭（陽）悠（陽）

【菩薩梁州】喉（陽）皺（去）扭（上）頭（陽）眸（陽）首（上）口（上）僽（去）秋（陰）羞（陰）

【牧羊關】走（上）流（陽）揪（陰）頭（陽）羞（陰）

【賀新郎】修（陰）授（去）幼（去）有（上）悠（陽）熟（入作平）後（去）油（陽）

【絮蝦蟆】口（上）羞（陰）秋（陰）秀（去）牛（陽）究（去）頭（陽）受（去）口（上）候（去）就（去）頭（陽）鳩（陰）頭（陽）就（去）守（上）頭（陽）

【尾聲】口（上）手（上）受（去）後（去）後（去）走（上）由（陽）讐（陽）酒（上）

第三折【中呂】（齊微韻）

【粉蝶兒】移（陽）倍（去）藉（入作平）記（去）習（入作平）力（入作去）

【醉春風】一（入作去）喜（上）喜（上）力（入作去）

【紅繡鞋】位（去）墤（陽）低（陰）席（入作平）你（上）

【醉高歌】疾（入作平）嘴（上）記（去）裏（上）

【普天樂】騎（陽）底（上）拾（入作平）立（入作去）禮（上）離（陽）衣（陰）

【啄木兒煞】帰（陰）易（入作去）内（去）低（陰）

第四折【雙調】（先天韻）

【新水令】鞭（陰）便（去）偏（陰）肩（陰）院（去）

【水仙子】天（陰）錢（陽）見（去）倦（去）旋（陽）駢（陽）年（陽）

【沽美酒】錢（陽）緣（陽）宣（陰）念（廉纖）然（陽）

【太平令】獻（去）拳（陽）面（去）憲（去）錢（陽）遷（陰）憐（陽）羨（去）

唐明皇秋夜梧桐雨

楔子【仙呂】（魚模韻）

【端正好】輔（陽）輿（陽）住（去）禄（入作去）

【么篇】去（去）都（陰）護（去）謀（陽）圖（陽）儒（陽）户（去）

第一折【仙呂】（庚青韻）

【八聲甘州】整（上）清（陰）幸（去）城（陽）生（陰）行（陽）鳴（陽）

【混江龍】興（去）醒（上）鞓（陰）燈（陰）聽（陰）令（去）呈（陽）

【油葫蘆】行（陽）聽（陰）楹（陽）映（去）影（上）行（陽）挣（去）性（去）明（陽）

【天下樂】聲（陰）婷（陽）迎（陽）成（陽）撑（陰）鶯（陰）

【醉中天】鼎（上）瓶（陽）生（陰）𩞄（陰）定（去）幸（去）靈（陽）

【金盞兒】蒙（陽）盛（去）敬（去）卿（陰）情（陽）頂（上）擎（陽）

【憶王孫】櫺（陽）屏（陽）景（上）庭（陽）冷（上）

【勝葫蘆】清（陰）輕（陰）聲（陰）净（去）瑩（陽）瀛（陽）

【金盞兒】乘（陽）平（陽）慶（去）鳴（陽）冷（上）情（陽）

【醉扶歸】命（去）生（陰）冥（陽）另（去）聽（陰）病（去）

【後庭花】名（陽）生（陰）輕（陰）誠（陽）應（去）稱（陰）

【金盞兒】觥（陰）屏（陽）等（上）羸（陽）輕（陰）程（陽）

【醉中天】憑（陽）擎（陽）扃（陰）靜（去）影（上）聽（陰）盟（陽）

【賺煞尾】盛（去）另（去）定（去）生（陰）聲（陰）情（陽）誠（陽）證（去）星（陰）

第二折【中呂】（寒山韻）

【粉蝶兒】閑（陽）雁（去）殘（陽）瓣（去）蘭（陽）綻（去）

【叫聲】顔（陽）閑（陽）閑（陽）饌（去）班（陰）

【醉春風】盞（上）揀（上）揀（上）間（去）

【迎仙客】綻（去）間（陰）難（陽）慳（陰）安（陰）踐（先天）

【紅繡鞋】看（去）看（去）寒（陽）眼（上）顔（陽）罕（上）

【快活三】慢（去）辦（去）間（陰）扮（去）

【鮑老兒】挽（上）按（去）彈（陽）襻（去）繁（陽）環（陽）

【古鮑老】板（上）環（陽）眼（上）按（去）乾（陰）範（去）汗（去）

【紅芍藥】乾（陰）彎（陰）珊（陰）鬟（陽）番（陰）散（去）寒（陽）殘（陽）闌（陽）

【剔銀燈】反（上）慢（去）散（去）顏（陽）產（上）幹（陰）

【蔓菁菜】旦（去）山（陰）奸（陰）間（陰）萬（去）

【滿庭芳】班（陰）簡（上）欄（陽）漢（去）寰（陽）山（陰）關（陰）翰（去）晚（上）安（陰）

【普天樂】限（去）山（陰）盼（去）雁（去）鞍（陰）安（陰）

【尾聲】難（陽）棧（去）慣（去）關（陰）

第三折【雙調】（家麻韻）

【新水令】霞（陽）駕（去）踏（入作平）華（陽）下（去）

【駐馬聽】涯（陽）搭（入作上）下（去）家（陰）花（陰）洒（上）紗（陰）瓦（上）

【沉醉東風】納（入作去）伐（入作平）霸（去）下（去）家（陰）寡（上）

【慶東原】發（入作上）怕（去）馬（上）甲（入作上）匣（入作平）亞（去）

【步步嬌】訝（去）誠（去）霎（入作上）差（陰）咱（陽）話（去）

【沉醉東風】剮（上）華（陽）掛（去）法（入作上）殺（入作上）察（陽）

【雁兒落】匝（入作上）塌（入作上）罷（去）

【撥不斷】譁（陽）雜（入作上）甲（入作上）麼（陽）乍（去）怕（去）

【攪箏琶】下（去）罰（入作上）榻（入作上）達（入作?）他（陰）拿（陽）

【風入松】琶（陽）牙（陽）八（入作上）家（陰）伐（入作平）花（陰）

【胡十八】咱（陽）卦（去）拿（陽）沙（陰）話（去）殺（入作

上）下（去）家（陰）

【落梅風】花（陰）跨（去）他（陰）下（去）

【殿前歡】花（陰）芽（陽）画（去）鴉（陰）踏（入作平）掐（入作上）下（去）加（陰）

【沽美酒】拔（入作平）他（陰）霎（入作上）殺（入作上）加（陰）

【太平令】罵（去）瓜（陰）押（入作上）詫（去）呀（陰）家（陰）咱（陽）下（去）

【三煞】化（去）話（去）

【大青歌】刮（入作上）花（陰）涯（陽）霞（陽）嫁（去）茄（陰）踏（入作平）沙（陰）

【二煞】襪（去）帕（去）

【川撥棹】匣（入作平）娥（歌戈）麻（陽）茶（陽）下（去）打（上）

【隨煞】刮（入作上）下（去）峽（陽）洒（上）遐（陽）罷（去）家（陰）馬（上）

第四折【正宮】（蕭豪韻）

【端正好】兆（去）朝（陰）少（上）貌（去）

【么篇】笑（去）挑（陰）卓（入作上）抱（去）

【滚綉毬】倒（上）靠（去）叫（去）咷（陽）詔（去）高（陰）錯（入作上）描（陽）嬌（陰）嬈（陽）

【倘秀才】樂（入作去）巧（上）鳥（上）霄（陰）夭（陰）

【呆骨朵】廟（去）朝（陽）熬（陽）高（陰）槨（入作上）了（上）

【白鶴子】皋（陰）萼（入作去）

【么篇】腰（陰）道（去）

【么篇】敲（陰）調（去）

【么篇】消（陰）貌（去）

【倘秀才】樂（入作去）老（上）悄（陰）宵（陰）惱（上）

【芙蓉花】梟（上）照（去）迢（陽）報（去）霄（陰）到（去）苗（陽）叫（去）

【伴讀書】懆（去）鬧（去）惡（入作去）罩（去）靠（去）熬

（陽）

【笑和尚】飄（陰）掃（上）爆（去）鐸（入作平）箔（入作平）鬧（去）

【倘秀才】倒（上）着（入作?）報（去）邀（陰）樂（入作去）

【雙鴛鴦】翹（去）標（陰）嬌（陰）覺（入作上）绡（陰）

【鴛鴦煞】兆（去）朝（陰）少（上）貌（去）

【蠻姑兒】惱（上）約（入作去）瀟（陰）梢（陰）謔（入作去）

【滚繡球】苗（陽）草（上）萼（入作去）膏（陰）條（陽）梢（陰）剥（入作上）蕉（陰）宵（陰）焦（陰）

【叨叨令】落（入作去）鬧（去）瀑（去）噪（去）噪（去）

【倘秀才】凋（陰）了（上）遶（上）燒（陰）倒（上）

【滚繡球】宵（陰）約（入作去）靠（去）叨（陰）朝（陰）么（陰）調（去）炒（上）着（入作?）報（去）

【三煞】幕（入作去）閣（入作上）寞（入作去）條（陽）宵（陰）嬌（陰）飄（陰）

【二煞】沼（上）箔（入作平）槽（陽）消（陰）覺（入作上）漂（去）

【黄鍾煞】哨（去）敲（陰）道（去）敲（陰）操（陰）梢（陰）苗（陽）落（入作去）角（入作上）竅（去）沼（上）消（陰）着（入作?）叫（去）高（陰）搗（上）早（上）宵（陰）熬（陽）敲（陰）少（上）梢（陰）袍（陽）饒（陽）曉（上）

董秀英花月東牆記

楔子【仙吕】（魚模韻）

【賞花時】夫（陽）謀（陽）途（陽）步（去）孤（陰）

【么篇】無（陽）初（陰）疎（陰）路（去）都（陰）

第一折【仙吕】（真文韻）

【點絳唇】春（陰）陣（去）嫩（去）匀（陽）悶（去）

【混江龍】分（陰）新（陰）辰（陽）昏（平）人（陽）春（陰）恨（去）粉（上）神（陽）

【油葫蘆】唇（陽）紛（陰）人（陽）信（去）印（去）魂（陽）問（去）神（陽）

【天下樂】春（陰）欣（陰）人（陽）忍（上）隣（陽）因（陰）

【那吒令】人（陽）魂（陽）人（陽）文（陽）人（陽）論（去）晋（去）存（陽）

【鵲踏枝】昏（陰）紛（陰）仁（陽）忖（上）勤（陽）

【寄生草】狠（上）悶（去）恨（去）困（去）俊（去）

【後庭花】忍（上）頻（陽）人（陽）魂（陽）褪（去）温（陰）身（陰）人（陽）門（陽）焚（陽）神（陽）

【柳葉兒】春（陰）悶（去）近（去）引（上）親（陰）分（陰）

【青哥兒】盡（去）訓（去）親（陰）門（陽）巡（陽）跟（陰）倫（陽）辰（陽）問（去）

【賺煞】昏（陰）悶（去）忖（上）魂（陽）焚（陽）温（陰）人（陽）新（陰）寸（去）君（陰）

第二折【正宫】（庚青韻）

【端正好】徑（去）庭（陽）景（上）興（去）

【滚繡球】驚（陰）行（陽）聘（去）靈（陽）成（陽）形（陽）定（去）瓶（陽）命（去）星（陰）寧（陽）

【倘秀才】境（去）整（上）清（陰）寧（陽）情（陽）

【滚繡球】聽（陰）成（陽）病（去）明（陽）横（陽）生（陰）另（去）零（陽）盟（陽）生（陰）

【倘秀才】聲（陰）定（去）寧（陽）情（陽）生（陰）

【呆骨朵】性（去）情（陽）並（去）景（上）盛（去）病（去）

【脱布衫】生（陰）名（陽）行（去）定（去）

【小梁州】陵（陽）情（陽）成（陽）另（去）聲（陰）

【么篇】映（去）屏（陽）更（陰）静（去）興（去）明（陽）

【上小樓】生（陰）硬（去）靈（陽）輕（陰）清（陰）性（去）應（去）

【么篇】成（陽）性（去）聲（陰）程（陽）盟（陽）情（陽）證（去）

【滿庭芳】影（上）兵（陰）性（去）明（陽）整（上）名（陽）敬（去）永（上）盈（陽）

【耍孩兒】另（去）鼎（上）思（支思）靈（陽）明（陽）情（陽）定（去）明（陽）

【四煞】成（陽）娉（去）英（陰）倖（去）情（陽）

【三煞】生（陰）應（去）鳴（陽）令（去）行（陽）

【二煞】永（上）鏡（去）清（陰）性（去）城（陽）

【尾煞】境（去）硬（去）省（上）

第三折【中呂】（皆來韻）

【粉蝶兒】開（陰）待（去）捱（陽）外（去）懷（陽）泰（去）

【醉春風】才（陽）海（上）歹（入作去）歹（入作去）柰（去）

【脫布衫】骸（陽）腮（陰）海（上）害（去）

【小梁州】帶（去）開（陰）諧（陽）排（陽）柰（去）臺（陽）

【么篇】愛（去）懷（陽）捱（陽）害（去）界（去）釵（陰）

【上小樓】開（陰）碍（去）歪（陰）挨（陰）才（陽）擡（陽）害（去）在（去）

【么篇】策（入作上）拜（去）懷（陽）開（陰）才（陽）概（去）賽（去）

【快活三】開（陰）挨（陰）賴（去）臺（陽）愛（去）才（陽）債（去）裁（陽）改（上）帶（去）

【賀聖朝】齋（陰）海（上）懷（陽）猜（陰）来（陽）

【滿庭芳】該（陰）待（去）諧（陽）害（去）来（陽）改（上）懷（陽）愛（去）色（入作平）乖（陰）

【耍孩兒】賽（去）開（陰）挨（陰）臺（陽）愛（去）歪（陰）

【五煞】解（上）態（去）開（陰）愛（去）埋（陽）

【四煞】色（入作平）快（去）釵（陰）態（去）才（陰）

【三煞】擡（陽）在（去）腮（陰）白（入作平）

【二煞】堦（陰）外（去）白（入作平）柰（去）釵（陰）

【尾煞】該（陰）愛（去）解（上）

第四折【越調】（東鍾韻）

【鬪鵪鶉】空（陰）永（上）風（陰）攏（陽）西（齊微）種（上）

【紫花兒序】逢（陽）濃（陽）公（陰）終（陰）痛（去）鴻（陽）

【小桃紅】容（陽）重（去）共（去）窮（陽）送（去）空（陰）胸（陰）

【天淨沙】容（陽）鬆（陰）同（陽）痛（去）朧（陽）

【調笑令】冲（陰）公（陰）中（陰）控（去）蛩（陽）東（陰）同（陽）

【禿廝兒】東（陰）鐘（陰）驚（庚青）重（陽）

【聖藥王】中（陽）濃（陽）鬆（陰）重（去）東（陰）溶（陽）

【麻郎兒】濃（陽）重（去）榮（陽）弄（去）

【幺篇】攻（陰）濃（陽）重（去）衷（陰）同（陽）鳳（去）

【絡絲娘】永（上）容（陽）縱（去）痛（去）

【東園樂】通（陰）重（去）空（陰）功（陰）弄（去）

【綿打絮】空（陰）風（陰）重（去）擁（上）逢（陽）中（陰）

【拙魯速】叢（陽）盈（庚青）種（上）共（去）攏（陽）送（去）夢（去）

【尾聲】送（去）重（陽）種（上）

第五折【雙調】（先天韻）

【新水令】天（陰）殿（去）鮮（陰）筵（陽）願（去）

【駐馬聽】堅（陰）仙（陰）賤（去）簷（陽）源（陽）眷（去）選（上）踐（去）

【雁兒落】先（陰）羨（去）殿（去）

【得勝令】前（陽）宣（陰）筵（陽）煙（陰）劍（廉纖）綿（陽）賢（陽）

【水仙子】喧（陰）緣（陽）怨（去）然（陽）年（陽）遠（上）圓（陽）

【折桂令】圓（陽）緣（陽）言（陽）淺（上）娟（陰）懸（陽）遷（陰）天（陰）

【沽美酒】宣（陰）顏（寒山）天（陰）殿（去）見（去）

【太平令】羨（去）傳（陽）篆（去）便（去）年（陽）遠（上）賢（陽）面（去）

【川撥棹】前（陽）捲（上）鮮（陰）鈿（去）偏（陰）仙（陰）撚（上）穿（平）

【七弟兄】前（陽）全（陽）願（去）軒（陰）眷（去）

【梅花酒】沿（陽）川（陰）原（陽）延（陽）鞭（陰）穿（陰）選（上）鑾（桓歡）邊（陰）宣（陰）傳（陽）

【收江南】聯（陽）緣（陽）言（陽）全（陽）圓（陽）

【鴛鴦煞】戀（去）眷（去）编（陰）顕（上）宴（去）賢（陽）顕（上）

裴少俊牆頭馬上

第一折【仙呂】（齊微韻）

【點絳唇】妻（陰）契（去）藝（去）圍（陽）意（去）

【混江龍】婿（去）眉（陽）垂（陽）棲（陰）被（去）閨（陰）

【油葫蘆】圍（陽）疾（入作平）衣（陰）治（去）味（去）期（陽）睡（去）拾（入作平）

【天下樂】西（陰）皮（陽）七（入作上）媒（陽）的（入作上）

【那吒令】萋（陰）底（上）裏（上）珮（去）西（陰）

【鵲踏枝】期（陽）菲（陰）稀（陰）隙（入作上）歸（陰）

【寄生草】密（入作去）飛（陰）類（去）碎（去）繫（去）悴（去）

【么篇】肥（陽）隊（去）戲（去）睡（去）蜜（入作去）

【金盞兒】西（陰）嘶（陰）里（上）儀（陽）圍（陽）衣（陰）

【後庭花】窺（陰）偎（陰）席（入作平）期（陽）意（去）已（上）

【後庭花】誰（陽）媒（陽）歸（陰）知（陰）地（去）美（上）

【尾聲】低（陰）密（入作去）知（陰）水（上）直（入作平）遲（陽）移（陽）濕（入作上）倚（陰）閉（去）溪（陰）

第二折【南呂】（皆來韻）

【一枝花】煞（去）来（陽）才（陽）愛（去）該（陰）色（入作平）

【梁州】灾（陰）害（去）牌（陽）槐（陽）階（陰）埃（陰）界（去）臺（陽）靄（上）拜（去）碍（去）拜（去）色（入作平）埋（陽）

【牧羊関】開（陰）劃（入作?）色（入作平）哀（陰）海（上）

【罵玉郎】側（入作上）街（陰）客（入作上）害（去）格（入作上）柰（去）

【感皇恩】宅（入作平）堦（陰）齋（陰）苔（陽）来（陽）

【採茶歌】挨（陰）開（陰）來（陽）哀（陰）

【隔尾】額（入作去）鞋（陽）盖（去）摘（入作上）挨（陰）觧（上）

【紅芍藥】差（陰）栽（陽）萊（陽）台（陰）概（去）臺（陽）才（陽）白（入作平）

【菩薩梁州】釵（陰）客（入作上）妳（上）来（陽）乖（陰）債（去）敗（去）改（上）獲（入作平）

【牧羊關】才（陽）胎（陰）海（上）開（陰）客（入作上）

【三煞】盖（去）垓（陰）骸（陽）害（去）賴（去）摔（入作上）財（陽）

【二煞】黛（去）腮（陰）来（陽）解（上）在（去）才（陽）堦（陰）

【煞尾】駭（上）開（陰）賣（去）策（入作上）觧（上）待（去）外（去）邁（去）客（入作上）

第三折【雙調】（車遮韻）

【新水令】蝶（入作?）夜（去）絶（入作平）嗟（陰）舍（上）

【駐馬聽】傑（入作平）闕（入作上）烈（入作去）車（陰）接（入作平）謝（去）别（入作?）月（入作去）

【喬牌兒】攔（寒山）謝（去）扯（上）也（上）

【么篇】撇（入作上）籍（入作平）節（入作上）接（入作平）

【豆葉兒】爺（陽）熱（入作去）迭（入作平）着（入作?）

【掛玉鉤】些（陰）劣（入作去）他（歌戈）捻（入作去）怯（入作上）車（陰）

【沽美酒】冶（上）牒（入作平）决（入作上）鐵（入作上）赦（去）

【太平令】烈（入作去）枷（家麻）榭（去）舍（上）妾（入作上）打（家麻）截（入作平）月（入作去）

【川撥棹】轍（入作上）車（陰）舌（入作平）疊（入作平）說（入作上）别（入作?）

【七弟兄】些（陰）切（入作上）嗟（陰）滅（入作去）斜（陽）結（入作上）

【梅花酒】切（入作上）些（陰）蟄（入作平）碣（入作平）疊

（入作平）呆（陽）瘤（尤侯）捻（先天）

【收江南】截（入作平）折（入作平）别（入作?）也（上）食（齊微）

【雁兒落】穴（入作平）雪（入作上）月（入作去）

【得勝令】絶（入作平）别（入作?）轍（入作上）邪（陽）

【沉醉東風】結（入作上）疊（入作平）爺（陽）熱（入作去）傑（入作平）者（上）

【甜水令】葉（入作去）呆（陽）惹（上）也（上）

【折桂令】别（入作?）遮（陰）蛇（陽）帖（入作上）嗟（陰）截（入作平）折（入作平）絶（入作平）

【尾聲】結（入作上）徹（入作上）穴（入作平）節（入作上）業（入作去）車（陰）也（上）

第四折【中吕】（魚模韻）

【粉蝶兒】須（陰）户（去）獨（入作平）獄（入作去）蜀（入作平）去（去）

【醉春風】宇（上）娱（陽）苦（上）苦（上）路（去）緒（去）

【滿庭芳】舉（上）閭（陽）玉（入作去）乎（陽）模（陽）書（陰）柱（去）語（上）如（陽）

【普天樂】獄（入作去）爐（陽）顧（去）語（上）俗（入作平）夫（陽）

【迎仙客】圖（陽）府（上）户（去）禄（入作去）書（陰）簿（去）

【石榴花】無（陽）如（陽）除（陽）辜（陰）辱（入作去）疎（陰）處（去）愚（陽）

【鬬鵪鶉】母（上）女（上）雨（上）屬（入作平）祖（上）

【上小樓】毒（入作平）妒（去）突（入作上）睦（入作去）婦（去）

【么篇】許（陽）扈（去）女（上）哭（入作平）肚（去）

【十二月】婦（去）姑（陰）謀（陽）懼（去）初（陰）

【堯民歌】書（陰）醑（陰）糊（陽）娱（陽）蹰（陽）虚（陰）去（去）

【耍孩兒】訴（去）古（上）湖（陽）爐（陽）禄（入作去）車

（陰）福（入作上）妻（陰）

【尾聲】取（上）聚（去）主（上）

保成公徑赴澠池會

楔子【仙呂】（魚模韻）

【端正好】伍（上）如（陽）路（去）負（去）途（陽）謀（陽）玉（入作去）

第一折【仙呂】（寒山韻）

【點絳唇】殘（陽）炭（去）限（去）間（陰）讚（去）

【混江龍】萬（去）山（陰）晏（去）安（陰）關（陰）鞍（陰）寒（陽）還（陽）漢（去）安（陰）

【油葫蘆】班（陰）顏（陽）鄲（陰）看（去）誕（去）難（陽）慢（去）間（陰）

【天下樂】煩（陽）安（陰）晚（上）奸（陰）關（陰）番（陰）

【金盞兒】山（陰）山（陰）難（去）鄲（陰）肝（陰）看（去）

【醉扶歸】飯（去）寒（陽）見（先天）患（去）眼（上）渲（去）

【河西後庭花】奸（陰）殘（陽）旦（去）干（陰）攀（陰）範（去）閑（陽）

【尾聲】盼（去）灘（陰）慢（去）顏（陽）間（陰）關（陰）還（陽）趕（上）難（去）鄲（陰）

第二折【中呂】（齊微韻）

【粉蝶兒】馳（陽）力（入作去）食（入作平）璧（入作上）計（去）機（陰）意（去）

【醉春風】國（入作上）歸（陰）喜（上）喜（上）智（去）

【迎仙客】梅（陽）比（上）稷（入作上）熙（陰）力（入作去）

【紅繡鞋】位（去）妻（陰）極（入作平）衣（陰）德（入作上）

【普天樂】推（陰）閉（去）忌（去）為（陽）計（去）罪（去）持（陽）石（入作平）

【上小樓】持（陽）析（陰）義（去）治（去）

【么篇】織（入作平）弊（去）騎（陽）日（入作去）

【十二月】職（入作上）齊（陽）非（陰）悔（上）實（入作平）

【堯民歌】宜（陽）虧（陰）移（陽）欺（陰）知（陰）石（入作平）輩（去）

【尾聲】随（陽）地（去）會（去）遲（陽）

第三折【正宮】（魚模韻）

【端正好】旅（上）區（陰）路（去）赴（去）

【滚繡球】圖（陽）辱（入作去）娱（陽）卒（入作平）斧（上）護（去）鋙（陽）夫（陽）豫（去）

【倘秀才】阻（上）主（上）壺（陽）酺（陰）續（入作平）

【滚繡球】古（上）武（上）圖（陽）舉（上）除（陽）取（上）伏（入作平）都（陰）虞（陽）

【倘秀才】武（上）股（上）伏（入作平）書（陰）数（上）

【滚繡球】謀（陽）虜（上）取（上）俱（去）疽（陰）虚（陰）兔（去）驅（陰）睢（陰）徒（陽）

【塞鴻秋】負（去）辱（入作去）助（去）故（去）雨（上）目（入作去）

【伴讀書】舞（上）步（去）措（入作上）做（去）護（去）麄（入作去）

【笑歌賞】舒（陰）怒（去）霧（去）捽（入作上）住（去）輸（陰）卒（入作平）路（去）

【尾聲】伍（上）卒（入作平）謀（陽）疎（陰）辱（入作去）毒（入作平）車（陰）步（去）軀（陰）做（去）主（上）

楔子【仙呂】（東鍾韻）

【賞花時】擁（上）衝（陰）風（陰）寵（上）胸（陰）

第四折【雙調】（蕭豪韻）

【新水令】堯（陽）孝（去）蕭（陰）驕（陰）藥（入作去）

【步步嬌】冒（去）飽（上）老（上）熬（陽）調（陽）療（去）

【沉醉東風】錯（入作上）薄（入作平）好（上）交（陰）朝（陽）寶（上）

【落梅風】鬧（去）消（陰）到（去）拷（上）告（去）

【殿前歡】跛（入作平）僚（陽）徼（陰）豪（陽）濤（陰）表（上）暴（去）朝（陽）

【水仙子】高（陰）敲（陰）罩（去）豪（陽）朝（陰）署（入作

去）韜（陰）勞（陽）

【雁兒落】飄（陰）噪（去）落（入作去）

【得勝令】高（陰）濤（陰）叫（去）號（陽）驍（陰）鷂（去）逃（陽）鶴（入作平）

【沽美酒】剿（上）朝（陽）驕（陰）寶（上）虐（入作去）

【太平令】樂（入作去）刀（陰）教（去）道（去）到（去）曹（陽）刁（陰）犒（去）

【折桂令】韶（陽）飄（陰）摇（陽）朝（陽）爵（入作上）謡（陽）調（陽）茅（陽）高（陰）

劉玄德智赴襄陽會

第一折【仙呂】（齊微韻）

【點絳唇】基（陰）帝（去）日（入作去）衣（陰）济（去）

【混江龍】力（入作去）夷（陽）危（陰）回（陽）備（去）飛（陰）

【油葫蘆】禮（上）離（陽）西（陰）戚（入作上）帝（去）裔（陰）集（入作平）地（去）夷（陽）

【天下樂】知（陰）蹕（入作上）稷（入作上）息（入作上）禮（上）

【那吒令】味（去）醴（上）姬（陰）會（去）盃（陰）

【鵲踏枝】席（入作平）推（陰）持（陽）息（入作上）襲（入作平）

【寄生草】推（陰）義（去）智（去）利（去）輩（去）

【醉扶歸】味（去）食（入作平）梨（陽）皮（陽）蒂（去）意（去）

【金盞兒】席（入作平）疑（陽）息（入作上）衣（陰）遲（陽）梯（陰）

【尾聲】袂（去）日（入作去）疾（入作平）池（陽）機（陰）習（入作平）勢（去）息（入作上）諡（去）墀（陽）

第二折【越調】（蕭豪韻）

【鬭鵪鶉】悄（陰）覺（入作上）道（去）槽（陽）褭（上）

【紫花兒序】哮（陰）熬（陽）度（入作平）盜（去）拗（去）交

（陰）

【金焦葉】草（上）飽（上）脚（入作上）索（入作上）

【寨兒令】懆（去）豪（陽）着（入作?）條（陽）槽（陽）毛（陽）

【么篇】苗（陽）交（陰）勞（陽）跋（入作上）

【調笑令】約（入作去）逃（陽）交（陰）道（去）宵（陰）抄（陰）遥（陽）

【耍廝兒】草（上）濤（陰）遶（上）橋（陽）豪（陽）

【聖藥王】禱（上）袍（陽）挑（陰）稍（陰）蛟（陰）

【尾聲】道（去）掃（上）了（上）

楔子【仙呂】（真文韻）

【賞花時】塵（陽）緊（上）親（陰）品（上）坤（陰）

第三折【中呂】（齊微韻）

【粉蝶兒】持（陽）會（去）危（陰）濟（去）持（陽）內（去）

【醉春風】稷（入作上）起（上）起（上）歲（去）

【紅繡鞋】地（去）微（陽）持（陽）齊（陽）稷（入作上）

【上小樓】威（陰）計（去）錐（陰）勢（去）敵（入作平）藝（去）退（去）

【么篇】齊（陽）意（去）實（入作平）威（陰）得（入作上）智（去）肋（入作去）

【白鶴子】威（陰）碎（去）

【十二月】揮（陰）齊（陽）德（入作上）魁（陽）備（去）襲（入作平）

【堯民歌】及（入作平）旗（陽）齊（陽）雷（陽）虧（陰）回（陽）計（去）

【尾聲】齊（陽）退（去）喜（上）

楔子【仙呂】（東鍾韻）

【賞花時】爭（庚青）虫（陽）雄（陽）中（陰）功（陰）

第四折【雙調】（江陽韻）

【新水令】陽（陽）唱（去）蒼（陰）槍（陰）喪（去）

【雁兒落】塲（陽）将（去）當（去）

【得勝令】章（陰）藏（陽）槍（陰）藏（陽）撞（去）長（上）

王（陽）

【沽美酒】賞（上）浆（陰）象（去）量（去）長（上）

【太平令】将（去）槍（陰）壯（去）蕩（去）享（上）將（去）賞（上）旺（去）

立成湯伊尹耕莘

楔子【仙呂】（皆來韻）

【賞花時】差（陰）才（陽）階（陰）界（去）胎（陰）

第一折【仙呂】（江陽韻）

【點絳唇】荒（陰）象（去）降（去）皇（陽）壮（去）

【混江龍】創（去）常（陽）王（陽）陽（陽）象（去）蒼（陰）

【油葫蘆】邦（陰）方（陰）常（陽）黨（上）讓（去）康（陰）暢（去）降（陽）

【天下樂】穰（上）享（上）昌（陰）荒（陰）皇（陽）

【醉中天】状（去）張（陰）藏（陽）誑（去）想（上）降（去）藏（陽）

【金盞兒】長（陽）梁（陽）爽（上）庄（陰）霜（陰）桑（陰）

【醉中天】像（去）詳（陽）方（陰）暢（去）朗（上）巷（去）行（陽）

【尾聲】傍（去）養（上）量（陽）堂（陽）荒（陰）剛（陰）訪（上）廣（上）壮（去）良（陽）

第二折【中呂】（蕭豪韻）

【粉蝶兒】堯（陽）道（去）陶（陽）教（去）朝（陽）暴（去）

【醉春風】鳥（上）少（上）少（上）孝（去）

【迎仙客】铇（去）了（上）草（上）邀（陰）樂（入作去）

【石榴花】郊（陰）鐸（入作平）哮（陰）着（入作?）豪（陽）叫（去）飛（齊微）詔（去）朝（陽）

【鬪鵪鶉】襖（上）爵（入作上）調（陽）遥（陽）閣（入作上）

【上小樓】作（入作上）調（去）高（陰）稻（去）詔（去）

【么篇】袍（陽）遭（陰）耀（去）誥（去）

【耍孩兒】廟（去）討（上）朝（陽）牢（陽）調（陽）狡（上）謡（陽）

【尾聲】朝（陽）樂（入作去）表（上）

第三折【正宮】（齊微韻）

【端正好】翠（去）犁（陽）位（去）貴（去）

【滚繡球】随（陽）圍（陽）騎（陽）食（入作平）輝（陰）地（去）石（入作平）基（陰）檄（入作上）

【倘秀才】鄙（上）職（入作上）石（入作平）衣（陰）國（入作上）

【滚繡球】奇（陽）畦（陽）智（去）機（陰）勢（去）戟（入作上）隊（去）旗（陽）計（去）威（陰）及（入作平）

【呆骨朵】騎（陽）齊（陰）壁（入作上）隊（去）勢（去）机（陰）

【脱布衫】持（陽）旗（陽）勢（去）

【小梁州】奇（陽）知（陰）食（入作平）制（去）宜（陽）

【么篇】會（去）衣（陰）計（去）義（去）依（陰）

【尾聲】智（去）威（陰）旗（陽）嘶（陰）敵（入作平）畿（陰）基（陰）知（陰）會（去）里（上）

楔子【仙吕】（東鍾韻）

【賞花時】雄（陽）冲（陰）功（陰）勇（上）封（陰）

第四折【雙調】（魚模韻）

【新水令】衢（陽）步（去）魚（陽）湖（陽）輿（陽）

【沉醉東風】屋（入作上）間（陽）禄（入作去）圖（陽）鋪（去）屋（入作上）

【雁兒落】股（上）柱（去）玉（入作去）

【得勝令】謀（陽）輸（陰）都（陰）需（陰）簿（去）疏（陰）圖（陽）

鐘離春智勇定齊

第一折【仙吕】（江陽韻）

【點絳唇】湯（陰）創（去）向（去）王（陽）上（去）

【混江龍】壮（去）邦（陰）疆（陰）光（陰）讓（去）常（陽）

【油葫蘆】堂（陽）床（陽）章（陰）上（去）将（去）剛（陰）量（去）藏（陽）

【天下樂】強（陽）彰（陰）揚（陽）廣（上）揚（陽）黨（上）

【寄生草】商（陰）望（去）長（上）旺（去）帳（去）

【尾聲】蕩（去）桑（陰）粧（陰）行（陽）忙（陽）光（陰）當（陰）倆（上）状（去）邦（陰）

第二折

【撼動山】藍（陽）鬖（陰）蠶（陽）南（陽）（監咸韻）

【中呂】（魚模韻）

【粉蝶兒】梳（陰）序（去）書（陰）務（去）夫（陽）譽（去）

【醉春風】女（上）数（上）数（上）樹（去）

【紅繡鞋】路（去）墟（陰）虞（陽）熟（入作平）畝（上）

【石榴花】夫（陽）鋤（陽）疎（陰）隅（陽）俗（入作平）附（去）伏（入作平）恕（去）臾（陽）

【鬪鵪鶉】武（上）虎（上）虛（陰）孤（陰）楚（上）

【耍孩兒】據（去）楚（上）模（陽）束（入作上）女（上）夫（陽）富（去）閭（陽）

【尾聲】祖（上）路（去）女（上）

楔子【仙呂】（蕭豪韻）

【賞花時】驍（陽）少（上）標（陰）巧（上）朝（陰）

第三折【越調】（齊微韻）

【鬪鵪鶉】尾（上）壁（入作上）室（入作上）稀（陰）奇（平）水（上）

【紫花兒序】璣（陰）離（陽）兌（去）疾（入作平）氣（去）催（陰）

【調笑令】機（陰）襲（入作平）遲（陽）騎（陽）持（陽）裏（上）帰（陰）

【鬼三台】智（去）計（去）理（上）機（陰）國（入作上）追（陰）識（入作平）悔（上）

【禿廝兒】起（上）馳（陽）疾（入作平）馳（陽）低（陰）

【聖藥王】遲（陽）微（陽）持（陽）起（上）迷（陽）旗（陽）圍（陽）

【尾聲】輩（去）知（陰）紀（上）

第四折【雙調】（蕭豪韻）

【新水令】豪（陽）署（入作去）朝（陽）驍（陽）嶽（入作去）

【沉醉東風】皎（上）飄（陰）耀（去）霄（陰）朝（陰）掃（上）

【甜水令】報（去）勞（陽）笑（去）郊（陰）

【折桂令】豪（陽）朝（陰）刀（陰）老（上）勞（陽）標（陰）遥（陽）勞（陽）

㑳梅香騙翰林風月

楔子【仙呂】（魚模韻）

【賞花時】餘（陽）孤（陰）乎（陰）母（上）俗（入作平）

【么篇】姑（陰）舒（陰）否（上）如（陽）句（去）書（陰）

第一折【仙呂】（庚青韻）

【點絳唇】贏（陽）聖（去）冷（上）生（陰）影（上）

【混江龍】孟（去）明（陽）生（陰）成（陽）明（陽）衡（陽）正（去）明（陽）卿（陰）行（陽）聲（陰）纓（陰）聲（陰）螢（陽）名（陽）誠（陽）命（去）競（去）明（陽）

【油葫蘆】経（陰）省（上）明（陽）景（上）影（上）清（陰）馨（陰）興（去）燈（陰）

【天下樂】醒（上）明（陽）荊（陰）寧（陽）行（陽）景（上）

【那吒令】聲（陰）輕（陰）輕（陰）明（陽）明（陽）冷（上）濃（東鍾）永（上）并（去）

【鵲踏枝】迎（陽）情（陽）青（陰）景（上）情（陽）

【寄生草】成（陽）冷（上）净（去）迸（去）鏡（去）

【么篇】增（陰）境（去）令（去）病（去）零（陽）另（去）

【六么序】生（陰）生（陰）聲（陰）英（陰）騰（陽）幸（去）冥（陽）性（去）聲（陰）

【么篇】扃（陰）行（陽）聲（陰）行（陽）睛（陰）生（陰）清（陰）影（上）驚（陰）明（陽）情（陽）行（陽）净（去）聲（陰）性（去）靈（陽）

【賺煞尾】庭（陽）静（去）生（陰）情（陽）聽（陰）更（陰）停（陽）行（陽）井（上）映（去）明（陽）

第二折【大石調】（蕭豪韻）

【念奴嬌】鳥（上）落（入作去）悄（上）瞧（陽）約（入作去）削（入作上）

【六國朝】橋（陽）倒（上）藥（入作去）調（陽）落（入作去）勞（陽）燒（陰）了（上）

【初問口】笑（去）樂（入作去）槨（入作上）道（去）

【歸塞北】小（上）霄（陰）交（陰）朝（陰）

【雁過南樓】了（上）描（陽）消（陰）跳（去）倒（上）着（入作?）笑（去）少（去）

【六國朝】鬧（去）焦（陰）着（入作?）落（入作去）調（陽）謔（入作上）逃（陽）拷（上）

【喜秋風】描（陽）草（上）笑（去）告（去）作（入作上）

【歸塞北】了（上）饒（陽）腰（陰）么（陰）

【怨別離】劳（陽）了（上）槁（上）了（上）着（入作?）

【歸塞北】小（上）燒（陰）條（陽）喬（陽）

【淨瓶兒】索（入作上）遥（陽）嬌（陰）宵（陰）了（上）着（入作?）道（去）朝（陽）

【好觀音】兆（去）薄（入作平）宵（陰）落（入作去）料（去）

【隨煞尾聲】報（去）着（入作?）條（陽）角（入作上）敲（陰）摇（陽）高（陰）道（去）着（入作?）到（去）

第三折【越調】（江陽韻）

【鬭鵪鶉】章（陰）顙（上）粧（陰）腸（平）量（去）粧（陰）香（陰）爽（上）

【紫花兒序】塘（陽）郎（陽）将（去）當（陰）凰（陽）墙（陽）

【小桃紅】唐（陽）撞（去）状（去）狂（陽）状（去）漾（去）放（去）陽（陽）

【鬼三台】况（去）巷（去）講（上）盲（陽）朗（上）狂（陽）慌（陰）想（上）

【金焦葉】陽（陽）蕩（去）茫（陽）漲（去）

【調笑令】搶（陽）王（陽）娘（陽）當（去）上（去）藏（陽）郎（陽）

【禿廝兒】攘（上）當（陰）賞（上）霜（陰）

【聖藥王】場（陽）庄（陰）狂（陽）傷（陰）臟（陰）章（陰）囊（陽）

【麻郎兒】堂（陽）香（陰）房（陽）廂（陰）

【么篇】妨（陰）慌（陰）當（去）張（有）揚（陽）状（去）

【絡絲娘】長（上）當（去）降（去）帳（去）

【雪裏梅】郎（陽）娘（陽）障（去）長（陽）

【青山口】妨（陰）凰（陽）慌（陰）鴦（陰）當（去）場（陽）箱（陰）装（陰）場（陽）皇（陽）堂（陽）香（陰）簧（陽）章（陰）昂（陽）行（陽）鄉（陰）堂（陽）旁（陽）堂（陽）量（陽）煌（陽）賞（上）

【尾】相（去）上（去）郎（陽）黨（上）

第四折【雙調】（皆來韻）

【新水令】材（陽）在（去）来（陽）堦（陰）臺（陽）懷（陽）代（去）

【駐馬聽】崖（陽）捱（陽）外（去）来（陽）宅（入作平）菜（去）采（上）盖（去）

【喬牌兒】海（上）大（去）帶（去）色（入作平）

【豆葉黄】齋（陰）臺（陽）愛（去）諧（陽）埋（陽）開（陰）排（陽）諧（陽）乖（陰）衰（陰）才（陽）台（陰）鼐（去）

【滴滴金】恠（去）臺（陽）腮（陰）

【折桂令】来（陽）釵（陰）堦（陰）臺（陽）台（陰）揣（上）孩（陽）猜（陰）白（入作平）儕（陽）来（陽）

【雁兒落】客（入作上）債（去）開（陰）待（去）

【得勝令】胎（陰）臺（陽）策（入作上）開（陰）帶（去）差（陰）臺（陽）

【落梅風】戒（去）窄（入作上）恠（去）策（入作上）帶（去）

【沽美酒】諧（陽）腮（陰）来（陽）海（上）才（陽）

【太平令】大（去）堦（陰）賚（去）戴（去）裁（陽）邁（去）哉（陰）泰（去）

醉思鄉王粲登樓

楔子【仙吕】（尤侯韻）

【賞花時】憂（陰）秋（陰）遊（陽）手（上）侯（陽）

第一折【仙呂】（寒山韻）

【點絳唇】殘（陽）慣（去）慢（去）弹（陽）患（去）

【混江龍】犯（去）斑（陰）関（陰）干（阴）限（去）間（陰）

【油葫蘆】寒（陽）閑（陽）寒（陽）看（去）眼（上）山（陰）辦（去）山（陰）

【天下樂】弹（陽）眼（上）間（陰）頑（陽）安（陰）看（去）

【那吒令】灘（陰）関（陰）壇（陽）惮（去）寒（陽）

【鵲踏枝】難（陽）慳（陰）蕃（陰）丹（陰）安（陰）

【寄生草】間（陰）爛（去）岸（去）飯（去）漢（去）

【幺篇】看（去）旦（去）慢（去）歎（去）萬（去）

【六幺序】山（陰）寒（陽）看（去）弹（陽）難（陽）晚（上）関（陰）漢（去）欄（陽）

【幺篇】顔（陽）班（陰）蠻（陽）藩（陰）山（陰）関（陰）讒（監咸）簡（上）看（去）閑（陽）單（陰）環（陽）歎（去）間（陰）旦（去）山（陰）

【金盞兒】煩（陽）難（陽）晚（上）番（陰）山（陰）難（陽）

【醉扶歸】散（去）寒（陽）難（陽）翰（陽）間（陰）万（去）

【尾】漢（去）山（陰）難（陽）鞍（陰）安（陰）眼（上）產（上）粲（去）安（陰）

第二折【正宮】（皆來韻）

【端正好】色（入作平）埃（陰）側（入作上）外（去）

【滚繡球】帛（入作平）鞋（陽）帶（去）来（陽）宅（入作平）開（陰）待（去）来（陽）策（入作上）臺（陽）猜（陰）

【倘秀才】臺（陽）財（陽）齋（陰）色（入作平）

【滚繡球】窄（入作上）愛（去）開（陰）百（入作上）怪（去）白（入作平）乖（陰）哉（陰）

【呆骨朵】大（去）階（陰）色（入作平）策（入作上）客（入作上）

【倘秀才】臺（陽）策（入作上）海（上）才（陽）格（入作上）

【滚繡球】劃（入作?）寨（去）臺（陽）概（去）策（入作上）塞（去）垓（陰）淮（陽）

【尾聲】客（入作上）材（陽）碍（去）耐（去）開（陰）改（上）帥（去）盖（去）害（去）外（去）才（陽）客（入作上）

第三折【中呂】（齊微韻）

【粉蝶兒】衣（陰）寄（去）悲（陰）閉（去）威（陰）濟（去）

【醉春風】鬼（上）你（上）及（入作平）畏（去）

【迎仙客】低（陰）飛（陰）倚（上）里（上）悲（陰）碎（去）

【紅繡鞋】際（去）飛（陰）歸（陰）悲（陰）得（入作上）

【普天樂】翠（去）悲（陰）地（去）輩（去）凄（陰）淅（入作上）瀝（入作去）霏（陰）

【石榴花】肥（陽）溪（陰）嘶（陰）敵（入作平）疲（陽）濟（去）兮（陽）世（去）十（入作平）

【鬥鵪鶉】裡（上）齊（陽）里（上）棲（陰）里（上）

【上小樓】稷（入作上）地（去）席（入作平）輩（去）氣（去）

【么篇】盃（陰）眉（陽）遂（去）醉（去）

【滿庭芳】里（上）歸（有）計（去）眉（陽）衣（陰）虀（陰）內（去）閉（去）梯（陰）

【十二月】歸（陰）飛（陰）雞（陰）飛（陰）知（陰）

【堯民歌】齊（陽）棲（陰）泥（陽）嘶（陰）疾（入作平）移（陽）背（陰）

【尾聲】石（入作平）帝（去）椅（上）

第四折【雙調】（江陽韻）

【新水令】光（陰）上（去）陽（陽）望（去）

【駐馬聽】綱（陰）将（去）章（陰）浪（去）壯（去）強（陽）丈（去）

【雁兒落】堂（陽）像（去）上（去）

【得勝令】梁（陽）郎（陽）狂（陽）驤（平）丈（去）揚（陽）張（陰）

【甜水令】陽（陽）昂（陽）仗（去）行（陽）

【折桂令】上（去）堂（陽）綱（上）湯（陰）向（去）傷（陰）商（陰）黄（陽）郎（陽）

【喬牌兒】夯（上）上（去）相（去）講（上）

【水仙子】觴（陰）堂（陽）巷（去）行（陽）忙（陽）腸（陽）

浆（去）

【川撥棹】降（陽）響（上）郎（陽）幢（去）槍（陰）象（去）蒼（陰）

【七弟兄】況（去）亮（去）鏘（陰）将（去）傍（陽）上（去）

【梅花酒】王（陽）昂（陽）洋（陽）堂（陽）王（陽）奖（上）王（陽）良（陽）王（陽）

【收江南】江（陰）墙（陽）香（陰）章（陰）忘（去）

【鴛鴦煞】悵（去）望（去）窓（陰）掌（上）霜（陰）将（去）陽（陽）黨（上）

迷青瑣倩女離魂

楔子【仙呂】（江陽韻）

【賞花時】郎（陽）娘（陽）當（陰）上（去）墙（陽）

【么篇】娘（陽）當（陰）腸（陽）想（上）量（陽）

第一折【仙呂】（蕭豪韻）

【點絳唇】宵（陰）覺（入作上）曉（上）蕭（陰）掃（上）

【混江龍】道（去）梢（陰）照（去）着（入作?）高（陰）標（陰）抛（陰）約（入作去）朝（陽）熬（陽）聊（陽）道（去）勞（陽）

【油葫蘆】了（上）脚（入作上）瀟（陰）靠（去）小（上）作（入作上）調（陽）毫（陽）

【天下樂】高（陰）了（上）薄（入作平）調（陽）繞（上）

【那吒令】了（上）少（上）了（上）高（陰）了（上）熬（陽）跳（去）嬈（上）

【鵲踏枝】豪（陽）高（陰）霄（陰）雀（入作上）鰲（陽）

【寄生草】毫（陽）表（上）槁（上）詔（去）道（去）

【村裏迓鼓】照（去）少（去）掉（去）落（入作去）杳（陽）高（陰）少（上）

【元和令】酌（入作上）道（去）條（陽）梢（陰）宵（陰）了（上）

【上馬嬌】梢（陰）草（上）條（陽）到（去）消（陰）熬（陽）

【遊四門】簫（陰）橈（陰）恶（入作去）淘（陽）高（陰）飄

（陰）

【勝葫蘆】毛（陽）牢（陽）了（上）告（去）道（去）焦（陰）

【後庭花】着（入作?）挑（陰）梢（陰）迢（陽）道（去）了（上）老（上）交（陰）掃（上）抛（陰）飄（陰）

【柳葉兒】閣（入作上）橋（陽）道（去）抱（去）鑣（陰）遥（陽）

【賺煞】蕉（陰）草（上）繞（上）緲（上）遭（陰）着（入作?）橋（陽）耀（去）到（去）交（陰）

第二折【越調】（家麻韻）

【鬬鵪鶉】峽（入作平）馬（上）灑（上）沙（陰）華（陽）霎（入作上）

【紫花兒序】槎（陰）鴉（陰）乏（入作平）家（陰）下（去）花（陰）

【小桃紅】譁（陽）下（去）怕（去）蝦（陰）罷（去）華（陽）下（去）沙（陰）

【調笑令】踏（入作平）滑（入作平）紗（陰）襪（入作去）畫（去）下（去）瑕（陽）

【禿廝兒】霞（陽）鴉（陰）發（入作上）啞（上）

【聖藥王】洼（陰）槎（陰）葭（陽）凹（去）芽（陽）沙（陰）家（陰）

【麻郎兒】牙（陽）家（陰）榻（入作上）涯（陽）

【么篇】把（上）家（陰）乏（入作平）華（陽）掛（去）下（去）

【絡絲娘】咱（陽）咱（陽）殺（入作上）麼（陽）怕（去）

【雪裏梅】加（陰）家（陰）馬（上）

【紫花兒序】琶（陰）鴉（陰）花（有）家（陰）話（去）華（陽）

【東原樂】罷（去）馬（上）画（去）家（陰）華（陽）下（去）

【綿搭絮】誇（陰）華（陽）壓（入作去）家（陰）涯（陽）花（陰）甲（入作上）

【拙魯速】沙（陰）達（入作?）差（陰）搭（入作上）榻（入作上）涯（陽）麻（陽）

【么篇】咱（陽）拿（陽）鴉（陰）沙（陰）花（有）霞（陽）掛（去）下（去）刮（入作上）發（入作上）

【收尾】駕（去）發（入作上）馬（上）

第三折【中呂】（齊微韻）

【粉蝶兒】歧（陽）悴（去）離（陽）味（去）食（入作平）日（入作去）

【醉春風】起（上）得（入作上）得（入作上）地（去）

【迎仙客】稀（陰）歸（陰）里（上）期（陽）翠（去）

【紅繡鞋】日（入作去）食（入作平）及（入作平）實（入作平）喜（上）

【普天樂】睡（去）西（陰）日（入作去）繫（去）藉（入作平）啼（陽）已（上）飛（陰）

【石榴花】迷（陽）逼（入作平）及（入作平）里（上）醫（陰）壻（去）遲（陽）意（去）知（陰）

【鬪鵪鶉】里（上）鬼（上）饑（陰）皮（陽）髓（上）

【上小樓】德（入作上）第（去）衣（陰）儀（陽）日（入作去）際（去）氣（去）

【么篇】會（去）里（上）實（入作平）離（陽）起（上）覓（入作去）日（入作去）

【十二月】里（上）知（陰）禮（上）識（入作上）筆（入作上）雷（陽）

【堯民歌】池（陽）盃（陰）及（入作平）魁（陽）雷（陽）喜（上）記（去）

【哨遍】憶（入作去）氣（去）題（陽）闈（陽）意（去）急（入作上）奇（陽）石（入作平）集（入作平）飛（陰）

【耍孩兒】隻（入作上）里（上）隨（陽）盃（陰）日（入作去）持（陽）

【四煞】息（入作上）得（入作上）漓（陽）皮（陽）回（陽）黑（入作上）醫（陰）

【三煞】灰（陰）壁（入作上）碑（陰）氣（去）及（入作平）

【二煞】知（陰）意（去）眉（陽）日（入作去）衣（陰）

【尾煞】旗（陽）室（入作上）的（入作上）

第四折【黃鍾】（庚青韻）

【醉花陰】整（上）京（陰）聲（陰）程（陽）省（上）惺（上）境（上）

【喜遷鶯】性（去）明（陽）更（去）稱（去）情（陽）誠（陽）命（去）靈（陽）

【出隊子】硬（去）輕（陰）驚（陰）生（陰）行（陽）

【刮地風】程（陽）輕（陰）興（去）情（陽）生（陰）杏（去）莺（陰）並（去）生（陰）情（陽）

【四門子】徑（去）行（陽）井（上）榮（陽）驚（陰）聽（陰）撐（去）應（去）

【古水仙子】盟（陽）生（陰）頸（上）鯹（陰）鈴（陽）箏（陰）鏡（去）瓶（陽）

【寨兒令】仃（陰）仃（陰）盈（陽）承（陽）情（陽）性（去）

【么篇】霆（陽）靈（陽）病（去）聲（陰）掙（去）精（陰）情（陽）證（去）

【掛金索】庭（陽）正（去）定（去）停（陽）應（去）

【尾聲】並（去）燈（陰）影（上）

【側磚兒】士（去）時（陽）至（去）兒（陽）（支思韻）

【竹枝歌】枝（陰）思（陰）支（陰）示（去）子（上）兒（陽）（支思韻）

【水仙子】尊（陰）頻（陽）晋（去）身（陰）人（陽）損（上）親（陰）魂（陽）（支思韻）

虎牢關三戰呂布

第一折【仙呂】（寒山韻）

【點絳唇】閑（陽）懶（上）晚（上）環（陽）漢（去）

【混江龍】漢（去）襴（陽）簡（上）顔（陽）関（陰）憚（去）安（陰）

【油葫蘆】斑（陰）晚（上）閑（陽）幹（去）看（去）間（陰）旦（去）竿（陰）

【天下樂】関（陰）間（陰）難（陽）眼（上）憚（去）

【那吒令】閑（陽）看（去）翻（陰）慣（去）関（陰）

【鵲踏枝】鑾（陽）鞍（陰）還（陽）趕（上）旛（陰）

【寄生草】艱（陰）辦（去）趲（上）漢（去）萬（去）

【河西後庭花】慳（陰）煩（陽）眠（先天）拴（陰）爛（去）揀（上）

【尾聲】閑（陽）看（去）閑（陽）看（去）攔（陽）間（陰）山（陰）反（上）看（去）漢（去）関（陰）

第二折【雙調】（尤侯韻）

【新水令】侯（陽）後（去）侯（陽）喉（陽）勾（陰）

【駐馬聽】憂（陰）手（上）肉（入作去）眸（陽）羞（陰）受（去）頭（陽）口（上）

【雁兒落】走（上）鬪（去）鈎（陰）鈕（上）

【得勝令】頭（陽）楼（陽）憂（陰）州（陰）勾（去）流（陽）秋（陰）

【夜行船】憂（陰）鳩（陰）口（上）侯（陽）羞（陰）頭（陽）

【尾聲】口（上）肉（入作去）收（平）鬪（去）頭（陽）走（上）

楔子【仙呂】（車遮韻）

【賞花時】車（陰）喏（上）爺（陽）也（上）爹（陰）

第三折【中呂】（齊微韻）

【粉蝶兒】移（陽）力（入作去）者（歌戈）搐（去）窺（陰）氣（去）

【醉春風】起（上）西（陰）禮（上）騎（陽）

【迎仙客】雞（陰）猊（陽）赤（入作上）戟（入作上）威（陽）世（去）

【紅繡鞋】器（去）蜺（陽）旗（陽）勒（入作去）披（陰）者（歌戈）

【石榴花】悲（陰）雷（陽）齊（陽）勢（去）旗（陽）

【鬪鵪鶉】尾（上）刺（入作上）飛（陰）裡（上）起（上）

【上小樓】勒（入作去）離（陽）裡（上）避（去）計（去）

【么篇】裹（上）衣（陰）地（去）的（入作上）

【滿庭芳】夕（入作平）輝（陰）細（去）西（陰）戟（入作上）盔（陰）的（入作上）備（去）回（陽）

【耍孩兒】来（皆來）来（皆來）嘴（上）嘴（上）裹（上）疾（入作平）祟（去）敵（入作平）

【尾聲】德（入作平）騎（陽）戟（入作上）

楔子【仙呂】（尤侯韻）

【賞花時】口（上）矛（陽）颼（陰）手（上）侯（陽）

第四折【正宮】（江陽韻）

【端正好】将（去）昂（陽）創（去）像（去）

【滚繡球】剛（陰）強（陽）撞（去）場（陽）荒（陰）傷（陰）丧（去）槍（陰）傷（陰）揚（陽）

【倘秀才】量（去）俩（上）蒼（陰）昌（陰）黨（上）

【脱布衫】揚（陽）蒼（陰）當（去）

【小梁州】槍（陰）江（陰）防（陽）向（去）亡（陽）

【么篇】像（去）良（陽）将（去）疆（平）

张子房圯桥进履

第一折

【上小樓】野（上）舍（去）葉（入作去）絶（入作平）滅（入作去）月（入作去）（車遮韻）

【上小樓】頭（陽）肉（入作去）牛（陽）頭（陽）鬪（去）（尤侯韻）

【上小樓】條（陽）詔（去）刀（陰）道（去）豹（去）（蕭豪韻）

【上小樓】酒（上）透（去）留（陽）漏（去）壽（去）（尤侯韻）

【朝天子】童（東鍾）精（陰）幸（去）横（陽）共（東鍾）定（去）恐（東鍾）并（去）艇（上）命（去）（庚青韻）

【醉扶歸】到（去）逃（陽）消（陰）道（去）饒（陽）報（去）（蕭豪韻）

【後庭花】袍（陽）爵（入作上）逃（陽）苗（陽）道（去）着（入作?）薄（入作平）飽（上）飽（上）（蕭豪韻）

【青哥兒】報（去）勞（陽）朝（陽）道（去）僚（陽）高（陰）飄（陰）標（陰）孝（去）（蕭豪韻）

【尾聲】道（去）迢（陽）惡（入作去）牢（陽）僚（陽）霄（陰）高（陰）躍（入作去）到（去）朝（陽）（蕭豪韻）

第二折【南呂】（皆來韻）

【一枝花】才（陽）外（去）開（陰）白（入作平）柰（去）客（入作上）改（上）

【梁州】排（陽）外（去）才（陽）階（陰）該（陰）排（陽）階（陰）界（去）臺（陽）概（去）再（去）柰（去）才（陽）淮（陽）

【隔尾】愛（去）懷（陽）待（去）策（入作上）宰（上）客（入作上）

【牧羊関】排（陽）財（陽）該（陰）胎（陰）開（陰）

【四塊玉】来（陽）側（入作上）猜（陰）礙（去）白（入作平）彩（上）

【牧羊関】哉（陰）懷（陽）堦（陰）来（陽）在（去）

【哭皇天】怠（去）外（去）材（陽）歹（入作去）埃（陰）才（陽）外（去）色（入作平）

【烏夜啼】側（入作上）差（陰）腮（陰）来（陽）拜（去）泰（去）開（陰）

【鵪鶉兒】来（陽）策（入作上）凱（上）鼐（去）衰（陰）淮（陽）堦（陰）揩（陰）界（去）泰（去）

【尾聲】策（入作上）懷（陽）愛（去）歹（入作去）猜（陰）乖（陰）在（去）災（陰）採（上）冊（入作上）塞（去）界（去）海（上）才（陽）色（入作平）帥（去）外（去）貊（入作去）概（去）載（上）埃（陰）客（入作上）

楔子【仙呂】（真文韻）

【賞花時】緊（上）巡（陽）去（陽）准（上）人（陽）

第三折【正宮】（江陽韻）

【端正好】堂（陽）相（去）疆（陰）将（去）壮（去）

【滚繡球】鄉（陰）場（陽）降（去）昂（陽）香（陰）象（去）章（陰）方（陰）揚（陽）

【倘秀才】賞（上）講（上）鄉（陰）槍（陰）奖（上）

【滚繡球】場（陽）望（去）将（去）堂（陽）郎（陽）讓（去）湯（陰）将（去）降（陽）強（陽）

【倘秀才】講（上）往（上）張（陰）強（陽）象（去）

【呆骨朵】降（去）腸（陽）穰（陽）将（去）邦（陰）鄉（陰）

【貨郎兒】嘵（去）場（陽）詳（陽）姓（庚青）良（陽）

【脫布衫】藏（陽）降（陽）放（去）

【醉太平】當（陰）張（陰）量（陽）廣（上）恙（去）将（去）殃（陰）講（上）

【尾聲】唱（去）場（陽）望（去）将（去）章（陰）講（上）行（陽）上（去）堂（陽）賞（上）

第四折【雙調】（蕭豪韻）

【新水令】豪（陽）廟（去）樂（入作去）學（入作平）標（陰）道（去）

【沉醉東風】爵（入作上）標（陰）道（去）調（陽）堯（陽）老（上

【水仙子】醪（陽）托（入作上）妙（去）好（上）消（陰）樂（入作去）堯（陽）

同樂院燕青博魚

楔子【仙呂】（魚模韻）

【端正好】雨（上）途（陽）覷（去）怒（去）

【么篇】目（入作去）軀（陰）路（去）去（去）

第一折【大石調】（家麻韻）

【六國朝】茶（陽）凹（去）砂（陰）殺（入作上）砂（陰）踏（入作平）插（入作上）

【喜秋風】擦（入作平）滑（入作平）卦（去）麻（陽）

【歸塞北】發（入作上）查（陰）花（陰）拿（陽）

【雁過南樓】甲（入作上）牙（陽）法（入作上）納（去）涯（陽）琶（陽）華（陽）

【六國朝】衙（陽）馬（上）窄（入作上）踏（入作平）法（入作上）蹅（陰）打（上）

【憨貨郎】薩（去）煞（入作上）假（上）拔（入作平）發（入作上）瞎（入作上）

【歸塞北】罷（去）痂（陰）沙（陰）霞（陽）

【初問口】拿（陽）臘（入作去）拔（入作平）荅（入作平）家（陰）凹（去）霞（陽）

【尾聲】瓦（陰）枷（陰）靶（上）他（陰）髮（入作上）掐（入作）下（去）

第二折【仙呂】（庚青韻）

【點絳唇】生（庚青）本（上）信（去）勤（陽）准（上）

【混江龍】困（去）人（陽）鱗（陽）身（陰）問（去）勤（陽）

【那吒令】斤（陰）純（陽）文（陽）盆（陽）刃（去）新（陰）

【佘盞兒】巾（陰）裙（陽）挺（庚青）昏（陰）噴（陰）魂（陽）

【油葫蘆】昏（陰）准（上）文（陽）穩（上）滾（上）唇（陽）紋（陽）隱（上）純（陽）

【醉中天】順（去）嗔（陰）尊（陰）揹（去）葷（陰）盡（去）孫（陰）

【醉扶歸】揾（去）嗔（陰）根（陰）損（上）盆（陽）璺（去）

【後庭花】親（陰）恩（陰）筋（陰）輪（陽）頓（去）村（陰）

【金盞兒】人（陽）神（陽）困（去）塵（陽）墩（陰）分（陰）

【尾聲】粉（上）根（陰）本（上）裙（陽）身（陰）神（陽）春（陰）輪（陽）盡（去）巾（陰）

第三折【中呂】（庚青韻）

【粉蝶兒】更（陰）鏡（去）生（陰）静（去）清（陰）柄（去）

【叫聲】酊（上）酊（上）醒（上）驚（陰）清（陰）

【醉春風】冷（上）挺（上）挺（上）性（陰）

【倘秀才】更（陰）声（陰）挣（去）生（陰）

【叫聲】情（陽）逞（陽）行（陽）

【滚繡球】睁（陰）輕（陰）映（去）行（陽）声（陰）声（陰）硬（去）程（陽）聽（陰）盟（陽）

【滚繡球】清（陰）経（陰）倖（去）檑（陽）證（去）生（陰）燈（陰）明（陽）

【尾聲】井（上）坑（陰）笙（陰）筝（陰）繃（陰）卿（陰）英（陰）僧（陰）省（上）

第四折【雙調】（蕭豪韻）

【新水令】高（陰）道（去）抄（陰）高（陰）鬧（去）

【沉醉東風】脚（入作上）腰（陰）靠（去）稍（陰）悄（陰）了

（上）

【攪箏琶】落（入作去）澆（陰）腦（上）潮（陽）套（去）條（陽）撓（陽）

【離亭宴歇指煞】廟（去）泊（入作?）保（上）帽（去）絛（陰）襖（上）老（上）草（上）

破苻堅蔣神靈應

第一折【仙呂】（江陽韻）

【點絳唇】邦（陰）創（去）相（去）良（陽）降（去）

【混江龍】望（去）陽（陽）昂（陽）常（陽）光（陰）祥（陽）将（去）槍（陰）

【油葫蘆】強（陽）廣（上）岡（陰）壮（去）旺（去）江（陰）望（去）良（陽）

【天下樂】邦（陰）王（陽）陽（陽）康（陰）剛（陰）梁（陽）

【金盞兒】梁（陽）羌（陰）向（去）邦（陰）昌（陰）疆（陰）

【醉中天】上（去）降（陽）揚（陽）将（去）強（陽）撞（去）防（陽）

【尾聲】象（去）方（陰）昂（陽）鄉（陰）堂（陽）廣（上）壯（去）邦（陰）

第二折【南呂】（魚模韻）

【一枝花】數（去）書（陰）伏（入作平）趣（去）術（入作平）虎（上）

【梁州】舞（上）虛（陰）暑（上）衢（陽）噓（陰）殊（陰）謨（陽）武（上）謀（陽）途（陽）阻（上）旅（上）度（去）卒（入作上）吳（陽）

【牧羊関】樞（陰）疎（陰）取（上）局（入作平）孤（陰）

【隔尾】許（上）無（陽）物（入作去）都（陰）府（上）舉（上）

【罵玉郎】去（去）躇（陽）惧（去）數（去）

【感皇恩】湖（陽）局（入作平）逐（入作平）虛（陰）術（入作平）

【採茶歌】謀（陽）臾（陽）輸（陰）夫（陽）

【尾聲】鼓（上）圖（陽）卒（入作上）車（陰）除（陽）夫（陽）主（上）

楔子【仙呂】（庚青韻）

【端正好】令（去）城（陽）定（去）兵（陰）靈（陽）贏（陽）鐙（去）

第三折【越調】（先天韻）

【鬪鵪鶉】輦（上）遠（上）展（上）權（陽）顯（上）

【紫花兒序】煙（陰）堅（陰）騗（陽）天（陰）戰（去）嚴（陽）傳（陽）

【調笑令】玄（陽）堅（陰）前（陽）善（去）原（陽）邊（陰）賢（陽）

【禿廝兒】免（上）綿（陽）全（陽）玄（陽）傳（陽）

【聖藥王】淵（陰）邊（陰）先（陰）圓（陽）展（上）前（陽）堅（陰）

【尾】願（去）蹇（上）遠（上）

第四折【雙調】（蕭豪韻）

【新水令】勞（陽）耗（去）高（陰）驍（陰）廟（去）

【雁兒落】勞（陽）廟（去）暴（去）

【得勝令】朝（陽）霄（陰）高（陰）毫（陽）署（入作去）朝（陽）標（陽）

【折桂令】朝（陽）腰（陰）勞（陽）爵（入作上）茅（陽）僚（陽）豪（陽）堯（陽）

老庄周一枕蝴蝶梦

第一折【仙呂】（東鍾韻）

【點絳唇】宮（陰）奉（去）重（去）逢（陽）夢（去）

【混江龍】送（去）叢（陽）峯（陰）踪（陰）隆（陽）桐（陽）功（陰）鍾（陰）風（陰）東（陰）雄（陽）窮（陽）溶（陽）夢（去）踪（陰）

【油葫蘆】京（庚青）永（上）鍾（陰）動（去）夢（去）臣（真文）塚（上）中（陰）

【天下樂】空（陰）功（陰）同（陽）東（陰）種（上）中（陰）

【那吒令】成（庚青）空（陰）凶（陰）用（去）瞳（陽）

【鵲踏枝】中（陰）同（陽）慵（陽）虫（陽）逢（陽）

【寄生草】鍾（陰）甕（去）洞（去）送（去）用（去）

【醉中天】夢（去）風（陰）空（陰）種（上）蜂（陰）動（去）東（陰）

【金盞兒】紅（陽）濃（陽）空（陰）冬（陰）翁（陰）空（陰）

【後庭花】翁（陰）風（陰）紅（陽）通（陰）功（陰）寵（上）凶（陰）終（陰）通（陰）蒙（陽）峯（陰）井（庚青）井（庚青）

【青哥兒】鳳（去）龍（陽）中（陰）種（去）紅（陽）空（陰）送（去）童（陽）弄（去）澄（庚青）濛（陽）騰（庚青）東（陰）洞（去）

【賺煞】夢（去）功（陰）中（陰）慵（陽）匆（陰）濃（陽）終（陰）動（去）宮（陰）

楔子【仙呂】（家麻韻）

【賞花時】塌（入作平）花（陰）霞（陽）下（去）家（陰）

【端正好】勾（去）憂（陰）走（上）透（去）

【滾繡球】後（去）牛（陽）求（陽）彀（去）憂（陰）酒（上）休（陰）游（陽）

第二折【南呂】（齊微韻）

【一枝花】盃（陰）事（支思）移（陽）席（入作平）醉（去）頹（陽）喜（上）

【梁州】會（去）期（陽）水（上）催（陰）回（陽）飛（陰）疲（陽）美（上）離（陽）知（陰）里（上）體（上）器（去）肥（陽）馳（陽）

【牧羊関】內（去）裡（上）離（陽）底（上）西（陰）啼（陽）

【牧羊関】室（入作上）幃（陽）疾（入作平）裡（上）歸（陰）睡（去）飛（陰）

【牧羊関】美（上）宜（陽）姿（支思）濟（去）脾（陽）的（入作上）

【牧羊関】衣（陰）眉（陽）翠（去）菲（陰）飛（陰）

【罵玉郎】悴（去）醫（陰）退（去）滯（去）醉（去）

【感皇恩】迷（陽）食（入作平）稀（陰）期（陽）媒（陽）漓

（陽）

【採茶歌】悲（陰）離（陽）期（陽）喜（上）遲（陽）

【煞尾】廢（去）非（陰）美（上）謎（陽）意（去）利（去）世（去）氣（去）飛（陰）催（陰）稀（陰）戲（去）及（入作平）歸（陰）里（上）

南曲（蕭豪韻）

【柳搖金】告（去）遥（陽）遭（陰）嬌（陰）交（陰）苗（陽）候（去）調（陽）調（陽）灶（去）

【前腔】灶（去）消（陰）調（陽）驕（陰）毫（陽）交（陰）教（陰）教（陰）妙（去）

【前腔】調（陽）毫（陽）霄（陰）牢（陽）牢（陽）耀（去）

【前腔】到（去）高（陰）桃（陽）包（陰）囂（陰）劳（陽）銷（陰）銷（陰）笑（去）

第三折【正宮】（尤侯韻）

【端正好】究（去）頭（陽）後（去）甃（去）

【滚繡球】勾（陰）晝（去）楼（陽）甌（陰）右（去）眸（陽）燭（入作上）鈎（陰）周（陰）

【倘秀才】手（上）抽（陰）頭（陽）楼（陽）走（上）

【滚繡球】酒（上）後（去）勾（陰）休（陰）頭（陽）竹（入作上）柔（陽）流（陽）愁（陽）

【倘秀才】偶（上）候（去）休（陰）約（入作去）繆（陽）口（上）

【滚繡球】遊（陽）瘦（去）舟（陰）收（陰）有（上）皺（去）儔（陽）了（上）休（陰）秋（陰）

【呆骨朵】僽（去）休（陰）友（上）勾（去）頭（陽）

【倘秀才】手（上）透（去）羞（陰）就（去）瘦（去）醜（上）

【滚繡球】瞅（上）後（去）周（陰）柳（上）竹（入作上）舊（去）休（陰）口（上）頭（陽）尤（陽）

【煞尾】口（上）頭（陽）修（陰）休（陰）有（上）後（去）頭（陽）走（上）

第四折【雙調】（先天韻）

【新水令】年（陽）箭（去）天（陰）軒（陰）賤（去）

【駐馬聽】圓（陽）筵（陽）燕（去）錢（陽）篇（陰）傳（陽）言（陽）轉（上）

【雁兒落】筵（陽）面（去）變（陰）

【得勝令】烟（陰）仙（陰）天（陰）軒（陰）殿（去）年（陽）宣（陰）

【川撥棹】緑（陽）穿（陰）扇（去）邊（陰）全（陽）肩（陰）年（陽）天（陰）

【梅花酒】纏（陽）戀（去）涎（陽）燕（去）眠（陽）怨（去）

【七弟兄】絃（陽）前（陽）邊（陰）仙（陰）圓（陽）泉（陽）元（陽）連（陽）鴛（陰）蓮（陽）

【收江南】仙（陰）猿（陽）天（陰）犬（上）年（陽）

陶學士醉寫風光好

第一折【仙呂】（寒山韻）

【點絳唇】鬟（陽）眼（上）飯（去）壇（陽）案（去）

【混江龍】散（去）番（陰）関（陰）山（陰）盤（陽）憚（去）殘（陽）

【油葫蘆】番（陰）剗（上）難（陽）澗（去）棧（去）慳（陰）奸（陰）簡（處）牖（陰）

【天下樂】乾（陰）單（陰）攤（陰）難（陽）眼（上）衦（去）

【後庭花】藺（陽）丹（陰）山（陰）難（陽）盼（去）癱（陰）

【金盞兒】煩（陽）漢（去）間（陰）関（陰）寒（陽）

【醉中天】按（去）閑（陽）彎（陰）板（上）盞（上）散（去）弹（陽）

【金盞兒】攀（陰）寒（陽）盞（上）番（陰）煩（陽）難（陽）

【後庭花】間（陰）單（陰）安（陰）顔（陽）範（去）眼（上）

【賺煞】闌（陽）散（去）晚（上）汗（去）閑（陽）関（陰）揀（上）嬾（上）慢（去）闌（陽）

第二折【南呂】（江陽韻）

【一枝花】強（上）郎（陽）腸（陽）傍（去）霜（陰）郎（陽）敞（去）

【梁州】窓（陰）巷（去）堂（陽）娘（陽）陽（陽）唐（陽）浆

（陰）香（陰）常（陽）倆（上）掌（上）藏（陽）量（去）双（陰）

【賀新郎】昂（陽）唱（去）望（去）朗（上）香（陰）廊（陽）想（上）廂（陰）

【牧羊関】張（陰）杭（陽）丧（陰）孀（陰）香（陰）

【隔尾】巷（去）墙（陽）當（去）上（去）况（去）謊（上）

【牧羊関】長（上）量（陽）漾（去）羊（陽）場（陽）

【紅芍藥】窗（陰）缸（陰）妝（陰）裳（陽）上（去）况（去）詳（陽）腸（陽）

【菩薩梁州】狂（陽）浪（去）行（陽）香（陰）詳（陽）相（去）蕩（去）樣（去）堂（陽）霜（陰）

【三煞】上（去）傍（陽）放（去）章（陰）相（去）網（上）况（去）觴（陰）

【二煞】帳（去）堂（陽）望（去）長（陽）忘（去）上（去）眼（寒山）腸（陽）

【煞尾】相（去）娘（陽）場（陽）枉（上）况（去）強（陽）狀（去）當（去）望（去）娼（陰）賞（上）

第三折【正宫】（真文韻）

【端正好】分（去）裙（陽）陣（去）恨（去）

【滚繡球】村（陰）親（陰）肯（上）君（陰）人（陽）真（陰）潤（去）神（陽）雲（陽）魂（陽）

【倘秀才】親（陰）狠（上）門（陽）謹（上）勤（陽）尊（陰）

【滚繡球】分（陰）巡（陽）噀（去）嗔（陰）門（陽）韻（去）唇（陽）人（陽）尊（陰）

【叨叨令】韻（去）順（去）恨（去）盡（去）頓（去）

【滚繡球】身（陰）焚（陽）信（去）昏（陰）跟（陰）辰（陽）問（去）婚（陰）人（陽）雲（陽）

【倘秀才】親（陰）婚（陰）門（陽）真（陰）隱（上）

【滚繡球】人（陽）魂（陽）分（去）塵（陽）新（陰）真（陰）趁（去）親（陰）分（去）恩（陰）珍（陰）

【三煞】俊（去）臣（陽）近（去）渾（陽）姻（陰）婚（陰）人（陽）

【二煞】恨（去）隣（陽）品（上）門（陽）恩（陽）信（去）人

（陽）

【煞尾】信（去）魂（陽）身（陰）肯（上）論（去）准（上）分（去）哂（上）哏（陰）親（陰）恨（去）人（陽）純（陽）真（陰）穩（上）

第四折【中呂】（支思韻）

【粉蝶兒】時（陽）字（去）兒（陽）至（去）思（陰）事（去）

【醉春風】旨（上）紙（上）紙（上）是（去）

【迎仙客】址（上）死（上）子（上）孜（陰）使（上）

【石榴花】師（陰）時（陽）私（陰）志（去）髭（陰）次（去）澌（陰）侍（去）辭（陽）

【鬥鵪鶉】齒（陽）卮（陰）姿（陰）時（陽）爾（上）

【上小樓】次（去）字（去）兒（陽）時（陽）是（去）肆（去）志（去）

【么篇】止（上）眵（陰）時（陽）子（上）是（去）似（去）

【快活三】旨（上）伺（去）姿（陰）視（去）

【鮑老兒】兒（陽）士（去）司（陰）士（去）兒（陽）思（陰）

【哨遍】子（上）止（上）司（陰）私（陰）至（去）字（去）肢（陰）師（陰）思（陰）

【耍孩兒】志（去）子（上）時（上）詩（陰）枝（陰）市（去）玼（陽）

【三煞】子（上）始（上）子（上）兒（陽）瑟（入作上）絲（陰）

【二煞】咨（陰）至（去）時（陽）爾（上）詞（陽）

【煞尾】士（去）事（去）死（上）

東堂老勸破家子弟

楔子【仙呂】（支思韻）

【賞花時】絲（陰）死（上）思（陰）了（上）時（陽）

第一折【仙呂】（蕭豪韻）

【點絳脣】巢（陽）肖（去）了（上）勞（陽）調（去）

【混江龍】狡（上）消（陰）簫（陰）拙（入作上）驕（陰）宵（陰）條（陽）交（陰）饕（陽）豪（陽）曹（陽）铇（去）樵（陽）

窑（陽）道（去）雀（入作上）鶵（陽）

【油葫蘆】着（入作?）小（上）學（入作平）道（去）教（去）了（上）着（入作?）哨（去）交（陰）

【天下樂】高（陰）胞（陰）包（陰）小（上）夭（陰）了（上）老（上）

【那吒令】邀（陰）着（入作?）了（上）貌（去）交（陰）

【鵲踏枝】腰（陰）條（陽）朝（陽）了（上）消（陰）

【寄生草】道（去）苗（陽）寶（上）俏（去）暴（去）柔（陽）落（入作去）

【六么序】套（去）交（陰）消（陰）綃（陰）羔（陰）嬌（陰）泊（入作平）高（陰）葧（入作去）濤（陰）

【么篇】着（入作?）着（入作?）僚（陽）條（陽）曹（陽）牢（陽）抄（陰）了（上）逃（陽）着（入作?）毛（陽）炮（陽）爪（上）消（陰）

【一半兒】薄（入作平）造（去）高（陰）朝（陰）交（陰）

【賺煞尾】小（上）好（上）了（上）窑（陽）度（入作平）學（入作平）少（上）寶（上）鈔（陰）瓢（陽）

第二折【正宫】（庚青韻）

【端正好】能（陽）命（去）營（陽）定（去）等（上）

【滚繡球】行（去）争（陰）病（去）生（陰）明（陽）晴（陽）競（去）辛（真文）成（陽）驚（陰）

【倘秀才】哽（上）傾（陰）生（陰）嚀（陽）驚（陰）

【滚繡球】生（陰）成（陽）證（去）嶸（陽）興（陰）增（陰）盛（去）程（陽）萍（陽）凌（陽）

【倘秀才】令（去）情（陽）請（上）行（去）能（陽）等（上）

【滚繡球】経（陰）領（上）鐙（去）坑（陰）行（去）命（去）英（陰）生（陰）騰（陽）

【倘秀才】井（上）鼎（上）睛（陰）逞（上）精（陰）

【三煞】病（去）名（陽）瓶（陽）凝（陽）行（陽）影（上）亭（陽）

【二煞】鐙（去）生（陰）登（陰）生（陰）京（陰）廷（陽）

【一煞】錠（去）瓶（陽）觥（陰）逞（上）卿（陰）

【隨煞】請（上）行（陽）精（陰）停（陽）罄（去）應（去）経（陰）明（陽）輊（陰）擎（陽）剩（去）頂（上）鳴（陽）冷（上）更（陰）明（陽）應（去）影（上）行（陽）停（陽）争（陰）平（陽）輊（陰）名（陽）聽（陰）應（去）病（去）增（陰）情（陽）姓（去）生（陰）命（去）硬（去）成（陽）

第三折【中呂】（魚模韻）

【粉蝶兒】徒（陽）務（去）俗（入作平）陸（入作去）物（入作去）儒（陽）數（去）

【醉春風】雨（上）虛（陰）取（上）數（去）祖（上）物（入作去）

【叫聲】衢（陽）去（去）無（陽）

【剔銀燈】女（上）故（去）處（去）誅（陰）物（入作去）主（上）語（上）

【蔓菁菜】户（去）速（入作上）怖（去）醋（去）去（去）

【紅繡鞋】玉（入作去）珠（陰）扶（陽）服（入作平）去（去）

【滿庭芳】徒（陽）蚨（陽）去（去）沽（陰）蔬（陰）屠（陽）物（入作去）苦（上）夫（陽）

【煞尾】苦（上）去（去）出（入作上）

第四折【雙調】（真文韻）

【新水令】賓（陰）陣（去）新（陰）情（陽）搵（去）

【沉醉東風】身（陰）珠（魚模）恨（去）奔（去）哏（陰）本（上）

【雁兒落】隣（陽）信（去）盡（去）

【水仙子】塵（陽）新（陰）囤（去）銀（陽）群（陽）門（陽）人（陽）

【川撥棹】樽（陰）頻（陽）裙（陽）程（陽）損（上）緊（上）

【殿前歡】門（陽）春（陰）印（去）軍（陰）身（陰）俊（去）陣（去）君（陰）

孝義士趙禮讓肥

第一折【仙呂】（家麻韻）

【點絳唇】乏（入作平）價（去）殺（入作上）衙（陽）髮（入作

上）

【混江龍】涯（陽）麻（陽）花（陰）衙（陽）涯（陽）沙（陰）家（陰）大（去）麻（陽）

【油葫蘆】殺（入作上）加（陰）呀（陰）大（去）畫（去）花（陰）沙（陰）掛（去）家（陰）

【天下樂】鴉（陰）涯（陽）煞（入作上）咱（陽）乏（入作平）殺（入作上）

【那吒令】咱（陽）馬（上）甲（入作上）斝（上）殺（入作上）瓦（上）罷（去）那（去）

【鵲踏枝】家（陰）華（陽）扎（入作上）殺（入作上）家（陰）

【寄生草】楂（陰）掐（入作上）剮（上）化（去）下（去）

【醉中天】化（去）乏（入作平）那（去）刮（入作上）恰（入作上）下（去）

【後庭花】甲（入作上）褡（入作上）凹（去）娃（陰）髮（入作上）搭（入作上）拿（陽）靸（入作上）麻（陽）瓜（陰）煞（入作上）他（陰）

【青哥兒】畫（去）罷（去）他（陰）煠（入作?）搭（入作上）下（去）扎（入作上）家（陰）下（去）

【賺煞尾】下（去）塌（入作上）交（蕭豪）呀（陰）牙（陽）那（去）殺（入作上）下（去）家（陰）

第二折【正宮】（蕭豪韻）

【端正好】鶚（入作去）搖（陽）落（入作去）鳥（上）

【滾繡球】曹（陽）覺（入作上）飽（上）瓢（陽）殼（入作上）好（上）熬（陽）驕（陰）嗷（陽）

【倘秀才】苗（陽）蒿（陰）樂（入作去）朝（陰）角（入作上）

【脫布衫】稍（陰）搖（陽）哨（去）

【小梁州】着（入作?）搖（陽）霄（陰）叫（去）搖（陽）

【么篇】道（去）樵（陽）到（去）拗（去）饒（陽）

【倘秀才】貌（去）腦（上）狡（上）腰（陰）暴（去）

【滾繡球】袍（陽）寶（上）毛（陽）嬌（陰）倒（上）膘（陰）草（上）刀（陰）僑（陽）

【呆骨朵】耗（去）勞（陽）高（陰）弱（入作去）孝（去）報

（去）老（上）

【倘秀才】燎（上）澆（陰）消（陰）苗（陽）了（上）

【滚繡球】盗（去）道（去）邀（陰）綽（入作上）報（去）學（入作平）交（陰）饒（陽）

【二煞】告（去）了（上）逃（陽）焦（陰）老（上）熬（陽）

【一煞】了（上）稍（陰）學（入作平）朝（陰）猱（陽）

【隨煞尾】脚（入作上）交（陰）惱（上）抛（陰）絞（上）逃（陽）老（上）

第三折【越調】（皆來韻）

【鬬鵪鶉】魄（入作上）来（陽）窄（入作上）歹（入作去）衰（陰）害（去）

【紫花兒序】灾（陰）開（陰）哉（陰）才（陽）待（去）来（陽）

【憑欄人】開（陰）摘（入作上）来（陽）災（陰）

【调笑令】哉（阴）怀（阳）来（阳）赛（去）开（阴）坏（去）埋（阳）

【禿廝兒】開（陰）来（陽）歹（入作去）衰（陰）哉（陰）

【聖藥王】抬（陽）開（陰）崖（陽）乖（陰）災（陰）来（陽）

【尾】帥（去）開（陰）改（上）

第四折【雙調】（魚模韻）

【新水令】輿（陽）序（去）虞（陽）居（陰）助（去）

【喬牌兒】武（上）去（去）遇（去）怖（去）

【掛玉鉤】速（入作上）處（去）夫（陽）遇（去）柱（去）如（陽）

【沽美酒】餘（陽）無（陽）夫（陽）輔（陽）户（去）

【太平令】禄（入作去）車（陰）遇（去）處（去）福（入作上）母（上）固（去）

陶母剪發待賓

第一折【仙吕】（先天韻）

【點絳唇】天（陰）願（去）犬（上）年（陽）典（上）

【混江龍】面（去）錢（陽）篇（陰）宣（陰）線（去）全（陽）

【油葫蘆】元（陽）顯（上）眠（陽）院（去）院（去）鞭（陰）願（去）邊（陰）

【天下樂】前（陽）緣（陽）錢（陽）園（陽）賢（陽）仙（陰）

【那吒令】年（陽）年（陽）錢（陽）錢（陽）肩（陰）肩（陰）眷（去）猿（陽）

【鵲踏枝】筵（陽）舡（陽）拳（陽）言（陽）年（陽）

【寄生草】篇（陰）轉（去）善（去）遣（上）殿（去）

【金盞兒】戔（陽）言（陽）怨（去）傳（陽）賢（陽）錢（陽）

【醉扶歸】怨（去）言（陽）年（陽）勸（去）憐（陽）面（去）

【賺煞】怨（去）堅（陰）然（陽）閑（寒山）篇（陰）焉（陽）騫（陰）卷（去）縣（去）年（陽）

第二折【正宮】（支思韻）

【端正好】志（去）私（陰）市（去）視（去）

【滾繡球】思（陰）的（齊微）子（上）偲（陰）至（去）是（去）絲（陰）師（陰）辭（陽）

【倘秀才】次（去）使（上）兒（陽）時（陽）兒（陽）

【滾繡球】紙（上）使（上）字（去）字（去）子（上）止（上）辭（陽）之（陰）而（陽）

【倘秀才】之（陰）之（陰）兒（陽）志（去）詩（陰）廝（陰）

【呆骨朵】士（去）枝（陰）慈（陽）疵（陽）子（上）

【脫布衫】姿（陰）私（陰）事（去）二（去）

【醉太平】思（陰）時（陽）爾（上）志（去）字（去）詩（陰）子（上）

【尾聲】子（上）兒（陽）視（去）次（去）兒（陽）兒（陽）使（上）事（去）始（上）

第三折【中呂】（齊微韻）

【粉蝶兒】籬（陽）位（去）席（入作平）食（入作平）味（去）意（去）齏（陰）飫（魚模）

【醉春風】米（上）席（入作平）理（上）理（上）器（去）

【迎仙客】食（入作平）識（入作上）得（入作上）貴（去）誰（陽）弟（去）

【石榴花】齊（陽）眉（陽）饑（陰）席（入作平）會（去）底

（上）識（入作上）稀（陰）

【鬪鵪鶉】黑（入作上）皮（陽）齊（陽）喫（入作上）髓（陽）

【上小樓】地（去）逆（入作去）力（入作去）的（入作上）席（入作平）氣（去）

【么篇】你（上）移（陽）意（去）立（入作去）

【耍孩兒】泪（去）息（入作上）眉（陽）離（陽）貴（去）眉（陽）

【二煞】十（入作平）里（上）齊（陽）第（去）已（上）歸（陰）

【尾聲】敕（入作上）跪（去）的（入作上）

第四折【雙調】（真文韻）

【新水令】人（陽）運（去）門（陽）人（陽）晋（去）

【喬牌兒】文（陽）頓（去）困（去）新（陰）

【甜水令】運（去）神（陽）門（陽）人（陽）

【折桂令】門（陽）人（陽）辛（陰）窘（上）新（陰）雲（陽）文（陽）分（陰）

【川撥棹】門（陽）隣（陽）身（陰）塵（陽）人（陽）文（陽）賓（陰）順（去）

【七弟兄】人（陽）論（去）勤（陽）問（去）臣（陽）信（去）

【梅花酒】人（陽）沌（去）困（去）人（陽）尊（陰）

【雁兒落】分（去）順（去）晉（去）

【收江南】君（陰）門（陽）臣（陽）親（陰）人（陽）

【得勝令】臣（陽）人（陽）盆（陽）姻（陰）順（去）門（陽）身（陰）

【尾聲】覲（去）運（去）穩（上）

宋上皇禦斷金鳳釵

楔子【仙呂】（真文韻）

【賞花時】春（陰）身（陰）倫（陽）分（去）人（陽）

【么篇】貧（陽）恩（陰）門（陽）君（陰）裀（陰）

第一折【仙呂】（齊微韻）

【點絳唇】扉（陰）細（去）濕（入作上）飢（陰）氣（去）

【混江龍】日（入作去）習（入作平）衣（陰）梯（陰）濟（去）緋（陰）

【油葫蘆】衣（陰）得（入作上）池（陽）墨（入作去）筆（入作上）職（入作上）內（去）知（陰）

【天下樂】歸（陰）齊（陽）齊（陽）貴（去）疾（入作平）里（上）

【那吒令】氣（去）席（入作平）壁（入作上）食（入作平）輩（去）齊（陽）

【鵲踏枝】衣（陰）衣（陰）歸（陰）筆（入作上）妻（陰）

【寄生草】士（支思）遂（去）濟（去）力（入作去）弟（去）

【金盞兒】衣（陰）虧（陰）記（去）知（陰）隨（陽）低（陰）

【醉中天】第（去）持（陽）知（陰）意（去）的（入作上）帔（去）離（陽）

【後庭花】随（陽）離（陽）賊（入作平）西（陰）計（去）水（上）

【金盞兒】衣（陰）皮（陽）弟（去）直（入作平）食（入作平）知（陰）

【賺煞】米（上）你（上）筆（入作上）虀（陰）題（陽）一（入作去）地（去）入（入作去）機（陰）

第二折【中呂】（蕭豪韻）

【粉蝶兒】霄（陰）跳（去）袍（陽）噪（去）蹈（上）腰（陰）倒（去）

【醉春風】了（上）少（上）少（上）道（去）

【紅繡鞋】樂（入作去）學（入作平）高（陰）毫（陽）寶（上）

【迎仙客】騷（陰）草（上）脚（入作上）糕（陰）叫（去）

【石榴花】遭（陰）毫（陽）消（陰）豪（陽）哨（去）交（陰）絞（去）橋（陽）

【鬪鵪鶉】稍（去）了（上）暴（去）腰（陰）了（上）

【普天樂】照（去）朝（陰）薄（入作平）道（去）瓢（陽）嬌（陰）

【滿庭芳】討（陽）燒（陰）灶（去）着（入作?）小（上）焦（陰）惱（上）了（上）薄（入作平）

【十二月】着（入作?）撓（陽）濁（入作平）糕（陰）邀（陰）

【堯民歌】嬌（陰）熬（陽）消（陰）毫（陽）霄（陰）高（陰）到（去）

【耍孩兒】叫（去）老（上）薄（入作平）饒（陽）包（陰）老（上）焦（陰）

【三煞】燒（陰）澆（陰）殼（入作上）跳（去）消（陰）叫（去）嬌（陰）

【二煞】飽（上）樂（入作去）叫（去）驕（陰）報（去）苗（陽）

【煞尾】着（入作?）耗（去）了（上）

第三折【南呂】（皆來韻）

【一枝花】晒（去）齋（陰）捱（陽）泰（去）来（陽）載（上）

【梁州】齋（陰）蔡（去）淮（陽）街（陰）才（陽）白（入作平）客（入作上）釵（陰）来（陽）該（陰）債（去）在（去）災（陰）劃（入作?）

【隔尾】海（上）垓（陰）外（去）鞋（陽）柴（陽）買（上）

【賀新郎】臺（陽）恠（去）伯（入作平）釵（陰）懷（陽）腮（陰）待（去）財（陽）

【罵玉郎】菜（去）排（陽）待（去）才（陽）財（陽）柰（去）

【感皇恩】腮（陰）釵（陰）豺（陽）街（陰）快（去）乖（陰）

【採茶歌】白（入作平）劃（入作?）来（陽）宅（入作平）開（陰）

【鬥蝦蟆】賣（去）財（陽）開（陰）大（去）海（上）載（去）客（入作上）在（去）則（入作上）捱（陽）街（陰）外（去）来（陽）快（去）柰（去）待（去）来（陽）開（陰）客（入作上）色（入作平）材（陽）猜（陰）

【牧羊関】白（入作平）乖（陰）色（入作平）釵（陰）来（陽）

【紅芍藥】埋（陽）揣（陰）漢（寒山）財（陽）害（去）差（陰）柴（陽）捱（陽）

【菩薩梁州】乖（陰）害（去）客（入作上）災（陰）時（支思）恠（去）在（去）解（上）来（陽）臺（陽）

【二煞】寨（去）牌（陽）開（陰）宅（入作平）快（去）改

（上）載（上）災（陰）

【煞尾】海（上）界（去）才（陽）待（去）来（陽）獲（入作平）財（陽）才（陽）

第四折【雙調】（支思韻）

【新水令】詞（陽）事（去）師（陰）咨（陰）市（去）

【駐馬聽】司（陰）子（上）字（去）兒（陽）時（陽）死（上）兒（陽）士（去）

【沉醉東風】廝（陰）兒（陽）視（去）私（陰）時（陽）死（上）

【雁兒落】慈（陽）是（去）事（去）

【得勝令】兒（陽）姿（陰）子（上）思（陰）至（去）司（陰）紙（上）

【川撥棹】死（上）差（陰）絲（陰）子（上）匙（陽）卮（陰）

【七弟兄】時（陽）時（陽）時（陽）使（上）址（上）至（去）

【梅花酒】旨（上）眵（陰）絲（陰）屍（陰）私（陰）紙（上）玼（陽）時（陽）兒（陽）詩（陰）

【收江南】時（陽）時（陽）時（陽）死（上）時（陽）

【雁兒落】司（陰）使（上）賜（去）

【水仙子】時（陽）死（上）士（去）子（上）止（上）之（陰）思（陰）

布袋和尚忍字記

楔子【仙呂】（真文韻）

【賞花時】貧（陽）親（陰）紛（陰）損（上）分（陽）

【么篇】人（陽）銀（陽）身（陰）論（去）人（陽）

第一折【仙呂】（蕭豪韻）

【點絳唇】交（陰）早（上）到（去）高（陰）老（上）

【混江龍】錯（入作去）飄（陰）樂（入作去）簫（陰）燒（陰）炒（上）悄（陰）豪（陽）

【油葫蘆】了（上）倒（上）調（陽）好（上）飽（上）高（陰）豹（去）腰（陰）

【天下樂】膘（陰）着（入作?）了（上）卓（入作上）寶（上）

【那吒令】鳥（上）草（上）巢（陽）教（去）膘（陰）

【鵲踏枝】遭（陰）朝（陽）霄（陰）了（上）嘈（陽）

【寄生草】小（上）早（上）好（去）了（上）葧（入作去）

【醉中天】角（入作上）毫（陽）挑（陰）寶（上）角（入作上）道（去）着（入作?）

【後庭花】脚（入作上）了（上）着（入作?）道（去）覺（入作上）

【金盞兒】調（陽）挑（陰）掉（去）牢（陽）着（入作?）腰（陰）

【後庭花】着（入作?）倒（上）了（上）潮（陽）竅（去）脚（入作上）

【憶王孫】牢（陽）錯（入作上）小（上）招（陰）倒（上）

【金盞兒】濁（入作平）高（陰）寶（上）招（陰）燒（陰）挑（陰）

【賺煞尾】號（去）了（上）標（陰）盜（去）濤（陰）老（上）了（上）教（去）刀（陰）

第二折【南呂】（家麻韻）

【一枝花】鴨（陰）鴉（陰）華（陽）夏（去）罷（去）枷（陰）馬（上）

【梁州】家（陰）薩（入作上）拔（入作平）法（入作上）罰（入作平）咱（陽）他（陰）法（入作上）家（陰）發（入作上）納（去）掛（去）掐（入作上）花（陰）霞（陽）

【罵玉郎】下（去）譁（陽）呀（陰）罷（去）

【感皇恩】家（陰）踏（入作平）拿（陽）茶（陽）紗（陰）

【採茶歌】花（陰）薩（入作上）家（陰）打（上）他（陰）

【牧羊関】花（陰）踏（入作平）麼（陽）咱（陽）枷（陰）殺（入作上）

【哭皇天】怕（去）踖（陰）拿（陽）榻（入作上）拿（陽）咱（陽）差（陰）

【烏夜啼】靶（去）家（陰）搭（入作上）法（入作上）法（入作上）裟（陰）髮（入作上）剌（入作去）家（陰）

【紅芍藥】掐（入作上）滑（入作平）訝（去）答（入作平）紮

（入作上）芽（陽）拿（陽）涯（陽）

【菩薩梁州】凹（去）畫（去）他（陰）薩（入作上）差（陰）罷（去）嫁（去）罷（去）察（陽）他（陰）

【牧羊關】假（上）咱（陽）下（去）刷（陰）拿（陽）

【黃鍾尾】茶（陽）誇（陰）家（陰）茶（陽）家（陰）法（入作上）咱（陽）發（入作上）他（陰）納（去）罷（去）納（去）發（入作上）殺（入作上）

第三折【雙調】（江陽韻）

【新水令】鄉（陰）恙（去）梁（陽）忙（陽）上（去）

【雁兒落】傷（陰）愴（去）尚（去）

【得勝令】鴦（陰）凰（陽）想（上）量（陽）放（去）詳（陽）方（陰）

【水仙子】湯（陰）様（去）掌（上）上（去）郎（陽）上（去）傍（去）腸（陽）

【川撥棹】唐（陽）強（陽）塘（陽）場（陽）房（陽）坊（陰）堂（陽）方（陰）降（去）講（上）

【七弟兄】堂（陽）房（陽）尚（去）胖（去）傍（陽）上（去）

【梅花酒】場（陽）粧（陰）郎（陽）娘（陽）像（去）長（上）慌（陰）忙（陽）香（陰）陽（陽）商（陰）床（陽）腸（陽）様（去）降（去）

【收江南】鄉（陰）郎（陽）傍（陽）往（上）墻（陽）

【鴛鴦煞】帳（去）浪（去）亡（陽）梁（陽）陽（陽）悵（去）鄉（陰）講（上）

第四折【中呂】（歌戈韻）

【粉蝶兒】跋（入作平）過（去）活（入作平）坐（去）多（陰）挫（去）

【醉春風】火（上）魔（陽）我（上）我（上）卧（去）

【迎仙客】科（陰）我（上）多（陰）過（去）大（去）

【上小樓】撥（入作上）禾（陽）堝（陰）大（去）過（去）

【么篇】窩（陰）何（陽）攞（上）箇（去）

【滿庭芳】我（上）和（去）大（去）窩（陰）嬤（上）哥（陰）破（去）何（陽）柯（陰）

【十二月】我（上）撮（入作?）梭（陰）合（入作?）陀（陽）

【堯民歌】佛（入作平）歌（陰）何（陽）科（陰）哥（陰）多（陰）箇（去）

【尾聲】佛（入作平）果（上）破（去）鎖（上）

包龍圖智勘後庭花

第一折【仙呂】（真文韻）

【點絳唇】昏（陰）困（去）盡（去）神（陽）滾（上）

【混江龍】分（陰）門（陽）嫩（去）軍（陰）寸（去）嗔（陰）

【油葫蘆】狠（上）輪（陽）文（陽）困（去）緊（上）跟（陰）趂（去）紋（陽）

【天下樂】人（陽）人（陽）村（陰）筋（陰）門（陽）跟（陰）

【醉中天】隱（上）昏（陰）濱（陰）遁（去）分（去）齔（去）魂（陽）

【金盞兒】恩（陰）身（陰）棍（去）信（去）君（陰）門（陽）人（陽）

【一半兒】銀（陽）民（陽）論（去）聞（陽）分（陰）

【後庭花】真（陰）存（陽）神（陽）循（陽）盡（去）恨（去）穩（上）論（去）因（陰）辰（陽）門（陽）親（陰）鄰（陽）身（陰）恩（陰）民（陽）君（陰）郡（去）裀（陰）人（陽）

【青哥兒】困（去）問（去）人（陽）身（陰）奔（陰）分（陽）存（陽）門（陽）因（陰）恩（陰）親（陰）認（去）

【賺煞】郡（去）親（陰）痕（陽）淳（陽）雲（陽）神（陽）本（上）穩（上）困（去）人（陽）

第二折【南呂】（魚模韻）

【一枝花】暮（去）糊（陽）舒（陰）做（去）足（入作上）富（去）

【梁州】魚（陽）去（去）孤（陰）父（去）夫（陽）途（陽）居（陰）福（入作上）枯（陰）舞（上）處（去）婦（去）女（上）餘（陽）

【牧羊關】五（上）夫（陽）肚（去）膚（陰）梳（陰）

【賀新郎】熟（入作平）去（去）户（去）語（上）吾（陽）伏

（入作平）圖（陽）去（去）珠（陰）

【牧羊関】與（上）蘆（陽）母（上）伏（入作平）驢（陽）

【哭皇天】婦（去）女（上）箍（陰）伏（入作平）住（去）物（入作去）福（入作上）怒（去）做（去）

【烏夜啼】去（去）夫（陽）語（上）愚（陽）疎（陰）獨（入作平）肚（去）苦（上）哭（入作平）府（上）謀（陽）

【鬥蝦蟆】模（陽）何（歌戈）出（入作上）欲（去）夫（陽）物（入作去）初（陰）辱（入作去）怖（去）絮（去）覷（去）躇（陽）恕（去）侮（上）塗（陽）取（上）書（陰）珠（陰）樹（去）圖（陽）誅（陰）

【尾煞】扈（去）毒（入作平）訴（去）負（去）處（去）去（去）做（去）府（上）處（去）父（去）脯（上）顱（陽）覷（去）毒（入作平）住（去）屈（入作上）

第三折【雙調】（家麻韻）

【新水令】衙（陽）詐（去）馬（上）答（入作平）沙（陰）猾（入作平）達（入作?）家（陰）怕（去）

【沉醉東風】法（入作上）枷（陰）大（去）怕（去）家（陰）殺（入作上）

【風入松】匣（入作平）家（陰）塔（入作上）鍘（入作平）煞（入作上）劄（入作上）

【胡十八】荅（入作平）詐（去）踏（入作平）拿（陽）咱（陽）他（陰）下（去）

【雁兒落】馬（上）罷（去）話（去）

【掛玉鉤】麼（陽）罷（去）咱（陽）謊（去）怕（去）芽（陽）

【川撥棹】牙（陽）話（去）蛙（陰）答（入作上）吖（陰）抹（入作去）打（上）

【夜行船】殺（入作上）家（陰）差（陰）打（上）下（去）

【殿前歡】娃（陰）花（陰）剌（入作去）花（陰）咱（陽）罷（去）下（去）拿（陽）

【沽美酒】押（入作上）怕（去）榻（入作上）他（陰）娃（陰）

【太平令】詫（去）洽（入作平）罷（去）假（上）發（入作上）咱（陽）拔（入作平）下（去）

【尾煞】怕（去）要（上）衙（陽）涯（陽）八（入作上）話（去）剮（上）

第四折【中呂】（齊微韻）

【粉蝶兒】食（入作平）寐（去）題（陽）吏（去）提（陽）計（去）

【迎仙客】痴（陰）迷（陽）實（入作平）理（上）推（陰）義（去）

【快活三】水（上）妻（陰）宜（陽）意（去）

【朝天子】知（陰）里（上）會（去）實（入作平）細（去）對（去）意（去）鬼（上）你（上）的（入作上）

【紅繡鞋】地（去）誰（陽）池（陽）對（去）持（陽）你（上）

【剔銀燈】日（入作去）會（去）覓（入作去）的（入作上）你（上）識（入作上）

【蔓菁菜】曆（入作去）底（上）你（上）實（入作平）細（去）

【乾荷葉】悲（陰）傒（陽）意（去）奚（陽）持（陽）的（入作上）碎（去）

【上小樓】里（上）的（入作上）對（去）覓（入作去）力（入作去）

【滿庭芳】西（陰）德（入作上）妻（陰）地（去）實（入作平）北（入作上）機（陰）對（去）你（上）賊（入作平）

【倘秀才】壁（入作上）里（上）祟（去）馗（陽）尉（去）

【呆骨朵】罪（去）追（陰）貴（去）吉（入作平）息（入作上）制（去）

【倘秀才】里（上）的（入作上）罪（去）基（陰）會（去）

【滾繡球】你（上）俐（去）離（陽）恢（陰）喜（上）非（陰）知（陰）遲（陽）

【伴讀書】細（去）起（上）會（去）計（去）內（去）離（陽）

【笑和尚】的（入作上）室（入作上）理（上）底（上）誰（陽）罪（去）

【尾聲】知（陰）賊（入作平）鬼（上）

崔府君斷冤家債主

楔子【仙呂】（蕭豪韻）

【憶王孫】消（陰）巧（上）了（上）饒（陽）老（上）

第一折【仙呂】（皆來韻）

【點絳唇】胎（陰）海（上）載（上）該（陰）菜（去）

【混江龍】外（去）財（陽）財（陽）来（陽）財（陽）埃（陰）排（陽）諧（陽）排（陽）臺（陽）頦（陽）賣（去）灾（陰）

【油葫蘆】鮮（上）閡（去）来（陽）買（上）賣（去）開（陰）擡（陽）策（入作上）臺（陽）

【天下樂】乖（陰）来（陽）歹（入作去）改（上）外（去）乖（陰）在（去）

【那吒令】街（陰）魄（入作上）色（入作平）碍（去）壞（去）

【鵲踏枝】来（陽）才（陽）開（陰）宅（入作平）開（陰）

【寄生草】才（陽）愛（去）待（去）怪（去）債（去）

【尾聲】柏（入作上）採（上）来（陽）臺（陽）才（陽）開（陰）賣（去）改（上）債（去）来（陽）

第二折【商調】（尤侯韻）

【集賢賓】有（上）囚（陽）休（陰）漏（去）友（上）

【逍遥樂】周（陰）酒（上）髏（陽）佑（去）投（陽）流（陽）頭（陽）咒（去）憂（陰）

【梧葉兒】受（去）友（上）楼（陽）舊（去）有（上）頭（陽）手（上）

【醋葫蘆】揉（陽）州（陰）走（上）救（去）油（陽）

【么篇】口（上）喉（陽）頭（陽）壽（去）收（陰）

【么篇】頭（陽）酒（上）收（陰）毆（陰）救（去）休（陰）

【後庭花】偢（上）流（陽）漚（陰）愁（陽）休（陰）頭（陽）憂（陰）偢（上）休（陰）久（上）手（上）舊（去）受（去）秋（陰）

【尾聲】厚（去）頭（陽）勾（陰）僽（去）愁（陽）

第三折【中呂】（魚模韻）

【粉蝶兒】疏（陰）務（去）榆（陽）物（入作去）舒（陰）聚（去）

【醉春風】雨（上）苦（上）苦（上）除（陽）付（去）

【紅繡鞋】語（上）無（陽）無（陽）符（陽）福（入作上）

【迎仙客】無（陽）處（去）處（去）獨（入作平）去（去）

【白鶴子】突（入作平）故（去）

【么篇】投（尤侯）路（去）

【上小樓】語（上）律（入作去）居（陰）處（去）糊（陽）肚（去）路（去）

【么篇】宇（上）佛（入作平）輿（陽）母（上）父（去）聚（去）户（去）

【耍孩兒】做（去）輔（去）謀（陽）都（陰）俗（入作平）鋪（去）塗（陽）

【二煞】顧（去）主（上）哭（入作平）服（入作平）去（去）舉（上）舁（陽）

【尾聲】祖（上）覷（去）土（上）

第四折【雙調】（真文韻）

【新水令】君（陰）奔（去）身（陰）君（陰）孫（陰）分（去）

【駐馬聽】親（陰）身（陰）襯（去）人（陽）親（陰）殯（去）文（陽）恨（去）

【沽美酒】狠（上）分（去）人（陽）盹（上）問（去）

【太平令】恨（去）恩（陰）忿（去）近（去）親（陰）親（陰）

【水仙子】神（陽）侵（侵尋）盡（去）順（去）神（陽）棍（去）門（陽）君（陰）

宋太祖龍虎風雲會

楔子【仙呂】（真文韻）

【賞花時】新（陰）穩（上）綸（陽）盡（去）雲（陽）

第一折【仙呂】（家麻韻）

【點絳唇】家（陰）把（上）掛（去）達（入作?）下（去）

【混江龍】霸（去）沙（陰）伐（入作平）華（陽）牙（陽）麻（陽）加（陰）乏（入作平）化（去）涯（陽）

【油葫蘆】花（陰）咱（陽）芽（陽）画（去）詫（去）霞（陽）卦（去）差（陰）

【天下樂】家（陰）誇（陰）殺（入作上）剮（上）雜（入作平）耍（上）

【醉中天】詭（去）踏（入作平）差（陰）納（入作去）咱（陽）華（陽）

【那吒令】牙（陽）牙（陽）牙（陽）罷（去）猾（入作平）

【鵲踏枝】拿（陽）罰（入作上）家（陰）發（入作上）蛙（陰）

【寄生草】媧（陰）下（去）下（去）下（去）沙（陰）蠟（入作去）

【醉扶歸】跨（去）拿（陽）家（陰）納（入作去）咱（陽）下（去）

【金盞兒】差（陰）滑（入作平）下（去）誇（陰）撾（陰）家（陰）

【賺煞】駕（去）榻（入作上）罷（去）牙（陽）荅（入作平）踏（入作平）馬（上）紗（陰）蠟（入作去）花（陰）

第二折【南呂】（蕭豪韻）

【一枝花】罩（去）高（陰）郊（陰）略（入作去）韜（陰）雀（入作上）

【梁州第七】刀（陰）遶（上）旄（陽）弰（陰）飄（陰）袍（陽）襖（上）絛（絛）哮（陰）討（上）道（去）梟（陰）搖（陽）腰（陰）

【牧羊關】皎（上）橋（陽）着（入作?）道（去）宵（陰）草（上）

【賀新郎】遭（陰）號（去）道（去）條（陽）刀（陰）鬧（去）袍（陽）

【隔尾】報（去）劳（陽）調（去）着（入作?）飽（上）曉（上）

【哭皇天】覺（入作上）交（陰）高（陰）倒（上）了（上）燎（上）

【烏夜啼】鬧（去）敲（陰）罩（去）逃（陽）鐃（陽）袍（陽）詔（去）閣（入作上）豪（陽）

【紅芍藥】堯（陽）學（入作平）郊（陰）誅（入作平）交（陰）度（入作平）焦（陰）雹（入作平）

【菩薩梁州】喬（陽）暴（去）作（入作上）消（陰）巢（陽）好（去）趙（去）笑（去）小（上）朝（陽）

【二煞】道（去）學（入作平）僚（陽）耀（去）擾（上）着（入

作?）毫（陽）

【尾】錯（入作上）勞（陽）曜（去）斫（入作上）討（上）廓（入作上）校（去）樂（入作去）閣（入作上）弱（入作去）標（陰）道（去）恶（入作去）爵（入作上）廟（去）了（上）却（入作上）實（上）

第三折【正宮】（江陽韻）

【端正好】帳（去）床（陽）上（去）降（去）

【滚繡球】狂（陽）蕩（去）忙（陽）燙（去）望（去）央（陰）粧（陰）疆（陰）

【倘秀才】上（去）響（上）郎（陽）章（陰）講（上）

【呆骨朵】訪（上）量（陽）相（去）尚（去）湯（陰）

【倘秀才】央（陰）陽（陽）皇（陽）唐（陽）當（去）

【滚繡球】常（陽）棒（去）牆（陽）章（陰）讓（去）亡（陽）唐（陽）陽（陽）

【倘秀才】方（陰）掌（上）量（陽）帳（去）粧（陰）爽（上）

【滚繡球】香（陰）釀（去）觴（陰）堂（陽）忘（去）壮（去）殃（陰）光（陰）長（陽）

【倘秀才】王（陽）邦（陰）方（陰）長（陽）椿（陰）

【滚繡球】粮（陽）浪（去）商（陰）娘（陽）巷（去）窓（陰）場（陽）傷（陰）

【倘秀才】攘（上）想（上）方（陰）幢（去）黨（上）

【滚繡球】王（陽）袒（上）望（去）殃（陰）廣（上）将（去）良（陽）梁（陽）詳（陽）

【脱布衫】江（陰）邦（陰）瘴（去）

【醉太平】狼（陽）霜（陰）疆（陰）掌（上）壯（去）當（去）當（陰）梁（陽）

【二煞】放（去）亡（陽）房（陽）降（陽）榜（上）倉（陰）

【收尾】像（去）香（陰）将（去）量（去）象（去）状（去）量（陽）防（陽）張（陰）揚（陽）仗（去）桨（上）強（陽）當（去）方（陰）亡（陽）章（陰）鄉（陰）相（去）賞（上）

第四折【雙調】（齊微韻）

【新水令】飛（陰）霽（去）垂（陽）齊（陽）内（去）

【駐馬聽】迷（陽）椅（上）細（去）衣（陰）旗（陽）珮（去）禮（上）日（入作去）

【落梅風】稀（陰）對（去）國（入作上）氣（去）

【沉醉東風】起（上）飛（陰）地（去）馳（陽）疾（入作平）裏（上）

【慶東原】氣（去）蹄（陽）例（去）基（陰）德（入作上）威（陰）義（去）

【水仙子】内（去）嘶（陰）内（去）一（入作去）痴（陰）機（陰）飛（陰）

【雁兒落】非（陰）利（去）輩（去）

【得勝令】低（陰）雷（陽）石（入作平）持（陽）毅（去）提（陽）蠡（上）

【甜水令】罪（去）遲（陽）位（去）穎（陽）

【折桂令】墀（陽）妻（陰）知（陰）國（入作上）基（陰）回（陰）虧（陰）飛（陰）

【川撥棹】席（入作平）國（入作上）依（陰）熙（陰）闈（陽）篪（陽）美（上）儀（陽）

【七弟兄】壁（入作上）壁（入作上）杯（陰）配（去）随（陽）會（去）

【梅花酒】勅（入作上）違（陽）習（入作平）依（陰）微（陽）極（入作平）稷（入作上）衣（陰）圭（陰）威（陰）圍（陽）遲（陽）徊（陽）悲（陰）惑（入作平）

【收江南】齊（陽）池（陽）輝（陰）北（入作上）夷（陽）

【尾】氣（去）起（上）國（入作上）

龐涓夜走馬陵道

楔子【仙呂】（真文韻）

【賞花時】春（陰）分（陰）塵（陽）品（上）情（庚青）

【么篇】人（陽）魂（陽）親（陰）分（去）村（陰）

第一折【仙呂】（東鍾韻）

【點絳唇】兵（庚青）勇（上）恐（上）功（陰）拱（上）

【混江龍】棟（去）重（陽）弓（陰）鳳（去）龍（陽）弓（陰）

動（去）風（陰）

【油葫蘆】虫（陽）衝（陰）紅（陽）夢（去）俸（去）中（陰）洞（去）胸（陰）

【天下樂】勇（上）雄（陽）恐（上）懂（上）驄（陰）中（陰）

【醉中天】蹤（去）衝（陰）中（陰）奉（去）擁（陰）風（陰）

【後庭花】同（陽）翁（陰）公（陰）中（陰）空（陰）

【金盞兒】蹤（陰）從（陽）奉（去）公（陰）龍（陽）中（陰）

【尾聲】功（陰）動（去）凶（陰）統（上）通（陰）雄（陽）衝（陰）鬆（陰）擁（上）用（去）中（陰）

楔子【仙吕】（魚模韻）

【赏花时】卒（入作平）所（上）都（阴）语（上）除（阳）

第二折【正宮】（尤侯韻）

【端正好】頭（陽）救（去）休（陰）後（去）勾（去）

【滚繡球】愁（陽）憂（陰）厚（去）秋（陰）宙（去）州（陰）受（去）侯（陽）愁（陽）仇（陽）

【倘秀才】口（上）首（上）休（陰）矛（陽）由（陽）

【滚繡球】溝（陰）楼（陽）救（去）投（陽）手（上）口（上）受（去）秋（陰）首（上）頭（陽）憂（陰）

【白鶴子】由（陽）咒（去）

【脫布衫】求（陽）愁（陽）友（上）救（去）

【醉太平】口（上）仇（陽）由（陽）頭（陽）僽（去）皺（去）流（陽）首（上）

【倘秀才】首（上）壽（去）鉤（陰）留（陽）祐（去）

【滚繡球】謅（陰）收（陰）後（去）流（陽）狗（上）牛（陽）咒（去）油（陽）仇（陽）留（陽）

【二煞】酒（上）陽）流（陽）稠（陽）吼（上）愁（陽）

【尾聲】就（去）休（陰）遊（陽）由（陽）鉤（陰）舟（陰）燭（入作上）漚（陰）勾（陰）侯（陽）仇（陽）頭（陽）眸（陽）愁（陽）流（陽）手（上）

第三折【雙調】（齊微韻）

【新水令】西（陰）翼（入作去）飛（陰）癡（陰）淚（去）

【駐馬聽】錐（陰）只（入作上）翼（入作去）雞（陰）低（陰）

輩（去）雷（陽）氣（去）

【沉醉東風】的（入作上）随（陽）吃（陰）卑（陰）飢（陰）的（入作上）

【攪箏琶】吏（去）雷（陽）里（上）疾（入作平）眉（陽）徊（陽）知（陰）疑（陽）

【雁兒落】飢（陰）味（去）疾（入作平）氣（去）

【得勝令】麋（陽）飛（陰）息（入作平）知（陰）計（去）知（陰）識（入作上）

【掛玉鉤】伊（陰）意（去）碑（陰）意（去）避（去）西（陰）

【殿前歡】誰（陽）席（入作平）計（去）低（陰）的（入作上）祟（去）地（去）知（陰）机（陰）

【離亭宴煞】國（入作上）魏（去）吹（陰）擂（去）勢（去）日（入作上）騎（陽）地（去）水（上）

第四折【中呂】（車遮韻）

【粉蝶兒】車（陰）列（入作去）遮（陰）月（入作去）裂（入作去）接（入作平）

【醉春風】徹（入作上）寫（上）寫（上）滅（入作去）

【石榴花】絶（入作平）遮（陰）呆（陽）穴（入作平）迭（入作平）赦（去）絶（入作平）赦（去）遮（陰）

【鬪鵪鶉】歇（入作上）別（入作?）也（上）接（入作平）野（上）

【上小樓】斜（陽）貼（入作上）熱（入作去）夜（去）

【么篇】趄（去）節（入作上）射（去）月（入作去）

【快活三】揭（入作上）傑（入作平）遮（陰）熱（入作去）

【朝天子】者（上）說（入作上）滅（入作去）也（上）歇（入作上）鉄（入作上）瘸（陽）者（上）絶（入作平）月（入作去）

【十二月】跌（入作平）絶（入作平）舌（入作平）歇（入作上）瘸（陽）

【堯民歌】截（入作平）雪（入作）揭（入作上）傑（入作平）嗟（陰）也（上）赦（去）

【尾聲】舌（入作平）切（入作上）也（上）

忠義士豫讓吞炭

第一折【仙呂】（真文韻）

【點絳唇】吞（陰）遁（去）穩（上）坤（陰）論（去）

【混江龍】忿（去）身（陰）軍（陰）臣（陽）困（去）人（陽）

【油葫蘆】尊（陰）臣（陽）塵（陽）困（去）混（去）鄰（陽）齔（去）人（陽）

【天下樂】身（陰）君（陰）民（陽）均（陰）臣（陽）人（陽）本（上）

【那吒令】允（上）肯（上）奔（去）順（去）親（陰）

【鵲踏枝】群（陽）人（陽）仁（陽）軍（陰）文（陽）

【寄生草】嗔（陰）論（去）釁（去）忿（去）舜（去）

【醉扶歸】佞（庚青）心（侵尋）津（陰）郡（去）尊（陰）順（去）

【金盞兒】身（陰）跟（陰）愠（去）雲（陽）塵（陽）臣（陽）

【賺煞】遴（去）民（陽）刎（上）身（陰）存（陽）辰（陽）痕（上）軍（陰）困（去）恩（陰）

第二折【正宮】（庚青韻）

【端正好】晴（陽）定（去）更（陰）鏡（去）静（去）

【滚繡球】行（陽）聽（陰）定（去）氷（陰）城（陽）徑（去）生（陰）兵（陰）爭（陰）

【倘秀才】兵（陰）情（陽）盟（陽）營（陽）倖（去）

【笑和尚】清（陰）命（去）病（去）掙（去）證（去）令（去）

【倘秀才】命（去）情（陽）兵（陰）靈（陽）冷（上）

【滚繡球】名（陽）刑（陽）姓（去）螢（陽）坑（陰）競（去）零（陽）性（去）明（陽）情（陽）

【倘秀才】能（陽）聽（陰）情（陽）試（支思）矜（陰）

【滚繡球】爭（陰）競（去）並（去）形（陽）鳴（陽）應（去）情（陽）萍（陽）成（陽）

【倘秀才】乘（去）莖（陰）平（陽）獰（陽）聲（陰）

【滚繡球】城（陽）併（去）爭（陰）兵（陰）嶺（陽）坑（陰）輕（陰）刑（陽）

【尾聲】病（去）丁（陰）明（陽）清（陰）成（陽）行（陽）爭（陰）影（上）

第三折【越調】（家麻韻）

【鬬鵪鶉】颯（入作上）塌（入作上）扎（入作上）華（陽）踏（陰）把（上）

【紫花兒序】鴉（陰）花（陰）霎（入作上）架（去）下（去）罷（去）

【小桃紅】踏（陰）抹（入作去）亞（去）壓（入作去）怕（去）他（陰）下（去）紗（陰）

【東原樂】蠟（入作去）罷（去）凹（去）誇（陰）下（去）

【雪裏梅】雜（入作平）咱（陽）拿（陽）

【紫花兒序】加（陰）牙（陽）他（陰）剮（上）怕（去）扒（入作平）

【絡絲娘】伐（入作平）殺（入作上）罷（去）話（去）

【酒旗兒】化（去）霞（陽）咱（陽）霸（去）咱（陽）大（去）

【調笑令】荅（入作平）咱（陽）差（陰）駕（去）家（陰）花（陰）蛙（陰）

【鬼三台】罵（去）詫（去）楂（陰）榻（入作上）咱（陽）假（上）發（入作上）

【聖藥王】掐（入作上）拿（陽）叉（去）拔（入作平）扎（入作上）沙（陰）家（陰）

【眉兒彎】馬（上）華（陽）下（去）答（入作平）荅（入作平）煞（入作上）話（去）

【耍三台】花（陰）家（陰）洽（入作平）寡（上）

【尾聲】下（去）罣（上）殺（入作上）

第四折【中呂】（東鍾韻）

【粉蝶兒】龍（陽）弄（去）風（陰）痛（去）東（陰）中（陰）

【醉春風】擁（上）哄（上）哄（上）重（去）

【迎仙客】疆（江陽）統（上）功（陰）龍（陽）夢（去）

【石榴花】雄（陽）虹（陽）鐘（陰）公（陰）聾（陽）動（去）重（去）中（陰）

【鬪鵪鶉】塚（上）鋒（陰）重（陽）勇（上）忠（陰）

【上小樓】擁（上）送（去）空（陰）風（陰）用（去）痛（去）

【么篇】凶（陰）終（陰）烹（陰）痛（去）動（去）

【十二月】傯（去）雄（陽）胸（陰）從（陽）中（陰）

【堯民歌】龍（陽）紅（陽）中（陰）踪（陰）同（陽）風（陰）用（去）

【耍孩兒】勇（上）空（陰）中（陰）風（陰）鍾（陰）痛（去）容（陽）

【三煞】功（陰）衆（去）公（陰）送（去）空（陰）

【二煞】容（陽）諷（去）鋒（陰）噥（上）鍾（陰）

【尾聲】中（陰）塚（上）寵（上）

錦雲堂美女連環記

第一折【仙呂】（尤侯韻）

【點絳唇】秋（陰）晝（去）守（上）裘（陽）瘦（去）

【混江龍】宙（去）愁（陽）秋（陰）休（陰）受（去）留（陽）

【油葫蘆】秋（陰）謀（陽）溝（陰）口（上）手（上）籌（陽）就（去）憂（陰）

【天下樂】頭（陽）侯（陽）羞（陰）手（上）休（陰）由（陽）

【後庭花】首（上）頭（陽）投（陽）奏（去）流（陽）

【那吒令】久（上）守（上）噣（陰）就（去）柔（陽）

【鵲踏枝】頭（陽）眸（陽）流（陽）醜（上）謀（陽）

【寄生草】仇（陽）佑（去）候（去）秀（去）勾（去）

【金盞兒】愁（陽）愁（陽）口（上）求（陽）劉（陽）侯（陽）

【賺煞尾】僽（去）首（上）憂（陰）州（陰）籌（陽）求（陽）愁（陽）走（上）鬪（去）頭（陽）

第二折【南呂】（先天韻）

【一枝花】願（去）山（寒山）猿（陽）遍（去）轉（上）展（上）

【梁州】眠（陽）變（去）纏（陽）顛（陰）煎（陰）旋（陽）全（陽）全（陽）遠（上）便（去）願（去）堅（陰）眠（陽）

【隔尾】串（去）穿（陰）踐（去）邊（陰）邊（陰）喘（上）

【四塊玉】怨（去）天（陰）面（去）賢（陽）前（陽）

【罵玉郎】變（去）天（陰）願（去）虔（陽）堅（陰）倦（去）

【感皇恩】緣（陽）絃（陽）燕（去）蓮（陽）牽（陰）年（陽）

【採茶歌】寃（陰）言（陽）圓（陽）妍（陽）

【鬬蝦蟆】變（去）專（陰）然（陽）便（去）見（去）面（去）戦（去）遠（上）便（去）懸（陽）善（去）權（陽）賤（去）全（陽）現（去）宣（陰）眷（去）顛（陰）煎（陰）環（寒山）筵（陽）戦（去）免（上）圓（陽）

【牧羊関】淺（上）筵（陽）縣（去）宣（陰）前（陽）

【折桂令】凰（陽）鶬（陰）張（陰）嚷（上）康（陰）雙（陰）蒼（陰）昌（陰）

【隔尾】面（去）筵（陽）轉（去）便（去）賤（去）遠（上）

【哭皇天】見（去）專（陰）錢（陽）薛（上）奸（寒山）先（陰）

【烏夜啼】殿（去）源（陽）怨（去）肩（陰）眠（陽）蓮（陽）燕（去）眷（去）軒（陰）

【黄鍾尾】宴（去）筵（陽）見（去）便（去）貶（上）筵（陽）絃（陽）川（陰）善（去）顛（陰）戀（去）獻（去）願（去）顯（上）

第三折【正宮】（江陽韻）

【端正好】量（陽）槍（陰）障（去）放（去）

【滚繡球】香（陰）浆（陰）喨（去）光（陰）鄉（陰）場（陽）将（陰）粧（陰）凰（陽）常（陽）

【伴讀書】朗（上）降（去）旺（去）賞（上）向（去）疆（陰）

【笑和尚】堂（陽）将（去）帳（去）郎（陽）章（陰）相（去）

【滚繡球】光（陰）香（陰）樣（去）裳（陽）粧（陰）觴（陰）唱（去）長（陽）方（陰）量（陽）

【叨叨令】放（去）相（去）撞（去）望（去）上（去）

【快活三】娘（陽）廂（陰）郎（陽）望（去）

【鮑老兒】長（陽）上（去）殃（陰）相（去）邦（陰）凰（陽）

【耍孩兒】樣（去）方（陰）昂（陽）常（陽）梁（陽）讓（去）揚（陽）

【二煞】訪（上）樣（去）上（去）廂（陰）項（去）綱（陰）

【煞尾】昂（陽）望（去）黨（上）

第四折【雙調】（齊微韻）

【新水令】機（陰）力（入作去）滴（入作上）遲（陽）徊（陽）藝（去）

【駐馬聽】期（陽）婿（去）只（入作上）妻（陰）杯（陰）會（去）遲（陽）息（入作上）

【步步嬌】愧（去）喜（上）誰（陽）誰（陽）實（入作平）立（入作去）

【胡十八】氣（去）持（陽）知（陰）為（陽）識（入作上）力（入作去）的（入作上）

【雁兒落】的（入作上）義（去）意（去）

【掛玉鉤】為（陽）輩（去）妻（陰）戲（去）氣（去）輝（陰）

蘇子瞻醉寫赤壁賦

第一折【仙呂】（江陽韻）

【點絳唇】窗（陰）望（去）榜（上）邦（陰）枉（上）

【混江龍】喪（去）藏（陽）邦（陰）陽（陽）巷（去）霜（陰）

【油葫蘆】鄉（陰）場（陽）昂（陽）榜（上）浪（去）章（陰）王（陽）上（去）章（陰）

【天下樂】章（陰）裳（陽）廂（陰）晌（上）方（陰）張（陰）強（陽）

【那吒令】想（上）倆（上）象（去）當（去）亮（去）窗（陰）

【鵲踏枝】忙（陽）鄉（陰）黃（陽）賞（上）缸（陰）

【寄生草】堂（陽）壯（去）蕩（去）象（去）太（去）

【么篇】粮（陽）講（上）養（上）望（去）上（去）

【村裏迓鼓】放（去）喨（去）帳（去）觴（陰）堂（陽）

【元和令】香（陰）浆（陰）粧（陰）行（陽）裳（陽）香（陰）

【上馬嬌】粧（陰）廂（陰）香（陰）唱（去）凉（陽）廊（陽）

【遊四門】揚（陽）腸（陽）上（去）狂（陽）忙（陽）藏（陽）

【勝葫蘆】長（陽）常（陽）棠（陽）唐（陽）

【後庭花】粧（陽）香（陰）凰（陽）詳（陽）樣（去）長（上）鄉（陰）殃（陰）皇（陽）

【柳葉兒】上（去）陽（陽）樣（去）香（陰）房（陽）

【尾聲】漾（去）仰（上）央（陰）狂（陽）墻（陽）廂（陰）爽（上）掌（上）放（去）鄉（陰）

第二折【南呂】（尤侯韻）

【一枝花】後（去）愁（陽）颼（陰）候（去）休（陰）州（陰）宙（去）

【梁州】頭（陽）手（上）裘（陽）兜（陰）丘（陰）溝（陰）口（上）頭（陽）友（上）酒（上）獸（去）鉤（陰）頭（陽）

【牧羊関】頭（陽）愁（陽）肉（入作去）頭（陽）

【賀新郎】眸（陽）候（去）酒（上）愁（陽）頭（陽）甌（陰）救（去）樓（陽）

【牧羊関】舊（去）休（陰）投（陽）友（上）侯（陽）酒（上）遊（陽）

【哭皇天】有（上）州（陰）首（上）休（陰）頭（陽）口（上）

【烏夜啼】救（去）授（去）晝（去）騮（陽）舟（陰）頭（陽）後（去）首（上）留（陽）

【要孩兒】友（上）囚（陽）頭（陽）修（陰）獸（去）奏（去）頭（陽）遊（陽）

【二煞】守（上）由（陽）齁（陰）憂（陰）后（去）友（上）游（陽）游（陽）

【尾聲】口（上）頭（陽）透（去）甌（陰）首（上）流（陽）宿（入作上）

楔子【仙呂】（魚模韻）

【賞花時】舉（上）疎（陰）儒（陽）予（陽）蝴（陽）

【么篇】杇（陰）哺（去）胥（陰）侶（上）圖（陽）

第三折【越調】（庚青韻）

【鬥鵪鶉】頃（上）頂（上）明（陽）冷（上）耿（上）静（去）

【紫花兒序】朋（陽）定（去）聲（陰）情（陽）屏（陽）鏡（去）清（陰）

【小桃紅】腥（陰）静（去）鏡（去）鳴（陽）徑（去）鳴（陽）並（去）青（陰）

【金焦葉】應（去）定（去）名（陽）靈（陽）

【調笑令】聲（陽）泠（陽）聲（陽）静（去）盈（陽）興（陰）青（陰）

【耍三台】定（去）聽（陽）成（陽）驚（陰）冷（上）聲（陰）鳴（陽）嶺（陽）

【聖藥王】清（陰）更（陰）聲（陰）聲（陰）鳴（陽）鶯（陰）

【煞】青（陰）聲（陰）名（陽）情（陽）名（陽）淨（去）定（去）驚（陰）

【尾聲】興（去）鳴（陽）境（去）

第四折【雙調】（齊微韻）

【新水令】馳（陽）歲（去）低（陰）迷（陽）翠（去）

【駐馬聽】藉（入作上）回（陽）繫（去）啼（陽）馳（陽）替（去）悲（陰）泪（去）

【攪箏琶】跪（去）盃（陰）禮（上）低（陰）卑（陰）里（上）題（陽）

【雁兒落】德（入作上）罪（去）日（入作去）

【掛玉鉤】歸（陰）例（去）知（陰）會（去）醉（去）題（陽）

【水仙子】衣（陰）盃（陰）醉（去）醅（陰）西（陰）意（去）非（陰）宜（陽）

鄭月蓮秋夜雲窗夢

第一折【仙呂】（先天韻）

【點絳唇】鞭（陰）扇（去）見（去）前（陽）怨（去）

【混江龍】轉（上）源（陽）偏（去）年（陽）蓮（陽）嚥（去）田（陽）

【油葫蘆】年（陽）纏（陽）眠（陽）院（去）殿（去）鞭（陰）面（去）緣（陽）

【天下樂】園（陽）虔（陽）遣（上）天（陰）絃（陽）然（陽）

【那吒令】聯（陽）言（陽）錢（陽）現（去）絃（陽）

【鵲踏枝】員（陽）娟（去）箋（陰）軟（上）憐（陽）

【寄生草】言（陽）軟（上）淺（上）遠（上）殿（去）

【村裏迓鼓】眷（去）便（去）燕（去）泉（陽）淺（上）

【元和令】言（陽）現（去）憐（陽）仙（陰）錢（陽）賢（陽）

【上馬嬌】拳（陽）仙（陰）偏（陰）轉（去）顛（陰）旋（陽）

【遊四門】天（陰）猿（陽）淺（上）眠（陽）旋（陽）筵（陽）

【勝葫蘆】舡（陽）煎（陰）戀（去）穿（陰）錢（陽）

【么篇】賢（陽）圓（陽）年（陽）涎（上）恰（家麻）

【後庭花】舡（陽）聯（陽）篇（陰）言（陽）願（去）原（陽）天（陰）天（陰）

【柳葉兒】憲（去）編（陰）願（去）變（去）錢（陽）猿（陽）

【賺煞】願（去）蹇（上）堅（陰）天（陰）緣（陽）天（陰）帆（寒山）邊（陰）面（去）舡（陽）

第二折【正宮】（真文韻）

【端正好】陣（去）魂（陽）恨（去）近（去）

【滚繡球】文（陽）人（陽）論（去）魂（陽）臣（陽）賓（陰）困（去）昏（陰）門（陽）君（陰）

【倘秀才】緊（上）盹（上）魂（陽）春（陰）損（上）

【呆骨朵】信（去）雲（陽）神（陽）趂（去）親（陰）

【脫布衫】雲（陽）脣（陽）粉（上）趁（去）

【醉太平】損（上）親（陰）温（陰）姻（陰）陣（去）分（去）人（陽）門（陽）

【醉太平】村（陰）銀（陽）人（陽）窘（上）論（去）分（陰）門（陽）君（陰）

【倘秀才】親（陰）門（陽）人（陽）尊（陰）窘（上）

【滚繡球】春（陰）人（陽）遴（去）雲（陽）銀（陽）引（上）順（去）脣（陽）俊（去）親（陰）君（陰）

【叨叨令】恨（去）信（去）棍（去）陣（去）困（去）

【滚繡球】親（陰）尊（陰）噀（去）婚（陰）身（陰）巾（陰）震（去）勤（陽）恩（陰）神（陽）

【二煞】隱（上）雲（陽）分（陰）品（上）親（陰）滚（上）薪（陰）

【煞尾】信（去）魂（陽）俊（去）棍（去）昏（陰）忍（上）痕（陽）昏（陰）頻（陽）盡（去）醺（陰）温（陰）嗔（陰）穩（上）

第三折【中呂】（庚青韻）

【粉蝶兒】澄（陽）興（去）更（陰）映（去）婷（陽）鏡（去）

【醉春風】聲（陰）影（上）冷（上）冷（上）冷（上）情（陽）病（去）

【迎仙客】迎（陽）能（陽）承（陽）重（東鍾）情（陽）敬（去）

【紅繡鞋】悶（真文）情（陽）青（陰）症（去）聲（陰）冷（上）

【石榴花】亭（陽）城（陽）疼（陽）聽（陰）聲（陰）定（去）行（陽）令（去）聲（陰）

【鬪鵪鶉】井（上）星（陰）冷（上）生（陰）青（陰）生（陰）鄉（陰）

【普天樂】病（去）情（陽）情（陽）行（陽）另（去）清（陰）明（陽）平（陽）

【上小樓】凭（陽）聲（陰）燈（陰）景（上）静（去）

【么篇】情（陽）疼（陽）興（去）性（去）

【快活三】聲（陰）迎（陽）生（陰）令（去）

【鮑老兒】憎（去）病（去）生（陰）令（去）盟（陽）

【十二月】整（上）聲（陰）睁（陰）定（去）成（陽）

【堯民歌】清（陰）零（陽）騰（陽）縈（陽）情（陽）誠（陽）幸（去）

【哨遍】慶（去）諍（去）情（陽）更（陰）另（去）冷（上）成（陽）景（上）命（去）

【耍孩兒】星（陰）硬（去）井（上）屏（陽）磬（去）聲（陰）

【四煞】鳴（陽）静（去）明（陽）病（去）聲（陰）

【三煞】鳴（陽）清（陰）併（去）影（上）聲（陰）聽（陰）聲（陰）

【二煞】停（陽）令（去）陵（陽）命（去）零（陽）

【尾煞】停（陽）聲（陰）夢（東鍾）冷（上）

第四折【雙調】（齊微韻）

【新水令】低（陰）悴（去）遲（陽）疾（入作平）世（去）

【駐馬聽】回（陽）息（入作上）繫（去）離（陽）低（陰）濕（入作上）里（上）里（上）

【沉醉東風】濕（入作上）食（入作平）織（入作上）癡（陰）疾

（入作平）體（上）

【夜行船】杯（陰）迷（陽）實（入作平）細（去）里（上）

【川撥棹】池（陽）的（入作上）圍（陽）肌（陰）地（去）起（上）

【七弟兄】知（陰）的（入作上）治（去）閉（去）溪（陰）驛（入作去）

【梅花酒】客（皆來）席（入作平）幃（陽）期（陽）頹（陽）悔（上）議（去）席（入作平）

【收江南】歸（陰）離（陽）吹（陰）里（上）眉（陽）

【甜水令】季（去）體（上）低（陰）翠（去）飛（陰）

【折桂令】移（陽）識（入作上）期（陽）喜（上）疾（入作平）幃（陽）扉（陰）妻（陰）隨（陽）

王月英元夜留鞋記

楔子【仙呂】（尤侯韻）

【賞花時】憂（陰）愁（陽）由（陽）後（去）頭（陽）

第一折【仙呂】（齊微韻）

【點絳唇】閨（陰）砌（去）洗（上）衣（陰）淚（去）

【混江龍】悴（去）遲（陽）圍（陽）飛（陰）偎（陰）微（陽）低（陰）意（去）肌（陰）

【油葫蘆】圍（陽）幾（上）移（陽）配（去）對（去）遲（陽）悴（去）期（陽）

【天下樂】回（陽）期（陽）捱（陰）婿（去）禮（上）美（上）

【那吒令】知（陰）知（陰）知（陰）知（陰）事（支思）機（陰）

【鵲踏枝】圍（陽）肌（陰）食（入作平）底（上）疾（入作平）

【寄生草】眉（陽）俐（去）慧（去）悴（去）飛（陰）細（去）

【金盞兒】知（陰）實（入作平）息（入作上）及（入作平）的（入作上）媒（陽）

【金盞兒】題（陽）眉（陽）濕（入作上）寫（車遮）題（陽）時（支思）

【後庭花】禮（上）媒（陽）題（陽）知（陰）會（去）里（上）

氣（去）期（陽）配（去）知（陰）底（上）

【柳葉兒】意（去）妻（陰）罪（去）例（去）期（陽）知（陰）

【賺煞尾】意（去）知（陰）崔（陰）飛（陰）遲（陽）機（陰）日（入作去）會（去）配（去）西（陰）

第二折【正宮】（皆來韻）

【端正好】埃（陰）靄（上）抬（陽）債（去）賽（去）

【滚繡球】垓（陰）怪（去）來（陽）街（陰）派（去）萊（陽）來（陽）挨（陰）

【倘秀才】色（入作平）界（去）開（陰）臺（陽）改（上）

【滚繡球】腮（陰）黛（去）怪（去）釵（陰）鞋（陽）外（去）臺（陽）來（陽）諧（陽）

【叨叨令】陌（入作去）在（去）外（去）怪（去）帶（去）

【滚繡球】才（陽）外（去）挨（陰）開（陰）擡（陽）色（入作平）歪（陰）來（陽）開（陰）

【呆骨朵】解（上）懷（陽）色（入作平）害（去）大（去）海（上）

【醉太平】解（上）開（陰）鞋（陽）揣（上）債（去）害（去）擡（陽）腮（陰）

【倘秀才】苔（陽）奶（上）來（陽）白（入作平）害（去）

【滚繡球】窄（入作上）愛（去）才（陽）栽（陰）窄（入作上）堦（陰）開（陰）哀（陰）

【倘秀才】哉（陰）概（去）來（陽）伯（入作上）臺（陽）歹（入作去）

【滚繡球】才（陽）才（陽）睬（上）來（陽）才（陽）色（入作平）才（陽）白（入作平）該（陰）

【煞尾】客（入作上）臺（陽）害（去）開（陰）來（陽）鞋（陽）載（上）待（去）柰（去）來（陽）諧（陽）買（上）

第三折【中呂】（家麻韻）

【粉蝶兒】鴉（陰）畫（去）加（陰）掛（去）家（陰）下（去）

【醉春風】咱（陽）耍（上）耍（上）怕（去）

【迎仙客】花（陰）家（陰）法（入作上）加（陰）拿（陽）詐（去）

【紅繡鞋】嫁（去）華（陽）涯（陽）化（去）家（陰）

【石榴花】法（入作上）差（陰）家（陰）華（陽）咱（陽）怕（去）差（陰）罷（去）芽（陽）

【鬪鵪鶉】發（入作上）荅（入作平）咱（陽）花（陰）法（入作上）

【上小樓】狹（入作平）下（去）馬（上）滑（入作平）匝（入作上）下（去）

【么篇】打（上）下（去）麻（陽）下（去）怕（去）

【滿庭芳】發（入作上）花（陰）下（去）加（陰）打（上）拿（陽）罷（去）下（去）扒（入作平）

【朝天子】華（陽）咱（陽）下（去）芽（陽）話（去）帕（去）他（陰）咱（陽）咱（陽）煞（入作上）

【十二月】帕（去）鞋（皆來）枷（陰）巴（陰）家（陰）

【堯民歌】花（陰）家（陰）霞（陽）沙（陰）差（陰）咱（陽）大（去）

【耍孩兒】洒（上）下（去）洽（入作平）扒（入作平）差（陰）罷（去）家（陰）

【四煞】察（陽）壓（入作去）抹（入作去）襪（入作去）踏（入作平）

【三煞】他（陰）咱（陽）化（去）花（陰）下（去）沙（陰）

【二煞】家（陰）罵（去）花（陰）煞（入作上）家（陰）

【煞尾】八（入作上）下（去）殺（入作上）

第四折【雙調】（先天韻）

【新水令】穿（陰）怨（去）邊（陰）泉（陽）見（去）

【駐馬聽】言（陽）年（陽）怨（去）仙（陰）前（陽）殿（去）綿（陽）見（去）

【水仙子】邊（陰）前（陽）殿（去）眠（陽）延（陽）願（去）緣（陽）淵（陰）

【殿前歡】緣（陽）緣（陽）怨（去）寃（陰）眠（陽）願（去）眷（去）緣（陽）

【沽美酒】遠（上）咽（陰）年（陽）喘（上）漣（陽）

【太平令】戦（去）前（陽）戀（去）賤（去）天（陰）前（陽）

見（去）轉（去）

【川撥棹】見（去）貫（桓歡）連（陽）傳（陽）遠（上）淺（上）

【七弟兄】年（陽）年（陽）轉（上）便（去）言（陽）怨（去）

【梅花酒】痊（陰）猿（陽）鸞（桓歡）傳（陽）篇（陰）前（陽）圓（陽）娟（陰）天（陰）見（去）

【收江南】天（陰）邊（陰）留（尤侯）見（去）延（陽）

河南府張鼎勘頭巾

第一折【仙呂】（真文韻）

【點絳唇】春（陰）恨（去）順（去）頻（陽）盡（去）

【混江龍】頓（去）門（陽）魂（陽）醺（陰）問（去）因（陰）

【油葫蘆】人（陽）論（去）身（陰）損（上）棍（去）狠（上）村（陰）分（陰）因（陰）

【天下樂】筋（陰）人（陽）村（陰）分（去）忍（上）墩（陰）

【醉中天】困（去）渾（陽）雲（陽）褪（去）親（陰）認（去）痕（上）

【金盞兒】門（陽）昏（陰）近（去）神（陽）貧（陽）村（陰）

【賺煞】問（去）分（去）緊（上）噴（陰）論（去）門（陽）恨（去）蠢（陽）坌（去）人（陽）

楔子【仙呂】（東鍾韻）

【賞花時】濃（陽）擁（上）叢（陽）捧（去）封（陰）

【么篇】蒙（陽）紅（陽）櫳（陽）驄（陰）中（陰）

第二折【南呂】（支思韻）

【一枝花】詞（陽）事（去）基（齊微）私（陰）次（去）時（陽）字（去）

【梁州】私（陰）枝（陰）視（去）思（陰）慈（陽）差（陰）絲（陰）子（上）司（陰）齒（陽）紙（上）字（去）旨（上）屍（陰）

【牧羊關】詞（陽）支（陰）司（陰）私（陰）屍（陰）

【賀新郎】時（陽）丝（陰）漬（去）沚（上）止（上）案（寒山）思（陰）事（去）司（陰）

【牧羊關】私（陰）慈（陽）耳（上）脂（上）死（上）

【隔尾】事（去）司（陰）刺（去）子（上）史（上）死（上）

【尾聲】事（去）時（陽）事（去）二（去）指（上）思（陰）死（上）

第三折【商調】（齊微韻）

【集賢賓】非（陰）賊（入作平）直（入作平）痴（陰）食（入作平）裹（上）眉（陽）追（陰）

【逍遥樂】內（去）實（入作平）理（上）池（陽）推（陰）皮（陽）對（去）刻（入作上）

【醋葫蘆】里（上）知（陰）你（上）昧（去）眉（陽）

【么篇】喜（上）賊（入作平）的（入作上）細（去）危（陰）

【么篇】肥（陽）池（陽）的（入作上）髩（入作去）機（陰）

【掛金索】立（入作去）跪（去）喫（入作上）昧（去）

【醋葫蘆】疑（陽）及（入作平）去（魚模）計（去）實（入作平）

【么篇】威（陰）石（入作平）的（入作上）地（去）知（陰）

【後庭花】的（入作上）你（上）妻（陰）飛（陰）里（上）壁（入作上）

【梧葉兒】意（去）識（入作上）期（陽）歲（去）李（上）西（陰）裡（上）

【金菊香】誰（陽）你（上）識（入作平）實（入作平）虧（陰）

【浪裹來煞】碑（陰）氣（去）實（入作平）椅（上）吏（去）知（陰）

第四折【雙調】（先天韻）

【新水令】緣（陽）煉（去）佡（陰）纏（陽）善（去）

【川拔棹】天（陰）愆（陰）拳（陽）言（陽）纏（陽）展（上）

【七弟兄】先（陰）前（陽）卷（去）徧（去）娟（陰）戰（去）

【梅花酒】言（陽）田（陽）緣（陽）綿（陽）面（去）辯（去）權（陽）天（陰）

【收江南】錢（陽）免（上）寃（陰）言（陽）見（去）

朱砂擔滴水浮漚記

楔子【仙吕】（魚模韻）

【端正好】途（陽）苦（上）孤（陰）豫（去）慮（去）去（去）

第一折【仙呂】（庚青韻）

【點絳唇】星（陰）冷（上）井（上）亭（陽）逕（去）

【混江龍】姓（去）生（陰）名（陽）青（陰）程（陽）

【醉中天】敬（去）情（陽）纓（陰）杏（去）恐（東鍾）定（去）零（陽）

【後庭花】鳴（陽）行（陽）冷（上）精（陰）倖（去）静（去）明（陽）命（去）睁（陰）恐（東鍾）恐（東鍾）

【青歌兒】掙（去）奔（去）酲（上）程（陽）行（陽）燈（陰）更（陰）領（上）亭（陽）生（陰）病（去）

【醉扶歸】徑（去）門（真文）聲（陰）映（去）青（陰）興（去）

【金盞兒】靈（陽）生（陽）命（去）頸（上）睛（陰）睁（陰）靈（陽）

【四季花】経（陰）行（陽）定（去）生（陰）亭（陽）靈（陽）命（去）生（陰）定（去）程（陽）靈（陽）

【大石調】【喜秋風】着（入作?）惱（上）哨（去）鬧（去）吽（去）着（入作?）（蕭豪韻）

【尾聲】凌（陽）餅（上）酊（上）命（去）朧（東鍾）伶（陽）生（陰）羹（陰）醒（上）正（去）程（陽）

第二折【南呂】（尤侯韻）

【一枝花】酒（上）甌（陰）喉（陽）就（去）頭（陽）走（上）

【梁州】休（陰）候（去）悠（陽）柳（上）洲（陰）收（陰）溝（陰）岫（去）收（陰）口（上）後（去）宿（入作上）周（陰）悠（陽）

【賀新郎】嘍（陰）獸（去）吼（上）口（上）憂（陰）熟（入作平）後（去）頭（陽）

【牧羊関】抽（陰）流（陽）袖（去）口（上）眸（陽）手（上）

【隔尾】扣（去）兜（陰）嗽（去）瞅（上）瞅（上）手（上）

【牧羊関】秋（陰）頭（陽）流（陽）愁（陽）頭（陽）候（去）

【尾聲】後（去）休（陰）受（去）丘（陰）肉（入作去）後（去）候（去）口（上）

第三折【正宮】（寒山韻）

【端正好】按（去）襴（陽）晚（上）漢（去）

【滚繡球】寒（陽）間（陰）躚（先天）翻（陰）間（陰）灣（陰）岸（去）山（陰）盼（去）撊（陰）班（陰）

【倘秀才】爛（去）坦（上）欄（陽）壇（陽）番（陰）

【呆骨朵】看（去）番（陰）眼（上）爛（去）汗（去）撊（陰）

【倘秀才】盞（上）簡（陰）間（陰）安（陰）顔（陽）

【伴讀書】按（去）犯（去）案（去）看（去）慣（去）環（陽）

【笑歌賞】番（陰）按（去）萬（去）眼（上）殘（陽）看（去）

【煞尾】挽（上）拴（陰）腕（去）閑（陽）関（陰）頑（陽）眼（上）

第四折【雙調】（齊微韻）

【新水令】凄（陰）垂（陽）氣（去）吹（陰）移（陽）地（去）

【沽美酒】的（入作上）持（陽）對（去）世（去）妻（陰）

【太平令】妻（陰）非（陰）濟（去）地（去）賊（入作平）裏（上）的（入作上）計（去）

【尾聲】氣（去）水（上）賊（入作平）鬼（上）

風雨像生貨郎旦

第一折【仙呂】（歌戈韻）

【點絳唇】活（入作平）課（去）閣（入作上）合（入作?）過（去）

【混江龍】箇（去）過（去）何（陽）多（陰）寞（入作去）娥（陽）

【油葫蘆】羅（陽）多（陰）奪（入作平）火（上）戈（陰）科（陰）過（去）婆（陽）

【天下樂】臥（去）和（陽）科（陰）我（上）麽（陽）

【那吒令】娥（陽）撮（入作?）哥（陰）濃（東鍾）婆（陽）潑（入作上）墮（去）多（陰）

【鵲踏枝】科（陰）羅（陽）羅（陽）媽（家麻）哥（陰）

【寄生草】羅（陽）朵（上）棵（陰）唾（去）磨（陽）

【金盞兒】唆（陰）被（齊微）火（上）羅（陽）呵（陰）麽

(陽)婆(陽)

【尾聲】沬(入作去)活(入作平)他(陰)那(陽)哥(陰)我(上)活(入作平)過(去)歌(陰)

第二折【雙調】(尤侯韻)

【新水令】休(陰)後(去)愁(陽)頭(陽)㥏(去)

【步步嬌】咒(去)受(去)口(上)由(陽)頭(陽)候(去)

【雁兒落】休(陰)鬪(去)獸(去)

【得勝令】頭(陽)喉(陽)州(陰)愁(陽)勾(陰)休(陰)頭(陽)

【沽美酒】留(陽)流(陽)收(陰)頭(陽)喉(陽)

【太平令】袖(去)頭(陽)就(去)透(去)瞅(上)瞅(上)手(上)肉(入作去)

【川撥棹】頭(陽)手(上)眸(陽)頭(陽)手(上)揪(陰)搊(陰)

【殿前歡】舟(陰)流(陽)就(去)漚(陰)頭(陽)流(陽)酒(上)袖(去)淺(先天)

【七弟兄】頭(陽)樓(陽)籌(陽)勾(陰)頭(陽)救(去)手(上)

【梅花酒】由(陽)讎(陽)羞(陰)流(陽)酒(上)愁(陽)秋(陰)樓(陽)籌(陽)鰍(陰)

【收江南】頭(陽)眸(陽)悠(陽)勾(去)丘(陰)

【水仙子】頭(陽)休(陰)袖(去)柳(上)熟(入作平)羞(陰)州(陰)

【收尾】厚(去)受(去)溜(去)頭(陽)袖(去)川(先天)酒(上)

第三折【正宮】(先天韻)

【端正好】蹇(上)煎(陰)犬(上)剪(上)

【滾繡球】軒(陰)牽(陰)辨(去)前(陽)遠(上)轉(上)箭(去)鞭(陰)箭(去)前(陽)船(陽)

【倘秀才】健(去)軟(上)錢(陽)憐(陽)願(去)

【滾繡球】園(陽)邊(陰)轉(去)前(陽)賢(陽)便(去)煙(陰)錢(陽)仙(陰)

【上小樓】然（陽）變（去）言（陽）年（陽）薦（去）現（去）

【么篇】纏（陽）愿（去）傳（陽）專（陰）堅（陰）見（去）奠（去）

【十二月】賤（去）然（陽）牽（陰）先（陰）員（陽）

【堯民歌】田（陽）前（陽）田（陽）天（陰）天（陰）鞭（陰）片（去）

【尾聲】緣（陽）堅（陰）全（陽）見（去）片（去）源（陽）

第四折【南呂】

【一枝花】肆（去）兒（陽）思（陰）次（去）曲（魚模）詞（陽）兒（陽）（支思韻）

【貨郎兒】寨（去）策（入作上）臺（陽）伯（入作平）臺（陽）才（陽）（皆來韻）

【貨郎兒】廈（去）瓦（上）花（陰）華（陽）馬（上）掛（去）家（陰）（家麻韻）

【貨郎兒】陌（入作去）色（入作平）腮（陰）劃（入作?）来（陽）劃（入作?）開（陰）擺（上）来（陽）（皆來韻）

【貨郎兒】刺（去）子（上）兒（陽）事（去）四（去）刺（去）姿（陰）肢（陰）衽（陰）止（上）肢（陰）死（上）（支思韻）

【貨郎兒】散（去）闌（陽）安（陰）関（陰）間（陰）丹（陰）山（陰）棧（去）範（去）單（陰）斕（陽）扳（陰）間（陰）（寒山韻）

【貨郎兒】布（去）雨（上）嶇（陰）布（去）律（去）續（入作平）律（入作去）魯（上）處（去）注（去）雨（上）糊（陽）簌（入作?）淥（入作去）物（入作去）圖（陽）（魚模韻）

【貨郎兒】話（去）他（陰）家（陰）掐（入作上）髮（入作上）他（陰）化（去）下（去）殺（入作上）（家麻韻）

【貨郎兒】物（入作去）簇（入作上）蘆（陽）鵲（入作平）鶻（入作平）珠（陰）玉（入作去）軀（陰）須（陰）胡（陽）鶻（入作平）去（去）去（去）駒（陰）去（去）胡（陽）如（陽）圖（陽）（魚模韻）

【貨郎兒】月（車遮）米（上）垂（陽）錐（陰）溪（陰）息（入作上）歲（去）十（入作平）石（入作平）離（陽）北（入作上）垂

（陽）記（去）西（陰）李（上）（齊微韻）

敬德不伏老

第一折【仙呂】（真文韻）

【點絳唇】巡（陽）定（去）困（去）紛（陰）郡（去）

【混江龍】分（去）身（陰）塵（陽）坤（陰）尊（陰）存（陽）身（陰）人（陽）近（去）勳（陰）

【油葫蘆】罇（陰）論（去）臣（陽）遜（去）忿（去）存（陽）遁（去）臣（陽）

【天下樂】忍（上）嗔（陰）緊（上）人（陽）村（陰）哏（陰）忍（上）

【那吒令】軍（陰）民（陽）人（陽）論（去）因（陰）

【鵲踏枝】軍（陰）生（庚青）人（陽）滚（上）噴（陰）

【寄生草】文（陽）困（去）静（庚青）钝（去）恨（去）

【六么序】薪（陰）尊（陰）文（陽）勳（陰）臣（陽）遜（去）人（陽）困（去）人（陽）

【么篇】雲（陽）論（去）人（陽）臣（陽）嗔（陰）准（上）勤（陽）臣（陽）君（陰）秦（陽）信（去）雲（陽）運（去）名（庚青）

【尾聲】印（去）忍（上）分（去）臣（陽）分（陰）塵（陽）人（陽）忍（上）雲（陽）軍（陰）

第二折【中呂】（尤侯韻）

【粉蝶兒】州（陰）透（去）頭（陽）究（去）侯（陽）後（去）

【醉春風】手（上）醜（上）救（去）

【迎仙客】（重複上面的粉蝶兒）

【醉春風】（重複上面的醉春風）

【迎仙客】騮（陽）有（上）候（去）由（陽）候（去）

【紅繡鞋】受（去）俠（家麻）休（陰）仇（陽）手（上）

【滿庭花】首（上）投（陽）就（去）熟（入作平）手（上）頭（陽）鬪（去）走（上）憂（陰）

【耍孩兒】口（上）後（去）頭（陽）頭（陽）首（陽）由（陽）久（上）勾（陰）

【么篇】休（陰）周（陰）救（去）頭（陽）受（去）休（陰）

【么篇】頭（陽）休（陰）晝（去）憂（陰）酒（上）侯（陽）

【么篇】憂（陰）逗（去）愁（陽）透（去）休（陰）

【尾】柳（上）又（去）酒（上）

第三折【越調】（齊微韻）

【鬭鵪鶉】壘（上）職（入作上）賊（入作平）德（入作上）勣（入作上）

【紫花兒序】歸（陰）齊（陽）機（陰）非（陰）退（去）持（陽）

【小桃紅】吹（陰）罪（去）日（入作去）疾（入作平）輩（去）國（入作上）世（去）稀（陰）

【金焦葉】勑（入作上）尾（上）國（入作上）壘（上）

【調笑令】勢（去）疾（入作平）威（陰）裔（陰）勢（去）累（去）地（去）

【禿廝兒】稷（入作上）搥（陽）里（上）持（陽）敵（入作平）

【聖藥王】惑（入作上）的（入作上）知（陰）十（入作平）疾（入作平）痴（陰）機（陰）

【麻郎兒】起（上）誰（陽）職（入作上）搥（陽）

【么篇】遲（陽）起（上）髻（去）背（去）碎（去）

【絡絲娘】德（入作上）勣（入作上）遲（陽）意（去）

【耍三台】諱（去）知（陰）威（陰）德（入作上）持（陽）力（入作去）

【么篇】紀（去）藝（去）機（陰）日（入作去）敵（入作平）脊（入作上）

【尾聲】髥（入作去）力（入作去）國（入作上）

第四折【雙調】（先天韻）

【新水令】年（陽）戰（去）川（陰）烟（陰）戰（去）

【駐馬聽】前（陽）遠（上）畔（桓歡）團（桓歡）言（陽）見（去）喧（陰）展（上）

【喬牌兒】遣（上）見（去）遍（去）展（上）

【雁兒落】烟（陰）箭（去）見（去）

【得勝令】川（陰）天（陰）年（陽）先（陰）箭（去）堅（陰）

鞭（陰）

【甜水令】健（去）邊（陰）戰（去）鞍（寒山）

【折桂令】鞭（陰）烟（陰）天（陰）懸（陽）田（陽）還（陰）安（寒山）全（陽）權（陽）

【收尾】宥（去）朽（上）休（陰）久（上）

施仁義劉弘嫁婢

楔子【仙呂】（東鍾韻）

【賞花時】逢（陽）容（陽）崇（陽）永（上）童（陽）

【么篇】中（陰）凶（陰）功（陰）風（陰）翁（陰）

第一折【仙呂】（魚模韻）

【點絳唇】儒（陽）庫（去）主（上）都（陰）物（入作去）

【混江龍】富（去）除（陽）珠（陰）術（去）慮（去）圖（陽）余（陽）富（去）夫（陽）虛（陰）霚（去）富（去）枯（陰）

【油葫蘆】取（上）度（去）術（去）與（陽）去（去）珠（陰）覷（去）服（入作平）

【天下樂】夫（陽）余（陽）贖（入作平）故（去）五（上）處（去）

【那吒令】語（上）故（去）娶（上）婦（去）女（上）數（去）榆（陽）

【鵲踏枝】無（陽）無（陽）禿（入作平）祖（上）獨（入作平）

【寄生草】軀（陰）女（上）戶（去）墓（去）珠（陰）玉（入作去）

【醉中天】去（去）書（陰）無（陽）敘（去）趣（去）訴（去）

【尾聲】做（去）母（上）夫（陽）愚（陽）物（入作去）儒（陽）足（入作上）屋（入作上）户（去）如（陽）

第二折【中呂】（齊微韻）

【粉蝶兒】儀（陽）歲（去）違（陽）地（去）恢（陰）僻（入作上）

【醉春風】回（陽）跖（入作平）齊（陽）理（上）幾（上）你（上）繼（去）

【普天樂】幃（陽）婢（去）機（陰）意（去）息（入作平）搥

（陽）梅（陽）

【白鶴子】禮（上）圍（陽）地（去）

【么篇】計（去）水（上）

【上小樓】德（入作上）媚（去）犀（陰）蠐（陽）荑（陽）齊（陽）堆（陰）髻（去）世（去）

【么篇】衣（陰）盃（陰）的（入作上）地（去）力（入作去）被（去）

【快活三】氣（去）鷺（入作去）宜（陽）惠（去）

【朝天子】跡（入作上）妻（陰）契（去）濟（去）意（去）計（去）你（上）李（上）你（上）北（入作上）弟（去）

【耍孩兒】契（去）皮（陽）識（入作上）遺（陽）義（去）計（去）危（陽）

【四煞】知（陰）對（去）碑（陰）義（去）祇（陽）

【三煞】職（入作上）裏（上）妻（陰）易（入作去）皮（陽）

【二煞】貴（去）壘（上）知（陰）第（去）衣（陰）

【尾聲】知（陰）禮（上）你（上）

第三折【越調】（支思韻）

【鬪鵪鶉】士（去）史（上）紙（是）廝（陰）兒（陽）事（去）

【紫花兒序】詩（陰）字（去）之（陰）子（上）賜（去）師（陰）

【憑欄人】孜（陰）止（上）時（陽）之（陰）

【鬼三台】自（去）視（去）耳（上）址（上）紫（上）思（陰）肢（陰）祠（陽）此（上）

【調笑令】是（去）兒（陽）此（上）嗣（去）詞（陽）旨（上）司（陰）

【尾聲】志（去）時（陽）死（上）

第四折【雙調】（庚青韻）

【新水令】明（陽）應（去）卿（陰）名（陽）命（去）

【水仙子】城（陽）行（陽）政（去）請（上）生（陰）靜（去）明（陽）寧（陽）

【沽美酒】清（陰）衡（陽）卿（陰）明（陽）平（陽）

【太平令】並（去）承（陽）行（去）贈（去）京（陰）令（去）

名（陽）慶（去）

【折桂令】靈（陽）名（陽）庭（陽）增（陰）嶸（陽）生（陰）能（陽）明（陽）

劉千病打獨角牛

第一折【仙呂】（尤侯韻）

【點絳唇】收（陰）耨（去）叟（上）投（陽）手（上）

【混江龍】酒（上）溜（去）簍（上）鰍（陰）留（陽）

【油葫蘆】牛（陽）後（去）頭（陽）陡（上）手（上）頭（陽）肉（入作去）頭（陽）

【天下樂】州（陰）遊（陽）走（上）劉（陽）守（上）由（陽）

【那吒令】丟（陰）擻（上）有（上）就（去）熟（入作平）

【鵲踏枝】州（陰）軸（入作平）州（陰）有（上）遊（陽）

【寄生草】手（上）頭（陽）扣（去）紐（上）後（去）收（陰）勾（去）

【單雁兒】頭（陽）受（去）牛（陽）羞（陰）頭（陽）

【尾聲】手（上）憂（陰）牛（陽）頭（陽）搜（陰）勾（陰）走（上）就（去）瘦（去）州（陰）

第二折【越調】（皆來韻）

【梅花引】拍（入作上）来（陽）懷（陽）埃（陰）害（去）改（上）

【紫花兒序】来（陽）臺（陽）開（陰）才（陽）來（陽）快（去）稭（陰）

【耍三台】在（去）腮（陰）材（陽）買（上）災（陰）害（去）

【絡絲娘】臺（陽）来（陽）排（陽）快（去）

【紫花兒序】捱（陽）劃（去）鮮（上）歪（陰）来（陽）擡（陽）拍（入作上）恠（去）

【尾聲】鮮（上）擡（陽）倸（上）

第三折【正宮】（廉纖韻）

【端正好】店（去）粘（陰）占（去）僭（去）

【滚繡球】呫（去）閃（上）傳（先天）專（先天）言（先天）健（先天）前（先天）呫（去）廉（陽）

【倘秀才】點（上）颭（上）尖（陰）寃（先天）言（先天）

【白鶴子】懨（陰）墊（去）

【么篇】尖（陰）甜（陽）颭（上）

【倘秀才】閃（上）臁（陽）臉（上）拳（先天）專（先天）

【伴讀書】羨（先天）掩（上）鑒（監咸）善（先天）喘（先天）甜（陽）

【笑歌賞】險（上）怨（先天）倦（先天）攧（陰）占（去）

【尾聲】劒（去）鐮（陽）嫌（陽）臉（上）占（去）

第四折【雙調】（先天韻）

【新水令】年（陽）願（去）展（上）錢（陽）傳（陽）見（去）

【夜行船】喘（上）前（陽）善（去）遍（去）

【川撥棹】天（陰）言（陽）拳（陽）拳（陽）前（陽）遠（上）傳（陽）

【七弟兄】邊（陰）邊（陰）看（去）變（去）先（陰）展（上）

【梅花酒】拳（陽）前（陽）椽（陽）前（陽）剪（上）邊（陰）掀（陰）轉（上）千（陰）

【喜江】天（陰）穿（陰）前（陽）專（陰）見（去）

楊氏女殺狗勸夫

楔子【仙呂】（江陽韻）

【賞花時】良（陽）強（陽）坊（陰）黨（上）揚（陽）

【么篇】長（陽）當（陰）娘（陽）樣（去）腸（陽）

第一折【仙呂】（真文韻）

【點絳唇】親（陰）運（去）本（上）文（陽）盡（去）

【混江龍】分（去）人（陽）奔（去）身（陰）餓（歌戈）門（陽）恨（去）辰（陽）

【油葫蘆】村（陰）根（陰）身（陰）盡（去）忿（去）人（陽）分（去）墳（陽）

【天下樂】親（陰）身（陰）褪（去）分（去）銀（陽）分（陰）

【那吒令】親（陰）孫（陰）親（陰）墳（陽）親（陰）人（陽）論（去）貧（陽）

【鵲踏枝】斟（陰）醺（陰）軍（陰）親（陰）靈（庚青）

【寄生草】容（東鍾）趂（去）定（庚青）悶（去）問（去）

【金盞兒】恨（去）嗔（陰）棍（去）神（陽）筋（陰）人（陽）

【後庭花】樽（陰）文（陽）順（去）醺（陰）悶（去）墳（陽）春（陰）樽（陰）問（去）

【青哥兒】遴（去）問（去）新（陰）珍（陰）人（陽）根（陰）刃（去）筋（陰）奔（去）身（陰）明（庚青）分（去）

【柳葉兒】分（去）墳（陽）緊（上）困（去）銀（陽）貧（陽）

【尾聲】頓（去）忍（上）親（陰）分（陰）君（陰）親（陰）人（陽）銀（陽）奔（去）昏（陽）

第二折【正宫】（齊微韻）

【端正好】垂（陽）起（上）飛（陰）急（入作平）避（去）

【滚繡球】氣（去）瑞（去）食（入作平）旗（陽）石（入作平）地（去）低（陰）帰（陰）移（陽）

【倘秀才】裏（上）底（上）尉（去）衣（陰）迷（陽）

【滚繡球】食（入作平）配（去）集（入作平）騎（陽）儀（陽）回（陽）灰（陰）食（入作平）

【呆骨朵】街（皆來）的（入作上）直（入作平）低（陰）溼（入作上）

【倘秀才】饑（陰）嘴（上）頹（陽）泥（陽）裡（上）

【滚繡球】食（入作平）日（入作去）知（陰）你（上）俐（去）題（陽）隨（陽）飛（陰）

【貨郎兒】醉（去）汁（入作上）起（上）持（陽）體（上）

【脱布衫】的（入作上）的（入作上）會（去）

【太平令】食（入作平）席（入作平）持（陽）的（入作上）的（入作上）的（入作上）的（入作上）的（入作上）

【伴讀書】跡（入作上）地（去）内（去）地（去）醉（去）儀（陽）

【笑和尚】飛（陰）睡（去）息（入作上）搥（陽）地（去）衹（陽）弟（去）弟（去）罪（去）

【叨叨令】地（去）的（入作上）衣（陰）的（入作上）地（去）

【耍孩兒】意（去）逆（去）拾（入作平）題（陽）欺（陰）七（入作上）非（陰）

【二煞】誰（陽）淚（去）饑（陰）氣（去）眉（陽）

【三煞】誰（陽）識（入作上）籬（陽）黑（入作上）悲（陰）

【四煞】鬼（上）袂（去）起（上）氣（去）軀（魚模）

【五煞】你（上）睡（去）陪（陽）的（入作上）遲（陽）

【六煞】衣（陰）食（入作平）醉（去）肥（陽）七（入作上）弟（去）婢（陰）

【尾聲】罪（去）捶（陽）跪（去）的（入作上）

第三折【南呂】（庚青韻）

【一枝花】扃（陰）净（去）風（陰）生（陰）風（陰）澄（陽）燈（陰）

【梁州】成（陽）病（去）鳴（陽）名（陽）情（陽）聲（陰）更（陰）更（陰）聲（陰）應（去）聲（陰）嚀（陽）

【隔尾】迎（陽）情（陽）證（去）行（陽）承（陽）冷（上）

【感皇恩】聲（陰）成（陽）釘（陰）蟲（東鍾）襟（真文）

【採茶歌】情（陽）刑（陽）城（陽）成（陽）

【牧羊関】停（陽）停（陽）蠅（陽）坑（陰）腥（陰）

【牧羊関】兄（陰）嶸（陽）朋（陽）幸（去）程（陽）生（陰）

【尾聲】井（上）坑（陰）聲（陰）情（陽）景（上）生（陰）情（陽）正（去）挺（上）肯（上）迎（陽）精（陰）省（上）

第四折【中呂】（支思韻）

【粉蝶兒】時（陽）次（去）兒（陽）刺（去）司（陰）事（去）

【醉春風】指（上）子（上）死（上）死（上）是（去）

【紅繡鞋】事（去）詞（陽）師（陰）刺（去）兒（陽）使（上）

【石榴花】師（陰）時（陽）私（陰）厮（陰）兒（陽）至（去）之（陰）事（去）虚（魚模）

【鬪鵪鶉】子（上）詩（陰）子（上）兒（陽）子（上）士（去）

【上小樓】二（去）四（去）詞（陽）事（去）子（上）指（上）字（去）

【么篇】死（上）司（陰）子（上）止（上）士（去）

【十二月】次（去）思（陰）私（陰）士（去）詞（陽）

【堯民歌】兒（陽）師（陰）思（陰）兒（陽）慈（陽）私（陰）事（去）

【尾聲】脂（陰）士（去）兒（陽）

大婦小妻還牢末

楔子【仙呂】（真文韻）

【賞花時】勤（陽）巡（陽）辰（陽）親（陰）人（陽）

第一折【仙呂】（齊微韻）

【點絳唇】歸（陰）會（去）内（去）疾（入作平）對（去）

【混江龍】利（去）稀（陰）危（陰）妻（陰）氣（去）醫（陰）

【油葫蘆】米（上）的（入作平）袛（陽）貴（去）歲（去）日（入作去）地（去）衣（陰）

【天下樂】的（入作上）日（入作去）里（上）醫（陰）遲（陽）的（入作上）

【那吒令】梅（陽）的（入作上）的（入作上）墜（去）微（陽）

【鵲踏枝】西（陰）知（陰）低（陰）嘴（上）非（陰）

【寄生草】吏（去）的（入作上）氣（去）礼（上）對（去）飢（陰）碎（去）

【醉中天】理（上）稀（陰）寄（去）罪（去）的（入作上）逼（入作平）妻（陰）

【後庭花】尉（去）制（去）蹠（入作平）皮（陽）力（入作去）威（陰）勢（去）十（入作平）的（入作上）泥（陽）汁（入作上）

【青哥兒】味（去）推（陰）遲（陽）裏（上）衣（陰）食（入作平）醫（陰）只（入作上）内（去）吏（去）妻（陰）例（去）

【賺煞】地（去）已（上）欺（陰）離（陽）啼（陽）及（入作平）只（入作上）起（上）利（去）宜（陽）

第二折【中呂】（車遮韻）

【普天樂】爹（陰）月（入作去）絶（入作平）熱（入作去）業（入作去）别（入作?）也（上）也（上）也（上）

【商調】（蕭豪韻）

【集賢賓】學（入作平）巢（陽）牢（陽）作（入作上）了（上）啕（陽）招（陰）

【逍遙樂】落（入作去）喲（入作去）雹（入作平）逃（陽）着（入作?）條（陽）摇（陽）

【醋葫蘆】着（入作?）叫（去）高（陰）攪（上）到（去）勞（陽）

【么篇】挑（陰）焦（陰）度（入作平）了（上）躁（去）鐃（陽）

【梧葉兒】了（上）驕（陰）攪（上）條（陽）梢（陰）

【後庭花】摇（陽）栲（上）交（陰）焦（陰）報（去）草（上）炒（陰）梢（陰）索（入作上）脚（入作上）

【雙雁兒】朝（陰）老（上）到（去）暴（去）逃（陽）

【柳葉兒】到（去）揉（陽）索（入作上）落（入作去）嬌（陰）逃（陽）

【浪裏來煞】坊（江陽）宵（陰）早（上）倒（上）牢（陽）

第三折【雙調】（江陽韻）

【新水令】腔（陰）蕩（去）狂（陽）亡（陽）丧（去）

【胡十八】膛（陽）狂（陽）廂（陰）娘（陽）餉（去）堂（陽）

【沽美酒】行（陽）蹌（陰）姜（陰）荒（陰）裳（陽）

【太平令】張（陰）行（陽）漾（去）相（去）想（上）想（上）娘（陽）樣（去）

【鴛鴦煞】上（去）望（去）娘（陽）葬（去）浆（陰）想（上）

第四折【中吕】（皆來韻）

【粉蝶兒】災（陰）陌（入作去）歪（陰）外（去）懷（陽）塊（去）

【醉春風】哉（陰）歹（入作去）歹（入作去）壞（去）

【上小樓】來（陽）壞（去）埃（陰）恠（去）在（去）

【十二月】害（去）災（陰）骸（陽）客（入作上）差（陰）

【堯民歌】白（入作平）来（陽）柴（陽）来（陽）懷（陽）來（陽）寨（去）

【快活三】開（陰）来（陽）白（入作平）外（去）

【朝天子】来（陽）擡（陽）外（去）歹（入作去）挨（陰）代（去）災（陰）在（去）

【煞尾】埃（陰）再（去）壞（去）海（上）

講陰陽八卦桃花女

楔子【仙吕】（蕭豪韻）

【端正好】道（去）高（陰）惱（上）交（陰）飄（陰）稍（陰）敲（陰）朝（陰）到（去）

第一折【仙呂】（尤侯韻）

【點絳唇】疇（陽）宙（去）秀（去）謳（陰）鬪（去）

【混江龍】就（去）熟（入作平）楼（陽）牛（陽）受（去）紬（陽）

【油葫蘆】友（上）九（上）休（陰）舊（去）口（上）頭（陽）皺（去）流（陽）

【天下樂】愁（陽）州（陰）楼（陽）有（上）酒（上）

【後庭花】酬（陽）口（上）酒（上）流（陽）舊（去）鈎（陰）瞅（陰）有（上）由（陽）宙（去）

【柳葉兒】後（去）油（陽）手（上）收（陰）休（陰）頭（陽）

【尾聲】後（去）酒（上）赳（陰）悠（陽）頭（陽）熟（入作平）斗（上）囚（陽）壽（去）樓（陽）

第二折【正宮】（歌戈韻）

【端正好】果（上）磨（陽）末（入作去）聒（入作上）

【滾繡球】火（上）課（去）那（陽）科（陰）科（陰）箇（去）鐸（入作平）麼（陰）跋（入作平）

【倘秀才】奪（陽）過（去）潑（入作上）合（入作?）渴（入作上）

【滾繡球】箇（去）缽（入作上）舵（去）多（陰）火（上）撮（入作?）唆（陰）波（陰）河（陽）

【呆骨朵】破（去）羅（陽）活（入作平）禍（去）我（上）

【伴讀書】掇（入作上）聒（入作上）朵（上）大（去）賀（去）羅（陽）

【笑歌賞】閣（入作上）臥（去）箇（去）破（去）課（去）

【尾聲】剉（去）過（去）奪（陽）我（上）

第三折【中呂】（齊微韻）

【粉蝶兒】妻（陰）對（去）媒（陽）日（入作去）為（陽）配（去）

【醉春風】識（入作上）低（陰）理（上）理（上）計（去）備（去）

【醉高歌】奇（陽）皮（陽）意（去）歲（去）

【石榴花】席（入作平）杯（陰）旗（陽）的（入作上）機（陰）配（去）妻（陰）計（去）虧（陰）

【鬪鵪鶉】禮（上）識（入作上）席（入作平）裡（上）皮（陽）

【上小樓】裏（上）吉（入作平）直（入作平）世（去）期（陽）得（入作上）背（去）轡（去）

【么篇】雞（陰）戲（去）裡（上）立（入作去）兑（去）

【普天樂】實（入作平）的（入作上）射（入作去）閉（去）內（去）也（車遮）義（去）

【快活三】伊（陰）誰（陽）悲（陰）淚（去）

【鮑老兒】你（上）意（去）梅（陽）息（入作上）啼（陽）

【尾聲】低（陰）曆（入作去）的（入作上）

第四折【雙調】（東鍾韻）

【新水令】從（陽）供（去）中（陰）沖（陰）重（去）

【七弟兄】擁（上）濃（陽）横（去）夢（去）龍（陽）鳳（去）

【梅花酒】逢（陽）同（陽）童（陽）空（陰）朧（陽）通（陰）容（陽）容（陽）

【喜江南】風（陰）同（陽）恭（陰）懂（上）中（陰）

玎玎璫璫盆兒鬼

楔子【仙呂】（皆來韻）

【賞花時】劃（入作?）賣（去）財（陽）客（入作上）来（陽）

第一折【仙呂】（家麻韻）

【點絳脣】荅（入作平）灑（上）殺（入作上）乏（入作平）下（去）

【混江龍】怕（去）鴉（陰）霞（陽）家（陰）沙（陰）下（去）巴（陰）

【油葫蘆】誇（陰）咱（陽）花（陰）抹（入作去）掛（去）花（陰）架（去）踏（入作）

【天下樂】家（陰）那（去）下（去）那（去）挿（去）咱（陽）

【那吒令】下（去）榻（入作上）下（去）斝（上）下（去）瓜（陰）價（去）霞（陽）

【鵲踏枝】花（陰）家（陰）達（入作?）麼（陽）吒（陰）

【寄生草】花（陰）大（去）恰（入作上）怕（去）下（去）

【六么序】罷（去）殺（入作上）叉（陰）凹（去）牙（陽）那（去）怕（去）刀（蕭豪）髮（入作上）

【金盞兒】凹（去）拏（陽）下（去）大（去）踏（入作平）家（陰）發（入作上）花（陰）

【尾聲】下（去）咱（陽）納（入作去）那（去）咱（陽）剌（入作去）荅（入作平）殺（入作上）罷（去）家（陰）

第二折【中呂】（歌戈韻）

【粉蝶兒】合（入作?）過（去）挪（陽）大（去）垛（去）過（去）

【醉春風】火（上）活（入作平）我（上）我（上）我（上）挫（去）

【迎仙客】合（入作?）火（上）他（陰）呵（陰）破（去）

【上小樓】火（上）舵（去）拖（陰）合（入作?）禍（去）和（去）

【么篇】火（上）窩（陰）他（陰）窩（陰）坐（去）過（去）

【滿庭芳】過（去）合（入作?）剉（去）多（陰）它（陰）婆（陽）摸（入作去）過（去）歌（陰）

【耍孩兒】課（去）火（上）磨（陽）跛（入作上）麼（陽）落（入作去）河（陽）

【尾聲】他（陰）箇（去）我（上）

第三折【越調】（齊微韻）

【鬪鵪鶉】米（上）食（入作平）妻（陰）直（入作平）會（去）體（上）

【紫花兒序】低（陰）籬（陽）窺（陰）溪（陰）內（去）藉（入作平）

【小桃紅】賊（入作平）濟（去）歲（去）追（陰）輩（去）虧（陰）世（去）稀（陰）

【天淨沙】馳（陽）随（陽）誰（陽）魅（去）袂（去）

【寨兒令】欺（陰）癡（陰）理（上）悲（陰）啼（陽）疾（入作平）

【么篇】稀（陰）飛（陰）圍（陽）堆（陰）

【慶元真】息（入作平）惑（入作平）的（入作上）起（上）

【黃薔薇】西（陰）馳（陽）圍（陽）黑（入作上）悔（上）灰（陰）

【慶元真】賊（入作平）里（上）機（陰）對（去）

【黃薔薇】裡（上）的（入作上）衣（陰）鎚（陽）踢（入作上）皮（陽）

【禿廝兒】夕（入作平）衣（陰）起（上）日（入作去）持（入作平）

【聖藥王】壁（入作上）壁（入作上）飛（陰）壁（入作上）壁（入作上）漓（陽）尿（陰）

【鬼三台】底（上）避（去）水（上）知（陰）你（上）的（入作上）會（去）鬼（上）

【調笑令】你（上）誰（陽）里（上）諱（去）誰（陽）理（上）持（陽）

【麻郎兒】起（上）食（入作平）祟（去）計（去）

【么篇】的（入作上）勢（去）尉（去）腿（上）槌（陽）

【尾聲】內（去）制（去）你（上）

第四折【中呂】（家麻韻）

【粉蝶兒】衙（陽）下（去）沙（陰）大（去）呀（陰）罷（去）

【醉春風】拿（陽）押（入作去）鍘（入作平）耍（上）耍（上）怕（去）

【醉高歌】話（去）啞（上）下（去）楂（陰）

【紅繡鞋】下（去）搭（入作上）家（陰）鬻（入作去）蹅（陰）打（上）

【上小樓】瘵（入作上）詐（去）吒（陰）掐（入作上）拿（陽）唬（去）怕（去）

【么篇】罷（去）家（陰）下（去）話（去）

【快活三】大（去）家（陰）咱（陽）怕（去）

【朝天子】家（陰）殺（入作上）下（去）窪（陰）大（去）瓦（上）殺（入作上）下（去）剮（上）怕（去）

劉玄德醉走黃鶴樓

第一折【仙呂】（江陽韻）

【點絳唇】強（陽）将（去）往（上）量（陽）當（去）

【混江龍】上（去）邦（陰）梁（陽）良（陽）唐（陽）江（陰）上（去）妨（陰）

【油葫蘆】量（陽）當（去）膛（陽）創（去）撞（去）堂（陽）壯（去）江（陰）

【天下樂】場（陽）想（上）量（去）槍（陰）岡（陰）場（陽）

【後庭花】張（陰）行（陽）凰（陽）常（陽）丈（去）謊（上）

【金盞兒】昂（陽）剛（陰）相（去）強（陽）槍（陰）祥（陽）

【尾聲】觴（陰）将（去）防（陽）上（去）詳（陽）量（陽）常（陽）網（上）長（陽）浪（去）江（陰）

第二折

【雙調】【豆葉黃】裡（上）裡（上）你（上）呵（歌戈）

【禾詞】頭（陽）流（陽）留（陽）牛（陽）眸（陽）樂（入作去）休（陰）頭（陽）（尤侯韻）

【正宮】（蕭豪韻）

【端正好】叫（去）苗（陽）遶（好）道（去）

【滚繡球】描（陽）好（上）噪（去）苗（陽）少（上）凋（陰）條（陽）

【叨叨令】攪（上）搗（上）哨（去）叫（去）樂（入作去）

【倘秀才】道（去）燎（上）袍（陽）哮（去）着（入作?）

【貨郎兒】道（去）着（入作?）橋（陽）廟（去）瓢（陽）橋（陽）着（入作?）凋（陰）了（上）

【尾聲】樂（去）朝（陽）描（陽）好（上）老（上）

【雙調】【楚天遥】水（上）里（上）回（陽）淚（去）睡（去）（齊微韻）

第三折【雙調】（支思韻）

【新水令】枝（陰）至（去）脂（陰）時（陽）至（去）

【殿前歡】思（陰）兒（陽）示（去）差（陰）思（陰）志（去）死（上）思（陰）

【夜行船】死（上）詞（陽）是（去）兒（陽）事（去）

【水仙子】卮（陰）辭（陽）示（去）死（上）詞（陽）枝（陰）兒（陽）

【尾聲】刺（去）事（去）差（陰）次（去）詞（陽）死（上）

第四折【南呂】（齊微韻）

【一枝花】騎（陽）衣（陰）搥（陽）嘴（上）賊（入作平）壁（入作上）

【梁州】食（入作平）席（入作平）會（去）非（陰）失（入作上）敵（入作平）拾（入作平）背（去）皮（陽）回（陽）內（去）細（去）里（上）追（陰）

【隔尾】急（入作上）遲（陽）吏（去）起（上）你（上）

【隔尾】水（上）誰（陽）意（去）息（入作平）失（入作上）你（上）

【絮蝦蟆】砌（去）齊（陽）敵（入作平）義（去）配（去）壘（上）地（去）力（入作去）日（入作去）披（陰）繫（去）鞁（入作上）理（上）旗（陽）持（陽）飛（陰）敵（入作平）國（入作上）德（入作上）者（車遮）

玉清菴錯送鴛鴦被

楔子【仙呂】（真文韻）

【端正好】恨（去）塵（陽）問（去）信（去）

第一折【仙呂】（支思韻）

【點絳唇】師（陰）自（去）死（上）私（陰）侍（去）

【混江龍】二（去）時（陽）施（陰）子（上）兒（陽）思（陰）肢（陰）雌（陰）枝（陰）兒（陽）志（去）私（陰）

【油葫蘆】此（陽）施（陰）時（陽）字（去）翅（去）枝（陰）事（去）兒（陽）

【天下樂】之（陰）咨（陰）事（去）事（去）住（魚模）死（上）

【後庭花】肢（陰）脂（陰）兒（陽）示（去）兒（陽）時（陽）詩（陰）詞（陽）紙（上）兒（陽）兒（陽）

【柳葉兒】示（去）脂（陰）事（去）思（陰）兒（陽）

【尾聲】寺（去）爾（上）兒（陽）期（齊微）思（陰）姿（陰）枝（陰）士（去）事（去）兒（陽）

第二折【正宮】（家麻韻）

【端正好】乍（去）踏（入作平）下（去）大（去）

【滚繡球】沙（陰）法（入作上）卦（去）家（陰）咱（陽）他（陰）下（去）洽（入作平）華（陽）家（陰）

【脫布衫】荅（入作平）呀（陰）麼（陽）唬（去）

【小梁州】咱（陽）咱（陽）荅（入作平）踏（入作平）殺（入作上）煠（入作?）

【么篇】話（去）荅（入作平）怕（去）罷（去）家（陰）

【伴讀書】揷（入作平）画（去）下（去）帕（去）揷（入作平）踏（入作平）

【笑和尚】馬（上）畫（去）架（去）紗（陰）怕（去）

【倘秀才】壓（入作去）殺（入作上）假（上）拿（陽）發（入作上）

【滚繡球】咱（陽）咱（陽）話（去）花（陰）差（陰）掛（去）家（陰）罷（去）踏（入作平）那（去）

【尾聲】馬（上）花（陰）下（去）劄（入作上）揷（入作平）家（陰）馬（上）殺（入作上）

第三折【越調】（庚青韻）

【鬬鵪鶉】屏（陽）鼎（上）皿（上）亭（陽）恒（陽）

【紫花兒序】鶯（陰）情（陽）生（陰）爭（陰）憑（陽）丁（陰）

【小桃紅】名（陽）政（去）令（去）省（上）丞（陽）病（去）京（陰）

【調笑令】聽（陰）生（陰）誠（陽）病（去）丁（陰）成（陽）靈（陽）

【耍三台】定（去）證（去）生（陰）影（上）明（陽）卿（陰）英（陰）

【聖藥王】生（陰）命（去）精（陰）行（陽）性（去）行（陽）坑（陰）

【麻郎兒】挺（陽）靈（陽）行（陽）蹬（去）

【么篇】曾（陽）情（陽）行（陽）名（陽）呈（陽）

【尾聲】錠（去）省（上）成（陽）等（上）

第四折【雙調】（齊微韻）

【新水令】賊（入作平）地（去）息（入作上）宜（陽）非（陰）妹（去）

【雁兒落】齊（陽）氣（去）立（入作去）

【得勝令】衣（陰）蓆（入作平）提（陽）惑（入作平）被（去）蹊（陽）你（上）

【沽美酒】吃（入作上）飢（陰）水（上）題（陽）梨（陽）

【太平令】諱（去）的（入作上）弟（去）為（陽）里（上）膝（入作上）底（上）

關雲長千里獨行

楔子【仙呂】（庚青韻）

【端正好】雄（東鍾）勇（東鍾）明（陽）兵（陰）兵（陰）定（去）

第一折【仙呂】（齊微韻）

【點絳唇】西（陰）肋（入作去）計（去）飛（陰）內（去）

【混江龍】離（陽）離（陽）德（入作上）飛（陰）宜（陽）立（入作去）危（陽）

【油葫蘆】的（入作上）識（入作上）敵（入作平）計（去）智（去）里（上）備（去）內（去）飛（陰）

【天下樂】遲（陽）賊（入作平）你（上）起（上）勢（去）得（入作上）

【金盞兒】催（陰）飛（陰）起（上）威（陰）計（去）飛（陰）回（陽）

【尾聲】內（去）你（上）戚（入作上）希（陰）易（入作去）裡（上）離（陽）世（去）你（上）宜（陽）

第二折【南呂】（尤侯韻）

【一枝花】皺（去）愁（陽）投（陽）救（去）休（陰）頭（陽）彀（去）

【梁州】州（陰）厚（去）酬（陽）流（陽）眸（陽）憂（陰）瘦

（去）愁（陽）憂（陰）受（去）就（去）救（去）休（陰）

【紅芍藥】侯（陽）裘（陽）頭（陽）牛（陽）酒（上）讐（陽）秋（陰）勾（陰）

【菩薩梁州】侯（陽）舊（去）叔（入作上）秋（陰）流（陽）守（上）就（去）頭（陽）流（陽）

【罵玉郎】受（去）流（陽）救（去）袖（去）

【感皇恩】头（阳）收（阴）俅（上）休（阴）忧（阴）

【採茶歌】頭（陽）讐（陽）侯（陽）有（上）休（陰）

【尾聲】口（上）有（上）候（去）州（陰）頭（陽）走（上）

第三折【中呂】（蕭豪韻）

【粉蝶兒】遥（陽）道（去）勞（陽）校（去）曹（陽）道（去）

【醉春風】交（陰）少（上）少（上）少（上）傲（去）

【紅繡鞋】睪（入作去）橋（陽）着（入作?）刀（陰）了（上）

【快活三】好（上）逃（陽）醪（陽）道（去）

【朝天子】着（入作?）了（上）到（去）饒（陽）道（去）醪（陽）刀（陰）約（入作去）嫂（上）妙（去）

【上小樓】爪（上）睪（入作去）刀（陰）袍（陽）托（入作上）貌（去）弱（入作去）

【么篇】挑（陰）遼（陽）着（入作?）操（去）要（去）

【尾聲】高（陰）笑（去）操（去）袍（陽）

第四折【雙調】（江陽韻）

【新水令】康（陰）恙（去）梁（陽）良（陽）望（去）

【殿前歡】長（陽）降（陽）望（去）腸（陽）相（去）上（去）鄉（陰）

【川拔棹】詳（陽）量（陽）長（陽）黄（陽）壮（去）量（去）

【七弟兄】廂（陰）廂（陰）強（陽）丈（去）當（去）當（去）行（陽）當（去）詳（陽）詳（陽）

【喜江南】量（陽）祥（陽）康（陰）量（去）良（陽）

【掛玉鉤】場（陽）放（去）量（去）相（去）陽（陽）上（去）鄉（陰）

孟光女舉案齊眉

第一折【仙呂】（魚模韻）

【點絳唇】都（陰）数（去）雨（上）鬚（陰）住（去）

【混江龍】處（去）軀（陰）朱（陰）服（入作平）去（去）梳（陰）

【油葫蘆】主（上）福（入作上）儒（陽）数（去）汙（陰）物（入作去）服（入作平）

【天下樂】書（陰）如（陽）語（上）夫（陽）愚（陽）居（陰）

【村裏迓鼓】富（去）辱（入作去）禄（入作去）物（入作去）禄（入作去）玉（入作去）僕（入作平）主（上）

【元和令】儒（陽）禄（入作去）途（陽）儒（陽）輿（陽）夫（陽）

【上馬嬌】圖（陽）書（陽）愚（陽）會（齊微）如（陽）

【遊四門】徒（陽）書（陰）顱（陽）付（去）鬚（陰）

【勝葫蘆】夫（陽）儒（陽）觸（入作上）許（陽）阻（上）初（陰）

【後庭花】夫（陽）儒（陽）玉（入作去）珠（陰）俗（入作平）譽（去）處（去）足（入作上）出（入作上）度（去）

【柳葉兒】父（去）獨（入作平）物（入作去）句（去）珠（陰）乎（陽）

【尾聲】簿（去）苦（上）處（去）朱（陰）女（上）裾（陰）主（上）車（陰）柱（去）如（陽）

第二折【正宮】（真文韻）

【端正好】恨（去）神（陽）定（庚青）悶（去）

【滚繡球】論（去）憤（去）信（去）神（陽）親（陽）肯（上）信（去）門（陽）人（陽）婚（陰）

【醉高歌】村（陰）緊（上）問（去）分（去）

【醉春風】恩（陰）肯（上）姻（陰）儘（上）儘（上）恨（去）

【石榴花】春（陰）新（陰）塵（陽）神（陽）問（去）門（陽）困（去）人（陽）

【鬭鵪鶉】粉（上）親（陰）恩（陰）真（陰）勤（陽）順（去）

【上小樓】匀（陽）噀（去）門（陽）盡（去）糞（去）

【么篇】村（陰）哏（陰）人（陽）尊（陰）裙（陽）鬃（陰）稱（去）

【十二月】哏（陰）噴（陰）軍（陰）臣（陽）身（陰）

【堯民歌】人（陽）紛（陰）新（陰）神（陽）恩（陰）身（陰）認（去）

【耍孩兒】近（去）温（陰）臣（陽）門（陽）信（去）恩（去）順（去）群（陽）

【尾聲】塵（陽）人（陽）印（去）品（上）

第三折【越調】（齊微韻）

【鬪鵪鶉】嘴（上）箕（陽）勢（去）恥（上）非（陰）席（入作平）

【紫花兒序】内（去）虀（陰）易（入作去）避（去）知（陰）魁（陽）米（上）對（去）隨（陽）

【金焦葉】職（入作上）喜（上）眉（陽）卑（陰）

【調笑令】危（陰）室（入作上）理（上）制（去）随（陽）衣（陰）眉（陽）

【禿廝兒】慧（去）癡（陰）飛（陰）妻（陰）宜（陽）

【聖藥王】起（上）夕（陰）雷（陽）飢（陰）裏（上）灰（陰）知（陰）

【鬼三台】輩（去）會（去）嘴（上）梨（陽）疾（入作平）格（入作上）氣（去）的（入作上）

【尾聲】背（去）氣（去）歸（陰）國（入作上）

第四折【雙調】（蕭豪韻）

【新水令】稍（陰）到（去）朝（陽）朝（陰）報（去）

【沉醉東風】着（入作?）綃（陰）貌（去）么（陰）着（入作?）襖（上）

【雁兒落】袍（陽）誥（去）噪（去）

【雁兒落】學（入作平）笑（去）落（入作去）

【得勝令】高（陰）么（陰）好（上）曺（陽）道（去）消（陰）拷（上）

【喬牌兒】焦（陰）樂（入作去）遶（上）翹（去）

【掛玉鉤】梢（陰）貌（去）驕（陰）誥（去）報（去）霄（陰）

【甜水令】遶（上）着（入作?）瓢（陽）毫（陽）

【折桂令】交（陰）苗（陽）惡（入作去）労（陽）敖（陽）毫

（陽）饒（陽）

雁門關存孝打虎

楔子【仙呂】（先天韻）

【賞花時】天（陰）千（陰）宣（陰）遠（上）延（陽）

第一折【仙呂】（皆來韻）

【點絳唇】埃（陰）色（入作平）外（去）埋（陽）界（去）

【混江龍】塞（去）涯（陽）篩（陰）臺（陽）外（去）懷（陽）

【油葫蘆】隔（入作上）乖（陰）懷（陽）采（上）拜（去）差（陰）帥（去）来（陽）

【天下樂】臺（陽）材（陽）猜（陰）来（陽）海（上）載（上）

【那吒令】害（去）哉（陰）策（入作上）該（陰）界（去）才（陽）宰（上）堦（陰）

【鵲踏枝】臺（陽）厓（陽）才（陽）乖（陰）衰（陰）

【寄生草】来（陽）彩（上）魄（入作上）色（入作平）在（去）

【寄生草】大（去）才（陽）賽（去）策（入作上）彩（上）敗（去）

【後庭花】排（陽）解（上）大（去）衰（陰）白（入作平）慨（去）待（去）揣（陰）

【柳葉兒】帥（去）才（陽）拜（去）策（入作上）臺（陽）牌（陽）

【賺煞】塞（去）改（上）懷（陽）来（陽）捱（陽）帛（入作平）策（入作上）猜（陰）待（去）材（陽）

第二折【南吕】（寒山韻）

【一枝花】漢（去）山（陰）還（陽）岸（去）晚（上）竿（陰）簡（上）

【梁州】山（陰）幻（去）寒（陽）班（陰）顔（陽）肝（陰）安（陰）單（陰）閑（陽）看（去）漢（去）歎（去）丹（陰）殘（陽）

【隔尾】澗（去）山（陰）散（去）犯（去）拴（陰）赶（上）

【牧羊関】番（陰）関（陰）癱（陰）斑（陰）眼（上）

【賀新郎】関（陰）飯（去）漢（去）安（陰）閑（陽）難（陽）幹（去）難（陽）

【哭皇天】辦（去）間（陰）関（陰）艱（陰）番（陰）看（去）閑（陽）

【烏夜啼】萬（去）山（陰）炭（去）番（陰）安（陰）間（陰）漢（去）慢（去）班（陰）

【二煞】散（去）安（陰）間（陰）鞍（陰）漢（去）貫（桓歡）彎（陰）山（陰）

【尾聲】慢（去）閑（陽）延（陽）慢（去）看（去）間（陰）番（陰）攔（陽）安（陰）鞍（陰）反（上）

第三折【越調】（家麻韻）

【鬬鵪鶉】殺（入作上）塌（入作平）甲（入作上）耍（上）馬（上）

【紫花兒序】霞（陽）花（陽）拿（陽）伐（入作平）下（去）誇（陰）滑（入作平）

【金焦葉】華（陽）沙（陰）甲（入作上）馬（上）

【調笑令】咱（陽）伐（入作平）咱（陽）霸（去）大（去）咱（陽）撾（陰）

【禿廝兒】加（陰）誇（陰）匝（入作上）殺（入作上）

【聖藥王】他（陰）咱（陽）華（陽）馬（上）撾（陰）誇（陰）家（陰）

【雪裏梅】華（陽）咱（陽）下（去）馬（上）

【古竹馬】壓（入作去）抹（入作去）跨（去）涯（陽）家（陰）乏（入作平）他（陰）他（陰）渣（陰）滑（入作平）

【么篇】拿（陽）煞（入作上）咱（陽）他（陰）甲（入作上）馬（上）蔮（入作?）

【尾聲】化（去）瓦（上）殺（入作上）

第四折【黄鍾】（齊微韻）

【醉花陰】里（上）洗（上）機（陰）持（陽）比（上）

【喜遷鶯】基（陰）喜（上）内（去）集（入作平）的（入作上）會（去）勢（去）旗（陽）

【出隊子】列（車遮）吹（陰）鼙（陽）旗（陽）嘶（陰）

【刮地風】起（上）低（陰）起（上）儀（陽）眉（陽）騅（陰）雷（陽）蜺（陽）力（入作去）敵（入作平）搥（陽）

【四門子】內（去）飛（陰）的（入作上）勒（入作去）急（入作平）追（陰）急（入作平）裏（上）

【古水仙子】里（上）飛（陰）碎（去）旗（陽）膝（入作上）的（入作上）馗（陽）

【寨兒令】的（入作上）的（入作上）失（入作上）低（陰）機（陰）帝（去）

【尾】低（陰）里（上）盔（陰）水（上）

狄青複奪衣襖車

第一折【仙呂】（尤侯韻）

【點絳唇】收（陰）鞲（陰）舊（去）熟（入作平）赳（陰）

【混江龍】後（去）收（陰）侯（陽）牛（陽）扣（去）酬（陽）

【油葫蘆】幽（陰）逐（入作平）悠（陽）皺（去）秀（去）叟（陰）耨（去）收（陰）

【天下樂】收（陰）謳（陰）投（陽）有（上）牛（陽）由（陽）

【那吒令】就（去）就（去）就（去）彀（去）秋（陰）

【鵲踏枝】由（陽）搜（陰）熟（入作平）胄（去）眸（陽）

【寄生草】投（陽）手（上）口（上）斗（上）矛（陽）手（上）

【尾聲】赳（陰）手（上）州（陰）熟（入作平）矛（陽）侯（陽）秋（陰）斗（上）繡（去）留（陽）

第二折【南呂】（蕭豪韻）

【一枝花】襖（上）帽（去）毛（陽）飄（陰）鬧（去）霄（陰）招（陰）

【梁州】角（入作上）橋（陽）道（去）瀟（陰）霄（陰）朝（陰）毫（陰）角（入作上）遥（陽）焦（陰）號（去）脚（入作上）抓（陰）耗（去）

【牧羊関】約（入作去）高（陰）草（上）饒（陽）了（上）

【哭皇天】掿（入作去）絛（陰）稍（去）膊（入作上）鑿（入作平）倒（上）

【烏夜啼】落（入作去）轎（陰）照（去）勞（陽）焦（陰）高（陰）報（去）校（去）道（去）橋（陽）

【牧羊関】校（去）高（陰）飄（陰）蛟（陰）遶（上）豪（陽）

刀（陰）

【尾聲】高（陰）暴（去）耀（去）襖（上）鑿（入作平）刀（陰）道（去）刀（陰）了（上）

楔子【仙呂】（齊微韻）

【賞花時】虧（陰）你（上）及（入作平）直（入作平）非（陰）

【么篇】欺（陰）理（上）恢（陰）藝（去）賊（入作平）

第三折【商調】（齊微韻）

【集賢賓】衣（陰）西（陰）息（入作上）欹（陰）力（入作去）壘（上）敵（入作平）鞏（陽）世（去）一（入作去）

【後庭花】水（上）堆（陰）嘶（陰）敵（入作平）勢（去）疾（入作平）披（陰）嘶（陰）飛（陰）黑（入作上）齐（陽）直（入作平）起（上）皮（陽）齐（陽）飛（陰）靂（入作去）飛（陰）

【雙雁兒】旗（陽）的（入作上）避（去）威（陰）催（陰）

【醋葫蘆】随（陽）威（陰）踢（入作上）日（入作去）持（陽）

【么篇】提（陽）敵（入作平）鈚（陰）直（入作平）背（去）基（陰）

【么篇】推（陰）低（陰）力（入作去）勢（去）射（入作去）

【么篇】戟（入作上）尾（上）回（陽）理（上）碎（去）皮（陽）

【么篇】西（陰）持（陽）鬼（上）會（去）持（陽）

【么篇】疾（入作平）劈（入作上）飛（陰）劈（入作上）臂（去）猊（陽）

【尾聲】敵（入作平）宜（陽）踢（入作上）鼻（陽）回（陽）

第四折【中呂】（皆來韻）

【粉蝶兒】捱（陽）泰（去）歪（陰）在（去）乖（陰）柰（去）

【醉春風】海（上）歹（入作去）歹（入作去）白（入作平）害（去）

【紅繡鞋】陌（入作去）臺（陽）来（陽）灾（陰）材（陽）

【上小樓】灾（陰）害（去）開（陰）策（入作上）概（去）慨（去）害（去）

【十二月】哉（陰）懷（陽）来（陽）閡（去）材（陽）

【堯民歌】来（陽）篩（陰）開（陰）歪（陰）孩（陽）来（陽）

賣（去）

【尾聲】来（陽）来（陽）劃（入作?）大（去）載（上）

摩利支飛刀對箭

第一折【仙呂】（蕭豪韻）

【點絳唇】霄（陰）照（去）道（去）铇（去）閣（入作上）

【混江龍】少（去）豪（陽）鶴（入作平）朝（陽）勞（陽）釣（去）簫（陰）濤（陰）巢（陽）道（去）鵰（陽）

【油葫蘆】條（陽）了（上）消（陰）藥（入作去）草（上）驕（陰）落（入作去）瓢（陽）

【天下樂】高（陰）度（入作平）焦（陰）着（入作?）爪（上）了（上）

【那吒令】惱（上）着（入作?）懆（去）噪（去）孝（去）焦（陰）

【鵲踏枝】腰（陰）牢（陽）交（陰）稍（去）霄（陰）

【寄生草】討（上）鬧（去）落（入作去）罩（去）摇（陽）噪（去）

【後庭花】着（入作?）了（上）老（上）豪（陽）道（去）着（入作?）耀（去）着（入作?）焦（陰）

【青哥兒】笑（去）勞（陽）高（陰）道（去）標（陰）了（上）號（去）交（陰）刀（陰）猱（陽）袍（陽）轎（陰）稍（陰）到（去）

【尾聲】閣（入作上）討（上）遥（陽）韜（陰）高（陰）瀟（陰）了（上）爪（上）耀（去）朝（陽）

第二折【正宫】（魚模韻）

【端正好】做（去）魚（陽）屋（入作上）路（去）

【滚繡球】居（陰）處（去）諸（陰）圖（陽）務（去）語（上）愚（陽）書（陰）途（陽）

【快活三】居（陰）屬（入作平）夫（陽）目（入作去）

【朝天子】弩（上）武（上）去（去）卒（入作平）去（去）路（去）虎（上）度（去）夫（陽）簿（去）

【四邊靜】負（去）處（去）護（去）去（去）舒（陰）軀（陰）

【齊天樂】住（去）初（陰）夫（陽）屬（入作平）娛（陽）去（去）夫（陽）怒（去）徒（陽）

【紅衫兒】住（去）去（去）吁（陰）吁（陰）哭（入作平）屈（入作上）

【尾聲】福（入作上）基（齊微）卒（入作上）雨（上）浮（陽）虎（上）鼓（上）

楔子【仙呂】（先天韻）

【賞花時】言（陽）權（陽）絃（陽）偃（上）先（陰）

【么篇】鞭（陰）蘚（上）仙（陰）邊（陰）天（陰）

第三折【越調】（齊微韻）

【鬬鵪鶉】洗（上）裏（上）起（上）國（入作上）敵（入作平）失（入作上）

【紫花兒序】壘（上）池（陽）敵（入作平）及（入作平）勢（去）威（陰）旗（陽）

【寨兒令】摧（陰）悲（陰）輝（陰）敵（入作平）持（陽）雷（陽）

【么篇】威（陰）旗（陽）豸（去）猊（陽）猊（陽）

【鬼三台】諱（去）器（去）戟（陽）盔（陰）世（去）劈（入作上）刺（支思）尾（上）

【耍廝兒】藝（去）低（陰）離（陽）機（陰）蹊（陽）

【聖藥王】低（陰）催（陰）稀（陰）劈（入作上）疾（入作平）裏（上）飛（陰）

【尾聲】地（去）貝（去）椅（上）

第四折【雙調】（真文韻）

【新水令】新（陰）振（去）麟（陽）村（陰）困（去）

【甜水令】褪（去）門（陽）鬢（去）親（陰）

【折桂令】神（陽）親（陰）雲（陽）臣（陽）軍（陰）噴（陰）辛（陰）門（陽）

【喬牌兒】忻（陰）困（去）品（上）准（上）

【掛玉鉤】村（陰）棍（去）恩（陰）盡（去）身（陰）鬢（去）民（陽）

降桑椹蔡順奉母

第一折【仙呂】（蕭豪韻）

【點絳唇】調（陽）樂（入作去）好（上）堯（陽）孝（去）

【混江龍】道（去）苗（陽）廒（陽）醪（陽）樂（入作去）朝（陽）

【油葫蘆】飄（陰）了（上）囂（陰）到（去）落（入作去）苗（陽）道（去）毛（陽）

【天下樂】飄（陰）醪（陽）着（入作?）曉（上）燒（陰）討（上）

【醉中天】道（去）霄（陰）稍（陰）兆（去）樂（入作去）醪（陽）謠（陽）

【雙調】【清江引】雪（車遮）被（去）睡（去）水（上）

【那吒令】好（上）帽（去）遭（陰）襖（上）討（上）倒（上）吽（去）逃（陽）

【鵲踏枝】豪（陽）驕（陰）高（陰）傲（去）曺（陽）

【寄生草】窑（陽）樂（入作去）抱（去）道（去）還（寒山）

【金盞兒】豪（陽）驍（陰）告（去）勞（陽）標（陰）袍（陽）

【尾聲】道（去）却（入作上）了（上）匋（陽）醪（陽）恙（陰）消（陰）燒（陰）笑（去）高（陰）

第二折【商調】（蕭豪韻）

【集賢賓】高（陰）號（去）劳（陽）標（陰）老（上）毫（陽）澆（陰）

【逍遥樂】耄（去）泡（去）焦（陰）熬（陽）燎（上）咷（陽）夭（陰）

【梧葉兒】禱（上）條（陽）好（上）霄（陰）老（上）

【醋葫蘆】消（陰）遭（陰）恶（入作去）號（去）苗（陽）

【後庭花】霄（陰）遶（好）貌（去）朝（陽）詔（去）倒（上）道（去）禱（陽）保（上）條（陽）飽（上）托（入作上）表（上）表（上）

【青哥兒】樂（入作去）醮（去）覺（入作上）道（去）交（陰）苗（陽）稍（去）熬（陽）抱（去）

【尾聲】峭（去）罩（去）飄（陰）勞（陽）拗（去）消（陰）

第三折【中呂】（江陽韻）

【粉蝶兒】量（陽）忘（去）床（陽）放（去）惶（陽）樣（去）

【醉春風】涼（陽）堂（陽）講（上）講（上）康（陰）旺（去）

【迎仙客】洋（陽）長（陽）響（上）光（陰）降（去）

【紅繡鞋】樣（去）蒼（陰）芳（陰）長（陽）賞（上）

【上小樓】忙（陽）放（去）堂（陽）放（去）降（去）

【么篇】慌（陰）岡（陰）望（去）像（去）

【耍孩兒】相（去）梁（陽）昂（陽）邦（陰）揚（陽）奬（上）裳（陽）

【尾聲】王（陽）将（去）講（上）

第四折【正宮】（齊微韻）

【端正好】意（去）馳（陽）地（去）偽（陽）

【滚繡球】癡（陰）世（去）雷（陽）飛（陰）疾（入作平）異（去）疑（陽）肥（陽）垂（陽）

【倘秀才】水（上）蘂（去）飢（陰）眉（陽）喜（上）

【叨叨令】胃（去）退（去）地（去）貴（去）地（去）

【脱布衫】賊（入作平）随（陽）勢（去）

【小梁州】理（上）實（入作平）的（入作上）會（去）溪（陰）

【么篇】退（去）垂（陽）記（去）米（上）息（入作上）

【尾聲】易（入作去）遲（陽）疾（入作平）齊（陽）儀（陽）職（入作上）喜（上）

第五折【雙調】（先天韻）

【新水令】賢（陽）件（去）川（陽）傳（陽）宴（去）

【駐馬聽】年（陽）淺（上）念（去）前（陽）喧（陰）遠（上）言（陽）選（上）

【雁兒落】纏（陽）見（去）現（去）

【得勝令】天（陰）漣（陽）圓（陽）前（陽）遍（去）鮮（陰）然（陽）

【沽美酒】憐（陽）賢（陽）傳（陽）堅（陰）天（陰）

【太平令】獻（去）然（陽）見（去）轉（上）憐（陽）傳（陽）宣（陰）殿（去）

羅李郎大鬧相國寺

楔子【仙呂】（魚模韻）

【端正好】睦（入作去）書（陰）女（上）覷（去）

【么篇】去（去）途（陽）苦（上）都（陰）書（陰）輿（陽）酺（陰）魚（陽）虛（陰）路（去）

第一折【仙呂】（尤侯韻）

【點絳唇】頭（陽）勾（去）守（上）悠（陽）手（上）

【混江龍】就（去）囚（陽）侯（陽）收（陰）受（去）燭（入作上）漚（陰）

【油葫蘆】舟（陰）口（上）髏（上）救（去）有（上）秋（陰）走（上）休（陰）

【天下樂】流（陽）求（陽）搜（陰）頭（陽）牛（陽）收（陰）

【後庭花】酬（陽）修（陰）頭（陽）求（陽）勾（去）酒（上）

【醉扶歸】柳（上）樓（陽）勾（去）叩（去）頭（陽）受（去）流（陽）

【一半兒】游（陽）羞（陰）有（上）樓（陽）愁（陽）

【醉扶歸】皺（去）愁（陽）憂（陰）勾（去）手（上）獸（去）

【後庭花】有（上）仇（陽）頭（陽）熟（入作平）就（去）秋（陰）

【金盞兒】甌（陰）頭（陽）瘦（去）酒（上）樓（陽）到（上）酒（上）休（陰）

【賺煞】畜（去）瞅（上）醜（上）投（陽）由（陽）留（陽）牛（陽）袖（去）瘦（去）頭（陽）

楔子【仙呂】（歌戈韻）

【賞花時】阿（陰）朶（上）峨（陽）濶（入作上）哥（陰）

第二折【南呂】（蕭豪韻）

【一枝花】樂（入作去）燒（陰）揉（陽）秏（去）了（上）朝（陰）杳（陽）

【梁州】摇（陽）道（去）濤（陰）草（上）着（入作?）勞（陽）焦（陰）惱（上）瀟（陰）約（入作去）到（去）道（去）了（上）苗（陽）

【四塊玉】少（上）澆（陰）道（去）學（入作平）倒（上）

【紅芍藥】縛（入作平）飄（陰）燒（陰）苗（陽）了（上）咷（陽）招（陰）潮（陽）

【菩薩梁州】摇（陽）跳（去）倒（上）消（陰）條（陽）草（上）靠（去）溺（去）約（入作去）着（入作?）

【牧羊関】卓（入作上）燒（陰）杳（陽）嬌（陰）孝（去）老（上）

【梧桐葉】瘧（入作去）澆（陰）遶（上）鬧（去）

【隔尾】錯（入作上）梢（陰）要（去）約（入作去）度（入作平）了（上）

【牧羊関】縛（入作平）高（陰）梢（陰）藥（入作去）調（陽）倒（上）

【尾聲】道（去）消（陰）耗（去）着（入作?）着（入作?）了（上）

第三折【商調】（支思韻）

【金菊香】卮（陰）子（上）耳（上）似（去）兒（陽）

【集賢賓】子（上）師（陰）子（上）兒（陽）蓍（陰）匙（陽）眵（陰）私（陰）

【逍遙樂】自（去）咨（陰）絲（陰）紙（上）恥（齊微）

【梧葉兒】詩（陰）脂（陰）卮（陰）時（陽）兒（陽）

【後庭花】思（陰）子（上）事（去）史（上）思（陰）志（去）兒（陽）肆（去）使（上）子（上）耳（上）

【雙雁兒】兒（陽）私（陰）事（去）路（魚模）此（陽）

【金菊香】兒（陽）子（上）司（陰）兒（陽）斯（陰）

【醋葫蘆】紫（上）玼（上）之（陰）賜（去）枝（陰）

【金菊香】兒（陽）子（上）咨（陰）慈（陽）時（陽）

【醋葫蘆】厮（陰）子（上）雌（陰）時（陽）似（去）兒（陽）

【么篇】紙（上）時（陽）死（上）是（去）兒（陽）

【么篇】二（去）思（陰）使（上）齒（陽）是（去）兒（陽）

【浪裏來煞】屎（陰）時（陽）子（上）士（去）司（陰）

第四折【雙調】（真文韻）

【新水令】昏（陰）奔（去）雲（陽）孫（陰）困（去）

【步步嬌】分（去）運（去）貧（陽）人（陽）墳（陽）盡（去）

【沉醉東風】人（陰）真（陰）狠（上）分（去）身（陰）穩（上）

【胡十八】門（陽）神（陽）頻（陽）認（去）魂（陽）忿（去）慍（去）

【川撥棹】軍（陰）人（陽）身（陰）問（去）近（去）真（陰）

【七弟兄】人（陽）春（陰）因（陰）問（去）痕（陽）穩（上）

【搗練子】魂（陽）塵（陽）因（陰）根（陰）

【梅花酒】很（上）潤（去）村（陰）趂（去）墩（陰）人（陽）孫（陰）尊（陰）

【收江南】親（陰）銀（陽）軍（陰）人（陽）根（陰）

【乾荷葉】因（陰）人（陽）郡（去）春（陰）新（陰）人（陽）順（去）

【沽美酒】筋（陰）身（陰）新（陰）頓（去）温（陰）

【太平令】問（去）君（陰）信（去）晉（去）婚（陰）門（陽）親（陰）順（去）

【川撥棹】欣（陰）論（去）文（陽）新（陰）分（去）聞（陽）

【亂柳葉】孫（陰）尊（陰）認（去）問（去）人（陽）

【水仙子】辰（陽）親（陰）認（去）人（陽）魂（陽）恩（陰）勤（陽）

閥閱舞射柳蕤丸記

第一折【仙呂】（江陽韻）

【點絳唇】陽（陽）相（去）上（去）邦（陰）壯（去）

【混江龍】將（去）常（陽）疆（陰）良（陽）旺（去）揚（陽）

【油葫蘆】狼（陽）當（去）昂（陽）上（去）丧（去）張（陰）將（去）羌（陰）

【天下樂】賞（上）掌（上）光（陰）場（陽）亡（陽）

【那吒令】王（陽）房（陽）莊（陰）郎（陽）量（去）降（陽）

【鵲踏枝】相（去）良（陽）王（陽）上（去）江（陰）

【寄生草】量（去）蕩（去）撞（去）將（去）將（去）

【尾聲】都（陰）上（去）方（陰）往（上）糧（陽）郎（陽）槍

（陰）響（上）賞（上）當（去）鄉（陰）

第二折【南呂】（齊微韻）

【一枝花】習（入作平）記（去）旗（陽）威（陰）隊（去）圍（陽）戟（入作上）

【梁州】鼙（陽）地（去）猊（陽）鈚（陰）習（入作平）為（陽）疲（陽）壘（上）持（陽）的（入作上）的（入作上）裔（陰）器（去）職（入作上）輝（陰）

【四塊玉】識（入作上）謀（陽）及（入作平）地（去）低（陰）微（陽）勑（入作上）

【哭皇天】避（去）齊（陽）者（車遮）洗（上）催（陰）威（陰）戟（入作上）

【烏夜啼】隊（去）旗（陽）日（入作去）盔（陰）猊（陽）賊（入作平）地（去）地（去）回（陽）

【尾聲】諱（去）敵（入作平）立（入作去）德（入作上）洗（上）喜（上）

楔子【仙呂】（庚青韻）

【賞花時】臣（真文）能（陽）承（陽）嬰（陰）城（陽）

第三折【越調】（皆來韻）

【鬬鵪鶉】擺（上）色（入作平）概（去）策（入作上）械（去）

【紫花兒序】淮（陽）差（陰）捱（陽）改（上）大（去）獲（入作平）

【調笑令】開（陰）腮（陰）腮（陰）来（陽）搦（入作去）衰（陰）蓋（去）災（陰）

【禿廝兒】凱（上）篩（陰）靄（上）捱（陽）劃（入作?）

【聖藥王】懷（陽）白（入作平）鮮（上）埋（陽）来（陽）

【尾聲】大（去）海（上）載（上）

第四折【雙調】（魚模韻）

【新水令】都（陰）助（去）服（入作平）族（入作平）路（去）

【喬牌兒】吐（上）露（去）浦（上）圖（陽）

【雁兒落】鋪（去）豎（去）助（去）

【得勝令】軀（陰）弧（陽）路（去）吐（上）輸（陰）助（去）鏃（入作平）賭（上）

【川撥棹】糊（陰）圖（陽）符（陽）蒲（陽）黍（上）虎（上）

【七弟兒】物（入作去）卒（入作平）謀（陽）處（去）輸（陰）去（去）

【梅花酒】珠（陰）鋪（去）鵠（入作平）舒（陰）許（上）駒（陰）軀（陰）孤（陰）疎（陰）

【喜江南】珠（陰）娛（陽）醑（陰）與（去）圖（陽）

【折桂令】都（陰）虞（陽）書（陰）土（上）圖（陽）服（入作平）呼（陰）服（入作平）

逞風流王煥百花亭

第一折【仙呂】（車遮韻）

【點絳唇】設（入作平）列（入作去）節（入作上）舌（入作平）借（去）

【混江龍】拽（入作去）奢（陰）車（陰）蝶（入作?）遮（陰）斜（陽）月（入作去）疊（入作平）

【油葫蘆】絶（入作平）也（上）絶（入作平）血（入作上）雪（入作上）別（入作?）月（入作去）邪（陽）

【天下樂】說（入作上）怯（入作上）遮（陰）折（入作平）竊（入作上）寫（上）

【醉中天】拽（入作去）呆（陽）協（入作平）額（入作去）冶（上）月（入作去）斜（陽）

【金盞兒】嗟（陰）貼（入作上）悅（入作去）截（入作平）蝶（入作?）俫（陽）

【醉扶歸】舍（去）傑（入作平）俫（陽）謝（去）怪（皆來）謁（入作去）

【後庭花】折（入作平）賒（陰）姐（上）奢（陰）葉（入作去）接（入作上）

【一半兒】蛇（陽）蝎（入作上）捨（上）斜（陽）者（上）

【尾聲】麝（去）貼（入作上）歇（入作上）俫（陽）些（陰）蛇（陽）諜（入作平）節（入作上）業（入作去）車（陰）

楔子【仙呂】（先天韻）

【端正好】燕（去）絃（陽）便（去）蓮（陽）鴛（陰）邊（陰）

漣（陽）懸（陽）見（去）

第二折【中呂】（尤侯韻）

【粉蝶兒】流（陽）袖（去）眸（陽）秀（去）楼（陽）僽（去）

【醉春風】手（上）由（陽）醜（上）醜（上）透（去）

【迎仙客】流（陽）周（陰）柳（上）楼（陽）後（去）

【紅繡鞋】獸（去）鳩（陰）收（陰）酒（上）休（陰）頭（陽）

【滿庭芳】酒（上）友（上）儔（陽）後（去）熟（入作平）首（上）頭（陽）究（去）侯（陽）頭（陽）

【上小樓】毬（陽）陸（入作去）熟（入作平）摟（陰）謳（陰）奏（去）嗽（去）

【么篇】流（陽）首（上）竹（入作上）袖（去）

【普天樂】毬（陽）豆（去）手（上）頭（陽）肉（入作去）就（去）流（陽）熟（入作平）透（去）柔（陽）

【十二月】柳（上）投（陽）久（上）收（陰）瘦（去）愁（陽）

【堯民歌】流（陽）漚（陰）愁（陽）求（陽）休（陰）由（陽）袖（去）

【快活三】收（陰）兜（陰）楼（陽）皺（去）

【鮑老兒】首（上）溜（去）勾（陰）勾（去）頭（陽）秋（陰）

【耍孩兒】救（去）手（上）轂（入作上）籌（陽）侯（陽）授（去）牛（陽）

【尾聲】手（上）溜（去）授（去）頭（陽）

第三折【商調】（齊微韻）

【集賢賓】一（入作去）知（陰）義（去）機（陰）倫（去）稷（入作上）危（陰）集（入作平）池（陽）

【逍遥樂】藝（去）鉞（車遮）槌（陽）習（入作平）帰（陰）濟（去）馳（陽）

【掛金索】最（上）魁（陽）對（去）美（上）味（去）

【山坡羊】致（去）對（去）蜜（入作去）會（去）離（陽）備（去）喜（上）你（上）你（上）

【梧葉兒】齊（陽）微（陽）低（陰）疑（陽）裏（上）

【金菊香】眉（陽）提（陽）膝（入作上）圍（陽）衣（陰）

【醋葫蘆】體（上）肌（陰）圍（陽）寐（去）氣（去）威（陰）

【後庭花】織（入作上）痴（陰）蜜（入作去）泥（陽）機（陰）智（去）識（入作上）為（陽）勢（去）

【雙雁兒】機（陰）紀（去）利（去）非（陰）耻（上）

【青哥兒】遂（去）威（陰）裹（上）蜺（陽）雷（陽）曳（去）漓（陽）器（去）疾（入作平）輩（去）泥（陽）息（入作上）計（去）

【醋葫蘆】知（陰）知（陰）饑（陰）底（上）意（去）期（陽）

【金菊香】拾（入作平）理（上）遲（陽）飛（陰）梨（陽）

【醋葫蘆】齊（陽）威（陰）雷（陽）啼（陽）睡（去）遲（陽）

【金菊香】敵（入作平）知（陰）氣（去）梨（陽）隨（陽）

【醋葫蘆】賊（入作平）理（上）妻（陰）敵（入作平）力（入作去）宜（陽）

【尾聲】費（去）魁（陽）職（入作上）位（去）石（入作平）

第四折【雙調】（支思韻）

【新水令】時（陽）使（上）師（陰）斯（陰）志（去）

【駐馬聽】師（陰）私（陰）士（去）雌（陰）兒（陽）士（去）之（陰）史（上）

【雁兒落】揸（上）試（去）死（上）

【得勝令】施（陰）時（陽）師（陰）玼（上）志（去）資（陰）祠（陽）

【風入松】時（陽）私（陰）使（上）資（陰）兒（陽）

【喬牌兒】肆（去）事（去）寺（去）死（上）

【水仙子】枝（陰）司（陰）事（去）屍（陰）辭（陽）紫（上）辭（陽）

【殿前歡】師（陰）兒（陽）子（上）私（陰）司（陰）市（去）寺（去）脂（陰）

龍濟山野猿聽經

第一折【仙呂】（東鍾韻）

【點絳唇】通（陰）誦（去）用（去）攻（陰）冷（庚青）

【混江龍】誦（去）中（陰）通（陰）中（陰）虹（陽）風（陰）宗（陰）風（陰）中（陰）用（去）通（去）

【油葫蘆】中（陰）宗（陰）冲（陰）共（去）共（去）封（陰）凍（去）榮（陽）

【天下樂】充（陰）匆（陰）窮（陽）通（陰）攻（陰）中（陰）

【醉扶歸】洞（去）龍（陽）重（陽）湧（上）用（去）鳳（去）

【村裹迓鼓】控（去）動（去）迸（去）洞（去）榮（陽）擁（上）

【元和令】濃（陽）重（去）濃（陽）同（陽）中（陰）風（陰）

【上馬嬌】重（陽）紅（陽）中（陰）聳（上）叢（陽）融（陽）

【後庭花】空（陰）宮（陰）松（陰）夢（去）峯（陰）重（陽）

【柳葉兒】奉（去）恭（陰）洞（去）匆（陰）峯（陰）

【尾聲】峯（陰）洞（去）中（陰）融（陽）重（陽）峯（陰）峯（陰）冲（陰）中（陰）縱（去）宮（陰）

第二折【南呂】（蕭豪韻）

【一枝花】落（入作去）腰（陰）濤（陰）攪（上）遭（陰）巧（上）

【梁州第七】濯（入作平）哮（去）跳（去）條（陽）脚（入作上）腰（陰）高（陰）遥（陽）草（上）桃（陽）小（上）藥（入作去）要（去）遭（陰）遥（陽）

【四塊玉】摇（陽）跳（去）摇（陽）掿（入作去）着（入作?）倒（上）

【隔尾】掃（上）敲（陰）到（去）瞧（陰）瞧（陰）索（入作上）

【牧羊関】着（入作?）緲（無）倒（上）簫（陰）了（上）

【罵玉郎】吽（去）摇（陽）鞘（去）高（陰）耀（去）

【感皇恩】着（入作?）逃（陽）瞧（上）焦（陰）作（入作上）

【採茶歌】饒（陽）消（陰）遥（陽）了（上）霄（陰）

【尾聲】樂（入作去）躍（入作去）妙（去）曉（上）了（上）了（上）

第三折【中呂】（家麻韻）

【粉蝶兒】華（陽）化（去）華（陽）大（去）加（陰）話（去）

【醉春風】雜（入作平）假（上）假（上）罷（去）

【紅繡鞋】下（去）加（陰）雜（入作平）霞（陽）榻（入作上）

【石榴花】芽（陽）華（陽）達（入作?）法（入作上）家（陰）掛（去）霞（陽）掛（去）涯（陽）

【鬥鵪鶉】華（陽）霞（陽）法（入作上）察（入作上）那（去）馬（上）

【滿庭芳】加（陰）衙（陽）罷（去）枷（陰）雜（入作平）加（陰）下（去）榻（入作上）沙（陰）

【上小樓】佳（陰）髮（入作上）差（陰）下（去）掛（去）

【耍孩兒】插（入作上）霞（陽）加（陰）佳（陰）家（陰）画（去）嘉（陰）

【尾聲】涯（陽）塔（入作上）法（入作上）

楔子【仙呂】（江陽韻）

【賞花時】講（上）鄉（陰）香（陰）王（陽）堂（陽）

第四折【雙調】（先天韻）

【新水令】禅（陽）見（去）染（廉纖）纏（陽）然（陽）面（去）

【駐馬聽】天（陰）變（去）顏（陽）詮（陰）展（上）言（陽）現（去）

【沉醉東風】顯（上）現（去）淵（陰）言（陽）典（上）

【沽美酒】見（去）前（陽）蓮（陽）見（去）

【太平令】殿（去）然（陽）遍（去）現（去）俺（監咸）緣（陽）緣（陽）院（去）

【折桂令】天（陰）泉（陽）傳（陽）然（陽）堅（陰）天（陰）

【殿前歡】天（陰）虔（陽）現（去）顏（陽）傳（陽）現（去）見（去）全（陽）

二郎神醉射鎖魔鏡

第一折【仙呂】（東鍾韻）

【點絳唇】雄（陽）捧（上）猛（上）通（陰）洞（去）

【混江龍】用（去）戎（陰）童（陽）功（陰）弓（陰）驄（陰）龍（陽）蓬（陽）風（陰）濛（陽）重（陽）胸（陰）紅（陽）雄（陽）動（去）風（陰）

【油葫蘆】重（陽）兄（陰）逢（陽）共（去）送（去）濃（陽）

仲（去）空（陰）

【天下樂】鍾（陰）舼（陰）濃（陽）擁（上）龍（陽）風（陰）

【醉扶歸】聳（上）弓（陰）中（陰）送（去）弄（去）中（去）

【金盞兒】弓（陰）桶（上）從（去）踪（陰）聲（庚青）紅（陽）

【尾聲】動（去）崩（陰）弓（陰）紅（陽）東（陰）空（陰）龍（陽）鳳（去）龍（陽）

第二折【南呂】（庚青韻）

【一枝花】令（去）庭（陽）停（陽）郡（真文）緊（真文）巡（真文）根（真文）

【梁州】君（真文）盡（真文）倫（真文）星（陰）睛（陰）生（陰）精（陰）兵（陰）贏（陽）行（陽）命（去）辰（陽）名（陽）情（陽）

【隔尾】令（去）聽（陰）鏡（去）輕（陰）庭（陽）整（上）

【牧羊關】嗔（真文）盡（真文）身（真文）精（陰）名（陽）

【罵玉郎】狥（去）停（陽）陣（真文）病（去）

【感皇恩】生（陰）勳（真文）神（真文）君（真文）兵（陰）

【採茶歌】神（真文）靈（陽）驚（陰）寧（陽）

【尾聲】行（陽）功（東鍾）争（陰）盡（真文）門（真文）身（真文）本（真文）

第三折【越調】（尤侯韻）

【鬥鵪鶉】搜（上）斗（上）手（上）彪（陰）首（上）

【紫花兒序】兜（陰）州（陰）矛（陽）頭（陽）勾（去）投（陽）

【金蕉葉】右（去）手（上）口（上）軸（入作平）

【調笑令】口（上）休（陰）手（上）究（去）熟（入作平）籌（陽）頭（陽）

【禿廝兒】走（上）騮（陽）頭（陽）求（陽）由（陽）

【聖藥王】收（陰）丢（陰）救（去）首（上）休（陰）求（陽）休（陰）

【雪中梅】籌（陽）頭（陽）救（去）縮（入作平）

【古竹馬】鬥（去）休（陰）頭（陽）騮（陽）兜（陰）籌（陽）

袖（去）驟（去）搜（陰）休（陰）憂（陰）愁（陽）吼（上）

【尾聲】手（上）走（上）

第四折【黃鍾】（齊微韻）

【醉花陰】起（上）里（上）實（入作平）比（上）

【喜遷鶯】疾（入作平）喜（上）勢（去）随（陽）實（入作平）氣（去）敵（入作平）藝（去）旗（陽）

【出隊子】列（車遮）壘（上）雷（陽）極（入作平）嘶（陰）

【刮地風】起（上）低（陰）起（上）威（陰）臂（去）器（去）飛（陰）力（入作去）儀（陽）

【四門子】勢（去）飛（陰）靂（入作去）疾（入作平）遲（陽）飛（陽）疾（入作平）裏（上）

【古水仙子】起（上）迷（陽）劈（入作上）起（上）持（陽）繫（去）囬（陽）

【尾聲】勢（去）持（陽）里（上）

漢鐘離度脱藍采和

第一折【仙吕】（先天韻）

【點絳唇】傳（陽）面（去）院（去）禅（陽）淺（上）

【混江龍】線（去）年（陽）便（去）全（陽）錢（陽）縣（去）田（陽）

【油葫蘆】選（上）專（陰）編（陰）怨（去）怨（去）鞭（陰）殿（去）園（陽）

【天下樂】前（陽）淺（上）憐（陽）懸（陽）顯（上）

【那吒令】緣（陽）軒（陰）天（陰）徧（去）寃（陰）

【鵲踏枝】錢（陽）扮（寒山）佡（陰）繭（上）緣（陽）

【寄生草】穿（陰）串（去）確（去）麪（去）宴（去）

【賺煞】面（去）苑（上）免（上）顛（陰）軒（陰）天（陰）前（陽）堅（陰）見（去）天（陰）

第二折【南吕】（庚青韻）

【一枝花】瓶（陽）鼎（上）星（陰）生（陰）敬（去）能（陽）兄（陰）

【梁州】生（陰）命（去）経（陰）性（去）騰（陽）靈（陽）停

（陽）命（去）情（陽）命（去）名（陽）逢（東鍾）棚（陽）盛（去）並（去）令（去）程（陽）

【賀新郎】聲（陰）姓（去）净（去）掙（去）稱（陰）聽（陰）撑（去）囊（陰）

【鬥蝦蟆】経（陰）清（陰）経（陰）情（陽）應（去）徑（去）定（去）靈（陽）生（陰）净（去）聽（陰）生（陰）

【哭皇天】挣（去）靈（陽）名（陽）静（去）成（陽）疼（陽）湼（上）荊（陰）

【烏夜啼】信（真文）星（陰）進（真文）聞（真文）箏（陰）行（陽）令（去）信（真文）噴（陰）

【尾聲】領（上）行（陽）情（陽）聲（陰）名（陽）醒（上）城（陽）醒（上）

第三折【正宮】（歌戈韻）

【端正好】拖（陰）果（上）歌（陰）過（去）麽（陽）

【滚繡球】魔（陽）我（上）掇（入作上）呵（陰）奪（入作平）脫（入作平）破（去）奪（入作平）和（陽）那（陽）

【倘秀才】聒（入作上）鎖（上）多（陰）歌（陰）活（入作平）

【滚繡球】箇（去）活（入作平）掇（入作上）合（入作?）火（上）裹（上）喝（入作上）多（陰）魔（陽）

【快活三】何（陽）跎（陽）歌（陰）禍（去）

【朝天子】活（入作平）活（入作平）過（去）合（入作?）卧（去）多（陰）我（上）着（入作?）脫（入作平）坐（去）

【尾聲】果（上）脫（入作平）過（去）我（上）

第四折【雙調】（齊微韻）

【新水令】持（陽）弟（去）機（陰）池（陽）日（入作去）

【慶東園】歧（陽）地（去）戟（陽）笛（入作平）旗（陽）器（去）

【沽美酒】急（入作平）馳（陽）里（上）得（入作上）利（去）

【太平令】弟（去）随（陽）藝（去）紀（去）十（入作平）十（入作平）十（入作平）歲（去）

【川撥棹】劇（入作去）非（陰）笛（入作平）拾（入作平）意（去）疑（陽）

【七弟兄】敵（入作平）嘴（上）嘻（陰）置（去）知（陰）會（去）

【梅花酒】的（入作上）及（入作平）敵（入作平）疾（入作平）喜（上）微（陽）飛（陰）弟（去）姨（陽）囲（陽）

【收江南】離（陽）随（陽）基（陰）里（上）池（陽）

李雲英風送梧桐葉

楔子【仙呂】（寒山韻）

【賞花時】斑（陰）閑（陽）鞍（陰）晚（上）安（陰）

第一折【仙呂】（真文韻）

【點絳唇】分（陰）裩（去）寸（去）新（陰）恨（去）

【混江龍】盡（去）塵（陽）春（陰）人（陰）紛（陰）隱（上）粼（陽）神（陽）茵（陰）頻（陽）人（陽）悶（去）顰（陽）

【油葫蘆】忖（上）分（陰）鱗（陽）裩（去）近（去）春（陰）盡（去）雲（陽）

【天下樂】魂（陽）春（陰）人（陽）滚（上）人（陽）身（陰）損（上）

【那吒令】雲（陽）痕（陽）雲（陽）痕（陽）雲（陽）痕（陽）恨（去）唇（陽）

【鵲踏枝】親（陰）春（陰）輪（陽）緊（上）門（陽）

【寄生草】人（陽）裩（去）問（去）認（去）近（去）

【金盞兒】真（陰）新（陰）悶（去）雲（陽）魂（陽）人（陰）

【醉中天】晋（去）軍（陰）真（陰）認（去）分（陰）音（陰）因（陰）

【後庭花】因（陰）春（陰）身（陰）塵（陽）韻（去）勻（陽）恩（陰）聞（陽）論（去）

【青哥兒】盡（去）門（陽）春（去）真（陰）濱（陰）雲（陽）塵（陽）親（陰）分（去）

【賺煞】忿（去）哂（上）人（陽）雲（陽）神（陽）紛（陰）分（去）昏（陰）寸（去）雲（陽）

第二折【正宮】（魚模韻）

【端正好】暑（上）臾（陽）怒（去）木（入作去）

【滾繡球】蘆（陽）竹（入作上）去（去）呼（陰）雨（上）據（去）梧（陽）侶（上）書（陰）吁（陰）

【倘秀才】伏（入作平）喻（去）祖（上）鱸（陽）都（陰）

【滾繡球】土（上）霚（去）衢（陽）舞（上）路（去）伏（入作平）女（上）夫（陽）烏（陰）

【倘秀才】怒（去）覆（入作上）付（去）玉（入作去）夫（陽）主（上）

【呆骨朵】去（去）臾（陽）竹（入作上）路（去）書（陰）

【叨叨令】暮（去）戍（去）住（去）入（入作去）住（去）

【伴讀書】去（去）度（去）處（去）苦（上）助（去）除（陽）

【笑和尚】琚（陰）路（去）住（去）衢（陽）暮（去）

【三煞】縷（上）玉（入作去）舒（陰）酴（陽）曲（入作上）廚（陽）

【二煞】處（去）餘（陽）須（陰）珠（陰）宇（上）衢（陽）

【煞尾】絮（去）孤（陰）杵（上）初（陰）妤（陽）玉（入作去）蘆（陽）黍（上）隅（陽）疎（陰）枯（陰）梧（陽）珠（陰）夫（陽）毒（入作平）途（陽）無（陽）膚（陰）爐（陽）筯（去）護（去）無（陽）楚（上）雨（上）

第三折【中呂】（蕭豪韻）

【粉蝶兒】憔（陽）抱（去）稍（陰）到（去）條（陽）照（去）

【醉春風】杳（陽）了（上）眺（去）

【迎仙客】了（上）逃（陽）小（上）鳥（上）度（入作平）笑（去）

【紅繡鞋】教（去）苗（陽）膠（陰）橋（陽）了（上）

【普天樂】掠（入作去）嬌（陰）俏（去）貌（去）嬈（陽）瓢（陽）草（上）簫（陰）

【上小樓】表（上）嶽（入作去）簫（陰）交（陰）飄（陰）落（入作去）到（去）

【么篇】霄（陰）飆（陽）了（上）少（去）到（去）

【脫布衫】萄（陽）韶（陽）導（去）

【小梁州】燒（陰）橋（陽）雕（陰）旄（陽）報（去）遥（陽）

【么篇】耀（去）摇（陽）樂（入作去）笑（去）鬧（去）袍

（陽）

【石榴花】轎（去）袍（陽）驕（陰）嬌（陰）稍（陰）抛（陰）豪（陽）

【鬭鵪鶉】交（陰）高（陰）好（上）巢（陽）巧（上）老（上）

【耍孩兒】道（去）豪（陽）朝（陽）寶（上）高（陰）帽（去）腰（陰）

【三煞】着（入作?）落（入作去）了（上）道（去）調（陽）

【二煞】挑（陰）眺（去）着（入作?）裊（上）度（入作平）

【尾聲】約（入作去）兆（去）掃（上）

第四折【雙調】（東鍾韻）

【新水令】洞（去）鳳（去）中（陰）風（陰）中（去）

【駐馬聽】宫（陰）空（陰）鳳（去）風（陰）宫（陰）夢（去）通（陰）用（去）

【喬牌兒】中（陰）送（去）從（去）鬆（陰）

【沉醉東風】洶（陰）東（陰）鳳（去）逢（陽）中（陰）種（上）

【川撥棹】沖（陰）空（陰）蓬（陽）踪（陰）重（陽）鋒（陰）中（陰）重（去）

【七弟兄】攻（陰）絨（陽）中（陰）弄（去）匆（陰）動（去）

【梅花酒】鴻（陽）風（陰）桐（陽）櫳（陽）中（陰）通（陰）宫（陰）空（陰）東（陰）

【收江南】踪（陰）宫（陰）濃（陽）逢（陽）同（陽）

【鴛鴦煞】共（去）送（去）同（陽）從（陽）桐（陽）寵（上）

趙匡義智娶符金錠

楔子【仙吕】（真文韻）

【赏花时】人（阳）门（阳）云（阳）信（去）昏（阴）

第一折【仙吕】（齊微韻）

【點絳唇】垂（陽）對（去）碎（去）池（陽）意（去）

【混江龍】内（去）知（陰）移（陽）啼（陽）内（去）依（陰）

【油葫蘆】啼（陽）飛（陰）歸（陰）致（去）醉（去）飛（陰）際（去）題（陽）

【天下樂】歸（陽）疑（陽）喜（上）機（陰）泥（陽）底（上）

【那吒令】裡（上）底（上）運（上）西（陰）欵（上）飛（陰）媚（去）霏（陰）

【鵲踏枝】的（入作上）癡（陰）期（陽）會（去）為（陽）

【寄生草】裏（上）罪（去）會（去）地（去）諱（去）

【醉中天】際（去）媒（陽）眉（陽）濟（去）遲（陽）避（去）機（陰）

【金盞兒】微（陽）危（陰）罪（去）眉（陽）期（陽）

【賺煞尾】計（去）知（陰）回（陽）媒（陽）遲（陽）期（陽）歸（陰）起（上）議（去）回（陽）

第二折【南呂】（皆來韻）

【一枝花】客（入作上）才（陽）猜（陰）驀（入作去）懷（陽）海（上）

【梁州】槐（陽）客（入作上）淮（陽）牌（陽）才（陽）排（陽）窄（入作上）排（陽）哉（陰）代（去）解（上）来（陽）白（入作平）

【隔尾】柰（去）懷（陽）恠（去）猜（陰）擺（上）歹（入作去）

【牧羊関】改（上）柴（陽）賣（去）篩（陰）猜（陰）

【罵玉郎】恠（去）白（入作平）陌（入作去）碍（去）

【感皇恩】諧（陽）懷（陽）来（陽）街（陰）災（陰）

【採茶歌】来（陽）排（陽）来（陽）衰（陰）

【煞】解（上）垓（陰）待（去）宅（入作平）劃（入作?）客（入作上）

第三折【中呂】（江陽韻）

【粉蝶兒】量（陽）張（陰）詳（陽）向（去）香（陰）當（去）

【醉春風】想（上）想（上）想（上）望（去）

【迎仙客】腸（陽）強（陽）講（上）堂（陽）讓（去）

【紅繡鞋】強（陽）箱（陰）牎（陰）腸（陽）往（上）

【上小樓】嚷（上）望（去）往（上）狂（陽）上（去）望（去）

【么篇】慌（陰）藏（陽）怏（去）帳（去）

【耍孩兒】樣（去）央（陰）揚（陽）廂（陰）向（去）房（陽）

【煞尾】量（陽）帳（去）賞（上）

楔子【仙呂】（真文韻）

【賞花時】准（上）人（陽）門（陽）謹（上）婚（陰）

第四折【雙調】（蕭豪韻）

【新水令】嬈（上）道（去）教（陰）朝（陰）鬧（去）

【沉醉東風】炒（陰）標（陰）了（上）燥（去）牢（陽）好（上）巧（上）

【雁兒落】暴（去）到（去）鬧（去）

【得勝令】逃（陽）消（陰）勞（陽）度（入作平）報（去）焦（陰）了（上）

【甜水令】腦（上）笑（去）交（陰）照（去）苗（陽）

【折桂令】抛（陰）瞧（陽）較（上）淘（陽）瑶（陽）韶（陽）描（陽）

【沽美酒】勞（陽）報（去）何（上）老（上）朝（陰）

【太平令】道（去）毫（陽）虐（入作去）落（入作去）着（入作?）着（入作?）倒（上）落（入作去）

包待制智賺生金閣

楔子【仙呂】（江陽韻）

【賞花時】場（陽）殃（陰）娘（陽）奨（上）鄉（陰）

第一折【仙呂】（魚模韻）

【點絳唇】吁（陰）慮（去）許（上）餘（陽）數（去）

【混江龍】遇（去）途（陽）萸（陽）服（入作平）軀（陰）步（去）糊（陽）

【油葫蘆】舞（上）鼓（上）鋪（去）步（去）顧（去）無（陽）粟（入作上）夫（陽）

【天下樂】居（陰）術（入作平）付（去）苦（上）輔（去）古（上）

【金盞兒】呼（陰）俗（入作平）助（去）服（入作平）圖（陽）符（陽）魚（陽）

【醉扶歸】府（上）書（陰）與（陽）路（去）母（上）去（去）

【金盞兒】初（陰）無（陽）取（上）諸（陰）珠（陰）閭（上）

【後庭花】鋪（去）簌（入作?）酺（陰）儒（陽）故（去）福（入作上）助（去）故（去）無（陽）姝（陰）婦（去）梳（陰）處（去）女（上）姑（陰）

【青哥兒】做（去）俗（入作平）處（去）孤（陰）捽（入作平）卒（入作平）吁（陰）虛（陰）哭（入作平）除（陽）父（去）

【尾聲】訴（去）虎（上）謀（陽）徒（陽）麄（入作上）主（上）婦（去）戮（入作去）夫（陽）

第二折【越調】（江陽韻）

【鬬鵪鶉】往（上）朗（上）況（去）蒼（陰）當（去）

【紫花兒序】房（陽）量（陽）唐（陽）當（去）降（去）黄（陽）

【小桃紅】強（陽）望（去）央（陰）忙（陽）帳（去）鴦（陰）

【憑欄人】當（陰）揚（陽）粧（陰）想（上）

【鬼三台】朗（上）蕩（去）網（上）腸（陽）當（陰）梁（陽）姜（陰）傍（陽）

【寨兒令】傷（陰）汪（陰）上（去）庄（陰）亡（陽）丧（去）

【么篇】光（陰）陽（陽）上（去）筋（真文）張（陰）瘡（陰）

【金蕉葉】嗓（上）廂（陰）穰（上）當（陰）

【調笑令】相（去）藏（陽）娘（陽）悵（去）床（陽）當（陰）桑（陰）

【尾聲】杖（去）殃（陰）謊（上）

第三折【南吕】（蕭豪韻）

【一枝花】兆（去）劳（陽）僚（陽）孝（去）韜（陰）閣（入作上）

【梁州】稍（陰）到（去）消（陰）條（陽）描（陽）道（去）橋（陽）杳（上）鳥（上）噪（去）稍（去）

【牧羊関】挑（陰）描（陽）標（陰）閣（入作上）羔（陰）高（陰）

【賀新郎】霄（陰）樂（入作去）了（上）樂（入作去）徭（陽）曹（陽）草（上）豪（陽）

【牧羊関】消（陰）高（陰）嚎（陽）鬧（去）劳（陽）早（上）朝（陽）

【哭皇天】道（去）消（陰）苗（陽）刀（陰）禱（上）着（入作?）角（入作上）

【烏夜啼】廟（去）燒（陰）到（去）喬（陽）叨（陰）摇（陽）跳（去）拗（去）膏（陰）

【黄鍾尾】詔（去）包（陰）交（陰）到（去）落（入作去）捉（入作平）曹（陽）挑（陰）吊（去）老（上）

第四折【雙調】（齊微韻）

【新水令】吹（陰）退（去）輝（陰）窺（陰）日（入作去）

【沉醉東風】尉（去）遲（陽）鬼（上）祟（去）迷（陽）黑（入作上）

【慶東原】提（陽）跪（去）你（上）裡（上）誰（陽）吏（去）

【沽美酒】識（入作上）賊（入作平）你（上）題（陽）席（入作平）

【太平令】醉（去）歸（陰）計（去）計（去）裡（上）的（入作上）刻（入作上）碎（去）

包待制智斬魯齋郎

楔子【仙吕】（家麻韻）

【端正好】下（去）鍘（入作平）押（入作去）怕（去）

【么篇】罷（去）家（陰）大（去）法（入作上）壓（入作去）拿（陽）查（陰）詫（去）

第一折【仙吕】（先天韻）

【點絳唇】權（陽）面（去）卷（去）連（陽）善（去）

【混江龍】便（去）錢（陽）烟（陰）前（陽）串（去）圓（陽）

【油葫蘆】田（陽）千（陰）寃（陰）面（去）面（去）院（去）院（去）遷（陰）卷（去）錢（陽）

【天下樂】園（陽）權（陽）捲（上）千（陰）年（陽）喘（上）

【金盞兒】原（陽）喧（陰）徧（去）言（陽）漣（陽）前（陽）

【後庭花】邊（陰）面（去）偃（上）淵（陰）戦（去）愆（陰）烟（陰）奠（去）喧（陰）圓（陽）偏（陰）前（陽）

【青哥兒】辨（去）言（陽）寃（陰）然（陽）顛（陰）延（陽）前（陽）嚥（去）

【賺煞】現（去）蹇（上）懸（陽）延（陽）言（陽）宣（陰）賢（陽）面（去）圓（陽）圓（陽）

第二折【南呂】（齊微韻）

【一枝花】勢（去）離（陽）蝕（入作平）壻（去）媒（陽）随（陽）匹（入作上）

【梁州】恢（陰）睡（去）低（陰）非（陰）徊（陽）姬（陰）蠡（上）妃（陰）水（上）計（去）繫（去）尺（入作上）飛（陰）

【牧羊関】底（上）室（入作上）旗（陽）的（入作上）

【四塊玉】吃（入作上）宜（陽）氣（去）痴（陰）泥（陽）得（入作上）

【尾聲】配（去）犁（陽）戚（入作上）壁（入作上）體（上）內（去）妻（陰）世（去）歲（去）裡（上）

第三折【中呂】（魚模韻）

【粉蝶兒】徒（陽）慾（入作去）粗（陰）婦（去）俗（入作平）做（去）

【醉春風】府（上）苦（上）苦（上）聚（去）

【紅繡鞋】慮（去）吁（陰）軀（陰）扶（陽）女（上）

【迎仙客】付（去）舉（上）福（入作上）毒（入作平）珠（陰）肚（去）

【紅繡鞋】去（去）蹰（陽）措（去）吾（陽）怪（皆來）

【石榴花】初（陰）疎（陰）如（陽）夫（陽）夫（陽）去（去）屬（入作平）婦（去）辜（陰）

【鬭鵪鶉】足（入作上）主（上）夫（陽）婦（去）雨（上）

【上小樓】語（上）樹（去）疎（陰）愚（陽）婦（去）夫（陽）聚（去）户（去）

【么篇】福（入作上）哭（入作平）目（入作去）做（去）住（去）

【十二月】住（去）爐（陽）土（上）珠（陰）語（上）夫（陽）

【堯民歌】書（陰）符（陽）扶（陽）夫（陽）俗（入作平）處（去）去（去）

【要孩兒】主（上）侶（上）愚（陽）疎（陰）竹（入作上）如（陽）

【二煞】舞（上）簇（入作上）鵡（上）鴣（陰）腹（入作上）具（去）術（入作平）

【尾煞】夫（陽）宿（入作上）主（上）

第四折【雙調】（歌戈韻）

【新水令】波（陰）卧（去）何（陽）歌（陰）破（去）

【風入松】波（陰）奪（入作平）我（上）柯（陰）娑（陰）

【甜水令】過（去）阿（陰）坐（去）柯（陰）

【折桂令】波（陰）珂（陰）歌（陰）活（入作平）羅（陽）合（入作?）河（陽）

【雁兒落】過（去）懦（去）卧（去）

【得勝令】何（陽）歌（陰）多（陰）哥（陰）禍（去）娥（陽）窠（陰）

【川撥棹】鐸（入作平）我（上）聒（入作上）窩（陰）鐸（入作平）可（上）

【七弟兄】我（上）何（陽）寞（入作去）過（去）合（入作?）卧（去）

【梅花酒】闊（入作上）托（入作上）呵（陰）他（陰）跎（陽）酡（陽）蘿（陽）

【收江南】歌（陰）我（上）羅（陽）鎖（上）柯（陰）

張公藝九世同居

第一折【仙呂】（魚模韻）

【點絳唇】居（陰）木（入作去）古（上）族（入作平）睦（入作去）

【混江龍】序（去）閭（上）賈（上）書（陰）無（陽）母（上）姑（陰）斛（入作平）車（陰）湖（陽）禄（入作去）如（陽）

【油葫蘆】與（陽）足（入作上）居（陰）暮（去）聚（去）主（上）恤（入作上）閭（上）

【天下樂】都（陰）祖（上）俗（入作平）伏（入作平）古（上）

【那吒令】燭（入作上）屋（入作上）爐（陽）縷（上）酺（陰）壺（陽）殂（上）除（陽）

【鵲踏枝】穆（入作去）踈（陰）模（陽）祝（去）虞（陽）

【寄生草】儒（陽）粟（入作上）玉（入作去）柱（去）句（去）

【么篇】書（陰）旅（上）戍（去）伍（上）居（陰）住（去）

【六么序】付（去）伏（入作平）娛（陽）餘（陽）書（陰）軀（陰）誤（去）讀（入作平）怒（去）諸（陰）

【么篇】愚（陽）術（入作平）庶（去）俗（入作平）主（上）除（陽）鋤（陽）蕪（陽）衢（陽）暮（去）虛（陰）務（去）祖（上）軀（陰）

【賺煞尾】禄（入作去）汝（上）殊（陽）如（陽）獨（入作平）乎（陽）疎（陰）虛（陰）度（去）書（陰）

第二折【南吕】（尤侯韻）

【一枝花】瘦（去）漚（陰）逐（入作平）晝（去）秋（陰）休（陰）斗（上）

【梁州】留（陽）祐（去）裘（陽）羞（陰）楼（陽）鈎（陰）酹（陽）游（陽）頭（陽）友（上）後（去）究（去）坵（陰）流（陽）

【隔尾】瘦（去）熟（入作平）透（去）休（陰）守（上）手（上）

【牧羊関】脩（陰）酹（陽）牖（上）楼（陽）流（陽）

【牧羊関】收（陰）求（陽）偶（上）綢（陽）周（陰）

【紅芍藥】由（陽）流（陽）留（陽）求（陽）酬（陽）秋（陰）頭（陽）周（陰）

【菩薩梁州】舟（陰）受（去）首（上）愁（陽）頭（陽）後（去）謬（去）脩（陰）留（陽）

【罵玉郎】後（去）求（陽）謬（去）舊（去）

【感皇恩】幽（陰）秀（去）流（陽）友（上）鷗（陰）丘（陰）

【採茶歌】侯（陽）流（陽）游（陽）口（上）愁（陽）

【煞尾】構（去）脩（陰）逗（去）柳（上）酒（上）友（上）

第三折【雙調】（皆來韻）

【清江引】腮（陰）柰（去）拜（去）来（陽）

【正宫】（真文韻）

【端正好】信（去）雲（陽）運（去）分（去）

【滚繡球】尊（陰）論（去）遜（去）人（陽）銀（陽）問（去）陳（陽）新（陰）云（陽）

【倘秀才】門（陽）忖（上）尊（陰）孫（陰）引（上）

【脱布衫】氳（陰）宸（陽）恩（陰）問（去）

【小梁州】民（陽）村（陰）因（陰）順（去）分（陰）

【么篇】訓（去）仁（陽）論（去）本（上）身（陰）

【醉太平】粉（上）雲（陽）軍（陰）哂（上）論（去）問（去）臣（陽）尊（陰）

【叨叨令】遜（去）忿（去）恨（去）論（去）順（去）

【隨煞尾】刃（去）紛（陰）分（去）信（去）恩（陰）嗔（陰）問（去）論（去）親（陰）身（陰）忍（上）

第四折【雙調】（蕭豪韻）

【新水令】韶（陽）道（去）高（陰）僚（陽）到（去）

【駐馬聽】遥（陽）袍（陽）鬧（去）蒿（陰）霄（陰）孝（去）豪（陽）繞（上）

【殿前歡】勞（陽）朝（陽）道（去）濤（陰）交（陰）笑（去）傲（去）倒（上）豪（陽）

【川撥棹】標（陰）錯（入作上）高（陰）條（陽）郊（陰）了（上）杳（上）

【七弟兄】了（上）朝（陽）到（去）薄（入作平）報（去）

【梅花酒】了（上）交（陰）桃（陽）瑶（陽）好（上）毫（陽）老（上）僚（陽）醪（陽）

【收江南】袍（陽）醄（陽）高（陰）少（上）遥（陽）

【鴛鴦煞】詔（去）道（去）朝（陽）表（上）遥（陽）閣（入作上）

月明和尚度柳翠

【雙調】（江陽韻）

【新水令】廊（陽）尚（去）堂（陽）方（陰）方（陰）樣（去）

【步步嬌】向（去）上（去）蹌（陰）忙（陽）詳（陽）粧（陰）将（去）

【折桂令】粧（陰）傍（陽）漿（陰）往（上）忙（陽）韁（陰）降（去）房（陽）

【江兒水】娘（陽）傍（陽）向（去）相（去）脹（去）帳（去）

【得勝令】樁（陰）葬（去）尚（去）梁（陽）襠（陰）帳（去）漿（陰）嘗（陽）

【園林好】場（陽）雙（陰）梁（陽）梁（陽）

【收江南】場（陽）香（陰）将（去）放（去）浪（去）糨（去）象（去）粧（陰）娘（陽）羊（陽）麞（陰）糖（陽）姜（陰）凉（陽）量（陽）糠（陰）長（陽）強（陰）臧（陰）強（陽）璋（陰）瘡（陰）荒（陰）匡（陰）瑺（陰）窓（陰）凰（陽）梆（陰）房（陽）忙（陽）装（陰）鋛（陽）墻（陽）棠（陽）鶬（陰）扛（陰）堂（陽）方（陰）煬（去）行（陽）江（陰）黄（陽）鄉（陰）王（陽）航（陽）賍（陰）腸（陽）掌（上）丈（去）

漢公卿衣錦還鄉

第一折【仙呂】（皆來韻）

【點絳唇】才（陽）大（去）客（入作上）淮（陽）帥（去）

【混江龍】策（入作上）開（陰）牌（陽）哉（陰）大（去）才（陽）

【油葫蘆】客（入作上）海（上）懷（陽）外（去）待（去）策（入作上）帥（去）懷（陽）

【天下樂】諧（陽）才（陽）改（上）排（陽）色（入作平）載（上）

【那吒令】概（去）開（陰）哉（陰）大（去）臺（陽）

【鵲踏枝】才（陽）埋（陽）宅（入作平）格（入作上）排（陽）

【寄生草】再（去）堦（陰）採（上）買（上）賽（去）愛（去）

【六么序】策（入作上）排（陽）来（陽）街（陰）界（去）埃（陰）愷（上）来（陽）

【么篇】才（陽）懷（陽）台（陰）牌（陽）載（上）才（陽）埋（陽）排（陽）色（入作平）開（陰）界（去）来（陽）

【尾聲】色（入作平）解（上）概（去）白（入作平）猜（陰）懷（陽）策（入作上）窄（入作上）大（去）堦（陰）

楔子【仙呂】（皆來韻）

【賞花時】差（陰）排（陽）劃（入作?）概（去）来（陽）

第二折【中呂】（魚模韻）

【粉蝶兒】卒（入作平）霚（去）虛（陰）目（入作去）圖（陽）譽（去）

【醉春風】楚（上）福（入作上）福（入作上）住（去）

【十二月】夫（陽）脯（陽）斧（上）駒（陰）羽（上）伏（入作平）

【堯民歌】呼（陰）伏（入作平）都（陰）吴（陽）慮（去）途（陽）路（去）

【尾聲】路（去）古（上）

第三折【越調】（齊微韻）

【鬭鵪鶉】戢（入作上）錫（入作上）食（入作平）貴（去）戟（入作上）

【紫花兒序】題（陽）知（陰）德（入作上）世（去）職（入作上）食（入作平）

【小桃紅】夷（陽）地（去）退（去）旗（陽）日（入作去）貴（去）囬（陽）敵（入作平）里（上）齊（陽）

【禿廝兒】職（入作上）石（入作平）随（陽）轡（去）威（陰）

【聖藥王】戢（入作上）石（入作平）夷（陽）微（陽）威（陰）襲（入作平）

【尾聲】地（去）里（上）喜（上）德（入作上）

第四折【正宫】（江陽韻）

【端正好】降（去）昂（陽）将（去）上（去）

【滚繡球】綱（陰）方（陰）望（去）光（陰）響（上）相（去）藏（陽）相（去）堂（陽）

【倘秀才】傍（陽）講（上）鄉（陰）藏（陽）量（去）

【滚繡球】上（去）鄉（陰）蕩（去）降（陽）方（陰）邦（陰）恙（去）疆（陰）梁（陽）王（陽）

【脱布衫】皇（陽）陶（蕭豪）望（去）

【小梁州】香（陰）皇（陽）綱（陰）像（去）康（陰）

【么篇】旺（去）昌（陰）壮（去）望（去）疆（陰）

隨何賺風魔蒯徹

第一折【仙吕】（魚模韻）

【點絳唇】儒（陽）聚（去）鹿（入作去）除（陽）主（上）

【混江龍】遇（去）夫（陽）徒（陽）初（陰）驅（陰）書（陰）除（陽）卒（入作平）伏（入作平）吴（陽）數（去）虞（陽）

【油葫蘆】取（上）武（上）許（上）數（上）書（陰）舉（上）築（入作上）初（陰）

【天下樂】居（陰）除（陽）誅（陰）服（入作平）付（去）羽（上）

【那吒令】度（去）轂（入作上）怖（去）足（入作上）舞（上）粟（入作上）禄（入作去）誣（陽）

【鵲踏枝】術（入作平）謀（陽）且（陰）虜（上）羽（上）無（陽）

【寄生草】卒（入作平）楚（上）處（去）路（去）渡（去）

【金盞兒】餘（陽）虛（陰）辱（入作去）廬（陽）閭（上）圖（陽）

【尾聲】路（去）足（入作上）處（去）躇（陽）居（陰）書（陰）伏（入作平）去（去）扶（陽）

第二折【中呂】（齊微韻）

【粉蝶兒】齊（陽）利（去）衣（陰）易（入作去）儀（陽）忌（去）

【醉春風】主（魚模）理（上）理（上）力（去）計（去）

【上小樓】吉（入作上）力（入作去）危（陰）溢（入作去）執（入作平）的（入作上）利（去）地（去）

【么篇】水（上）歸（陰）德（入作上）非（陰）意（去）退（去）

【快活三】水（上）灰（陰）離（陽）契（去）

【朝天子】裡（上）意（去）宜（陽）祭（去）罪（去）的（入作上）底（上）訖（入作上）例（去）

【耍孩兒】智（去）實（入作平）池（陽）虧（陰）射（入作去）否（上）德（入作上）逼（入作平）

【尾聲】你（上）職（入作上）鬼（上）

第三折【越調】（歌戈韻）

【鬬鵪鶉】和（陽）合（入作?）我（上）縮（入作上）褐（入作

平）裹（上）

【紫花兒序】合（入作?）羅（陽）娥（陽）哥（陰）坐（去）佛（入作平）

【小桃紅】鐸（入作平）箇（去）磨（陽）婆（陽）摸（入作去）合（入作?）坐（去）哥（陰）

【金蕉葉】火（上）舵（去）脫（入作平）鎖（上）

【鬼三台】坐（去）破（去）脫（入作平）何（陽）閣（入作上）奪（入作平）鑊（入作平）唆（陰）

【調笑令】過（去）它（陰）窩（陰）大（去）奪（入作平）多（陰）河（陽）

【禿廝兒】破（去）婆（陽）裸（上）活（入作平）磨（陽）

【聖藥王】攞（上）麽（陰）魔（陽）多（陰）界（皆來）河（陽）歌（陰）

【尾聲】佐（去）果（上）他（陰）我（上）

第四折【雙調】（江陽韻）

【新水令】良（陽）丧（去）梁（陽）疆（陰）滂（陰）

【駐馬聽】邦（陰）亡（陽）将（去）藏（陽）傍（陽）上（去）當（去）上（去）

【掛玉鉤】場（陽）状（去）殃（陰）蕩（去）望（去）陽（陽）

【雁兒落】當（去）量（去）向（去）

【得勝令】良（陽）詳（陽）王（陽）疆（陰）将（去）庄（陰）郎（陽）

十様錦諸葛論功

第一折【仙呂】（蕭豪韻）

【點絳唇】堯（陽）兆（去）道（去）謠（陽）道（去）

【混江龍】校（去）豪（陽）鐃（陽）朝（陽）樂（入作去）調（陽）

【油葫蘆】韜（陰）朝（陽）僚（陽）道（去）廟（去）高（陰）爵（入作上）朝（陽）

【天下樂】了（上）高（陰）勦（上）朝（陽）招（陰）

【後庭花】標（陰）褒（陰）孝（去）討（上）劳（陽）廟（去）

考（上）高（陰）爵（入作上）

【柳葉兒】耀（去）朝（陽）道（去）詔（去）劳（陽）僚（陽）

【尾聲】遶（上）着（入作?）毫（陽）度（入作平）高（陰）遭（陰）表（上）樂（入作去）朝（陰）

第二折【南呂】（齊微韻）

【一枝花】勑（入作上）儀（陽）遲（陽）卑（陰）非（陰）低（陰）尾（上）

【梁州】德（入作上）墀（陽）治（去）熙（陰）倍（去）垂（陽）旗（陽）遺（陽）稷（入作上）机（陰）國（入作上）位（去）滯（去）知（陰）低（陰）

【牧羊関】石（入作平）妻（陰）戟（入作上）位（去）儀（陽）知（陰）

【四塊玉】立（入作去）碑（陰）義（去）稷（入作上）卑（陰）位（去）

【罵玉郎】智（去）陲（陽）會（去）地（去）

【感皇恩】溪（陽）磯（陰）歸（陰）立（入作去）十（入作平）夷（陽）

【採茶歌】威（陰）霓（陽）姬（陰）池（陽）

【尾聲】位（去）囬（陽）滯（去）德（入作上）威（陰）紀（去）

第三折【雙調】（江陽韻）

【新水令】堂（陽）将（去）綱（陰）昌（陰）像（去）

【沉醉東風】講（上）詳（陽）旺（去）降（陽）掌（上）賞（上）

【喬牌兒】堂（陽）讓（去）講（上）梁（陽）

【南鎖南枝】的（入作上）的（入作上）氣（去）的（入作上）推（陰）嘴（上）

【落梅風】望（去）張（陰）将（去）量（去）亢（去）

【沽美酒】王（陽）王（陽）綱（陰）量（去）岡（陰）

【太平令】量（去）倉（陰）将（去）丧（去）想（上）量（陽）奨（上）将（去）

【川撥棹】藏（陽）夯（上）堂（陽）昂（陽）強（陽）王（陽）

【七弟兄】場（陽）望（去）當（去）喪（去）

【梅花酒】粮（陽）蝗（陽）蒼（陰）忙（陽）亡（陽）光（陰）張（陰）狂（陽）

【喜江南】江（陰）揚（陽）強（陽）場（陽）王（陽）

【尾聲】望（去）張（陰）蕩（去）皇（陽）講（上）

第四折【正宮】（皆來韻）

【端正好】代（去）排（陽）大（去）載（上）

【滾繡球】策（入作上）塞（去）才（陽）載（上）采（上）排（陽）来（陽）該（陰）

【倘秀才】差（陰）蓋（去）排（陽）才（陽）劃（入作?）

【脫布衫】淮（陽）開（陰）害（去）載（上）

【小梁州】該（陰）腮（陰）才（陽）派（去）開（陰）

【么篇】代（去）堦（陰）派（去）排（陽）

【呆骨朵】大（去）堦（陰）海（上）快（去）載（上）

程咬金斧劈老君堂

楔子【仙呂】（庚青韻）

【賞花時】平（陽）征（陰）能（陽）耿（上）京（陰）

第一折【仙呂】（寒山韻）

【點絳唇】山（陰）歎（去）看（去）殘（陽）漢（去）

【混江龍】寒（陽）壇（陽）斑（陰）潺（陽）蘭（陽）般（陰）

【油葫蘆】間（陰）顏（陽）環（陽）篡（桓歡）按（去）難（去）限（去）難（陽）

【天下樂】攀（陰）奸（陰）関（陰）罕（上）攔（陽）懶（上）

【那吒令】彎（陰）鞍（陰）挽（上）拴（陰）鞍（陰）弹（陽）岸（去）山（陰）

【鵲踏枝】擐（陰）関（陰）桓（桓歡）返（上）盤（桓歡）

【寄生草】灘（陰）漢（去）範（去）看（去）雁（去）

【么篇】翻（陰）慢（去）趕（上）犯（去）散（去）

【金盞兒】繁（陽）灘（陰）岸（去）間（陰）播（陰）関（陰）

【么篇】駹（陽）還（陽）盼（去）顏（陽）難（陽）間（陰）

【尾聲】犯（去）晚（上）攔（陽）樊（陽）煩（陽）班（陰）刪

（陰）散（去）綻（去）関（陰）

第二折【中呂】（先天韻）

【粉蝶兒】年（陽）怨（去）言（陽）犯（寒山）前（陽）辨（去）

【醉春風】蹇（上）晚（寒山）晚（寒山）院（去）

【上小樓】便（去）然（陽）變（去）戰（去）

【十二月】憐（陽）旋（陽）賢（陽）

【堯民歌】寃（陰）賢（陽）泉（陽）言（陽）年（陽）旋（陽）面（去）

【耍孩兒】懸（陽）前（陽）憐（陽）輦（上）踐（去）言（陽）

【尾聲】前（陽）面（去）遠（上）

楔子【仙呂】（齊微韻）

【賞花時】敵（入作平）起（上）雷（陽）跖（入作上）衣（陰）

【么篇】戟（入作上）賊（入作平）飛（陰）喜（上）迴（陽）

第三折【黃鍾】（蕭豪韻）

【醉花陰】炒（上）討（上）韜（陰）道（去）朝（陽）遭（陰）

【喜遷鶯】校（去）刀（陰）豪（陽）罩（去）搖（陽）飄（陰）哮（陰）

【出隊子】豹（去）寶（上）逃（陽）夭（陰）倒（上）

【刮地風】暴（去）高（陰）笑（去）刀（陰）豪（陽）饒（陽）交（陰）交（陰）濁（入作平）落（入作去）袍（陽）

【四門子】校（去）逃（陽）招（陰）掃（上）朝（陽）了（上）

【古水仙子】朝（陽）表（上）樂（入作去）寶（上）饒（陽）勦（上）詔（去）朝（陽）

【尾聲】樂（入作去）勞（陽）寶（上）

第四折【雙調】（庚青韻）

【新水令】庭（陽）慶（去）京（陰）聲（陰）命（去）

【沉醉東風】行（陽）兵（陰）勝（去）生（陰）爭（陰）境（去）

【掛玉鉤】能（陽）定（去）聲（陽）頸（上）佞（去）平（陽）

【川撥棹】成（陽）酲（陽）卿（陰）聲（陰）庭（陽）馨（陰）

【七弟兄】平（陽）寧（陽）正（陰）齡（陽）盛（去）

【梅花酒】鼎（上）兵（陰）亨（陰）清（陰）齡（陽）静（去）清（陰）生（陰）明（陽）

【喜江南】英（陰）還（陽）平（陽）盈（陽）興（陰）

十探子大鬧延安府

第一折【仙呂】（魚模韻）

【點絳唇】虞（陽）庶（去）富（去）居（陰）福（入作上）

【混江龍】禄（入作去）輿（陽）奴（陽）讀（入作平）服（入作平）譽（去）軀（陰）

【油葫蘆】苦（上）伏（入作平）徒（陽）做（去）怒（去）訴（去）目（入作去）律（入作去）服（入作平）

【天下樂】夫（陽）豫（去）付（去）扶（陽）舉（上）除（陽）主（上）

【寄生草】土（上）負（去）慮（去）故（去）訴（去）

【六么序】哭（入作平）吁（陰）屈（入作上）呼（陰）珠（陰）句（去）軀（陰）處（去）服（入作平）

【么篇】悚（東鍾）躇（陽）逐（入作平）衢（陽）伏（入作平）住（去）去（去）徒（陽）俗（入作平）朱（陰）扈（去）簏（入作去）做（去）爐（陽）

【尾聲】去（去）主（上）虚（陰）徒（陽）殂（陽）驢（陽）語（上）做（去）都（陰）

第二折【正宫】（齊微韻）

【端正好】理（上）知（陰）勢（去）累（去）

【滚繡球】你（上）非（陰）地（去）勣（入作上）虧（陰）妻（陰）起（上）推（陰）欺（陰）遲（陽）

【呆骨朵】味（去）梅（陽）失（入作上）罪（去）職（入作上）

【倘秀才】北（上）喜（上）機（陰）知（陰）食（入作平）

【滚繡球】非（陰）裹（上）細（去）實（入作平）依（陰）欺（陰）味（去）直（入作平）碑（陰）恢（陰）

【倘秀才】息（入作上）吉（入作上）勣（入作上）裡（上）知（陰）

【一煞】貴（去）疾（入作平）離（陽）楣（陽）縲（陽）智

（去）遲（陽）

【尾聲】鬼（上）賊（入作平）理（上）勢（去）欺（陰）妻（陰）內（去）裏（上）誰（陽）罪（去）底（上）

第三折【中呂】（先天韻）

【粉蝶兒】宣（陰）卷（去）員（陽）憲（去）寃（陰）辯（去）

【醉春風】典（上）顯（上）顯（上）倦（去）

【迎仙客】言（陽）免（上）權（陽）連（陽）串（去）

【白鶴子】邊（陰）怨（去）

【么篇】前（陽）善（去）

【么篇】傳（陽）面（去）

【么篇】拳（陽）殿（去）

【么篇】天（陰）憲（去）

【快活三】愆（陰）煎（陰）泉（陽）面（去）

【朝天子】蹇（上）憐（陽）顫（去）前（陽）變（去）怨（去）專（陰）輦（上）殿（去）

【啄木兒尾聲】廛（陽）怨（去）變（去）烟（陰）

第四折【雙調】（江陽韻）

【新水令】常（陽）上（去）良（陽）揚（陽）芳（陰）揚（陽）像（去）

【沉醉東風】掌（上）行（陽）亮（去）湯（陰）場（陽）想（上）

【沽美酒】場（陽）放（去）強（陽）方（陰）狀（去）

【太平令】狀（去）房（陽）相（去）當（去）杖（去）強（陽）償（陽）杖（去）

海門張仲村樂堂

第一折【仙呂】（尤侯韻）

【點絳唇】憂（陰）朽（上）受（去）秋（陰）晝（去）

【混江龍】耨（去）疇（陽）紬（陽）頭（陽）透（去）燭（入作上）漚（陰）

【油葫蘆】幽（陰）久（上）收（陰）瞅（上）守（上）勾（陰）酒（上）頭（陽）

【天下樂】休（陰）由（陽）舟（陰）由（陽）秋（陰）手（上）

【村裏迓鼓】候（去）後（去）柳（上）酒（上）

【元和令】幽（陰）岫（去）熟（入作平）手（上）稠（陽）鈎（陰）

【上馬嬌】兜（陰）收（陰）熟（入作平）后（去）收（陰）牛（陽）

【遊四門】秋（陰）楼（陽）瘦（去）颼（陰）收（陰）

【勝葫蘆】洲（陰）秋（陰）愁（陽）頭（陽）

【後庭花】友（上）酒（上）甌（陰）投（陽）彀（去）叟（上）留（陽）

【柳葉兒】候（去）籌（陽）後（去）投（陽）頭（陽）

【單雁兒】首（上）口（上）頭（陽）休（陰）讎（陽）

【尾聲】羞（陰）走（上）手（上）憂（陰）囚（陽）後（去）憂（陰）牛（陽）酒（上）瘦（去）頭（陽）

第二折【南呂】（江陽韻）

【一枝花】當（陰）光（陰）床（陽）上（去）筐（陰）堂（陽）

【梁州】凉（陽）往（上）行（陽）窓（陰）堂（陽）梁（陽）膛（陽）晌（上）晌（上）當（去）棒（去）囊（陽）缸（陰）

【賀新郎】常（陽）放（去）撞（去）粧（陰）粧（陰）妨（陰）謊（上）防（陽）

【梧桐樹】放（去）揚（陽）向（去）上（去）

【四塊玉】藏（陽）強（去）光（陰）賞（上）朗（上）象（去）

【哭皇天】丈（去）當（陰）張（陰）良（陽）當（陰）當（去）上（去）梁（陽）

【烏夜啼】望（去）粧（陰）梁（陽）荒（陰）撞（去）况（去）黄（陽）

【尾聲】狀（去）榜（上）誑（去）嗓（上）向（去）贓（陰）傷（陰）謊（上）

楔子【雙調】（皆來韻）

【新水令】来（陽）賽（去）才（陽）心（侵尋）在（去）

第三折【商調】（家麻韻）

【集賢賓】把（上）滑（入作平）加（陰）耙（去）揷（入作平）

達（入作?）差（陰）

【逍遥樂】下（去）假（上）

【醋葫蘆】踏（入作平）拔（入作平）打（上）話（去）吖（陰）

【么篇】話（去）渣（陰）凹（去）殺（入作上）跨（去）扒（入作平）

【么篇】搽（陽）荅（入作平）殺（入作上）者（車遮）大（去）法（入作上）

【後庭花】牙（陽）紗（陰）家（陰）枷（陰）剌（入作去）衙（陽）挿（入作平）發（入作上）殺（入作上）

【柳葉兒】怕（去）枷（陰）怕（去）剌（入作去）吖（陰）扒（入作平）

【尾聲】他（陰）罷（去）拿（陽）打（上）下（去）衙（陽）

第四折【雙調】（真文韻）

【新水令】雲（陽）韻（去）隱（上）鄰（陽）村（陰）盡（去）

【步步嬌】韻（去）嫩（去）損（上）神（陽）因（陰）揾（去）

【殿前歡】温（陰）親（陰）恨（去）君（陰）貞（庚青）論（去）弄（東鍾）人（陽）

【川撥棹】人（陽）揹（去）神（陽）分（去）文（陽）民（陽）

【喜江南】盆（陽）門（陽）嗔（陰）論（去）承（庚青）

瘸李岳詩酒翫江亭

第一折【仙呂】（真文韻）

【點絳唇】氲（陰）噴（去）潤（去）門（陽）韻（去）

【混江龍】鬢（去）新（陰）顰（陽）裙（陽）俊（去）人（陽）

【金盞兒】春（陰）欣（陰）引（上）辰（陽）親（陰）人（陽）

【醉中天】印（去）人（陽）門（陽）問（去）真（陰）臏（去）

【金盞兒】軍（陰）民（陽）論（去）分（去）真（陰）門（陽）人（陽）

【尾聲】嫩（去）温（陰）噴（去）神（陽）人（陽）昇（庚青）神（陽）分（去）韻（去）昏（陰）

第二折【南呂】（齊微韻）

【一枝花】麗（去）菲（陰）遲（陽）嚦（入作去）飛（陰）美

（上）

【梁州】比（上）及（入作平）會（去）幃（陽）堆（陰）席（入作平）盃（陰）美（上）食（入作平）知（陰）裏（上）計（去）意（去）饑（陰）池（陽）

【中呂】【十二月】鞋（陽）白（入作平）柴（陽）材（陽）捱（陽）捱（陽）

【堯民歌】臺（陽）哉（陰）害（去）懷（陽）哉（陰）白（入作平）疥（去）

【雙調】【錦上花】眉（陽）氣（去）日（入作去）知（陰）的（入作上）的（入作上）日（入作去）日（入作去）宜（陽）稀（陰）的（入作上）的（入作上）

【清江引】歸（陰）沸（去）內（去）的（入作上）

【清江引】水（上）地（去）繫（去）的（入作上）

【清江引】的（入作上）的（入作上）的（入作上）的（入作上）的（入作上）

【隔尾】立（入作去）隨（陽）隊（去）裏（上）地（去）嘴（上）

【牧羊関】水（上）食（入作平）悴（去）裏（上）被（去）席（入作平）幃（陽）随（陽）

【紅芍藥】持（陽）非（陰）離（陽）食（入作平）的（入作上）機（陰）攜（陽）盃（陰）

【菩薩梁州】生（庚青）席（入作平）醉（去）醅（陰）杯（陰）梅（陽）息（入作上）計（去）你（上）妻（陰）

【賀新郎】知（陰）地（去）祟（去）水（上）題（陽）疾（入作平）危（陰）腿（上）意（去）機（陰）

【尾聲】砌（去）梯（陰）會（去）尾（上）氣（去）迷（陽）殢（去）得（入作上）

第三折【中呂】（尤侯韻）

【粉蝶兒】甌（陰）後（去）投（陽）逗（去）揪（陰）袖（去）

【醉春風】手（上）走（上）走（上）僽（去）

【石榴花】楼（陽）仇（陽）休（陰）首（上）頭（陽）友（上）洲（陰）袖（去）頭（陽）

【鬬鵪鶉】柳（上）宿（入作上）謅（陰）口（上）狗（上）

【十二月】口（上）羞（陰）手（上）頭（陽）口（上）羞（陰）

【堯民歌】牛（陽）州（陰）牛（陽）頭（陽）謅（陰）州（陰）首（上）

【耍孩兒】友（上）酉（上）休（陰）酧（陽）口（上）頭（陽）透（去）劉（陽）

【二煞】頭（陽）牛（陽）厚（去）流（陽）醜（上）收（陰）

【尾聲】丟（陰）肉（入作去）走（上）

第四折【雙調】（江陽韻）

【新水令】郎（陽）強（去）囊（陽）慌（陰）樣（去）

【川撥棹】膓（陽）樣（去）忙（陽）慌（陰）晃（去）慌（陰）忙（陽）

【七弟兄】望（去）綱（陰）雙（陰）放（去）當（去）

【梅花酒】場（陽）江（陰）慌（陰）茫（陽）場（陽）郎（陽）障（去）

【喜江南】陽（陽）鄉（陰）茫（陽）賞（上）堂（陽）

張天師斷風花雪月

第一折【仙呂】（真文韻）

【點絳唇】魂（真文）動（去）湧（上）空（陰）捧（上）

【混江龍】動（去）東（陰）宮（陰）櫳（陽）用（去）風（陰）

【油葫蘆】行（庚青）中（陰）宮（陰）送（去）夢（去）恐（上）洞（去）逢（陽）

【天下樂】紅（陽）容（陽）哄（去）生（庚青）噥（上）風（陰）

【河西後庭花】容（陽）恐（上）鋒（陰）同（陽）奉（去）叿（陰）豐（陰）

【金盞兒】雄（陽）風（陰）弄（去）通（陰）宮（陰）

【尾聲】逢（陽）鳳（去）影（庚青）弄（去）蓬（陽）踪（陰）庭（庚青）永（上）重（去）中（陰）

第二折【南呂】（齊微韻）

【一枝花】礼（上）得（入作上）醫（陰）实（入作平）皮（陽）

戢（入作上）

【梁州】惠（去）囬（陽）利（去）細（去）俐（去）耻（上）為（陽）題（陽）習（入作平）底（上）期（陽）會（去）的（入作上）里（上）实（入作平）

【牧羊関】里（上）微（陽）體（上）理（上）随（陽）里（上）

【罵玉郎】瑞（去）微（陽）例（去）裏（上）配（去）

【感皇恩】妻（陰）随（陽）迷（陽）日（入作去）姬（陰）移（陽）

【採茶歌】内（去）集（入作平）梯（陰）會（去）池（陽）

【尾聲】記（去）習（入作平）遲（陽）會（去）知（陰）内（去）期（陽）意（去）里（上）

第三折【正宮】（支思韻）

【端正好】次（去）私（陰）至（去）此（上）

【滚繡球】沚（上）止（上）姿（陰）兒（陽）子（上）至（去）司（陰）時（陽）師（陰）

【倘秀才】詞（陽）事（去）姿（陰）私（陰）旨（上）

【叫聲】師（陰）是（去）是（去）指（上）姿（陰）

【上小樓】齒（上）四（去）止（上）是（去）氏（去）

【石榴花】脂（陰）師（陰）詞（陽）兒（陽）事（去）卮（陰）疵（上）兒（陽）

【鬪鵪鶉】死（上）次（去）思（陰）子（上）

【滿庭芳】思（陰）虚（魚模）字（去）私（陰）思（陰）兒（陽）玼（上）詩（陰）時（陽）

【紅繡鞋】志（去）屍（陰）時（陽）慈（上）之（陰）

【快活三】屍（陰）枝（陰）詩（陰）士（去）

【鮑老兒】姿（陰）事（去）兒（陽）疵（上）子（上）枝（陰）

【尾聲】詞（陽）事（去）音（侵尋）

第四折【雙調】（皆來韻）

【新水令】萊（陽）派（去）材（陽）哀（陰）解（上）

【川撥棹】垓（陰）害（去）胎（陰）胎（陰）側（入作上）災（陰）

【七弟兄】来（陽）来（陽）災（陰）驀（入作去）来（陽）恠

（去）

【梅花酒】闔（去）該（陰）排（陽）衰（陰）才（陽）台（陰）劃（入作?）堦（陰）白（入作平）

【喜江南】来（陽）槎（上）来（陽）来（陽）

魯智深喜賞黃花峪

第一折

【南駐雲飛】臺（陽）来（陽）待（去）才（陽）海（上）鮮（陽）情（陽）（庚青韻）

【仙呂】（江陽韻）

【點絳唇】陽（陽）降（去）往（上）光（陰）賞（上）

【混江龍】望（去）行（陽）黄（陽）香（陰）上（去）傷（陰）

【油葫蘆】響（上）晌（上）光（陰）唱（去）撞（去）慌（陰）黨（上）鴦（陰）

【天下樂】堂（陽）量（陽）香（陰）養（上）崗（上）荒（陰）

【醉中天】像（去）汪（陰）床（陽）放（去）上（去）上（去）

【醉扶歸】相（去）粧（陰）上（去）黨（上）搶（上）丈（去）

【金盞兒】剛（陰）量（陽）躺（上）傷（陰）梁（陽）仰（上）

【尾聲】長（上）楊（陽）想（上）昂（陽）強（陽）長（陽）江（陰）良（陽）漾（去）腸（陽）

第二折【南呂】（齊微韻）

【一枝花】的（入作上）劈（入作上）低（陰）維（陽）對（去）壘（上）義（去）

【梁州】吉（入作上）錐（陰）内（去）備（去）飛（陰）喫（入作上）騎（陽）随（陽）尾（上）持（陽）得（入作上）得（入作上）會（去）細（去）飛（陰）

【哭皇天】騎（陽）德（入作上）席（入作平）嘴（上）力（入作去）繫（去）睡（去）

【烏夜啼】細（去）威（陰）臂（去）知（陰）馗（陽）賊（入作平）碎（去）會（去）氣（去）威（陰）

【牧羊關】地（去）衣（陰）西（陰）北（入作上）提（陽）力（入作去）里（上）

【絮蛤蟆】質（入作上）西（陰）戲（去）篦（陰）誰（陽）對（去）毀（上）起（上）袂（去）基（陰）里（上）踢（入作上）理（上）識（入作上）皮（陽）威（陰）

【尾聲】覓（入作去）賊（入作平）你（上）戲（去）基（陰）里（上）

第三折【正宮】（魚模韻）

【端正好】户（去）虚（陰）處（去）住（去）

【滚繡球】渠（陽）鷺（去）服（入作平）篓（陽）蒲（陽）疎（陰）

【倘秀才】簇（入作上）路（去）處（去）途（陽）去（去）

【倘秀才】處（去）福（入作上）福（入作上）物（入作去）初（陰）数（上）

【滚繡球】鵡（上）鍍（去）做（去）梳（陰）鋪（去）縷（上）物（入作去）魚（陽）梳（陰）無（陽）

【倘秀才】甫（上）奴（陽）夫（陽）哭（入作平）主（上）

【叨叨令】句（去）雨（上）筯（去）鼓（上）怒（去）

【鮑老兒】處（去）捽（入作平）目（入作去）虎（上）兔（去）簏（入作去）

【尾聲】奴（陽）甫（上）聚（去）苦（上）

第四折【黄鍾】（尤侯韻）

【醉花陰】走（上）頭（陽）留（陽）友（上）流（陽）宿（入作上）

【喜遷鶯】獸（去）揪（陰）搜（陰）斗（上）流（陽）醜（上）愁（陽）

【出隊子】透（去）袖（去）頭（陽）頭（陽）頭（陽）

【刮地風】燭（入作上）漚（陰）手（上）休（陰）鬪（去）頭（陽）救（去）頭（陽）丢（陰）收（陰）斗（上）休（陰）

【四門子】透（去）羞（陰）憂（陰）愁（陽）九（上）憂（陰）愁（陽）有（上）

【古水仙子】羞（陰）友（上）走（上）舟（陰）油（陽）揪（陰）袖（去）牛（陽）

【尾聲】獸（去）頭（陽）酒（上）

黑旋風雙獻功

第一折【正宮】（庚青韻）

【端正好】逕（去）城（陽）掙（去）併（去）

【滚繡球】迎（陽）定（去）亭（陽）聲（陰）掙（去）驚（陰）驚（陰）腥（陰）嚀（陽）

【倘秀才】名（陽）生（陰）影（上）争（陰）迎（陽）

【伴讀書】阱（上）行（陽）淨（去）病（去）政（去）頸（上）

【耍孩兒】兢（陰）爭（陰）迎（陽）瞠（陰）擤（上）兢（陰）瓶（陽）

【哨遍】命（去）星（陰）丁（陰）性（去）坑（陰）崩（陰）性（去）餅（上）

【尾聲】領（上）正（去）頂（上）

楔子【越調】（皆來韻）

【金蕉葉】色（入作平）窄（入作上）胎（陰）害（去）

第二折【仙呂】（車遮韻）

【點絳唇】花（家麻）葉（入作去）謝（去）舌（上）冶（上）

【混江龍】曄（入作平）蝶（入作?）絶（入作平）斜（陽）業（入作去）别（入作?）

【油葫蘆】别（入作?）捨（上）者（上）徹（入作上）葉（入作去）説（入作上）拽（入作去）節（入作上）

【天下樂】迭（入作平）絶（入作平）説（入作上）咽（入作去）歇（入作上）也（上）

【醉中天】切（入作上）穴（入作平）者（上）妾（入作上）也（上）舍（上）

【後庭花】結（入作上）鐵（入作上）靴（陰）質（齊微）

【尾聲】鐵（入作上）血（入作上）結（入作上）挾（入作平）缺（入作上）烈（入作去）截（入作平）

第三折【雙調】（齊微韻）

【新水令】儀（陽）弟（去）知（陰）提（陽）内（去）

【落梅風】回（陽）揖（入作去）起（上）你（上）地（去）

【夜行船】畦（陽）犁（陽）葦（陽）席（入作平）機（陰）實

（入作平）脾（陽）

【甜水令】內（去）識（入作上）義（去）戚（入作上）

【得勝令】西（陰）提（陽）濟（去）的（入作上）坑（庚青）被（去）知（陰）籬（陽）

【歸塞北】随（陽）記（去）地（去）

【雁兒落】低（陰）閉（去）覔（入作去）

【川撥棹】內（去）識（入作上）啼（陽）悲（陰）里（上）誰（陽）

【七弟兄】你（上）誰（陽）義（去）淚（去）知（陰）內（去）

【梅花酒】知（陰）細（去）俐（去）非（陰）力（入作去）內（去）知（陰）惑（入作平）非（陰）

【喜江南】賊（入作平）

【歸塞北】日（入作去）饑（陰）米（上）逸（入作去）

【雁兒落】殢（去）戲（去）你（上）晢（去）

【鮑老兒】饑（陰）里（上）西（陰）跪（去）

【鴛鴦煞】計（去）智（去）旗（陽）非（陰）眉（陽）得（入作上）

第四折【中呂】（尤侯韻）

【粉蝶兒】由（陽）鬪（去）休（陰）候（去）頭（陽）透（去）

【醉春風】狗（上）婁（陽）醜（上）醜（上）句（去）

【上小樓】有（上）舊（去）頭（陽）婁（陽）頭（陽）就（去）皺（去）

【么篇】後（去）休（陰）頭（陽）囚（陽）透（去）舊（去）

【尾聲】頭（陽）醜（上）喉（陽）透（去）皺（去）猶（陽）

崔鶯鶯待月西廂記

（一）張君瑞鬧道場

楔子【仙呂】（東鍾韻）

【賞花時】終（陰）窮（陽）宮（陰）塚（上）紅（陽）

【么篇】東（陰）中（陰）紅（陽）種（上）風（陰）

第一折【仙呂】（先天韻）

【點絳唇】原（陽）線（去）轉（去）天（陰）遠（上）

【混江龍】傳（去）研（陽）穿（陰）年（陽）願（去）編（陰）

【油葫蘆】顯（上）偏（陰）燕（去）卷（上）偃（上）川（陰）見（去）絃（陽）

【天下樂】天（陰）泉（陽）懸（陽）穿（陰）田（陽）邊（陰）

【村裏迓鼓】殿（去）院（去）面（去）遍（去）賢（陽）冤（陰）

【元和令】千（陰）見（去）言（陽）天（陰）肩（陰）撚（上）

【上馬嬌】天（陰）仙（陰）面（去）偏（陰）鈿（去）

【勝葫蘆】偃（上）邊（陰）腆（上）言（陽）

【么篇】囀（上）憐（陽）軟（上）前（陽）

【後庭花】軟（上）淺（上）傳（陽）延（陽）面（去）遠（上）面（去）元（陽）天（陰）煙（陰）喧（陰）

【柳葉兒】院（去）天（陰）便（去）遣（上）連（陽）猿（陽）

【寄生草】遠（上）線（去）片（去）面（去）現（去）

【賺煞】穿（陰）咽（去）染（廉纖）轉（上）牽（陰）軒（陰）妍（陽）圓（陽）前（陽）見（去）源（陽）

第二折【中呂】（江陽韻）

【粉蝶兒】方（陰）尚（去）房（陽）向（去）香（陰）當（去）

【醉春風】謊（上）娘（陽）癢（上）癢（上）荒（陰）忙（陽）

【迎仙客】霜（陰）養（上）堂（陽）朗（上）光（陰）像（去）

【石榴花】藏（陽）腸（陽）鄉（陰）方（陰）陽（陽）望（去）亡（陽）向（去）囊（陽）

【鬬鵪鶉】光（陰）朗（上）講（上）張（陰）黃（陽）長（陽）兩（上）

【上小樓】訪（上）讓（去）糧（陽）湯（陰）張（陰）妝（陰）上（去）忘（去）

【么篇】堂（陽）牆（陽）廂（陰）廊（陽）房（陽）當（去）丈（去）

【脫布衫】詳（陽）狂（陽）當（去）

【小梁州】妝（陰）裳（陽）常（陽）望（去）郎（陽）

【么篇】帳（去）床（陽）央（陰）怏（去）放（去）良（陽）

【快活三】妝（陰）郎（陽）光（陰）晃（去）

【朝天子】廊（陽）房（陽）降（去）撞（去）藏（去）堂（陽）郎（陽）當（去）行（陽）強（上）撞（去）

【四邊靜】上（去）場（陽）香（陰）傍（去）湯（去）障（去）

【哨遍】快（去）上（去）霜（陰）堂（陽）想（上）望（去）颺（陽）腸（陽）香（陰）養（上）

【耍孩兒】樣（去）廂（陰）廊（陽）行（陽）堂（陽）蕩（去）雙（陰）

【五煞】剛（陰）傍（去）香（陰）況（去）娘（陽）

【四煞】想（上）仿（上）敞（上）郎（陽）獎（上）良（陽）

【三煞】妝（陰）項（去）長（陽）強（陽）量（陽）

【二煞】涼（陽）幌（去）長（陽）掌（上）床（陽）

【尾】香（陰）樣（去）想（上）

第三折【越調】（庚青韻）

【鬭鵪鶉】影（上）庭（陽）驚（陰）聽（陰）行（陽）冥（陽）等（上）

【紫花兒序】整（上）婷（陽）鶯（陰）聲（陰）庭（陽）憎（陰）定（去）形（陽）

【金蕉葉】聲（陰）生（陰）睛（陰）整（上）

【調笑令】婷（陽）撐（陰）徑（去）行（陽）生（陰）靈（陽）

【小桃紅】庭（陽）靜（去）憑（陽）聲（陰）鏡（去）明（陽）

【禿厮兒】憎（陰）明（陽）聲（陰）情（陽）聽（陰）

【聖藥王】清（陰）輕（陰）鶯（陰）生（陰）定（去）明（陽）惺（陰）

【麻郎兒】行（陽）迎（陽）情（陽）命（去）

【么篇】聽（陰）聲（陰）驚（陰）騰（陽）影（上）徑（去）

【絡絲娘】冷（上）影（上）病（去）整（上）

【東原樂】扃（陰）應（去）更（陰）幸（去）命（去）

【綿搭絮】庭（陽）橫（陽）星（陰）生（陰）情（陽）省（上）

【拙魯速】熒（陽）燈（陰）清（陰）屏（陽）明（陽）成（陽）櫺（陽）鳴（陽）另（去）靜（去）情（陽）

【么篇】能（陽）成（陽）寧（陽）映（去）屏（陽）靜（去）盟

（陽）慶（去）程（陽）情（陽）生（陰）

【尾】定（去）證（去）等（上）

第四折【雙調】（蕭豪韻）

【新水令】高（陰）罩（去）潮（陰）飆（陽）到（去）

【駐馬聽】鐸（入作平）角（入作上）號（去）梢（陰）敲（陰）報（去）腦（上）飽（上）

【沉醉東風】高（陰）遥（陽）寶（上）告（去）焦（陰）惡（入作去）約（入作去）

【雁兒落】霄（陰）醮（去）貌（去）

【得勝令】桃（陽）瑶（陽）腰（陰）嬈（上）俏（去）條（陽）嬌（陰）

【喬牌兒】老（上）眺（去）傍（去）敲（陰）

【甜水令】倒（去）宵（陰）道（去）瞧（陽）

【折桂令】撓（陽）梢（陰）學（入作平）着（入作?）惱（上）焦（陰）摇（陽）飄（陰）消（陰）

【錦上花】少（去）學（入作平）作（入作上）俏（去）

【碧玉簫】梢（陰）道（去）苗（陽）着（入作?）惱（上）敲（陰）嚎（陽）哨（去）好（去）

【鴛鴦煞】好（上）惱（上）宵（陰）叫（去）早（上）了（上）曉（上）

【絡絲娘煞尾】貌（去）小（上）

（二）崔鶯鶯夜聽琴

第一折【仙呂】（真文韻）

【八聲甘州】損（上）神（陽）春（陰）褪（去）昏（陰）門（陽）雲（陽）

【混江龍】陣（去）人（陽）春（陰）塵（陽）近（去）粉（上）神（陽）

【油葫蘆】裀（陰）熏（陰）盡（去）存（陽）引（上）近（去）穩（上）悶（去）昏（陰）

【天下樂】盹（上）門（陽）身（陰）人（陽）勤（陽）緊（上）分（去）

【那吒令】人（陽）嗔（陰）人（陽）褪（去）人（陽）親（陰）韻（去）新（陰）

【鵲踏枝】勻（陽）真（陰）文（陽）引（上）勤（陽）

【寄生草】人（陽）俊（去）順（去）印（去）問（去）

【六么序】身（陰）痕（陽）因（陰）門（陽）親（陰）奔（去）人（陽）振（去）紛（陰）

【么篇】聞（陽）雲（陽）顰（陽）春（陰）真（陰）人（陽）根（陰）信（去）民（陽）盡（去）屯（陽）

【後庭花】君（陰）燼（去）存（陽）穩（上）人（陽）孫（陰）身（陰）軍（陰）痕（陽）焚（陽）塵（陽）親（陰）恩（陰）

【柳葉兒】齔（去）軍（陰）門（陽）盡（去）人（陽）身（陰）

【青歌兒】忿（去）盡（去）身（陰）人（陽）勳（陰）軍（陰）氛（去）門（陽）姻（陰）晉（去）

【賺煞】問（去）緊（上）論（去）焚（陽）親（陰）巡（陽）盡（上）文（陽）信（去）人（陽）

楔子【正宮】（監咸韻）

【端正好】懺（去）衫（陰）膽（上）揞（去）

【滾繡球】貪（陰）敢（上）參（陰）潭（陽）攙（陰）攬（上）淡（去）尷（陽）饞（陽）臢（陰）

【叨叨令】糝（上）啖（去）暗（去）餡（去）蘸（去）

【倘秀才】敢（上）昝（上）南（陽）婪（陽）堪（陰）

【滾繡球】談（陽）參（陰）蘸（去）緘（陰）俗（魚模）男（陽）渰（去）藍（陽）缄（陰）慚（陽）

【白鶴子】擔（陰）探（去）

【二】釤（去）勘（去）

【一】岩（陽）撼（去）

【耍孩兒】忐（上）敢（上）三（陰）慘（上）驂（陰）

【二】甘（陰）俺（上）擔（陰）賺（去）慚（陽）

【收尾】喊（上）俺（上）膽（上）

第二折【中呂】（庚青韻）

【粉蝶兒】兵（陰）淨（去）生（陰）靈（陽）敬（去）成（陽）證（去）

【醉春風】等（上）冷（上）冷（上）靜（去）

【脫布衫】行（陽）泠（陽）聲（陰）應（去）

【小梁州】迎（陽）生（陰）明（陽）淨（去）鞓（陰）

【么篇】整（上）鶯（陰）情（陽）硬（去）情（陽）

【上小樓】聲（陰）應（去）聲（陰）請（上）令（去）鐙（去）

【么篇】驚（陰）承（陽）情（陽）僧（陰）兄（陰）聘（去）命（去）

【滿庭芳】影（上）丁（陰）掙（去）蠅（陽）睛（陰）疼（陽）定（去）升（陰）青（陰）

【快活三】精（陰）成（陽）情（陽）並（去）

【朝天子】生（陰）生（陰）病（去）淨（去）另（去）情（陽）倖（去）命（去）行（去）誠（陽）證（去）

【四邊靜】慶（去）鶯（陰）經（陰）輕（陰）頸（上）憎（陰）淨（去）

【耍孩兒】冷（上）景（上）停（陽）稱（陰）屏（陽）令（去）笙（陰）

【四煞】爭（陰）成（陽）慶（去）星（陰）倖（去）程（陽）

【三煞】能（陽）定（去）兵（陰）盛（去）燈（陰）

【二煞】等（上）靜（去）僧（陰）命（去）行（陽）

【收尾】等（上）命（去）請（上）

第三折【雙調】（歌戈韻）

【五供養】多（陰）戈（陰）果（上）歌（陰）幞（入作去）禍（去）合（入作?）

【新水令】蛾（陽）汙（魚模）窩（陰）呵（陰）臥（去）

【么篇】科（陰）破（去）聒（入作上）合（入作?）何（陽）過（去）

【喬木查】他（陰）我（上）可（上）賀（去）多（陰）

【攪箏琶】貨（去）合（入作?）活（入作平）那（陽）羅（陽）波（陰）過（去）羅（陽）

【慶宣和】那（陽）波（陰）破（去）躲（上）躲（上）

【雁兒落】那（陽）豁（入作上）坐（去）

【得勝令】婆（陽）哥（陰）火（上）波（陰）破（去）何（陽）

合（入作?）

【甜水令】那（陽）多（陰）過（去）合（入作?）

【折桂令】波（陰）柯（陰）羅（陽）垛（去）窩（陰）屙（陰）活（入作平）囉（陽）

【月上海棠】可（上）何（陽）坐（去）趓（上）闊（入作上）

【么篇】過（去）挫（去）酡（陽）大（去）我（上）可（上）

【喬牌兒】奪（入作平）破（去）和（去）活（入作平）

【江兒水】薄（入作平）懦（去）鵝（陽）貨（去）我（上）

【殿前歡】呵（陰）多（陰）破（去）活（入作平）麼（陽）莫（入作去）大（去）何（陽）

【離亭宴帶歇指拍煞】朵（上）顆（上）可（上）闊（入作上）渴（入作上）麼（陽）搓（陰）割（入作上）傳（去）荷（去）閣（入作上）脫（入作平）他（陰）我（上）

第四折【越調】（東鍾韻）

【鬬鵪鶉】空（陰）湧（上）紅（陰）擁（上）種（上）終（陰）寵（陽）

【紫花兒序】逢（陽）龍（陽）朧（陽）鍾（陰）重（去）同（陽）

【小桃紅】中（陰）弄（去）共（去）宮（陰）夢（去）重（陽）動（去）宮（陰）

【天淨沙】瓏（陽）彸（陰）風（陰）控（去）櫳（陽）

【調笑令】宮（陰）鐘（陰）中（陰）送（去）銅（陽）東（陰）桐（陽）

【禿廝兒】冗（上）溶（陽）空（陰）中（陰）喁（陽）

【聖藥王】窮（陽）通（陰）雄（陽）終（陰）濃（陽）東（陰）中（陰）

【麻郎兒】聰（陰）衷（陰）懂（上）痛（去）

【么篇】宮（陰）終（陰）同（陽）鐘（陰）翁（陰）鳳（去）

【絡絲娘】永（上）鬆（陰）弄（去）重（去）

【東原樂】空（陰）鳳（去）工（陰）空（陰）誦（去）

【綿搭絮】重（陽）通（陰）峰（陰）中（陰）

【拙魯速】沖（陰）匆（陰）恐（上）動（去）嚨（陰）弄（去）

縱（去）行（陽）送（去）

【尾】噥（上）空（陰）種（上）

【絡絲娘煞尾】引（真文）證（去）（庚青韻）

（三）張君瑞害相思

楔子【仙呂】（廉纖韻）

【賞花時】拈（陽）添（陰）尖（陰）點（上）懨（陰）

第一折【仙呂】（支思韻）

【點絳唇】祠（陽）寺（去）事（去）兒（陽）死（上）

【混江龍】志（去）師（陰）私（陰）兒（陽）雌（陰）詞（陽）之（陰）事（去）脂（陰）

【油葫蘆】絲（陰）時（陽）肢（陰）史（上）指（上）詩（陰）事（去）思（陰）

【天下樂】之（陰）時（陽）兒（陽）此（上）思（陰）死（上）

【村裏迓鼓】視（去）衽（陰）侍（去）兒（陽）死（上）

【元和令】兒（陽）使（上）時（陽）爾（上）施（陰）試（去）

【上馬嬌】詩（陰）詞（陽）思（陰）事（去）嗤（陰）兒（陽）

【勝葫蘆】兒（陽）私（陰）此（上）賜（去）貲（陰）

【么篇】枝（陰）兒（陽）志（去）子（上）自（去）思（陰）

【後庭花】兒（陽）思（陰）詩（陰）時（陽）字（去）兒（陽）思（陰）子（上）兒（陽）此（上）

【青歌兒】字（去）志（去）兒（陽）士（去）之（陰）辭（陽）詞（陽）兒（陽）示（去）

【寄生草】枝（陰）字（去）翅（去）志（去）士（去）

【煞尾】二（去）子（上）時（陽）之（陰）而（陽）斯（陰）紙（上）詞（陽）事（去）兒（陽）

第二折【中呂】（寒山韻）

【粉蝶兒】閑（陽）散（去）環（陽）燦（去）彈（陽）看（去）

【醉春風】挽（上）懶（上）懶（上）歎（去）

【普天樂】殘（陽）䩞（陰）鬟（陽）按（去）看（去）煩（陽）顔（陽）

【快活三】犯（去）殘（陽）煩（陽）慣（去）

【朝天子】間（陰）顏（陽）看（去）飯（去）憚（去）盼（去）餐（陰）旦（去）眼（上）安（陰）汗（去）

【四邊靜】犯（去）綻（去）安（陰）難（去）竿（陰）看（去）

【脫布衫】欄（陽）殘（陽）範（去）

【小梁州】單（陰）餐（陰）寒（陽）限（去）幹（陰）

【么篇】盼（去）拴（陰）難（去）扮（去）山（陰）

【石榴花】殘（陽）單（陰）間（陰）晚（上）寒（陽）饌（去）顏（陽）漢（去）山（陰）

【鬬鵪鶉】簡（上）綻（去）番（陰）奸（陰）眼（上）

【上小樓】慳（陰）慢（去）案（去）顏（陽）盼（去）慢（去）犯（去）

【么篇】難（陽）山（陰）赸（陰）赸（陰）訕（去）散（去）

【滿庭芳】奸（陰）殘（陽）看（去）關（陰）懶（上）寒（陰）泛（去）趲（上）難（陽）

【耍孩兒】雁（去）關（陰）闌（陽）幹（陰）山（陰）慢（去）閑（陽）

【四煞】板（上）蘭（陽）汗（去）乾（陰）難（陽）鬟（陽）

【三煞】看（去）案（去）寒（陽）看（去）安（陰）

【二煞】拴（陰）按（去）攀（陰）憚（去）山（陰）

【煞尾】番（陰）侃（上）簡（上）

第三折【雙調】（家麻韻）

【新水令】紗（陰）掛（去）霞（陽）花（陰）罷（去）

【駐馬聽】譁（陽）鴨（入作去）雅（上）鴉（陰）芽（陽）架（去）滑（入作平）襪（入作去）

【喬牌兒】華（陽）夏（去）下（去）打（上）

【攪箏琶】詐（去）峽（入作平）馬（上）牙（陽）花（陰）假（上）納（入作去）拿（陽）

【沉醉東風】鴉（陰）紗（陰）下（去）話（去）咱（陽）花（陰）

【喬牌兒】華（陽）蠟（入作去）下（去）榻（入作上）

【甜水令】亞（去）家（陰）洽（入作平）花（陰）

【折桂令】瑕（陽）鴉（陰）茶（陽）發（入作上）乏（入作平）

呀（陰）掛（去）達（入作?）

【錦上花】怕（去）差（陰）咱（陽）發（入作上）卦（去）答（入作平）賈（上）啞（上）

【清江引】牙（陽）詐（去）下（去）瓜（陰）

【雁兒落】衙（陽）話（去）大（去）

【得勝令】家（陰）拿（陽）馬（上）達（入作?）罷（去）察（入作上）打（上）

【離亭宴帶歇指拍煞】價（去）寡（上）家（陰）下（去）搽（陽）畫（去）大（去）話（去）罷（去）法（入作上）

第四折【越調】（侵尋韻）

【鬭鵪鶉】綿（先天）寢（上）沈（上）沈（上）侵（陰）

【紫花兒序】琴（陽）噷（陰）臨（陽）禁（陰）鍼（陰）任（去）岑（陽）

【天淨沙】林（陽）陰（陰）心（陰）甚（去）今（陰）

【調笑令】審（上）淫（陽）侵（陰）恁（去）唔（去）心（陰）吟（陽）

【小桃紅】沈（陽）浸（去）窨（去）尋（陽）恁（去）寢（上）沁（去）參（陰）

【鬼三台】啉（去）唔（去）林（陽）音（陰）稟（陽）鍼（陰）禁（陰）心（陰）

【禿廝兒】衾（陰）琴（陽）寢（上）音（陰）

【聖藥王】心（陰）心（陰）沈（陽）陰（陰）陰（陰）金（陰）吟（陽）

【東原樂】枕（上）衾（陰）心（陰）憑（去）甚（去）恁（去）廕（去）

【綿搭絮】心（陰）沈（陽）鍼（陰）音（陰）

【么篇】吟（陽）尋（陽）沈（陽）今（陰）恁（去）金（陰）錦（上）

【煞尾】禁（去）心（陰）您（上）

【絡絲娘煞尾】語（上）雨（上）（魚模韻）

（四）草橋店夢鶯鶯

楔子【仙呂】（江陽韻）

【端正好】梓（去）量（阳）谎（上）房（阳）唐（阳）香（阴）王（阳）上（去）

第一折【仙吕】（皆來韻）

【點絳唇】階（陰）靄（上）界（去）齋（陰）客（入作上）

【混江龍】在（去）臺（陽）槐（陽）來（陽）懷（陽）排（陽）孩（陽）待（去）乖（陰）

【油葫蘆】開（陰）側（入作上）臺（陽）害（去）色（入作平）改（上）戒（去）來（陽）

【天下樂】腮（陰）猜（陰）來（陽）側（入作上）窄（入作上）在（去）

【那吒令】來（陽）宅（入作平）來（陽）齋（陰）來（陽）海（上）待（去）才（陽）

【鵲踏枝】白（入作平）懷（陽）來（陽）載（上）捱（陽）

【寄生草】害（去）擡（陽）捱（陽）耐（去）在（去）載（去）

【村裏迓鼓】快（去）責（入作上）愛（去）拜（去）才（陽）客（入作上）

【元和令】拆（入作上）搦（入作去）擡（陽）捱（陽）釵（陰）歪（陰）

【上馬嬌】解（上）齋（陰）害（去）咍（陰）來（陽）

【勝葫蘆】懷（陽）台（陰）色（入作平）擺（上）開（陰）

【么篇】來（陽）諧（陽）採（上）愛（去）腮（陰）

【後庭花】白（入作平）色（入作平）揣（陰）哉（陰）泰（去）來（陽）才（陽）客（入作上）色（入作平）懷（陽）隔（入作上）劃（入作?）責（入作上）

【柳葉兒】待（去）白（入作平）害（去）耐（去）捱（陽）來（陽）

【青歌兒】愛（去）外（去）奶（上）骸（陽）稭（陰）諧（陽）猜（陰）埃（陰）階（陰）齋（陰）臺（陽）白（入作平）來（陽）奈（去）

【寄生草】色（入作平）害（去）怪（去）愛（去）帶（去）

【煞尾】黛（去）帛（入作平）腮（陰）色（入作平）白（入作平）階（陰）苔（陽）窄（入作上）才（陽）愛（去）來（陽）

第二折【越調】（尤侯韻）

【鬬鵪鶉】久（上）口（上）宿（入作上）僽（上）有（上）

【紫花兒序】頭（陽）眸（陽）休（陰）扣（去）瘦（去）流（陽）

【金蕉葉】守（上）走（上）休（陰）由（陽）

【調笑令】繆（陽）有（上）嗽（去）透（去）抽（陰）由（陽）

【鬼三台】繡（去）究（去）久（上）候（去）休（陰）讎（陽）憂（陰）後（去）

【禿廝兒】灸（上）儔（陽）宿（入作上）由（陽）

【聖藥王】憂（陰）愁（陽）投（陽）休（陰）休（陰）求（陽）留（陽）

【麻郎兒】首（上）頭（陽）流（陽）繡（去）

【么篇】有（上）休（陰）手（上）頭（陽）友（上）寇（去）

【絡絲娘】酉（上）醜（上）肉（入作去）究（去）

【小桃紅】頭（陽）後（去）袖（去）眸（陽）瘦（去）休（陰）耨（去）羞（陰）

【小桃紅】休（陰）首（上）就（去）愁（陽）媾（去）收（陰）秀（去）頭（陽）

【東原樂】勾（陰）皺（去）頭（陽）勾（去）受（去）

【收尾】晝（去）友（上）酒（上）

第三折【正宮】（齊微韻）

【端正好】地（去）飛（陰）醉（去）淚（去）

【滾繡球】遲（陽）疾（入作平）繫（去）暉（陰）隨（陽）避（去）離（陽）肌（陰）知（陰）

【叨叨令】氣（去）媚（去）睡（去）淚（去）寄（去）

【脫布衫】飛（陰）迷（陽）的（入作上）地（去）

【小梁州】垂（陽）知（陰）低（陰）氣（去）衣（陰）

【么篇】配（去）啼（陽）癡（陰）醉（去）日（入作去）圍（陽）

【上小樓】已（上）繼（去）離（陽）知（陰）日（入作去）味（去）倍（去）

【么篇】擲（入作平）偎（陰）攜（陽）國（入作上）堉（去）貴

（去）第（去）

【滿庭芳】急（入作上）離（陽）避（去）眉（陽）刻（入作上）食（入作平）意（去）裏（上）石（入作平）

【快活三】食（入作平）泥（陽）泥（陽）味（去）

【朝天子】醅（陰）水（上）淚（去）吃（入作上）胃（去）利（去）裏（上）壁（入作上）壁（入作上）氣（去）

【四邊靜】籍（入作平）西（陰）徊（陽）翠（去）裏（上）覓（入作去）

【耍孩兒】淚（去）濕（入作上）飛（陰）期（陰）裏（上）杯（陰）醉（去）灰（陰）

【五煞】食（入作平）體（上）遲（陽）裏（上）持（陽）

【四煞】誰（陽）知（陰）悴（去）溢（入作去）低（陰）倚（上）隄（陰）

【三煞】歸（陰）裏（上）知（有）意（去）眉（陽）

【二煞】齊（陽）妻（陰）息（入作上）寄（去）歸（陰）記（去）遲（陽）

【一煞】美（上）蔽（去）嘶（陰）內（去）急（入作上）遲（陽）

【收尾】裏（上）臆（入作去）起（上）

第四折【雙調】（車遮韻）

【新水令】遮（陰）葉（入作去）斜（陽）疊（入作平）夜（去）

【步步嬌】麝（去）趄（去）者（上）別（入作?）斜（陽）月（入作去）

【落梅花】野（上）裂（入作去）怯（入作上）熱（入作去）

【喬木查】野（上）怯（入作上）接（入作上）者（上）蛇（陽）

【攪箏琶】撦（上）賒（陰）妾（入作上）嗟（陰）呆（陽）邪（陽）斜（陽）嗻（去）褶（入作上）滅（入作去）

【錦上花】貼（入作上）缺（入作上）些（陰）也（上）葉（入作去）折（入作上）迭（入作平）歇（入作上）

【清江引】說（入作上）夜（去）月（入作去）也（上）

【慶宣和】說（入作上）滅（入作去）拽（入作去）姐（上）姐（上）

【喬牌兒】徹（入作上）藉（去）惹（上）也（上）

【甜水令】謝（去）些（陰）遮（陰）嗟（陰）

【折桂令】別（入作?）涉（入作平）絶（入作平）缺（入作上）折（入作上）傑（入作平）奢（陰）穴（入作平）

【水仙子】撅（入作?）鉞（入作去）劣（入作去）些（陰）傑（入作平）血（入作上）也（上）

【雁兒落】遮（陰）夜（去）月（入作去）

【得勝令】蛇（陽）蝶（入作?）歇（入作上）絕（入作平）別（入作?）捨（上）嗟（陰）也（上）

【鴛鴦煞】惹（上）咽（入作去）滅（入作去）結（入作上）瀉（去）舌（入作平）說（入作上）

【絡絲娘煞尾】職（入作上）水（上）（齊微韻）

（五）張君瑞慶團圞

楔子【仙呂】（皆來韻）

【賞花時】苔（陽）靄（上）開（陰）載（上）來（陽）

第一折【商調】（尤侯韻）

【集賢賓】有（上）頭（陽）又（去）休（陰）皺（去）愁（陽）舊（去）悠（陽）

【逍遥樂】瘦（去）陡（上）憂（陰）樓（陽）鉤（陰）秀（去）舟（陰）

【掛金索】皺（去）扣（去）袖（去）瘦（去）

【金菊花】流（陽）侯（陽）口（上）頭（陽）眸（陽）

【醋葫蘆】修（陰）流（陽）有（上）透（去）愁（陽）

【么篇】搊（陰）頭（陽）手（上）繡（去）樓（陽）

【梧葉兒】宿（入作上）柔（陽）後（去）右（去）頭（陽）走（上）

【後庭花】逐（入作平）偶（上）手（上）由（陽）就（去）後（去）秋（陰）愁（陽）憂（陰）竹（入作上）口（上）

【青哥兒】透（去）舊（去）愁（陽）流（陽）收（陰）由（陽）舊（去）

【醋葫蘆】宿（入作上）頭（陽）酬（陽）扭（上）皺（去）留

（陽）

【金菊花】修（陰）休（陰）頭（陽）樓（陽）流（陽）

【浪裏來煞】愁（陽）瘦（去）頭（陽）九（上）候（去）侯（陽）

第二折【中呂】（支思韻）

【粉蝶兒】師（陰）是（去）兒（陽）師（陰）是（去）辭（陽）視（去）

【醉春風】餌（上）思（陰）死（上）死（上）至（去）

【迎仙客】兒（陽）兒（陽）時（陽）詞（陽）詩（陰）絲（陰）漬（去）

【上小樓】史（上）識（齊微）之（陰）時（陽）時（陽）思（陰）二（去）

【么篇】使（上）貲（陰）字（去）使（上）使（上）示（去）

【滿庭芳】爾（上）師（陰）是（去）思（陰）子（上）肢（陰）試（去）時（陽）兒（陽）

【白鶴子】指（上）詩（陰）耳（上）

【二煞】枝（陰）玼（上）

【三煞】脂（陰）子（上）

【四煞】絲（陰）事（去）

【五煞】子（上）脂（陰）此（上）

【快活三】兒（陽）絲（陰）時（陽）事（去）

【朝天子】肢（陰）止（上）寺（去）時（陽）示（去）士（去）枝（陰）此（上）市（去）

【賀聖朝】姿（陰）爾（上）思（陰）兒（陽）思（陰）

【耍孩兒】子（上）紙（上）絲（陰）兒（陽）此（上）而（陽）

【二煞】爾（上）此（上）寺（去）時（陽）是（去）邇（上）思（陰）

【三煞】時（陽）止（上）絲（陰）子（上）瑟（入作上）雌（陰）

【四煞】詩（陰）使（上）時（陽）視（去）差（陰）

【尾】此（上）至（去）死（上）

第三折【越調】（真文韻）

【鬭鵪鶉】仁（陽）身（陰）親（陰）肯（上）塵（陽）門（陽）裀（陰）

【紫花兒序】雲（陽）分（陰）坤（陰）坤（陰）混（去）民（陽）

【天淨沙】軍（陰）民（陽）門（陽）刃（去）人（陽）

【小桃紅】文（陽）信（去）分（陰）塵（陽）順（去）信（去）人（陽）

【金蕉葉】論（去）文（陽）人（陽）恩（陰）

【調笑令】分（陰）分（陰）輪（陽）論（去）渾（陽）人（陽）巾（陰）

【禿厮兒】本（上）人（陽）貧（陽）民（陽）聞（陽）

【聖藥王】論（去）順（去）人（陽）噴（陰）分（去）民（陽）門（陽）

【麻郎兒】本（上）門（陽）人（陽）寸（去）

【么篇】觔（陰）村（陰）狠（上）存（陽）姻（陰）晉（去）

【絡絲娘】人（陽）軍（陰）分（去）奔（去）

【收尾】俊（去）忍（上）粉（上）

第四折【雙調】（魚模韻）

【新水令】都（陰）物（入作去）儒（陽）除（陽）註（去）

【駐馬聽】愚（陽）書（陰）福（入作上）車（陰）居（陰）處（去）舉（上）路（去）

【喬牌兒】居（陰）怒（去）覰（去）故（去）

【雁兒落】圖（陽）路（去）去（去）

【得勝令】初（陰）處（去）妒（去）阻（上）姝（陰）數（去）徒（陽）驢（陽）

【慶東原】樹（去）魚（陽）簿（去）夫（陽）夫（陽）夫（陽）俗（入作平）霧（去）

【喬木查】覆（入作上）怒（去）否（上）居（陰）如（陽）

【攪箏琶】婦（去）殂（陽）侶（上）獄（入作去）夫（陽）夫（陽）與（陽）誣（陽）

【沈醉東風】語（上）吁（陰）覷（去）訴（去）無（陽）福（入作上）

【落梅花】路（去）府（上）顧（去）屬（入作平）戶（去）

【甜水令】躇（陽）慮（去）突（入作平）譽（去）書（陰）

【折桂令】蛆（陰）朱（陰）駒（陰）主（上）夫（陽）虛（陰）圖（陽）脯（陽）

【雁兒落】愚（陽）物（入作去）府（上）路（去）

【得勝令】符（陽）術（入作平）助（去）誅（陰）疏（陰）婦（去）愚（陽）夫（陽）

【落梅風】路（去）主（上）住（去）宇（上）去（去）

【沽美酒】車（陰）圖（陽）女（上）足（入作上）故（去）

【太平令】助（去）魚（陽）柱（去）婦（去）古（上）女（上）夫（陽）路（去）

【錦上花】虞（陽）庶（去）呼（陰）禹（上）武（上）富（去）熟（入作平）居（陰）土（上）出（入作上）

【清江引】主（上）婦（去）聚（去）屬（入作平）

【隨尾】句（去）夫（陽）苦（上）

參考文獻

一、工具書類

[1] 徐嘉瑞：《金元戲曲方言考》，商務印書館 1948 年版。

[2] 張相：《詩詞曲語詞匯釋》，中華書局 1953 年版。

[3] 朱居易：《元劇俗語方言例釋》，商務印書館 1956 年版。

[4] 王鍈：《詩詞曲語辭例釋》，中華書局 1980 年版。

[5] 陸澹安：《戲曲詞語匯釋》，上海古籍出版社 1981 年版。

[6] 顧學頡、王學奇：《元曲釋詞（四冊）》，中國社會科學出版社 1983—1990 年版。

[7] 龍潛庵：《宋元語言詞典》，上海辭書出版社 1985 年版。

[8]《漢語大字典》，四川辭書出版社，湖北辭書出版社 2000 年版。

[9] 李修生：《元曲大辭典》》，鳳凰出版社 2003 年版。

[10] 王學奇、王靜竹：《宋金元明清曲辭通釋》，語文出版社 2002 年版。

[11] 陳彭年：《宋本廣韻》，江蘇教育出版社 2008 年版。

[12] 李玉：《一笠庵北詞廣正譜》，北京大學影印本，1937 年版。

[13] 吳梅：《南北詞簡譜》，河北教育出版社 1989 年版。

[14] 鄭騫：《北曲新譜》，藝文印書館 1973 年版。

[15] 王玉章：《元詞斠律》，商務印書館 1936 年版。

[16] 王奕清：《曲譜》，中國書店 1990 年版。

[17] 齊森華、陳多、葉長海：《中國曲學大辭典》，浙江教育出版社 1997 年版。

[18]《康熙字典》，上海積山書局石印 1887 年版。

二、作品類

[1] 鄭騫：《校訂元刊雜劇三十種》，世界書局出版 1962 年版。

[2] 徐沁君:《新校元刊雜劇三十種》,中華書局 1980 年版。
[3] 臧晉叔:《元曲選(四本)》,中華書局 1979 年版。
[4] 王學奇:《元曲選校注》,河北教育出版社 1994 年版。
[5] 趙琦美:《脈望館鈔校本古今雜劇》,《古本戲曲叢刊四集》,商務印書館 1958 年版。
[6] 隋樹森:《元曲選外編》,中華華局 1959 年版。
[7] 吳曉鈴:《西廂記校注》,作家出版社 1954 年版。
[8]《暖紅室匯刻西廂記》,江蘇人民出版社 1960 年版。
[9] 張燕瑾:《彌松頤西廂記新注》,江西人民出版社 1980 年版。
[10] 王季思:《集評校注西廂記》,上海古籍出版社 1987 年版。
[11] 董解元:《古本董解元西廂記》,上海古籍出版社 1984 年版。
[12] 朱禧:《天寶遺事諸宮調》,天津古籍出版社 1986 年版。
[13] 朱平楚輯校:《全諸宮調》,甘肅人民出版社 1987 年版。
[14] 淩景埏、謝伯陽校注:《諸宮調兩種》,齊魯書社 1988 年版。
[15] 廖珣英校注:《劉知遠諸宮調校注》,中華書局 1993 年版。
[16] 隋樹森:《全元散曲》,中華書局 1981 年版。
[17] 陳乃乾:《元代小令集》,古典文學出版社 1958 年版。
[18] 王玉章:《雜劇選》,商務印書館 1936 年版。
[19] 吳曉玲等校:《關漢卿戲曲集》,中國戲劇出版社 1958 年版。
[20] 王文才校注:《白樸集校注》,人民文學出版社 1984 年版。
[21] 馮俊傑校注:《鄭光祖集》,山西人民出版社 1992 年版。
[22] 黃竹三校注:《石君寶戲曲集》,山西人民出版社 1992 年版。

三、著作類

[1] 傅惜華:《元代雜劇全目》,作家出版社 1957 年版。
[2] 徐調孚:《現存元人雜劇書錄》,古典文學出版社 1957 年版。
[3] 孫楷第:《元曲家考略》,上海古籍出版社 1981 年版。
[4] 孫楷第:《也是園古今雜劇考》,上海雜誌出版社 1953 年版。
[5] 邵曾祺:《元明北雜劇總目考略》,中州古籍出版社 1985 年版。
[6] 王季思:《關於《西廂記》作者的問題》,《玉輪軒曲論》,中華書局 1980 年版。
[7] 周維培:《曲譜研究》,江蘇古籍出版社 1999 年版。

[8] 王季烈：《螾廬曲談》，上海商務印書館 1928 年版。
[9] 俞為民、孫蓉蓉：《歷代曲話彙編》，黃山書社 2006—2009 年版。
[10] 龍沐勛：《中國韻文史》，商務印書館 1934 年版。
[11] 青木正兒著、隋樹森譯：《元人雜劇概說》，中國戲劇出版社 1957 年版。
[12] 梁啟超：《中國近代三百年學術史》，東方出版社 1996 年版。
[13] 王國維：《中國古典戲曲序跋彙編》，齊魯書社 1989 年版。
[14] 孫楷第：《戲曲小說書錄解題》，人民文學出版社 1990 年版。
[15] 李修生：《古本戲曲劇作提要》，文化藝術出版社 1997 年版。
[16] 蔣星煜：《明刊本〈西廂記〉研究》，中國戲劇出版社 1982 年版。
[17] 蔣星煜：《西廂記的文獻學研究》，上海古籍出版社 1997 年版。
[18] 劉堅、江藍生等：《近代漢語虛詞研究》，語文出版社 1992 年版。
[19] 蔣紹愚：《近代漢語研究概況》，北京大學出版社 1994 年版。
[20] 錢玄同：《文字學音篇》，北京大學出版社 1921 年版。
[21] 任中敏：《中原音韻作詞十法疏證》，中華書局 1924 年版。
[22] 龍榆生：《詞曲概論》，上海古籍出版社 1980 年版。
[23] 陳鐸：《詩詞曲格律》，黑龍江人民出版社 1981 年版。
[24] 王力：《漢語史稿》，中華書局 2004 年版。
[25] 王力：《漢語詩律學》，上海教育出版社 1963 年版。
[26] 萬樹：《詞律》，上海古籍出版社 1984 年版。
[27] 司徒修：《〈中原音韻〉研究》，商務印書館 1966 年版。
[28] 陳新雄：《〈中原音韻〉概要》，學海出版社 1976 年版。
[29] 周德清：《中原音韻》，中華書局 1978 年版。
[30] 王力：《漢語音韻學》，中華書局 1980 年版。
[31] 楊耐思：《中原音韻音系》，中國社會科學出版社 1981 年版。
[32] 李新魁：《〈中原音韻〉音系研究》，中州書畫社 1983 年版。
[33] 寧繼福：《中原音韻表稿》，吉林文史出版社 1985 年版。
[34] 王力：《漢語語音史》，中國社會科學出版社 1985 年版。
[35] 周祖謨：《宋代汴洛語音考》，《問學集》（下冊），中華書局 1966 年版。
[36] 周維培：《論〈中原音韻〉》，中國戲劇出版社 1990 年版。
[37] 蔣冀騁：《近代漢語音韻研究》，湖南師範大學出版社 1997 年版。

[38] 張世祿：《中國音韻學史（下冊）》，商務印書館 1938 年版。
[39] 趙蔭棠：《中原音韻研究》，商務印書館 1956 年版。
[40] 薛鳳生：《中原音韻音位系統》，北京語言學院出版社 1990 年版。
[41] 余從、周育德、金水：《中國戲曲史略》，人民音樂出版社 1993 年版。
[42] 陶宗儀：《南村輟耕錄》，中華書局 1980 年版。
[43] 鄭振鐸：《中國俗文學史》，商務印書館 1938 年版。
[44] 青木正兒：《中國近世戲曲史》，上海文藝聯合出版社 1954 年版。
[45] 楊朝英輯、隋樹森校訂：《朝野新聲太平樂府》，中華書局 1958 年版。
[46] 張羽：《古本董解元西廂記序》，上海古籍出版社 1984 年版。
[47] 廖奔、劉彥軍：《中國戲曲發展史（第二卷）》，山西教育出版社 2000 年版。
[48] 隋樹森：《元人散曲論叢》，齊魯書社 1986 年版。
[49] 唐圭璋：《元人小令格律》，上海古籍出版社 1981 年版。
[50] 劉永濟：《宋代歌舞劇曲錄要》，上海古籍出版社 2010 年版。
[51] 李昌集：《中國古代散曲史》，華東師範大學出版社 1991 年版。
[52] 任中敏：《散曲概論》，中華書局 1931 年版。
[53] 趙義山：《元散曲通論》，巴蜀書社 1993 年版。
[54] 趙義山：《20 世紀元散曲研究綜論》，上海古籍出版社 2002 年版。
[55] 錢曾怡：《漢語官話方言研究》，齊魯書社 2010 年版。

四、論文類

[1] 王國維：《宋元戲曲史》，《王國維戲曲論文集》，中國戲劇出版社 1984 年版。
[2] 羅忼烈：《雜劇在元代的文學地位》，《元雜劇研究》，湖北教育出版社 2003 年版。
[3] 李修生：《元雜劇發展述略》，《元雜劇研究》，湖北教育出版社 2003 年版。
[4] 李修生：《元雜劇繁榮原因之我見》，《光明日報》1985 年 10 月 26 日。
[5] 黃天驥：《元劇的“雜”及其審美特徵》，《元雜劇研究》，湖北教育出版社 2003 年版。

[6] 董上德：《論元雜劇的文體特點》，《元雜劇研究》，湖北教育出版社 2003 年版。
[7] 吳國欽、李靜、張筱梅：《導論》，《元雜劇研究》，湖北教育出版社 2003 年版。
[8] 周志豔：《多維視角下的元雜劇研究述評》，《河北科技師範學院學報》2008 年第 4 期。
[9] 李春祥：《試論元雜劇的繁榮》，《河南師範大學學報》1982 年第 5 期。
[10] 李蕊：《元曲的用韻研究述評》，《平頂山學院學報》2008 年第 6 期。
[11] 李蕊：《〈脈望館鈔校本古今雜劇〉中元雜劇用韻研究》，《名作欣賞》2011 年第 17 期。
[12] 廖珣英：《關漢卿戲曲的用韻》，《中國語文》1963 年第 4 期。
[13] 倪彥：《從馬致遠曲韻看入聲字的分派》，《語言學論叢第十九輯》，商務印書館 1997 年版。
[14] 魯國堯：《白樸用韻與〈中原音韻〉》，《魯國堯自選集》，河南教育出版社 1994 年版。
[15] 魯國堯：《白樸的詞韻和曲韻及其同異》，《魯國堯自選集》，河南教育出版社 1994 年版。
[16] 魯國堯：《元遺山詩詞曲韻考》，《魯國堯自選集》，河南教育出版社 1994 年版。
[17] 鄧興鋒：《馬致遠曲韻研究》，中國音韻學會第七次學術討論會暨國際學術研討會論文，（山東威海市）1992 年。
[18] 杜海濤：《鄭光祖戲曲用韻研究》，《語言學論叢第二十四輯》，商務印書館 2001 年版。
[19] 蔣雅琴：《喬吉戲曲用韻研究》，首都師範大學碩士學位論文，2005 年。
[20] 曹正義：《元代山東人劇曲用韻析略》，山東大學，《文科論文集刊》1981 年第 2 期。
[21] 鄧興鋒：《蒙元大都曲家雜劇用韻研究》，南京大學博士學位論文，1994 年。
[22] 陶曉娟：《元代山西作家戲曲用韻研究》，遼寧師範大學碩士學位論文，2008 年。
[23] 李蕊：《元代山西人雜劇用韻研究》，《語言研究》2009 年第 1 期。

[24] 李蕊：《元代河北人北曲用韻研究》，《保定學院學報》2012 年第 1 期。
[25] 黄亮：《〈六十種曲〉用韻考》，蘇州大學博士學位論文，2012 年。
[26] 張帥：《元刊雜劇三十種與〈中原音韻〉用韻之比較》，華中科技大學碩士學位論文，2005 年。
[27] 李蕊：《全元曲用韻研究》，華中科技大學博士學位論文，2009 年。
[28] 施向東、高航：《〈太和正音譜〉北曲譜考察》，《南開語言學刊》2006 年第 2 期。
[29] 鄭傳寅：《〈張千替殺妻〉雜劇斠律》，《文藝研究》2001 年第 2 期。
[30] 程從榮：《〈元刊雜劇三十種〉［仙呂·點絳唇］斠律》，《戲曲研究》2003 年第 1 期。
[31] 忌浮：《曲尾及曲尾上的古入聲字》，《中國語文》1988 年第 4 期。
[32] 黎新第：《早中期元雜劇與〈中原音韻〉“入派三聲”》，《中原音韻新論》，北京大學出版社 1991 年版。
[33] 趙天為：《元雜劇選本研究初探（上）》，《徐州教育學院學報》1999 年第 3 期。
[34] 趙天為：《元雜劇選本研究初探（下）》，《徐州教育學院學報》2000 年第 1 期。
[35] 鄧紹基：《關於元雜劇版本探究》，《中國社會科學院研究生院學報》2006 年第 1 期。
[36] 杜海軍：《〈元刊雜劇三十種〉的刻本性質及戲曲史意義》，《藝術百家》2010 年第 1 期。
[37] 金周生：《元曲暨〈中原音韻〉“東鐘”“庚青”二韻互見字研究》，《輔仁學志（臺灣）》1982 年 11 卷
[38] 楊耐思：《近代 -m 的轉化》，《語言學論叢第七輯》，商務印書館 1981 年版。
[39] 曹正義：《近代 -m 韻嬗變證補》，《語言研究》1991 年增刊。
[40] 安奇燮：《從朝漢對音考察 -m 韻尾的轉化》，《語言研究》1995 年第 2 期。
[41] 季國平：《〈中原音韻〉的戲曲學意義》，《福建藝術》2006 年第 3 期。
[42] 封傳兵：《〈中原音韻〉的曲學思想及其影響》，《中國韻文學刊》

2012 年第 1 期。

[43] 冀伏:《周德清生卒年與〈中原音韻〉初刻時間及版本》,《吉林大學學報》1979 年第 2 期。

[44] 劉能先、周德清:《〈中原音韻〉版本淺探》,《贛圖通訊》1987 年第 2 期。

[45] 張玉來:《〈中原音韻〉版本源流辨正》,《古籍整理研究學刊》2010 年第 1 期。

[46] 劉俊一:《關於〈中原音韻〉的"入派三聲"》,《南開語言學刊》2006 年第 2 期。

[47] 宋洪民:《也談〈中原音韻〉"寒山""桓歡"分立的依據》,《古漢語研究》2006 年第 1 期。

[48] 黎新第:《元刊雜劇說白語言即是清入作上、次入作去》,《語言研究》2007 年第 2 期。

[49] 陳大為:《中原音韻》研究綜述》,《科技資訊(學術研究)》2008 年第 12 期。

[50] 趙遐秋、曾慶瑞:《〈中原音韻〉韻系的基礎和"入派三聲"的性質》,《中國語文》1962 年第 7 期。

[51] 劉靜:《〈中原音韻〉音系無入聲新探》,《陝西師範大學學報》1986 年第 3 期。

[52] 黎新第:《〈中原音韻〉"入派三聲"析疑》,《重慶師範學院學報》1987 年第 4 期。

[53] 張清常:《〈中原音韻〉新著錄的一些異讀》,《中國語文》1983 年第 1 期。

[54] 周維培:《〈中原音韻〉三題》,《語言研究》1987 年第 2 期。

[55] 嚴振洲:《〈中原音韻〉"入派三聲"即"入變三聲"證》,《上饒師專學報》1987 年第 4 期。

[56] 沈建民:《論〈中原音韻〉中兩韻並收的入聲字》,《玉溪師範專科學校學報》1989 年第 6 期。

[57] 林端:《〈中原音韻〉的"入派三聲"》,《新疆大學學報》1989 年第 1 期。

[58] 黎新第:《〈中原音韻〉清入聲作上聲沒有失誤》,《中國語文》1990 年第 4 期。

[59] 張炳義:《〈中原音韻〉“入派三聲”性質辨析》,《西北師範大學學報》2000年第4期。

[60] 楊耐思:《〈中原音韻〉兩韻並收字讀音考》,《王力先生紀念論文集》,商務印書館1990年版。

[61] 劉綸鑫:《釋〈中原音韻〉中的重出字》,《中原音韻新論》,北京大學出版社1991年版。

[62] 寧繼福:《十四世紀大都方言的文白異讀》,《中原音韻新論》,北京大學出版社1991年版。

[63] 黎新第:《〈中原音韻〉清入聲作上聲證》,《古漢語研究》1992年第4期。

[64] 張靜:《〈中原音韻〉“入派三聲”新論》,《黄山學院學報》2005年第2期。

[65] 蔣冀騁:《從阿漢對音看〈中原音韻〉的入聲》,《古漢語研究》2006年第3期。

[66] 黎新第:《元雜劇四大家現存散曲所見“清入作上”》,《古漢語研究》2011年第2期。

[67] 鄧興鋒:《〈中原音韻〉内間一些自相矛盾的現象》,《大陸雜誌(臺灣)》1993年87卷第5期。

[68] 鄧興鋒:《大都劇韻所見〈中原音韻〉兩韻並收字》,《南京大學學報》1995年第4期。

[69] 丁邦新:《與〈中原音韻〉相關的幾種方言現象》,《丁邦新語言學論文集》,商務印書館1998年版。

[70] 劉靜:《從元曲中的異文看〈中原音韻〉音系入聲的消失》,《古漢語研究》1999年第4期。

[71] 葉寶奎、鄭碧嬌:《〈中原音韻〉的文白異讀與入聲韻的演化》,《廈門大學學報》2008年第6期。

[72] 唐鉞:《入聲演化與詞曲發達的關係》,《東方雜誌》1928年第23卷第1號。

[73] 吳瑞霞:《李漁劇學聲律論與〈中原音韻〉》,《戲曲研究》2001年第2期。

[74] 蔣冀騁:《中原音韻“寒山”“桓歡”分立是周德清方音的反映》,《中國語言學報》2003年第11期。

[75] 宋蘅:《元曲假借字的音韻研究》,《語言學論叢第二十一輯》, 商務印書館 1998 年版。

[76] 鄭振鐸:《關漢卿緋衣夢的發見》,《西諦書話(上冊)》, 三聯出版社 1983 年版。

[77] 鄭振鐸:《宋金元諸宮調考》,《中國文學研究(下冊)》, 人民文學出版社 2000 年版。

[78] 鄭振鐸:《〈劉知遠諸宮調〉跋》, 見文物出版社影一《劉知遠諸宮調》1958 年版。

[79] 王力:《玄應〈一切經音義〉反切考》,《龍蟲並雕齋文集(第三冊)》, 中華書局 1982 年版。

[80] 王力:《〈經典釋文〉反切考》,《龍蟲並雕齋文集(第三冊)》, 中華書局 1982 年版。

[81] 宋克夫:《諸宮調體制源流考辨》,《文學遺產》1989 年第 6 期。

[82] 康保成:《"瓦舍"、"勾欄"新解》,《文學遺產》1999 年第 5 期。

[83] 龍建國:《諸宮調的發展歷程探討》,《江西師範大學學報》2004 年第 4 期。

[84] 於新潔:《略論金元時期諸宮調音樂作品》,《南昌教育學院學報》2011 年第 7 期。

[85] 楊東甫:《從六個方面看諸宮調對北曲形成的影響》,《廣西師範學院學報》2005 年第 4 期。

[86] 何娟:《談諸宮調對元雜劇的影響》,《和田師範專科學校學報》2010 年第 6 期。

[87] 周大璞:《〈董西廂〉用韻考》,《武漢大學學報》1963 年第 2 期。

[88] 李春豔:《〈董解元西廂記〉用韻考》,《天津師範大學學報》2008 年第 2 期。

[89] 徐建:《〈劉知遠諸宮調殘卷〉用韻考》,《古漢語研究》1997 年第 2 期。

[90] 龍建國:《劉知遠諸宮調應是北宋後期的作品》,《文學遺產》2003 第 3 期。

[91] 田業政:《〈天寶遺事諸宮調〉用韻考》,《西華師範大學學報》2005 年第 2 期。

[92] 廖珣英:《諸宮調的用韻》,《中國語文》1964 年第 1 期。

[93]（日）高橋繁樹（文）、李寅生譯：《論金諸宮調與元雜劇的韻》，《達縣師範高等專科學校學報》1999 年第 3 期。
[94] 黎新第：《金元諸宮調曲句的平仄與入聲的分派》，《語言研究》1993 年第 2 期。
[95] 李修生：《元散曲通論序》，《四川師範學學報》1994 年第 1 期。
[96] 趙義山：《論元散曲繁榮發展的黃金時代》，《四川師範學院學報》1994 年第 2 期。
[97] 趙義山：《元散曲發展分期研究述評》，《東南大學學報》2000 年第 2 期。
[98] 張曉軍：《元散曲論略》，《解放軍外語學院學報》1995 年第 6 期。
[99] 張羽：《論元散曲的形成和精神實質》，《廣播電視大學學報》2010 年第 1 期。
[100] 吳政：《論元散曲的特色》，《河池師專學報》1992 年第 1 期。
[101] 鄧元煊：《綜論元散曲的特性》，《西南民族學院學報》1997 年第 6 期。
[102] 王葆苓：《漢族文化與少數民族文化融合的結晶——元散曲淺論》，《中央民族大學學報》1997 年第 4 期。
[103] 羅斯寧：《元散曲對元雜劇的橋樑作用》，《中山大學學報》1999 年第 4 期。
[104] 鄭雅寧：《論元散曲和元雜劇的嬗變關係》，《中國韻文學刊》2008 年第 3 期。
[105] 李玲瓏：《無俗不成曲——元散曲的特點》，《青海師範大學民族師範學院學報》2005 年第 1 期。
[106] 蘭辛：《雙星璀璨 璧合珠聯——元散曲與元雜劇之藝術比較》，《上海戲劇》2011 年第 5 期。
[107] 楊載武：《元散曲的用韻》，《西南師範大學學報》1991 年第 1 期。
[108] 李惠芬：《浙江元人散曲用韻研究》，《福建師範大學學報》1999 年第 2 期。
[109] 馬重奇：《元代小令陽聲韻部研究》，《福建電大學報》1999 年第 3 期。
[110] 馬重奇：《元代小令陽聲韻部研究》，《福建電大學報》1999 年第 4 期。